Sönke Cordts | Gerold Blakowski | Gerhard Brosius

Datenbanken für Wirtschaftsinformatiker

Aus dem Programm Programmiersprachen und Datenbankenentwicklung

Grundkurs JAVA
von D. Abts

Grundkurs Wirtschaftsinformatik
von D. Abts und W. Mülder

Masterkurs Wirtschaftsinformatik
von D. Abts und W. Mülder

Datenbankentwicklung in IT-Berufen
von H. Burnus

Grundkurs Datenbankentwurf
von H. Jarosch

Business Intelligence – Grundlagen und praktische Anwendungen
von H.-G. Kemper, H. Baars und W. Mehanna

Grundkurs Datenbankentwicklung
von S. Kleuker

SQL mit ORACLE
von W.-M. Kähler

Datenbank-Engineering
von A. Moos

Grundkurs Relationale Datenbanken
von R. Steiner

www.viewegteubner.de

Sönke Cordts | Gerold Blakowski | Gerhard Brosius

Datenbanken für Wirtschaftsinformatiker

Nach dem aktuellen Standard SQL:2008

Mit 170 Abbildungen

STUDIUM

VIEWEG+
TEUBNER

Bibliografische Information der Deutschen Nationalbibliothek
Die Deutsche Nationalbibliothek verzeichnet diese Publikation in der
Deutschen Nationalbibliografie; detaillierte bibliografische Daten sind im Internet über
<http://dnb.d-nb.de> abrufbar.

Das in diesem Werk enthaltene Programm-Material ist mit keiner Verpflichtung oder Garantie irgendeiner Art verbunden. Der Autor übernimmt infolgedessen keine Verantwortung und wird keine daraus folgende oder sonstige Haftung übernehmen, die auf irgendeine Art aus der Benutzung dieses Programm-Materials oder Teilen davon entsteht.

Höchste inhaltliche und technische Qualität unserer Produkte ist unser Ziel. Bei der Produktion und Auslieferung unserer Bücher wollen wir die Umwelt schonen: Dieses Buch ist auf säurefreiem und chlorfrei gebleichtem Papier gedruckt. Die Einschweißfolie besteht aus Polyäthylen und damit aus organischen Grundstoffen, die weder bei der Herstellung noch bei der Verbrennung Schadstoffe freisetzen.

1. Auflage 2011

Alle Rechte vorbehalten
© Vieweg+Teubner Verlag | Springer Fachmedien Wiesbaden GmbH 2011

Lektorat: Christel Roß | Maren Mithöfer

Vieweg+Teubner Verlag ist eine Marke von Springer Fachmedien.
Springer Fachmedien ist Teil der Fachverlagsgruppe Springer Science+Business Media.
www.viewegteubner.de

Das Werk einschließlich aller seiner Teile ist urheberrechtlich geschützt. Jede Verwertung außerhalb der engen Grenzen des Urheberrechtsgesetzes ist ohne Zustimmung des Verlags unzulässig und strafbar. Das gilt insbesondere für Vervielfältigungen, Übersetzungen, Mikroverfilmungen und die Einspeicherung und Verarbeitung in elektronischen Systemen.

Die Wiedergabe von Gebrauchsnamen, Handelsnamen, Warenbezeichnungen usw. in diesem Werk berechtigt auch ohne besondere Kennzeichnung nicht zu der Annahme, dass solche Namen im Sinne der Warenzeichen- und Markenschutz-Gesetzgebung als frei zu betrachten wären und daher von jedermann benutzt werden dürften.

Umschlaggestaltung: KünkelLopka Medienentwicklung, Heidelberg
Druck und buchbinderische Verarbeitung: AZ Druck und Datentechnik, Berlin
Gedruckt auf säurefreiem und chlorfrei gebleichtem Papier
Printed in Germany

ISBN 978-3-8348-1382-4

Inhaltsverzeichnis

1	Einleitung 1	
	1.1 Entstehung von Datenbanken 1	
	1.2 Aufbau des Buches 3	
2	Grundlagen von Datenbanken 6	
	2.1 Motivation 6	
	2.2 Von der Realität zum "Bauplan" 12	
	2.3 Vom "Bauplan" zur Datenbank 13	
	2.4 Zusammenfassung 15	
	2.5 Aufgaben 17	
3	Konzeptioneller Datenbankentwurf 19	
	3.1 Motivation 19	
	3.2 Projektplan versus Phasenkonzept 23	
	3.3 Konzeptioneller Entwurf (Datenmodellierung) 28	
	3.3.1 Grundlagen 28	
	3.3.2 Fallbeispiel 30	
	3.3.3 Geschäftsobjekte 30	
	3.3.4 Sub- bzw. Supertypen 32	
	3.3.5 Attribute und Schlüssel 33	
	3.3.6 Beziehungen und Beziehungstypen 36	
	3.4 „Entity-Relationship-Modell" nach Chen 43	
	3.4.1 Grundlagen 43	
	3.4.2 Geschäftsobjekte 44	
	3.4.3 Sub- bzw. Supertypen 44	
	3.4.4 Attribute und Schlüssel 44	
	3.4.5 Beziehungen und Beziehungstypen 45	
	3.4.6 Fallbeispiel 47	
	3.5 "Entity-Relationship-Modell" nach Barker 50	
	3.5.1 Grundlagen 50	
	3.5.2 Geschäftsobjekte 50	
	3.5.3 Sub- bzw. Supertypen 50	
	3.5.4 Attribute und Schlüssel 50	
	3.5.5 Beziehungen und Beziehungstypen 51	
	3.5.6 Fallbeispiel 52	

	3.6	„Unified Modeling Language"	54
		3.6.1 Grundlagen	54
		3.6.2 Geschäftsobjekte	55
		3.6.3 Sub- bzw. Supertypen	56
		3.6.4 Attribute und Schlüssel	56
		3.6.5 Beziehungen und Beziehungstypen	57
		3.6.6 Fallbeispiel	58
	3.7	Praxis	60
	3.8	Zusammenfassung	62
	3.9	Aufgaben	63
4	Logischer Datenbankentwurf		68
	4.1	Motivation	68
	4.2	Relationenmodell	70
	4.3	Grundlagen des Relationenmodells	70
	4.4	Umsetzung des ERM in das Relationenmodell	73
	4.5	Fallbeispiel	77
	4.6	Praxis	77
	4.7	Zusammenfassung	79
	4.8	Aufgaben	80
5	Normalisierung		81
	5.1	Motivation	81
	5.2	Grundlagen der Normalisierung	82
	5.3	1. Normalform	85
	5.4	2. Normalform	86
	5.5	3. Normalform	87
	5.6	Weitere Normalformen	89
	5.7	Praxis	90
	5.8	Zusammenfassung	91
	5.9	Aufgaben	94
6	SQL – Anlegen der Datenbankstruktur		97
	6.1	Motivation	97
	6.2	Grundlagen	97
	6.3	Datentypen	100
	6.4	Erzeugen und Bearbeiten einer Tabelle	107
		6.4.1 Erzeugen einer Tabelle	107
		6.4.2 Erstellen einfacher benutzerdefinierter Datentypen	116
		6.4.3 Überprüfungen von Wertebereichen	117
		6.4.4 Reihen (Arrays)	118

	6.5	6.4.5 Ändern und Löschen	118
	6.6	Zusammenfassung	124
	6.7	Aufgaben	126
7	Einfügen, Ändern, Löschen von Daten		128
	7.1	Motivation	128
	7.2	Einfügen von Datensätzen	128
	7.3	Löschen von Datensätzen	130
	7.4	Ändern von Datensätzen	131
	7.5	Praxis	134
	7.6	Zusammenfassung	138
	7.7	Aufgaben	139
8	Eine Tabelle abfragen		142
	8.1	Motivation	142
	8.2	Allgemeiner Aufbau einer Abfrage	143
	8.3	Spalten auswählen	145
	8.4	„Built-in"-Funktionen	149
		8.4.1 Grundlagen	149
		8.4.2 „Numeric Value Functions"	150
		8.4.3 „String Value Functions"	153
		8.4.4 „Datetime Value Functions"	156
		8.4.5 NULL-Funktionen und Datentypkonvertierung	156
		8.4.6 „Aggregate Functions"	158
	8.5	Ausdrücke	162
	8.6	Tabellen angeben	163
	8.7	Sätze auswählen	164
		8.7.1 Grundlagen	164
		8.7.2 Vergleichsprädikate und IS NULL	165
		8.7.3 LIKE und SIMILAR-Prädikat	166
		8.7.4 BETWEEN-Prädikat	168
		8.7.5 IN-Prädikat	169
		8.7.6 Logische Operatoren	169
		8.7.7 Ergebnismenge einschränken	171
	8.8	Sätze zusammenfassen	172
	8.9	Sätze sortieren	182
	8.10	Sichten	183
	8.11	Verwaltungssichten	185
	8.12	Praxis	187
	8.13	Zusammenfassung	191
	8.14	Aufgaben	192

9	Abfragen auf mehrere Tabellen	195
	9.1 Motivation	195
	9.2 Grundlagen	196
	9.3 CROSS JOIN	200
	9.4 INNER JOIN	201
	9.5 NATURAL JOIN	204
	9.6 OUTER JOIN	204
	9.7 „Joins" auf mehrere Tabellen	207
	9.8 Mengenoperatoren	208
	9.9 Praxis	210
	9.10 Zusammenfassung	213
	9.11 Aufgaben	214
10	Abfragen mit Unterabfragen	216
	10.1 Motivation	216
	10.2 Grundlagen	216
	10.3 Unterabfragen mit einem Rückgabewert	218
	10.4 Unterabfragen mit einer zurückgegebenen Zeile	219
	10.5 Unterabfragen mit mehreren zurückgegebenen Zeilen	219
	10.5.1 IN	219
	10.5.2 EXISTS	220
	10.5.3 ANY / SOME / ALL	222
	10.6 Unterabfragen in der Spaltenliste	223
	10.7 Unterabfragen in der Tabellenliste	224
	10.8 Praxis	225
	10.9 Zusammenfassung	226
	10.10 Aufgaben	227
11	Optimierung von Abfragen	229
	11.1 Motivation	229
	11.2 Grundlagen	229
	11.3 Indizes	232
	11.4 Gruppierte Indizes	235
	11.5 Nicht-gruppierte Indizes	236
	11.6 Kombinierte und abdeckende Indizes	238
	11.7 Ausführungspläne	239
	11.8 Praxis	241
	11.9 Zusammenfassung	246
	11.10 Aufgaben	247

12	Transaktionen	249
	12.1 Motivation	249
	12.2 Grundlagen	249
	12.3 ROLLBACK und COMMIT	253
	12.4 SAVEPOINT	254
	12.5 Mehrbenutzerbetrieb („Concurrency Control")	256
	12.6 Isolationslevel	260
	12.7 Praxis	262
	12.8 Zusammenfassung	272
	12.9 Aufgaben	273
13	„Gespeicherte Routinen" und „Prozedurale Sprachelemente"	276
	13.1 Motivation	276
	13.2 Routinen	276
	13.3 Sprachelemente zur Kontrollsteuerung	281
	13.3.1 BEGIN...END	282
	13.3.2 IF...THEN...ELSE	282
	13.3.3 CASE	283
	13.3.4 REPEAT...UNTIL	284
	13.3.5 WHILE...DO	285
	13.3.6 LOOP	285
	13.3.7 LEAVE	286
	13.4 Beispiel: Kind erfassen	286
	13.5 Beispiel: Phonetischer Vergleich	288
	13.6 Bearbeiten einzelner Datensätze	291
	13.7 Praxis	295
	13.8 Zusammenfassung	299
	13.9 Aufgaben	301
14	Trigger	303
	14.1 Motivation	303
	14.2 Grundlagen	303
	14.3 Erzeugen eines Triggers	304
	14.4 Praxis	308
	14.5 Zusammenfassung	310
	14.6 Aufgaben	311
15	Objektrelationale Datenbanken	313
	15.1 Motivation	313
	15.2 Objektorientierung	313
	15.3 Klassen	318

- 15.4 Einfügen ... 322
- 15.5 Vererbung ... 322
- 15.6 Strukturierte Typen als Spaltentyp ... 323
- 15.7 Strukturierte Typen als Basisdatentyp ... 324
- 15.8 Referenztypen ... 324
- 15.9 Abfragen ... 325
- 15.10 Praxis ... 327
- 15.11 Zusammenfassung ... 328
- 15.12 Aufgaben ... 329

16 Datenbankschnittelle JDBC ... 330

- 16.1 Motivation ... 330
- 16.2 Zugriff auf Datenbanken aus Programmiersprachen ... 330
- 16.3 Datenbankschnittstellen ... 331
- 16.4 Verwaltung von Verbindungen ... 332
- 16.5 SQL-Queries in JDBC ... 334
- 16.6 Abbildung von Datentypen ... 338
- 16.7 SQL-Updates ... 339
  - 16.7.1 Insert ... 340
  - 16.7.2 Update ... 341
  - 16.7.3 Delete ... 341
- 16.8 ResultSets ... 342
- 16.9 Fehlerbehandlung ... 344
- 16.10 Transaktionen ... 345
- 16.11 Praxis ... 347
- 16.12 Zusammenfassung ... 350
- 16.13 Aufgaben ... 350

17 Grundlagen des objektrelationalen Mappings ... 353

- 17.1 Motivation ... 353
- 17.2 Objektrelationales Mapping ... 353
- 17.3 Entitäten ... 357
- 17.4 Beziehungen zwischen Entitäten ... 360
  - 17.4.1 OneToOne-Beziehungen ... 360
  - 17.4.2 OneToMany- und ManyToOne-Beziehungen ... 362
  - 17.4.3 ManyToMany-Beziehungen ... 363
  - 17.4.4 Beziehungen in der KartoFinale-Anwendung ... 366
- 17.5 EntityManager-Schnittstelle ... 367
- 17.6 Navigierender Zugriff auf einzelne Entitäten ... 367
- 17.7 Zugriff auf Entitäten mittels Query Language ... 369
- 17.8 Ausführen von JPQL-Queries ... 371
- 17.9 Praxis ... 372

Inhaltsverzeichnis XI

		17.10	Zusammenfassung	377
		17.11	Aufgaben	378
18	Fortgeschrittene Techniken des objektrelationalen Mappings			379
	18.1		Motivation	379
	18.2		Laden von Objekten	379
	18.3		Lebenszyklus einer Entität	381
	18.4		Transaktionen	383
	18.5		Navigierender schreibender Zugriff	386
		18.5.1	Neue Entitäten erzeugen	387
		18.5.2	Update auf Entitäten ausführen	388
		18.5.3	Löschen von Entitäten	389
	18.6		Update und Delete mit JPQL	389
	18.7		Erweiterte Funktionen mit JPQL	390
		18.7.1	Bedingungsausdrücke	390
		18.7.2	Sortierung der Ergebnisliste	391
		18.7.3	Aggregation	392
		18.7.4	Subqueries	393
	18.8		Modellierung	393
	18.9		Praxis	398
		18.9.1	Erzeugung einer Entitätsklasse aus einer Datenbanktabelle	398
		18.9.2	Erzeugen einer Tabelle aus einer Entitätsklasse	402
	18.10	Zusammenfassung		402
	18.11	Aufgaben		403
19	Data Warehouse			405
	19.1	Motivation		405
	19.2	OLTP und OLAP		406
	19.3	Grundlagen		407
	19.4	Datenwürfel		408
	19.5	Speicherformen		411
	19.6	ETL		414
	19.7	Praxis		416
	19.8	Zusammenfassung		426
	19.9	Aufgaben		427
20	Data Mining			428
	20.1	Motivation		428
	20.2	Konzept und Definition Data Mining		429
	20.3	Vorgehensweise im Data Mining: Das Modell CRISP-DM		429
	20.4	Methoden des Data Mining		431

	20.4.1	Regression	431
	20.4.2	Naive Bayes	435
	20.4.3	Entscheidungsbaum	437
	20.4.4	Cluster	440
	20.4.5	Neuronales Netz	442
	20.4.6	Logistische Regression	446
	20.4.7	Assoziationsanalyse	447
	20.4.8	Weitere Methoden	452
	20.4.9	Genauigkeit von Modellen prüfen	454
	20.4.10	Prognose erstellen	458
20.5	Praxis		460
	20.5.1	Überblick	460
	20.5.1	Die Data Mining Software	461
	20.5.2	Business understanding	461
	20.5.3	Data understanding	462
	20.5.4	Data preparation	464
	20.5.5	Modeling	464
	20.5.6	Evaluation	470
	20.5.7	Deployment	471
20.6	Zusammenfassung		473
20.7	Aufgaben		473

Sachwortverzeichnis 475

1 Einleitung

1.1 Entstehung von Datenbanken

Bis etwa Ende der 60er Jahre wurde für Anwendungen das Dateisystem zum Speichern von Daten verwendet. Jede Anwendung eines Unternehmens speicherte in seinen eigenen Dateien die Daten, die es für die Anwendung benötigte. Dies führte zwangsläufig dazu, dass Daten mehrfach gehalten wurden. Dadurch entstand ein regelrechtes „Datenchaos". So wurde z.B. ein spezifischer Kunde eines Unternehmens von verschiedenen Anwendungen, die Kundendaten benötigen, mit der gleichen Adresse in verschiedenen Dateien gespeichert. Bei einer Änderung der Adresse mussten alle Dateien gleichzeitig angepasst werden.

Aufgrund dieser Unzulänglichkeit und des damit hervorgerufenen „Datenchaos" entstanden Ende der 60er Jahre die ersten Datenbanksysteme. Diese sollten zentral alle Daten eines Unternehmens in einer Datenbank sammeln. Benötigte eine Anwendung nun Kundendaten, so musste sie sich an das Datenbanksystem wenden, um diese zu erhalten. Die Verwaltung der Daten wurde also dem Datenbanksystem übertragen, genauso wie eine Bank das Geld ihrer Kunden verwaltet.

Diese Datenbanksysteme (hierarchische und Netzwerk-Datenbanksysteme) hatten jedoch einen entscheidenden Nachteil: Sie waren aufgrund ihrer Struktur in der Abfrage der Daten eingeschränkt. Eine Änderung dieser Struktur erforderte in der Regel einen erneuten Aufwand in der Programmierung. Noch heute sind, gerade im Großrechnerbereich, hierarchische und auch Netzwerk-Datenbanken im Einsatz. Das bekannteste hierarchische Datenbanksystem ist IMS (Information Management System) von der Firma IBM. Die Entstehung von Datenbank-Management-Systemen geht übrigens auf das Apollo Mondlandeprojekt in den 60er Jahren zurück, da hier viele Daten zu speichern waren, die dateibasiert nicht mehr vernünftig zu verarbeiten waren. In der Folge entwickelte der Hauptauftragnehmer dieses Projektes, die North American Aviation (NAA), die Software GUAM (Generalized Update Access Method), die Daten in einem hierarchischen Strukturbaum speicherte. In einer gemeinsamen Entwicklung zwischen NAA und IBM entstand daraus Mitte der 60er Jahre das Datenbank-Management-System IMS.

Gleichzeitig wurde in dieser Zeit ein anderer Typ eines Datenbanksystems von der Firma General Electric entwickelt, das als Netzwerk Datenbank-Management-System bekannt wurde. Dieses Datenbank-Management-System hieß IDS (Integrated Data Store) und konnte im Gegensatz zu hierarchischen Datenbanksystemen komplexere Beziehungen zwischen den Daten abbilden.

1970 nun konnten Mitglieder des ACM („Association for Computing Machinery") im Datenbankjournal einen Artikel von Dr. Edgar F. Codd mit dem Titel „A Relational Model of Data for Large Shared Data Banks" lesen. Dieser Artikel war die Grundlage für die Entwicklung der heute am häufigsten eingesetzten relationalen Datenbanksysteme (weltweit etwa 75%). Das relationale Datenmodell hatte einen entscheidenden Vorteil: Änderungen an der Struktur der Datenbank bewirkten nicht zwangsläufig auch Modifizierungen an den Anwendungsprogrammen.

Auf Basis des Artikels von Codd entwickelte die Firma IBM bis 1974 einen Prototyp eines relationalen Datenbanksystems, System/R. Um die Daten abzufragen, wurde eine Datenbankabfragesprache entwickelt, die man SEQUEL (Structured Englisch Query Language) nannte. Diese Sprache war der Vorläufer des heutigen SQL (Structured Query Language), das 2008 von den Normungsgremien des „American National Standard Institute" (ANSI) in einer sechsten Fassung standardisiert wurde. Diese Fassung wird allgemein als SQL:2008 bezeichnet. SQL wird heute von allen gängigen relationalen Datenbankprodukten in verschiedenen Stufen unterstützt.

Die wesentlichen Aufgaben eines Datenbanksystems bestehen in der Verwaltung und Strukturierung von Daten. Jedoch gerade die zweite Aufgabe kann in der Regel nicht durch einen Computer vorgenommen werden, da es sich um eine analytische Arbeit handelt. Die Strukturierung der Daten, also das Entwerfen eines Datenmodells, ist deshalb auch vielmehr eine Aufgabe, die ein Analytiker mit Papier und Stift vornimmt. Genauso wie ein Architekt einen „Bauplan" entwickeln muss, bevor er mit dem Bau eines Gebäudes beginnt, muss auch der Architekt einer Datenbank einen „Bauplan" anfertigen, der die Struktur der zukünftigen Datenbank widerspiegelt.

Durch die Verbreitung des Internets seit Anfang der 90er Jahre, die erneut gekennzeichnet ist durch die Begriffe „Datenchaos", aber auch „Informationsflut", kommt gerade der Strukturierung von Daten und der dazugehörigen Semantik eine wichtige Rolle zu.

Neben dem Internet waren die Anfänge der 90er Jahre geprägt durch die damals neuen Paradigmen der objektorientierten Softwareentwicklung. Diese sind gekennzeichnet durch Begriffe wie Komponenten, „Business Objects" (BO), Mehrschichtenmodell usw. Die ersten beiden SQL-Standards von 1986 (SQL-1) und 1992 (SQL-2) berücksichtigen diese Programmierparadigmen nicht.

Vielmehr war SQL in der Anfangsphase u.a. auch als Abfragesprache für Endanwender gedacht, die durch Eingabe von SQL-Befehlen die gewünschten Daten gesucht haben. Der Zeit entsprechend war diese Vorgehensweise durchaus benutzerfreundlich. Mit dem Aufkommen grafischer Benutzeroberflächen wurden

Anwender entsprechend anspruchsvoller. Heutzutage wird ein Anwender es sicher zu Recht als Zumutung empfinden, SQL-Befehle eingeben zu müssen, um z.B. die Rechnungsdaten eines Kunden zu erhalten.

Daher wird SQL heute vorwiegend in der Softwareentwicklung eingesetzt. Dem wird entsprechend den neuen Paradigmen in der Softwareentwicklung vor allem im dritten Standard von 1999 (SQL:1999 oder inoffiziell SQL-3) Rechnung getragen. Hier steht die Leichtigkeit der Verwendung von SQL eher aus Entwicklersicht, denn aus Anwendersicht im Mittelpunkt. Das kommt in der Erweiterung von SQL um objektorientierte Sprachkonstrukte zum Ausdruck. Die letzten drei Standards SQL:2003, SQL:2006 und SQL:2008 enthalten vorwiegend Anweisungen zur Verarbeitung von hierarisch strukturierten XML-Daten und zur Analyse.

Durch die Möglichkeiten der Vernetzung vor allem durch das Internet entstanden Mitte der 90er Jahre zudem Anwendungssysteme, die eine starke Integration verschiedener Datenbestände voraussetzten. Hierzu gehören vor allem sogenannte Data Warehouse-Systeme, aber auch Anwendungssysteme wie Customer Relationship Management (CRM) oder Supply Chain Management (SCM), die in der Regel auch einen aus vorhandenen Datenbeständen neu integrierten Datenbestand voraussetzen. Data Warehouse-Systeme entstanden aus dem Wunsch der Unternehmen, ihre großen Mengen an Daten besser nutzen und auswerten zu können. In diesem Zusammenhang entstanden auch Data Mining-Anwendungen, die es ermöglichen, mit mathematisch-statistischen Methoden auf Grundlage von Daten Vorhersagen zu treffen oder erweiterte Auswertungen vorzunehmen.

1.2 Aufbau des Buches

Das vorliegende Buch hat das Ziel, einen praxisorientierten Ansatz zur Beantwortung der folgenden Fragen zu geben:

- Wie komme ich von einem Ausschnitt der realen Welt zu einer Datenbank?
- Welche grundlegenden Sprachelemente enthält SQL?
- Welche neuen Konzepte von SQL werden heutzutage in der Anwendungsentwicklung verwendet?
- Wie kann ich von meinem Anwendungsprogramm auf meine Datenbank zugreifen?
- Wie kann ich aus meiner Datenbank weitere Informationen ableiten oder analysieren?

Das Buch wendet sich primär an Personen, die in der Praxis ein Datenmodell entwerfen sollen oder sich innerhalb der Anwendungsentwicklung mit SQL beschäftigen und hierfür eine solide Einführung benötigen. Es wendet sich aber auch an solche Personen, die wissen möchten, wie man mehr Informationen aus der „Datenflut" einer Datenbank ziehen kann.

Gerade das Thema der Anwendungsentwicklung soll hierbei einen Schwerpunkt bilden, da viele Erweiterungen im SQL-Standard hinzugekommen sind, die Programmierparadigmen wie Business Objects und Mehrschichtenmodell unterstützen. Dabei geht das Buch vorwiegend auf die SQL-Bestandteile gespeicherte Routinen, Trigger, objektrelationale Sprachkonstrukte und Anwendungsprogrammierung mit Java ein. Gerade diese Bestandteile sind uns wichtig, da damit eine grundlegende Änderung der Programmierung von Datenbanken einhergeht und dieses Thema in der bisherigen Datenbank-Literatur nur „stiefmütterlich" oder gar nicht behandelt wird.

Da die heutigen Datenbankprodukte SQL:2008 bei weitem nicht vollständig unterstützen, wird nur auf solche Sprachelemente eingegangen, die in den gängigen relationalen Datenbankprodukten (IBM DB/2, Microsoft SQL Server, Oracle, Informix) enthalten sind.

Das Buch gliedert sich damit in folgende Kapitel:

- Das vorliegende Kapitel 1 gibt eine kurze Einleitung und eine Übersicht über das Buch.

- Kapitel 2 behandelt die Probleme, die ein Datenbanksystem beseitigen soll und gibt einen ersten Überblick über die Schritte, die von einem realen Problem zu einer Datenbank führen.

- Kapitel 3 und 4 gehen auf die Datenmodellierung des realen Problems ein. Hierbei werden das Entity-Relationship-Modell (ERM) und das Relationenmodell behandelt. In Kapitel 3 wird auch auf unterschiedliche Notationen des Entity-Relationship-Modells und auf die Verwendung der „Unified Modeling Language" (UML) zur Datenmodellierung eingegangen. Praktische Übungen mit dem RISE Editor, der Software StarUML und dem DBDesigner 4 von FabForce schließen die Kapitel ab.

- Kapitel 5 behandelt die Überprüfung bzw. Optimierung der Datenbankstruktur mit Hilfe der sogenannten Normalformen.

- Kapitel 6 gibt eine Einführung in SQL und beschreibt, wie man eine Datenbankstruktur anlegt bzw. wieder ändert und löscht. Übungen mit IBM DB2 9.7 und Microsoft SQL Server 2008 R2 erläutern das Gelernte noch einmal praktisch und zeigen Unterschiede zwischen den Datenbanksystemen auf.

- Kapitel 7 geht auf das Einfügen, Ändern und Löschen von Daten mit SQL und deren praktische Anwendung mit IBM DB2 und Microsoft SQL Server ein.

- Kapitel 8 behandelt einfache Abfragen in SQL und deren praktische Anwendung.

1.2 Aufbau des Buches

- Kapitel 9 beschäftigt sich mit Abfragen, bezogen auf mehrere Tabellen.
- Kapitel 10 erläutert Abfragen innerhalb von Abfragen.
- Kapitel 11 geht auf die Geschwindigkeit von Abfragen ein und erläutert, wie man diese optimieren kann.
- Kapitel 12 beschäftigt sich mit Transaktionen und deren praktische Anwendung mit dem Microsoft SQL Server.
- Die Kapitel 13 bis 15 behandeln die Sprachkonstrukte für „Gespeicherte Routinen", „Trigger" und objektrelationale Erweiterungen. Die objektrelationalen Erweiterungen werden praktisch mit IBM DB2 umgesetzt, „gespeicherte Routinen" und „Trigger" zusätzlich mit dem Microsoft SQL Server.
- Die Kapitel 16 bis 18 erläutern die Möglichkeiten des Zugriffes auf Datenbanksysteme mit Java. Die praktische Umsetzung erfolgt mit der Entwicklungsumgebung NetBeans IDE 6.9.1 auf einer IBM DB2 Datenbank.
- Das Kapitel 19 beschäftigt sich mit der Erstellung einer Datenbank zur Auswertung von Daten, einem Data Warehouse.
- Kapitel 20 schließlich beschreibt, wie Daten mit mathematisch-statistischen Verfahren sinnvoll ausgewertet werden, um neue Informationen und Erkenntnisse zu erhalten (Data Mining).

Zur Veranschaulichung der angesprochenen Themen wird den Leser das gesamte Buch hindurch eine fiktive Firma begleiten, die alle Phasen vom „Datenchaos" bis zur fertigen Datenbank durchläuft.

Jedes Kapitel beginnt mit Fragen, die anschließend beantwortet werden, und endet mit einer Zusammenfassung sowie problemspezifischen Aufgaben. Nach den Beschreibungen folgt am Ende jedes Kapitels eine praktische Umsetzung mit einem aktuellen Anwendungsprogramm, das i.d.R. kostenlos aus dem Internet heruntergeladen werden kann.

Zur praktischen Durchführung der Aufgaben wird die Nutzung von Test- bzw. kostenlosen Versionen der Datenbanksoftware empfohlen, die von allen gängigen Datenbankherstellern im Internet zum Download bereitgestellt werden und die in der Regel bis zu einem bestimmten Datum lauffähig sind. Die Internetadressen hierzu finden sich im Internet unter „http://winfo.fh-stralsund.de/Projekte/dbms". Hier finden sich auch Musterlösungen und weitere Informationen zu dem Buch.

2 Grundlagen von Datenbanken

In Kapitel 2 sollen folgende Fragen geklärt werden:
- Worin bestehen die Probleme herkömmlicher Datenspeicherung?
- Warum sollte ich mich mit Datenbanken beschäftigen?
- Wie komme ich von der Realität zu einem „Bauplan" für meine Datenbank?
- Wie setze ich den „Bauplan" so um, dass ich Daten in meiner Datenbank speichern und wiederfinden kann?

2.1 Motivation

Um die Probleme herkömmlicher Datenspeicherung zu verstehen, soll zunächst die fiktive Firma „KartoFinale" betrachtet werden, deren Hauptgeschäftszweck im Verkauf und in der Abrechnung von Eintrittskarten besteht.

In der Firma „KartoFinale" arbeiten verschiedene Personen. Neben dem Geschäftsführer, Herrn Kowalski, existieren die Abteilungen Rechnungswesen, Vertrieb und Personal (siehe Abb. 2-1).

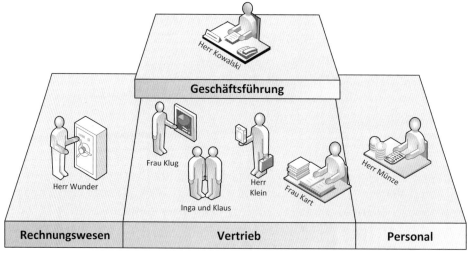

Abbildung 2-1: Das Unternehmen "KartoFinale"

Zum Vertrieb gehören Frau Klug, Herr Klein, die Studenten Inga und Klaus, die für den Verkauf der Eintrittskarten zuständig sind, und als Abteilungsleiterin Frau Kart.

2.1 Motivation

Im Rechnungswesen ist Herr Wunder eigenverantwortlich für das Schreiben der Rechnungen, die Buchhaltung usw. zuständig. Schließlich gibt es noch Herrn Münze, der die Personalabrechung bearbeitet.

Da Eintrittskarten telefonisch verkauft und versendet werden, muss Herr Wunder jeden Tag Rechnungen schreiben. Dazu verwendet er ein Textverarbeitungsprogramm. Um sich die Arbeit zu erleichtern, hat er sich eine Textdatei angelegt, in der er die Adressen der Kunden speichert.

In der Abteilung „Vertrieb" hat Herr Klein von seiner Vorgesetzten, Frau Kart, den Auftrag bekommen, die Kunden per Postversand über die aktuellen Veranstaltungen zu benachrichtigen. Kunden mit Kindern soll ein besonderer Rabatt gewährt werden. Dementsprechend sollen Kunden mit Kindern natürlich einen anderen Werbebrief erhalten.

Da Herr Klein weiß, dass Herr Wunder die Kundendaten in einer Textdatei gespeichert hat, holt er sich diese und liest sie in sein Tabellenkalkulationsprogramm ein. Danach ergänzt er die Tabelle um ein Feld für die Namen der Kinder (siehe Abb. 2-2).

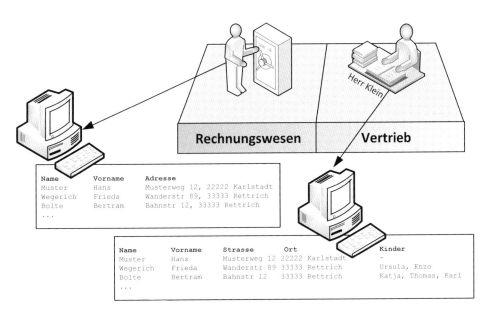

Abbildung 2-2: Kundendaten mehrfach dezentral gespeichert

Inzwischen sind drei Tage vergangen, und bei Herrn Wunder klingelt das Telefon. Herr Bolte, ein wichtiger Kunde von „KartoFinale", teilt ihm mit, dass sich seine Adresse geändert hat. Herr Wunder ändert die Adressdaten, vergisst aber, Herrn Klein darüber zu informieren.

Ebenso stellt Herr Klein bei der Durchsicht seiner Adressdaten fest, dass der Name von Frau „Wegerich" falsch geschrieben ist. Entsprechend korrigiert er ihn in „Wiegerich", ohne Herrn Wunder davon zu benachrichtigen.

Mit der Zeit treten mehrere solcher Fälle auf: Kunden werden neu in die Adressdateien aufgenommen bzw. gelöscht, Adressänderungen finden statt, ohne dass diese zwischen den beiden Abteilungen abgeglichen werden.

Nach zwei Wochen beauftragt Frau Kart Herrn Klein erneut, eine Werbebriefkampagne zu starten. Herr Klein verwendet seine eigenen Adressdaten, um die Briefe zu versenden. Diesmal kommen jedoch Briefe zurück, da Adressen nicht mehr stimmen. Neue Kunden, die ausschließlich in der Abteilung „Rechnungswesen" in die Adressdatei aufgenommen wurden, werden gar nicht benachrichtigt.

Um dieses Problem zu lösen, wird in einem Meeting zwischen Frau Kart, Herrn Klein und Herrn Wunder entschieden, dass nur noch eine gemeinsame Adressdatei verwendet werden soll. Frau Kart beauftragt Herrn Klein, die beiden Dateien abzugleichen, so dass nur noch eine verwendet wird. Neben den bisherigen Adressdaten sollen zusätzlich auch die Rechnungsdaten in dieser Datei hinterlegt werden.

Nach zwei Tagen hat Herr Klein die Unstimmigkeiten beseitigt und legt die Datei auf einem Computer ab, auf den sowohl Herr Klein, als auch Herr Wunder über das firmeninterne Netzwerk zugreifen können.

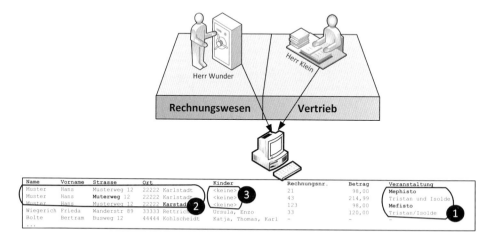

Abbildung 2-3: Kundendaten zentral gespeichert

Dabei sind Herrn Klein einige Fehler unterlaufen (siehe Abb. 2-3). So hat er gleiche Veranstaltungen unterschiedlich bezeichnet (1). Pro Rechnung hat er eine Zeile in der Datei vorgesehen. Hat ein Kunde mehrere Rechnungen erhalten, so wie Herr Muster, muss die Adresse in jeder Zeile wiederholt werden. Auch hierbei sind Herrn Klein Fehler unterlaufen (2).

2.1 Motivation

Am nächsten Tag schreibt Herr Wunder eine Rechnung für Frau Wiegerich. Dazu öffnet er die neue Adressdatei. Zur gleichen Zeit öffnet auch Herr Klein die Datei, da er die Daten noch einmal überprüfen und ggf. korrigieren möchte.

Nachdem Herr Wunder die Rechnungsdaten für Frau Wiegerich eingegeben hat, speichert er die Datei. Herr Klein bekommt davon nichts mit, da er die Adressdatei ja vorher schon geöffnet hatte. Also korrigiert er die Fehler und speichert die Datei danach. Dabei überschreibt er unwissentlich die von Herrn Wunder neu eingegebenen Rechnungsdaten.

Herr Klein hat sich in der Zwischenzeit mit der Serienbrieffunktionalität seines Textverarbeitungsprogrammes auseinandergesetzt. Damit kann er nun Serienbriefe an Adressaten ohne Kinder erstellen, abhängig davon, ob im Feld zur Angabe der Kinder der Wert „<keine>" steht (3). Inzwischen ist jedoch Herr Wunder auf die Idee gekommen, für das Nichtvorhandensein von Kindern einen Bindestrich zu verwenden. Der Serienbrief von Herrn Klein für seine Werbekampagne wird damit nicht mehr korrekt erstellt.

Frau Kart möchte alle Mitarbeiter darüber benachrichtigen, dass auf dem zentralen Computer die Adressen der Kunden gespeichert sind. Frau Kart weiß, dass Herr Münze von der Personalabteilung alle Adressen der Mitarbeiter in einer Datei gespeichert hat. Sie bittet Herrn Münze deshalb, seine Datei auf dem zentralen Computer abzulegen, damit sowohl Herr Münze als auch andere Mitarbeiter auf die Mitarbeiteradressen zugreifen können. Da jedoch auch das Gehalt der jeweiligen Mitarbeiter in dieser Datei steht, kann Herr Münze der Bitte von Frau Kart nicht nachkommen.

Im Folgenden werden noch einmal die Probleme zusammengefasst, die im obigen Szenario aufgetreten sind:

- Daten werden mehrfach dezentral gespeichert (Datenredundanz).
- Dadurch laufen die Daten auseinander und sind nicht mehr konsistent (Datenintegrität).
- Auch bei zentraler Speicherung werden Daten trotzdem noch mehrfach gespeichert (Datenredundanz),
  Beispiel: pro Rechnung werden die gleichen Adressdaten mehrfach gespeichert.
- Änderungen des Datenformates bzw. der Semantik der Daten bewirken, dass bestimmte Programme nicht mehr korrekt funktionieren (Datenabhängigkeit),
  Beispiel: Serienbrief.
- Bei gleichzeitigem Zugriff besteht die Gefahr des gegenseitigen Überschreibens von Daten (Mehrbenutzerbetrieb, Synchronisation).
- Unterschiedliche Sichten auf Daten (Datensicht),
  Beispiel: Abteilung Personal und Marketing.
- Nicht jeder darf alle Daten sehen (Datensicherheit),
  Beispiel: Gehaltsdaten.

Das erste Problem war relativ einfach zu beseitigen: Die Daten mussten zentral für alle Mitarbeiter zugreifbar gemacht werden.

Alle Probleme, die danach auftraten, bestanden in der unzureichenden Kontrollaufsicht der Datei. Um alle Aufgaben korrekt zu erledigen, müsste im vorliegenden Beispiel ein einziger Mitarbeiter alleine für die Datei zuständig sein, dort Änderungen vornehmen, Auskünfte geben, Rechnungen schreiben usw.

Es ist deshalb notwendig, die Daten unter die „Obhut" eines eigenen Softwareprogrammes zu geben, das die Daten verwaltet.

Diese Software wird im Allgemeinen als Datenbank-Management-System (DBMS) bezeichnet. Die Aufgaben des DBMS bestehen in der Beseitigung der oben aufgeführten Probleme und der Kontrolle der Daten (siehe Abb. 2-4).

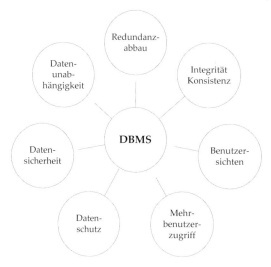

Abbildung 2-4: Aufgaben eines Datenbank-Management-Systems

Unter einem Datenbank-Management-System (DBMS) versteht man also eine Software zur Verwaltung von Datenbanken. Eine Datenbank (DB) wiederum stellt einen zusammengehörigen Datenbestand dar (z.B. alle Daten der Abteilung Personal oder alle Adressdaten eines Unternehmens). Alle Datenbanken zusammen bilden die gesamte Datenbasis eines Datenbank-Management-Systems. Neben den eigentlichen Datenbanken enthält das DBMS auch eine Datenbasis zum Speichern von Metadaten, wie z.B. Informationen über die Struktur der Tabellen, über die Eigenschaften der einzelnen Spalten, aber auch benutzerdefinierten Programmcode. Diese Datenbasis wird als Data Dictionary oder Repository bezeichnet und normalerweise auch in einer Datenbank in Form von Tabellen gespeichert.

Datenbank-Management-System und Datenbanken bezeichnet man entsprechend als Datenbanksystem (DBS) (siehe Bild 2-5).

2.1 Motivation

Datenbank-Management-Systeme sind heutzutage allgegenwärtig, auch wenn man als Anwender nicht unmittelbar mit ihnen in Berührung kommt. Hebt man an einem Bankterminal Geld ab, so steht dahinter immer ein Datenbank-Management-System, das die Kundendaten abruft, Überprüfungen vornimmt und den neuen Kontostand speichert. Egal, ob Geld am Bankterminal abgehoben oder ob per Online-Banking Geld bei einer Bank überwiesen wird, ein DBMS nimmt diese Transaktion vor und steuert den Ablauf der Daten.

Bei der Durchführung von Dienstleistungen oder der Anfertigung von Produkten werden in der Regel die dabei anfallenden Daten in Datenbanken gespeichert und durch das DBMS verwaltet.

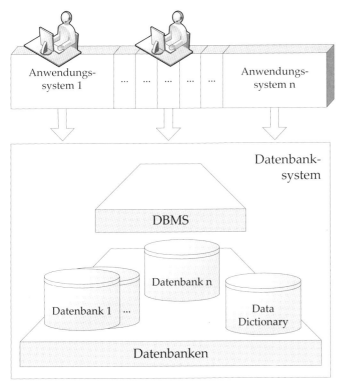

Abbildung 2-5: DBMS, DB und DBS

Ende 2008 umfasste der Umsatz mit relationalen Datenbank-Management-Systemen etwa 19 Mrd. US $. Diese Summe beinhaltet den reinen Verkaufsumsatz von Datenbank-Management-Systemen. Darin sind nicht enthalten: Betrieb des DBMS, Beratung, Programmierung usw. Diese Zahl macht deutlich, welche zentrale Rolle Datenbank-Management-Systeme gerade im kommerziellen Bereich der Informationstechnologie spielen.

2.2 Von der Realität zum "Bauplan"

Ein Architekt erstellt vor dem Bau eines Gebäudes in der Regel einen Projektplan, in dem er festlegt, welche Tätigkeiten in welcher Reihenfolge zu erfolgen haben. Kernpunkt des Projektplanes ist die Bestimmung des eigentlichen Zwecks des Gebäudes.

Ebenso wie der Architekt muss auch der Datenbank-Designer gemeinsam mit dem Kunden zuerst den Zweck der zu erstellenden Datenbank und zukünftiger Anwendungssoftware ermitteln, denn die Zweckbestimmung legt letztendlich fest, welche Daten als relevant anzusehen sind. Es ist sicherlich möglich, in einer Datenbank die Lieblingsspeise eines Kunden zu speichern. Diese Information ist für das eigentliche Kerngeschäft eines Unternehmens jedoch in der Regel nicht relevant, es sei denn, es handelt sich um ein Feinschmecker-Restaurant o.ä.

Neben der Zweckbestimmung erstellt der Datenbankarchitekt einen Projektplan, in dem er festhält, was, wann, in welcher Reihenfolge getan, überprüft und eventuell noch einmal überarbeitet werden muss (Phasenkonzept).

Nach dem Projektplan benötigt der Architekt einen „Bauplan" für das Gebäude. Dieser „Bauplan" dient zum einen als Diskussionsgrundlage mit dem Kunden, zum anderen als Basis zum Bau des Gebäudes. Der Architekt erstellt deshalb einen Grundriss und die jeweiligen Außenansichten. Der Kunde kann dann entsprechend Änderungswünsche äußern, die vom Architekten eingearbeitet werden, bis man sich schließlich auf einen gemeinsamen Bauplan einigt.

Ein Datenbank-Designer steht vor dem gleichen Problem. Er muss dem Kunden leicht verständlich einen „Bauplan" seiner späteren Datenbankstruktur vorstellen. Im Gegensatz zum Architekten, der immer wieder die gleiche Tätigkeit durchzuführen hat, nämlich den Bau eines Gebäudes, muss sich ein Datenbank-Designer fachlich in die verschiedensten Tätigkeiten eines Unternehmens einarbeiten, für das eine Datenbank erstellt werden soll. Bevor er also einen „Bauplan" entwirft, führt er Gespräche mit den zukünftigen Endanwendern, sichtet Dokumente des Unternehmens, ermittelt Informationen anhand von Fragebögen u.ä.

Ziel des Datenbank-Designers in dieser ersten Phase ist es also, das Geschäftsumfeld des Kunden mit den jeweiligen Funktionen und anfallenden Daten kennenzulernen.

Danach kann er anfangen, einen ersten „Bauplan" für das zukünftige System zu erstellen. Er bildet damit die Realität in einem sogenannten Datenmodell ab. Dazu identifiziert er die Daten der Geschäftsobjekte, die für das Geschäftsumfeld relevant sind, und deren Beziehungen untereinander. Bei dem einfachen Geschäftsumfeld „Kunde kauft Auto" z.B. stellen „Kunde" und „Auto" Geschäftsobjekte dar und „kauft" beschreibt die Beziehung zwischen diesen beiden Geschäftsobjekten.

Dieser erste Entwurf eines Datenmodells dient dem Datenbank-Designer nun als Grundlage zur Diskussion mit dem Kunden, um fachliche Verständnisprobleme oder fehlende Daten bzw. Beziehungen zu ermitteln. In Zusammenarbeit mit dem Kunden wird dieses Datenmodell für alle relevanten Geschäftsobjekte weiter verfeinert. Der Datenbank-Designer entwirft dieses Datenmodell auf einem Blatt Papier. Dabei könnte der Datenbank-Designer eigene grafische Symbole verwenden, die er dem Kunden erläutert, bevor über das Datenmodell diskutiert wird, genauso wie ein Bauherr die Symbole auf einem Grundriss verstehen muss.

Beim Datenbankentwurf hat sich jedoch eine bestimmte grafische Notation bzw. Modellierung etabliert: das Entity-Relationship-Modell (ERM). Das ERM wird heutzutage in der Regel für den Entwurf eines Datenmodells verwendet und hat sich in der Praxis durchgesetzt, da es ohne viel Einarbeitungsaufwand relativ schnell verstanden wird. Gerade dieser Punkt ist wichtig, um sich bei den Gesprächen mit dem Kunden auf die fachspezifischen Inhalte konzentrieren zu können und Missverständnisse bei den grafischen Notationen zu vermeiden.

So ist die umfangreiche Notation ein Grund, weshalb sich die Modellierungssprache „Unified Modeling Language" (UML) bisher noch nicht in der Modellierung von Datenbankentwürfen als Grundlage für Kundengespräche durchgesetzt hat.

Im Gegensatz zur UML hat das ERM allerdings den Nachteil, dass es nicht standardisiert wurde. Dadurch existieren zurzeit verschiedene „Dialekte". Auf das ERM und die verschiedenen „Dialekte" (Chen, Barker) und die UML wird in Kapitel 3 ausführlich eingegangen.

Das so im ersten Schritt erstellte Datenmodell, auch konzeptionelles Modell genannt, muss also so einfach sein, damit es als Grundlage der Gespräche mit dem Kunden dienen kann, d.h. das Modell ist also unabhängig von einem ganz bestimmten Datenbankmanagementsystem. Zum anderen muss es aber auch möglichst detailliert sein, damit es vom Datenbank-Designer physisch in Datenbankstrukturen umgewandelt werden kann.

2.3 Vom "Bauplan" zur Datenbank

Das konzeptionelle Datenmodell, das zur Diskussion mit dem Kunden dient, ist unabhängig von technischen Implementierungen. Es beschreibt, was mit welchen Daten später auf dem Computer umgesetzt werden soll.

So wie ein Architekt beim Bau eines Gebäudes für die Handwerker einen eigenen Plan erstellt, muss auch der Datenbank-Designer einen eigenen Plan zur Umsetzung des konzeptionellen Datenmodells erarbeiten. Nach dem Entwurf des konzeptionellen Datenmodells ist also ein weiterer „Bauplan" notwendig, das so genannte logische Datenmodell, das die Umsetzung des konzeptionellen Modells in eine physische Datenstruktur unterstützt. Das logische Datenmodell legt fest, wie die im konzeptionellen Modell definierten Geschäftsobjekte und Beziehungen vom Datenbankmodell (relational, hierarchisch, objektorientiert) her abgebildet werden können. Es ist also unabhängig von einem konkreten Datenbankmanagementsystem, aber abhängig von der Art der Datenspeicherung. In relationalen Datenbanksystemen erfolgt die Speicherung von Geschäftsobjekten und Beziehungen in Form von Tabellen. Eine Zeile innerhalb der Tabelle stellt dabei ein reales Objekt, eine Spalte die Eigenschaft des realen Objektes dar. Man spricht bei diesem logischen Datenmodell vom Relationenmodell. Nachdem dieses entwickelt wurde, kann mit Hilfe der relationalen Datenbanksprache SQL die Struktur der Datenbank physisch auf dem Computer erstellt werden.

Der Entwurf des logischen Datenmodells auf Basis des Relationenmodells wird ausführlich in Kapitel 4 beschrieben, die Erstellung der Datenbankstruktur mit SQL in Kapitel 6.

Da Benutzer unterschiedliche Sichten auf die Daten haben, wird im nächsten Schritt das so genannte externe Datenmodell festgelegt. Hierbei wird zum einen bestimmt, welche Benutzer bzw. welche Benutzergruppen welche Berechtigungen auf bestimmte Informationsinhalte erhalten. Zum anderen werden Sichten auf die Daten erzeugt in Abhängigkeit von der Funktion des jeweiligen Anwendungsprogramms.

Schließlich wird in einem physischen Datenmodell festgelegt, welche Zugriffsmechanismen und Speicherstrukturen zur Effizienzsteigerung verwendet werden können. Da das physische Datenmodell stark abhängig ist vom jeweils verwendeten DBMS, wird in diesem Buch nur auf allgemeine Verfahren und Algorithmen eingegangen, die das Verständnis erleichtern. Hierzu sollte man die Handbücher der entsprechenden Datenbankprodukte zu Rate ziehen.

Abb. 2-6 zeigt das von der ANSI/SPARC 1975 entwickelte 3-Ebenen-Modell, das noch einmal den Zusammenhang zwischen externem, konzeptionellem und physischem Datenmodell veranschaulicht.

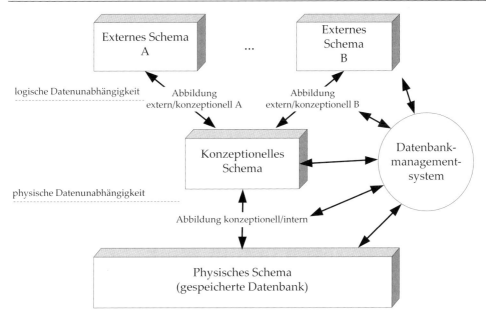

Abbildung 2-6: 3-Ebenen-Modell nach ANSI/SPARC

Neben dem Datenbank-Designer, der für den fachlichen Entwurf der Datenbank verantwortlich ist, gibt es den Datenbank-Administrator, der für die spätere Nutzung und Wartung zuständig ist. Er vergibt Rechte auf die Daten, erzeugt Sicherheitskopien der Datenbanken, überwacht die Ressourcen auf mögliche Engpässe (Performance) usw. Er ist also für den gesamten Betrieb und die Aufrechterhaltung des Datenbank-Management-Systems verantwortlich.

Neben diesen beiden Personengruppen existieren dann natürlich die eigentlichen Benutzer der Datenbanken, die über entsprechende Anwendungssysteme auf die Daten zugreifen.

2.4 Zusammenfassung

In diesem Kapitel haben wir zunächst die Probleme kennengelernt, die auftreten, sofern man Daten über ein Dateisystem speichert. Die Gründe für diese Probleme liegen vorwiegend in der mangelnden Verwaltung der Daten durch eine übergeordnete Instanz. Diese übergeordnete Instanz stellt ein Datenbank-Management-System (DBMS) dar, das die Daten unter seiner „Obhut" verwaltet. Genau wie der Manager einer Firma plant und steuert, kontrolliert und organisiert das DBMS die Daten. Hierdurch können Redundanzen vermieden, die Integrität, Sicherheit und der Schutz der Daten sichergestellt werden.

Ein Problem kann jedoch nicht durch ein DBMS beseitigt werden: Redundanzen aufgrund der Struktur, in der die Daten gespeichert wurden.

Probleme dieser Art lassen sich nur durch eine analytische Tätigkeit, den Datenbankentwurf, vermeiden. Der Datenbankentwurf, also die Erstellung eines „Bauplanes" aufgrund der Realität, erfolgt in mehreren Schritten. Zunächst wird festgelegt, zu welchem Zweck eine Datenbank entworfen werden soll. Danach wird in Absprache mit dem Kunden ein konzeptionelles Datenmodell erstellt.

Nachdem das konzeptionelle Datenmodell so weit fortgeschritten ist, dass es dem Geschäftsumfeld des Kunden entspricht, entwickelt der Datenbank-Designer das logische Datenmodell. Dieses dient als Grundlage zur Erstellung einer physischen Datenstruktur. Bei dem Entwurf einer relationalen Datenbank wird hier entsprechend das Relationenmodell verwendet.

Schließlich wird das Relationenmodell u.a. mit der Datenbanksprache SQL in eine physische Datenbankstruktur umgesetzt.

Abb. 2-7 fasst noch einmal alle Schritte zur Erstellung einer Datenbank zusammen.

Das folgende Kapitel beschäftigt sich mit Phasenkonzepten und der Erstellung des konzeptionellen Datenmodells.

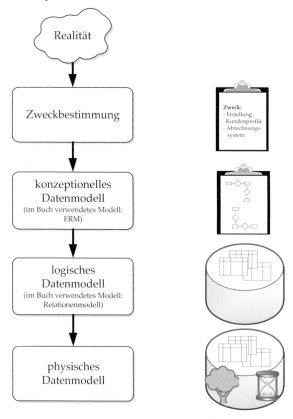

Abbildung 2-7:   Schritte zur Erstellung einer Datenbank

2.5 Aufgaben

Wiederholungsfragen

1. Was versteht man unter einem Datenbank-Management-System (DBMS)?
2. Was ist ein Datenbanksystem (DBS)?
3. Was ist eine Datenbank (DB)?
4. Welche Aufgaben erfüllt ein DBMS?
5. Was versteht man unter „Redundanz von Daten"?
6. Was versteht man unter „Datenunabhängigkeit"?
7. Was ist mit „Datenintegrität" gemeint?
8. Worin besteht die Hauptaufgabe des Datenbank-Designers?
9. Welche Datenmodellierungstechniken gibt es?

Übungen

1. In einer Bibliothek werden die zu verleihenden Bücher in einer einzigen Datei verwaltet. Die folgende Tabelle zeigt, wie die Daten gespeichert werden:

ISBN	Autor	Titel	Verlag
3834812226	H. Neuendorf	Java-Grundkurs für Wirtschaftsinformatiker	Vieweg+Teubner
3834813826	G. Blakowski	Datenbanken für Wirtschaftsinformatiker	Vieweg+Teubner
3834812226	H. Neuendorf	Java-Grundkurs für Wirtschaftsinformatiker	Vieweg+Teubner
3834813816	G. Brosius	Datenbanken für Wirtschaftsinformatiker	Teubner+Vieweg
3834813826	S. Cordts	Datenbanken für Wirtschaftsinformatiker	Springer Verlag
3540372172	G. Fandel	Produktionsmanagement	Springer Verlag

In der Dateistruktur sind mehrere Entwurfsfehler enthalten, die zu Problemen bei der Speicherung geführt haben. Um welche Probleme handelt es sich und wie könnten diese gelöst werden!

2. Herr Klein von der Firma „KartoFinale" hat seine Datei mit den Kundendaten noch einmal geändert. Um nicht für jede Rechnung die gesamten Kundendaten zu wiederholen, hat er zwei Dateien erstellt, eine Datei für die Kundendaten und eine weitere Datei mit den Rechnungsdaten. Die Dateien sehen wie folgt aus:

Kundendatei

```
Name         Vorname      Strasse         Ort              Kinder
Muster       Hans         Musterweg 12    22222 Karlstadt  <keine>
Wiegerich    Frieda       Wanderstr 89    33333 Rettrich   Ursula, Enzo
Bolte        Bertram      Busweg 12       44444 Kohlscheidt Katja, Thomas, Karl
...
```

Rechnungsdatei

```
Name         Vorname      Rechnungsnr.  Betrag      Veranstaltung
Muster       Hans         21             98,00 DM   Mephisto

Muster       Hans         43            214,99 DM   Tristan und Isolde
Muster       Hans         123            98,00 DM   Mephisto
Wiegerich    Frieda       33            120,00 DM   Tristan und Isolde
...
```

Um die Rechnung dem jeweiligen Kunden zuzuordnen, hat Herr Klein den Vor- und Nachnamen mit in die Rechnungsdatei übernommen. Über den Vor- und Nachnamen kann er in der Kundendatei dann die vollständige Adresse des Kunden ermitteln.

Beschreiben Sie mögliche Probleme dieser Lösung!

3 Konzeptioneller Datenbankentwurf

In Kapitel 3 sollen folgende Fragen geklärt werden:
- Wie sieht ein Projektplan zum Entwurf einer Datenbank bzw. eines Anwendungssystems aus?
- Wie werden die Anforderungen an ein zu entwickelndes Anwendungssystem bzw. die Datenbankstruktur ermittelt?
- Wie werden die ermittelten Anforderungen formal dargestellt („Bauplan"), um mit dem Kunden über den Entwurf zu diskutieren?
- Welche formalen Entwurfsmethoden haben sich in der Praxis etabliert?

3.1 Motivation

Als Einstieg betrachten wir wieder den Verkauf von Eintrittskarten bei der Firma „KartoFinale". Wir haben im zweiten Kapitel erfahren, dass durch das Speichern der Kunden- und Rechnungsdaten zentral in einer einzigen Datei verschiedene Probleme auftraten und diese nur unzureichend gelöst werden konnten. Als vorbildliche Abteilungsleiterin trägt Frau Kart deshalb dieses Problem bei der Geschäftsführung vor. Der Geschäftsführer, Herr Kowalski, lässt sich die Probleme erklären und kommt zu dem Entschluss, eine Unternehmensberatung zu beauftragen, ein eigenes Abrechnungssystem für „KartoFinale" zu entwickeln. Sein Nachbar, Herr Warner, ist zufälligerweise Geschäftsführer der Unternehmensberatung „Database Consult AG", die sich auf die Analyse und Konzeption von Anwendungssystemen für den Dienstleistungsbereich spezialisiert hat.

Also beauftragt Herr Kowalski seinen Nachbarn zur Erstellung eines Konzeptes für ein EDV-gestütztes Abrechnungssystem. Herr Warner, der sich Herrn Kowalski als Nachbar verpflichtet fühlt, setzt seinen besten Mitarbeiter, Herrn Dr. Fleissig für diese Aufgabe ein.

Vor einem ersten Gespräch mit Herrn Kowalski, lässt sich Herr Fleissig eine Broschüre und andere Informationen über die Firma „KartoFinale" zusenden, um einen ersten Eindruck von den Geschäftsprozessen der Firma zu erhalten. Er erstellt einen ersten Fragenkatalog, den er am nächsten Tag mit Herrn Kowalski klären will. Dabei unterscheidet er zwischen fachlichen und rein projektspezifischen Fragen.

Fachliche Fragen sind u.a.:

- Wie sieht der Ablauf des Verkaufes von Eintrittskarten aus?
- Welche Kundengruppen existieren beim Verkauf?
- Wird nur an Privatkunden verkauft?
- Werden auch Abonnementkarten verkauft?
- Wie erfolgt die Bezahlung?
- Aus welchen Abteilungen besteht die Firma „KartoFinale"? u.a.

Projektspezifische Fragen betreffen dagegen den Ablauf der Erstellung des EDV-gestützten Abrechnungssystems.

- Gibt es einen vorgegebenen Einsatztermin für das Abrechnungssystem?
- Welcher Mitarbeiter von „KartoFinale" ist Ansprechpartner in organisatorischen Fragen?
- Bis wann soll das Konzept für das Abrechnungssystem spätestens fertiggestellt sein? u.a.

Nach dem Gespräch am nächsten Tag mit Herrn Kowalski hat Herr Fleissig einen ersten Überblick über die Geschäftstätigkeiten von „KartoFinale" erhalten. Um einzelne Geschäftsprozesse detailliert zu verstehen, vereinbart er Gespräche mit Frau Kart als Vertriebsleiterin und Herrn Wunder als Leiter des Rechnungswesens. Vor den Gesprächen erhält er von Herrn Kowalski noch Formulare, die bei der Abwicklung des Verkaufes verwendet werden, und Exemplare von Rechnungen und Mahnungen an die Kunden.

Im Gespräch mit Frau Kart erfährt Herr Fleissig, dass Eintrittskarten ausschließlich per Telefon von Kunden bestellt werden, eine direkte Vorverkaufsstelle sei nicht vorhanden und auch nicht geplant. Allerdings gibt es Überlegungen, Eintrittskarten auch über das Internet zu verkaufen. Herr Fleissig bittet Frau Kart zu erläutern, wie der bisherige Ablauf der Kartenbestellung aussieht. Frau Kart erzählt: „Ruft ein Kunde bei uns an, so wird er von Inga oder Klaus, die die eingehenden Telefonate entgegennehmen, zunächst nach einer Kundennummer gefragt. Handelt es sich um einen neuen Kunden, so wird ein Formular mit den Adressdaten und der gewünschten Zahlungsweise ausgefüllt. Ist er bereits Kunde, so wird in der Adressdatei auf unserem zentralen Computer nach seiner Kundennummer gesucht und die Adressdaten auf ein Bestellformular übertragen. In das Bestellformular tragen Inga oder Klaus dann die gewünschten Eintrittskarten ein. Hierzu werden die Bezeichnung der Veranstaltung, der Vorstellungstermin, sowie die Spielstätte und die Anzahl der gewünschten Karten eingetragen.

Danach wird das Bestellformular an Herrn Klein weitergegeben. Herr Klein ergänzt das Formular um die Vorstellungsnummer, die er aus einem Katalog aller verfügbaren Vorstellungen manuell heraussucht. Anhand der Vorstellungsnummer geht er zu unserem Tresor und sucht die gewünschten Eintrittskarten heraus und gibt sie zusammen mit dem Bestellformular an Herrn Wunder vom Rechnungswesen weiter."

3.1 Motivation

Im darauffolgenden Gespräch mit Herrn Wunder erfährt Herr Fleissig, was danach mit dem Bestellformular passiert. Herr Wunder erzählt: „Ich nehme das Bestellformular und suche in der zentralen Kundendatei nach dem Kunden, um die Adressdaten in die zu erstellende Rechnung zu übernehmen. Die Rechnung schreibe ich in meinem Textverarbeitungsprogramm. Entsprechend führe ich die Einzelposten mit den Eintrittskarten auf und berechne eine Gesamtsumme mit Mehrwertsteuer. Abhängig von der Gesamtsumme und davon, ob es sich um einen langjährigen Kunden handelt, rechne ich schließlich noch einen Rabatt von 2% bis 4% heraus. Danach drucke ich die Rechnung zweifach aus und stecke ein Exemplar zusammen mit den Eintrittskarten in einen Briefumschlag, der dann an den Kunden versendet wird. Das zweite Exemplar geht schließlich an unseren Steuerberater, der extern die Finanzbuchhaltung für „KartoFinale" durchführt".

Nach den Gesprächen erstellt Herr Fleissig mit Bleistift und Papier zunächst einen groben Entwurf über den Ablauf dieses Geschäftsprozesses, um grafisch einen allgemeinen Überblick zu erhalten (siehe Abb. 3-1). Dabei bemerkt er, dass noch Informationen fehlen. So hat Frau Kart noch nicht erklärt, was mit dem Kundenformular für neue Kunden geschieht. Herr Fleissig geht davon aus, dass Inga bzw. Klaus diese in die zentrale Kundendatei selbständig eintragen.

Danach gibt Herr Fleissig den ersten Grobentwurf zur Überprüfung noch einmal Frau Kart und Herrn Wunder und erfährt, dass neue Kundendaten nicht von Inga oder Klaus, sondern von Herrn Klein in die Adressdatei übertragen werden. Entsprechend korrigiert er seine Grafik. Herr Fleissig verwendet seine eigene Notation zur grafischen Darstellung des Geschäftsprozesses, da der Entwurf nur als vorläufige Skizze dienen soll, um einen ersten Überblick über diesen Geschäftsprozess zu erhalten.

Nach den Gesprächen erhält Herr Fleissig noch die Adressdatei der Kunden. Wieder zurück in der Firma, beginnt Herr Fleissig, den Zweck des zukünftigen Abrechnungssystems zu beschreiben. Das zu entwickelnde Abrechnungssystem soll den Bestellvorgang von der Bestellannahme bis zum Versand der Eintrittskarten sowie Teile des Rechnungswesens, nämlich Fakturierung und Mahnwesen beinhalten.

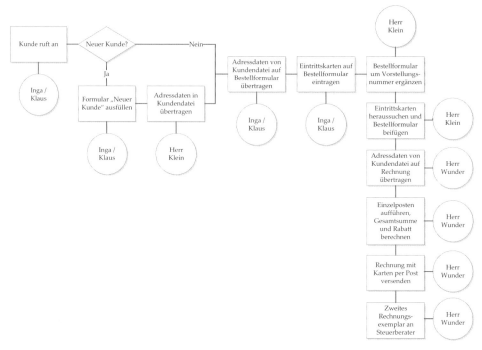

Abbildung 3-1: Erster Entwurf des Geschäftsprozesses „Kartenbestellung"

Danach stellt Herr Fleissig einen ersten Projektplan auf, der aus vier Phasen besteht. In der ersten Phase, die sechs Wochen dauern soll, werden in Zusammenarbeit mit dem Kunden die Anforderungen an das zu entwickelnde Abrechnungssystem definiert. Als Ergebnis erhält man ein konzeptionelles Modell, das losgelöst ist von Hardware und Software. In der zweiten Phase wird das eigentliche Abrechnungssystem entworfen. Als Ergebnis entsteht ein in sich logisches Modell, das auf den Computer übertragen werden kann. Auf dieser Grundlage wird in der dritten Phase das logische Modell auf dem Computer umgesetzt. Als Ergebnis entsteht das Abrechnungssystem, das getestet und schließlich an den Kunden ausgeliefert wird. In der vierten Phase werden das Abrechnungssystem vom Kunden bewertet, noch etwaige Änderungen vorgenommen und ein Support- und Wartungsplan erstellt.

Herr Fleissig beginnt also in der ersten Phase auf Basis der bisher geführten Gespräche das konzeptionelle Datenmodell zu erstellen. Er analysiert, welche Geschäftsobjekte in dem Geschäftsprozess auftreten:

- Mitarbeiter
- Abteilung
- Kunde
- Eintrittskarte
- Rechnung
- Einzelposten

Danach überlegt er sich, welche Beziehungen zwischen diesen Geschäftsobjekten bestehen:

- Mitarbeiter gehört zu Abteilung
- Kunde bestellt Eintrittskarten
- Kunde erhält Rechnung
- Rechnung besteht aus Einzelposten

Schließlich zeichnet er das Ganze grafisch als sogenanntes „Entity-Relationship-Modell" (ERM) auf (siehe Abb. 3-2).

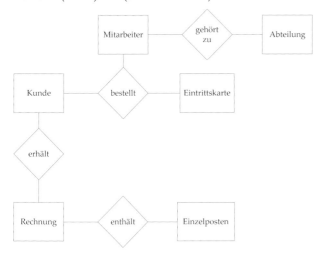

Abbildung 3-2:   Erstes konzeptionelles Datenbankmodell

Am Beispiel der Firma „KartoFinale" haben wir bis jetzt den Ablauf eines Projektes vom Projektanstoß über das Kennenlernen des Geschäftsumfeldes, das Erstellen eines Projektplanes bis hin zum ersten Entwurf eines Datenmodells kennengelernt. Diese einzelnen Schritte eines Projektablaufs werden im Folgenden detailliert erläutert.

3.2   Projektplan versus Phasenkonzept

Vor der eigentlichen Entwicklung eines Anwendungssystems, stellt man einen Plan auf, in dem die Tätigkeiten, die zur Erstellung des Anwendungssystems notwendig sind, aufgeführt werden. Jeder Tätigkeit wird das zu liefernde Ergebnis zugeordnet. Man teilt also die Entwicklung des Anwendungssystems in verschiedene Schritte bzw. Phasen ein.

Ein Phasenkonzept ist ein Vorschlag für einen Entwicklungsprozess zur erfolgreichen Durchführung eines Softwareprojektes. In der Literatur existieren verschiedene Phasenkonzepte, die einen Anhaltspunkt geben sollen, wie der eigene Projektplan aussehen könnte. Die Konzeptvorschläge unterscheiden sich dabei nur marginal. Lediglich bei der Wiederholhäufigkeit einzelner Phasen, falls die angestrebten Ergebnisse noch nicht erzielt wurden, und dem Fertigstellungsgrad gehen die Autorenmeinungen auseinander.

Das folgende hier vorgestellte Phasenkonzept (siehe Abb. 3-3) soll als Anregung zur Erstellung eines eigenen Projektplanes verstanden werden. Da kein Projekt dem anderen gleicht, müssen sich auch die Pläne zur Durchführung dieser Projekte im Detail unterscheiden. Von der „unkritischen" Übertragung eines standardisierten Phasenkonzeptes auf das eigene Projekt wird daher abgeraten. Vielmehr soll das folgende Phasenkonzept als „Gerüst" dienen, das jederzeit an die eigenen Bedürfnisse angepasst werden kann.

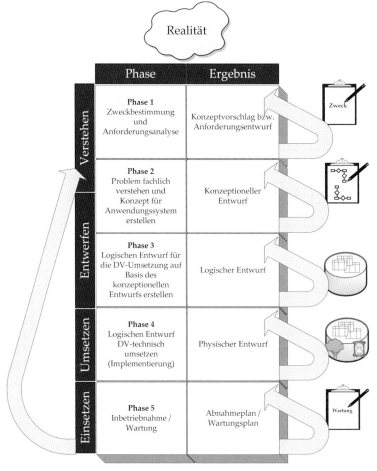

Abbildung 3-3: Phasenkonzept

Die Entwicklung eines Anwendungssystems kann man definieren als das Entwerfen und Umsetzen von logischen und physischen Abläufen und Strukturen, um den Anforderungen und dem Informationsbedarf von Benutzern in einer Organisation gerecht zu werden. Das Phasenkonzept stellt dabei eine Vorlage für diesen Entwicklungsprozess dar.

3.2 Projektplan versus Phasenkonzept

Da ein Anwendungssystem im Wesentlichen aus Funktionen und Daten besteht, werden in jeder Phase sowohl Funktionen als auch Daten entworfen. Jede einzelne Phase hat also zwei Ergebnisse: ein Funktionsmodell und ein Datenmodell. Das Datenmodell legt fest, welche Daten benötigt und in einer Datenbank gespeichert werden sollen. Das Funktionsmodell bestimmt dagegen, wie die darin gespeicherten Daten verarbeitet werden.

Obwohl sich dieses Buch vorwiegend mit der Datenmodellierung und der Umsetzung in eine Datenbankstruktur beschäftigt, soll im Folgenden auch auf die Funktionsmodellierung eingegangen werden, da die bekannten Datenbanksysteme vor allem auch funktionale Elemente enthalten.

Die erste Phase beschäftigt sich mit dem groben Kennenlernen des eigentlichen Problems. In unserem Beispiel klärt Herr Fleissig in einem ersten Gespräch mit dem Geschäftsführer von „KartoFinale", warum ein Abrechnungssystem entwickelt werden soll, wo die Probleme bestehen und welche wesentlichen Eigenschaften das zu entwickelnde Abrechnungssystem enthalten soll. Dabei hat Herr Fleissig nur eine ungenaue Vorstellung davon, wie das spätere Abrechnungssystem einmal aussehen wird. Es geht hierbei ausschließlich um eine kurze Abgrenzung des Themas. Als Ergebnis dieser ersten Phase entsteht ein Konzeptvorschlag, der beschreibt, was eigentlich als Endergebnis des Projektes herauskommen und warum dieses Projekt in Angriff genommen werden soll.

In der zweiten Phase beschäftigt man sich mit dem geschäftlichen Umfeld. Man ermittelt,

- wie Geschäftsprozesse bisher abgewickelt werden (z.B. Kontoüberweisung bei einer Bank, Bestellung von Eintrittskarten),
- welche Geschäftsobjekte mit welchen Informationen es gibt (z.B. Kunde mit den Informationen Name, Vorname, Adresse usw.),
- welche Beziehungen zwischen den Geschäftsobjekten existieren (z.B. Kunde erhält Rechnung, Abteilung besteht aus mehreren Mitarbeitern),
- welche Einschränkungen zwischen Geschäftsobjekten bzw. Informationen existieren (z.B. darf eine Eintrittskarte für einen bestimmten Sitzplatz nur einmal verkauft werden).

Hier arbeitet man mit verschiedenen Informationsquellen. Man befragt zukünftige Benutzer des Anwendungssystems, sichtet Dokumente oder analysiert ein vielleicht bereits bestehendes Anwendungssystem und lernt so die Organisation und das Geschäftsumfeld kennen. Ebenso ist es wichtig, in Gesprächen mit den zukünftigen Benutzern des Anwendungssystems Begriffe zu erlernen, die im täglichen Geschäftsumfeld verwendet werden. Beide Seiten, der Analytiker und der zukünftige Benutzer, müssen die „gleiche Sprache" sprechen. Benutzer betrachten einen Geschäftsprozess in der Regel nur aus ihrer Sicht, je nachdem, welche Funktion sie im Unternehmen innehaben. Es ist deshalb notwendig, von möglichst vielen Benutzern Informationen über einen Geschäftsprozess zu erhalten, um so zu einer allgemeinen Sichtweise zu gelangen.

In dieser zweiten Phase sammelt man eine Menge an Informationen, die teilweise Lücken enthalten oder aber auch widersprüchlich sind. Um diese „Flut" an Informationen zu bewältigen, erstellt man ein konzeptionelles Funktions- und Datenmodell. Im Funktionsmodell beschreibt man, wie Geschäftsprozesse ablaufen, im Datenmodell, welche Daten dazu benötigt werden.

Neben der strukturierten textuellen Beschreibung werden die konzeptionellen Daten- und Funktionsmodelle zur Veranschaulichung grafisch dargestellt. Für die grafische Notation des Datenmodells wird in der Praxis vorwiegend das „Entity-Relationship-Modell" (ERM) verwendet (siehe Abschnitt 3.4), für die grafische Notation des Funktionsmodells die „Unified Modeling Language" (UML) (siehe Abschnitt 3.6). Dabei wird der UML zukünftig auch in der Datenmodellierung eine höhere Bedeutung zukommen. Zum einen, um eine mehr oder weniger einheitliche Notation zu verwenden, zum anderen aber auch, weil immer mehr funktionale Elemente durch das Datenbanksystem selbst abgebildet werden.

Das entstandene konzeptionelle Modell wird in der zweiten Phase zur Diskussion mit dem Kunden eingesetzt. Die zukünftigen Endbenutzer überprüfen das Modell auf noch gewünschte Funktionen oder eventuell vorhandene Fehler oder Missverständnisse. Das konzeptionelle Modell dient also als Diskussionsplattform mit dem Kunden, genauso wie ein Architekt den „Bauplan" mit dem zukünftigen Hausbesitzer durchspricht.

Der nun fertige konzeptionelle Entwurf dient in der dritten Phase als Grundlage zur Erstellung eines logischen Entwurfes. Der logische Entwurf setzt das Daten- und Funktionsmodell DV-technisch um. Es stellt sozusagen eine „Brücke" zwischen dem fachlichen Konzept und der eigentlichen Software dar. Die Notation des „Entity Relationship Modells" (ERM) kann nicht direkt in eine Datenbankstruktur transformiert werden. Schließlich dient das ERM ja vorwiegend dazu, die fachlichen Aspekte des Geschäftsumfeldes mit dem Kunden zu klären. Entsprechend ist die Notation sehr einfach aber auch eingängig gehalten. Es muss also in ein logisches Modell überführt werden, in dem man sich für die Art der Speicherung entscheidet. In der Praxis für relationale Datenbanken hat sich hier das Relationenmodell etabliert, also das Speichern von Daten in Form von Mengen bzw. Tabellen. Eine Überführung vom ERM in das Relationenmodell ist relativ einfach und kann nach bestimmten Transformationsregeln vorgenommen werden. Das Relationenmodell wird detailliert im Kapitel 4 beschrieben. Ein anderes logisches Modell könnte die Speicherung der Daten in hierarchischer Form darstellen, z.B. als XML-Daten.

Im Gegensatz zum Datenmodell wird beim Funktionsmodell in der Praxis nach dem konzeptionellen auch das logische Modell üblicherweise mit der UML entworfen.

3.2 Projektplan versus Phasenkonzept

Phase 4 stellt die eigentliche Implementierung des Anwendungssystems dar. Nachdem ein Modell in der dritten Phase erstellt wurde, das formal DV-technisch abbildbar ist, beginnt man in der vierten Phase mit der Programmierung und der DV-technischen Umsetzung der Datenbankstruktur. Dafür wird bei relationalen Datenbanken die „Structured Query Language" (SQL) verwendet, die wir genauer ab Kapitel 6 kennen lernen werden. Die Umsetzung des Funktionsmodells erfolgt mit gängigen Programmiersprachen wie C++, Java, Visual Basic oder C#, aber auch mit SQL. Seit der Verabschiedung des Teilstandards SQL PSM-96 (Persistent Stored Modules) im Jahr 1996 enthält SQL Sprachelemente prozeduraler Programmiersprachen. Im dritten Standard 1999 wurde SQL in dieser Hinsicht noch einmal erweitert. Es ist deshalb heutzutage üblich, mit dieser Sprache nicht nur die Datenbankstrukturen und Datenbankabfragen zu realisieren, sondern auch einen Großteil von Funktionen abzubilden. Hierauf werden wir genauer in den Kapiteln 13 bis 15 eingehen.

Als Ergebnis der vierten Phase entsteht die eigentliche Software, die zu diesem Zeitpunkt immer wieder getestet und mit dem Kunden auch auf fachliche Korrektheit überprüft werden sollte.

In der fünften Phase wird das getestete Anwendungssystem beim Kunden eingeführt und entsprechend einem vorher definierten Plan vom Kunden abgenommen. Ein Abnahmeplan sollte vorher festgelegte Szenarien enthalten, die die DV-technisch abgebildeten Geschäftsprozesse auf korrekte Funktionalität überprüfen. Wurde das Anwendungssystem vom Kunden abgenommen, so muss es gewartet werden, d.h. es muss Mitarbeiter geben, die die Computer warten, die Endbenutzer betreuen und eventuell schulen sowie die gesamte DV-Umgebung überwachen.

Das vorgestellte Phasenkonzept sollte generell niemals als ein durchgehender Prozess betrachtet werden. Gerade zwischen den Phasen 2 und 4 wird es oft wieder Rücksprünge geben, da fachliche oder technische Aspekte nicht in einer vorherigen Phase berücksichtigt wurden. Nehmen wir unser Beispiel der Firma „KartoFinale". Dort wurde der Bezahlvorgang nach Rechnungsversand bisher noch gar nicht berücksichtigt. Würde das Projekt nun beginnen und erst bei der Umsetzung des Anwendungssystems in Phase 4 die Nichtberücksichtigung des Bezahlvorgangs bemerkt werden, eine DV-technische Umsetzung aber vom Kunden gewünscht ist, so muss entsprechend zur Phase 2 zurückgesprungen und das konzeptionelle und logische Modell geändert werden. Natürlich sollten wichtige Punkte eines Geschäftsprozesses wie der Bezahlvorgang von einem Analytiker bereits vorher berücksichtigt werden. Häufig sind es in der Praxis aber auch Kleinigkeiten oder technische Restriktionen, die zu einem Rücksprung führen. Generell gilt jedoch, in den Phasen 1 bis 3 das Anwendungssystem so weit zu entwerfen, dass solche unliebsamen „Überraschungen" erst gar nicht auftreten. Dementsprechend sollte man diese Phasen nicht unterschätzen und hier ausreichend Zeit und Sorgfalt investieren. Gerade die Vernachlässigung dieser Phasen führt immer wieder zum Scheitern von Softwareprojekten.

3.3 Konzeptioneller Entwurf (Datenmodellierung)

3.3.1 Grundlagen

Im letzten Abschnitt haben wir kennengelernt, wie ein komplettes Softwareprojekt vom Projektanstoß bis zum eigentlichen Einsatz umgesetzt wird. Wir haben gesehen, dass die Datenmodellierung selbst nur ein Teil des gesamten Entwicklungsprozesses ausmacht und von der Funktionsmodellierung getrennt wird. Diese Trennung ist sinnvoll, da ein Datenmodell nicht so sehr an ein bestimmtes Anwendungssystem angelehnt, sondern abstrakter betrachtet werden sollte. Stellen Sie sich vor, Sie müssen für Ihre Firma ein Personalabrechnungssystem entwickeln. Erstellen Sie das Datenmodell nur für ein Personalabrechnungssystem, würden Beziehungen zu anderen wichtigen Geschäftsobjekten der Firma verloren gehen. Sie hätten eine Insellösung entwickelt, die ausschließlich für die Personalabrechnung funktioniert. Anwendungssysteme für weitere Geschäftsprozesse z.B. zur Kundenbetreuung müssten entweder eine eigene Datenbank erhalten, oder die Datenbankstruktur der Personalabrechnung müsste in größerem Maße geändert werden. Die erste Lösung hätte wieder den uns bereits bekannten Nachteil der Datenredundanz: Mitarbeiterdaten werden in der Firma mehrfach gespeichert. Die zweite Lösung dagegen würde für jedes neu zu entwickelnde Anwendungssystem einen „Rattenschwanz" von Änderungen in bereits bestehenden Anwendungssystemen nach sich ziehen.

Man geht heute deshalb dazu über, so genannte unternehmensweite Datenmodelle (UDM) zu entwerfen, die ein Datenmodell und damit eine einzige Datenbasis für ein gesamtes Unternehmen abbilden. Auf Grundlage dieser Datenbasis sollten dann beliebige Anwendungssysteme für das Unternehmen entwickelt werden können, ohne die grundlegende Struktur der Datenbank in größerem Ausmaß zu ändern.

Daneben existieren Referenzmodelle bestimmter Branchen. Es ist also möglich, so ein Daten-Referenzmodell zu nehmen und es an die eigenen Bedürfnisse des Unternehmens anzupassen.

Doch zurück zum eigentlichen konzeptionellen Datenbankentwurf. Dieser wird für zwei Personengruppen erstellt. Zum einen für den Analytiker, der ihn als „Bauplan" zur Absprache mit dem Kunden verwendet. Zum anderen für den Datenbankdesigner, der den konzeptionellen Entwurf als Basis für die Umsetzung in einen logischen und schließlich in einen physischen Entwurf verwendet.

Beide Personengruppen haben entsprechend unterschiedliche Wünsche an ein Datenmodell. Für den Analytiker und den Kunden soll das Datenmodell möglichst leicht verständlich sein. Dies heißt jedoch auch, dass es weniger detailliert ist.

3.3 Konzeptioneller Entwurf (Datenmodellierung)

Demgegenüber wünscht sich der Datenbankdesigner ein Datenmodell, das möglichst detailliert und komplett ist. Dieses geht jedoch in der Regel zu Lasten der Übersichtlichkeit und Verständlichkeit.

Generell lässt sich zusammenfassen, dass es in der Datenmodellierung um das Identifizieren und Klassifizieren von Geschäftsobjekten des Geschäftsumfeldes und deren kennzeichnenden Merkmale sowie der Beziehungen zwischen ihnen geht.

Ein Datenmodell besteht aus:

- strukturiertem Text,
- grafischer Notation.

Der strukturierte Text beschreibt detailliert die identifizierten und klassifizierten Geschäftsobjekte und deren Beziehungen, sowie vorhandene Regeln bzw. Einschränkungen. Der strukturierte Text dient vorwiegend dem Datenbankdesigner zum Entwurf des logischen und physischen Datenmodells.

Die grafische Notation dient der Übersicht und vor allem dem Verständnis der Geschäftsobjekte und deren Beziehungen, da grafische Modelle vom Menschen ganzheitlich besser aufgenommen werden können. Andererseits verzichten grafische Modelle auf Details.

Da es um Geschäftsobjekte und deren Beziehungen geht, gibt es verschiedene grafische Elemente für:

- Geschäftsobjekte,
- Attribute,
- eindeutige Identifizierer (Schlüssel),
- Beziehungen,
- Beziehungstypen,
- Sub- bzw. Supertypen.

Im Folgenden wollen wir uns mit drei grafischen Notationen bzw. Modellen, die in der Praxis relevant sind, auseinandersetzen, dem „Entity-Relationship-Modell" (ERM) nach Chen, dem „Entity-Relationship-Modell" (ERM) nach Barker und der „Unified Modeling Language" (UML). Zum Schluss jedes vorgestellten Modells, wird anhand des praxisorientierten Fallbeispiels ein Datenmodell mit der jeweiligen Notation erstellt, um die Unterschiede zwischen diesen grafischen Notationen kennenzulernen.

Bevor wir uns jedoch mit den drei grafischen Notationen auseinandersetzen, wollen wir erst einmal unser Fallbeispiel beschreiben, die oben aufgeführten sechs Elemente definieren und schließlich betrachten, wie man aus der Beschreibung eines Geschäftsumfeldes diese Elemente identifizieren kann.

3.3.2 Fallbeispiel

Herr Dr. Fleissig von der Unternehmensberatung „Database Consult AG" hat inzwischen verschiedene Dokumente und Formulare gesichtet und sich mit den meisten relevanten Mitarbeitern von „KartoFinale" unterhalten. Zunächst berichtet er seinem Geschäftsführer von den Kunden und den Artikeln, die „KartoFinale" verkauft:

„Ein Artikel kann entweder eine Eintrittskarte oder ein Werbeartikel zu einer Veranstaltung sein. Zu einer Veranstaltung kann es mehrere Werbeartikel geben, ein Werbeartikel ist immer genau einer Veranstaltung zugeordnet (z.B. „Cats T-Shirt" ist Veranstaltung „Cats" zugeordnet). Es gibt also keinen Werbeartikel, der für verschiedene Veranstaltungen verkauft wird. Eine Veranstaltung besteht aus mehreren Vorstellungsterminen. Eine Vorstellung findet in einer bestimmten Spielstätte statt. Nehmen wir einmal ein Beispiel: Zu der Veranstaltung „Don Giovanni von Mozart" gibt es drei Vorstellungen, und zwar am 1., 8. und 15. Oktober jeweils um 20 Uhr. Die Vorstellungen am 1. und 8. Oktober finden in der Spielstätte „Deutsche Staatsoper" in Hamburg statt, die Vorstellung am 15. Oktober im „Hamburger Operettenhaus".

Ein Kunde kann mehrere Artikel kaufen und ein bestimmter Artikel kann von mehreren Kunden gekauft werden. Der Werbeartikel „Cats T-Shirt" kann von mehreren Kunden gekauft werden, da er mehr als einmal bei „KartoFinale" vorrätig ist. Entsprechend kann ein Kunde mehrere Werbeartikel kaufen, z.B. das „Cats T-Shirt" und auch das Plakat zu dieser Veranstaltung.

Bestellt der Kunde Artikel, so nimmt ein bestimmter Mitarbeiter die Bestellung telefonisch entgegen. Ein Mitarbeiter bearbeitet mehrere Bestellungen, wobei eine bestimmte Bestellung auch nur von diesem einen Mitarbeiter bearbeitet wird.

Jede Abteilung von „KartoFinale" besteht aus mehreren Mitarbeitern. Ein Mitarbeiter ist immer genau einer Abteilung zugeordnet.

3.3.3 Geschäftsobjekte

Ein Geschäftsobjekt, oder allgemeiner ein Objekt, ist ein Element, das eindeutig identifiziert und von anderen Objekten anhand seiner Eigenschaften unterschieden werden kann. Es stellt sozusagen eine „Schablone" dar, um gleichartige Dinge und deren Informationen zusammenzufassen. Ein Objekt kann entweder sein

- etwas real Existierendes (z.B. Person, Flugzeug, Buch),
- ein Ereignis (z.B. „Artikel bestellen", „Tee trinken", „Gespräch führen", „Rechnung zahlen"),
- eine Rolle oder Person (z.B. Arzt, Patient, Richter, Kunde, Staatspräsident),
- eine Organisation (z.B. Firma, Abteilung, Behörden),
- ein Konzept (z.B. Projekt, Modellbeschreibung) oder
- eine Transaktion (z.B. Kaufvertrag).

3.3 Konzeptioneller Entwurf (Datenmodellierung)

Entsprechend fassen wir unter einem Objekttyp oder einer Objektklasse also Dinge zusammen, die durch gleichartige Merkmale beschrieben werden können und deren Merkmale jedes Element eindeutig identifizieren.

Betrachten wir hierzu einmal unser Fallbeispiel: Die Firma „KartoFinale" hat mehrere Mitarbeiter und diese Mitarbeiter haben Merkmale, die sie voneinander unterscheiden. In den Merkmalstypen stimmen die Mitarbeiter zwar überein (Name, Abteilung, Personalnummer, Adresse), aber nicht in den jeweiligen Ausprägungen (siehe Abb. 3-4).

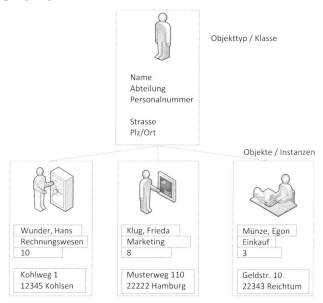

Abbildung 3-4: Objekte und deren kennzeichnenden Merkmale

Objekttypen bzw. Objektklassen kann man in einer Textbeschreibung grammatikalisch häufig als Substantive ausmachen. Jedoch sind nicht alle im Text vorkommende Substantive gleichzeitig auch Objekttypen. Jedes Objekt dieses Objekttyps muss über seine Merkmale eindeutig identifizierbar sein. Entsprechend sollte es mehr als ein beschreibendes Merkmal besitzen und natürlich einen definierten Geschäftszweck besitzen. So scheint es auf den ersten Blick so, als sei „Eintrittskarte" prädestiniert als Objekttyp, da es scheinbar einen wichtigen Geschäftszweck erfüllt. Überlegen wir uns jedoch, welche Merkmale eine Eintrittskarte besitzt. Dazu ist es sinnvoll, zunächst anhand eines Beispiels vorzugehen. Betrachten wir eine Eintrittskarte für „Don Giovanni" am 1. Oktober um 20 Uhr. Neben diesen Informationen ist auf der Eintrittskarte noch der Sitzplatz vermerkt. Überlegen wir, welchen Objekten diese Merkmale zugeordnet werden. Die Bezeichnung „Don Giovanni" ist primär eine Eigenschaft der Veranstaltung, der Termin eine Eigenschaft der Vorstellung und der Sitzplatz eine Eigenschaft der Spielstätte und damit indirekt der Vorstellung. Eintrittskarte ist also kein Objekt, da es keine Informationen beinhaltet. Indirekt stellt die Eintrittskarte ein Synonym für einen Sitzplatz dar. Ein Kunde kauft also abstrakt betrachtet, einen Sitzplatz für eine Vorstellung und keine Eintrittskarte. Damit ist die Eintrittskarte nur ein Beleg, um einen Sitzplatz zu einem bestimmten Termin in einer Spielstätte zu „mieten".

Solche Erkenntnisse sind manchmal schwer zu durchschauen, weshalb gerade das Interview unterschiedlicher Personen zu dem jeweiligen Geschäftsumfeld wichtig ist.

In unserem Fallbeispiel ergeben sich somit folgende Objekttypen bzw. Objektklassen:

- Abteilung,
- Mitarbeiter,
- Kunde,
- Artikel,
- Werbeartikel,
- Vorstellung,
- Veranstaltung,
- Spielstätte,
- Sitzplatz.

3.3.4 Sub- bzw. Supertypen

Ein Subtyp ist eine Untermenge von übergeordneten Objekten eines Supertyps. Sub- bzw. Supertypen stellen deshalb eine Besonderheit von Objekttypen dar, um Informationen hierarchisch abzubilden.

Betrachten wir hierzu wiederum unser Fallbeispiel. Ein Kunde kauft einen Artikel. Ein Artikel stellt im obigen Sinne einen Objekttyp dar, da er durch verschiedene Merkmale wie Preis, Bezeichnung usw. charakterisiert wird. Andererseits verkauft „KartoFinale" zwei unterschiedliche Arten von Artikeln: Sitzplätze und Werbeartikel. Gemein sind Sitzplätzen und Werbeartikeln ein Verkaufspreis und eine Artikelnummer.

Dagegen wird ein bestimmter Werbeartikel immer mehrfach verkauft und hat damit auch einen Lagerbestand, ein Sitzplatz jedoch ist für eine bestimmte Vorstellung einmalig und kann auch nur einmal in dieser Zeit „vermietet" werden.

Es ist deshalb sinnvoll, einen übergeordneten Objekttyp (Supertyp) zu definieren, in diesem Fall Artikel, der die gemeinsamen Merkmale beinhaltet. Daneben entwirft man zwei weitere untergeordnete Objekttypen (Subtypen) für Werbeartikel und Sitzplatz, die vom Supertyp die Merkmale sozusagen „erben". Aufgrund der Über- bzw. Unterordnung von Sub- und Supertypen spricht man auch von Hierarchisierung, Generalisierung und Spezialisierung. Spezialisierung bezieht sich in diesem Fall auf den Subtypen, der aufgrund zusätzlicher Attribute genauer spezifiziert wird. Generalisierung bezieht sich auf den Supertypen, der die gemeinsamen allgemeinen Attribute der untergeordneten Objekttypen enthält und Hierarchisierung auf die entstehende Struktur, die eine Hierarchie abbildet. Die

3.3 Konzeptioneller Entwurf (Datenmodellierung)

folgende Abb. 3-5 verdeutlicht diesen Zusammenhang noch einmal am Beispiel von Gebäuden:

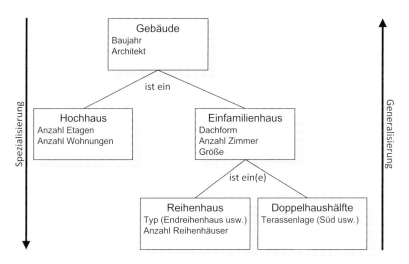

Abbildung 3-5: Beispiel für Super- und Subtypen

Der Objekttyp „Gebäude" ist dabei Supertyp von „Hochhaus", „Einfamilienhaus" und auch von „Reihenhaus" und „Doppelhaushälfte". Der Objekttyp „Einfamilienhaus" ist Supertyp von „Reihenhaus" und „Doppelhaushälfte". „Einfamilienhaus" erbt also z.B. die Attribute „Baujahr" und „Architekt" von seinem Supertyp „Gebäude". „Doppelhaushälfte" erbt zusätzlich zu den Attributen „Baujahr" und „Architekt" die Attribute „Dachform", „Anzahl Zimmer" und „Größe".

3.3.5 Attribute und Schlüssel

Attribute sind Informationsobjekte, die Objekttypen beschreiben oder identifizieren. Attribute, die einen Objekttyp eindeutig identifizieren bezeichnet man als Schlüssel bzw. Schlüsselattribut.

Attribute sollten vollständig für einen Objekttyp aufgeführt werden, soweit sie für den Geschäftszweck notwendig sind. Sie sollten atomar und unabhängig voneinander sein. So setzt sich z.B. der Name einer Person aus zwei Attributen zusammen, dem Vornamen und dem Nachnamen. Definiert man nur ein gemeinsames Attribut Name für Vor- und Nachname, so wäre dieses nicht mehr atomar, da es ja aus zwei Werten besteht. Nun stellt sich natürlich die Frage, wie weit man Attribute richtig zerlegt, soll z.B. für die Hausnummer ein extra Attribut verwendet werden oder dieses mit zum Attribut Straße gehören? Das hängt davon ab, wie das Attribut später in einer Anwendung verwendet und verarbeitet werden soll. Sollen z.B. die Kunden nach Vor- und Nachnamen sortiert ausgegeben werden, ist die Verwendung von zwei getrennten Attributen sinnvoll. Da sich die Verwendung von Daten durchaus zukünftig ändern kann, ist die weitestmögliche Zerlegung der Attribute in ihre Einzelwerte generell zweckmäßig.

Die Werte von Attributen müssen unabhängig voneinander sein. Definiert man für einen Objekttyp „Rechnung" zwei Attribute „Rabattprozentsatz" und „Rabattbetrag", müsste bei einer Änderung des Rabattprozentsatzes auch der Rabattbetrag geändert werden. Der Rabattbetrag ist jedoch ein abgeleiteter Attributwert, da es ein prozentual berechneter Anteil vom Rechnungsbetrag ist, so dass auf das Attribut „Rabattbetrag" verzichtet werden kann. Hierbei kommt es aber auch auf die Sichtweise an. Angenommen, einem Objekttyp „Mitarbeiter" wurde das Attribut „Anzahl Kinder" zugewiesen. Das Attribut „Anzahl Kinder" ist nur dann sinnvoll, wenn es nicht gleichzeitig einen Objekttyp „Kinder" gibt, in dem die Namen der Kinder der Mitarbeiter gespeichert werden. Wäre dies der Fall, so könnte die Anzahl der Kinder ja berechnet werden, wodurch dann die Information über die Anzahl der Kinder doppelt gespeichert werden würde, einmal im Objekttyp „Mitarbeiter" und ein zweites Mal indirekt im Objekttyp „Kinder". Auch das „Alter" ist letztendlich ein berechnetes Attribut, das sich aus dem Geburtsdatum und dem aktuellem Datum ergibt. Insofern ist es besser, anstelle des Attributes „Alter" das „Geburtsdatum" zu verwenden.

Schließlich wird ein Attribut durch einen bestimmten Wertebereich gekennzeichnet. Eine Personalnummer ist in der Regel eine Zahl. Ein Attribut „Geschlecht" dürfte nur zwei mögliche Werte beinhalten, weiblich und männlich. Das Attribut „Zustand" des Objekttyps „Sitzplatz" kann z.B. nur die Werte für „belegt", „frei" oder „reserviert" annehmen. Man spricht hier von Wertebereich oder Domäne (Domain). Neben dem Wertebereich gibt es weitere Einschränkungen, die die Werte von Attributen betreffen. So kann z.B. eine Person unter 18 Jahren nicht verheiratet sein. Solche Einschränkungen bezeichnet man als Integritätsbedingungen oder allgemeiner als Geschäftsregeln.

Attribute von Objekttypen findet man am besten, indem man überlegt, welche Eigenschaften die Objekte eines Objekttyps gemeinsam haben bzw. welche Objekteigenschaften man benötigt, um sagen zu können, um welchen Objekttyp es sich handelt. So reichen die beiden Attribute Name und Vorname nicht aus, um z.B. sagen zu können, ob „Egon Münze" ein Objekt des Objekttyps „Mitarbeiter" oder „Kunde" ist.

In unserem Fallbeispiel ergeben sich vorerst folgende Attribute für die jeweiligen Objekttypen:

Objekttyp	Attribute
Abteilung	Abteilungsbezeichnung, Abteilungsnummer
Mitarbeiter	Name, Vorname, Strasse, Plz, Ort
Ehepartner	Name, Vorname, Geburtsdatum
Kunde	Name, Vorname, Strasse, Plz, Ort
Artikel	Artikelnummer, Preis
Werbeartikel	Beschreibung, Lagerbestand
Vorstellung	Datum, Uhrzeit

3.3 Konzeptioneller Entwurf (Datenmodellierung)

Veranstaltung	Bezeichnung, Autor
Spielstätte	Haus, Strasse, Plz, Ort
Sitzplatz	Reihe, Sitz, Bereich, Zustand

Nachdem wir die Attribute für unsere Objekttypen definiert haben, müssen wir überlegen, welche Attribute bzw. Attributkombinationen notwendig sind, um ein bestimmtes Objekt eines Objekttyps eindeutig zu identifizieren. Dieses identifizierende Attribut bezeichnet man als Schlüssel. Gibt es mehrere Schlüssel, spricht man von Schlüsselkandidaten. In diesem Falle muss ein Schlüsselkandidat ausgewählt werden, der als so genannter Primärschlüssel fungieren soll und über den ein Objekt eines Objekttyps immer eindeutig identifiziert wird. Ein Schlüssel kann auch aus mehreren Attributen zusammengesetzt sein, generell gilt jedoch, dass ein Primärschlüssel eine minimale Anzahl von Attributen enthalten sollte.

Betrachten wir unseren Objekttyp „Abteilung". Sowohl die Abteilungsnummer als auch die Abteilungsbezeichnung identifizieren eindeutig eine Abteilung. Wir haben also zwei Schlüsselkandidaten und entscheiden uns für die Abteilungsbezeichnung als Primärschlüssel.

Betrachten wir nun, welches Attribut bzw. welche Attributkombination für Kunde als Schlüssel in Frage kommt. Da Namen wie „Hans Meier" mehr als einmal vorkommen können, ist die Kombination aus Vorname und Name nicht als Schlüssel geeignet. Auch die Wahrscheinlichkeit, dass in einem Hochhaus in der gleichen Straße und im gleichen Ort zwei Kunden mit gleichem Namen vorkommen, ist möglich. Zwar können wir die Etage bei der Postadresse mit aufführen, müssten dann jedoch als Primärschlüssel alle vorhandenen Attribute nehmen. Das ist zwar möglich, aber nicht besonders praktikabel. In einem solchen Fall wird in der Regel ein künstlicher Schlüssel definiert, also ein Schlüssel, der sich nicht aus seinen Daten ableitet. Solche Schlüssel werden allgemein als Surrogat- oder Ersatzschlüssel bezeichnet. Wir wollen dieses Attribut als Kundennummer bezeichnen und definieren dieses als Primärschlüssel. Wir können zwar auch einen Schlüssel aus Nachname und Kundennummer festlegen, dieses widerspricht jedoch dem oben erwähnten Prinzip der Minimalität eines Primärschlüssels.

In Abschnitt 3.3.3 haben wir kennengelernt, dass die Objekttypen „Werbeartikel" und „Vorstellung" Subtypen von Artikel sind. Dadurch werden diese beiden Objekttypen indirekt durch den Primärschlüssel des Artikels eindeutig identifiziert.

Betrachten wir exemplarisch noch unsere Objekttypen „Sitzplatz". Um einen Sitzplatz innerhalb einer Spielstätte eindeutig zu identifizieren, müssen in diesem Fall drei Attribute miteinander kombiniert werden. Ein Sitz wird eindeutig in einer Reihe bestimmt, eine Reihe wiederum eindeutig innerhalb eines Bereiches (Parkett, Rang usw.). Damit ergibt sich als Primärschlüssel für Sitzplatz die Attributkombination aus Bereich, Reihe und Sitz oder umgekehrt. Wenn für eine Vorstellung der

Bereich, die Reihe und der Sitz bekannt sind, so können das Objekt und damit auch seine Eigenschaften eindeutig gefunden werden. In diesem Fall der Preis und der Zustand für diesen Sitzplatz.

Für unser Beispiel ergeben sich folgende Primärschlüssel (jeweils unterstrichen dargestellt):

Objekttyp	Attribute
Abteilung	<u>Abteilungsbezeichnung</u>, Abteilungsnummer
Mitarbeiter	<u>Personalnummer</u>, Name, Vorname, Strasse, Plz, Ort, Geburtsdatum
Ehepartner	<u>Name</u>, <u>Vorname</u>, Geburtsdatum
Kunde	<u>Kundennummer</u>, Name, Vorname, Strasse, Plz, Ort
Artikel	<u>Artikelnummer</u>, Preis
Werbeartikel	Bezeichnung, Lagerbestand
Vorstellung	<u>Vorstellungsnummer</u>, Datum, Uhrzeit
Veranstaltung	<u>Veranstaltungsnummer</u>, Bezeichnung, Autor
Spielstätte	<u>Haus</u>, Strasse, Plz, Ort
Sitzplatz	<u>Reihe</u>, <u>Sitz</u>, <u>Bereich</u>, Zustand

Ein Problem haben wir hierbei allerdings noch: Betrachten wir einmal den Primärschlüssel vom Objekttyp „Sitzplatz". Ist Bereich, Reihe und Sitz bekannt, so muss man zusätzlich noch wissen, in welcher Spielstätte und für welche Vorstellung diese Informationen gedacht sind. Entsprechendes gilt für Mitarbeiter und Ehepartner. Ohne die Personalnummer des Mitarbeiters kann der Ehepartner nicht ermittelt werden. Solche Objekttypen werden als „schwache" oder abhängige Objekttypen bezeichnet, da sie von dem Vorhandensein eines anderen Objekts abhängig sind. So kann ein Sitzplatz nicht ohne die dazugehörige Spielstätte existieren. Um dieses Problem in einem Datenmodell zu berücksichtigen, müssen wir uns mit den Beziehungen zwischen Objekttypen auseinandersetzen.

Bei der Vergabe der Attributnamen sollte darauf geachtet werden, dass zum einen der Inhalt des Attributs sich intuitiv aus dem Namen ergibt. So sollte man für den Objekttyp Kunde überlegen, ob nicht anstelle des Attributs Name besser Nachname verwendet wird. Zum anderen sollte auf Einheitlichkeit bei der Vergabe der Namen geachtet werden. Hierzu gehören die Vergabe von Prä- und Suffixen, die Verwendung von Abkürzungen, der Aufbau von Surrogatschlüsseln u.ä. So verwenden wir für den Objekttyp Bestellung als Primärschlüssel das Attribut BestellNr, für Kunde dagegen Kundennummer.

3.3.6 Beziehungen und Beziehungstypen

Beziehungen sind Assoziationen zwischen Objekttypen und können grammatikalisch in der Regel durch Verben in einer Textbeschreibung ausgemacht werden. Die wohl bekannteste Beziehung ist die zwischen Mann und Frau. Da Beziehungen gegenseitiger Natur sind, ist die Beziehungsrichtung bei der Betrachtung von

3.3 Konzeptioneller Entwurf (Datenmodellierung)

Bedeutung. Aus der Sicht des Mitarbeiters besteht die Beziehung „Mitarbeiter gehört zu Abteilung", aus der Sicht der Abteilung lautet die Beziehung dagegen „Abteilung besteht aus Mitarbeitern".

Bezogen auf unser Fallbeispiel ergeben sich z.B. folgende Beziehungen:

Beziehungsrichtung 1	**Beziehungsrichtung 2**
Mitarbeiter gehört zu Abteilung	Abteilung besteht aus Mitarbeitern
Mitarbeiter ist verheiratet mit Ehepartner	Ehepartner ist verheiratet mit Mitarbeiter
Mitarbeiter hat Vorgesetzten	Vorgesetzter hat Mitarbeiter
Kunde bestellt Artikel	Artikel wird von Kunde bestellt
Werbeartikel ist für Veranstaltung	Veranstaltung bietet Werbeartikel
Veranstaltung besteht aus Vorstellungen	Vorstellung gehört zu Veranstaltung
Vorstellung hat Sitzplätze	Sitzplatz gehört zeitlich zu Vorstellung
Spielstätte führt Vorstellungen auf	Vorstellung findet in Spielstätte statt
Artikel ist ein Werbeartikel oder ein Sitzplatz	Ein Sitzplatz ist ein Artikel und ein Werbeartikel ist ein Artikel

Die letzte Beziehung stellt keine typische Beziehung dar, sondern besteht, wie bereits oben erwähnt, aus einem Supertyp und zwei Subtypen. Die Beziehung „ist ein" gibt in der Regel einen Hinweis, dass es sich bei einer Beziehung um Super- und Subtypen handelt. Diese Beziehung wird entsprechend der englischen Übersetzung von „ist ein" häufig auch als „is a"-Beziehung bezeichnet.

Beziehungen zwischen Objekttypen enthalten die beiden Merkmale Kardinalität und Optionalität. Kardinalität legt fest, wie viele Objekte des einen Objekttyps in Beziehung zu einem Objekt des anderen Objekttyps stehen und umgekehrt. Optionalität legt fest, ob ein Objekt eines Objekttyps immer in Beziehung zu einem anderen Objekt stehen muss, oder ob es optional ist, also in Beziehung stehen kann. Bei der Beziehung zwischen Mitarbeiter und Ehepartner sollte genau ein Mitarbeiter eine Beziehung zu einem Ehepartner haben (Kardinalität von 1:1). Dennoch gibt es auch Mitarbeiter ohne Ehepartner, d.h. die Beziehung zwischen Mitarbeiter und Ehepartner ist nicht zwingend, nicht jeder Mitarbeiter hat eine Beziehung zu einem Ehepartner, die Beziehung ist also optional (Optionalität). Die Kardinalität kann also bei der Tabelle Ehepartner auch Null sein.

Dazu ein weiteres Beispiel: Eine Abteilung besteht aus mehreren Mitarbeitern und ein Mitarbeiter gehört zu einer Abteilung. Betrachten wir das Ganze einmal grafisch für unser Fallbeispiel (siehe Abb. 3-6).

Die Abteilung „Personal" besteht aus einem Mitarbeiter, Herrn Münze. Herr Münze ist auch nur dieser Abteilung zugeordnet. Auf dieses Objekt bezogen haben wir also eine Kardinalität von 1:1. Betrachten wir nun jedoch den Vertrieb, erkennen wir, dass der Vertrieb aus fünf Mitarbeitern besteht. Umgekehrt ist jeder dieser fünf Mitarbeiter auch nur dieser Abteilung zugeordnet. Es gibt also keinen Vertriebsmitarbeiter, der eventuell auch noch der Abteilung Rechnungswesen zugeordnet ist. Wir erkennen also eine Kardinalität von 1:5 bzw. allgemeiner von 1:N, wobei N eine beliebige Ganzzahl ist. Betrachten wir nun Herrn Kowalski. Als Geschäftsführer gehört er zwar zu dem Objekttyp der Mitarbeiter, ist aber keiner Abteilung zugeordnet, d.h. eine Zuordnung von einem Mitarbeiter zu einer Abteilung ist optional. Ein Mitarbeiter kann also einer oder auch keiner Abteilung angehören (max. 1 Abteilung) und eine Abteilung kann einen oder mehrere Mitarbeiter haben (max. N Mitarbeiter).

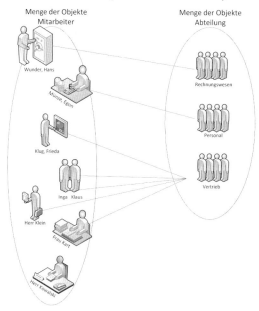

Abbildung 3-6: 1:N-Beziehung zwischen „Mitarbeiter" und „Abteilung"

Wir sprechen deshalb bei der Beziehung von Mitarbeiter zu Abteilung von einem 1:N-Beziehungstyp. Neben dem 1:N-Beziehungstyp gibt es noch zwei weitere Beziehungstypen, den 1:1-Beziehungstyp und den N:M-Beziehungstyp. Bei einem 1:1-Beziehungstyp steht immer genau ein Objekt des einen Objekttyps in Beziehung zu genau einem Objekt des anderen Objekttyps. So ist z.B. Mitarbeiter „Hans Wunder" mit genau einem Ehepartner, nämlich „Karla Wunder", verheiratet.

Um die Kardinalität von Objekttypen zueinander festzulegen, geht man am besten zunächst von einem Objekt aus und überlegt, ob es zu einem oder mehreren Objekten des anderen Objekttyps eine Beziehung hat. Diesen Vorgang kehrt man danach entsprechend um und überlegt dieses aus der Sicht des anderen Objekttyps.

3.3 Konzeptioneller Entwurf (Datenmodellierung)

In unserem Beispiel hat jeder Mitarbeiter genau einen Ehepartner oder keinen bzw. umgekehrt ist jeder Ehepartner mit genau einem Mitarbeiter verheiratet (Kardinalität 1:1, siehe Abb. 3-7).

Fünf Mitarbeiter sind verheiratet, die anderen Mitarbeiter nicht, entsprechend ist die Beziehung von Seiten des Mitarbeiters optional, von Seiten des Ehepartners jedoch nicht.

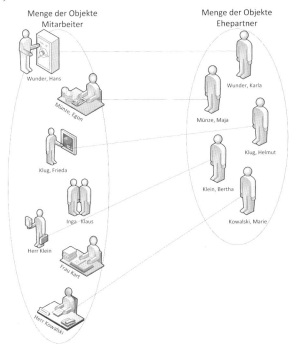

Abbildung 3-7: 1:1-Beziehung zwischen „Mitarbeiter" und „Ehepartner"

Bei einem N:M-Beziehungstyp stehen beliebig viele Objekte des einen Objekttyps in Beziehung zu beliebig vielen Objekten des anderen Beziehungstyps. In unserem Fallbeispiel finden wir so eine Beziehung zwischen Kunde und Artikel. Jeder Kunde kann beliebig viele Artikel kaufen bzw. jeder Artikel kann von unterschiedlichen Kunden gekauft werden (siehe Abb. 3-8).

Die Kundin „Frieda Wiegerich" kauft drei unterschiedliche Artikel. Der Artikel „Don Giovanni" wird z.B. von zwei unterschiedlichen Kunden gekauft.

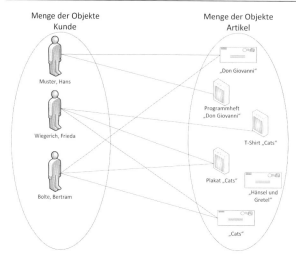

Abbildung 3-8: N:M-Beziehung zwischen „Kunde" und „Artikel"

Zum Schluss dieses Abschnitts wollen wir noch eine Besonderheit bei Beziehungen betrachten: Die Beziehung von Objekten eines Objekttyps zu Objekten des gleichen Objekttyps. Man spricht hier auch von rekursiven Beziehungen.

Betrachten wir wieder unser Fallbeispiel: Ein Mitarbeiter hat genau einen Vorgesetzten und ein Vorgesetzter hat mehrere Mitarbeiter. Ein Vorgesetzter ist jedoch auch ein Objekt des Objekttyps Mitarbeiter. Um nun diese Beziehung abzubilden, stellt man einen Verweis auf den Objekttyp selber her. So ist „Herr Kowalski" direkter Vorgesetzter von den Abteilungsleitern „Hans Wunder", „Egon Münze" und „Frau Kart". Frau Kart wiederum ist direkte Vorgesetzte von ihren vier Mitarbeitern, d.h. sie ist in der einen Beziehung Mitarbeiter und in einer anderen Beziehung Vorgesetzte (siehe Abb. 3-9).

Rekursive Beziehungen treten selten auf und wenn, dann meistens als Beziehungstyp 1:N, so wie es auch in unserem Beispiel der Fall ist. Dabei sind sie bei der Darstellung bzw. Umsetzung nicht schwieriger oder anders zu handhaben als Beziehungstypen zwischen zwei unterschiedlichen Objekttypen, da jede Beziehung für sich getrennt betrachtet wird.

Beim Entwurf von Beziehungen sollte man auch auf redundante also überflüssige Beziehungen achten, die bereits durch eine oder mehrere andere Beziehungen bestehen. Redundante Beziehungen liegen häufig vor, wenn man Zyklen in den Beziehungsstrukturen erkennt.

Zwei Objekttypen können durchaus mehr als eine Beziehung zueinander haben, man spricht dann von parallelen Beziehungen. Wird z.B. im Entitätstyp Abteilung die Personalnummer des Abteilungsleiters gespeichert, so gibt es zum einen die bisherige Beziehung, dass eine Abteilung mehrere Mitarbeiter hat, und die parallele Beziehung, dass eine Abteilung genau einen Mitarbeiter als Abteilungsleiter hat.

3.3 Konzeptioneller Entwurf (Datenmodellierung)

Abbildung 3-9: rekursive 1:N-Beziehung von „Mitarbeiter" zu „Vorgesetztem"

Für unser Fallbeispiel ergeben sich folgende Beziehungen und Beziehungstypen:

Ein Mitarbeiter gehört zu einer Abteilung	1:1
Eine Abteilung besteht aus mehreren Mitarbeitern	1:N
Abteilung – Mitarbeiter	1:N-Beziehung
Ein Mitarbeiter leitet eine Abteilung	1:1
Eine Abteilung wird von einem Abteilungsleiter geleitet	1:1
Mitarbeiter – Abteilung	1:1-Beziehung
Ein Mitarbeiter ist verheiratet mit einem Ehepartner	1:1
Ein Ehepartner ist verheiratet mit einem Mitarbeiter	1:1
Ehepartner – Mitarbeiter	1:1-Beziehung
Ein Mitarbeiter hat genau einen Vorgesetzten	1:1
Ein Vorgesetzter hat mehrere Mitarbeiter	1:N
Vorgesetzter – Mitarbeiter	1:N-Beziehung
Ein Kunde bestellt mehrere Artikel	1:N
Mehrere Artikel können von einem Kunden bestellt werden	N:1
Kunde – Artikel	N:M-Beziehung
Ein Werbeartikel ist für eine bestimmte Veranstaltung	1:1
Eine Veranstaltung bietet mehrere Werbeartikel	1:N
Veranstaltung – Werbeartikel	1:N-Beziehung
Eine Vorstellung gehört zu einer Veranstaltung	1:1
Eine Veranstaltung enthält mehrere Vorstellungen	1:N
Veranstaltung – Vorstellung	1:N-Beziehung
Ein Sitzplatz gehört zeitlich zu einer Vorstellung	1:1
Eine Vorstellung hat mehrere Sitzplätze	1:N
Vorstellung – Sitzplatz	1:N-Beziehung

	Eine Vorstellung findet in einer Spielstätte statt	1:1
	Eine Spielstätte führt mehrere Vorstellungen auf	1:N
	Spielstätte – Vorstellung	1:N-Beziehung
	Ein Artikel ist ein Werbeartikel	1:1
	Artikel – Werbeartikel	1:1-Beziehung
	Ein Artikel ist ein Sitzplatz	1:1
	Artikel – Sitzplatz	1:1-Beziehung

Betrachten wir die Beziehungen nun noch einmal etwas genauer unter den Aspekten Optionalität und Kardinalität, kann man zwischen vier verschiedenen Beziehungsarten unterscheiden: Eine Beziehung mit einer Kardinalität von 1, die optional sei kann und mit einer Kardinalität von mehreren (N), die auch optional sein kann. Tabelle 3-1 führt die unterschiedlichen Beziehungsarten auf, die sich damit ergeben.

Tabelle 3-1: Beziehungsarten

	1 genau einem		1 optional keinem oder einem		N einem oder mehreren		N optional keinem, einem oder mehreren	
1	1	1	1	0..1	1	N	1	0..N
1 optional			0..1	0..1	0..1	N	0..1	0..N
M					M	N	M	0..N
M optional							0..M	0..N

Für unser Fallbeispiel ergeben sich damit nun folgende Beziehungen und Beziehungstypen, wenn man berücksichtigt, ob die Beziehung optional ist:

Ein Mitarbeiter **kann** zu einer Abteilung gehören	1:0..1
Eine Abteilung **kann** aus mehreren Mitarbeitern bestehen	1:0..N
Abteilung – Mitarbeiter	0..1:0..N-Beziehung
Ein Mitarbeiter **muss** eine Abteilung leiten	1:1
Eine Abteilung **muss** von einem Abteilungsleiter geleitet werden	1:1
Mitarbeiter – Abteilung	1:1-Beziehung
Ein Mitarbeiter **kann** mit einem Ehepartner verheiratet sein	1:0..1
Ein Ehepartner **muss** mit einem Mitarbeiter verheiratet sein	1:1
Ehepartner – Mitarbeiter	0..1:1-Beziehung
Ein Mitarbeiter **kann** genau einen Vorgesetzten haben	1:0..1
Ein Vorgesetzter **muss** mehreren Mitarbeiter vorgesetzt sein	1:N
Vorgesetzter – Mitarbeiter	0..1:N-Beziehung

Ein Kunde **kann** mehrere Artikel bestellen	1:0..N
Mehrere Artikel **können** von einem Kunden bestellt werden	N..1:0
Artikel – Kunde	0..N:0..M-Beziehung
Ein Werbeartikel **kann** für eine bestimmte Veranstaltung vorgesehen sein	1:0..1
Eine Veranstaltung **kann** mehrere Werbeartikel anbieten	1:0..N
Veranstaltung – Werbeartikel	0..1:0..N-Beziehung
Eine Vorstellung **muss** zu genau einer Veranstaltung gehören	1:1
Eine Veranstaltung **kann** mehrere Vorstellungen haben	1:0..N
Veranstaltung – Vorstellung	1:0..N-Beziehung
Ein Sitzplatz **muss** zeitlich zu einer Vorstellung gehören	1:1
Eine Vorstellung **muss** mehrere Sitzplätze haben	1:N
Vorstellung – Sitzplatz	1:N-Beziehung
Eine Vorstellung **muss** in einer Spielstätte stattfinden	1:1
Eine Spielstätte **kann** mehrere Vorstellungen aufführen	1:0..N
Spielstätte – Vorstellung	1:0..N-Beziehung

Nachdem wir uns mit den grafischen Elementen einer Notation für ein Datenmodell auseinandergesetzt haben, wollen wir uns im Folgenden mit den drei praxisrelevanten grafischen Notationen auseinandersetzen.

3.4 „Entity-Relationship-Modell" nach Chen

3.4.1 Grundlagen

Das heute am weitesten verbreitete Datenmodell ist das „Entity-Relationship-Modell" (ERM) bzw. „Entity-Relationship-Diagramm" (ERD). Es basiert auf einem Artikel von Peter Pin-Shan Chen aus dem Jahre 1976 im „ACM – Transactions on Database Systems"-Journal.

Das Modell von Chen ist leicht zu verstehen, begnügt sich mit den wichtigsten grafischen Elementen und hat sich gerade deshalb in der Kommunikation mit dem Kunden durchgesetzt. Außerdem ist es auch leicht in ein logisches Modell für relationale Datenbanken, dem Relationenmodell von E.F. Codd, umzusetzen. Die Umsetzung eines ERM in das Relationenmodell von Codd betrachten wir detailliert in Kapitel 4.

Mit den Jahren hat es Änderungen und Erweiterungen an dem ursprünglichen „Entity-Relationship-Modell" gegeben, die sich u.a. auch auf die grafischen Symbole bezogen. Dies führte dazu, dass es heute keinen einheitlichen Standard gibt, was die grafischen Symbole und die Modellelemente betrifft. Die ursprüngliche Idee ist jedoch in den veränderten Modellen erhalten geblieben. Wir wollen zunächst das ERM nach Chen betrachten, das allerdings heute nicht mehr so oft in der Praxis eingesetzt wird. Danach schauen wir uns das ERM nach Barker an, das vor allem aufgrund seiner leichteren Lesbarkeit und Übersichtlichkeit heute in der Praxis am weitesten verbreitet ist.

3.4.2 Geschäftsobjekte

Geschäftsobjekte werden im ERM als Entität bezeichnet, daher spricht man hier auch nicht von Objekttypen, sondern von Entitättypen.

Entitättypen werden nach Chen in einem Rechteck dargestellt. Schwache Entitättypen, also Entitättypen, die abhängig sind von einem anderen Entitättyp und ohne diesen nicht existieren können, werden in einem doppelten Rechteck dargestellt (siehe Abb. 3-10).

Abbildung 3-10: Darstellung von Entitättypen

3.4.3 Sub- bzw. Supertypen

In der ursprünglichen Notation von Chen gab es keine grafische Notation für Sub- und Supertypen. Sie wurden jedoch in der Folgezeit von Robert Brown und Mat Flavin hinzugefügt. Dabei wird für jeden Subtypen und Supertypen ein eigenes Rechteck verwendet. Die „ist ein"-Beziehung oder auf Englisch „is a"-Beziehung wird über das grafische Symbol einer Raute dargestellt. Der kleine Querstrich vor dem Subtypen soll kennzeichnen, dass der Entitättyp „Sitzplatz" ohne seinen Supertypen „Artikel" nicht existieren kann (siehe Abb. 3-11).

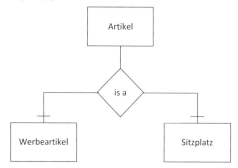

Abbildung 3-11: Darstellung von Sub- bzw. Supertypen

3.4.4 Attribute und Schlüssel

Attribute werden in Form eines Kreises an den jeweiligen Entitättyp angehängt (siehe Abb. 3-12). Primärschlüssel werden dabei nicht gesondert dargestellt, so dass man aus der Grafik nicht unmittelbar erkennen kann, ob es sich bei einem Attribut um einen Schlüssel handelt. Allerdings ist es heutzutage üblich, den Primärschlüssel unterstrichen darzustellen, weshalb wir uns dieser Konvention auch anschließen wollen.

3.4 „Entity-Relationship-Modell" nach Chen

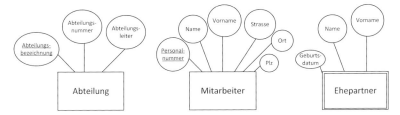

Abbildung 3-12: Darstellung von Attributen

3.4.5 Beziehungen und Beziehungstypen

Beziehungen werden, wie bereits oben erwähnt, über das grafische Symbol einer Raute dargestellt, wobei Beziehungen auch Attribute zugeordnet werden können. Z.B. kann man der Beziehung „Mitarbeiter heiratet Ehepartner" das zusätzliche Attribut „Datum" mitgeben (siehe Abb. 3.13). Eine Raute wird für die Darstellung der Beziehung über Linien mit den in Beziehung stehenden Entitättypen verbunden. Die Beziehung wird bei Chen durch ein Substantiv anstelle eines Verbs bezeichnet, z.B. „Heirat" anstelle des Verbs „heiratet", da ein Substantiv wie „Heirat" ein Vorgang ist, der eigene Attribute wie ein Datum, einen Ort usw. besitzen kann. Die Kardinalitäten einer Beziehung werden durch die Zeichen 1, N und M gekennzeichnet.

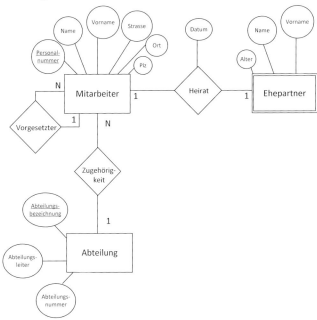

Abbildung 3-13: Darstellung von Beziehungen und Beziehungstypen

Einen Sonderfall bei Beziehungen stellen N:M-Beziehungen dar, da diese nicht ohne weiteres später in ein logisches Relationenmodell transformiert werden können. Ein N:M-Beziehungstyp stellt in der Regel einen weiteren Entitättypen dar. Meistens wird mit so einer Beziehung ein Konzept (z.B. ein Projekt, ein Konto) oder eine Transaktion (z.B. ein Kaufvertrag, eine Bestellung) dargestellt.

Dementsprechend müssen N:M-Beziehungen in zwei 1:N-Beziehungen umdefiniert werden. Dies geschieht grafisch, indem man um die Beziehungsraute ein Rechteck zeichnet. Dadurch wird erkennbar, dass es sich nun um einen Entitättypen handelt, der aus einer N:M-Beziehung hervorgegangen ist.

Betrachten wir als Beispiel hierzu die Beziehung zwischen Kunde und Artikel, bei der es sich um eine N:M-Beziehung handelt. Im ersten Schritt wird diese Beziehung grafisch als N:M-Beziehung dargestellt. In einem zweiten Schritt erfolgt die Umdefinition der Beziehung in einen Entitättyp. Für alle so neu definierten Entitättypen sollte man erneut überlegen, ob die Beziehungen korrekt abgebildet werden. Betrachten wir dazu nun die Beziehung zwischen dem neuen Entitättyp Bestellung und Artikel. Aus Sicht des Artikels kann ein Artikel auf mehreren Bestellungen erscheinen (1:N), wiederum kann eine Bestellung auch mehrere Artikel enthalten (1:N). Somit handelt es sich nicht um eine 1:N-Beziehung, sondern eine erneute N:M-Beziehung, die wiederum umdefiniert werden muss (siehe Abb. 3-14).

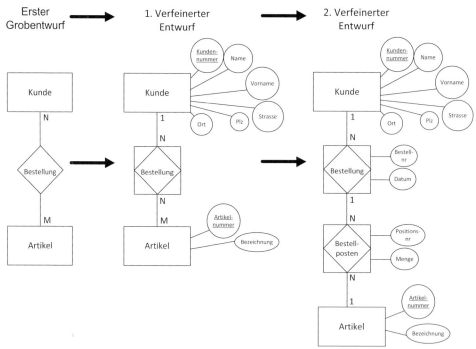

Abbildung 3-14: Umdefinition von N:M-Beziehungen

3.4.6 Fallbeispiel

Wir haben alle grafischen Elemente des ERM nach Chen kennengelernt und wollen uns nun ansehen, wie man von der Analyse des Textbeispiels zu einem grafischen ERM kommt. In der Regel geht man in sechs Schritten vor:

1. Identifizieren der Entitättypen und Beziehungen
2. erster Grobentwurf mit Entitättypen und Beziehungen
3. Super-, Subtypen modellieren
4. Entwurf durch Umdefinition von N:M-Beziehung verfeinern und auf eventuell zusätzliche Beziehungen überprüfen (siehe Beziehung Bestellung zwischen Kunde und Artikel, Abb. 3.14);
5. Attribute hinzufügen
6. Schlüsselattribute festlegen bzw. ggf. neue Schlüsselattribute hinzufügen

Im ersten und zweiten Schritt werden Entitättypen und Beziehungen nur grob skizziert, um vor allem die Beziehungen zwischen Entitättypen zu erkennen und mit dem Kunden durchzusprechen. Nachdem der erste Entwurf als korrekt bewertet wurde, wird das Modell zunächst auf mögliche Super- bzw. Subtypen analysiert. Danach werden alle N:M-Beziehungen in jeweils zwei 1:N-Beziehungen umdefiniert und für die Beziehung ein Entitättyp gebildet. Im fünften Schritt überlegt man, welche Attribute den jeweiligen Entitättypen beschreiben und im sechsten, welche dieser Attribute als Schlüssel in Frage kommen oder ob eventuell ein künstlicher Schlüssel verwendet werden soll.

Die folgende Abb. 3-15 zeigt noch einmal die einzelnen Schritte auf. Zur besseren Übersicht werden im Folgenden nicht alle Entitättypen und Beziehungen unseres Beispiels dargestellt.

48　　　　　　　　　　　　　　　3　Konzeptioneller Datenbankentwurf

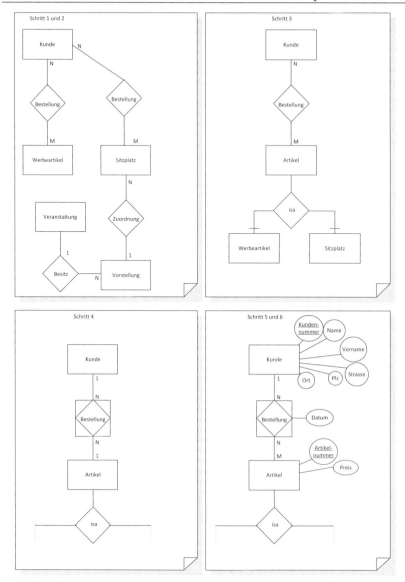

Abbildung 3-15:　　　Sechs Schritte bis zum ERM nach Chen

Damit sieht das komplette ERM nach Chen für unser Fallbeispiel wie folgt aus (siehe Abb. 3-16):

3.4 „Entity-Relationship-Modell" nach Chen

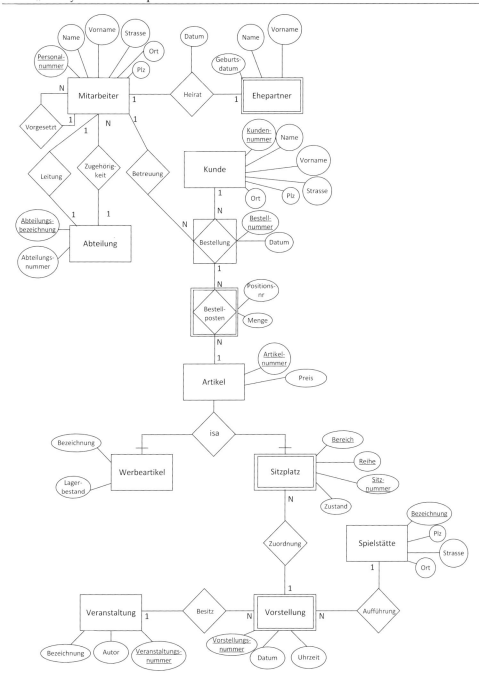

Abbildung 3-16: ERM nach Chen für unser Fallbeispiel

3.5 "Entity-Relationship-Modell" nach Barker

3.5.1 Grundlagen

Das ERM nach Barker stammt ursprünglich von der britischen Unternehmensberatung CACI und wurde von Richard Barker weiterentwickelt. Gegenüber dem ERM von Chen ist es übersichtlicher und teilweise aussagekräftiger. Dass es heute in der Praxis so weit verbreitet ist, liegt u.a. an der DV-technischen Unterstützung durch die Firma Oracle mit deren CASE-Tool.

3.5.2 Geschäftsobjekte

Geschäftsobjekte bzw. Entitättypen werden im ERM nach Barker durch abgerundete Rechtecke dargestellt (siehe Abb. 3-17).

Abbildung 3-17: Darstellung von Entitättypen

3.5.3 Sub- bzw. Supertypen

Subtypen werden innerhalb eines Supertyps als abgerundetes Rechteck angezeigt (siehe Abb. 3-18).

Abbildung 3-18: Darstellung von Sub- bzw. Supertypen

3.5.4 Attribute und Schlüssel

Attribute werden innerhalb des Rechtecks für den Entitättypen dargestellt. Ist der Wert eines Attributes für eine Entität optional, so wird dies durch einen Kreis vor dem Attributnamen angezeigt. Ist das Attribut dagegen obligatorisch, also verpflichtend, so ist der Kreis gefüllt. Um Attribute als Teil des Primärschlüssels zu kennzeichnen, erscheint vor dem Attributnamen das Nummernzeichen (#). Da der Primärschlüssel niemals optional sein kann, sondern immer angegeben werden muss, wird hier auf einen gefüllten Kreis verzichtet (siehe Abb. 3-19).

Anstelle eines Kreises wird häufig auch der Buchstabe ‚o', anstatt eines gefüllten Kreises das Zeichen ‚*' verwendet. Im Folgenden schließen wir uns dieser Konvention an.

3.5 "Entity-Relationship-Modell" nach Barker

Abbildung 3-19: Darstellung von Attributen

3.5.5 Beziehungen und Beziehungstypen

Beziehungen werden ausschließlich durch Verbindungslinien dargestellt. Dabei wird die Linie als zweigeteilt betrachtet. Je nachdem, in welchem Entitättyp die Linie endet, wird sie gestrichelt oder als geschlossene Linie gezeichnet. Eine gestrichelte Linie zwischen zwei Entitättypen zeigt an, dass es sich um einen schwachen abhängigen Entitättyp handelt, wo die gestrichelte Linie endet. Man spricht hierbei auch von einer nicht-identifizierenden Beziehung (siehe Abb. 3-20).

Abbildung 3-20: Darstellung von Beziehungen und Beziehungstypen

So genannte „Krähenfüße" („Crows foot") an einem Entitättyp kennzeichnen die Kardinalität für „viele". Eine gerade einfache Linie gibt die Kardinalität für „genau eins" an. Ein Kreis am Ende der Beziehungslinie kennzeichnet eine Kardinalität von Null, d.h. die Beziehung ist optional. Damit ergeben sich folgende in Tabelle 3-2 möglichen Beziehungsarten.

Tabelle 3-2: Beziehungsarten beim ERM nach Barker

	1 genau einem	1 optional keinem oder einem	N einem oder mehreren	N optional keinem, einem oder mehreren
1	———	———o	——<	——o<
1 optional		o———o	o——<	o——o<
M			>——<	>——o<
M optional				>o——o<

Im Gegensatz zum Modell von Chen hat Barker sich ausführlich mit der Vergabe von Namenskonventionen auseinandergesetzt. Die Bezeichnung einer Beziehung wird aus der Sichtweise jedes Entitättyps zweimal dargestellt, entsprechend werden hier Verben statt Substantive verwendet.

Für die Vergabe der Beziehungen hat Barker sich eine bestimmte Systematik überlegt, die zur sprachlichen Überprüfung der Beziehung herangezogen werden kann. Die allgemeine Satzstruktur für eine Beziehung wird ausgedrückt durch:

Jeder A (**muss | kann**) (**genau einem** B | **einen oder mehreren** B) R,

wobei A und B die Bezeichnung der Entitättypen darstellen und R die Beschreibung der Beziehung. Das Wort „muss" wird bei einer obligatorischen Beziehung, das Wort „kann" bei einer optionalen Beziehung mit einem am Ende erscheinenden ‚o' verwendet. Die Phrase „genau einem B" wird bei einer einzigen Linie, die Phrase „einen oder mehreren B" bei den Krähenfüßen verwendet.

Betrachten wir hierzu das Beispiel der Beziehung zwischen Mitarbeiter zu Vorgesetztem, so ergibt sich:

Jeder Mitarbeiter **kann genau einen** Vorgesetzten haben

Jeder Vorgesetzte **muss mehreren** Mitarbeitern vorgesetzt sein

Dabei muss der Satz natürlich noch einmal grammatikalisch angepasst werden. Leider ist aufgrund der Grammatik in der deutschen Sprache die Verwendung dieser Satzstruktur nicht systematisch anwendbar, dennoch kann sie zur Validierung von Beziehungen dienen.

3.5.6 Fallbeispiel

Wir haben alle grafischen Elemente des ERM nach Barker kennengelernt und wollen uns nun ansehen, wie man von der Analyse des Textbeispiels zu einem grafischen ERM kommt. In der Regel geht man in sechs Schritten vor:

1. Identifizieren der Entitättypen und Beziehungen
2. ersten Grobentwurf mit Entitättypen und Beziehungen erstellen
3. Super-, Subtypen modellieren
4. Entwurf durch Umdefinition von N:M-Beziehung verfeinern und auf eventuell zusätzliche Beziehungen überprüfen (siehe Beziehung Kunde - Artikel)
5. Attribute hinzufügen und festlegen, ob Attribut optional oder obligatorisch
6. Schlüsselattribute festlegen oder hinzufügen

Gegenüber der Vorgehensweise des ERM nach Chen muss bei dem ERM nach Barker zusätzlich festgelegt werden, wo der Primärschlüssel eines Entitättyps dem Primärschlüssel des anderen Entitättyps zugeordnet wird. Daneben ist festzulegen, inwiefern der Wert eines Attributes für einen Entitättyp zwingend vorhanden sein muss oder nicht (Schritt 6).

3.5 "Entity-Relationship-Modell" nach Barker

Die folgende Abb.3-21 zeigt noch einmal die einzelnen Schritte auf. Zur besseren Übersicht werden im Folgenden nicht alle Entitättypen und Beziehungen unseres Beispiels dargestellt.

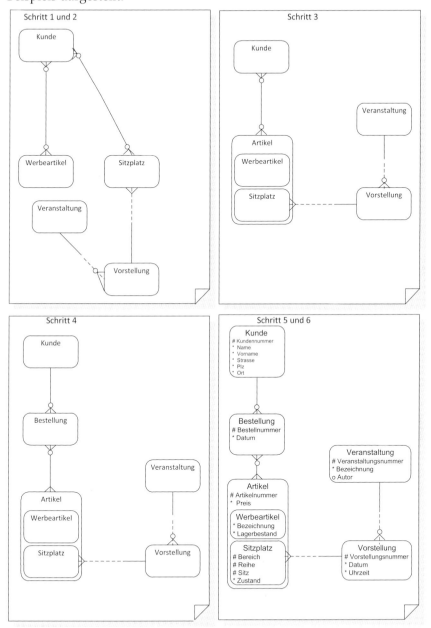

Abbildung 3-21: Sieben Schritte bis zum ERM nach Barker

Damit sieht das komplette ERM nach Barker für unser Fallbeispiel wie folgt aus (siehe Abb. 3-22):

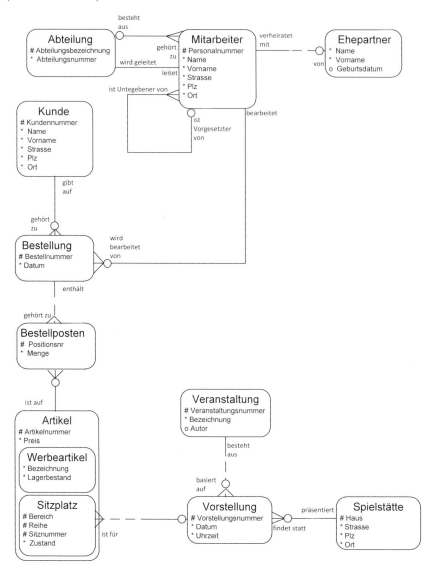

Abbildung 3-22: ERM nach Barker für unser Fallbeispiel

3.6 „Unified Modeling Language"

3.6.1 Grundlagen

Die „Unified Modeling Language" (UML) ist primär keine grafische Notation zur Datenmodellierung. Eigentlich dient sie zur „Objektmodellierung" und damit hauptsächlich zur Modellierung von Anwendungen bzw. Funktionsmodellen. Ein

Objekt beinhaltet neben seinen Attributen, und damit den Daten, die es beschreibt, auch ein Verhalten in Form von Methoden. So könnte ein Objekt des Objekttyps „Sitzplatz" neben seinen Attributen auch Methoden zum Bearbeiten eines Sitzplatzes beinhalten, z.B. ReservierePlatz, StornierePlatz usw.

Die UML besteht aus unterschiedlichen Diagrammtypen. So beinhaltet eine grafische Notation der UML so genannte „Anwendungsfälle" („Use Cases"). Diese dienen dazu, einen funktionalen Überblick über ein Geschäftsumfeld zu erhalten, und sind innerhalb des Phasenkonzeptes der 1. und teilweise der 2. Phase zuzuordnen.

Der wichtigste Diagrammtyp der UML ist jedoch das Klassenmodell („Class Model"), um die logische Struktur eines Anwendungssystems zu modellieren. Zur Erstellung eines Datenmodells auf Basis der UML beschäftigen wir uns hier deshalb nur mit einem Teil der grafischen Notation eines Klassenmodells.

Die UML hat sich heutzutage als Standard zur objektorientierten Modellierung von Anwendungssystemen durchgesetzt. Bevor die UML als Standard von der „Object Management Group" (OMG) 1997 verabschiedet wurde, gab es im Bereich der objektorientierten Modellierung drei sich ähnelnde Notationen zur Modellierung von James Rumbaugh, Grady Booch und Ivar Jacobson. Um ihre Notationen zu vereinheitlichen und einen Standard zu schaffen, entwickelten die drei „Amigos" (wie sie von der objektorientierten „Gemeinde" genannt werden) die UML. Rumbaugh, Booch und Jacobsen arbeiteten dann gemeinsam bei der Firma IBM an der Rational Produktsuite, die Software-Tools zur Modellierung von Anwendungen mit der UML herstellt.

Wir wollen nun Klassenmodelle betrachten, wie sie zur Modellierung von Anwendungssystemen verwendet werden. Dabei geht es nicht so sehr um die Vollständigkeit der Notation, sondern vielmehr um ein Kennenlernen der UML, bezogen auf die Datenmodellierung.

3.6.2 Geschäftsobjekte

Die UML dient zur Objektmodellierung. Entsprechend werden Geschäftsobjekte als Objekte bezeichnet und Objekttypen als Klassen. Eine Klasse ist also eine „Schablone" für ein Objekt, genau wie ein Entitättyp. Im Gegensatz zum Entitättypen definiert eine Klasse jedoch nicht nur die Attribute eines Objektes, sondern auch das Verhalten des Objektes in Form von Methoden. Klassen werden deshalb in der UML durch ein Rechteck repräsentiert, das dreigeteilt ist (siehe Abb. 3-23). Im oberen Bereich steht der Name der Klasse, im mittleren Teil die Attribute und im unteren Bereich die Methoden der Klasse. Eine Klasse hat private Attribute und Methoden, auf die nur die Klasse selbst zugreifen darf, und öffentliche Attribute, auf die auch andere Klassen zugreifen können. Die Bezeichner von Klassen und Attributen dürfen keine Leerzeichen enthalten. So ist „Leiter der Abteilung" kein korrekter Bezeichner, stattdessen müsste man diese Klasse „LeiterDerAbteilung" oder besser „Abteilungsleiter" nennen.

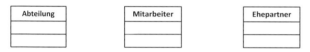

Abbildung 3-23: Darstellung von Klassen

3.6.3 Sub- bzw. Supertypen

Supertypen und Subtypen werden jeweils als Klasse dargestellt. Die Beziehung eines Supertyps zu seinen Subtypen durch eine „ist ein"-Beziehung wird in Form eines Dreiecks dargestellt (siehe Abb. 3-24).

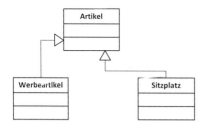

Abbildung 3-24: Darstellung von Sub- bzw. Supertypen

3.6.4 Attribute und Schlüssel

Attribute werden innerhalb des Rechtecks einer Klasse unterhalb des Klassenbezeichners aufgeführt. Das relationale Datenmodell sieht es nicht vor, Attribute als privat oder öffentlich zu kennzeichnen. Da die UML jedoch zur objektorientierten Modellierung dient, können hier die Attribute in der UML als nach außen sichtbar (public), nur sichtbar für Subtypen (protected) oder versteckt (private) gekennzeichnet werden. „public"-Attribute oder Methoden erhalten ein „+"-Zeichen vor ihrer Bezeichnung, „private"-Elemente ein „-"-Zeichen und „protected"-Elemente das „#"-Zeichen. Schlüssel existieren in der UML nicht, da in der UML ein Objekt bzw. eine Instanz eindeutig durch ihre Beziehungen zu anderen Objekten identifiziert werden kann. Dennoch ist es möglich, durch so genannte Stereotype anzugeben, welche Attribute als Schlüssel innerhalb einer relationalen Datenbank gelten sollen (siehe Abb. 3-25).

Stereotype dienen dazu, die Sprachelemente der UML zu erweitern, indem bestimmten Begriffen innerhalb eines Diagramms eine Semantik zugewiesen wird. Diese Begriffe werden durch Guillemets (französische Anführungszeichen), „<<" und „>>", begrenzt. Für einen Primärschlüssel definieren wir deshalb den Stereotyp „<<PK>>", der dazu dienen soll, Attribute als Primärschlüssel („Primary Key") zu kennzeichnen.

3.6 „Unified Modeling Language"

Abteilung
-<<PK>>Abteilungsbezeichnung
-Abteilungsnummer
-Abteilungsleiter

Mitarbeiter
-<<PK>>Personalnummer : Ganzzahl
-Name : Zeichenkette
-Vorname : Zeichenkette
-Strasse : Zeichenkette
-Plz : Ganzzahl
-Ort : Zeichenkette

Ehepartner
-<<PK>>Name : Zeichenkette
-<<PK>>Vorname : Zeichenkette
-Alter : Ganzzahl

Abbildung 3-25:   Darstellung von Sub- bzw. Supertypen

Auf Methoden wurde in dieser Darstellung verzichtet. Wir werden jedoch ab Kapitel 6 sehen, dass in Datenbanken auch Methoden über so genannte „Strukturierte Typen", „Trigger" und „Gespeicherte Routinen" gespeichert und ausgeführt werden können.

3.6.5 Beziehungen und Beziehungstypen

Beziehungen, in der UML Assoziationen genannt, werden durch Linien und Symbole an den Enden der Linien beschrieben.

1:1- und 1:N-Beziehungen werden durch eine einfache Linie gekennzeichnet. N:M-Beziehungen werden durch so genannte Assoziationsklassen dargestellt, indem der Beziehung automatisch eine weitere Klasse zugeordnet wird (siehe Abb. 3-26). Ein gesonderter Schritt zur Umdefinition von N:M-Beziehungen ist deshalb nicht notwendig.

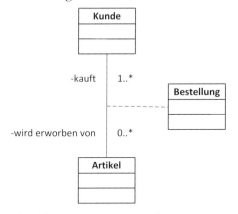

Abbildung 3-26: : Darstellung von N:M-Beziehungstypen

Daneben wird das Symbol einer Raute am Ende einer Linie verwendet, um Assoziationen der Form „ist Teil von" (aggregiert) und „besteht aus" (zusammengesetzt) darzustellen. In unserem Beispiel haben wir diesen Fall zwischen Veranstaltung und Vorstellung vorliegen. In den vorherigen Abschnitten haben wir kennengelernt, dass es sich bei der Vorstellung um einen abhängigen Entitättyp handelt. Eine Vorstellung existiert also nicht ohne eine Veranstaltung, entsprechend haben wir hier die Beziehung „besteht aus".

Eine Beziehung der Art „ist Teil von" existiert zwischen Mitarbeiter und Ehepartner. Ein Ehepartner ist Teil eines Mitarbeiters, gehört also zum Objekttyp „Mitarbeiter". Ähnlich wäre es, wenn wir z.B. für Kunden mehrere Adressen zulassen würden. In diesem Fall müssten wir zusätzlich eine Klasse „Adresse" definieren. Die Klasse „Adresse" wäre dann „Teil von" der Klasse „Kunde". Diese Art der Beziehung wird durch eine Raute dargestellt.

Ist die Raute gefüllt, so handelt es sich um eine aggregierte Assoziation. In diesem Fall können die Objekte, aus denen sich das aggregierte Objekt zusammensetzt, keine weiteren Assoziationen mit anderen Objekten bilden. Hierzu ein Beispiel: Ein Gebäude besteht aus mehreren Räumen, ein Raum kann ohne das Gebäude nicht existieren. Ein ganz bestimmter Raum kann nur einem Gebäude zugeordnet sein und kann daher nicht für ein weiteres Gebäude verwendet werden.

Kardinalitäten werden mit Zeichen der Form „Minimum .. Maximum" dargestellt. Minimum und Maximum stehen dabei für die Anzahl der in Beziehung stehenden Objekte. Ein „*" steht für beliebig viele Objekte, eine 0 für optional. Eine Kardinalität von „1..1" bedeutet dementsprechend „genau einer". Zur Verdeutlichung ein Beispiel: Eine Abteilung besteht aus einem oder beliebig vielen Mitarbeitern (1..*). Die 1 stellt dabei das Minimum dar und das Zeichen „*" das Maximum. Würde man dagegen festlegen, dass eine Abteilung aus maximal 20 Mitarbeitern bestehen darf, so würde man 1..20 schreiben (siehe Abb. 3-27).

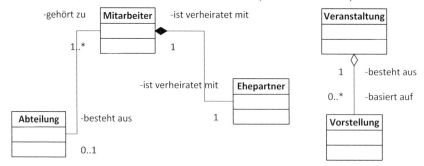

Abbildung 3-27: Darstellung von 1:1- und 1:N-Beziehungstypen

3.6.6 Fallbeispiel

Wir haben die wichtigsten grafischen Elemente eines Klassendiagramms der UML kennengelernt und wollen uns nun ansehen, wie man von der Analyse des Textbeispiels zu einem Klassendiagramm kommt. In der Regel geht man in sechs Schritten vor:

1. Identifizieren der Klassen und Assoziationen
2. ersten Grobentwurf mit Klassen und Assoziationen erstellen
3. Super-, Subtypen modellieren
4. Attribute hinzufügen und festlegen, ob Attribut optional oder obligatorisch

3.6 „Unified Modeling Language"

5. Schlüsselattribute festlegen oder hinzufügen
6. Festlegen des Verhaltens der Klasse in Form von Methoden

Gegenüber der Vorgehensweise des ERM wird bei der UML bei N:M-Beziehungen keine Umdefinition der Beziehung vorgenommen, da hier bereits bei der Modellierung von N:M-Beziehung eine eigene Klasse hinzugefügt wird (siehe Abb. 3-28). Neben dem eigentlichen Identifizieren und Modellieren der Daten sind jedoch gerade die Methoden von Klassen wichtig, die in einem sechsten Schritt mit der UML spezifiziert werden können. Damit sieht das Klassendiagramm mit der UML für unser Fallbeispiel wie folgt aus:

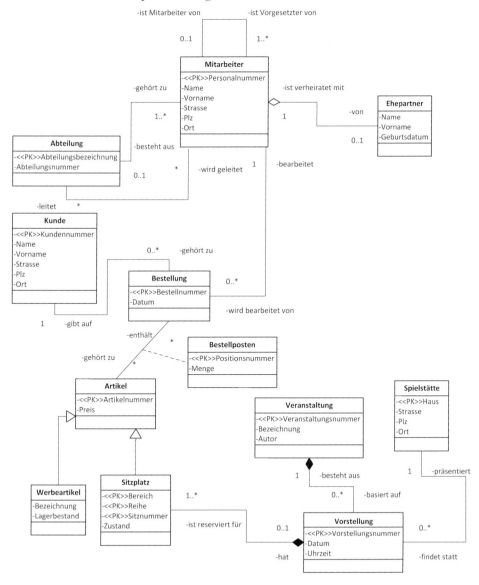

Abbildung 3-28: UML-Klassendiagramm für unser Fallbeispiel

3.7 Praxis

„Entity-Relationship-Modell" nach Barker

Zum Erstellen eines „Entity-Relationship-Modells" wollen wir die Software RISE Editor verwenden. Sie können die Software unter der URL „http://www.riseto bloome.com" herunterladen und direkt installieren. Zunächst soll ein neues Modell ohne eine Vorlage (Template Blank) erzeugt werden. Da wir die Entitättypen für den Verkauf modellieren wollen, nennen wir das Modell „Verkauf" (siehe Abb. 3-29).

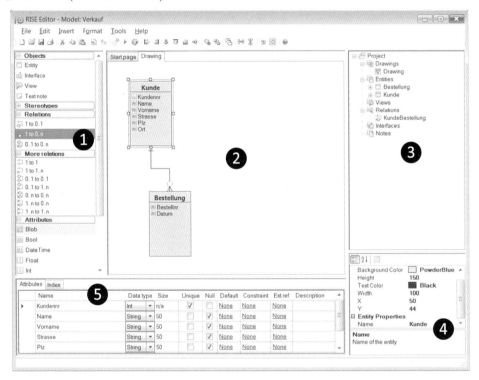

Abbildung 3-29: RISE Editor

Von der linken Seite (1) können die einzelnen Notationselemente wie Entitättyp (Entity) und Beziehungstypen (Relations) per Drag&Drop auf die Arbeitsfläche gezogen werden (2). Im unteren Bereich können dann zusätzliche Informationen zu dem Element eingegeben werden (5). Im obigen Fall werden bei einem ausgewählten Entitättyp die einzelnen Attribute des Entitättyps angezeigt und können hier bearbeitet werden. Auf der rechten Seite (3) erscheint ein Überblick über alle in diesem Modell erstellten Elemente. Durch Auswahl eines Elementes wird der untere Bereich entsprechend angepasst. Auf der rechten unteren Seite schließlich können die Eigenschaften der einzelnen Elemente bearbeitet werden (4).

Um die Bezeichnung der Beziehung aus Sicht des jeweiligen Entitättyps zu ändern, wählt man die entsprechende Beziehung aus und ändert die beiden Eigenschaften

3.7 Praxis

„Node1Name" und „Node2Name". Für unser Beispiel werden für die Beziehung Kunde und Bestellung die entsprechenden Bezeichnungen wie in Abb. 3-30 geändert.

Abbildung 3-30: Eigenschaften im RISE Editor ändern

Im Unterschied zu der in Abschnitt 3.5 beschriebenen Notation nach Barker verwendet der RISE Editor etwas geänderte grafische Elemente für die Beziehungstypen. Bei einer Beziehung mit der Kardinalität 1, die nicht optional ist, wird am Ende des Striches ein zusätzlicher senkrechter Strich mit der Bedeutung „genau eins" verwendet. Zudem können keine schwachen Entitättypen modelliert werden und die Angabe, ob ein Attribut optional, obligatorisch oder ein Primärschlüssel ist, kann nur im Attributnamen direkt angegeben werden.

Die Darstellung des ERM nach Barker wird beim RISE Editor als ERD-Ansicht bezeichnet. Neben dieser Ansicht kann man u.a. noch auf die UML-Notation umschalten.

UML-Modell

Zum Erstellen eines UML-Modells soll die Open Source Software StarUML verwendet werden. Diese Software kann unter der URL „http://staruml.source forge.net" kostenlos heruntergeladen werden. Wie im Beispiel zum ERM nach Barker soll ein neues Projekt ohne eine Vorlage erzeugt werden. Auf der rechten Seite der Anwendung legen wir zunächst über das Kontextmenü ein neues Modell mit der Bezeichnung „KartoFinale" an (siehe Abb. 3-31) und für dieses Modell ein neues Klassendiagramm (1). Da wir die Klassen für den Verkauf modellieren wollen, nennen wir das Modell „Verkauf".

Um nun zwei Klassen auf unserer Arbeitsfläche anzulegen, wählen wir auf der linken Seite das Symbol „Class" aus (2) und klicken zweimal in die Arbeitsfläche. Dort ändern wir entsprechend die Bezeichnungen in „Kunde" und „Bestellung" und legen die Attribute für die Klassen an (3). Um ein Attribut als Primärschlüssel zu kennzeichnen, geben wir als Stereotyp „PK" an (4).

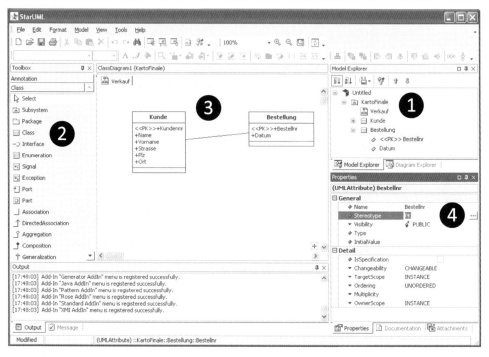

Abbildung 3-31: StarUML

Zur Festlegung der Beziehung wählen wir das Symbol „Association" und ziehen eine Gerade vom Kunden zur Bestellung. Über die Eigenschaften der Beziehung (siehe Abb. 3-32) legen wir die Bezeichnungen (End1.Name und End2.Name)(5) und die Kardinalität (Multiplicity) der Beziehung fest(6).

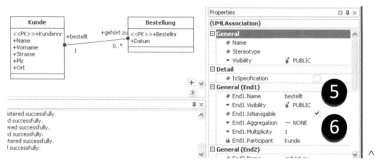

Abbildung 3-32: Eigenschaften im StarUML Editor ändern

3.8 Zusammenfassung

In diesem Kapitel haben wir kennengelernt, wie man von einer Problembeschreibung zu einem Datenmodell kommt. Bevor mit der eigentlichen Datenmodellierung begonnen wird, stellt man einen Projektplan auf, der beschreibt, in welchen Schritten man vorgeht. Als Grundlage verwendet man ein Phasenkonzept, das sozusagen als Vorlage zur Erstellung eines Projektplanes dient. Dabei haben wir auch gesehen, dass die Datenmodellierung selbst nur einen Teil des Entwicklungsprozesses von der Problembeschreibung zur Problemlösung darstellt.

Im ersten Schritt lernt man das Geschäftsumfeld, in dem Probleme auftreten, kennen. Dazu spricht man mit Personen, sichtet Dokumente und sieht sich eventuell vorhandene Anwendungssysteme an.

Daraufhin identifiziert und klassifiziert man die gefundenen Informationen und abstrahiert sie so weit, dass man sogenannte Geschäftsobjekte und deren Beziehungen herausfindet. Geschäftsobjekte und deren Beziehungen werden in Datenmodellen dargestellt, die zum einen zur Kommunikation mit dem Kunden und andererseits als Grundlage zur Umsetzung in eine Datenbankstruktur dienen.

Zur Erstellung von Datenmodellen haben sich zwei Modellierungstechniken in der Praxis durchgesetzt, das „Entity-Relationship-Modell" (ERM) und die „Unified Modeling Language" (UML). Anhand eines Fallbeispiels haben wir ein Datenmodell in Form eines ERM nach Chen, eines ERM nach Barker sowie ein Modell mit der UML erstellt und dabei die Unterschiede zwischen den Modellierungstechniken kennengelernt.

Zum Schluss sei noch erwähnt, dass das ERM und die UML nicht immer gewährleisten, dass ein in sich logisches Datenmodell entsteht. So enthält das Datenmodell unseres Fallbeispiels einen Teil, der noch nicht „sauber" modelliert ist. Wir werden hierauf in Kapitel 6 zurückkommen und dort eine Methode, nämlich die Normalisierung kennenlernen, die das erstellte Modell noch einmal validiert. Die Normalisierung wird allerdings auf das logische Relationenmodell angewendet. Bevor wir uns deshalb mit der Normalisierung beschäftigen, gehen wir im nächsten Kapitel auf das am weitesten verbreitete logische Modell für Datenbanken ein, das Relationenmodell.

3.9 Aufgaben

Wiederholungsfragen

1. Aus welchen Phasen besteht das in diesem Buch vorgestellte Phasenkonzept?
2. In welchem Bezug steht das Phasenkonzept zum Projektplan?
3. Wozu dient der konzeptionelle Entwurf?
4. Worin besteht der Unterschied zwischen konzeptionellem und logischem Entwurf?
5. Welcher Phase sind die Modellierungstechniken des ERM und der UML zuzuordnen?
6. Wie wird eine N:M-Beziehung im ERM nach Chen, ERM nach Barker und mit der UML grafisch dargestellt?

Übungen

1. Kann nicht auch die Eintrittskarte selbst als Entitättyp angesehen werden? Begründen Sie.

2. Die Beziehung zwischen Mitarbeiter und Abteilung ist im Fallbeispiel als 1:N-Beziehung entworfen worden! Sind auch eine 1:1- oder eine N:M-Beziehung sinnvoll?
3. Um welche Beziehungstypen (siehe Tabelle 3-1 oder 3-2) handelt es sich bei den folgenden Entitättypen. Begründen Sie.

    | Mitarbeiter | Eigenschaften |
    | Kunde | Artikel |
    | Bahnhof | Zug |
    | Mitarbeiter | Projekt |
    | Auto | Motor |
    | Ehemann | Ehefrau |

4. Was wird inhaltlich mit dem folgenden ERM nach Barker dargestellt?

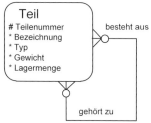

5. Was wird inhaltlich mit dem folgenden ERM nach Barker dargestellt?

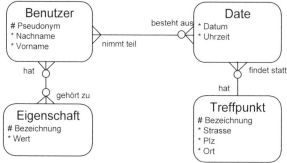

6. Ein Mitarbeiter bestellt bei einem Bürolieferanten Büromaterial. Welche der folgenden Attribute sind dem Geschäftsobjekt „Bürolieferant" zuzuordnen und welches Attribut würden Sie als Primärschlüssel für das Geschäftsobjekt festlegen?
Name des Mitarbeiters, Lieferantennummer, Bestellnummer, bestellte Artikel, Bezeichnung der Firma des Mitarbeiters, Bezeichnung des Lieferanten, Adresse des Lieferanten.
7. Ein Online-Spielwarengeschäft verkauft über das Internet Spielzeug. Ein Kunde gibt mehrere Bestellungen auf. Eine Bestellung enthält mehrere Artikel bzw. jeder Artikel kann auf verschiedenen Bestellungen erscheinen. Die Bestellungen werden von Mitarbeitern bearbeitet.

Entwerfen Sie ein Datenmodell nach dem ERM von Barker und nach der UML.

8. Für ein Geo-Informationssystem soll ein Datenmodell erstellt werden. Auf der Erde gibt es mehrere Staaten. Jeder Staat besteht wiederum aus mehreren Regionen und jeder Staat hat genau einen Staatsherrscher. Ein Staatsherrscher kann entweder ein demokratisch gewählter Präsident oder ein Diktator sein. Merkmale eines Staatsherrschers sind sein Name und sein Geburtsdatum. Merkmale eines demokratisch gewählten Präsidenten sind seine Parteizugehörigkeit und die Anzahl der Wählerstimmen, die er bei der letzten Wahl erhalten hat. Merkmal eines Diktators ist sein geschätztes Vermögen.

   Ein Staat hat eine Hauptstadt, die, genau wie ein Staat, gekennzeichnet ist, durch die Anzahl der Bewohner, eine Gesamtfläche in Quadratmetern und durch eine Bevölkerungsdichte. Entsprechend existieren in jeder Region weitere Orte mit gleichen Kennzahlen.

   Entwerfen Sie ein Datenmodell nach dem ERM von Barker und nach der UML.

9. Eine Hotelkette hat mehrere Hotels in verschiedenen Orten. Jedes Hotel wird von einem Hotelmanager geleitet. Jedes Hotel hat mehrere Doppel- und Einzelzimmer und verschiedene Konferenzräume.

   In jedem dieser Räume befindet sich Inventar, wie z.B. Stühle, Betten, Fernseher. Ein Doppelzimmer kostet pro Übernachtung 220 Euro, ein Einzelzimmer 150 Euro und jeder Konferenzraum pro Quadratmeter 10 Euro. Die Räume werden sowohl an Privatpersonen als auch an Firmen vermietet.

   Entwerfen Sie ein Datenmodell nach dem ERM von Barker und nach der UML.

10. In einer Arztpraxis arbeiten die Ärzte Holbein, Dürer und Grunewald. Holbein ist für Hals-/Nasen-/Ohrenkrankheiten zuständig, Dürer für innere Krankheiten und Grunewald für Hautkrankheiten.

    In die Arztpraxis kommen Patienten, die von den Ärzten, abhängig von ihrer Krankheit, behandelt werden. Jeder Patient wird mit Name, Vorname, Adresse und Krankenkasse registriert. Abhängig von der Krankheit behandeln auch mehrere Ärzte einen Patienten.

    Zu jeder Krankheit wird neben der Diagnose festgehalten, welcher Arzt diese behandelt und welche Kosten durch die Behandlung entstanden sind.

    Entwerfen Sie ein Datenmodell nach dem ERM von Barker und nach der UML.

11. Im Finanzamt gibt es die Abteilungen „Betriebsprüfung", „Gewerbesteuer" und „Einkommenssteuererklärungen".

    In der Abteilung „Einkommenssteuererklärungen" arbeiten die Finanzbeamten Muster, Mahlzahn, Hohlstein und Wichtig. Herr Wichtig ist der Abteilungsleiter. Ein Abteilungsleiter betreut mehrere Mitarbeiter, wobei ein Mitarbeiter immer genau einen Abteilungsleiter hat.

Muster bearbeitet die Anträge der Steuerpflichtigen, deren Nachname mit „A-H" beginnt, Mahlzahn von „I-M" und Hohlstein von „N-Z".

Pro Einkommensteuererklärung gibt es genau einen Bearbeiter. Bei der Einkommensteuererklärung wird neben dem Namen, der Adresse und der Steuernummer des Steuerpflichtigen auch der Bearbeitungsstatus vermerkt.

Bei schwierigen Fällen übergeben die Bearbeiter die Einkommenssteuererklärung ihrem Vorgesetzten Herrn Wichtig und benachrichtigen ihn über den Teil, bei dem sie Probleme hatten. Herr Wichtig führt die Bearbeitung dann zu Ende.

Entwerfen Sie ein Datenmodell nach dem ERM von Barker und nach der UML.

12. Zur Verwaltung der Fußballspiele möchte der „Hamburger Fußballverband" (HFV) eine Datenbank erstellen.

    Der HFV besteht aus mehreren Mannschaften. Diese Mannschaften haben eine Bezeichnung und bis zu vier verschiedene Postadressen. Jede Mannschaft besteht aus mehreren Spielern. Jeder Spieler hat einen Vor- und Nachnamen, eine Adresse und eine bevorzugte Spielernummer. Jeder Spieler darf nur für eine einzige Mannschaft spielen.

    Die Mannschaften spielen gegeneinander in einem Hin- und Rückspiel. Hin- und Rückspiele finden zu bestimmten Terminen und in einem bestimmten Ort statt. Ein Fußballspiel wird von einem Schiedsrichter und zwei Linienrichtern geleitet.

    Entwerfen Sie ein Datenmodell nach dem ERM von Barker und nach der UML.

13. Die Unternehmensberatung „Database Consult AG" möchte ihre Projekte mit den Kunden in einer Datenbank verwalten. Ein Kunde beauftragt ein oder mehrere Projekte. Projekte werden von Mitarbeitern der Unternehmensberatung durchgeführt. Ein Mitarbeiter kann mehreren Projekten zugeordnet sein, und ein Projekt besteht in der Regel aus mehreren Mitarbeitern. Zusätzlich ist ein Mitarbeiter einer Abteilung zugeordnet. Für jedes Projekt gibt es einen Mitarbeiter, der Projektleiter für das Projekt ist.

    Merkmale eines Projektes sind die Bezeichnung, Anfangs- und geplanter Fertigstellungstermin.

    Entwerfen Sie ein Datenmodell nach dem ERM von Barker und nach der UML.

14. Die Firma MotorBike produziert Motorräder. Die Motorräder werden aus dem Motor, der sich aus der Nockenwelle und dem Motorblock zusammensetzt, und dem Motorradrahmen zusammengebaut. Motorblock, Nockenwelle und Motorradrahmen werden von verschiedenen Lieferanten geliefert und als Material gespeichert. Aus welchen Teilen sich ein Motorrad zusammensetzt, wird in einer Stückliste gespeichert. Jedes Material hat einen Einkaufspreis, ein Gewicht und eine Lagermenge.

3.9 Aufgaben

Entwerfen Sie ein Datenmodell nach dem ERM von Barker und nach der UML.

15. Die Firma HamCon verlädt Container im Hamburger Hafen auf Schiffe. Ein Schiff kann eine bestimmte Anzahl an Containern laden. Ein Schiff gehört zu einer Reederei, die eine Adresse und einen Firmennamen besitzt. Container enthalten eine Containerkennung, ein Leergewicht und einen Mietpreis pro Tag. Die Container werden von der Reederei für ein Schiff für einen bestimmten Zeitraum gemietet. Die Firma HamCon besitzt am Hamburger Hafen zu belegende Containerplätze. Containerplätze können entweder belegt oder frei sein.

    Entwerfen Sie ein Datenmodell nach dem ERM von Barker und nach der UML.

16. In einer Volkshochschule unterrichten die Dozenten Hansen, Meier und Oberdorf. Meier unterrichtet die Kurse „EDV Grundlagen" und „WinWord", Hansen den Kurs „Kochen für Kinder" und Oberdorf die Kurse „Marketing" und „Controlling".

    Zu jedem Kurs melden sich mehrere Teilnehmer an, die für diesen Kurs eine Kursgebühr zahlen müssen. Für jeden Kurs gibt es eine maximale Anzahl an Teilnehmern.

    Entwerfen Sie ein Datenmodell nach dem ERM von Barker und nach der UML.

4 Logischer Datenbankentwurf

In Kapitel 4 sollen folgende Fragen geklärt werden:
- Wozu dient der logische Entwurf?
- Wie kommt man vom konzeptionellen Entwurf zum DV-technischen Entwurf (logisches Modell)?
- Welche Entwurfsmethode gibt es für den logischen Entwurf von relationalen Datenbanken (Relationenmodell)?
- Wie kommt man vom Entität-Relationship-Modell (ERM) zum Relationenmodell?

4.1 Motivation

Betrachten wir zunächst wieder unser Fallbeispiel. Inzwischen sind sechs Wochen vergangen und Herr Dr. Fleissig von der Unternehmensberatung „Database Consult AG" hat das konzeptionelle Modell für „KartoFinale" erstellt. Er hat ein Entity-Relationship-Modell nach Barker erstellt und es so weit mit dem Kunden besprochen und immer wieder durchdiskutiert, dass er sich jetzt sicher ist, das Geschäftsumfeld von „KartoFinale" verstanden zu haben. Damit ist der erste Meilenstein des Projektplanes erfolgreich und „just-in-time" erledigt. Herr Fleissig, stolz auf seine Leistung, beginnt nun hochmotiviert mit der Umsetzung auf den Computer. Bevor er sich jedoch mit der Umsetzung des ERM auf den Computer beschäftigt, muss das ERM so umgewandelt werden, dass es überhaupt auf den Computer übertragen werden kann.

Zurzeit hat Herr Fleissig ja nur eine Grafik und eine textuelle Beschreibung des Geschäftsumfeldes. Da er noch nicht weiß, welches relationale Datenbank-Management-System (RDBMS) später eingesetzt werden soll, muss er also ein Modell entwerfen, das auf einen beliebigen Computer für ein beliebiges RDBMS übertragen werden kann.

Herr Fleissig kennt sich natürlich mit relationalen Datenbank-Management-Systemen aus und weiß, dass diese die Daten in Form von Tabellen speichern. Also entschließt er sich, sein ERM so umzuwandeln, dass es in Form von Tabellen abgebildet werden kann. Zunächst überlegt er sich, jeden Entitättyp in genau eine Tabelle umzuwandeln. Damit hat er schon einmal die Daten der Entitäten abgebildet, indem er pro Zeile einer Tabelle eine Entität speichert.

4.1 Motivation

Doch wie können Beziehungen in Tabellenform abgebildet werden? Um einen Bezug zwischen Tabellen herzustellen, erstellt er einfach in der einen Tabelle ein zusätzliches Attribut, das den Primärschlüssel der anderen Tabelle als Bezug speichert. Betrachten wir hierzu die Beziehung zwischen Abteilung und Mitarbeiter. In Tabellenform aus dem ERM transformiert sieht das Ganze wie folgt aus (siehe Abb. 4-1):

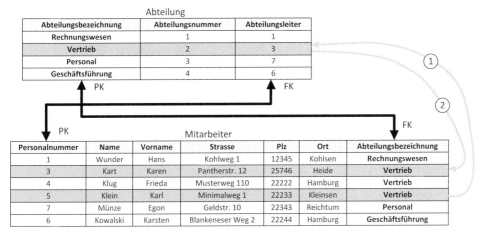

Abbildung 4-1: Tabellen und deren Beziehungen

Herr Fleissig hat den Primärschlüssel der Abteilung als Referenz in die Mitarbeitertabelle übernommen. Damit ist die 1:N-Beziehung zwischen Abteilung und Mitarbeiter abgebildet. Man kann damit sowohl herausbekommen, zu welcher Abteilung ein Mitarbeiter gehört und wer der entsprechende Abteilungsleiter ist. Umgekehrt kann man auch ermitteln, zu welcher Abteilung welche Mitarbeiter gehören.

Nehmen wir als Beispiel aus der Mitarbeitertabelle den Mitarbeiter Karl Klein. Herr Klein gehört zur Abteilung „Vertrieb". Der Wert „Vertrieb" ist gleichzeitig Primärschlüssel in der Tabelle Abteilung. Sucht man in der Tabelle „Abteilung" nun den Eintrag für den Wert „Vertrieb" (1), so sieht man, dass der Abteilungsleiter dieser Abteilung die Personalnummer 3 hat. Entsprechend kann man in der Tabelle „Mitarbeiter" wieder nachsehen, um welchen Mitarbeiter es sich hier handelt, nämlich um Frau Kart (2).

Herr Fleissig erstellt die Tabellen in Textform. Dabei führt er jeweils die Bezeichnung der Tabelle und in Klammern die Attribute bzw. Spalten der Tabelle auf. Primärschlüssel stellt er unterstrichen dar und Referenzen jeweils kursiv. Für unsere Tabellen „Mitarbeiter" und „Abteilung" sieht das Ganze wie folgt aus:

Abteilung   (<u>Abteilungsbezeichnung</u>, Abteilungsnummer, *Abteilungsleiter*)
Mitarbeiter   (<u>Personalnummer</u>, Name, Vorname, Strasse, Plz, Ort, *Abteilungsbezeichnung*)

4.2 Relationenmodell

Im letzten Kapitel haben wir gesehen, dass man zunächst das Umfeld des zu lösenden Problems analysieren und beschreiben muss. Als Ergebnis entsteht das konzeptionelle Modell, das häufig auch als Fachkonzept bezeichnet wird, da es ein Problem aus fachlicher und nicht technischer Sicht beschreiben soll. Bevor man sich nun an einen Computer setzt und das konzeptionelle Modell auf diesen überträgt, muss ein Konzept zur Übertragung auf den Computer erstellt werden. Man spricht hier vom logischen Modell oder auch DV-Konzept, weil ein in sich logisches und mathematisch schlüssiges Konzept entstehen soll.

Bei der Datenmodellierung für relationale Datenbank-Management-Systeme hat sich als logisches Modell das Relationenmodell durchgesetzt. Das Relationenmodell stammt von Dr. E. F. Codd und wurde erstmals 1970 in einem Artikel des Datenbankjournals des ACM („Association for Computing Machinery") beschrieben. Der Titel zu diesem Artikel lautet „A Relational Model of Data for Large Shared Data Banks". Das Relationenmodell beschreibt die theoretischen mathematischen Grundlagen, die einem relationalen Datenbank-Management-System zugrunde liegen. Entsprechend ist ein logisches Modell auf Basis des Relationenmodells auch sehr einfach auf ein RDBMS zu übertragen. Da das logische Datenmodell auf dem Relationenmodell basiert, ist es unabhängig von einem ganz bestimmten RDBMS und einer ganz bestimmten Computerplattform.

Im Folgenden werden wir uns pragmatisch mit dem Relationenmodell beschäftigen, ohne dabei zu theoretisch und mathematisch zu werden. Es werden nur die Aspekte des Relationenmodells beschrieben, die für die Umsetzung eines Datenmodells notwendig sind. Wir werden uns dabei vor allem darauf konzentrieren, wie man aus dem konzeptionellen Modell (ERM oder UML-Modell) ein Relationenmodell erstellt.

4.3 Grundlagen des Relationenmodells

Bevor wir uns mit der eigentlichen Umsetzung des konzeptionellen Modells in ein Relationenmodell beschäftigen, wollen wir kurz die wichtigsten Grundlagen des Relationenmodells kennenlernen. Das Relationenmodell basiert mathematisch auf der Mengenlehre und der Mengenalgebra (Relationentheorie).

Objekttypen werden dabei in Form von Mengen (Relationen) dargestellt. Jede Relation wiederum besteht aus mehreren Objekten bzw. Objektinstanzen, die gleichartig sind und durch gleiche Attribute beschrieben werden. So gehört in unserem Fallbeispiel Herr Egon Münze zu der Relation „Mitarbeiter" und besitzt die Attribute „Personalnummer", „Name", „Vorname", „Strasse", „Plz" und „Ort". Eine Objektinstanz wird im Relationenmodell als Tupel bezeichnet. Da es sich um eine Menge handelt, existiert keine Reihenfolge bzw. Sortierung der Attribute oder auch der Tupel selber. Der Einfachheit halber werden Relationen

4.3 Grundlagen des Relationenmodells

nicht als Mengen gezeichnet, sondern in Form von 2-dimensionalen Tabellen dargestellt. Entsprechend werden im allgemeinen Sprachgebrauch die Begriffe Relation, Tupel und Attribut selten verwendet. Man spricht eher von Tabelle (Table), Satz (Record oder Row) und Spalte (Feld, Field, Column).

Betrachten wir hierzu die Menge der Mitarbeiter aus unserem Fallbeispiel, so haben wir sechs Tupel bzw. Sätze (siehe Abb. 4-2).

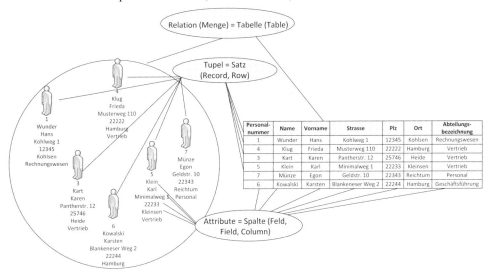

Abbildung 4-2: Relation „Mitarbeiter"

Jeder dieser Sätze ist eindeutig, d.h. kein Satz kommt mehrfach vor und jede Spalte hat einen eindeutigen Namen. Die Werte einer Spalte sind von der gleichen Art und haben einen Wertebereich (Domain). Der Wertebereich der Spalte Plz darf z.B. nur in Deutschland gültige Postleitzahlen enthalten. Der Wertebereich der Spalte Abteilungsbezeichnung darf dagegen nur Werte enthalten, die in der Tabelle Abteilung als Primärschlüssel auftreten.

Ein Satz innerhalb einer Tabelle wird eindeutig gekennzeichnet durch seinen Primärschlüssel (Primary Key). Bei einem Primärschlüssel handelt es sich, wie wir bereits kennengelernt haben, um eine oder mehrere Spalten, die einen Satz eindeutig kennzeichnen. Existieren mehrere solcher Spalten, so wählt man einen dieser möglichen Schlüsselkandidaten als Primärschlüssel aus. So hat z.B. die Tabelle „Abteilung" zwei mögliche Schlüsselkandidaten, nämlich die Abteilungsnummer und die Abteilungsbezeichnung. In diesem Fall kann man sich für eine der beiden Spalten als Primärschlüssel entscheiden.

Der Wert eines Primärschlüssels muss immer einmalig und darf nicht optional sein. Außerdem darf er sich während der „Lebenszeit" eines Datensatzes nicht ändern. So darf z.B. der Wert „Vertrieb" des Primärschlüssels Abteilungsbezeichnung der Tabelle „Abteilung" nur genau einmal vorkommen. Ein Primärschlüssel sollte immer minimal sein, d.h. nur so viele Spalten zur eindeutigen

Identifikation besitzen, wie unbedingt notwendig. So könnte man für die Tabelle „Abteilung" auch einen Primärschlüssel definieren, der aus den beiden Spalten Abteilungsbezeichnung und Abteilungsleiter besteht. Man hätte in diesem Fall also einen zusammengesetzten Schlüssel („Compound Key"). Dies würde jedoch das eben erwähnte Prinzip der Minimalität eines Schlüssels verletzen, da bereits die Abteilungsbezeichnung zur eindeutigen Identifikation eines Satzes ausreicht.

Um nun Beziehungen (Assoziationen) zwischen Tabellen darzustellen, führt das Relationenmodell den Begriff des Fremdschlüssels („Foreign Key") ein. Hierbei handelt es sich um eine Spalte, die einen Bezug zu einer anderen Tabelle herstellt. Um z.B. die Beziehung „Mitarbeiter gehört zu Abteilung" in Tabellen abzubilden, übernimmt die Tabelle „Mitarbeiter" den Primärschlüssel der „Abteilung" als so genannten Fremdschlüssel. Demnach gilt, dass die Werte eines Fremdschlüssels immer den Werten des dazugehörigen Primärschlüssels entsprechen müssen. So darf in der Tabelle „Mitarbeiter" die Spalte „Abteilungsbezeichnung" nur Werte enthalten, die auch in der Tabelle „Abteilung" in der Spalte „Abteilungsbezeichnung" vorkommen. In der Tabelle „Mitarbeiter" ist die Spalte „Abteilungsbezeichnung" Fremdschlüssel und in der Tabelle „Abteilung" ist sie Primärschlüssel. Ein Fremdschlüssel ist also immer ein Verweis auf einen Primärschlüssel in einer anderen Tabelle. Diese Einschränkung, dass der Wert eines Fremdschlüssels immer seinem dazugehörigen Primärschlüssel entsprechen muss, bezeichnet man als referentielle Integrität. Primär- und Fremdschlüssel dienen damit also zur Navigation zwischen den Tabellen.

Neben der referentiellen Integrität kennt das Relationenmodell noch zwei weitere allgemeine Einschränkungen:

- Entität-Integrität
- Domain-Integrität

Entität-Integrität haben wir bereits kennengelernt. Hierunter versteht man die Tatsache, dass ein Primärschlüssel immer eindeutig einen Satz kennzeichnen muss und deshalb niemals leer sein darf. Domain-Integrität meint dagegen die Einschränkung von Spalten auf bestimmte Wertebereiche, die Spalte Plz darf nur gültige Postleitzahlen enthalten, oder eine Spalte Geschlecht sollte nur zwei Werte für „weiblich" und „männlich" enthalten.

Tabellen werden nach dem Relationenmodell der Einfachheit halber nicht in Tabellenform geschrieben. Hierfür verwendet man eine einfache Notation, die die Spalten der Tabelle in Klammern aufführt. Primärschlüssel werden dabei unterstrichen und Fremdschlüssel kursiv dargestellt:

Tabellenname (<u>Attribut 1</u>, Attribut 2, *Attribut 3*, ..., Attribut n)

Fassen wir noch einmal zusammen. Eine Tabelle besteht aus Spalten mit eindeutigen Bezeichnern für die Spaltennamen. Die Spalten beschreiben Sätze der entsprechenden Tabelle. So macht es z.B. keinen Sinn, dass die Tabelle Mitarbeiter

4.4 Umsetzung des ERM in das Relationenmodell

eine Spalte für die Bezeichnung der Spielstätte hat, da die Bezeichnung der Spielstätte nicht unmittelbar ein Merkmal eines Mitarbeiters ist. Jede Spalte enthält gleichartige Werte, die einem bestimmten Wertebereich (Domain) entsprechen. Beziehungen zwischen Tabellen werden über Primär- und Fremdschlüssel abgebildet, indem der Primärschlüssel der einen Tabelle als Fremdschlüssel in die andere Tabelle übernommen wird. Hierdurch kann zwischen den Tabellen navigiert werden.

4.4 Umsetzung des ERM in das Relationenmodell

Im letzten Kapitel haben wir gesehen, dass ein konzeptionelles Datenbankmodell verschiedene Elemente zur Abbildung des Geschäftsumfeldes verwendet. Wir haben sechs Elemente unterschieden:

1. Geschäftsobjekte,
2. Attribute,
3. eindeutige Identifizierer (Schlüssel),
4. Beziehungen,
5. Beziehungstypen,
6. Sub- bzw. Supertypen.

Im Folgenden gehen wir auf die Umsetzung der Elemente im Relationenmodell ein.

Betrachten wir im ersten Schritt Geschäftsobjekte und deren Attribute. Diese werden im Relationenmodell jeweils als eigenständige Tabelle behandelt. Die Notation gibt vor, den Tabellennamen und in Klammern dessen Attribute zu schreiben. Primärschlüssel werden hierbei unterstrichen dargestellt. Betrachten wir dazu exemplarisch das ERM nach Barker für die Geschäftsobjekte Spielstätte, Veranstaltung und Vorstellung. Die Umsetzung sieht dann wie folgt aus (siehe Abb. 4-3):

Schritt 1:

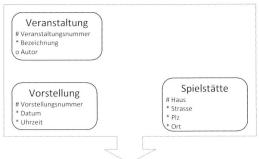

Veranstaltung (<u>Veranstaltungsnummer</u>, Bezeichnung, Autor)
Vorstellung (<u>Vorstellungsnummer</u>, Datum, Uhrzeit)
Spielstätte   (<u>Haus</u>, Strasse, Plz, Ort)

Abbildung 4-3: Umwandlung ERM in Relationenmodell (Schritt 1)

Im zweiten Schritt werden die Beziehungen zwischen den Geschäftsobjekten abgebildet. Hierbei betrachten wir den jeweiligen Beziehungstyp, d.h. ob es sich um eine 1:1-, eine 1:N- oder eine N:M-Beziehung handelt. Da N:M-Beziehungen bereits im ERM in 1:N-Beziehungen umgewandelt (siehe 3.4.4) und im UML-Modell als Assoziationsklasse abgebildet wurden, kann dieser Beziehungstyp nicht mehr vorkommen.

Bei 1:N-Beziehungen wird der Primärschlüssel der 1er-Tabelle (Elterntabelle) als Fremdschlüssel in die N-er-Tabelle (Kindtabelle) übernommen. Für unser Beispiel mit der Spielstätte bedeutet das also, dass der Primärschlüssel der Tabelle Spielstätte, nämlich Haus, als Fremdschlüssel in die Tabelle Vorstellung übernommen wird.

Bei schwachen Entitättypen ist zudem zu berücksichtigen, dass der Primärschlüssel des schwachen Entitättyps nur zusammen mit dem Primärschlüssel des dazugehörigen starken Entitättyps einen eindeutigen Primärschlüssel bildet. Da eine Vorstellung ohne eine dazugehörige Veranstaltung nicht existieren kann, bildet die Veranstaltungsnummer zusammen mit der Vorstellungsnummer einen gemeinsamen Primärschlüssel.

Damit ergibt sich im zweiten Schritt folgende Umsetzung (siehe Abb. 4-4), so dass zur Tabelle Vorstellung zwei Fremdschlüssel hinzukommen:

Schritt 2 (1:N-Beziehung):

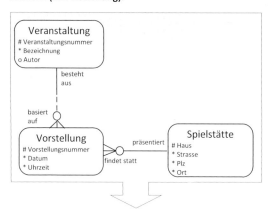

Veranstaltung (<u>Veranstaltungsnummer</u>, Bezeichnung, Autor)
Vorstellung (<u>Vorstellungsnummer</u>, Datum, Uhrzeit, <u>Veranstaltungsnummer</u>, Haus)
Spielstätte (<u>Haus</u>, Strasse, Plz, Ort)

Abbildung 4-4: Umwandlung ERM in Relationenmodell (Schritt 2)

Bei 1:1-Beziehungen gibt es verschiedene Möglichkeiten, diese Beziehung über Tabellen abzubilden.

Die einfachste Möglichkeit besteht darin, aus beiden Geschäftsobjekten eine einzige Tabelle zu erstellen. Die andere Alternative ist, eine Tabelle pro Geschäftsobjekt zu schreiben und den Primärschlüssel der einen Tabelle als Fremdschlüssel

4.4 Umsetzung des ERM in das Relationenmodell

in die andere Tabelle zu übernehmen. Im Gegensatz zur 1:N-Beziehung ist es dabei egal, welcher Primärschlüssel als Fremdschlüssel fungiert. Betrachten wir hierzu die Geschäftsobjekte „Mitarbeiter" und „Ehepartner", die in einer 1:1-Beziehung zueinander stehen. Drei Möglichkeiten stehen zur Umsetzung zur Auswahl (siehe Abb. 4-5):

Schritt 2 (1:1-Beziehung):

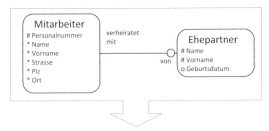

1. Möglichkeit
Mitarbeiter (<u>Personalnummer</u>, Name, ..., Ort, NameEhepartner, VornameEhepartner, Geburtsdatum)
2. Möglichkeit
Mitarbeiter (<u>Personalnummer</u>, Name, ..., Ort)
Ehepartner (<u>Name, Vorname</u>, Geburtsdatum, *Personalnummer*)
3. Möglichkeit
Mitarbeiter (<u>Personalnummer</u>, Name, ..., Ort, *NameEhepartner, VornameEhepartner*)
Ehepartner (<u>Name, Vorname</u>, Geburtsdatum)

Abbildung 4-5: Umwandlung ERM in Relationenmodell (Schritt 2)

Der Einfachheit halber wurde im Beispiel darauf verzichtet, Ehepartner als schwachen Entitättyp festzulegen. Für welche der drei Möglichkeiten man sich hierbei entscheidet, hängt u.a. davon ab, wie oft z.B. diese Beziehung vorkommt. Nehmen wir an, dass Mitarbeiter so gut wie nie verheiratet sind, erhält man bei Anwendung der 1. Alternative viele nicht vorhandene Werte für NameEhepartner, VornameEhepartner und Alter. In diesem Fall wäre es sinnvoll, die 2. oder 3. Möglichkeit anzuwenden.

Im letzten Schritt der Umsetzung des ERM in das Relationenmodell werden die Super- bzw. Subtypen in Tabellen abgebildet. Bei der Beziehung eines Supertyps zu seinen Subtypen handelt es sich um eine 1:1-Beziehung. Im Gegensatz zu einer normalen 1:1-Beziehung wird bei einer Super-Subtypen-Beziehung jedoch der Primärschlüssel des Supertyps als Fremdschlüssel in den Subtypen übernommen. Betrachten wir hierzu die Geschäftsobjekte Artikel (Supertyp) mit seinen beiden Subtypen Werbeartikel und Sitzplatz. Eine Umwandlung in Tabellen sieht demnach wie folgt aus (siehe Abb. 4-6):

Schritt 3:

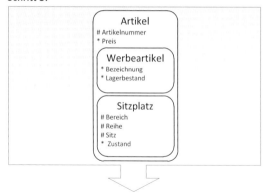

Artikel   (<u>Artikelnummer</u>, Bezeichnung)
Werbeartikel   (Beschreibung, Preis, Lagerbestand, *Artikelnummer*)
Sitzplatz   (Bereich, Reihe, Sitz, Preis, Zustand, *Artikelnummer*)

Abbildung 4-6:   Umwandlung ERM in Relationenmodell (Schritt 3)

Der Sitzplatz erhält in diesem Fall also einen neuen Primärschlüssel, da ein Sitzplatz eindeutig nun auch über Artikelnummer identifiziert wird. Da „Artikelnummer" als Primärschlüssel aus nur einer Spalte besteht, muss diese als Primärschlüssel verwendet werden (Minimalität von Schlüsseln). Wir sehen hier auch, dass ein Primärschlüssel innerhalb einer Tabelle zugleich Primär- als auch Fremdschlüssel sein kann.

Rekursive Beziehungen, also Beziehungen, die sich auf das gleiche Geschäftsobjekt beziehen, werden genauso in Tabellen umgewandelt, wie es oben beschrieben wurde. Der einzige Unterschied besteht darin, dass die Beziehung sich auf die gleiche Tabelle bezieht. Nehmen wir als Beispiel die rekursive Beziehung zwischen Mitarbeiter und Vorgesetztem. Da ein Vorgesetzter auch zur Tabelle „Mitarbeiter" gehört und es sich bei der Beziehung zwischen Vorgesetztem und Mitarbeiter um eine 1:N-Beziehung handelt, wird der Primärschlüssel der Mitarbeitertabelle als Fremdschlüssel für den Vorgesetzten in die gleiche Tabelle übernommen. Das Ganze sieht dann wie folgt aus (siehe Abb. 4-7):

Schritt 4 (Rekursive Beziehungen):

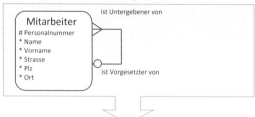

Mitarbeiter (<u>Personalnummer</u>, Name, ..., Ort, *PersonalnummerVorgesetzter*)

Abbildung 4-7:   Umwandlung ERM in Relationenmodell (Schritt 4)

4.5 Fallbeispiel

Für unser Fallbeispiel ergibt sich folgendes Relationenmodell:

Relation
Abteilung (<u>Abteilungsbezeichnung</u>, Abteilungsnummer, *PersonalNummerAbteilungsleiter*)
Mitarbeiter (<u>Personalnummer</u>, Name, Vorname, Strasse, Plz, Ort, NameEhepartner, VornameEhepartner, GeburtsdatumEhepartner, *Abteilungsbezeichnung, PersonalnummerVorgesetzter*)
Kunde (<u>Kundennummer</u>, Name, Vorname, Strasse, Plz, Ort)
Bestellung (<u>Bestellnummer</u>, Datum, *Kundennummer, Personalnummer*)
Bestellposten (<u>Positionsnummer</u>, Menge, <u>*Bestellnummer*</u>, *Artikelnummer*)
Artikel (<u>Artikelnummer</u>, Preis)
Werbeartikel (Bezeichnung, Lagerbestand, <u>Artikelnummer</u>)
Sitzplatz (Bereich, Reihe, Sitznummer, Zustand, <u>*Artikelnummer*</u>, *Vorstellungsnummer*)
Veranstaltung (<u>Veranstaltungsnummer</u>, Bezeichnung, Autor)
Vorstellung (<u>Vorstellungsnummer</u>, Datum, Uhrzeit, <u>*Veranstaltungsnummer*</u>, *Haus*)
Spielstätte (<u>Haus</u>, Strasse, Plz, Ort)

4.6 Praxis

Im letzten Kapitel haben wir uns im praktischen Teil zwei Softwarewerkzeuge zur Erstellung von konzeptionellen Modellen als ERM oder UML-Modell angesehen. Bei der Modellierung von Entity-Relationship-Modellen wird in der Praxis häufig das konzeptionelle Modell auch verwendet, um Eigenschaften des Relationenmodells, also des logischen Modells, mit zu entwerfen. Fremdschlüssel werden dabei automatisch den Entitättypen als Attribute zugewiesen.

Hierzu wollen wir uns den „DBDesigner 4" der Firma fabFORCE ansehen. Sie erhalten diese Software kostenlos unter der Adresse „http://www.fabforce.net".

Ähnlich wie beim RISE Editor (siehe Abb. 4-8) haben Sie auf der linken Seite eine Werkzeugleiste mit Symbolen u.a. für Entitättypen (1) und Beziehungstypen (2). Wie im letzten Kapitel wollen wir die Entitättypen „Kunde" und „Bestellung" sowie deren Beziehung modellieren. Dazu wählen wir in der Werkzeugleiste das Tabellensymbol und klicken in der Arbeitsfläche (3) an die Stelle, wo die Tabelle erscheinen soll. Das wiederholen wir für die zweite Tabelle.

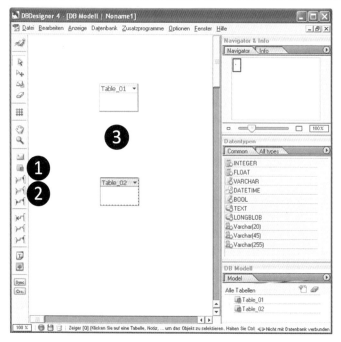

Abbildung 4-8: DBDesigner von fabFORCE

Über das Kontextmenü zur Tabelle können wir diese bearbeiten. Dazu ändern wir im erscheinenden Dialog zunächst den Tabellennamen und fügen die dazugehörigen Attribute hinzu. Entsprechend legen wir Kundennummer und Bestellnummer als Primärschlüssel für die Tabellen fest.

Über die Werkzeugleiste wählen wir nun einen nicht-identifizierenden 1:N-Beziehungstyp (2) aus und klicken dann auf die Kundentabelle und danach auf die Bestelltabelle. Wie wir kennengelernt haben, übernimmt im Relationenmodell die N-er-Tabelle den Primärschlüssel der 1-er-Tabelle als Fremdschlüssel. Diese Umwandlung erfolgt wie in Abb. 4-9 zu erkennen ist beim DBDesigner automatisch während des Entwurfes und kann über das Menü Ansicht ein- und ausgeblendet werden.

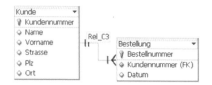

Abbildung 4-9: Logisches Relationenmodell und konzeptionelles ERM „vereint"

Auch Eigenschaften des physischen Modells können beim DBDesigner bereits mit entworfen werden. So können im Dialog zur Tabelle u.a. auch Indizes zur Beschleunigung des Zugriffes auf einzelne Attribute angegeben werden. Mit Indizes werden wir uns in einem späteren Kapitel ausführlich beschäftigen.

4.7 Zusammenfassung

In diesem Kapitel haben wir kennengelernt, wie man aus dem Fachkonzept (konzeptionelles Modell) ein logisches Modell erstellt, das auf ein beliebiges relationales Datenbank-Management-System (RDBMS) übertragen werden kann. Wir haben uns dabei mit den Grundlagen des Relationenmodells von E. F. Codd beschäftigt. Das Relationenmodell besticht durch seine mathematische Einfachheit und bildet die Grundlage heutiger relationaler Datenbank-Management-Systeme.

Nach der Betrachtung der theoretischen Grundlagen des Relationenmodells haben wir gesehen, wie man aus einem ERM bzw. einem UML-Modell ein Relationenmodell erstellt. Zur Darstellung der Tabellen schreibt man den Tabellennamen und die dazugehörigen Attribute in Klammern. Primärschlüssel werden unterstrichen, Fremdschlüssel kursiv dargestellt. Folgende Vorgehensweise ergibt sich daraus:

1. Jedes Geschäftsobjekt wird durch eine Tabelle abgebildet.
2. Die Attribute des Geschäftsobjektes stellen die Spalten der Tabelle dar.
3. Bei einer 1:1-Beziehung werden entweder alle Attribute der einen Tabelle in die andere übertragen, so dass nur noch eine Tabelle existiert. Oder der Primärschlüssel einer der beiden Tabellen wird als Fremdschlüssel in die andere Tabelle übernommen.
4. Bei einer 1:N-Beziehung wird der Primärschlüssel der 1er-Tabelle als Fremdschlüssel in die N-er-Tabelle übernommen.
5. Bei einer Super-Subtypen-Beziehung wird der Primärschlüssel der Supertypen-Tabelle als Fremdschlüssel in die Subtypen-Tabellen übertragen. In der Regel stellt der Fremdschlüssel des Subtypen dann auch dessen Primärschlüssel dar.
6. Rekursive Beziehungen werden genauso aufgelöst, wie in den Punkten 3 und 4 beschrieben, mit dem einzigen Unterschied, dass Fremdschlüssel und Primärschlüssel in der gleichen Tabelle vorkommen.

Die Umwandlung eines ERM oder eines UML-Modells in ein Relationenmodell ist ohne weiteres systematisch möglich, indem man genau die beschriebenen sechs Schritte durchläuft.

Zur Erstellung von ERM oder auch UML-Modellen gibt es heutzutage Softwarewerkzeuge, die einem zwar nicht unbedingt die Arbeit des Fachkonzeptes, aber weitgehend die Transformation in das logische Modell und auch in das physische Modell abnehmen. Neben den bereits im vorherigen Abschnitt kennengelernten Werkzeugen RISE Editor und StarUML gehören zu den bekanntesten der „Oracle Designer", „IBM Design Studio", „Rational Rose Professional Data Modeler" (UML), „Sybase PowerDesigner", „Embarcadero ER/Studio" oder „Computer Associates ERwin". Sofern man eines dieser Werkzeuge einsetzt, sollte man immer bedenken, dass die Software nur systematische Arbeiten übernehmen kann. Ein

Fehler im konzeptionellen Modell, also auf fachlicher Ebene, kann auch das beste Softwarewerkzeug nur sehr bedingt erkennen.

Wir haben bisher gesehen, wie man von den fachlichen Anforderungen des konzeptionellen Modells zu einem logischen Modell, dem Relationenmodell, gelangt, das auf eine beliebige Computerplattform mit einem beliebigen RDBMS übertragen werden kann. Im nächsten Kapitel lernen wir, wie man das erstellte Relationenmodell noch einmal auf Korrektheit, Konsistenz und Vermeidung redundanter Daten überprüft.

4.8 Aufgaben

Wiederholungsfragen

1. Welche Eigenschaften besitzt ein Primärschlüssel?
2. Welche Eigenschaften besitzt ein Fremdschlüssel?
3. Was versteht man unter einem Tupel, einer Relation und einem Attribut?
4. Was versteht man unter referentieller Integrität?
5. Was versteht man unter Entität-Integrität?
6. Was versteht man unter Domain- bzw. Domänen-Integrität?
7. Wie wird ein Geschäftsobjekt im Relationenmodell umgesetzt?
8. Wie wird eine 1:1-, eine 1:N- und eine N:M-Beziehung im Relationenmodell umgesetzt?

Übungen

1. Die Umwandlung einer 1:N-Beziehung erfolgt, indem man den Primärschlüssel der 1-er-Tabelle als Fremdschlüssel in die N-er-Tabelle übernimmt. Funktioniert auch der umgekehrte Fall, also die Übernahme des Primärschlüssels der N-er-Tabelle in die 1-er-Tabelle? Begründen Sie Ihre Antwort anhand eines Beispiels aus zwei Tabellen!
2. Angenommen bei der Beziehung zwischen Mitarbeiter und Vorgesetztem würde es sich um eine N:M-Beziehung handeln, also jeder Mitarbeiter kann nicht nur einen, sondern mehrere Vorgesetzte haben. Wie sieht in diesem Fall die Tabelle Mitarbeiter aus?
3. Wandeln Sie die Entity-Relationship-Modelle bzw. die UML-Modelle der Übungen 4 bis 16 aus Kapitel 3 in das Relationenmodell um!

5 Normalisierung

In Kapitel 5 sollen folgende Fragen geklärt werden:
- Wie kann man das Relationenmodell auf Vermeidung mehrfach gespeicherter Daten überprüfen?
- Welche Abhängigkeiten existieren zwischen Attributen von Tabellen?
- Was versteht man unter dem Begriff „Normalisierung"?

5.1 Motivation

Herr Dr. Fleissig hat inzwischen vollständig das ERM für die Firma „KartoFinale" in das Relationenmodell übertragen. Bei der Tabelle „Bestellung" ist er sich noch unsicher. Um sich über eventuelle Probleme klar zu werden, überlegt er sich Testdaten und zeichnet diese in Tabellenform auf (siehe Abb. 5-1).

Bestell-nummer	Positions-nummer	Menge	Datum	Kunden-nummer	Personal-nummer	Artikel-nummer	Personal Nachname
4711	1	4	29.09.2010	11112	4	1002	Kart
4711	2	2	29.09.2010	11112	4	1021	Kart
4711	3	1	29.09.2010	11112	4	1022	Kart
4711	4	1	29.09.2010	11112	4	2008	Kart
3001	1	8	06.01.2011	12343	5	1021	Klein
3001	2	7	06.01.2011	12343	5	1232	Klein

Abbildung 5-1: Redundante Daten in der Tabelle „Bestellung"

Dabei stellt er fest, dass für die Bestellung mit der Bestellnummer 4711 das Datum der Bestellung mehrfach, also redundant, vorhanden ist. Entsprechendes gilt für die Bestellnummer selbst, die Kundennummer des Kunden, der die Bestellung aufgegeben hat, und die Personalnummer des Mitarbeiters, der die Bestellung entgegengenommen hat. Scheinbar ist Herrn Fleissig hier ein Fehler unterlaufen. Verunsichert holt er seinen neuen Kollegen Herrn Klever und bittet diesen um Rat. Herr Klever, der sich während seines Studiums auf Modellierung von Geschäftsprozessen und deren Daten spezialisiert hat, erkennt sofort, dass hier zwei Geschäftsobjekte miteinander vermischt wurden.

Er gibt Herrn Dr. Fleissig folgenden Rat: „Entweder modellierst du die Bestellung im ERM noch einmal neu, da der Entitättyp „Bestellung" z.Z. aus zwei verschiedenen Entitättypen besteht. Du hast die Entitättypen „Bestellung" und „Bestellposten" miteinander vermischt. Entsprechend müsstest du dann auch das Relationenmodell noch einmal ändern. Die andere Möglichkeit besteht in der Anwendung der Normalformen. Hierbei untersucht man die Abhängigkeiten zwischen den Nichtschlüssel-Attributen zum Primärschlüssel. Nehmen wir mal deine Tabelle. Als Primärschlüssel hast du Bestellnummer und Positionsnummer gewählt. Alle Nichtschlüssel-Attribute müssen nach der zweiten Normalform vom gesamten Primärschlüssel abhängig sein. Datum und Kundennummer sind jedoch ausschließlich von der Bestellnummer direkt abhängig."

Im weiteren Gesprächsverlauf erklärt Herr Klever seinem Kollegen die Einschränkungen der ersten bis dritten Normalform. Herr Fleissig, erfreut darüber, etwas Neues gelernt zu haben, wendet die Normalformen an und löst damit sein Problem.

5.2 Grundlagen der Normalisierung

Nachdem E. F. Codd die Grundlagen relationaler Datenbanken geschaffen hatte, hat er sich mit der Vermeidung redundanter Daten im Relationenmodell beschäftigt, der sogenannten Normalisierung. Aus diesen Überlegungen heraus entstanden Vorgaben für bestimmte Einschränkungen auf Tabellen, die in den so genannten Normalformen beschrieben sind.

Die Normalisierung ist also eine Entwurfstechnik, die dazu dient, Tabellen auf mehrfach gespeicherte Daten (Redundanz), Konsistenz und Korrektheit zu überprüfen. Durch die Normalisierung teilt man Tabellen in weitere Tabellen auf, um redundante Daten zu vermeiden. Die Aufteilung muss dabei verlustfrei sein, d.h. ein späteres Zusammensetzen der geteilten Tabelle über Fremd- und Primärschlüssel muss wieder zur ursprünglichen Tabelle führen, ohne dass dabei Informationen verloren gehen.

Die Normalisierung wird in der Regel nach dem Erstellen des Relationenmodells verwendet, um dieses Modell noch einmal zu überprüfen.

Bei der Normalisierung geht man generell in zwei Schritten vor: Zunächst werden Wiederholgruppen und danach redundant gespeicherte Daten entfernt. Bevor wir uns im Einzelnen mit den Normalformen auseinandersetzen, müssen wir die Begriffe der funktionalen und der vollen funktionalen Abhängigkeit verstehen.

Zwischen Attributen eines Objekttyps existieren Abhängigkeiten. Diese Abhängigkeiten basieren aus Beobachtungen der realen Welt. Betrachten wir zum Beispiel einmal den Objekttyp „Getränk" (siehe Abb. 5-2).

Getränk

Bezeichnung	Farbe
Kaffee	schwarz
Coca-Cola	schwarz
Mineralwasser	-
Milch	weiss

Abbildung 5-2: Funktionale Abhängigkeit von Attributen

Zwischen den beiden Attributen „Bezeichnung" und „Farbe" des Objekttyps „Getränk" existiert eine Abhängigkeit in der Form, dass man auf Grund der Bezeichnung des Getränks eindeutig sagen kann, wie der Wert des Attributes „Farbe" ist. So weiß man, dass ein Getränk mit der Bezeichnung „Kaffee" für das

5.2 Grundlagen der Normalisierung

Attribut Farbe den Wert „schwarz" haben muss. Umgekehrt ist diese Schlussfolgerung jedoch nicht möglich. Wenn man weiß, welche Farbe ein Getränk hat, kann man daraus nicht bestimmen, wie die Bezeichnung des Getränks ist. Das Ganze ist für Sie natürlich schon ein „alter Hut", da wir dies bereits in anderer Form bei der Bestimmung von Schlüsseln kennengelernt haben. Beim Objekttyp „Getränk" ist das Attribut „Bezeichnung" der Primärschlüssel. Entsprechend bestimmt der Wert des Primärschlüssels eindeutig den Wert der anderen Attribute, in diesem Fall den Wert des Attributes „Farbe". E. F. Codd schreibt in diesem Zusammenhang in Anlehnung an die Mathematik von funktionaler Abhängigkeit, da eine mathematische Funktion immer den gleichen Ausgabewert bei gleichen Eingabewerten liefert.

Die Funktion y = 2x liefert z.B. für den Wert x = 3 immer den Ausgabewert 6 für die Variable y. Für jede beliebige Zahl, die man für die Variable x einsetzt, ergibt sich also ein ganz bestimmter Wert für y. Man kann sagen, dass der Wert y abhängig ist vom Wert x bzw. x bestimmt y. Mathematisch spricht man auch von Determinante und schreibt: x → y.

Doch kommen wir nun zu unserem Getränke-Beispiel zurück. Zwischen den Attributen „Bezeichnung" und „Farbe" besteht folgende funktionale Abhängigkeit:

Bezeichnung → Farbe

Das Attribut „Farbe" ist also funktional abhängig vom Attribut „Bezeichnung". Erweitern wir nun unser Beispiel um ein weiteres Attribut „Geschmack" (siehe Abb. 5-3).

Getränk

Bezeichnung	Geschmack	Farbe
Kaffee	bitter	schwarz
Coca-Cola	süß	schwarz
Mineralwasser	neutral	-
Milch	neutral	weiss

Abbildung 5-3: Volle funktionale Abhängigkeit von Attributen

Als Primärschlüssel wollen wir diesmal die beiden Attribute „Bezeichnung" und „Geschmack" festlegen. Betrachten wir nun wieder die funktionalen Abhängigkeiten, so stellen wir fest, dass das Attribut „Farbe" weiterhin funktional abhängig ist vom Primärschlüssel. Wenn die Bezeichnung und der Geschmack eines Getränkes bekannt sind, dann ergibt sich daraus eindeutig die Farbe des Getränks.

Wir können also schreiben:

Bezeichnung, Geschmack → Farbe

Schauen wir uns nun die Abhängigkeiten zwischen Geschmack und Farbe an, so stellen wir fest, dass keine funktionale Abhängigkeit zwischen diesen beiden Attributen existiert. Ist der Geschmack eines Getränkes bekannt, so kann nicht eindeutig auf die Farbe geschlossen werden. Andererseits gilt nach wie vor für die

Attribute „Bezeichnung" und „Farbe", dass aufgrund der Bezeichnung eindeutig auf die Farbe geschlossen werden kann. In diesem Fall ist Farbe zwar funktional abhängig von dem zusammengesetzten Primärschlüssel Bezeichnung und Geschmack, auf das Attribut „Geschmack" kann jedoch verzichtet werden, um das Attribut „Farbe" eindeutig zu bestimmen.

Wir sprechen von voller funktionaler Abhängigkeit, wenn jedes Nichtschlüssel-Attribut durch den gesamten Primärschlüssel eindeutig bestimmt werden kann und nicht nur durch einzelne Attribute des Primärschlüssels. In unserem Beispiel ist das nicht der Fall, da die Farbe auch dann eindeutig bestimmt werden kann, wenn das Attribut „Geschmack" nicht bekannt ist. Sicherlich werden Sie bemerkt haben, dass volle funktionale Abhängigkeit unmittelbar in Zusammenhang mit der Forderung nach einem minimalen Primärschlüssel steht, wie wir es in Kapitel 4 kennengelernt haben.

Der letzte Begriff, der noch zu klären ist, ist die so genannte transitive Abhängigkeit. Betrachten wir hierzu wieder ein Beispiel: Für einen Objekttyp „Fahrzeug" wurde als Primärschlüssel das Attribut „Bezeichnung" festgelegt (siehe Abb. 5-4).

Fahrzeug

Bezeichnung	Typ	Anzahl Räder	PS
VW Käfer	PKW	4	45
Hanomag II	LKW	4	220
Vespa Light	Motorroller	2	4
Suzuki GX	Motorrad	2	8
Ford Focus GL	PKW	4	65

Abbildung 5-4: Transitive funktionale Abhängigkeit von Attributen

Zunächst können wir erkennen, dass abhängig vom Primärschlüssel bestimmt werden kann, welchen Wert die anderen Attribute haben müssen. So bestimmt z.B. der Wert „Vespa", dass es sich beim Fahrzeugtyp um einen Motorroller handelt, der 2 Räder und 4 PS haben muss. Da der Primärschlüssel aus nur einem Attribut besteht, müssen demnach auch alle Nichtschlüssel-Attribute voll funktional abhängig vom Primärschlüssel sein. Rein funktionale Abhängigkeit kann ja nur dann auftreten, wenn der Primärschlüssel aus zusammengesetzten Attributen besteht.

Untersuchen wir die Tabelle auf eventuell andere funktionale Abhängigkeiten, so erkennen wir, dass, wenn der Fahrzeugtyp bekannt ist, man daraus die Anzahl der Räder ableiten kann. Das Attribut „Anzahl Räder" scheint also voll funktional abhängig zu sein vom Fahrzeugtyp. Wir sprechen hier von einer transitiven Abhängigkeit, da wir folgende Schlussfolgerung ziehen können: Wenn eine Vespa ein Motorroller ist und jeder Motorroller zwei Räder hat, dann hat auch die Vespa zwei Räder. Oder allgemeiner: Wenn A den Wert von B bestimmt und B den Wert von C bestimmt, dann bestimmt auch A den Wert von C.

Fassen wir noch einmal zusammen:

1. Ein Attribut A ist von einem Attribut B funktional abhängig, wenn zu jedem Wert von B eindeutig der Wert von A bestimmt werden kann.
2. Von voller funktionaler Abhängigkeit spricht man, wenn ein Attribut A von einer Attributkombination B komplett funktional abhängig ist, und nicht nur von einem Teil dieser Attributkombination.
3. Transitive Abhängigkeit zwischen zwei Attributen A und C liegt vor, wenn ein Attribut A von einem Attribut B eindeutig bestimmt wird, das Attribut B aber wiederum von einem Attribut C eindeutig bestimmt wird.

Da wir soweit die Grundlagen der Normalisierung kennengelernt haben, ist es jetzt relativ einfach, die Normalformen zu verstehen und anzuwenden. Bis 1978 wurden von E. F. Codd drei Normalformen aufgestellt, die entsprechend als erste, zweite und dritte Normalform bezeichnet werden. Daneben gibt es noch vier weitere Normalformen, die jedoch in der Praxis nicht so relevant sind, da Probleme, die durch diese Normalformen beseitigt werden, nur selten vorkommen. Wir wollen deshalb im Folgenden auf die ersten drei Normalformen eingehen. Anschließend wird anhand eines Beispiels deutlich, dass unter Umständen auch weitergehende Normalformen bedeutsam sein können.

5.3 1. Normalform

Die erste Normalform legt fest, dass eine Tabelle nur aus Attributen mit atomaren Werten bestehen und es keine Wiederholgruppen geben darf. Als Beispiel schauen wir uns die Tabelle Kunde aus unserem Fallbeispiel an. Die Tabelle wurde um die Namen und das Alter der Kinder erweitert. In der unnormalisierten Form der Tabelle stellt man fest, dass die Straße aus zwei unterschiedlichen Werten besteht, nämlich dem Straßennamen und der Hausnummer. Das Attribut „Strasse" ist also nicht atomar und muss dementsprechend in zwei Attribute aufgeteilt werden.

Bei dem Attribut „Kind" erkennt man, dass im Kreuzungspunkt von Zeile und Spalte nicht ein Wert, sondern je nach Anzahl der Kinder, mehrere Werte gespeichert werden. Diese Wiederholgruppen eliminieren wir, indem wir pro Kind eine Zeile erstellen. Das Ganze sieht dann wie folgt aus (siehe Abb. 5-5):

Kunde (unnormalisiert)

Kundennummer	Name	Vorname	Strasse	Plz	Ort	Kind	Alter
1	Bolte	Bertram	Busweg 12	44444	Kohlscheidt	Katja, Ursula, Karl	5, 8, 12
2	Muster	Hans	Musterweg 12	22222	Karlstadt		
3	Wiegerich	Frieda	Wanderstr. 89	33333	Rettrich	Ursula, Enzo	8, 9

Überführung in 1. Normalform

Kunde (1. NF)

Kundennummer	Name	Vorname	Strasse	Hausnummer	Plz	Ort	Kind	Alter
1	Bolte	Bertram	Busweg	12	44444	Kohlscheidt	Katja	5
1	Bolte	Bertram	Busweg	12	44444	Kohlscheidt	Ursula	8
1	Bolte	Bertram	Busweg	12	44444	Kohlscheidt	Karl	12
2	Muster	Hans	Musterweg	12	22222	Karlstadt		
3	Wiegerich	Frieda	Wanderstr.	89	33333	Rettrich	Ursula	8
3	Wiegerich	Frieda	Wanderstr.	89	33333	Rettrich	Enzo	9

Kunde (<u>Kundennummer</u>, Name, Vorname, Strasse, Hausnummer, Plz, Ort, <u>Kind</u>, Alter)

Abbildung 5-5: Anwendung der 1. Normalform

Wie Sie sicher bemerkt haben, führt die Anwendung der ersten Normalform zunächst zu mehrfach gespeicherten Daten bei Wiederholgruppen. So existieren z.B. für den Kunden „Bolte, Bertram" jetzt drei Zeilen, da er drei Kinder hat. Zudem muss der Primärschlüssel neu definiert werden, da das Attribut „Kundennummer" alleine nicht mehr ausreicht. Wir haben zurzeit also durch Anwendung der ersten Normalform unser Resultat eher verschlechtert.

Durch Anwendung der ersten Normalform erzeugt man also zunächst redundante Daten. Erst durch Anwendung der zweiten und dritten Normalform werden diese redundanten Daten wieder beseitigt. Das wollen wir uns jetzt ansehen.

5.4 2. Normalform

Die zweite Normalform bezieht sich ausschließlich auf Tabellen, deren Primärschlüssel aus mehreren Attributen zusammengesetzt ist. Eine Tabelle befindet sich dann in der zweiten Normalform, wenn alle Nichtschlüssel-Attribute nicht nur von einem Teil, sondern vom gesamten Primärschlüssel voll funktional abhängig sind.

Nehmen wir dazu wieder unser Beispiel aus Abschnitt 5.3. Durch das Hinzufügen der Attribute für die Kinder der Kunden musste zunächst der Primärschlüssel neu definiert werden, da die Kundennummer alleine nicht mehr eindeutig alle anderen Attribute bestimmt. Als Primärschlüssel haben wir die Kombination aus den Attributen Kundennummer und Name des Kindes gewählt.

Wenden wir jetzt die zweite Normalform auf diese Tabelle an, so erkennen wir, dass z.B. das Attribut „Strasse" zwar durch den Primärschlüssel eindeutig bestimmt werden kann, aber nur ein Teil des Primärschlüssels, nämlich das

Attribut Kundennummer, ausreicht. Das gleiche gilt für die Attribute „Name", „Vorname", „Plz" und „Ort".

Betrachten wir das letzte Attribut „Alter", so stellen wir fest, dass dieses eindeutig durch den gesamten Primärschlüssel aus Kundennummer und Name des Kindes bestimmt werden kann. Nur ein Teil des Primärschlüssels, Name des Kindes oder die Kundennummer, reicht in diesem Fall also nicht aus. Kennen wir die Kundennummer, so kommen z.B. für den Kunden 1 die Werte 5, 8, 12 in Betracht. Die Kundennummer alleine ist also nicht eindeutig. Kennen wir den Namen eines Kindes, so gilt das gleiche. Für das Attribut „Kind" mit dem Wert „Katja" können wir zwar eindeutig bestimmen, dass das Attribut „Alter" 5 ist. Für den Wert „Ursula" ist dies jedoch nicht möglich, da der Name dieses Kindes zweimal vorkommt, einmal für den Kunden mit der Kundennummer 1 und für den Kunden mit der Kundennummer 3. Das Attribut „Alter" ist also voll funktional abhängig vom gesamten Primärschlüssel aus Kundennummer und Name des Kindes.

Kunde (1. NF)

Kundennummer	Name	Vorname	Strasse	Hausnummer	Plz	Ort	Kind	Alter
1	Bolte	Bertram	Busweg	12	44444	Kohlscheidt	Katja	5
1	Bolte	Bertram	Busweg	12	44444	Kohlscheidt	Ursula	8
1	Bolte	Bertram	Busweg	12	44444	Kohlscheidt	Karl	12
2	Muster	Hans	Musterweg	12	22222	Karlstadt		
3	Wiegerich	Frieda	Wanderstr.	89	33333	Rettrich	Ursula	8
3	Wiegerich	Frieda	Wanderstr.	89	33333	Rettrich	Enzo	9

Überführung in 2. Normalform

Kunde (2. NF)

Kundennummer	Name	Vorname	Strasse	Hausnummer	Plz	Ort
1	Bolte	Bertram	Busweg	12	44444	Kohlscheidt
2	Muster	Hans	Musterweg	12	22222	Karlstadt
3	Wiegerich	Frieda	Wanderstr.	89	33333	Rettrich

Kind (2. NF)

Kundennummer	Kind	Alter
1	Katja	5
1	Ursula	8
1	Karl	12
3	Ursula	8
3	Enzo	9

Kunde (Kundennummer, Name, Vorname, Strasse, Hausnummer, Plz, Ort)

Kind (Kundennummer, Kind, Alter)

Abbildung 5-6: Anwendung der 2. Normalform

Um den Einschränkungen der zweiten Normalform gerecht zu werden, teilt man die Tabelle in zwei Tabellen auf (siehe Abb. 5-6). Die erste Tabelle erhält alle Attribute, die voll funktional abhängig sind von Kundennummer, die zweite Tabelle erhält alle Attribute, die voll funktional abhängig sind von Kundennummer und Name des Kindes. Hätten wir auch Nicht-Schlüsselattribute, die nur vom Attribut „Kind" voll funktional abhängig wären, müssten wir eine dritte Tabelle mit dem Attribut „Kind" als Primärschlüssel erzeugen.

5.5   3. Normalform

Die dritte Normalform bezieht sich auf funktionale Abhängigkeiten zwischen Nichtschlüssel-Attributen. Eine Tabelle befindet sich dann in der dritten Normalform, wenn alle Nichtschlüssel-Attribute ausschließlich vom Primärschlüssel funktional abhängig sind, und nicht transitiv über ein Nichtschlüssel-Attribut. Allerdings gibt es hierbei eine Ausnahme, und zwar darf ein Nichtschlüssel-Attribut nach wie vor von einem Schlüsselkandidaten abhängig sein.

Betrachten wir dazu wieder unser Beispiel und fügen als zusätzliches Attribut „Bundesland" hinzu. Der Primärschlüssel der Kundentabelle ist die Kundennummer. Über die Kundennummer kann eindeutig die Postleitzahl und der Ort eines Kunden bestimmt werden. Andererseits erkennen wir hier aber auch eine funktionale Abhängigkeit zwischen der Postleitzahl und dem Ort und dem Bundesland. Ist die Postleitzahl und der Ort eines Kunden bekannt, so kann eindeutig auf das Bundesland geschlossen werden. Das Bundesland ist also voll funktional abhängig von den Attributen „Plz" und „Ort". Wir haben es hier mit einer transitiven Abhängigkeit zu tun. Über die Kundennummer kann die Postleitzahl und der Ort bestimmt werden und über die Postleitzahl und den Ortsnamen das Bundesland. Die Attribute „Plz" und „Ort" sind also ein Schlüssel für Bundesland.

Kunde (2. NF)

Kundennummer	Name	Vorname	Strasse	Hausnummer	Plz	Ort	Bundesland
1	Bolte	Bertram	Busweg	12	44444	Kohlscheidt	NS
2	Muster	Hans	Musterweg	12	22222	Karlstadt	S-H
3	Wiegerich	Frieda	Wanderstr.	89	33333	Rettrich	NS
4	Carlson	Peter	Petristr.	201	44444	Kohlscheidt	NS

Überführung in 2. Normalform

Kunde (3. NF)

Kundennummer	Name	Vorname	Strasse	Hausnummer	Plz	Ort
1	Bolte	Bertram	Busweg	12	44444	Kohlscheidt
2	Muster	Hans	Musterweg	12	22222	Karlstadt
3	Wiegerich	Frieda	Wanderstr.	89	33333	Rettrich
4	Carlson	Peter	Petristr.	201	44444	Kohlscheidt

Ort (3. NF)

Plz	Ort	Bundesland
44444	Kohlscheidt	NS
22222	Karlstadt	S-H
33333	Rettrich	NS

Kunde (<u>Kundennummer</u>, Name, Vorname, Strasse, Hausnummer, *Plz, Ort*)

Ort (<u>Plz, Ort</u>, Bundesland)

Abbildung 5-7: Anwendung der 3. Normalform

Um diese Abhängigkeit aufzulösen, teilt man die Tabelle wiederum in zwei Tabellen auf (siehe Abb. 5-7). Die erste Tabelle behält als Primärschlüssel die Kundennummer und entsprechend alle Attribute, die von diesem voll funktional, aber nicht transitiv abhängig sind. Dies sind also alle Attribute außer Ort. Die zweite Tabelle erhält als Primärschlüssel die Attribute Plz und Ort und als Nichtschlüssel-Attribut den Ortsnamen.

5.6 Weitere Normalformen

Die ersten drei Normalformen decken in der Regel die häufigsten Probleme ab, die bei einem Datenmodell auftreten können. Daher soll es an dieser Stelle genügen, nur die ersten drei Normalformen ausführlich zu erläutern und die weiteren Normalformen im Folgenden kurz zu erwähnen.

Als Ersatz für die dritte Normalform wird häufig die Boyce-Codd-Normalform angewendet. Sie sieht vor, alle Determinanten einer Tabelle zu bestimmen und für jede Determinante, also für alle vollen funktionalen Abhängigkeiten jeweils eine Tabelle zu erstellen.

Die vierte und die fünfte Normalform beschäftigen sich mit so genannten mehrwertigen Abhängigkeiten. Mehrwertige Abhängigkeiten treten nur auf, wenn der Primärschlüssel aus zwei oder mehr Attributen zusammengesetzt ist. Betrachten wir hierzu wieder unser Fallbeispiel. Angenommen, wir möchten zu jedem Kind eines Kunden dessen Hobbies speichern, so können wir ein zusätzliches Attribut „Hobby" der Tabelle „Kind" hinzufügen. Zugunsten der Übersichtlichkeit wird das Attribut „Alter" weggelassen. Zur Erläuterung sehen wir uns diesen ersten Entwurf mit einigen Beispieldaten an (siehe Abb. 5-8):

Kundennummer	Kind	Hobby
1	Katja	Tennis
1	Ursula	Zeichnen
1	Ursula	Tennis
1	Ursula	Tanzen
1	Karl	Fussball
3	Ursula	Tennis
3	Enzo	Handball

Abbildung 5-8: Mehrwertige Abhängigkeiten

Bisher bestand der Primärschlüssel aus Kundennummer und Kind. Durch das Hinzufügen der Spalte „Hobby" muss der Primärschlüssel jedoch um dieses Attribut erweitert werden, um eindeutig zu sein, da z.B. der Wert „Ursula" des Kunden mit der Kundennummer 1 dreimal auftritt. Obwohl die Tabelle in der dritten Normalform ist, erkennen wir redundante Daten, so wird z.B. Ursula mit der Kundennummer 1 dreimal gespeichert.

Da Probleme dieser Art nur bei zusammengesetzten Primärschlüsseln auftreten, sind sie sehr selten. In der Regel versucht man einen Primärschlüssel auf ein, höchstens zwei Attribute zu beschränken. Auf Lösungen solcher Probleme wollen wir hier deshalb nicht weiter eingehen.

Schließlich gibt es noch die „Domain-Key-Normalform" (DKNF), die einen etwas anderen Weg beschreibt, indem sie Tabellen auf die Anwendung eines bestimmten Themas („Single-Theme") untersucht.

5.7 Praxis

Zum Erstellen einer Relation in 3.ter Normalform wollen wir das Software-Tool „Database Normalizer 1.0" verwenden, das an der Technischen Universität München von E. Jürgens entwickelt wurde. Dazu erfasst man zunächst den Namen einer Relation und die dazugehörigen Attribute sowie die funktionalen Abhängigkeiten. Als Beispiel wollen wir die Aufgabe 3 aus den Übungsaufgaben lösen, deren Attribute und Beispieldaten der Abb. 5-9 zu entnehmen sind.

Büromaterial

Material-nummer	Material-bezeichnung	Lieferanten-nummer	Lieferanten-bezeichnung	Lager-bestand	Preis
101	CD-Rohling	2	InnoPaper	61	1.99
221	Kugelschreiber	2	InnoPaper	156	0.99
101	CD-Rohling	31	Computer-Mendel	61	1.89
134	Papier A4	2	InnoPaper	702	8.99
002	Toner schwarz	31	Computer-Mendel	8	39.50
007	Heftzwecken	26	Muster-Büroartikel	81	0.79
026	Schnellhefter	2	InnoPaper	81	0.89

Abbildung 5-9: Relation „Büromaterial"

Zunächst erfassen wir den Namen der Relation (1) und erstellen eine einfache Relation („Add Simple") (siehe Abb. 5-10). Das Tool zeigt alle Relationen auf der rechten Seite hierarchisch an (2). Im nächsten Schritt werden die Attribute (siehe „Candidate Key"s) erfasst, die in der mittleren Liste erscheinen (3). Danach werden die funktionalen Abhängigkeiten in der rechten unteren Liste erfasst (4). In unserem Fall kann man aus den Daten erkennen, dass die Lieferantennummer die Lieferantenbezeichnung eindeutig bestimmt, die Materialnummer dagegen die Materialbezeichnung und den Lagerbestand. Zur Bestimmung des Preises müssen sowohl die Lieferantennummer als auch die Materialnummer bekannt sein. Nach Eingabe aller benötigten Informationen kann nun die Relation in die 3.te Normalform umgewandelt werden, indem der Menüpunkt „Simple Synthesis" ausgewählt wird. In der linken Hierarchieliste erscheinen drei neue Relationen (5), die die dritte Normalform erfüllen.

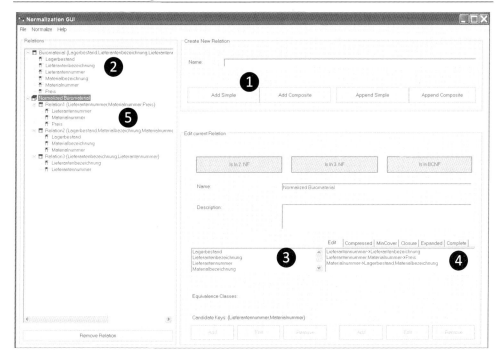

Abbildung 5-10: „Database Normalizer 1.0"

5.8 Zusammenfassung

In diesem Kapitel haben wir gesehen, wie man ein vorher erstelltes Relationenmodell noch einmal auf logische Korrektheit überprüfen kann. Ziel der Normalisierung ist dabei die Vermeidung redundanter Daten. Dabei haben wir drei Normalformen kennengelernt, die man nacheinander auf Tabellen anwenden sollte, um diese zu überprüfen.

Folgende Schritte sind zur Erfüllung der drei Normalformen durchzuführen:

1. Normalform

- Attribute mit mehreren Werten, z.B. Adresse, in atomare Attribute aufspalten
- Wiederholgruppen, z.B. Kinder der Kunden, in mehrere Zeilen aufteilen

2. Normalform

- Überprüfen der vollen funktionalen Abhängigkeit der Nichtschlüssel-Attribute zum Primärschlüssel
- Gegebenenfalls Aufteilen der Tabelle nach deren voller funktionaler Abhängigkeit (nur bei zusammengesetzten Primärschlüsseln notwendig)

3. Normalform

- Überprüfen von transitiven Abhängigkeiten des Primärschlüssels zu den Nichtschlüssel-Attributen (Ausnahme: Funktionale Abhängigkeit von einem Schlüsselkandidaten)
- Gegebenenfalls Aufteilen der Tabelle, so dass transitiv abhängige Attribute mit ihrem funktional abhängigen Attribut eine eigene Tabelle bilden und transitiv abhängiges Attribut in Originaltabelle erhalten bleibt

Generell gilt, dass ein „sauber" modelliertes ERM bzw. UML-Modell bereits in ein redundanzfreies Relationenmodell überführt wird (siehe Abb. 5-11).

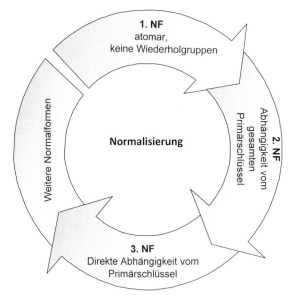

Abbildung 5-11: Zusammenfassung „Normalformen"

Dennoch sollte die Normalisierung in drei Fällen angewendet werden. Zum einen zur nachträglichen Überprüfung von Tabellen, bei denen man Unstimmigkeiten vermutet, wie in unserem Fallbeispiel. Zum anderen zur Kontrolle, wenn nachträglich Attribute zur Datenbank hinzugefügt werden sollen. Und schließlich um eine bereits vorhandene relationale Datenbankstruktur nachträglich zu normalisieren. Häufig werden in Firmen relationale Datenbanken erstellt, ohne vorab ein konzeptionelles und logisches Modell zu entwerfen. In diesem Fall eignet sich die Normalisierung als nachträgliche Designtechnik, um das Datenmodell redundanzfrei zu entwerfen.

Wir sind jetzt soweit mit dem Entwurf unserer Datenbankstruktur fortgeschritten, dass diese im nächsten Kapitel physisch umgesetzt werden kann.

Da wir in den folgenden Kapiteln immer wieder auf dieses Datenmodell zurückkommen, soll hier noch einmal das endgültige ERM unseres Fallbeispiels und das dazugehörige Relationenmodell dargestellt werden (siehe Abb. 5-12). Das ERM

5.8 Zusammenfassung

wurde noch einmal um einen zusätzlichen Entitättyp „Ort" erweitert. Auf die Bildung eines Supertyps „Person" mit den beiden Subtypen „Mitarbeiter" und „Kunde" wurde vorerst verzichtet. Dieses Konzept wird jedoch im Kapitel über objektrelationale Eigenschaften von relationalen Datenbankmanagementsystemen wieder aufgegriffen.

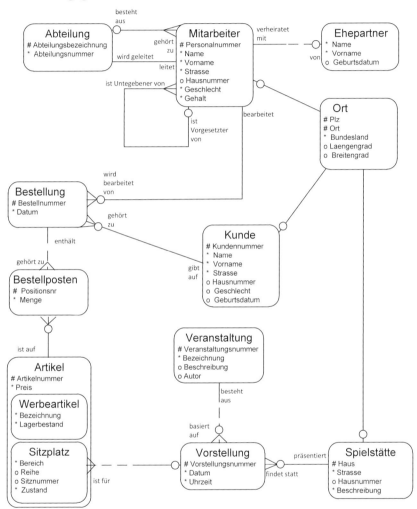

Abbildung 5-12: ERM für das Fallbeispiel

Entsprechend sieht das Relationenmodell wie folgt aus:

Mitarbeiter (<u>PersonalNr</u>, Name, Vorname, Strasse, Hausnummer, Geschlecht, Gehalt, *Abteilungsbezeichnung, PersonalnrVorgesetzter, Plz, Ort*)

Abteilung (<u>Abteilungsbezeichnung</u>, Abteilungsnummer, *PersonalNummerAbteilungsleiter*)

Entität	Attribute
Kunde	(<u>Kundennummer</u>, Name, Vorname, Strasse, Hausnummer, Geschlecht, Geburtsdatum, *Plz, Ort*)
Bestellung	(<u>Bestellnummer</u>, Datum, *Kundennummer, Personalnummer*)
Bestellposten	(<u>Positionsnummer</u>, Menge, *Bestellnummer, Artikelnummer*)
Artikel	(<u>Artikelnummer</u>, Preis)
Werbeartikel	(Bezeichnung, Lagerbestand, *Artikelnummer*)
Sitzplatz	(Bereich, Reihe, Sitznummer, Zustand, *Artikelnummer, Vorstellungsnummer, Veranstaltungsnummer*)
Veranstaltung	(<u>Veranstaltungsnummer</u>, Bezeichnung, Beschreibung, Autor)
Vorstellung	(<u>Vorstellungsnummer</u>, Datum, Uhrzeit, *Veranstaltungsnummer, Haus*)
Spielstätte	(<u>Haus</u>, Strasse, Hausnummer, Beschreibung, *Ort, Plz*)
Ort	(<u>Ort, Plz</u>, Bundesland, Breitengrad, Längengrad)
Ehepartner	(Name, Vorname, Geburtsdatum, *Personalnummer*)

5.9 Aufgaben

Wiederholungsfragen

Wozu dient die Normalisierung?

1. Definieren Sie die erste, zweite und dritte Normalform!
2. Worin besteht der Unterschied zwischen funktionaler und voll funktionaler Abhängigkeit?
3. In Abschnitt 5.3 wurde das Attribut „Alter" für die Kinder eines Kunden eingeführt. Dies ist als problematisch zu betrachten. Warum?

Übungen

1. Wenden Sie auf folgende Tabelle die ersten drei Normalformen an!

Fahrzeug

Hersteller	Modell	Typ	Anzahl Räder	PS	Adresse	Land	Klimaanlage
VW	Käfer	PKW	4	45	Volkswagenstr. 10, 34444 Wolfsburg	Deutschland	Ja
Hanomag	II	LKW	4	220	Musterstr. 1, 22222 Hamburg	Deutschland	Nein
Vespa	Vespa Light	Motorroller	2	4	La Strada 2, 122 Rom	Italien	Nein
Suzuki	II	Motorrad	2	8	Koniciva 3, Yokohama	Japan	Nein
Ford	Focus	PKW	4	65	Fritzweg 2, 54455 Köln	Deutschland	Ja
VW	Golf	PKW	4	72	Volkswagenstr. 10, 34444 Wolfsburg	Deutschland	Nein
VW	L 80	LKW	4	140	Volkswagenstr. 10, 34444 Wolfsburg	Deutschland	Nein
VW	Transporter	PKW	4	72	Volkswagenstr. 10, 34444 Wolfsburg	Deutschland	Ja

2. Im ERM-Entwurf unseres Fallbeispiels wurde in einem ersten Entwurf der Entitättyp „Bestellung" im Relationenmodell folgendermaßen entworfen:

Bestellung (<u>Bestellnummer, Positionsnummer</u>, Menge, Datum, *Kundennummer, Personalnummer, Artikelnummer*)

Wenden Sie die ersten drei Normalformen auf die Tabelle Bestellung an!

5.9 Aufgaben

3. Wenden Sie auf folgende Tabelle die ersten drei Normalformen an!

Büromaterial

Material-nummer	Material-bezeichnung	Lieferanten-nummer	Lieferanten-bezeichnung	Lager-bestand	Preis
101	CD-Rohling	2	InnoPaper	61	1.99
221	Kugelschreiber	2	InnoPaper	156	0.99
101	CD-Rohling	31	Computer-Mendel	61	1.89
134	Papier A4	2	InnoPaper	702	8.99
002	Toner schwarz	31	Computer-Mendel	8	39.50
007	Heftzwecken	26	Muster-Büroartikel	81	0.79
026	Schnellhefter	2	InnoPaper	81	0.89

4. Wenden Sie auf folgende Tabelle die ersten drei Normalformen an!

Fußballverein

Vereins-bezeichnung	Gründungs-jahr	Spieler-nummer	Spieler-Name	Geburts-datum
1. FC Muster	1921	2	Karl Bein	1980-09-02
Eintracht Fritz	1949	11	Fritz Wurf	1979-02-23
1. FC Muster	1921	7	Hans Mehnel	1986-12-31
1. FC Muster	1921	11	Kurt Bebel	1975-06-16
Hehner SV	1971	2	Franz Bein	1971-11-30
Hehner SV	1971	3	Hubertus Klein	1983-08-09
Hehner SV	1971	1	Franz Bein	1982-06-26

5. Die folgende Tabelle enthält Daten zu Projekten. Aufgeführt sind Projekte und die erforderlichen Sprachkenntnisse, sowie die Mitarbeiter, die über die entsprechenden Sprachkenntnisse verfügen. Als Primärschlüssel ist ausschließlich eine Kombination aller drei Attribute möglich. Damit erfüllt die Tabelle die 3. Normalform. Dennoch sind redundante Daten vorhanden, da mehrwertige Abhängigkeiten vorkommen. Wie kann dieses Problem behoben werden?

Projektzuordnung

Personal-nummer	Projekt-nummer	Sprach-kenntnisse
1	1	Deutsch
1	1	Englisch
1	6	Englisch
2	1	Englisch
2	6	Französisch
3	1	Englisch
3	2	Spanisch

6. Löschen Sie aus folgender Relation so wenig wie möglich Tupel, so dass gilt:
   X → Y und Y → Z

X	Y	Z
1	3	5
1	3	6
1	3	6
2	4	8
3	3	9
1	4	6
2	3	7
2	3	8
2	4	7
3	3	9

Lösung: Es müssen mindestens 7 Tupel gelöscht werden. Es können höchstens 3 Tupel erhalten bleiben, die die funktionalen Abhängigkeiten $X \to Y$ und $Y \to Z$ erfüllen.

Mögliche verbleibende Relation (zu löschen: Tupel 1, 5, 6, 7, 8, 9, 10):

X	Y	Z
1	3	6
1	3	6
2	4	8

Weitere gültige Lösungen mit 3 erhaltenen Tupeln:
- $\{(1,3,6),(1,3,6),(2,4,7)\}$
- $\{(3,3,9),(3,3,9),(1,4,6)\}$
- $\{(3,3,9),(3,3,9),(2,3,9)\}$ — ungültig, da $X=2$ dann $Y=3$ wäre mit $Z=9$, aber nicht in der Relation
- $\{(1,3,6),(1,3,6),(2,4,7)\}$ etc.

6 SQL – Anlegen der Datenbankstruktur

In Kapitel 6 sollen folgende Fragen geklärt werden:
- Wie kann man die Struktur des erstellten Relationenmodells auf ein relationales Datenbank-Management-System (RDBMS) übertragen?
- Was ist SQL?
- Was sind Datentypen?
- Wie speichert man Werte von Attributen, die man nicht kennt?
- Mit welchen Anweisungen der Sprache SQL erstellt man die Datenbankstruktur?
- Mit welchen Anweisungen der Sprache SQL kann man eine bestehende Datenbankstruktur ändern?
- Wie können Einschränkungen und Regeln der Daten beschrieben und eingehalten werden?

6.1 Motivation

Herr Dr. Fleissig hat sein Relationenmodell nun soweit fertig, dass er es auf den Computer übertragen kann. Für einen ersten Test hat er sich die Datenbank-Management-Systemsoftware DB2 von der Firma IBM aus dem Internet heruntergeladen und installiert.

Nachdem er sich mit dem Produkt vertraut gemacht hat, startet er das dazugehörige Programm „Steuerzentrale". Mit Hilfe dieses Programms kann er Befehle in der Sprache SQL eingeben, um zunächst physisch eine leere Datenbank zu erzeugen. Danach gibt er entsprechende SQL-Anweisungen ein, um die Strukturen der Tabellen und deren Beziehungen in der Datenbank abzubilden.

6.2 Grundlagen

In den letzten beiden Kapiteln haben wir einen Teil der theoretischen Grundlagen des Relationenmodells kennengelernt, auf dem relationale Datenbank-Management-Systeme (RDBMS) basieren. Ein RDBMS speichert die Datenbankstruktur in Form von Tabellen. Jede Tabelle besteht aus Zeilen und Spalten, in denen die Werte einzelner Objekte gespeichert werden.

Zum Abfragen dieser Tabellen hat sich für relationale Datenbanken die Sprache SQL durchgesetzt. SQL steht für „Structured Query Language" und wurde ursprünglich von der Firma IBM entwickelt. Nachdem E. F. Codd die Grundlagen über das Relationenmodell veröffentlicht hatte, begann IBM mit der Entwicklung eines ersten Prototypen für ein relationales Datenbank-Management-System mit dem Namen System/R. Ein Teil dieser Entwicklung bezog sich natürlich auch auf Abfragesprachen für System/R. Daraus entstand der Vorläufer des heutigen SQL, die Sprache SEQUEL („Structured English Query Language").

Mit der kommerziellen Verbreitung relationaler Datenbank-Management-Systeme seit Anfang der 80er Jahre, setzte sich auch SQL durch. Dies war der Anstoß dafür, dass sich das ANSI („American National Standard Institute") mit der Standardisierung der Sprache beschäftigte. 1986 wurde der erste SQL-Standard mit der Bezeichnung ANSI SQL-86 veröffentlicht, der eine Untermenge der IBM-Implementierung von SQL war. 1992 folgte die Publikation des ANSI SQL-92 Standards und 1999 des ANSI SQL:1999 Standards. Allgemein spricht man auch von SQL-1, SQL-2 und SQL-3. Danach folgten vor allem Erweiterungen des Standards um die Einbindung objektrelationaler Sprachbestandteile in SQL:1999 und von XML-bezogenen Spezifikationen ab SQL:2003. Der aktuelle Standard ist SQL:2008, voraussichtlich 2011 wird ein neuer Standard veröffentlicht, der bereits als Entwurf zur Diskussion vorliegt.

Der aktuelle Standard SQL:2008 besteht aus folgenden Teilen:

Part 1: SQL/Framework (Überblick)

Part 2: SQL/Foundation (Grundlagen)

Part 3: SQL/CLI (Call Level Interface)

Part 4: SQL/PSM (Persistent Stored Modules)

Part 9: SQL/MED (Management of External Data)

Part 10: SQL/OLB (Object Language Binding – Einbetten in Java)

Part 11: SQL/Schemata (Standard für Metatabellen)

Part 13: SQL/JRT (Java Routines and Types – Zugriff auf Routinen und Typen in Java)

Part 14: SQL/XML (Einbindung von XML)

Teil 1 besteht aus etwa 90 Seiten und beschreibt das allgemeine Konzept von SQL, Konventionen sowie die einzelnen Teile allgemein. Der bei weitem umfangreichste Teil des Standards ist Teil 2. Er umfasst beim ersten Entwurf des kommenden Standards etwa 1.500 Seiten und beschreibt die grundlegenden Sprachkonstrukte von SQL und auch objektrelationale Erweiterungen. Da die Standards keine zwingende Vorgabe für die Hersteller relationaler Datenbank-Management-Systeme sind, wurden sie bisher niemals komplett in einer der bekannten RDBMS implementiert. ANSI SQL:2008 ist zwar nicht das Maß aller Dinge, dennoch stimmen die grundlegenden Eigenschaften von SQL bei den jeweiligen RDBMS-Produkten weitestgehend überein. Kennt man also den SQL Standard, ist es relativ einfach, Datenbankstrukturen für beliebige RDBMS-Produkte anzulegen, um dort die gewünschten Daten zu verwalten. Allerdings ist es auch nicht so, dass man alle RDBMS-Produkte kennt, wenn man den SQL-Standard beherrscht. Es ist eher vergleichbar mit dem Erlernen normaler Anwendungsprogramme. Wenn man sich z.B. mit dem Umgang eines ganz bestimmten Textverarbeitungsprogramms beschäftigt hat, fällt es einem in der Regel leichter, auch andere Textverarbeitungsprogramme zu bedienen, da die grundlegenden Prinzipien immer gleich sind.

Wir werden uns im Folgenden mit den wichtigsten Sprach-Eigenschaften des SQL:2008 Standards beschäftigen. Allerdings kann hier nicht der gesamte Standard behandelt werden, da dieser aus etwa 4.000 Seiten besteht. Vielmehr handelt es sich um eine Einführung in wichtige aktuelle Konzepte von SQL und neue, die sich in den nächsten Jahren in den meisten RDBMS-Produkten durchsetzen werden bzw. schon vor der Verabschiedung des aktuellen SQL:2008 Standards in den RDBMS-Produkten zu finden waren.

Datenbankmanagementsysteme werden normalerweise auf einem gesonderten Computer installiert und eingerichtet. Über Netzwerkkommunikation werden dann die SQL Anweisungen von dem Computer eines Anwenders an das DBMS übertragen. Die Datenbankmanagement-Software bezeichnet man daher auch als Server (Dienstleister) und die Software, die einen Dienst des Servers in Anspruch nimmt, als Client (Kunde). Häufig werden mit Server und Client auch die Computer selbst bezeichnet, auf denen die Server- bzw. Clientsoftware läuft. Für ein DBMS bedeutet das, dass ein Clientprogramm eine SQL Anweisung an das Serverprogramm, dem DBMS, überträgt, dieses die Anfrage bearbeitet und ein Ergebnis an das Clientprogramm zurückliefert (siehe Abb. 6-1).

Abbildung 6-1:   Client-Server-Modell

Die bekanntesten relationalen Datenbankmanagementsysteme sind der Oracle Database Server 11g von Oracle, DB2 9.7 von IBM und der Microsoft SQL Server 2008 von Microsoft. Alle drei Hersteller bieten Versionen ihrer Produkte an, die kostenlos im Internet heruntergeladen werden können.

Da durch ein RDBMS in der Regel mehrere hundert Tabellen gespeichert werden, ist es sinnvoll, die Tabellen wiederum in eine bestimmte Hierarchie zu gliedern. Zur Übersicht verwendet ein RDBMS als oberste Hierarchiestufe die Kategorie (siehe Abb. 6-2). Bei den bekannten kommerziellen RDBMS ist eine Kategorie eine Datenbank. Eine Kategorie wiederum kann verschiedene Datenbank-Schemata speichern, und ein Datenbank-Schema beinhaltet letztendlich die Tabellen mit den Spalten selbst.

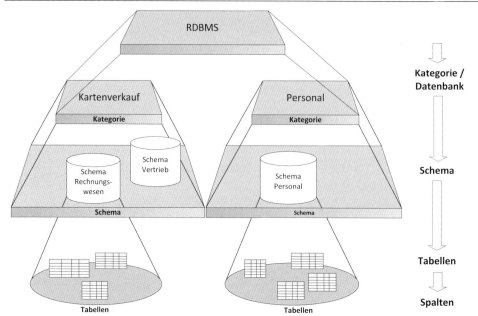

Abbildung 6-2: Hierarchische Struktur einer relationalen Datenbank

Diese Struktur dient ausschließlich der Übersicht, um nicht alle Tabellen eines RDBMS auf einer Hierarchiestufe speichern zu müssen.

Um nun Tabellenstrukturen in einer Datenbank anzulegen, verwendet man eine Datenbanksprache. Über diese Datenbanksprache kann man mit dem RDBMS kommunizieren, um diesem Anweisungen zu geben.

Bevor wir die erste SQL-Anweisung zum Anlegen von Tabellenstrukturen kennenlernen, müssen wir uns zunächst mit den Datentypen auseinandersetzen.

6.3 Datentypen

Wir haben in den letzen Kapiteln schon den Begriff des Wertebereichs oder der Domain kennengelernt. Jede Eigenschaft eines bestimmten Objekts kann bestimmte Werte annehmen. Zum Beispiel kann das Alter einer Person in Jahren in der Regel nur Werte zwischen 0 und 150 annehmen, also nur ganzzahlige Werte (vorausgesetzt eine Person wird nicht älter als 150). Andererseits enthält die Eigenschaft Gehalt eines Mitarbeiters auch Zahlen, aber in diesem Fall mit Dezimalstellen. Der Name eines Mitarbeiters kann auch Buchstaben oder Sonderzeichen enthalten, das Geburtsdatum dagegen nur gültige Datumswerte. Es gibt also verschiedene Typen von Daten, je nachdem welche Werte ein Attribut annehmen darf.

SQL unterscheidet sechs Arten von vordefinierten atomaren Datentypen:

- Zahlen zum Speichern von numerischen Werten, z.B. Alter, Gehalt;

6.3 Datentypen

- Zeichenketten zum Speichern von beliebigen Zeichenfolgen, z.B. Beschreibung, Vorname, Straße;
- Datum/Zeit zum Speichern von Zeitwerten, z.B. Geburtsdatum, Termin;
- Intervall zum Speichern von Zeitabständen, z.B. Dauer;
- Boolean zum Speichern von Wahr-/Falsch-Werten, z.B. „Führerschein vorhanden";
- Binärdaten zum Speichern beliebiger alphabetischer und nicht-alphabetischer Daten, z.B. Passfoto.

Für jeden Datentyp kennt SQL ein bestimmtes Schlüsselwort, über das der Datentyp eines Attributes festgelegt wird. Will man einem Attribut einen bestimmten Wert zuweisen, so muss der Datentyp beachtet werden. Damit z.B. einer Zahl keine Zeichenkette zugewiesen werden kann, ist eine bestimmte Schreibweise für Werte von Datentypen vorgegeben. Man spricht hierbei von Literalen. Literale sind unveränderbare konstante Werte, die den Einschränkungen des zugehörigen Datentyps entsprechen.

Tabelle 6-1 stellt die numerischen Datentypen von SQL dar.

Tabelle 6-1: Numerische Datentypen

Schlüsselwort	Beschreibung	Beispiel: Literal	Beispiel: Deklaration
SMALLINT	Ganzzahl mit geringerem Wertebereich als INTEGER	25	Alter SMALLINT
INTEGER	Ganzzahl mit geringerem Wertebereich als BIGINT	200399	Einwohnerzahl INTEGER
BIGINT	Ganzzahl	200399221	Artikelnr BIGINT
DECIMAL (p, s)	Zahl mit Dezimalstellen, p (precision) = Gesamtstellen, s (scale) = Dezimalstellen	12.99 +22 .6221	Gehalt DECIMAL (8,2)
NUMERIC (p, s)	Zahl mit Dezimalstellen, p = Gesamtstellen, s = Dezimalstellen	232.11 -1.22	Preis NUMERIC (5,2)
REAL	Angenäherte Zahl mit Dezimalstellen	4E3 -0.14E-8	Pi REAL Volumen REAL

FLOAT (p)	Angenäherte Zahl mit Dezimalstellen	4E3 -0.14E-8	Entfernung FLOAT (10) Breite FLOAT
DOUBLE	Angenäherte Zahl mit Dezimalstellen	4E3 -0.14E-8	Messwert DOUBLE Radius DOUBLE

Für alle numerischen Datentypen gilt, dass diese immer nur einen bestimmten Wertebereich abdecken können, da Computer nicht beliebig hohe bzw. beliebig niedrige Zahlen speichern können. So gilt z.B. bei den meisten RDBMS-Produkten für den Datentyp SMALLINT ein Wertebereich von –32.768 bis +32.767. Dieser kann jedoch je nach RDBMS höher oder auch niedriger sein. Er ist aber immer auf einen bestimmten Bereich begrenzt. Eine Spalte, die also mit dem Datentyp SMALLINT angelegt wurde, kann als höchste Zahl den Wert +32.767 enthalten und als kleinste Zahl den Wert –32.768.

Generell unterscheidet man bei numerischen Datentypen zwischen exakten und angenäherten. Die ersten vier Datentypen bilden einen numerischen Wert exakt ab. Dagegen gibt es angenäherte Datentypen, die berechnete Zahlen wie z.B. die Zahl Pi bis zu einer ganz bestimmten Anzahl Nachkommastellen speichern können.

Literale von angenäherten (approximierten) numerischen Datentypen werden in Form der E Notation ausgedrückt, wie es in Programmiersprachen wie C oder Pascal üblich ist. Der Buchstabe E steht dabei für „10 hoch irgendetwas". 4E3 entspricht damit also der Zahl: $4 * 10^3 = 4 * 1000 = 4000$, $-321E-8$ dagegen der Zahl $-321 * 10^{-8} = 321 * 0.00000001 = -0.00000321$.

Im kaufmännischen Bereich werden vorwiegend die numerischen Datentypen DECIMAL, NUMERIC und INTEGER benutzt. Numerische Datentypen mit angenähertem Wert sind hauptsächlich im wissenschaftlichen und mathematischen Bereich sinnvoll.

Zeichenketten sind sicherlich die am häufigsten verwendeten Datentypen innerhalb einer Datenbank, da Attribute dieses Typs allgemeine textuelle Beschreibungen enthalten (schließlich kommunizieren wir ja mehr über Buchstaben und Wörter als über Zahlen). Attribute des Datentyps CHARACTER haben immer genau die in Klammern angegebene Länge und werden deshalb immer mit Leerzeichen aufgefüllt, wenn die eingetragenen Wörter weniger Buchstaben aufweisen. Attribute des Datentyps VARCHAR speichern ebenso wie CHARACTER auch Texte, allerdings in variabler Länge, also ohne Hinzufügen von Leerzeichen bei kürzeren Wörtern (siehe Tabelle 6-2).

6.3 Datentypen

Tabelle 6-2: Datentypen für Zeichenketten und Binärdaten

Schlüsselwort	Beschreibung	Beispiel: Literal	Beispiel: Deklaration
CHARACTER(n)	Zeichenkette mit fester Länge	'Hans'	Vorname CHAR(20)
CHARACTER VARYING (n) VARCHAR (n)	Zeichenkette variabler Länge	'Muster'	Name VARCHAR(50)
CHARACTER LARGE OBJECT(n) CLOB (n)	Zeichenkette für Fließtext	'sehr langer Text'	Beschreibung CLOB(1M) Kapitel CLOB(20K) Lebenslauf CLOB(8000)
BINARY BINARY VARYING BINARY LARGE OBJECT(n) BLOB (n)	Bitkette für Binärdaten	B'01101' X'12DEF'	Foto BLOB (80M)
XML	Zeichenkette für XML-Daten	'\<Name\> Hans \</Name\>'	Adresse XML

Neben den eben beschriebenen Textdatentypen, die als Kodierung für die Zeichen den ASCII-Zeichensatz verwenden, gibt es noch die sogenannten NATIONAL-Textdatentypen (siehe Tabelle 6-3). Diese verwenden zur Kodierung der Zeichen normalerweise den Unicode-Zeichensatz, womit auch Zeichen gespeichert werden können, die im ASCII-Zeichensatz nicht vorgesehen sind, womit auch Zeichen z.B. aus dem asiatischen Bereich gespeichert werden können. Im Gegensatz zu den normalen Textliteralen werden diese mit einem vorgestellten „N" geschrieben.

Tabelle 6-3: Datentypen für nationale Zeichenketten und Binärdaten

Schlüsselwort	Beschreibung	Beispiel: Literal	Beispiel: Deklaration
NATIONAL CHARACTER(n) NCHAR (n)	Nationale Zeichenkette mit fester Länge	N'Hans'	Vorname NCHAR(20)
NATIONAL CHARACTER VARYING (n) NVARCHAR (n)	Nationale Zeichenkette variabler Länge	N'Muster'	Name NVARCHAR(50)
NATIONAL CHARACTER LARGE OBJECT(n) NCLOB (n)	Nationale Zeichenkette für Fließtext	N'sehr langer Text'	Beschreibung NCLOB(1M) Kapitel NCLOB(20K) Lebenslauf NCLOB(8000)

Mit SQL:1999 ist der Datentyp BOOLEAN hinzugekommen, der zur Speicherung von Ja/Nein-Zuständen gedacht ist (siehe Tabelle 6-4).

Tabelle 6-4: Boolesche Werte

Schlüsselwort	Beschreibung	Beispiel: Literal	Beispiel: Deklaration
BOOLEAN	Boolescher Wert	TRUE FALSE	Fuehrerschein BOOLEAN

Sind große Textdaten in einem Attribut zu speichern, so verwendet man den Datentyp CLOB. Als Parameter wird die Anzahl der Zeichen angegeben. Zur Vereinfachung darf man hier die beiden Buchstaben K für Kilobyte (=1024 Zeichen) und M für Megabyte (=1024*1024 Zeichen) verwenden.

Für große binäre Dateien, wie z.B. Audios, Videos oder Bilder, verwendet man den Datentyp BLOB (siehe Tabelle 6-5). Die binäre Schreibweise für Literale beginnt mit einem B und darauf folgen in einfachen Hochkommata die einzelnen Nullen und Einsen. Alternativ können binäre Daten auch hexadezimal mit einem beginnenden X geschrieben werden.

Schließlich gibt es noch die folgenden Datentypen zur Speicherung von Datums- und Zeitwerten.

6.3 Datentypen

Tabelle 6-5: Datum / Zeit / Zeitintervall

Schlüsselwort	Beschreibung	Beispiel: Literal	Beispiel: Deklaration
DATE	Datum	DATE '2010-09-29'	Geburtsdatum DATE
TIME (p)	Uhrzeit p=precision, Nachkommastellen Sekunden	TIME '20:15:00.000000' TIME '18:00'	Spielbeg TIME
TIMESTAMP (p)	Datum und Uhrzeit p=precision, Nachkommastellen Sekunden	'2011-09-29 18:00'	Termin TIMESTAMP
INTERVAL YEAR(p) INTERVAL MONTH(p) INTERVAL YEAR(p) TO MONTH INTERVAL DAY(p) TO HOUR(p) INTERVAL DAY(p) TO MINUTE(p) INTERVAL DAY(p) TO SECOND(p) INTERVAL MINUTE(p) TO SECOND(p) INTERVAL SECOND(p,s)	Zeitintervalle	'3' '12' '62-10' '26 19:30' '-61 22:30' '21 31.0001' '15:31:0001' '59.000008'	Alter YEAR(3) Fallgeschw SECOND(2,6)

Wir haben nun die wichtigsten Datentypen von SQL:2008 kennengelernt und auch gesehen, wie man entsprechende Werte als Literale schreibt. Was in diesem Zusammenhang noch gar nicht angesprochen wurde, ist das Speichern von Werten, die entweder nicht bekannt sind oder nicht existieren. Angenommen, Sie sollen die Daten eines bestimmten Kunden in der Kundentabelle speichern, wissen jedoch nicht dessen Geburtsdatum. SQL bietet hierfür ein vordefiniertes Schlüsselwort: NULL.

Das Wort NULL steht nicht für die Zahl 0, NULL ist auch kein Wert, sondern soll einfach ausdrücken, dass ein Wert nicht bekannt ist. Dies hat zur Konsequenz, dass SQL mit einer dreiwertigen Logik arbeitet.

Betrachten wir hierzu ein Beispiel: Angenommen die Spalte Lagerbestand ist für einen bestimmten Werbeartikel nicht bekannt, also NULL. Würden wir nun vergleichen wollen, ob der Lagerbestand z.B. größer als 8 ist, so haben wir ein Problem. Der Vergleich „Lagerbestand > 8" ergibt weder wahr noch falsch, da wir den Lagerbestand ja nicht kennen. Das Ergebnis dieses Vergleiches ist dementsprechend also unbekannt.

Dieses Problem muss auch bei der Verknüpfung von Bedingungen mit UND/ODER berücksichtigt werden. Angenommen, wir wollen wissen, ob sowohl der Lagerbestand für einen bestimmten Werbeartikel größer 8 und gleichzeitig der Preis kleiner als 4,99 Euro ist. Die erste Bedingung ergibt, wie oben gesehen, unbekannt. Ist der Preis z.B. gleich 3 Euro, so ist die zweite Bedingung wahr. Eine UND-Verknüpfung von unbekannt und wahr muss als Ergebnis wieder ein unbekannt ergeben, da wir ja nicht mit Sicherheit sagen können, ob die Bedingung erfüllt ist. Würden wir umgekehrt die beiden Bedingungen mit ODER verknüpfen, so ist das Ergebnis wahr. Betrachten wir abschließend die Wahrheitstabellen für wahr, falsch und unbekannt (siehe Tabelle 6-6 und 6-7).

Tabelle 6-6: Wahrheitstabelle für UND-Verknüpfungen

falsch	UND	falsch	=	falsch
falsch	UND	wahr	=	falsch
falsch	UND	unbekannt	=	falsch
wahr	UND	unbekannt	=	unbekannt
wahr	UND	wahr	=	wahr
unbekannt	UND	unbekannt	=	unbekannt

Tabelle 6-7: Wahrheitstabelle für ODER-Verknüpfungen

falsch	ODER	falsch	=	falsch
falsch	ODER	wahr	=	wahr
falsch	ODER	unbekannt	=	unbekannt
wahr	ODER	unbekannt	=	wahr
wahr	ODER	wahr	=	wahr
unbekannt	ODER	unbekannt	=	unbekannt

6.4 Erzeugen und Bearbeiten einer Tabelle

6.4.1 Erzeugen einer Tabelle

Wie wird nun eine Tabelle angelegt? Hierzu kennt SQL die Anweisung CREATE TABLE. Betrachten wir hierzu die Tabelle Ort aus unserem Fallbeispiel. Diese besteht aus den Attributen Ort, Postleitzahl, Bundesland, Längengrad und Breitengrad. Die Anweisung, um diese Tabelle in einer Datenbank anzulegen, lautet:

```
CREATE TABLE Ort
(
    Ort             VARCHAR (200),
    Plz             INTEGER,
    Bundesland      CHAR(5),
    Laengengrad     DECIMAL(8, 5),
    Breitengrad     DECIMAL(8, 5)
)
```

Mit dieser einfachen Anweisung haben wir die Tabelle „Ort" und dessen Struktur in unserer Datenbank angelegt. Da zu jeder Postleitzahl immer ein Ort bekannt ist, wollen wir allerdings verhindern, dass nicht aus Versehen eine Postleitzahl ohne Ort gespeichert wird. Dazu kann man in der CREATE TABLE-Anweisung angeben, ob ein Attribut NULL-Werte enthalten darf. Daneben wollen wir unserem RDBMS auch bekannt geben, dass es sich bei den Attributen Plz und Ort um den Primärschlüssel handelt. Die Anweisung dazu sieht wie folgt aus:

```
CREATE TABLE Ort
(
    Ort             VARCHAR (200)   NOT NULL,
    Plz             INTEGER         NOT NULL,
    Bundesland      CHAR(5)                 ,
    Laengengrad     DECIMAL(8, 5)           ,
    Breitengrad     DECIMAL(8, 5)           ,
    -- Primärschlüssel festlegen
    CONSTRAINT primschluessel_Ort PRIMARY KEY (Plz, Ort)
)
```

Da die Attribute Plz und Ort kein NULL enthalten dürfen, erscheinen nun hinter der Deklaration der Attribute und deren Datentypen die beiden Schlüsselwörter NOT NULL. Die Bezeichnungen für den Tabellennamen oder für die einzelnen Spalten dürfen maximal 128 Zeichen lang sein. Solche Benennungen werden in der Informatik Bezeichner oder auf Englisch „identifier" genannt. Bezeichner werden in einer Datenbank immer in Großbuchstaben gespeichert, zudem sind keine Sonderzeichen oder Leerzeichen erlaubt. Über Anführungszeichen ist es in SQL jedoch möglich, innerhalb von Bezeichnern Sonderzeichen zu verwenden. Gleichzeitig wird hierbei dann auch zwischen Groß- und Kleinschreibung unterschieden.

Solche Bezeichner werden dann begrenzte Bezeichner oder „delimited identifier" genannt. In SQL darf ein begrenzter Bezeichner nicht länger als 128 Zeichen sein.

Integritätsbedingungen einer Tabelle gibt man in SQL über das Schlüsselwort CONSTRAINT bekannt. Hinter diesem Schlüsselwort folgt eine beliebige Bezeichnung für die Integritätsbedingung, und dann die Integritätsbedingung selbst. Über die beiden Schlüsselwörter PRIMARY KEY legt man den Primärschlüssel fest. In Klammern erscheint das Attribut oder die Attributkombination, die den Primärschlüssel darstellt. In unserem Beispiel sind das die Attribute Plz und Ort.

Wie im letzten Beispiel gezeigt, kann man in SQL:2008 auch Kommentare einfügen, indem eine Zeile mit zwei Bindestrichen beginnt und dahinter der Kommentar folgt (z.B. -- Primärschlüssel festlegen). In dieser Form kann man einzeilige Kommentare schreiben. Mehrzeilige Kommentare werden durch die beiden Zeichen /* eingeleitet und durch */ wieder beendet, z.B.

```
/* Dies ist ein Kommentar
   über zwei Zeilen */
```

Wir wollen jetzt eine weitere Tabelle aus unserm Fallbeispiel anlegen, die Tabelle „Spielstaette". Hierzu verwenden wir wieder die Anweisung CREATE TABLE. Über CONSTRAINT legen wir schließlich fest, welches Attribut als Primärschlüssel bestimmt wurde:

```
CREATE TABLE Spielstaette
(
    Haus            VARCHAR (100)    NOT NULL     ,
    Strasse   VARCHAR (50)      NOT NULL           ,
    Hausnummer      CHAR (6)                       ,
    Beschreibung    CLOB(1M)                       ,
    Plz             INTEGER                        ,
    Ort             VARCHAR (200)                  ,

    CONSTRAINT primschluessel_Spielstaette PRIMARY KEY (Haus)
)
```

In den letzten beiden Kapiteln haben wir gesehen, dass Beziehungen zwischen Tabellen über Fremdschlüssel abgebildet werden. In unserer Tabelle Spielstaette sind das die Attribute Plz und Ort. Über diese kann in der Tabelle Ort nachgesehen werden, welcher Längen- und Breitengrad zu welcher Postleitzahl gehört. In unserer obigen SQL-Anweisung haben wir dem RDBMS diese Beziehung jedoch noch nicht mitgeteilt. In Abschnitt 4.3 haben wir die verschiedenen Integritätsbedingungen kennengelernt. Eine dieser Integritätsbedingungen, die referentielle Integrität, bezog sich auf die eben beschriebene Beziehung zwischen Primär- und Fremdschlüssel.

6.4 Erzeugen und Bearbeiten einer Tabelle

Da es sich bei der referentiellen Integrität wiederum um eine Einschränkung handelt, verwenden wir das SQL-Schlüsselwort CONSTRAINT gefolgt von einer beliebigen Bezeichnung für die Integritätsbedingung. Danach folgen die Schlüsselwörter, um einen Fremdschlüssel zu deklarieren: FOREIGN KEY. In Klammern wird dahinter das Attribut bzw. die Attributkombination angegeben, die den Fremdschlüssel darstellt. Schließlich muss man festlegen, auf welches Attribut in welcher Tabelle sich der Fremdschlüssel bezieht. Dies erfolgt über das Wort REFERENCES gefolgt vom Tabellennamen und der Attributkombination, die den Primärschlüssel in der referenzierten Tabelle darstellt. Mit Angabe des Fremdschlüssels wird die Tabelle „Spielstätte" wie folgt erzeugt:

```
CREATE TABLE Spielstaette
(
    Haus            VARCHAR (100)   NOT NULL    ,
    Strasse  VARCHAR (50)     NOT NULL          ,
    Hausnummer      CHAR (6)                    ,
    Plz             INTEGER                     ,
    Ort             VARCHAR (200)               ,
    Beschreibung    CLOB(1M)                    ,

    CONSTRAINT primschluessel_Spielstaette PRIMARY KEY (Haus),
    CONSTRAINT fremdschluessel_PlzOrt FOREIGN KEY (Plz, Ort)
            REFERENCES Ort (Plz, Ort)
)
```

Betrachten wir hierzu folgendes Beispiel (siehe Abb. 6-3). Angenommen, in der Tabelle „Ort" (Elterntabelle) wurde fälschlicherweise für den Ort Hamburg nicht die Postleitzahl 22287, sondern 33387 eingetragen. Auf diese Postleitzahl wird jedoch in der Tabelle „Spielstaette" (Kindtabelle) verwiesen:

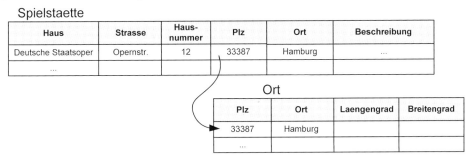

Abbildung 6-3: Problem der referentiellen Integrität

Ändert man nun die Postleitzahl in der Tabelle „Ort" von 33387 in 22287, verweist die Spielstaette „Deutsche Staatsoper" auf einen Eintrag in der Tabelle „Ort", den es nicht mehr gibt. Die Beziehung läuft also sozusagen ins „Leere". Das Gleiche gilt, wenn der Datensatz mit der Plz 33387 aus der Tabelle „Ort" gelöscht wird.

Um solche Probleme zu vermeiden, erlaubt ein RDBMS das Ändern oder Löschen eines Datensatzes nicht, solange der Wert eines Fremdschlüssels noch auf die referenzierende Tabelle verweist.

Da diese Einschränkung jedoch sehr restriktiv ist, kann man über SQL bei der Festlegung eines Fremdschlüssels angeben, wie mit dem Fremdschlüssel verfahren werden soll, wenn ein solches Problem auftritt. SQL:2008 kennt fünf mögliche Aktionen, die bei einer Fremdschlüsselverletzung ausgeführt werden können:

- RESTRICT oder NO ACTION
- SET NULL
- SET DEFAULT
- CASCADE

RESTRICT verhindert grundsätzlich das Ändern oder Löschen eines Satzes, auf den sich ein Fremdschlüssel bezieht. In unserem Beispiel wird damit das Ändern oder Löschen zurückgewiesen. NO ACTION erlaubt im Gegensatz zu RESTRICT, dass eine Fremdschlüsselverletzung während der Ausführung einer einzelnen SQL-Anweisung zeitweise erlaubt ist.

SET NULL legt fest, dass der Fremdschlüssel auf NULL gesetzt wird, somit kein Bezug mehr zur Elterntabelle vorhanden ist.

SET DEFAULT entspricht SET NULL, mit dem Unterschied, dass ein vorher definierter Standardwert für den Fremdschlüssel verwendet wird. Wir werden später in diesem Kapitel das Schlüsselwort DEFAULT kennenlernen. Hiermit kann ein Standardwert festgelegt werden, der bei Einfügen eines Satzes für ein Attribut verwendet wird, wenn für dieses Attribut nicht explizit ein Wert angegeben wurde. Angenommen, aus der Abteilungstabelle wird die Abteilung „Vertrieb" gelöscht. DEFAULT sorgt nun dafür, dass den Mitarbeitern, die der gelöschten Abteilung „Vertrieb" zugeordnet waren, der definierte Standardwert „Rechnungswesen" als Fremdschlüssel zugeordnet wird, sofern die Tabelle „Mitarbeiter" wie folgt angelegt wurde:

```
CREATE TABLE Mitarbeiter
(
    Personalnummer      INTEGER NOT NULL,
    ...
    Abteilungsbezeichnung VARCHAR (30) DEFAULT 'Rechnungswesen',
    ...
)
```

CASCADE bewirkt schließlich, dass der Wert des Fremdschlüssels automatisch auf den Wert des geänderten Primärschlüssels gesetzt wird bzw. der Satz sowohl aus der Elterntabelle als auch aus der Kindtabelle gelöscht wird.

Bei Anwendung der Aktionen SET NULL und CASCADE sehen die Tabellen nach der Änderung wie folgt aus (siehe Abb. 6-4 und 6-5).

6.4 Erzeugen und Bearbeiten einer Tabelle

SET NULL

Spielstaette

Haus	Strasse	Haus-nummer	Plz	Ort	Beschreibung
Deutsche Staatsoper	Opernstr.	12	NULL	NULL	...
...					

Ort

Plz	Ort	Laengengrad	Breitengrad
22287	Hamburg		
...			

Abbildung 6-4: Referentielle Integrität bei SET NULL

CASCADE

Spielstaette

Haus	Strasse	Haus-nummer	Plz	Ort	Beschreibung
Deutsche Staatsoper	Opernstr.	12	22287	Hamburg	...
...					

Ort

Plz	Ort	Laengengrad	Breitengrad
22287	Hamburg		
...			

Abbildung 6-5: Referentielle Integrität bei CASCADE

Doch wie gibt man über SQL dem RDBMS bekannt, welche Aktion bei Verletzung der referentiellen Integrität verwendet werden soll? Die Aktion gehört mit zur Definition des Fremdschlüssels und folgt dieser direkt. Angenommen, wir möchten, dass die Attribute Plz und Ort auf NULL gesetzt werden, wenn der entsprechende Satz in der Tabelle „Ort" gelöscht wird. Außerdem soll die Plz in der Tabelle „Spielstätte" automatisch geändert werden, wenn diese in der Tabelle „Ort" geändert wird. Die SQL-Anweisung hierfür sieht folgendermaßen aus:

```
CREATE TABLE Spielstaette
(
    Haus            VARCHAR (100)   NOT NULL        ,
    Strasse VARCHAR (50)    NOT NULL                ,
    Hausnummer      CHAR (6)                        ,
    Beschreibung    CLOB(1M)                        ,
    Ort             VARCHAR (200)                   ,
    Plz             INTEGER                         ,

    CONSTRAINT primschluessel_Spielstaette PRIMARY KEY(Haus),
    CONSTRAINT fremdschluessel_PlzOrt    FOREIGN KEY(Plz, Ort)
            REFERENCES Ort (Plz, Ort)
            /* bei Löschen des zugehörigen Ortes die
               Attribute Plz/Ort automatisch auf NULL setzen */
        ON DELETE SET NULL
            /* bei Ändern der zugehörigen Plz in der
```

```
                    Orttabelle, die Attribute Plz/Ort von
                    Spielstaette automatisch anpassen */
        ON UPDATE CASCADE
)
```

Zuerst erscheint das Ereignis (ON DELETE oder ON UPDATE) und dann die Aktion, die bei Auftreten des entsprechenden Ereignisses ausgeführt werden soll.

Von den drei Integritätsbedingungen, die wir in Abschnitt 4.3 behandelt haben, können wir bisher die referentielle Integrität (FOREIGN KEY) und die Entität-Integrität (PRIMARY KEY) über SQL abbilden. Fehlt also noch die Darstellung von Domain-Integritätsbedingungen in SQL.

Nehmen wir als Beispiel wieder unsere Tabelle Ort. Als Datentyp für die Postleitzahl haben wir eine Ganzzahl (INTEGER) verwendet. Der Wertebereich für einen INTEGER liegt bei den meisten RDBMS-Produkten zwischen −2.147.483.647 und +2.147.483.648. Allerdings wissen wir, dass eine Postleitzahl in Deutschland immer aus fünf Zahlen besteht, Werte größer als 99.999 also nicht möglich sind. Es gibt bei Postleitzahlen zwar noch mehr Einschränkungen, der Übersichtlichkeit halber bleiben wir hier aber bei dieser vereinfachten Darstellung.

Um Einschränkungen solcher Art über SQL auszudrücken, kennt SQL verschiedene Sprachelemente. Ein Sprachelement, das hierfür innerhalb der CREATE TABLE-Anweisung verwendet werden kann, ist das Schlüsselwort CHECK.

CHECK wird wie die anderen beiden Integritätsbedingungen auch durch das Schlüsselwort CONSTRAINT und eine Bezeichnung für diese Einschränkung eingeleitet. Darauf folgt das Wort CHECK und dann die Bedingung, die bei Einfügen eines Satzes in die Tabelle erfüllt sein muss.

Für unser Beispiel mit der Postleitzahl sieht das dann wie folgt aus:

```
CREATE TABLE Ort
(
    Ort     VARCHAR (200)    NOT NULL    ,
    Plz     INTEGER    NOT NULL    ,
    CONSTRAINT primschluessel_Ort PRIMARY KEY (Plz, Ort),
    CONSTRAINT pruef_Plz CHECK (Plz > 0 AND Plz <= 99999)
)
```

Bedingungen, wie für die Einschränkung der Postleitzahl, werden wir detaillierter in Kapitel 8 behandeln, wenn für uns Filterbedingungen zum Abfragen von Tabellen ansehen.

Zum Schluss wollen wir uns noch kurz ansehen, wie man Standardwerte definieren kann, die verwendet werden, wenn für eine Spalte nicht explizit angegeben wurde, welchen Wert diese beim Einfügen eines Datensatzes bekommen soll. Betrachten wir hierzu die Tabelle „Kunde". Wird ein Datensatz in die Tabelle

6.4 Erzeugen und Bearbeiten einer Tabelle

„Kunde" eingefügt, soll für die Spalte „Geschlecht" automatisch der Wert ‚W' für weiblich verwendet werden, sofern nicht explizit ein anderer Wert angegeben wurde. Die SQL-Anweisung zum Anlegen der Tabelle sieht dann wie folgt aus:

```
CREATE TABLE Kunde
(
    Kundennummer            INTEGER NOT NULL            ,
    Name                    VARCHAR (30) NOT NULL       ,
    Vorname                 VARCHAR (20) NOT NULL       ,
    Strasse                 VARCHAR (50) NOT NULL       ,
    Hausnummer              CHAR (6)                    ,
    Geschlecht              CHAR(1) DEFAULT 'W'         ,
    Geburtsdatum            DATE                        ,
    Ort                     VARCHAR(200)                ,
    Plz                     INTEGER                     ,
    CONSTRAINT pk_Kunde     PRIMARY KEY (Kundennummer),
    CONSTRAINT fk_Plz FOREIGN KEY (Plz, Ort)
            REFERENCES Ort (Plz, Ort)
            ON DELETE SET NULL
            ON UPDATE CASCADE,
    CONSTRAINT di_Geschlecht CHECK (Geschlecht IN ('M', 'W'))
)
```

Anstatt einen konstanten Wert als Standardwert anzugeben, besteht auch die Möglichkeit, vom RDBMS vordefinierte Werte zu verwenden. So liefert z.B. das Schlüsselwort CURRENT_DATE das aktuelle Datum. Gibt man z.B. bei der Tabelle „Bestellung" als Standardwert CURRENT_DATE an, so wird bei Einfügen eines Satzes in diese Tabelle automatisch das aktuelle Datum als Bestelldatum gesetzt. Neben CURRENT_DATE gibt es noch die Funktionen CURRENT_TIME für die aktuelle Zeit, CURRENT_TIMESTAMP für das aktuelle Datum und die aktuelle Zeit, sowie CURRENT_USER für den aktuell angemeldeten Benutzer.

Damit Geschlecht nur die Werte ‚W' für weiblich und ‚M' für männlich annehmen kann, wurde eine entsprechende Einschränkung hinzugefügt. Über das Schlüsselwort IN kann überprüft werden ob der Wert für ein Attribut einer bestimmten Wertemenge, in diesem Fall ‚M' und ‚W' entspricht. Das Schlüsselwort IN und weitere Bedingungsausdrücke werden wir detailliert in Kapitel 8 kennenlernen.

Verwendet man in Tabellen sogenannte Surrogatschlüssel als Spalten, also Spalten, die einen künstlich erzeugten Wert enthalten, wie z.B. die Kundennummer, so kann man diese automatisch vom RDBMS erzeugen lassen. Solche Spalten werden unter SQL als Identitätsspalten bezeichnet. Diese werden über die beiden Schlüsselworte GENERATED und IDENTITY erzeugt. Zudem kann angegeben werden, ob immer ein neuer Wert erzeugt wird (ALWAYS) oder nur bei Angabe der DEFAULT-Klausel (BY DEFAULT). Zusätzlich kann ein Startwert und ein Inkrementierungswert, sowie ein maximaler und minimaler Wert angegeben werden. Das folgende Beispiel erstellt die Tabelle „Kunde" und verwendet für die Spalte „Kundennummer" eine Identitätsspalte, die bei 1.000 beginnt und bei jedem neu eingefügten Datensatz um den Wert 1 inkrementiert wird:

```
CREATE TABLE Kunde
(
    Kundennummer INTEGER PRIMARY KEY
                GENERATED ALWAYS AS IDENTITY( START WITH 1000,
                                              INCREMENT BY 1),
    Name         VARCHAR (30) NOT NULL,
...
```

Bisher haben wir Integritätsbedingungen ausschließlich über das Schlüsselwort CONSTRAINT definiert. Sofern Integritätsbedingungen sich auf ein einzelnes Attribut beziehen, können diese auch direkt hinter der Deklaration des einzelnen Attributes angegeben werden. Man spricht dann von spaltenbezogenen Einschränkungen im Gegensatz zu tabellenbezogenen Einschränkungen am Ende der CREATE TABLE-Anweisung. Das folgende Beispiel zeigt das Erzeugen der Tabelle „Ehepartner" zuerst unter Verwendung der spaltenbezogenen Definition und dann unter Verwendung des Schlüsselwortes CONSTRAINT als tabellenbezogene Einschränkung:

```
CREATE TABLE Ehepartner
(
    Personalnummer INTEGER PRIMARY KEY
            FOREIGN KEY
            REFERENCES Personal.Mitarbeiter(Personalnummer),
    Name VARCHAR(30) NOT NULL,
    Vorname VARCHAR(20) NOT NULL,
    Geburtsdatum DATE CHECK(Geburtsdatum > CURRENT_TIMESTAMP)
)

CREATE TABLE Ehepartner
(
    Name VARCHAR(30),
    Vorname VARCHAR(20) NOT NULL,
    Geburtsdatum DATE NULL,
    Personalnummer INTEGER NOT NULL,
    CONSTRAINT Ehepartner_PK PRIMARY KEY (Personalnummer),
    CONSTRAINT Ehepartner_Mitarbeiter_FK FOREIGN KEY (Personalnummer)
        REFERENCES Personal.Mitarbeiter(Personalnummer),
    CONSTRAINT Ehepartner_GebDatum
        CHECK( Geburtsdatum > CURRENT_TIMESTAMP)
)
```

Beide Varianten erzeugen zwar die gleiche Struktur mit den gleichen Integritätsbedingungen für die Tabelle „Ehepartner", allerdings hat die zweite Variante

6.4 Erzeugen und Bearbeiten einer Tabelle

einige Vorteile. Zum einen können bei der zweiten Variante Integritätsbedingungen erstellt werden, die sich über mehrere Spalten der Tabelle beziehen. Besteht der Primärschlüssel einer Tabelle also aus zwei Attributen, so kann dies nur über die zweite Variante deklariert werden. Der andere Vorteil liegt in der Vergabe von Namen für die Einschränkungen. Wird eine Einschränkung verletzt, so gibt ein RDBMS in der Regel den Namen der Einschränkung in der Fehlermeldung zurück, die verletzt wurde. Damit ist es einfacher herauszufinden, wodurch die Fehlermeldung verursacht wurde.

Im Abschnitt Grundlagen haben wir erfahren, dass man Datenbankobjekte in einer Datenbank wegen der besseren Übersicht in verschiedenen Schemata gruppieren kann. Ein Schema legt man über die Anweisung CREATE SCHEMA an. Um nun eine Tabelle unterhalb eines Schemas anzulegen, gibt man beim Erzeugen der Tabelle zunächst den Schemanamen und getrennt durch einen Punkt den Tabellennamen an. Wollen wir also die Tabelle „Abteilung" in einem eigenen Schema „Personal" speichern, so lauten die SQL Anweisungen hierzu wie folgt:

```
CREATE SCHEMA Personal
CREATE TABLE Personal.Abteilung
( ...
```

Werden die Anweisungen CREATE SCHEMA und CREATE TABLE als eine gemeinsame Folge von Anweisungen dem DBMS übergeben, so kann auf die Angabe des Schemas vor dem Tabellennamen verzichtet werden. Wird also das obige Beispiel als eine gemeinsame Folge von Anweisungen dem DBMS übergeben, so kann von der Angabe des Schemas Personal abgesehen werden.

Alle Tabellen, die wir bisher erzeugt haben, werden dauerhaft in der Datenbank gespeichert. Daneben kennt SQL auch temporäre Tabellen, die nur für die Dauer einer Sitzung existieren. Zudem kann festgelegt werden, ob die temporäre Tabelle auch für andere Sitzungen sichtbar sein soll (GLOBAL) oder nicht (LOCAL). Die folgende SQL-Anweisung erzeugt eine temporäre globale Tabelle „Konfiguration":

```
CREATE GLOBAL TEMPORARY TABLE Konfiguration
(
    Eintrag  VARCHAR(20),
    Wert     VARCHAR(200),
)
```

Im Folgenden wird beschrieben, wie SQL noch weitere Domain-Integritätsbedingungen unterstützt. Hierzu werden wir kennenlernen, wie man allgemeine Datentypen mit bestimmten Einschränkungen erstellen und einfache eigene Datentypen definieren kann.

6.4.2 Erstellen einfacher benutzerdefinierter Datentypen

Bisher haben wir ausschließlich vordefinierte Datentypen kennengelernt, also Datentypen, die uns von SQL vorgegeben werden. SQL bietet jedoch die Möglichkeit, eigene Datentypen zu erstellen, die auf vordefinierten Datentypen basieren. Nehmen wir z.B. unser Attribut Plz. Dieses kommt in verschiedenen Tabellen vor, z.B. „Ort", „Spielstätte" oder „Kunde". In jeder Tabelle muss darauf geachtet werden, dass der gleiche vordefinierte Datentyp, nämlich INTEGER, verwendet wird.

Es ist deshalb möglich, einen einfachen Datentyp selbst zu erstellen, den man dann z.B. mit DTyp_Plz bezeichnet. Das Anlegen einfacher Datentypen erfolgt über die SQL-Anweisung CREATE DISTINCT TYPE und sieht für das Attribut „Plz" dann folgendermaßen aus:

```
CREATE DISTINCT TYPE Dtyp_Plz AS INTEGER
```

Anstelle des vordefinierten Datentyps INTEGER kann nun für die Postleitzahl der benutzerdefinierte Datentyp DTyp_Plz verwendet werden. Für das Anlegen der Tabelle „Ort" bedeutet das:

```
CREATE TABLE Ort
(
    Ort     VARCHAR (200)   NOT NULL     ,
    Plz     DTyp_Plz        NOT NULL     ,
    CONSTRAINT primschluessel_Ort PRIMARY KEY (Plz, Ort),
    CONSTRAINT pruef_Plz CHECK (Plz > 0 AND Plz <= 99999)
)
```

Sicherlich werden Sie sich jetzt fragen, welchen Vorteil der benutzerdefinierte Typ DTyp_Plz gegenüber dem vordefinierten INTEGER hat. Der Grund für die Verwendung benutzerdefinierter Datentypen liegt in der strengen Typüberprüfung. Sind z.B. sowohl das Attribut „Alter" als auch das Attribut „Plz" als INTEGER definiert, ist es ohne weiteres möglich, dem Attribut „Alter" den Wert des Attributes „Plz" zuzuweisen. Ebenso werden Vergleiche zwischen den Attributen gleichen Datentyps vermieden, wie z.B. „Alter" und „Plz", die wenig sinnvoll sind.

Um solche Probleme zu vermeiden, verwendet man benutzerdefinierte Datentypen. Wird das Attribut „Plz" mit dem benutzerdefinierten Datentyp DTyp_Plz deklariert, so ist es nicht mehr möglich die beiden Attribute „Alter" und „Plz" miteinander zu vergleichen, da es sich ja nun sozusagen um unterschiedliche Datentypen handelt.

6.4.3 Überprüfungen von Wertebereichen

Seit dem ANSI SQL-92 Standard kennt SQL den Begriff der Domain. In SQL stellt dieses ein allgemeines Konzept dar, um Wertebereiche von Attributen zu überprüfen. Dazu erstellt man eine Domain und kann diese anstelle eines beliebigen Datentyps einsetzen. Diese Vorgehensweise erinnert stark an die gerade besprochenen benutzerdefinierten Datentypen. Im Gegensatz hierzu sind Domains aber eher eine Schreiberleichterung, da hiermit Datentypen und deren Einschränkungen an einer Stelle beschrieben und für unterschiedliche Attributdeklarationen verwendet werden können. Jedoch unterliegen durch Domain deklarierte Datentypen keiner strengen Typüberprüfung, was ja bei benutzerdefinierten Datentypen der Fall ist.

Eine Domain wird mit der SQL-Anweisung CREATE DOMAIN erstellt. Betrachten wir hierzu unsere Tabelle „Kunde". Diese besitzt das Attribut „Geschlecht", das auch in der Tabelle „Mitarbeiter" vorkommt. Das Erzeugen der Domain für dieses Attribut sieht wie folgt aus:

```
CREATE DOMAIN dom_Geschlecht AS CHAR(1)
        DEFAULT 'W'
        CHECK (VALUE IN ('W', 'M'))
```

Eine Domain wird ähnlich wie ein einfacher benutzerdefinierter Datentyp angelegt. Neben dem vordefinierten Datentyp, hier CHAR(1), kann der Wertebereich jedoch weitergehend überprüft werden, so wie wir es bei den Integritätsbedingungen zum Anlegen einer Tabelle bereits gesehen haben. Das Schlüsselwort VALUE kennzeichnet dabei den aktuellen Wert der Domain.

Für das Anlegen der Tabelle Kunde bedeutet das:

```
CREATE TABLE Kunde
(
    Kundennummer            INTEGER NOT NULL        ,
    Name                    VARCHAR (30) NOT NULL   ,
    Vorname                 VARCHAR (20) NOT NULL   ,
    Strasse                 VARCHAR (50) NOT NULL   ,
    Hausnummer              CHAR (6)                ,
    Geschlecht              dom_Geschlecht          ,
    Geburtsdatum            DATE                    ,
    Ort                     VARCHAR(200)            ,
    Plz                     INTEGER                 ,
    CONSTRAINT pk_Kunde     PRIMARY KEY (Kundennummer),
    CONSTRAINT fk_Plz FOREIGN KEY (Plz, Ort)
            REFERENCES Ort (Plz, Ort)
            ON DELETE SET NULL
            ON UPDATE CASCADE
)
```

Entgegen der ersten Lösung zum Anlegen dieser Tabelle, können wir nun auch auf die Einschränkung zum Überprüfen der Werte für Geschlecht verzichten, da wir dies ja bereits durch Anlegen der Domain beschrieben haben.

6.4.4 Reihen (Arrays)

Seit SQL:1999 unterstützt SQL auch Arrays. Hierbei handelt es sich um Wiederholgruppen eines bestimmten Attributs. Angenommen, Sie wollen in der Tabelle „Kunde" maximal drei unterschiedliche Telefonnummern speichern, so können Sie dies auf drei verschiedene Arten tun. Entweder definieren Sie drei verschiedene Attribute, „Telefon1", „Telefon2" und „Telefon3" oder Sie erzeugen eine eigene Tabelle „Telefon", die als Fremdschlüssel die Kundennummer enthält (also 1:N-Beziehung zwischen Kunde und Telefon). Die dritte Möglichkeit schließlich ist die Verwendung eines Arrays wie folgt:

```
CREATE TABLE Kunde
(
    Telefon  CHAR (10) ARRAY[3],
    ...
```

Sicherlich werden Sie jetzt erwidern, dass dies aber doch der ersten Normalform und damit dem Relationenmodell widerspricht. Die erste Normalform besagt ja, dass Tabellen keine Wiederholgruppen enthalten dürfen und jeder Wert eines Attributs atomar sein soll. Das stimmt! Seit ANSI SQL:1999 weicht man das Relationenmodell in bestimmten Bereichen zugunsten pragmatischer Ansätze und der objektorientierten Softwareentwicklung auf.

6.4.5 Ändern und Löschen

Bis hierher haben wir gesehen, wie man Tabellen anlegt und dass man zum Beschreiben der Attribute vordefinierte Datentypen, benutzerdefinierte Datentypen und Domains verwenden kann. Allerdings haben wir diese Datenbankobjekte nur erzeugt, aber noch nicht besprochen, wie man diese löscht bzw. ändert.

SQL kennt die Schlüsselwörter ALTER für das Ändern und DROP für das Löschen von Datenbankobjekten. Um z.B. die Tabelle „Ort" wieder zu löschen, schreibt man:

```
DROP TABLE Ort
```

Was ist jedoch, wenn auf Sätze der Tabelle „Ort" noch durch Fremdschlüssel verwiesen wird? Generell gilt, dass eine Tabelle nicht gelöscht werden kann, wenn ein Fremdschlüssel einer anderen Tabelle auf den Primärschlüssel dieser Tabelle verweist, da sonst die referentielle Integrität verletzt wird. Dies gilt für alle Datenbankobjekte. Datenbankobjekte, auf die andere Datenbankobjekte verweisen,

6.4 Erzeugen und Bearbeiten einer Tabelle

können normalerweise erst gelöscht werden, wenn zuerst alle Datenbankobjekte gelöscht wurden, die diese verwenden.

Der SQL Standard bietet seit 1992 zwar die Möglichkeit, am Ende der DROP-Anweisung das Schlüsselwort CASCADE anzugeben, um automatisch alle Datenbankobjekte zu löschen, die auf dieses verweisen, doch die meisten bekannten RDBMS-Produkte unterstützen diese Spracheigenschaft nicht. Die Konsequenzen einer DROP-Anweisung mit der Option CASCADE sind manchmal sicherlich auch nicht überschaubar. Denken Sie an ein Datenbankmodell von mehreren hundert Tabellen, die sich gegenseitig referenzieren. Löschen Sie nun eine zentrale Tabelle, zieht dies das automatische Löschen aller Tabellen nach sich, die diese verwenden. Die referenzierten Tabellen wiederum ziehen andere Tabellen nach sich usw. Also selbst wenn CASCADE in einem RDBMS als Spracheigenschaft für DROP unterstützt wird, sollte man es mit einer gewissen Vorsicht verwenden.

Exemplarisch löschen wir nun noch einmal unseren angelegten benutzerdefinierten Datentyp und unsere Domain:

```
DROP DISTINCT TYPE DTyp_Plz
DROP DOMAIN dom_Geschlecht
```

Das nachträgliche Ändern eines Datenbankobjektes ist natürlich etwas aufwändiger als das Löschen. Schauen wir uns hierzu das Ändern von Einschränkungen und Attributen einer Tabelle an. Um ein Attribut zu löschen, verwendet man zunächst die SQL-Anweisung ALTER TABLE gefolgt vom Tabellennamen. Danach folgt die Anweisung DROP COLUMN und dann der Attributname.

```
ALTER TABLE Kunde DROP COLUMN Geschlecht
```

Um die Spalte „Geschlecht" nachträglich der Tabelle wieder hinzuzufügen, schreibt man:

```
ALTER TABLE Kunde ADD COLUMN Geschlecht CHAR(1)
```

Entsprechend legt man Integritätsbedingungen an bzw. löscht sie wieder. Um z.B. den Primärschlüssel der Tabelle „Ort" zu löschen und danach wieder anzulegen, schreibt man:

```
ALTER TABLE Ort DROP CONSTRAINT primschluessel_Ort
ALTER TABLE Ort ADD CONSTRAINT primschluessel_Ort PRIMARY KEY (Plz, Ort)
```

6.5 Praxis

DBDesigner 4

In Kapitel 3 haben wir den DBDesigner 4 kennengelernt, der bereits Fremdschlüssel abhängig von den Beziehungstypen automatisch den einzelnen Tabellen hinzufügt und somit auch zum Entwurf des Relationenmodells verwendet werden kann. Der DBDesigner vermischt hier pragmatisch also konzeptionelles und logisches Datenmodell, aber auch physisches Modell. Wie bereits erwähnt, können Indizes zur Beschleunigung des Lesezugriffes auf einzelne Spalten im Modell angelegt und auch automatisch SQL-Anweisungen generiert werden, die in einer Datenbank die Tabellen physisch anlegen können. Sobald das Datenmodell mit dem DBDesigner entworfen wurde, kann automatisch ein SQL Skript erzeugt werden (siehe Abb. 6-6). Über den Menüeintrag „SQL Create Skript" können alle CREATE TABLE-Anweisungen für die Datenbank MySQL erzeugt werden. Für andere Datenbankmanagementsysteme sind mehr oder weniger „kleine" Änderungen am Skript notwendig.

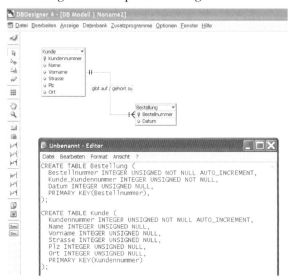

Abbildung 6-6: DBDesigner: SQL Skript zum Anlegen der Tabellenstrukturen

Microsoft SQL Server 2008 R2

Nachdem wir jetzt auch praktisch den Übergang zum physischen Datenmodell geschafft haben, wollen wir uns im Folgenden ansehen, wir man über SQL-Anweisungen beim Microsoft SQL Server die einzelnen Tabellen und Integritätsbedingungen anlegen kann. Die kostenlose Version des Microsoft SQL Server 2008 R2 Express Edition erhalten Sie unter „http://www.microsoft.com/downloads". Beachten Sie, dass Sie nicht nur das reine DBMS herunterladen, sondern auch die entsprechenden dazugehörigen Tools. Nach der Installation sollten Sie neben dem RDBMS das Tool „SQL Server Management Studio" (SSMS) installiert haben.

6.5 Praxis

Starten Sie nun das „SQL Server Management Studio" und authentifizieren Sie sich am RDBMS. Auf der linken Seite sehen Sie alle Objekte hierarchisch aufgeteilt (1), die vom RDBMS verwaltet werden (siehe Abb. 6-7). Hierbei interessiert uns vor allem der Knoten „Datenbanken". Um nun unsere erste SQL-Anweisung beim RDBMS ausführen zu lassen, wählen wir in der Werkzeugleiste „Neue Abfrage" (2). In der Arbeitsfläche der Anwendung erscheint ein leeres Textfenster (3), in dem die SQL-Anweisung eingegeben werden kann. Um die neue Datenbank „KartoFinale" zu erzeugen, geben wir folgende SQL-Anweisung ein:

```
CREATE DATABASE KartoFinale
```

Zum Ausführen der Anweisung betätigen wir in der Werkzeugleiste „Ausführen". Sofern die Anweisung korrekt eingegeben wurde, erscheint eine positive Rückmeldung.

Abbildung 6-7: Erzeugen einer Datenbank mit dem SMSS

Als nächstes wollen wir die Tabelle „Ort" erzeugen, indem wir die CREATE TABLE-Anweisung aus Abschnitt 6.4.1 eingeben und ausführen. Zuvor müssen wir allerdings die Datenbank auswählen, in der die Tabelle angelegt werden soll (siehe Abb. 6-8). Diese wählen wir entweder in der Werkzeugleiste aus der Liste aller vorhandenen Datenbanken (4) aus oder wir verwenden die proprietäre SQL-Anweisung „USE KartoFinale" (5). Wählen wir nach Ausführen der SQL-Anweisungen auf der linken Seite unterhalb der Datenbank „KartoFinale" den Knoten für Tabellen aus, so sehen wir dort unsere gerade neu angelegte Tabelle. Über das Kontextmenü können wir wiederum für diese Tabelle eine CREATE TABLE-Anweisung erzeugen lassen (6).

6 SQL – Anlegen der Datenbankstruktur

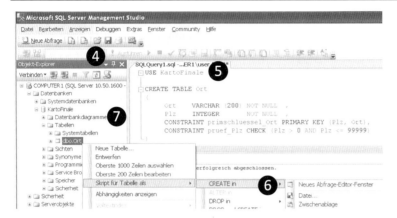

Abbildung 6-8: Erzeugen einer Tabelle mit dem SMSS

Tabellen können im SMSS auch dialogorientiert oder über eine grafische Oberfläche angelegt werden. Über das Kontextmenu des Knotens „Tabellen" einer Datenbank können in einem Dialog die einzelnen Spalten und Einschränkungen eingegeben werden. Über den Knoten „Datenbankdiagramme" (7) können Tabellen und deren Beziehungen auch grafisch entworfen werden, ähnlich wie wir das beim DBDesigner gesehen haben.

Zum Schluss wollen wir die Datenbank wieder löschen, indem wir die Anweisung DROP DATABASE KartoFinale eingeben und ausführen.

Über das Menü „Datei" können die einzelnen SQL-Skripte als normale Textdatei mit der Dateinamenerweiterung „sql" gespeichert und wieder geladen werden. Öffnen Sie nun die Datei „KartoFinale – Tabellen erzeugen (SQL Server 2008 R2).sql" und führen alle darin enthaltenen SQL-Anweisungen aus. Über den Objekt-Explorer auf der rechten Seite können wir uns nun ansehen, welche Datenbank und Tabellen angelegt wurden. Neben der neu angelegten Datenbank „KartoFinale" gibt es auch einen Ordner „Systemdatenbanken". Hierunter befinden sich vier Datenbanken. Die Datenbank „model" dient als Vorlage beim Anlegen einer neuen Datenbank, indem diese beim Anlegen kopiert wird. Benötigen Sie also in jeder neu angelegten Datenbank bestimmte Datenbankobjekte, so können Sie diese in der Datenbank „model" anlegen. Die Datenbank „tempdb" dient zum Anlegen eigener, aber auch durch das RDBMS erzeugter temporärer Tabellen. Das wollen wir einmal überprüfen: Wählen Sie aus der Werkzeugleiste „Neue Abfrage" und geben Sie die zwei SQL-Anweisungen ein, so wie in Abb. 6-9 dargestellt (1). Lokale temporäre Tabellen werden angelegt, sofern Sie vor den Tabellennamen das „#"-Zeichen setzen. Zwei „#"-Zeichen legen dagegen eine globale temporäre Tabelle an. Sehen Sie sich nun über den Objekt-Explorer alle angelegten temporären Tabellen des RDBMS an (2). Hier finden Sie auch die zwei eben angelegten. Bei dem Namen für die lokale Tabelle wurde zusätzlich eine Information über die lokale Sitzung angehängt.

6.5 Praxis

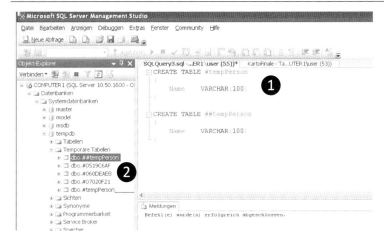

Abbildung 6-9: Temporäre Datenbank

IBM DB2 9.7

Nachdem wir gesehen haben, wie SQL Anweisungen unter dem Microsoft SQL Server ausgeführt werden können, wollen wir uns das RDBMS der Firma IBM einmal ansehen. Auch von DB2 gibt es eine kostenlose Edition: IBM DB2 9.7 Express-C. Nach dem Installieren finden Sie das Werkzeug „Steuerzentrale" als Menüeintrag. Hierüber können alle Datenbanken verwaltet und auch SQL-Anweisungen ausgeführt werden (siehe Abb. 6-10). Nach dem Starten findet man auf der linken Seite alle Datenbanksysteme bzw. alle Datenbanken des lokalen Datenbankservers und deren Datenbankobjekte aufgelistet (1). Über das Kontextmenü des jeweiligen Knotens können hierüber neue Datenbanken oder Tabellen dialogorientiert angelegt werden. Auf der rechten Seite (2) erscheinen jeweils die Informationen zu dem auf der linken Seite ausgewählten Knoten. Um SQL Anweisungen eingeben und ausführen zu lassen, wählen wir in der Werkzeugleiste das Symbol für den Befehlseditor (3).

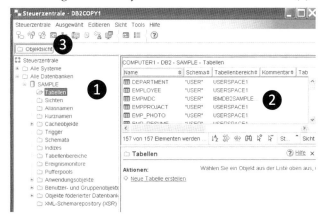

Abbildung 6-10: Die „Steuerzentrale" von IBM DB2

Es erscheint ein neues Fenster „Befehlseditor", in dem SQL-Anweisungen eingegeben werden können. Zunächst wollen wir mit CREATE DATABASE die Datenbank „KFinale" anlegen. Da bei IBM DB2 der Name der Datenbank auf 8 Zeichen beschränkt ist, verwenden wir hier eine kürzere Bezeichnung. Auch hier wollen wir die Tabelle „Ort" erzeugen. Bevor wir die Anweisung ausführen, müssen wir allerdings die Datenbank bestimmen, in der die Tabelle angelegt werden soll (siehe Abb. 6-11). Diese wählen wir entweder in der Werkzeugleiste aus der Liste aller vorhandenen Datenbanken (1) oder wir verwenden die ANSI SQL-Anweisung „CONNECT TO KFinale" (2). Sollte die Datenbank nicht in der Liste erscheinen, muss diese über „Hinzufügen" in der Werkzeugleiste der Liste hinzugefügt werden. Beachten Sie die Verwendung des Anweisungsabschlusszeichen(3) (hier Semikolon), das nach jeder einzelnen SQL-Anweisung erscheinen muss. Das Anweisungsabschlusszeichen ist nicht Bestandteil der einzelnen SQL-Anweisung, sondern dient dem Befehlseditor zum Erkennen des Endes einer einzelnen SQL-Anweisung.

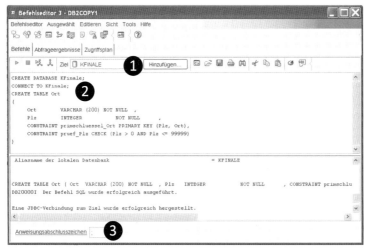

Abbildung 6-11:   Erzeugen einer Tabelle über den IBM DB2 Befehlseditor

Zum Schluss wollen wir die Datenbank wieder löschen, indem wir die Anweisung DROP DATABASE KFinale eingeben und ausführen.

Über das Menü „Datei" können die einzelnen SQL-Skripte als normale Textdatei mit der Dateinamenerweiterung „db" gespeichert und wieder geladen werden. Öffnen Sie nun die Datei „KartoFinale – Tabellen erzeugen (DB2 9.7.2).db" und führen alle darin enthaltenen SQL-Anweisungen aus.

6.6   Zusammenfassung

In diesem Kapitel haben wir gelernt, wie man eine Datenbankstruktur mit Hilfe der SQL-Anweisung CREATE TABLE anlegt. Dazu haben wir gesehen, welche vordefinierten Datentypen SQL bietet und dass einfache eigene Datentypen mit

6.6 Zusammenfassung

CREATE DISTINCT TYPE erstellt werden. Mit CREATE DOMAIN kann man eigene Wertebereiche erzeugen, die bestimmten Einschränkungen entsprechen. Benutzerdefinierte Datentypen und Domains können dabei überall dort eingesetzt werden, wo ein Datentyp für ein Attribut festgelegt werden muss.

Allgemein wird die Gruppe der SQL-Anweisungen zum Anlegen von Datenbankobjekten als „Data Definition Language" (DDL) bezeichnet.

Beim Erstellen der Tabelle haben wir auch gesehen, wie man Integritätsbedingungen über das Schlüsselwort CONSTRAINT definiert. Integritätsbedingungen dienen dazu, dem RDBMS Geschäftsregeln bekanntzugeben, damit dieses auf deren Einhaltung achten kann.

Am Ende haben wir betrachtet, wie man diese Datenbankobjekte wieder löschen bzw. nachträglich ändern kann.

ANSI SQL selbst bietet übrigens keine SQL-Anweisung, um leere Datenbanken anzulegen. Der Grund hierfür ist, dass das physische Erzeugen einer Datenbank zum großen Teil abhängig ist von der Computerplattform, weshalb man hierauf verzichtet hat. Dennoch bieten die meisten RDBMS-Produkte eigene SQL-Sprachelemente, um Datenbanken physisch zu erzeugen. In der Regel legt man eine leere Datenbank über die Schlüsselwörter CREATE DATABASE an und kann diese über DROP DATABASE wieder löschen. Eine Datenbank könnte man beispielhaft wie folgt unter dem Namen „Vertrieb" anlegen:

```
CREATE DATABASE Vertrieb
```

Zum Schluss noch ein Hinweis zur Reihenfolge, in der Tabellen angelegt werden sollten. Wird beim Anlegen von Tabellen auf andere Tabellen über Fremdschlüssel referenziert, muss darauf geachtet werden, zuerst die Tabellen anzulegen, auf die in anderen Tabellen Bezug genommen wird. Betrachten wir hierzu noch einmal unser Beispiel mit den Tabellen „Ort" und „Spielstätte". Die Tabelle „Spielstätte" referenziert die Tabelle „Ort" über den Fremdschlüssel aus der Attributkombination von „Plz" und „Ort". Versucht man nun, zuerst die Tabelle „Spielstaette" unter Angabe der Fremdschlüsselbeziehung anzulegen, kommt es zwangsläufig zu einer Fehlermeldung des RDBMS, da die Tabelle „Ort" noch nicht existiert. Häufig legt man deshalb zunächst alle Tabellen ohne Fremdschlüsselbezug an, also ohne FOREIGN KEY-Bedingung. Dies hat den Vorteil, dass man beim Anlegen der Tabellen auf keine bestimmte Reihenfolge achten muss. Danach definiert man über ALTER TABLE nachträglich alle referentiellen Integritätsbedingungen. Für „Ort" und „Spielstätte" sieht das dann exemplarisch folgendermaßen aussehen:

```
CREATE TABLE Spielstaette
(
    Haus CHAR(100) NOT NULL,
```

```
        Strasse CHAR(50) NOT NULL,
        Hausnummer CHAR(6) NULL,
        Beschreibung VARCHAR(1000) NOT NULL,
        Ort VARCHAR(200) NULL,
        Plz INTEGER NULL,
        CONSTRAINT Spielstätte_PK PRIMARY KEY (Haus)
)

CREATE TABLE Ort
(
        Ort VARCHAR(200) NOT NULL,
        Plz INTEGER NOT NULL,
        Bundesland CHAR(5) NOT NULL,
        Laengengrad DECIMAL(8 , 5) NULL,
        Breitengrad DECIMAL(8 , 5) NULL,
        CONSTRAINT pk_Ort PRIMARY KEY (Ort, Plz),
        CONSTRAINT di_Plz CHECK (Plz>0 AND Plz<=99999),
        CONSTRAINT di_Bundesland CHECK(Bundesland IN ('BW', 'BY', 'BE', 'BB',
                      'HB', 'HH', 'HE', 'MV', 'NI', 'NW', 'RP', 'SL',
                      'SN', 'ST', 'SH', 'TH'))
)

ALTER TABLE Spielstaette ADD CONSTRAINT fremdschluessel_PlzOrt
                      FOREIGN KEY (Plz, Ort) REFERENCES Ort (Plz, Ort)
                      ON DELETE SET NULL
                      ON UPDATE CASCADE
```

Entsprechendes gilt für benutzerdefinierte Datentypen und Domains. Diese sollten natürlich vor dem Anlegen der Tabelle erstellt werden, in der sie verwendet werden.

Generell gilt also folgende Vorgehensweise:

1. Anlegen aller benutzerdefinierter Datentypen und Domains;
2. Erstellen der Tabellen ohne Berücksichtigung der referentiellen Integrität;
3. Referentielle Integritätsbedingungen nachträglich über ALTER TABLE den Tabellen hinzufügen.

6.7 Aufgaben

Wiederholungsfragen

1. Wie lautet der SQL-Befehl zum Anlegen einer Tabelle?
2. Wie lautet der SQL-Befehl zum Anlegen eines einfachen benutzerdefinierten Datentyps?
3. Welche numerischen Datentypen gibt es?
4. Welche Zeichenketten-Datentypen gibt es?
5. Geben Sie für folgende Attribute einen sinnvollen vordefinierten Datentyp an: „Vorname", „Mitarbeiterfoto", „Mitarbeiter_Lebenslauf", „Plz", „Gehalt"

6.7 Aufgaben

Übungen

1. Die Firma „KartoFinale" will zukünftig international tätig sein. Dazu muss die Tabelle „Kunde" um ein Attribut für Land ergänzt werden. Wie lautet die SQL-Anweisung, um nachträglich diese Spalte hinzuzufügen?
2. Die in Übung 1 erstellte Spalte „Land" soll wieder gelöscht werden, da man den Wertebereich für „Land" einschränken möchte. Dazu soll eine Domain erstellt werden, die nur Buchstaben zulässt. Wie sieht die SQL-Anweisung zum Löschen der Spalte aus? Wie sieht die SQL-Anweisung zum Anlegen der Domain aus?
3. In der Tabelle „Veranstaltung" haben wir eine Spalte für den Autor vorgesehen. Eine Veranstaltung kann jedoch auch von mehreren Autoren sein. Wie lautet die SQL-Anweisung unter Verwendung eines ARRAY zum Anlegen dieser Tabelle, wenn man maximal 8 Autoren pro Veranstaltung speichern möchte?
4. Erstellen Sie alle Tabellen aus unserem Fallbeispiel!
5. Die Tabelle Ehepartner soll unter dem Schema Personal gespeichert werden! Wie lautet die SQL-Anweisung?
6. Erzeugen Sie die Tabellen zu den Relationenmodellen von Übung 3 aus Kapitel 4!
7. Betrachten Sie folgende SQL-Anweisung zum Erstellen der Tabelle Bestellung. Welche Entwurfsfehler entdecken Sie?

```
CREATE TABLE Bestellung
(
  Bestellnr       INTEGER NOT NULL PRIMARY KEY,
  Referenznr      INTEGER NOT NULL UNIQUE
                      GENERATED ALWAYS AS IDENTITY
                        (START WITH 1, INCREMENT BY 1),
  Artikelnr1      INTEGER,
  Menge1          INTEGER DEFAULT 1,
  Artikelnr2      INTEGER,
  Menge2          INTEGER DEFAULT 1,
  Artikelnr3      INTEGER,
  Menge3          INTEGER DEFAULT 1,
  Bestelldatum    DATE
)
```

7 Einfügen, Ändern, Löschen von Daten

In Kapitel 7 sollen folgende Fragen geklärt werden:
- Wie fügt man einen oder mehrere Datensätze in eine Tabelle ein?
- Wie löscht man einen oder mehrere Datensätze aus einer Tabelle?
- Wie ändert man nachträglich die Werte von Spalten eines oder mehrerer Datensätze?

7.1 Motivation

Herr Dr. Fleissig hat die Datenbankstruktur für die Firma „KartoFinale" erstellt. Für den nächsten Tag hat er einen Termin mit Frau Kart vereinbart. Als vorbildliche Mitarbeiterin möchte Frau Kart so bald wie möglich anfangen, die Datenbank zu verwenden. Herr Fleissig erklärt ihr kurz, dass es zum Einfügen, Ändern und Löschen von Einträgen in die Tabellen Datenbankanweisungen gibt. Damit sie mit dem RDBMS „kommunizieren" kann, muss sie die Sprache des RDBMS, nämlich SQL, erlernen.

Nach zwei Stunden ist Frau Kart schließlich so weit und beginnt die Kunden-, Mitarbeiter- und Abteilungsdaten zu erfassen.

7.2 Einfügen von Datensätzen

Um Daten in eine Tabelle einzufügen, verwendet man die SQL-Anweisung INSERT. Betrachten wir zunächst die einfachste Variante von INSERT am Beispiel unserer Tabelle „Ort". Das Einfügen des Ortes Kohlscheidt mit der Postleitzahl 44444 sieht wie folgt aus:

```
INSERT INTO Ort
VALUES ('Kohlscheidt', 44444, 'NW', NULL, NULL )
```

Um mehrere Sätze gleichzeitig einzufügen, kann man die Werte mehrerer Sätze jeweils durch Klammern begrenzt angeben. Um also zwei weitere Sätze in die Tabelle „Ort" einzufügen, schreibt man:

```
INSERT INTO Ort
VALUES ('Karlstadt', 22222, 'NW', NULL, NULL ),
       ('Rettrich', 33333, 'NI', NULL, NULL )
```

7.2 Einfügen von Datensätzen

Wir haben bisher Sätze eingefügt, bei denen wir die Werte aller Spalten und auch die Reihenfolgen der Spalten kennen mussten. Die Reihenfolge der Spalten ergibt sich aus der CREATE TABLE-Anweisung und entspricht der Reihenfolge, in der sie dort aufgeführt wurden. Um nicht immer die Reihenfolge beachten zu müssen, ist es möglich, hinter dem Tabellennamen die Spaltennamen in Klammern aufzuführen, deren Werte hinter dem Schlüsselwort VALUES folgen. Betrachten wir hierzu die Tabelle Kunde. Wir wollen die Kundin Frieda Wiegerich in die Tabelle Kunde einfügen. Da beim Anlegen der Tabelle Kunde das Geschlecht ‚W' für weiblich als Vorgabewert definiert wurde, brauchen wir diese Spalte beim Einfügen nicht mit anzugeben. Die Hausnummer dieser Kundin ist uns nicht bekannt, also lassen wir diese vorerst weg. Die SQL-Anweisung dazu lautet:

```
INSERT INTO Kunde (Name, Vorname, Strasse, Plz, Ort, Kundennummer)
VALUES('Wiegerich', 'Frieda', 'Wanderstr.', 33333, 'Rettrich', 3)
```

Die Kundennummer ist in dieser INSERT-Anweisung zum Schluss aufgeführt, also entspricht die Zahl 3 der Kundennummer. Ohne Angabe der Spaltennamen hätte der Wert für die Kundennummer in der SQL-Anweisung wie folgt an erster Stelle stehen müssen.

```
INSERT INTO Kunde
VALUES ( 3, 'Wiegerich', 'Frieda', 'Wanderstr.', NULL, DEFAULT,
        '1963-08-18', 'Rettrich', 33333 )
```

Was geschieht aber nun, wenn ein Kunde mit einer Postleitzahl eingefügt wird, die als Primärschlüssel in der Tabelle „Ort" noch nicht eingefügt ist? Die Antwort hierzu sollte nicht schwer fallen: Das Einfügen wird natürlich vom RDBMS zurückgewiesen, da die referentielle Integrität verletzt wurde. Sie sehen also, wie wichtig es ist, solche Integritätsregeln im RDBMS zu deklarieren. Je mehr das RDBMS an Geschäftsregeln kennt, umso besser kann es die Datenbank vor inkonsistenten Daten schützen. Referentielle Integrität ist dabei natürlich nur eine Möglichkeit, Geschäftsregeln dem RDBMS bekannt zu geben. Wir werden im weiteren Verlauf des Buches viele Möglichkeiten kennen lernen, solche Einschränkungen im RDBMS umzusetzen.

Zur Übung wollen wir nun noch drei weitere Kunden einfügen. Die Anweisung dazu sieht folgendermaßen aus:

```
INSERT INTO Kunde (Kundennummer, Name, Vorname, Geschlecht,
                  Strasse, Hausnummer, Plz, Ort)
VALUES
  (1, 'Bolte', 'Bertram', 'M', 'Busweg', '12', 44444, 'Kohlscheidt' ),
  (2, 'Muster', 'Hans', 'M', 'Musterweg', '12', 22222, 'Karlstadt' ),
  (4, 'Carlson', 'Peter', 'M', 'Petristr.', '201', 44444, 'Kohlscheidt')
```

Unsere Kundentabelle besteht zurzeit aus vier Datensätzen und sieht folgendermaßen aus (siehe Tabelle 7-1):

Tabelle 7-1: Daten der Kundentabelle

	Name	Vorname	Strasse	Hausnr		Geburtsdatum	Ort	Plz
1	Bolte	Bertram	Busweg	12	M	NULL	Kohlscheidt	44444
2	Muster	Hans	Musterweg	12	M	NULL	Karlstadt	22222
3	Wiegerich	Frieda	Wanderstr.	NULL	W	1963-08-18	Rettrich	33333
4	Carlson	Peter	Petristr.	201	M	NULL	Kohlscheidt	44444

7.3 Löschen von Datensätzen

Nachdem wir das Einfügen von Datensätzen gelernt haben, wollen wir uns nun anschauen, wie man Sätze wieder aus einer Tabelle löscht. Hierfür gibt es die SQL-Anweisung DELETE. In der einfachsten Form sieht die DELETE-Anweisung wie folgt aus:

```
DELETE FROM Kunde
```

Diese SQL-Anweisung sollte mit einer gewissen Vorsicht verwendet werden, da sie alle Sätze der Tabelle Kunde löscht. Führt man diese SQL-Anweisung aus, so ist die Tabelle danach leer und enthält keine Kundendaten mehr.

Hinter der Angabe der Tabelle, aus der Datensätze gelöscht werden sollen, kann genauer spezifiziert werden, welche Datensätze gelöscht werden sollen. Dazu verwendet man das Schlüsselwort WHERE. Um z.B. alle Datensätze zu löschen, bei denen die Hausnummer der Zeichenfolge ‚12' entspricht, würde die SQL-Anweisung folgendermaßen aussehen:

```
DELETE FROM Kunde WHERE Hausnummer = '12'
```

Diese SQL-Anweisung bewirkt, dass die Sätze mit den Kundennummern 1 und 2 gelöscht werden, da bei diesen beiden Sätzen die Hausnummer 12 ist. Hinter der WHERE-Klausel können Bedingungen beliebig miteinander verknüpft werden. Hier gibt es sehr viele Möglichkeiten, genau zu spezifizieren, welche Sätze ausgewählt werden sollen. Da wir dies noch genauer beim Abfragen von Datensätzen ab Kapitel 8 kennen lernen werden, wollen wir uns vorerst einfach drei Beispiele ansehen und es damit erst einmal belassen:

```
DELETE FROM Kunde WHERE Hausnummer = '12' AND Name = 'Bolte'
DELETE FROM Kunde WHERE Hausnummer = '12' OR Plz = 44444
```

```
DELETE FROM Kunde WHERE Plz IN ( 44444, 22222 )
```

Die erste Anweisung löscht alle Sätze, bei denen die Hausnummer 12 ist und der Kunde gleichzeitig den Nachnamen Bolte hat. Die zweite Anweisung löscht alle Kunden, die in einem Ort mit der Postleitzahl 44444 wohnen und die Hausnummer 12 haben. Die letzte Anweisung löscht schließlich alle Kunden, die in Orten mit den Postleitzahlen 44444 oder 22222 wohnen.

Abschließend noch der Hinweis, dass z.B. das Löschen eines Ortes mit einer Postleitzahl, die noch von einem Kundendatensatz referenziert und damit verwendet wird, vom RDBMS abgelehnt wird. Auch hier greift natürlich wieder die Beziehung zwischen Primär- und Fremdschlüssel.

7.4 Ändern von Datensätzen

In Abschnitt 7.1 haben wir die Kundin Frieda Wiegerich in die Kundentabelle eingefügt, ohne deren Hausnummer zu kennen. Inzwischen haben wir erfahren, dass die Hausnummer der Kundin den Wert 89 hat. Dies wollen wir jetzt nachträglich eintragen. Hierzu verwenden wir die SQL-Anweisung UPDATE. Die einfachste Form der UPDATE-Anweisung wird, wie bei der DELETE-Anweisung auch, ohne die WHERE-Klausel verwendet, so dass sich eine Änderung auf alle Sätze bezieht. Die Anweisung

```
UPDATE Kunde
SET Geschlecht = 'M'
```

setzt demnach das Geschlecht aller Kunden auf ‚M' für männlich. Entsprechend sollte man genau überlegen, wann die Anweisung UPDATE in dieser Form angewendet werden soll.

Doch zurück zu unserer Kundin Frau Wiegerich. Zum Ändern der Hausnummer lautet die SQL-Anweisung:

```
UPDATE Kunde
SET Hausnummer = '89'
WHERE Name = 'Wiegerich'
```

Doch was passiert, wenn es mehrere Kunden mit dem Nachnamen Wiegerich gibt?

Alle Kunden, die diesen Nachnamen besitzen, bekämen als Adresse die Hausnummer 89 zugewiesen. Zur Vermeidung dieses Problems kommt der Primärschlüssel wieder zum Tragen. Um für einen ganz bestimmten Kunden Werte zu ändern, sollte man den Primärschlüssel in der Bedingung hinter der WHERE-Klausel verwenden. Die folgende Anweisung ist deshalb besser geeignet, die Hausnummer von Frieda Wiegerich zu ändern:

```
UPDATE Kunde
SET Hausnummer = '89'
WHERE Kundennummer = 3
```

Da Kundennummer der Primärschlüssel der Tabelle Kunde ist, kann ein Kunde mit der Kundennummer 3 nur einmal vorkommen. Schließlich ist der Primärschlüssel, wie wir ja gelernt haben, immer eindeutig und darf niemals NULL sein. Entsprechend hat durch die obige SQL-Anweisung auch nur ein Satz die Hausnummer 89 zugewiesen bekommen.

Um mehrere Spalten eines Satzes zu ändern, schreibt man durch Kommata getrennt, die Spalten und jeweiligen Werte hintereinander. Frau Wiegerich ist umgezogen und ihre Adresse soll geändert werden. Außerdem sind Vor- und Nachname falsch geschrieben.

```
UPDATE Kunde
SET Kundennummer = 3,
    Name = 'Wegerich',
    Vorname = 'Frida',
    Geschlecht = 'W',
    Strasse = 'Spatzenweg',
    Hausnummer = '81',
    Plz = 33333
WHERE Kundennummer = 3
```

Wie auch für die DELETE-Anweisung gilt, dass der WHERE-Klausel wesentlich kompliziertere Bedingungen zur Einschränkung der Ergebnismenge folgen können. Da wir dies jedoch ausführlich beim Abfragen von Tabellen behandeln, wollen wir auch hier nur exemplarisch drei weitere Beispiele betrachten:

```
UPDATE Werbeartikel
    SET Lagerbestand = Lagerbestand - 6
WHERE Artikelnummer = 1001

UPDATE Artikel
    SET Preis = Preis * 1.10
WHERE Preis > 9.99

UPDATE Bestellung
    SET Datum = CURRENT_DATE,
        Personalnummer = 2
WHERE Kundennummer = 3
```

Im ersten Beispiel können wir sehen, dass man in SQL-Anweisungen auch einfache Berechnungen vornehmen kann. Hier wird der Lagerbestand für den Artikel mit der Artikelnummer 1001 um 6 reduziert. Im zweiten Fall werden alle Datensätze

7.4 Ändern von Datensätzen

geändert, bei denen der Artikel mehr als 9.99 Euro kostet und der Preis um 10 Prozent erhöht.

Das dritte Beispiel schließlich soll noch einmal die Verwendung von vordefinierten Werten verdeutlichen. Anstatt das aktuelle Datum direkt als Literal anzugeben, kann das aktuelle Datum über CURRENT_DATE in der UPDATE-Anweisung ermittelt werden.

Zum Schluss wollen wir uns eine Anweisung ansehen, die das Aktualisieren von Tabellen wesentlich vereinfacht. Der Vertriebsmitarbeiter Herr Klein war auf einer Promotion-Tour in Deutschland unterwegs, um wichtige Kunden, aber auch eventuelle Neukunden zu besuchen. Dabei hat er Änderungen an den Adressdaten bzw. Neukunden in einer Textdatei gespeichert. Um nun die Adressdaten mit der Datenbank der Firma KartoFinale abzugleichen, wird die Textdatei in die Tabelle „KundeDelta" importiert. Diese Tabelle besteht aus den gleichen Spalten der Tabelle Kunde und einer zusätzlichen Spalte „LoeschKennzeichen", das angibt, ob der Kunde aus dem Kundenbestand gelöscht werden soll.

Diese Aufgabe mit den herkömmlichen drei Anweisungen INSERT, UPDATE und DELETE zu lösen, wäre sehr aufwändig. Zunächst müsste überprüft werden, welche Kundennummern noch nicht in der Datenbank sind. Diese müssten über die INSERT-Anweisung in die Tabelle eingefügt werden. Vorhandene Kundennummern müssten mit UPDATE modifiziert und Kunden, bei denen das Löschkennzeichen gesetzt ist, gelöscht werden.

Hierfür kennt SQL die Anweisung MERGE, bei der man die Tabelle angibt, in der die Daten geändert werden, und die Tabelle, aus der die geänderten Daten übernommen werden. Über die Schlüsselwörter WHEN MATCHED und WHEN NOT MATCHED kann überprüft werden, ob die Kundennummer in der zu ändernden Kundentabelle vorkommt oder noch nicht. Das folgende Beispiel passt die Daten der Kundentabelle an die Tabelle „KundenDelta" an:

```
MERGE INTO Kunde
USING KundeDelta ON Kunde.Kundennummer = KundeDelta.Kundennummer
WHEN NOT MATCHED THEN
    INSERT
    VALUES(KundeDelta.Kundennummer, KundeDelta.Name, KundeDelta.Vorname,
           KundeDelta.Strasse, KundeDelta.Hausnummer,
           KundeDelta.Geschlecht, KundeDelta.Geburtsdatum,
           KundeDelta.Ort, KundeDelta.Plz)
WHEN MATCHED AND KundeDelta.LoeschKennzeichen = 'X' THEN
    DELETE
WHEN MATCHED THEN
    UPDATE
    SET Kundennummer = KundeDelta.Kundennummer,
        Name = KundeDelta.Name,
        Vorname = KundeDelta.Vorname,
        Strasse = KundeDelta.Strasse,
```

```
           Hausnummer   = KundeDelta.Hausnummer,
           Geschlecht   = KundeDelta.Geschlecht,
           Geburtsdatum = KundeDelta.Geburtsdatum,
           Ort          = KundeDelta.Ort,
           Plz          = KundeDelta.Plz;
```

Über MERGE und USING werden die Ziel- und die Quelltabelle miteinander verknüpft. Über MATCHED und NOT MATCHED und entsprechende Bedingungen, die überprüft werden (hier das Löschkennzeichen) wird dann entschieden, ob ein UPDATE, INSERT oder DELETE erfolgen soll.

7.5 Praxis

Microsoft SQL Server 2008 R2

Wir wollen zunächst einen Datensatz in die Tabelle Ort für „München" einfügen. Um nun jedoch nicht die gesamte INSERT-Anweisung manuell eingeben zu müssen, wählen wir im Kontextmenü der Tabelle Ort den Menüeintrag „Skript für Tabelle als… → INSERT in → Neues Abfrage-Editor-Fenster" (1) (siehe Abb. 7-1). Da das DBMS alle Informationen zum Aufbau der Tabelle kennt, kann es uns auch eine Schablone einer INSERT-Anweisung aus diesen Informationen automatisch erzeugen (2). Über den Menüeintrag „Abfrage → Werte für Vorlageparameter angeben…" (3) erscheint ein Dialog, indem zusätzlich die zu speichernden Werte der INSERT-Anweisung eingegeben werden können (4). Danach erscheint die INSERT-Anweisung im Texteditor und wir können die erzeugte INSERT-Anweisung ausführen.

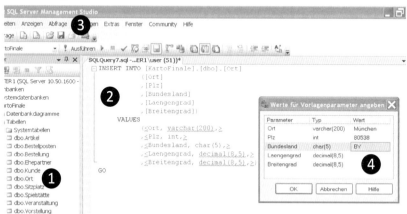

Abbildung 7-1:   Anweisungen automatisch erzeugen lassen

Wir wollen uns nun ansehen, wie man Massendaten über SQL in Tabellen importieren kann.

Im letzten Abschnitt haben wir die SQL-Anweisung MERGE kennengelernt und sind davon ausgegangen, dass Daten aus einer Textdatei in eine Tabelle der Daten-

7.5 Praxis

bank importiert wurden. Datenbankmanagementsysteme unterstützen normalerweise auch die Möglichkeit, Textdateien direkt in eine Tabelle zu importieren.

Das wollen wir uns zunächst beim Microsoft SQL Server 2008 ansehen. Zunächst müssen wir eine Tabelle „KundeDelta" anlegen, die von ihrer Struktur mit der Tabelle Kunde übereinstimmt und zusätzlich eine Spalte „LoeschKennzeichen" enthält. Danach verwenden wir die Anweisung BULK INSERT, die unter dem Microsoft SQL Server 2008 zum Einfügen von Textdateien verwendet wird. Hinter der Anweisung folgt die Tabelle, in die die Datensätze eingefügt werden sollen, nach dem Schlüsselwort FROM der Verweis auf die Textdatei und über WITH wird spezifiziert, welche Trennzeichen die einzelnen Spalten und die Datensätze voneinander trennt.

```
CREATE TABLE KundeDelta
(
    Kundennummer        INTEGER,
    Name                VARCHAR(30),
    Vorname             VARCHAR(20),
    Strasse             VARCHAR(50),
    Hausnummer          CHAR(6),
    Geschlecht          CHAR(1),
    Geburtsdatum        DATE,
    Ort                 VARCHAR(200),
    Plz                 INTEGER,
    LoeschKennzeichen   CHAR(1)
)


BULK INSERT KundeDelta
    FROM 'C:\Buchmaterialien\7. Kapitel\KundeDelta.csv'
    WITH ( FIELDTERMINATOR =',', ROWTERMINATOR ='\n' )
```

Der Microsoft SQL Server kennt zusätzliche Schlüsselwörter, um gelöschte, eingefügte oder geänderte Datensätze auszugeben bzw. in eine andere Tabelle zu schreiben. Dies erfolgt über den Zusatz OUTPUT gefolgt von der virtuellen Tabelle inserted oder deleted. Um alle Datensätze der Tabelle Bestellposten zu löschen und gleichzeitig die gelöschten Datensätze auszugeben, schreibt man:

```
DELETE Bestellposten
OUTPUT deleted.*

Positionsnummer  Menge    BestellNr   Artikelnummer
---------------  -----    ---------   -------------
1                1        1           1101
2                1        1           1102
3                1        1           1103
4                2        1           1001
5                3        1           1003
```

```
1          1          8          4101
2          2          8          1012
```

Um geänderte Daten anzuzeigen, verwendet man die inserted-Tabelle für die neuen Werte und die deleted-Tabelle für die bisherigen Werte.

```
UPDATE Kunde
SET    Name = 'BOLDE'
OUTPUT deleted.Name, inserted.Name
WHERE  Name = 'Bolte'

Name       Name
--------   -------
Bolte      BOLDE
```

Die hinter der OUTPUT-Klausel angegebenen Spalten können auch in einer Tabelle gespeichert werden. Dazu gibt man hinter den Spalten das Schlüsselwort INTO gefolgt von der Tabelle an, in die geschrieben werden soll.

```
CREATE TABLE HistorieKunden
(
    NameAlt VARCHAR(30),
    NameNeu VARCHAR(30)
)

UPDATE Kunde
SET    Name = 'BOLDE'
OUTPUT deleted.Name, inserted.Name INTO HistorieKunden
WHERE  Name = 'Bolte'
```

IBM DB2 9.7

Wir haben gerade gesehen, dass der Microsoft SQL Server 2008 die Möglichkeit bietet, Textdateien in eine Tabelle über BULK INSERT zu importieren. IBM DB2 unterstützt diese Möglichkeit über die Anweisung IMPORT FROM. Hinter der Anweisung erscheint zunächst der Verweis auf die Textdatei und auf den Typ der Textdatei. DEL steht dabei für Textdateien, die durch Trennzeichen Spalten voneinander trennen. Daneben kennt DB2 eigene Formate wie das IXF-Format zum schnellen Importieren von Dateien.

Vor dem Importieren muss noch die Tabelle angelegt werden, in die die Daten importiert werden sollen. IBM DB2 unterstützt hierbei die ANSI SQL:2008 konforme Verwendung von LIKE. Nach den Schlüsselwörtern CREATE TABLE und dem Tabellennamen der anzulegenden Tabelle kann über LIKE eine bereits bestehende Tabelle angegeben werden. Die neu anzulegende Tabelle erhält dann die gleiche Struktur wie die Vorlagentabelle Kunde.

7.5 Praxis

```
CREATE TABLE KundeDelta LIKE Kunde;
ALTER TABLE KundeDelta ADD COLUMN LoeschKennzeichen CHAR(1);

IMPORT FROM "C:\Buchmaterialien\SQL\7. Kapitel\KundeDelta.csv" OF DEL
    REPLACE INTO KundeDelta;
```

Als zweite Übung wollen wir uns noch einmal mit der referentiellen Integrität von Fremd- und Primärschlüsselbeziehungen beschäftigen. Dazu legen wir zwei Tabellen Person und Telefon an. In der Personentabelle sollen die Namen von Personen und in der Telefontabelle deren Telefonnummern hinterlegt werden. Da es sich um eine 1:N-Beziehung handelt, wird die Personennummer als Fremdschlüssel in die Telefontabelle übernommen. In Kapitel 6 haben wir gelernt, dass bei einer Fremdschlüsselverletzung mehrere Aktionstypen (NO ACTION, RESTRICT, CASCADE, SET NULL oder SET DEFAULT) ausgewählt werden können. Dabei sind sich die beiden Aktionstypen RESTRICT und NO ACTION sehr ähnlich, da sie eine Fremdschlüsselverletzung generell verhindern. Im Gegensatz zu RESTRICT erlaubt NO ACTION allerdings, dass eine Fremdschlüsselverletzung während der Ausführung einer einzelnen SQL-Anweisung zeitweise erlaubt ist. Zuerst wollen wir uns die Wirkung von RESTRICT ansehen. Geben Sie folgende SQL-Anweisungen im Befehlseditor von DB2 ein und führen Sie diese aus:

```
CREATE TABLE Person
(
    PNr     INTEGER PRIMARY KEY NOT NULL,
    Name    VARCHAR(100)
)
INSERT INTO Person VALUES (1, 'Hans')
INSERT INTO Person VALUES (2, 'Berta')

CREATE TABLE Telefon
(
   Telefonnr  VARCHAR(50) PRIMARY KEY NOT NULL,
   PNr              INTEGER,
   CONSTRAINT fk FOREIGN KEY(PNr) REFERENCES Person(PNr)
                                        ON UPDATE RESTRICT
)
INSERT INTO Telefon VALUES ('040-1234567', 1)
INSERT INTO Telefon VALUES ('03831-1234567', 2)

UPDATE Person SET PNr = CASE PNr
                        WHEN 1 THEN 2
                        WHEN 2 THEN 1
                        END -- Fehlermeldung
```

In der Tabelle Telefon soll die Änderung des Primärschlüssels PNr in der Personentabelle zurückgewiesen werden. Dazu verwenden wir hinter der FOREIGN KEY-Klausel den Aktionstyp ON UPDATE RESTRICT. Führen wir nun die untere UPDATE-Anweisung aus, so erhalten wir eine Fehlermeldung, da zwischenzeitlich die Personennummer 1 auf 2 geändert wird und damit innerhalb der Ausführung der UPDATE-Anweisung eine Verletzung der referentiellen Integrität auftritt.

Wir ändern nun die Tabelle Telefon, indem wir die Einschränkung zum Fremdschlüssel löschen und neu anlegen, diesmal allerdings mit dem Aktionstyp NO ACTION. Danach führen wir erneut die UPDATE-Anweisung aus und erhalten keine Fehlermeldung, da nun Fremdschlüsselverletzungen innerhalb einer einzelnen SQL-Anweisung erlaubt sind.

```
ALTER TABLE Telefon DROP CONSTRAINT fk
ALTER TABLE Telefon
    ADD CONSTRAINT fk FOREIGN KEY(PNr) REFERENCES Person(PNr)
                                ON UPDATE NO ACTION
UPDATE Person SET PNr = CASE PNr
                    WHEN 1 THEN 2
                    WHEN 2 THEN 1
                    END         -- erfolgreich
```

7.6 Zusammenfassung

Wir haben in diesem Kapitel alle SQL-Anweisungen zum Einfügen, Ändern und Löschen von Datensätzen kennen gelernt. Allgemein bezeichnet man diese Gruppe von SQL-Anweisungen auch als „Data Manipulation Language" (DML), da hiermit die Daten verändert werden können.

Zum Einfügen von Datensätzen verwendet man die INSERT-Anweisung. Entweder kann man in dieser Anweisung explizit die Spalten aufführen, für die Werte angeben werden sollen, oder man gibt alle Werte für einen Datensatz an, in der Reihenfolge, in der die Spalten in der CREATE TABLE-Anweisung angegeben wurden. Um den Vorgabewert einzufügen, verwendet man das Schlüsselwort DEFAULT, um einen Wert als nicht bekannt zu kennzeichnen, NULL.

Zum Löschen von Datensätzen ist die DELETE-Anweisung geeignet. Ohne Verwendung der WHERE-Klausel werden alle Datensätze einer Tabelle gelöscht. Durch die Angabe von Bedingungen hinter der WHERE-Klausel wird festgelegt, welche Datensätze gelöscht werden sollen.

Als letzte SQL-Anweisung haben wir zum Ändern von Datensätzen UPDATE kennen gelernt. Wie bei der DELETE-Anweisung auch, schränkt man die Anzahl der zu ändernden Sätze durch die WHERE-Klausel ein.

Für alle Anweisungen gilt, dass das Einfügen, Ändern oder Löschen von Datensätzen vom RDBMS zurückgewiesen wird, sofern festgelegte Integritätsbedingungen verletzt werden. Dadurch wird verhindert, dass die Datenbank inkonsistent oder inkorrekt wird. Bevor also z.B. ein Kunde eingefügt wird, muss sichergestellt sein, dass der Ort und die Postleitzahl, in dem der Kunde wohnhaft ist, bereits in der Tabelle Ort existiert. Andernfalls muss der Ort neu eingefügt werden, damit die referentielle Integrität gewährleistet ist.

7.7 Aufgaben

Wiederholungsfragen

1. Wie lauten die SQL-Anweisungen zum Löschen, Ändern und Einfügen von Datensätzen in Tabellen?
2. Was ist mit dem Schlüsselwort DEFAULT gemeint und in welchen der drei kennengelernten SQL-Anweisungen kann es verwendet werden?
3. Was ist mit NULL gemeint?

Übungen

1. Der Preis für Sitzplätze der Reihen 1-3 soll um 15% erhöht werden. Wie lautet die SQL-Anweisung?
2. Der Sitzplatz Reihe 6, Sitz 2 im Bereich „Parkett" für die Vorstellung mit der Nummer 22 soll als „belegt" gekennzeichnet werden. Wie lautet die SQL-Anweisung?
3. Fügen Sie in die Tabelle Ort die Postleitzahl 18435 mit dem Ortsnamen „Stralsund" und dem Bundesland „MV" ein.
4. Inzwischen sind auch der Längen- und Breitengrad von Stralsund bekannt (Breitengrad: 54,19, Längengrad: 13,51). Ändern Sie den dazugehörigen Datensatz in der Tabelle Ort!
5. Erstellen Sie eine Tabelle OrtImport, die aus folgenden Spalten besteht: Land, Bundesland, Ortsname, Postleitzahl, Breitengrad, Längengrad. Importieren Sie nun unter IBM DB2 9.7 oder Microsoft SQL Server 2008 die Textdatei „Orte.txt". Diese enthält Orte und deren Attribute aus Deutschland und die Spalten in der gleichen Reihenfolge wie unsere gerade angelegte Tabelle OrtImport. Die einzelnen Spalten der Textdatei sind durch ein Semikolon voneinander getrennt, die einzelnen Datensätze durch einen Zeilenumbruch (Zeichen „\n"). Hinweis: Verwenden Sie beim Importieren die Eigenschaft CODEPAGE='ACP', da es sich bei der Datei um eine ASCII-Datei handelt und damit Umlaute u.ä. korrekt angezeigt werden.

   Nachdem Sie die Textdatei importiert haben, verwenden Sie die Anweisung MERGE, um noch nicht vorhandene Orte der Tabelle OrtImport in die Tabelle Ort zu übernehmen. Nach dem Abgleich löschen Sie dann die Tabelle OrtImport.

6. Die Spielstätte „Vergissmeinnicht" hat Konkurs angemeldet. Alle Vorstellungen sind abgesagt worden. Wie lautet die SQL-Anweisung zum Löschen der Spielstätte? Was geschieht mit den Sätzen der Vorstellungen, die sich auf diese Spielstätte beziehen. Müssen diese explizit gelöscht werden?
7. Die Firma „KartoFinale" will mit ihrer neu entwickelten Datenbank in Produktion gehen. Dazu müssen zunächst die Kunden- und Vorstellungsdaten in die Datenbank eingefügt werden. Fügen Sie die folgenden Datensätze in die jeweiligen Tabellen ein. Beachten Sie die referentielle Integrität, d.h. bevor Sie z.B. einen Ehepartner einfügen können, muss der entsprechende Mitarbeiter eingefügt sein.

Ehepartner

Name	Vorname	Geburtsdatum	Personalnummer
Klein	Bertha	1948-12-02	5
Kowalski	Marie	1978-10-02	6
Klug	Helmut	1955-01-21	8
Wunder	Karla	1960-04-21	10

Abteilung

Abteilungsbezeichnung	Abteilungsnummer	PersonalnummerAbteilungsleiter
Geschäftsführung	2	6
Personal	4	6
Rechnungswesen	3	10
Vertrieb	1	3

Mitarbeiter

Personalnummer	Name	Vorname	Strasse	Hausnummer	Geschlecht	Gehalt
3	Kart	Karen	Pantherstr.	12	W	3000.00
5	Klein	Karl	Minimalweg	1	M	2000.00
6	Kowalski	Karsten	Blankeneser Weg	2	M	5000.00
8	Klug	Frieda	Musterweg	110	W	2500.00
10	Wunder	Hans	Kohlweg	1	M	2300.00

7.7 Aufgaben

Abteilungs-bezeichnung	PersonalnummerVorgesetzter	Ort	Plz
Vertrieb	6	Karlstadt	22222
Vertrieb	3	Karlstadt	22222
NULL	NULL	Hamburg	22287
Vertrieb	3	Hamburg	22287
Rechnungswesen	3	Karlstadt	22222

Ort

Ort	Plz	Bundesland	Laengengrad	Breitengrad
Hamburg	22287	HH	10,0	53,55
Heide	25746	SH	9,1	54,2
Karlstadt	22222	SH	NULL	NULL
Kohlscheidt	44444	NW	NULL	NULL
Rettrich	33333	NI	NULL	NULL
Stralsund	18435	MV	NULL	NULL

Kunde

Kunden-nummer	Name	Vorname	Strasse	Hausnummer	Geschlecht	Geburtsdatum	Ort	Plz
1	Bolte	Bertram	Busweg	12	M	1973-10-08	Kohlscheidt	44444
2	Muster	Hans	Musterweg	12	M	1953-02-21	Karlstadt	22222
3	Wiegerich	Frieda	Wanderstr.	NULL	W	1963-08-18	Rettrich	33333
4	Carlson	Peter	Petristr.	201	M	1971-09-26	Kohlscheidt	44444

8 Eine Tabelle abfragen

In Kapitel 8 sollen folgende Fragen geklärt werden:
- Wie werden Tabellen einer Datenbank generell abgefragt?
- Wie sieht der Aufbau der SQL-Anweisung zur Abfrage aus?
- Wie gibt man den Inhalt einer Tabelle aus?
- Wie gibt man an, welche Spalten einer Tabelle man ausgegeben haben möchte?
- Welche Funktionen kann man auf Spalten anwenden?
- Wie sagt man dem RDBMS, welche Sätze es finden soll?
- Welche Bedingungsausdrücke gibt es?
- Wie sortiert man die Ergebnismenge?
- Wie gruppiert man Sätze der Ergebnismenge?
- Wo werden Informationen über den Aufbau der Tabellen u.ä. gespeichert?

8.1 Motivation

Inzwischen ist eine Woche vergangen und Frau Kart hat alle Kunden, Mitarbeiter, Vorstellungen und Bestellungen der Firma „KartoFinale" in die Datenbank übernommen. Mit Herrn Dr. Fleissig hat sie deshalb für heute einen Termin vereinbart, damit er ihr erklärt, wie man nun Informationen aus der Datenbank abfragt.

Herr Fleissig erklärt Frau Kart, dass die Sprache SQL hierfür SELECT als einzige SQL-Anweisung vorsieht. Unter anderem erklärt er ihr, dass man nicht nur bestimmte Tabellen nach bestimmten Werten abfragen kann, sondern auch Listen über Kunden nach Umsatz sortiert erstellen kann. Nachdem ihr Herr Fleissig die grundlegenden Eigenschaften der SELECT-Anweisung erklärt hat, beginnt Frau Kart, verschiedene Abfragen auszuprobieren. Dabei bemerkt sie, dass sie sehr viele Informationen erhalten kann, die vorher nur mit großem Aufwand zu beschaffen waren. Erfreut darüber teilt Frau Kart dies dem Geschäftsführer Herrn Kowalski mit, der von den Möglichkeiten und natürlich von der vorbildlichen Einstellung Frau Karts begeistert ist. Er beauftragt Frau Kart deshalb, mehrere Informationen aus der Datenbank für ihn abzufragen:

- Was kostet ein Werbeartikel im Durchschnitt?
- Welcher Werbeartikel wurde am häufigsten verkauft?
- Welche Vorstellungen finden im Mai statt?
- Wie viele Vorstellungen finden im Jahr 2011 jeweils in den einzelnen Monaten statt?
- Welcher Kunde hat die höchste Anzahl an Artikeln gekauft?
- Welcher Artikel wurde am wenigsten bestellt?

Frau Kart, noch etwas unsicher, ob sie alle diese Fragen beantworten kann, macht sich an die Arbeit.

8.2 Allgemeiner Aufbau einer Abfrage

Bevor wir uns mit dem allgemeinen Aufbau der SELECT-Anweisung beschäftigen, wollen wir uns noch einmal kurz die Grundlagen des Relationenmodells vor Augen führen. SQL basiert ja auf der Mengenlehre bzw. den Grundlagen des Relationenmodells nach E. F. Codd. Neben den Grundlagen, die wir in Kapitel 4 kennengelernt haben, enthält das Relationenmodell auch mathematische Grundlagen, um Tabellen und in Beziehung stehende Tabellen abzufragen. Diese werden als Relationenalgebra und als Relationenkalkül bezeichnet. Auf die mathematischen Grundlagen brauchen wir hier nicht tiefer einzugehen, da sie zur Verwendung von SQL nicht unbedingt notwendig sind.

Doch kommen wir zu SQL zurück. SQL wurde gemäß der Relationenalgebra als deklarative (beschreibende) Programmiersprache konzipiert. Im Gegensatz dazu gibt es u.a. imperative und objektorientierte Programmiersprachen. Um den Unterschied zwischen diesen beiden Arten zu verstehen, wollen wir uns ein Beispiel aus der realen Welt ansehen:

Der Geschäftsführer einer Firma geht zum Leiter des Rechnungswesens, um von diesem eine Liste anzufordern. Er hat zwei Möglichkeiten, sein Anliegen zu erklären.

Entweder sagt er ihm: „Erstellen Sie eine Liste aller Kunden, die in den letzten drei Monaten für mehr als 700 Euro Eintrittskarten gekauft haben und aus Regionen kommen, die mit der Postleitzahl 2 beginnen."

Oder er sagt ihm: „Holen Sie den Ordner mit den Bestellungen. Suchen Sie dann alle Bestellungen der letzten 3 Monate heraus. Aus diesen Bestellungen suchen Sie wiederum die Bestellungen heraus, die von Kunden aus der Postleitzahlregion mit der Zahl 2 stammen. Danach sortieren Sie die Bestellungen nach Kunden und addieren dann die Bestellungen pro Kunde zusammen. Den Betrag und den Kundennamen schreiben Sie auf eine Liste. Schließlich streichen Sie die Kunden aus der Liste, deren Bestellsumme kleiner als 700 Euro ist."

In beiden Fällen erhält der Geschäftsführer nach einer gewissen Zeit seine Ergebnisliste, die, je nachdem wie er die Aufgabe formuliert hat, identisch sein sollte. Im ersten Fall hat er dem Leiter des Rechnungswesens beschrieben, was er als Ergebnisliste haben möchte. Im zweiten Fall hat er ihm eine Anleitung gegeben, in welchen Schritten der Leiter des Rechnungswesens vorgehen soll, um die Ergebnisliste zu erstellen.

Der erste Fall entspricht einer deklarativen Sprache, da beschrieben wird, was man als Ergebnis haben möchte. Der zweite Fall entspricht einer imperativen Sprache, da hier vorgegeben wird, wie man schrittweise zu einem Ergebnis kommt. Deklarative Programmiersprachen beschreiben also das Problem, imperative dagegen geben ein schrittweises Verfahren zur Problemlösung vor.

Wie Sie sicherlich bemerkt haben, ist die erste Vorgehensweise für den Geschäftsführer eindeutig einfacher, da er nicht jeden Schritt einzeln aufführen muss. Beide Arten von Sprachen haben jedoch ihre Berechtigung, je nachdem welche Probleme man lösen möchte.

Bei SQL nun handelte es sich ursprünglich um eine deklarative Programmiersprache. Hier wird also formuliert, was das RDBMS als Ergebnismenge liefern soll. Ab Anfang der 90er Jahre begannen die Hersteller von RDBMS-Produkten jedoch, auch imperative Sprachelemente in ihre Produkte einzubauen und die Anweisungen in Form von Funktionen und Prozeduren zusammenzufassen. Diese Sprachelemente wurden 1996 als neuer Bestandteil dem damaligen SQL-92 Standard vom ANSI unter der Bezeichnung SQL/PSM (Persistent Stored Modules) hinzugefügt. Dadurch ist SQL heute sowohl eine prozedurale als auch eine deklarative Programmiersprache. Wir wollen uns in diesem und in den nächsten Kapiteln zunächst mit den deklarativen Sprachelementen von SQL beschäftigen. Auf objektorientierte Sprachen gehen wir ab Kapitel 12 ein, da seit ANSI SQL:1999 auch objektorientierte Eigenschaften Eingang in relationale Datenbankmanagementsysteme gefunden haben.

Wir können also festhalten, dass man durch SQL dem RDBMS in textueller Form mitteilt, was man von ihm wissen möchte, genauso wie der Geschäftsführer dies dem Leiter des Rechnungswesens mitteilt. Das RDBMS entscheidet dann selbständig, ob und wie es diese Informationen findet.

Da SQL-Abfragen auf der Mengenlehre basieren, ist das Ergebnis einer Abfrage auch eine Menge bzw. eine Tabelle. Mengen kennen keine bestimmten Reihenfolgen. Das Ergebnis einer SQL-Abfrage in Form einer Tabelle ist also nicht sortiert, es sei denn man gibt dies explizit an.

In den folgenden drei Kapiteln werden wir uns mit der SQL-Anweisung zum Abfragen von Tabellen, der SELECT-Anweisung, beschäftigen. Der allgemeine Aufbau der SELECT-Anweisung sieht folgendermaßen aus:

```
  SELECT    spaltenliste
  FROM      tabellenliste
[ WHERE     bedingungsausdruck ]
```

```
[ GROUP BY spaltenliste ]
[ HAVING    bedingungsausdruck ]
[ ORDER BY spaltenliste ]
[ FETCH FIRST n ROWS ONLY ]
```

Die Angaben in eckigen Klammern sind optional, also nicht zwingend erforderlich.

8.3 Spalten auswählen

Ein einfaches Beispiel der SELECT-Anweisung sieht wie folgt aus:

```
SELECT Plz
FROM   Ort
```

Die SELECT-Klausel führt alle Spalten auf, die in der Ergebnisliste erscheinen sollen. Danach folgt das Schlüsselwort FROM, hinter dem man die Tabellen angibt, in denen sich die zu suchenden Daten befinden. Unser Beispiel gibt also alle Postleitzahlen aus, die in der Tabelle „Ort" gespeichert sind.

```
Plz
-----
44444
22222
33333
22287
25746
```

Alle Spalten, die wir von einer Tabelle als Ergebnis erhalten möchten, werden hinter SELECT aufgeführt. Sind es mehr als eine Spalte, so werden diese durch Kommata voneinander getrennt. Um Ort und Plz auszugeben, sieht die SELECT-Anweisung folgendermaßen aus:

```
SELECT Plz, Ort
FROM   Ort
```

Als Ergebnis erhält man eine Tabelle, die die Spalten in der Reihenfolge aufführt, in der sie hinter der SELECT-Anweisung angegeben sind.

```
Plz        Ort
---------- --------------
22287      Hamburg
25746      Heide
22222      Karlstadt
44444      Kohlscheidt
33333      Rettrich
18435      Stralsund
```

SQL kennt so genannte Platzhalter-Zeichen. Eines dieser Platzhalter-Zeichen ist der „*". Möchte man den Inhalt einer Tabelle ausgegeben haben, so ist es bei Tabellen mit vielen Spalten häufig mühselig, alle Spalten einer Tabelle hintereinander aufzuführen. Deshalb kann anstelle der Spaltenliste das „*"-Zeichen als Platzhalter für alle Spalten hinter der SELECT-Anweisung erscheinen. Dabei werden die Spalten in der Reihenfolge ausgegeben, in der sie in der CREATE TABLE-Anweisung einmal angelegt wurden.

```
SELECT *
FROM   Ort
```

Das Ergebnis sieht wie bei der vorherigen Abfrage aus, nur diesmal erscheint zuerst die Spalte „Plz" und dann die Spalte „Ort", da diese in der CREATE TABLE-Anweisung in dieser Reihenfolge angelegt wurden. Darauf folgen die weiteren Spalten Bundesland, Längengrad und Breitengrad.

Um die Lesbarkeit von Spalten zu verbessern, kann man ihnen in der Ergebnistabelle auch andere Namen geben, sogenannte Alias-Namen. Angenommen, Sie möchten statt Plz lieber Postleitzahl als Spaltenbezeichnung ausgeben, so sieht die SELECT-Anweisung wie folgt aus:

```
SELECT Plz AS Postleitzahl, Ort
FROM   Ort
```

Das Umbenennen von Spalten über das Schlüsselwort AS ist besonders dann wichtig, wenn man mit ihnen rechnet. Denn auch das ist möglich: Sie können Berechnungen mit beliebigen Spalten durchführen. Angenommen, Sie möchten eine Liste aller Artikel ausgeben und die Liste soll mit Preisen angezeigt werden, die um 10% erhöht sind, dann sieht die SELECT-Anweisung dazu folgendermaßen aus:

```
SELECT Artikelnummer, Preis, Preis * 1.10 AS "Preis + 10%"
FROM   Artikel
```

Beachten Sie, dass die Bezeichnung für die berechnete Spalte in doppelten Anführungsstrichen steht. In Kapitel 6 haben wir gelernt, dass Bezeichner, die Sonderzeichen oder Leerzeichen verwenden, in doppelten Anführungsstrichen stehen müssen.

Das Ergebnis der Abfrage erhält den erhöhten berechneten Preis, der hier mit vier Nachkommastellen angezeigt wird. Allerdings haben wir das Attribut Preis der Tabelle Werbeartikel mit dem Datentyp DECIMAL(8, 2) deklariert, also nur mit zwei Nachkommastellen. SQL konvertiert bei Berechnungen Zahlen automatisch in andere Datentypen, um korrekte Berechnungen vorzunehmen und Rundungs-

8.3 Spalten auswählen

fehler zu verhindern, in diesem Fall mit vier Nachkommastellen. Wir werden im Abschnitt über Funktionen sehen, dass man bei SQL eine solche Datenkonvertierung aber auch explizit angeben kann. In diesem Fall könnten wir dennoch die Berechnung wieder auf zwei Nachkommastellen begrenzen. Generell wählt SQL allerdings automatisch einen Datentyp mit einem größeren Wertebereich, sofern bei Berechnungen ein Wertebereich überschritten wird. Entsprechend sieht die Ergebnistabelle der Abfrage wie folgt aus:

```
Artikelnummer  Preis   Preis + 10%
-------------  ------  -----------
1001           89.00   97.9000
1003           29.99   32.9890
1012           20.00   22.0000
1077           33.50   36.8500
```

Dieses Beispiel zeigt Berechnungen mit konstanten Werten. Man kann aber auch Berechnungen mit mehreren Spalten vornehmen. Möchte man z.B. wissen, welche Werbeartikel nachbestellt werden müssen, so müssen wir den Mindestbestand vom Lagerbestand subtrahieren. Die SELECT-Anweisung dazu sieht folgendermaßen aus:

```
SELECT Bezeichnung, Lagerbestand - Mindestbestand AS "Unter-/Übermenge"
FROM   Werbeartikel
```

Hier hat das Ergebnis der Berechnung keine Nachkommastellen, da Lagerbestand und Mindestbestand zwei Ganzzahlen sind.

```
Bezeichnung                 Unter-/Übermenge
--------------------------  ----------------
Noten f. Klavier            6
T-Shirt Farbe: rot          1
Phil Collins in Concert     1
Plakat mit Musical-Katzen   -1
Opernführer                 NULL
Schwarzer Zauberstock       2
```

Da der Bestand in Stückzahlen in unsere Datenbank eingegeben wurde, fehlt nun noch die Einheit hinter dem Bestand. Als Spaltenliste hinter dem Schlüsselwort SELECT können auch konstante Werte wie z.B. „Stück" aufgeführt werden. Diese erscheinen in jeder Ergebniszeile mit dem gleichen Wert. Das ist genau das, was wir brauchen.

```
SELECT Bezeichnung, Lagerbestand, 'Stück' AS Einheit
FROM   Werbeartikel
```

Damit sieht unsere Ergebnistabelle folgendermaßen aus:

```
Bezeichnung                  Lagerbestand  Einheit
---------------------------  ------------  -------
Noten f. Klavier             26            Stück
T-Shirt Farbe: rot           11            Stück
Phil Collins in Concert      21            Stück
Plakat mit Musical-Katzen    89            Stück
Opernführer                  9999          Stück
Schwarzer Zauberstock        32            Stück
```

Gemäß dem Relationenmodell darf ein Element der Ergebnismenge nur einmal vorkommen. Mit anderen Worten: Jede Zeile einer Tabelle darf nur ein einziges Mal auftreten. SQL ist in diesem Punkt nicht so konsequent wie das Relationenmodell. Betrachten wir dazu folgende SELECT-Anweisung und deren Ergebnistabelle:

```
SELECT Haus
FROM   Vorstellung

Haus
--------------------
Hamburg Opernhaus
Hamburg Opernhaus
Hamburg Opernhaus
Nordseehalle
Kongresshalle
Hamburg Opernhaus
Operettenhaus
Operettenhaus
Sokratesbühne
Sokratesbühne
Sokratesbühne
Sokratesbühne
Sokratesbühne
```

Am Beispiel dieser einfachen Abfrage können wir sehen, dass Sätze mit gleichen Werten in einer Ergebnistabelle mehrfach vorkommen können. Generell gilt, dass die Ergebnistabelle nicht unbedingt den Normalformen des Relationenmodells entsprechen muss. Um nun dennoch zu erreichen, dass Sätze nicht mehrfach angezeigt werden, verwendet man das Schlüsselwort DISTINCT direkt hinter dem Schlüsselwort SELECT. DISTINCT filtert Sätze mit gleichen Werten aus der Ergebnistabelle aus.

```
SELECT DISTINCT Haus
FROM   Vorstellung
```

8.4 „Built-in"-Funktionen

```
Haus
--------------- ---
Hamburg Opernhaus
Kongresshalle
Nordseehalle
Operettenhaus
Sokratesbühne
```

Unsere Ergebnistabelle ist jetzt korrekt, alle Spielstätten, in denen Vorstellungen stattfinden, werden nur noch einmal aufgeführt.

Wir haben uns bis hierher vorwiegend damit beschäftigt, wie man die gewünschten Spalten einer Tabelle ausgeben kann. Mathematisch wird die Auswahl der Spalten gemäß dem Relationenmodell als Projektion bezeichnet. Abschließend wollen wir uns die Projektion noch einmal grafisch am Beispiel der Tabelle Werbeartikel anschauen, bevor wir zu Funktionen übergehen, die man auf Spaltenwerte anwenden kann.

```
SELECT  Bezeichnung, Lagerbestand
FROM    Werbeartikel
```

Artikel-nummer	Bezeichnung	Mindestbestand	Lagerbestand
1001	Noten f. Klavier	20	26
1003	T-Shirt Farbe: rot	10	11
1012	Phil Collins in Concert	20	21
1081	Schwarzer Zauberstock	30	32
1077	Plakat mit den Musical-Katzen	90	89

Bezeichnung	Lagerbestand
Noten f. Klavier	26
T-Shirt Farbe: rot	11
Phil Collins in Concert	21
Schwarzer Zauberstock	32
Plakat mit den Musical-Katzen	89

Abbildung 8-1: Projektion (Auswahl von Spalten)

8.4 „Built-in"-Funktionen

8.4.1 Grundlagen

SQL:2008 legt in seinem Standard mehrere Gruppen von eingebauten Funktionen („Built-in"-Funktionen) fest. Funktionen führen bestimmte, immer wiederkehrende Aufgaben aus, wie z.B. das Umwandeln einer Zeichenkette in Großbuchstaben. Funktionen haben die Eigenschaft, dass ihnen Werte übergeben werden können, die diese verarbeiten und in Form eines Ergebnisses zurückliefern. Damit sind Funktionen nützliche, aber auch sehr wichtige „Helfer" für den SQL-

Programmierer. Funktionen können in SQL-Ausdrücken auf Spalten oder auf Literale angewendet werden.

Betrachten wir hierzu exemplarisch die einfache Funktion UPPER. Der Funktion UPPER wird eine Zeichenkette übergeben, die diese in Großbuchstaben umwandelt und dann wieder zurückliefert. In einer einfachen SELECT-Anweisung könnten wir so z.B. alle Orte in Großbuchstaben ausgeben:

```
SELECT UPPER(Ort) AS Ortsname
FROM    Ort

Ortsname
-----------
KARLSTADT
HAMBURG
HEIDE
RETTRICH
KOHLSCHEIDT
```

SQL:2008 kennt die unten aufgeführten Gruppen von Funktionen, wobei gerade deren Umfang bei den einzelnen RDBMS-Produkten sehr groß ist und vor allem Unterschiede in der Syntax bestehen:

- Wertfunktionen mit numerischem Rückgabewert („Numeric Value Functions")
- Wertfunktionen mit Zeichenkette als Rückgabewert („String Value Functions")
- Wertfunktionen mit Datums-/Zeit-Rückgabewert („Datetime Value Functions")
- Wertfunktionen mit Zeitintervall-Rückgabewert („Interval Value Functions")
- NULL-Funktionen und Datentypkonvertierung
- Aggregat- oder Mengenfunktionen („Aggregate/Set Functions").

Wir wollen uns im Folgenden mit den wichtigsten Funktionen von SQL beschäftigen und deren Anwendung in Zusammenhang mit der SELECT-Anweisung kennenlernen.

8.4.2 „Numeric Value Functions"

Wertfunktionen mit numerischem Rückgabewert liefern als Ergebnis immer eine Zahl und haben daher ihren Namen. Die ersten beiden Funktionen, die wir uns ansehen wollen, sind die Funktionen ABS und MOD. Beiden werden numerische Werte übergeben. ABS liefert als Ergebnis den absoluten Wert einer Zahl, MOD entspricht mathematisch der Modulofunktion und liefert den Rest einer Division zurück.

8.4 „Built-in"-Funktionen

Betrachten wir hierzu ein Beispiel:

```
SELECT Bezeichnung,
       ABS(Lagerbestand - Mindestbestand) AS "Absoluter Wert"
FROM   Werbeartikel

Bezeichnung                       Absoluter Wert
--------------------------------- --------------
Noten f. Klavier                  6
T-Shirt Farbe: rot                1
Phil Collins in Concert           1
Plakat mit Musical-Katzen         1
Opernführer                       NULL
Schwarzer Zauberstock             2
```

Dieses recht einfache Beispiel übergibt die Berechnung aus Lagerbestand minus Mindestbestand an die Funktion ABS und bekommt als Ergebnis den absoluten positiven Wert zurückgeliefert. Die Berechnung für Werbeartikel „Plakat mit Musical-Katzen" ergibt eigentlich –1, die ABS-Funktion wandelt diesen aber in einen positiven absoluten Wert um.

Genauso wird die Modulofunktion MOD verwendet. Diesmal wollen wir die Funktion allerdings nicht auf einen konstanten Wert anwenden, sondern auf eine Spalte. Wir wollen ermitteln, welche Werbeartikel mit einer geraden Anzahl im Lager vorhanden sind. Ergibt also der Rest einer Division durch 2 die Zahl 1, so handelt es sich um eine ungerade Menge, ist der Rest 0, um eine gerade Menge. Die SELECT-Anweisung hierzu sieht wie folgt aus:

```
SELECT Lagerbestand, MOD( Lagerbestand, 2 ) AS Divisionsrest
FROM   Werbeartikel

Lagerbestand  Divisionsrest
------------  -------------
26            0
11            1
21            1
89            1
32            0
```

Der Funktion CHAR_LENGTH oder CHARACTER_LENGTH wird, wie der Name schon sagt, eine Zeichenkette als Wert übergeben. Als Ergebnis liefert die Funktion die Länge der Zeichenkette. Das folgende Beispiel gibt die Namen aller Orte, sowie die Länge des Ortsnamens aus:

```
SELECT Ort, CHARACTER_LENGTH(Ort)
FROM   Ort
```

```
Ort
------------  -------------
Karlstadt      9
Hamburg        7
Heide          5
Rettrich       8
Kohlscheidt   11
```

Neben der Funktion CHAR_LENGTH gibt es auch noch OCTET_LENGTH. Im Gegensatz zu CHAR_LENGTH, die die Anzahl Zeichen zurückliefert, gibt OCTET_LENGTH die Anzahl an Bytes einer Zeichenkette zurück. So wird z.B. der Ortsname in einer Spalte des Datentyp VARCHAR gespeichert. Damit belegt jedes Zeichen genau 8 Bit, also ein Byte, da hier der ASCII-Code verwendet wird. Wollen wir jedoch auch z.B. chinesische Ortsnamen speichern, so müssen wir diese als Unicode-Zeichen speichern. Im Gegensatz zu ASCII belegt Unicode 16 Bit, also zwei Byte pro Zeichen. In der Datenbank werden Spalten, die Unicodezeichen speichern sollen z.B. mit dem Datentyp NATIONAL CHARACTER oder NCHAR angelegt.

Die Funktion POSITION sucht innerhalb einer Zeichenkette nach dem Auftreten einer anderen Zeichenkette. Angenommen, Sie möchten die Position der Zeichenkette ‚stadt' innerhalb jedes Ortsnamens ermitteln, so sieht die entsprechende SELECT-Anweisung wie folgt aus:

```
SELECT Ort, POSITION('stadt' IN Ort)
FROM   Ort

Ort
------------  -------------
Karlstadt      5
Hamburg        0
Heide          0
Rettrich       0
Kohlscheidt    0
Stralsund      0
```

Die Zeichenfolge „stadt" wurde nur im ersten Ortsnamen Karlstadt gefunden und beginnt dort an der fünften Stelle. Für alle anderen Datensätze wurde im jeweiligen Ortsnamen die Zeichenfolge nicht gefunden und damit der Wert 0 von der Funktion POSITION zurückgeliefert.

Als letzte numerische Wertfunktionen wollen wir uns EXTRACT ansehen. Sie extrahiert aus einem Datumswert den Tag, Monat oder das Jahr. Die folgende SELECT-Anweisung gibt das Bestelldatum jeweils getrennt nach Tag, Monat und Jahr in einer einzelnen Spalte aus:

```
SELECT EXTRACT (DAY   FROM Datum) AS Tag,
```

8.4 „Built-in"-Funktionen

```
           EXTRACT (MONTH FROM Datum) AS Monat,
           EXTRACT (YEAR  FROM Datum) AS Jahr
  FROM     Bestellung

  Tag  Monat  Jahr
  ---  -----  ----
  26    1     2011
   8    2     2011
  21   12     2011
```

Daneben existieren weitere mathematische Funktionen wie z.B. SQRT, die die Quadratwurzel für eine Zahl zurückliefert, oder LN für den natürlichen Logarithmus.

8.4.3 „String Value Functions"

„String Value Functions" liefern als Ergebnis immer eine Zeichenkette. Ein einfaches Beispiel so einer Funktion haben wir bereits kennengelernt. So wandelt UPPER Zeichenketten in Großbuchstaben um. Analog zur UPPER-Funktion gibt es auch eine LOWER-Funktion, die Zeichenketten in Kleinbuchstaben umwandelt. Neben diesen beiden eher unwichtigen Funktionen ist vor allem TRIM von Bedeutung. Mit TRIM können Leerzeichen oder auch andere Zeichen vor und hinter einer Zeichenkette entfernt werden. Im ersten Moment mag dies für Sie eine relativ unwichtige Funktion sein, doch hier kommt der Datentyp CHARACTER ins Spiel. Wir haben ja gelernt, dass Werte von Spalten des Datentyps CHARACTER immer genau die angegebene Anzahl an Zeichen belegen, die hinter CHARACTER angegeben wird. Angenommen, Sie haben die Spalte Vorname mit CHARACTER(20) definiert, so wird ein Vorname wie „Hans" in dieser Spalte nicht 4 Zeichen, sondern immer 20 Zeichen belegen. Dabei füllt SQL den Rest des Wertes mit Leerzeichen auf. Hinter dem Wort „Hans" folgen also noch 16 Leerzeichen. Um diese bei Abfragen wieder zu entfernen, eignet sich die Funktion TRIM. Neben der Zeichenkette, aus der die Leerzeichen entfernt werden sollen, gibt man der Funktion noch bekannt, ob führende (LEADING), nachfolgende (TRAILING) oder führende und nachfolgende (BOTH) Leerzeichen entfernt werden sollen. Um die Leerzeichen bei Vor- und Nachname eines Kunden zu entfernen, schreiben wir:

```
  SELECT TRIM( TRAILING ' ' FROM Name ),
         TRIM( TRAILING ' ' FROM Vorname)
  FROM   Kunde
```

Folgendes weitere Beispiel soll noch einmal die verschiedenen Varianten von TRIM verdeutlichen. Es entfernt Semikolons vor oder hinter einem konstanten Text. Die Bedeutung von VALUES innerhalb der Tabellenangabe werden wir in einem späteren Kapitel behandeln. Hier dient sie dazu, Funktionen mit konstanten Werten aufzurufen, ohne eine Tabelle zu verwenden.

```
SELECT TRIM( TRAILING ':' FROM ':::Test:::' ),
       TRIM( LEADING  ':' FROM ':::Test:::' ),
       TRIM( BOTH     ':' FROM ':::Test:::' )
FROM (VALUES(NULL)) AS dummy(x)


-------  -------  -------
:::Test  Test:::  Test
```

Mit der Funktion SUBSTRING kann ein Teil aus einer Zeichenkette herausgetrennt werden. Angenommen, wir haben beim Autor einer Veranstaltung Vor- und Nachnamen in einer Spalte gespeichert (was man ja nach der 1. Normalform eigentlich nicht machen sollte). Wir möchten nun alle Veranstaltungen ausgeben, sowie die Nachnamen der Autoren. Ein Autor ist Phil Collins, dessen Nachname beginnt ab der sechsten Stelle und endet an der zwölften Stelle, also nach sieben Zeichen. Mit Hilfe der Funktion SUBSTRING ist folgende SELECT-Anweisung möglich:

```
SELECT Autor, SUBSTRING( Autor FROM 6 FOR 7 )  AS Nachname
FROM Veranstaltung

Autor
Nachname
------------------  --------
Mozart              t
Phil Collins        Collins
Mozart              t
B. Brecht           echt
A. L. Webber         Webber
```

Das Ergebnis ist allerdings nicht besonders zufriedenstellend, da nur für Phil Collins gilt, dass der Nachname ab der sechsten Stelle beginnt. Für „B. Brecht" wird zum Beispiel ab der sechsten bis zur zwölften Stelle nur die Zeichenfolge „echt" ausgegeben.

Man kann nun aber Funktionen ineinander schachteln und entsprechend zuerst die Position ermitteln, ab der das Leerzeichen erscheint und diese in der Funktion SUBSTRING weiterverwenden:

```
SELECT Autor,
  SUBSTRING(Autor FROM POSITION( ' ' IN Autor)+1 ) AS Nachname
FROM Veranstaltung

Autor           Nachname
--------------  --------
Mozart          Mozart
Phil Collins    Collins
Mozart          Mozart
B. Brecht       Brecht
```

8.4 „Built-in"-Funktionen

```
A. L. Webber      L. Webber
```

Betrachten wir dazu die ineinander geschachtelten Funktionen SUBSTRING und POSITION. Zunächst wird die Position des Leerzeichens über POSITION(' ' IN Autor) ermittelt. Für den Namen Phil Collins würde diese Funktionen die Position 5 zurückliefern. Um das Leerzeichen selbst zu überspringen, wird 1 dazu addiert. Dieser Wert wird dann an SUBSTRING übergeben und entsprechend für die Zeichenfolge Phil Collins die Funktion SUBSTRING(Autor FROM 6) ausgeführt.

Die letzte Zeichenkettenfunktion, die wir betrachten wollen, dient zum Ersetzen einer Zeichenfolge durch eine andere Zeichenfolge. Ein einfaches Beispiel um das Kürzel „z.B." durch die Zeichenfolge „zum Beispiel" zu ersetzen, sieht wie folgt aus:

```
SELECT OVERLAY( 'z.B. Saft' PLACING 'zum Beispiel' FROM 1 FOR 4)
FROM (VALUES(NULL)) AS dummy(x)

-----------------
zum Beispiel Saft
```

Die Zeichenkette „z.B. Saft" wurde durch die Funktion OVERLAY geändert in „zum Beispiel Saft".

Betrachten wir noch ein Beispiel, indem wir wieder Funktionen schachteln. Wir haben in der Spalte Beschreibung unserer Werbeartikel die Abkürzung „f." für das Wort „für" verwendet. Bei der Ausgabe unserer Ergebnistabelle möchten wir aber anstelle der Abkürzung das Wort „für" ausgeben. Dazu verwenden wir die Funktion OVERLAY zusammen mit der Funktion POSITION wie folgt:

```
SELECT Bezeichnung,
       OVERLAY(Bezeichnung PLACING 'für'
               FROM POSITION( 'f.' IN Beschreibung) FOR 2 )
       AS "Bezeichnung ohne Kürzel"
FROM   Werbeartikel

Bezeichnung                      Bezeichnung ohne Kürzel
-------------------------------- ----------------------------------------
Noten f. Klavier                 Noten für Klavier
T-Shirt Farbe: rot               T-Shirt Farbe: rot
Phil Collins in Concert          Phil Collins in Concert
Plakat mit Musical-Katzen        Plakat mit Musical-Katzen
Opernführer                      Opernführer
Schwarzer Zauberstock            Schwarzer Zauberstock
```

Daneben existieren „Built-in"-Funktionen zum Ermitteln des aktuellen Datenbankbenutzers (CURRENT_USER, USER), eines gegebenenfalls vorhandenen Sitzungsnutzers (SESSION_USER) und eines gegebenenfalls dazugehörigen Benutzers auf Betriebssystemebene (SYSTEM_USER).

```
SELECT CURRENT_USER, USER, SESSION_USER, SYSTEM_USER
FROM (VALUES(NULL)) AS dummy(x)

CURRENT_USER USER SESSION_USER SYSTEM_USER
------------ ---- ------------ ------------
dbo          dbo  dbo          Computer1\admin
```

8.4.4 „Datetime Value Functions"

Funktionen aus der Gruppe der Wertfunktionen, die einen Datums-/Zeitwert zurückliefern, haben wir bereits in Kapitel 6 beim Anlegen von Tabellen über CREATE TABLE kennengelernt, und zwar die Funktionen CURRENT_DATE, CURRENT_TIME und CURRENT_TIMESTAMP. Diese Funktionen liefern das aktuelle Datum, die aktuelle Uhrzeit oder aber beides zurück. Folgendes Beispiel verdeutlicht noch einmal die Verwendung:

```
SELECT CURRENT_DATE() AS "Aktuelles Datum",
       CURRENT_TIME(2) AS "Aktuelle Zeit",
       CURRENT_TIMESTAMP(6) AS "Aktuelles Datum/Zeit"

Aktuelles Datum  Aktuelle Zeit  Aktuelles Datum/Zeit
---------------  -------------  ----------------------
2011-10-15       09:25:12.92    2011-10-15 09:25:12.920
```

8.4.5 NULL-Funktionen und Datentypkonvertierung

Oft werden in Datenbanken anstelle von NULL andere Daten verwendet, um anzuzeigen, dass ein Wert nicht vorhanden oder unbekannt ist. Angenommen, in unserem Fallbeispiel hätte Frau Kart bei dem Lagerbestand für die Werbeartikel immer die Zahl 9999 anstelle von NULL verwendet, um anzuzeigen, dass der Lagerbestand zurzeit unbekannt ist. Fragen wir so die Tabelle Werbeartikel ab, erhalten wir überall dort, wo der Wert von Lagerbestand 9999 ist, nicht NULL für unbekannt, sondern 9999. Um bei einer Abfrage Werte, die für unbekannt stehen, als NULL auszugeben, gibt es die Funktion NULLIF. Der Funktion NULLIF werden zwei Werte übergeben. Sind diese beiden Werte identisch, wird NULL zurückgegeben. Sehen wir uns hierzu unser Beispiel mit den Werbeartikeln an:

```
SELECT Bezeichnung,
       Lagerbestand,
       NULLIF(Lagerbestand, 9999) AS Lagerbestand
FROM Werbeartikel

Bezeichnung              Lagerbestand Lagerbestand
```

8.4 „Built-in"-Funktionen

```
Noten f. Klavier              26      26
T-Shirt Farbe: rot            11      11
Phil Collins in Concert       21      21
Plakat mit Musical-Katzen     89      89
Opernführer                 9999    NULL
Schwarzer Zauberstock         32      32
```

Als Ergebnis erhalten wir den in der Tabelle gespeicherten Lagerbestand und NULL, wenn 9999 als Bestand eingetragen wurde. Für den Werbeartikel mit der Beschreibung „Opernführer" wurde als Lagerbestand 9999 eingetragen Über die Funktion NULLIF wird er als NULL und damit unbekannt ausgegeben.

Eine weitere Funktion, die man auf Spalten mit NULL anwendet, ist COALESCE. Der Funktion COALESCE kann man eine beliebige Anzahl an Spalten oder Konstanten übergeben. Es wird der erste Wert der Parameter zurückgegeben, der nicht NULL ist. COALESCE(NULL, 'Zweiter') würde also den Wert „Zweiter" zurückliefern. COALESCE wird dort eingesetzt, wo man bei einer Abfrage für NULL z.B. ein Fragezeichen oder das Wort „Unbekannt" ausgeben möchte. Sollen z.B. alle Kundennamen und deren Straße und Hausnummer und für Straßennamen und Hausnummern, die nicht bekannt sind, das Wort „Unbekannt" ausgegeben werden, so sieht die Abfrage folgendermaßen aus:

```
SELECT Name,
       COALESCE( Strasse, '<Unbekannte Strasse>' ),
       COALESCE( Hausnummer, '<Unbekannte Hausnummer>' )
FROM   Kunde

Name
---------  ----------  -----------------------
Bolte      Busweg      12
Muster     Musterweg   12
Wiegerich  Wanderstr.  <Unbekannte Hausnummer>
Carlson    Petristr.   201
```

Die dritte Funktion, die wir uns in diesem Abschnitt ansehen wollen, dient zur Konvertierung von Werten eines bestimmten Datentyps in einen anderen. In Abschnitt 8.3 haben wir gesehen, dass man mit Spalten auch rechnen kann. In einer Abfrage haben wir eine Ergebnistabelle ausgegeben, die den Preis um 10% erhöht anzeigt. Die Abfrage dazu lautete:

```
SELECT Artikelnummer, Preis, Preis * 1.10 AS "Preis + 10%"
FROM   Artikel
```

Zwar wurde der Preis mit dem Datentyp DECIMAL(8, 2) deklariert, durch die Multiplikation ergab sich jedoch ein Ergebnis, das mehr als zwei Nachkommastellen benötigte. Diese Konvertierung in einen Datentyp mit einem größeren Wertebereich wurde vom RDBMS selbständig durchgeführt. Da ein Preis mit vier Nachkommastellen in der Regel nicht gewollt ist, kann man diesen explizit in einen ganz bestimmten Datentyp konvertieren. Dazu verwendet man die Funktion CAST. Betrachten wir zunächst ein einfaches Beispiel:

```
SELECT CAST( 9.98 AS INTEGER),
       CAST( 1 AS DECIMAL(6,3)),
       CAST( '12' AS INTEGER ) * 3
FROM (VALUES(NULL)) AS dummy(x)


-----  -----  -----
9      1.000  36
```

Wir können erkennen, dass die erste Zahl 9.98 einem numerischen Datentypen mit Nachkommastellen entspricht. Eine Konvertierung in eine Ganzzahl, in diesem Fall den Datentyp INTEGER, „schneidet" sozusagen die Nachkommastellen ab. Die zweite Spalte zeigt die Ganzzahl 1 als 1.000, die in den Datentyp DECIMAL(6, 3) konvertiert wurde und deshalb drei Nachkommastellen erhalten hat. Das letzte Beispiel schließlich wandelt eine Zeichenkette in eine Ganzzahl um, so dass mit dieser gerechnet werden kann (die Konvertierung von '12' ergibt die Zahl 12, die dann mit 3 multipliziert 36 ergibt).

Betrachten wir nun noch einmal unser obiges Beispiel mit dem erhöhten Preis. Um das Ergebnis der Berechnung auf zwei Nachkommastellen zu begrenzen, müssen wir das Resultat in den Datentyp DECIMAL(8, 2) konvertieren:

```
SELECT Artikelnummer, Preis,
       CAST( Preis * 1.10 AS DECIMAL(8, 2) ) AS "Preis + 10%"
FROM   Artikel

Artikelnummer Preis  Preis + 10%
------------- -----  -----------
1001          89.00  97.90
1003          29.99  32.99
1012          20.00  22.00
1077          33.50  36.85
1078          19.99  21.99
...
```

8.4.6 „Aggregate Functions"

Aggregatfunktionen oder Mengenfunktionen beziehen sich, wie der Name schon sagt, immer auf eine Menge von Werten und berechnen aus dieser je nach Funktion einen bestimmten aggregierten Wert. So gibt es Aggregatfunktionen, um die Werte einer Spalte aufzusummieren, den Durchschnittswert zu berechnen, den

8.4 „Built-in"-Funktionen

kleinsten oder größten Wert einer Spalte zu ermitteln oder einfach nur um die Anzahl der Werte festzustellen.

Um z.B. den Durchschnitts-Mindestbestand eines Werbeartikels zu ermitteln, geht das RDBMS mit Hilfe der Mengenfunktion AVG folgendermaßen vor:

```
SELECT  AVG( Lagerbestand ) AS Durchschnitt
FROM    Werbeartikel
```

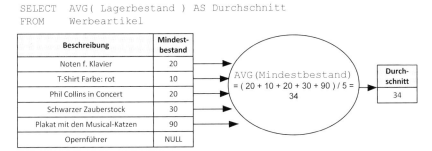

Abbildung 8-2:   Verwendung von Aggregatfunktionen (z.B. AVG)

Schauen wir uns als Erstes die Funktion COUNT an. Dieser wird in der Regel der Name einer Spalte übergeben. COUNT ermittelt dann, wie viele Sätze es gibt, die einen Wert in dieser Spalte haben.

Betrachten wir hierzu die Tabelle „Kunde". Wir wissen, dass die Tabelle „Kunde" vier Datensätze enthält, da wir diese in Kapitel 7 über die INSERT-Anweisung eingefügt haben. Um nun die Anzahl der Zeilen über eine SELECT-Anweisung zu erhalten, geben wir ein:

```
SELECT COUNT(Kundennummer) AS Satzanzahl
FROM   Kunde

Satzanzahl
----------
4
```

Aggregatfunktionen berücksichtigen bei ihren Berechnungen keine NULL-Werte. Ist also z.B. die Kundennummer eines Datensatzes in der Tabelle unbekannt, so gibt die obige Anweisung als Ergebnis 3 zurück. Wir wissen aber, dass „Kundennummer" als Primärschlüssel definiert wurde. Da Primärschlüssel immer eindeutig sein müssen, können hier niemals NULL-Werte auftreten. Übergeben wir jedoch anstatt der „Kundennummer" die Spalte „Hausnummer" an die Funktion, ist das Ergebnis 3, da bei der Kundin Frieda Wiegerich die Hausnummer nicht eingetragen, also NULL ist.

Als einzige Aggregatfunktion bietet COUNT die Möglichkeit, anstelle eines Spaltennamens auch das Platzhaltersymbol „*" zu verwenden. In diesem Fall wird bei COUNT immer die komplette Anzahl Sätze zurückgegeben, da COUNT hier alle Spaltenwerte beim Zählen berücksichtigt.

Die Aggregatfunktionen MAX und MIN geben den höchsten und den niedrigsten Wert einer Spalte zurück. Um z.B. den Artikel mit dem höchsten und den mit dem niedrigsten Preis zu ermitteln, lautet die SELECT-Anweisung:

```
SELECT MAX( Preis ), MIN( Preis )
FROM   Artikel

------ -----
120.00  5.99
```

Der teuerste Artikel kostet also 120.00 Euro und der günstigste 5.99 Euro.

MIN und MAX funktionieren nicht nur auf Spalten mit numerischem Datentyp. Um den Namen eines Kunden zu erhalten, der alphabetisch an erster bzw. an letzter Stelle steht, lautet die SQL-Anweisung:

```
SELECT MAX( Name), MIN( Name)
FROM   Kunde

---------  ------
Wiegerich  Bolte
```

Um den Durchschnitt der Werte einer Spalte zu berechnen, gibt es die Funktion AVG („Average") und um die Werte einer Spalte aufzusummieren SUM.

Betrachten wir hierzu jeweils ein Beispiel. Der Durchschnittspreis aller Artikel ergibt sich durch folgende SELECT-Anweisung:

```
SELECT AVG( Preis )
FROM   Artikel

----------
75.475454
```

Durch Anwendung der Funktion CAST, die wir im vorherigen Abschnitt kennengelernt haben, könnten wir zusätzlich die Nachkommastellen auf zwei begrenzen, indem wir das Ergebnis von AVG(Preis) an die Funktion CAST übergeben:

```
CAST( AVG( Preis ) AS DECIMAL(8, 2))
```

Ebenso kann eine Spalte über die Funktion SUM aufsummiert werden. Als Beispiel wollen wir einmal den Lagerbestand aller Werbeartikel ausgeben.

```
SELECT SUM( Lagerbestand ) AS Gesamtmenge
FROM   Werbeartikel

Gesamtmenge
```

8.4 „Built-in"-Funktionen

```
-----------
10178
```

Doch halt, diese Summe erscheint etwas hoch! Im letzten Abschnitt haben wir gesehen, dass Frau Kart für Werbeartikel, deren Lagerbestand nicht bekannt war, die Zahl 9999 eingetragen hat, d.h. 9999 steht für unbekannt, für NULL. Die Funktion SUM weiß natürlich nicht, dass mit 9999 eigentlich unbekannt gemeint ist und betrachtet dies als den Lagerbestand für den Opernführer. Um das korrekte Ergebnis zu erhalten, müssen wir die Funktion NULLIF auf Lagerbestand wie folgt verwenden:

```
SELECT SUM( NULLIF(Lagerbestand, 9999) ) AS Gesamtmenge
FROM   Werbeartikel

Gesamtmenge
-----------
179
```

Als Ergebnis erhalten wir die korrekte Gesamtsumme von 179 Stück. Wir erkennen hier also ein Problem mit unbekannten Werten: Aggregatfunktionen berücksichtigen bei ihren Berechnungen NULL nicht, was ja auch durchaus einleuchtend erscheint. Wurde nun aber innerhalb einer Spalte ein Wert verwendet, der semantisch für unbekannt steht, so kann dies zu falschen Ergebnissen führen. In unserem Fall wäre es also sinnvoll, anstelle der Zahl 9999 die Kennung NULL zu verwenden.

Über die Schlüsselwörter DISTINCT und ALL kann bei den Aggregatfunktionen festgelegt werden, ob mehrfach auftretende Werte auch mehrmalig oder nur einmal in der Funktion berücksichtigt werden. Das folgende Beispiel gibt die Anzahl der Kunden aus, für die der Wohnort eingetragen ist. Bei der zweiten Anzahl sind mehrfach auftretende Ortsnamen nur einmal berücksichtigt.

```
SELECT COUNT( DISTINCT Ort ), COUNT( Ort )
FROM   Kunde

----------- -----------
3           4
```

Neben den beschriebenen Aggregatfunktionen gibt es noch weitere zur Berechnung statistischer Werte wie z.B. Standardabweichung (STDDEV_POP, STDDEV_SAMP) oder Varianz (VAR_POP, VAR_SAMP).

8.5 Ausdrücke

Wir haben Ausdrücke bereits indirekt in den bisherigen Anweisungen kennengelernt. Der Vollständigkeit halber wollen wir sie hier noch einmal zusammenfassen, ohne im Detail darauf einzugehen, da sie sich in der Regel aus den Beispielen ergeben.

Mit numerischen Datentypen kann gerechnet werden. Dementsprechend gibt es Operatoren für Addition, Subtraktion, Division, Multiplikation sowie Klammern zur Festlegung der Berechnungs-Reihenfolge (siehe Tabelle 8-1).

Tabelle 8-1: Numerische Ausdrücke

Ausdruck	Beschreibung	Beispiel
+	Addition	Preis + 1.00
-	Subtraktion	Lagerbestand – 6
*	Multiplikation	Preis * 1.10
/	Division	Gesamtwert / Produktanzahl
( )	Klammern	(Lagerbestand – 6) * 7

Zeichenketten kennen nur einen einzigen Ausdruck, nämlich den zum Verbinden von Zeichenketten. Um z.B. innerhalb einer Abfrage Vor- und Nachname in einer Spalte in der Ergebnistabelle auszugeben, verbindet man diese beiden Spalten über die beiden Zeichen || miteinander (siehe Tabelle 8-2):

```
SELECT Name || '. ' || Vorname
FROM   Kunde

-------------------
Bolte, Bertram
Muster, Hans
Wiegerich, Frieda
Carlson, Peter
```

Tabelle 8-2: Zeichenkettenausdrücke

Ausdruck	Beschreibung	Beispiel
||	Zeichenketten verbinden	Name || ',' || Vorname

Zu Datums- und Zeitwerten können Zeitintervalle addiert oder aber subtrahiert werden (siehe Tabelle 8-3).

Tabelle 8-3: Datum/Zeit Ausdrücke

Ausdruck	Beschreibung	Beispiel
+	Addition	Datum + INTERVAL '7' DAY
-	Subtraktion	Termin – INTERVAL '2' HOUR

Neben den dargestellten Ausdrücken gibt es noch so genannte logische Ausdrücke. Da diese aber eher beim Auswählen von Zeilen von Bedeutung sind, werden wir sie auch dort behandeln.

8.6 Tabellen angeben

In den vorherigen Abschnitten haben wir gesehen, wie man Spalten auswählt und dass man hinter der FROM-Klausel die Namen der Tabellen angibt, in denen sich die Spalten befinden. In Kapitel 7 wiederum haben wir gesehen, dass man bei der INSERT-Anweisung über das VALUES-Schlüsselwort einzelne Datensätze angibt, die man in eine Tabelle einfügen möchte. Über VALUES können nun auch virtuelle Tabellen erzeugt werden, die nur temporär für eine Abfrage verwendet werden. Dazu schreibt man hinter der FROM-Klausel, wo der Tabellenname erscheint, das Schlüsselwort VALUES und führt wie bei der INSERT-Anweisung alle Datensätze auf, die zu dieser temporären Tabelle gehören sollen. Das folgende Beispiel erzeugt eine virtuelle Tabelle „Person", die aus zwei Datensätzen besteht und über ein einfaches SELECT ausgegeben wird. Hinter der Auflistung der Datensätze kann der virtuellen Tabelle ein Alias-Name vergeben werden.

```
SELECT *
FROM (VALUES(1, 'Hans'), (2, 'Frieda'))

SELECT *
FROM (VALUES(1, 'Hans'), (2, 'Frieda')) AS Person
```

Wir wissen inzwischen, dass das Ergebnis einer Abfrage auch als Tabelle zurückgeliefert wird. Zur Vereinfachung von komplexen geschachtelten Abfragen gibt es die Möglichkeit, das Ergebnis einer Abfrage in Form einer virtuellen Tabelle wiederum in einer anderen Abfrage zu verwenden. Dazu dient die WITH-Klausel. Nach Angabe des Schlüsselwortes WITH wird die virtuelle Tabelle mit seinen Spaltennamen definiert, und auf das Schlüsselwort AS folgt in Klammern die Abfrage, dessen Ergebnis die virtuelle Tabelle darstellt. Das folgende Beispiel erstellt eine Abfrage über Kunden und dessen Alter, dessen Ergebnis dann verwendet wird, um den jüngsten Kunden zu ermitteln:[1]

---

[1] Der Einfachheit halber wird hier das Alter etwas vereinfacht berechnet, indem der Monat und der Tag nicht berücksichtigt wird. Beachten Sie, dass das Alter in doppelten

```
WITH KundeAlter(Nachname, Vorname, "Alter") AS
(
    SELECT Name, Vorname,
           YEAR(CURRENT_TIMESTAMP) - YEAR(Geburtsdatum) AS "Alter"
    FROM   Kunde
)
SELECT MAX("Alter")
FROM   KundeAlter
```

Wir haben bisher gelernt, wie man über die SELECT-Anweisung angibt, welche Spalten einer Tabelle man als Ergebnis erhalten möchte und wie man die unterschiedlichsten Funktionen auf die angegebenen Spalten anwenden kann. Wie die einzelnen Zeilen ausgewählt werden, die man als Ergebnistabelle erhalten möchte, wollen wir uns im nächsten Abschnitt ansehen.

8.7 Sätze auswählen

8.7.1 Grundlagen

Der allgemeine Aufbau der SELECT-Anweisung sieht, wie wir bereits kennengelernt haben, wie folgt aus:

```
    SELECT    spaltenliste
    FROM      tabellenliste
[   WHERE     bedingungsausdruck ]
[   GROUP BY  spaltenliste ]
[   HAVING    bedingungsausdruck ]
[   ORDER BY  spaltenliste ]
[   FETCH FIRST n ROWS ONLY ]
```

Hinter dem Schlüsselwort SELECT wird angegeben, welche Spalten man als Ergebnistabelle erhalten möchte, und hinter dem Schlüsselwort FROM, in welcher Tabelle sich die angegebenen Spalten befinden. Über das Schlüsselwort WHERE werden nun die Zeilen ausgewählt, die in der Ergebnistabelle ausgegeben werden sollen. Nehmen wir dazu ein einfaches Beispiel: Sie möchten die Tabelle „Werbeartikel" ausgeben, jedoch nur die Zeilen, bei denen der Artikel mehr als 25-mal auf Lager ist. Die folgende Abb. 8-3 verdeutlicht das Vorgehen:

Anführungsstrichen stehen muss, da es sich um ein SQL-Schlüsselwort handelt (siehe Kapitel 6, Ändern von Tabellen, ALTER TABLE)

8.7 Sätze auswählen

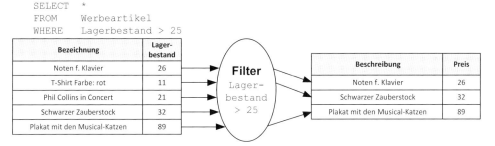

Abbildung 8-3: Selektion (Auswahl von Datensätzen)

Zunächst gibt man hinter der SELECT-Anweisung an, welche Spalten ausgegeben werden sollen. In diesem Fall alle, also wird das Platzhaltersymbol „*" verwendet. Danach muss hinter FROM bestimmt werden, in welcher Tabelle sich die gewünschten Spalten befinden, hier: „FROM Werbeartikel". Nun soll die Ergebnistabelle noch auf die Zeilen beschränkt werden, deren Lagerbestand größer als 25 ist. Dafür gibt man hinter WHERE den entsprechenden Bedingungsausdruck „Lagerbestand > 25" an. Jede Zeile der Tabelle Werbeartikel wird nun auf diese Bedingung hin überprüft. Der erste Artikel hat einen Lagerbestand von 26 Stück, damit durchläuft er die Bedingung, die in diesem Fall „wahr" ergibt. Der zweite Artikel hat einen Lagerbestand von 11. Als Bedingung haben wir angegeben, dass der Lagerbestand größer 25 sein soll, daher ergibt die Bedingung hier „falsch" und der Satz wird nicht in die Ergebnistabelle übernommen.

Ein Bedingungsausdruck kann aus einer oder mehreren Bedingungen bestehen, die über logische Verknüpfungsausdrücke wie OR oder AND miteinander verbunden sind. Der Bedingungsausdruck wird für jeden einzelnen Satz auf „wahr" oder „falsch" überprüft. Ergibt die Überprüfung „wahr", so wird der Satz in die Ergebnistabelle übernommen, andernfalls nicht. Operatoren von Bedingungen, die als Ergebnis „wahr", „falsch" oder „unbekannt" zurückliefern, werden als Prädikate bezeichnet. Hier ist wieder zu beachten, dass ein Ausdruck durchaus auch „unbekannt", also weder „wahr" noch „falsch" sein kann. Das ist der Fall, wenn für einen Lagerbestand kein Wert gespeichert, dieser also NULL ist.

Wir wollen uns zunächst mit Bedingungsausdrücken mit nur einer einzigen Bedingung auseinandersetzen. Danach werden wir sehen, wie man die einzelnen Bedingungen miteinander verknüpft.

8.7.2 Vergleichsprädikate und IS NULL

Ein Vergleichsprädikat haben wir bereits im einleitenden Beispiel kennengelernt, das „>"-Zeichen. Insgesamt gibt es sechs Vergleichsprädikate (siehe Tabelle 8-4). Für die Überprüfung auf unbekannte Werte, also auf NULL, gibt es ein gesondertes Prädikat.

Tabelle 8-4: Vergleichsprädikate

Vergleichsprädikat	Beschreibung	Beispiel
=	gleich	Name = 'Muster'
<>	ungleich	Lagerbestand <> 0
>	größer als	Preis > 20.00
<	kleiner als	Preis < 20.00
>=	größer als oder gleich	Preis >= 20.00
<=	kleiner als oder gleich	Preis <= 20.00
IS NULL	gleich NULL	Hausnummer IS NULL
IS NOT NULL	ungleich NULL	Lagerbestand IS NOT NULL

Da in SQL das Schlüsselwort NULL keinen Wert darstellt, erlaubt SQL auch nicht den Vergleich von NULL mit dem Vergleichsprädikat „=". Der Bedingungsausdruck „Hausnummer = NULL" ist also nicht korrekt. SQL sieht das gesonderte Prädikat IS NULL hierfür vor. Um z.B. die Namen aller Kunden auszugeben, deren Hausnummer nicht bekannt ist, gibt man an:

```
SELECT Name, Vorname
FROM   Kunde
WHERE  Hausnummer IS NULL

Name       Vorname
---------  -------
Wiegerich  Frieda
```

8.7.3　LIKE und SIMILAR-Prädikat

Mit LIKE bzw. SIMILAR kann man Zeichenketten auf bestimmte Zeichenfolgen hin untersuchen. Betrachten wir hierzu ein Beispiel: Um die Namen aller Kunden auszugeben, deren Nachname „Muster" ist, lautet die Abfrage:

```
SELECT Name, Vorname
FROM   Kunde
WHERE  Name = 'Muster'
```

Über diese Abfrage erhalten wir alle Kunden, deren Nachname genau „Muster" lautet. Wollen wir dagegen die Namen aller Kunden, deren Namen mit einem „B" beginnt, so müssen wir das Prädikat LIKE verwenden. LIKE kann wie der Gleichheitsoperator verwendet werden, nur mit dem Unterschied, dass LIKE Platzhaltersymbole kennt. Um nun alle Kunden, die mit einem „B" beginnen auszugeben,

8.7 Sätze auswählen

verwendet man das Platzhaltersymbol „%", das für eine beliebige Folge von Zeichen steht. Die SELECT-Anweisung sieht wie folgt aus:

```
SELECT  Name, Vorname
FROM    Kunde
WHERE   Name LIKE 'B%'
```

Möchte man dagegen alle Kunden ausgegeben haben, die an einer beliebigen Stelle in ihrem Nachnamen die Zeichen „er" stehen haben, so lautet die Anweisung:

```
SELECT  Name, Vorname
FROM    Kunde
WHERE   Name LIKE '%er%'
```

Der erste Teil des Namens kann beliebige Zeichenfolgen enthalten, dann müssen die Zeichen „er" folgen und anschließend wieder eine beliebige Zeichenfolge, was durch das Platzhaltersymbol „%" angedeutet wird.

LIKE kennt neben „%" noch ein weiteres Platzhaltersymbol, den Unterstrich. Er steht im Gegensatz zum „%"-Symbol für genau ein einziges beliebiges Zeichen. Um also alle Kunden auszugeben, deren Nachname ab der dritten Stelle die beiden Buchstaben „lt" enthält, müssen hinter LIKE zwei Unterstriche für zwei beliebige Buchstaben angegeben werden:

```
SELECT  Name, Vorname
FROM    Kunde
WHERE   Name LIKE '__lt%'
```

Allerdings haben wir nun noch ein Problem mit dem LIKE-Prädikat: Was ist, wenn wir nach einer Zeichenkette suchen, die das „%"-Zeichen selbst enthält. Dazu bietet das LIKE-Prädikat über das Schlüsselwort ESCAPE die Möglichkeit, ein Zeichen zu definieren, das man vor einem Platzhaltersymbol schreiben kann, wenn dieses in die Suche mit einbezogen werden soll. Um also in der Bezeichnung einer Veranstaltung nach der Zeichenfolge „hundert%ig gut" zu suchen, lautet der SELECT-Befehl:

```
SELECT  Bezeichnung
FROM    Veranstaltung
WHERE   Bezeichnung LIKE '%hundert#%ig gut%' ESCAPE '#'
```

Das Prädikat LIKE ist zwar sehr nützlich, aber nicht immer ausreichend. Deshalb kennt SQL:2008 ein weiteres Prädikat zum Vergleichen von Zeichenketten: SIMILAR. Wer sich mit UNIX auskennt, hat dort vielleicht schon einmal mit regulären Ausdrücken gearbeitet. Damit kann für jede Position innerhalb einer Zeichenkette genau angegeben werden, welche Zeichen man suchen möchte. Hier soll nicht detailliert auf das Prädikat SIMILAR eingegangen, sondern nur kurz ein Beispiel erläutert werden. Um z.B. nach einer Postleitzahl zu suchen, die als erste Zahl eine 2 oder 3, dann drei beliebige Zahlen und als letzte Stelle eine 6 oder 3 hat, lautet die SELECT-Anweisung:

```
SELECT  Plz
FROM    Spielstaette
WHERE   Plz SIMILAR TO '[23][0-9][0-9][0-9][63]'

Plz
-----
33333
25746
```

Für jede Position innerhalb der Suchzeichenkette gibt man in eckigen Klammern an, welchen Wert diese Stelle annehmen darf. Dabei sind auch Bereichsangaben, wie z.B. [0-9], möglich oder auch das Negieren von Zeichen, die an einer Stelle nicht erscheinen dürfen, z.B. dürfte [^0-9] an dieser Stelle keine Zahl erscheinen. Hiermit soll beispielhaft gezeigt werden, wie leistungsfähig reguläre Ausdrücke sind. Über die Suchzeichenkette, also den regulären Ausdruck, können noch wesentlich genauere Suchangaben gemacht werden, als hier vorgestellt. Als kurze Einführung soll dies jedoch ausreichen.

8.7.4 BETWEEN-Prädikat

Um innerhalb einer Abfrage Spalten nach bestimmten Wertebereichen und nicht nur einen einzelnen Wert abzufragen, kennt SQL das BETWEEN-Prädikat. Hiermit können z.B. Fragen wie „Welche Artikel gibt es, die zwischen 20.00 und 60.00 Euro kosten?" beantwortet werden. Betrachten wir die SELECT-Anweisung hierzu:

```
SELECT  Artikelnummer, Preis
FROM    Artikel
WHERE   Preis BETWEEN 20.00 AND 60.00

Artikelnummer  Preis
-------------  -----------
1003           29.99
1012           20.00
...
```

Über BETWEEN...AND wird der Bereich angegeben, in dem die gesuchten Werte liegen sollen. Das Prädikat BETWEEN kann auch negiert werden, d.h. will man alle Artikel ausgeben, die im Preis nicht zwischen 20.00 und 60.00 Euro liegen, so lautet die SQL-Anweisung:

```
SELECT  Artikelnummer, Preis
FROM    Artikel
WHERE   Preis NOT BETWEEN 20.00 AND 60.00
```

8.7.5 IN-Prädikat

Mit dem Prädikat IN kann eine bestimmte Spalte auf mehrere Werte hin überprüft werden. Möchte man z.B. die Postleitzahl von den Orten Rettrich, Karlstadt oder Kohlscheidt ermitteln, so lautet die SELECT-Anweisung mit dem IN-Prädikat:

```
SELECT  *
FROM    Ort
WHERE   Ort IN ( 'Rettrich', 'Karlstadt', 'Kohlscheidt')

Plz     Ort
-----   ---------
22222   Karlstadt
33333   Rettrich
44444   Kohlscheidt
```

Wie beim BETWEEN-Prädikat auch, kann das IN-Prädikat über das Schlüsselwort NOT negiert werden.

Im vorherigen Abschnitt haben wir gesehen, dass man über das Schlüsselwort VALUES virtuelle Tabellen erstellen und abfragen kann. Diese virtuellen Tabellen können auch in Abfragen innerhalb der WHERE-Klausel verwendet werden, um z.B. Mengenabfragen über das IN Prädikat zu vereinfachen. Das folgende Beispiel gibt alle Kunden aus, die in „Rettrich" und „Karlstadt" mit den dazugehörigen Postleitzahlen wohnen:

```
SELECT *
FROM Kunde
WHERE (Ort, Plz) IN (VALUES ('Rettrich', 33333), ('Karlstadt', 22222))
```

8.7.6 Logische Operatoren

Bisher haben wir uns ausschließlich Beispiele mit einer einzigen Bedingung angesehen. Bedingungen können jedoch über die logischen Operatoren AND, OR und NOT miteinander verbunden werden. Um z.B. alle Kunden auszugeben, die männlich sind und in einem Ort mit der Postleitzahl 44444 wohnen, lautet die SELECT-Anweisung:

```
SELECT Name, Geschlecht, Plz
FROM   Kunde
WHERE  Geschlecht = 'M' AND Plz = '44444'
```

```
Name     Geschlecht  Plz
-------  ----------  -----
Bolte    M           44444
Carlson  M           44444
```

Möchte man dagegen alle Kunden ausgeben, die entweder männlich sind oder in einem Ort mit der Postleitzahl 44444 wohnen, so verknüpft man die beiden Bedingungen wie folgt mit OR:

```
SELECT  Name, Geschlecht, Plz
FROM    Kunde
WHERE   Geschlecht = 'M' OR Plz = '44444'

Name     Geschlecht  Plz
-------  ----------  -----
Muster   M           22222
Bolte    M           44444
Carlson  M           44444
```

Bedingungen können beliebig mit AND, OR oder NOT verknüpft werden. Um die Reihenfolge der Auswertung der Ausdrücke zu bestimmen, verwendet man Klammern.

Betrachten wir hierzu ein weiteres Beispiel. Wir möchten alle Kunden ausgeben, die männlich sind oder in einem Ort mit der Postleitzahl 44444 wohnen und deren Name an einer beliebigen Stelle ein „e" enthält.

```
SELECT  Name, Geschlecht, Plz
FROM    Kunde
WHERE   ( Geschlecht = 'M' OR Plz = '44444' ) AND Name LIKE '%e%'

Name     Geschlecht  Plz
-------  ----------  -----
Muster   M           22222
Bolte    M           44444
```

Diesmal fällt der Kunde Carlson aus der Ergebnismenge heraus. Zunächst überprüft das RDBMS die Bedingung in der Klammer. Diesen Bedingungsausdruck erfüllt Herr Carlson. In der zweiten Bedingung wird geprüft, ob der Name des Kunden ein „e" enthält. Diese Bedingung erfüllt Herr Carlson nicht. Da nun beide Ergebnisse über den AND-Operator verknüpft werden, Herr Carlson aber nur den ersten Bedingungsausdruck erfüllt und nicht den zweiten, erscheint er letztendlich nicht in der Ergebnistabelle.

Sehen wir uns nun einmal an, wie das Ergebnis aussieht, wenn wir die Klammern weglassen:

8.7 Sätze auswählen

```
SELECT Name, Geschlecht, Plz
FROM   Kunde
WHERE  Geschlecht = 'M' OR Plz = '44444' AND Name LIKE '%e%'

Name      Geschlecht   Plz
-------   ----------   -----
Muster    M            22222
Bolte     M            44444
Carlson   M            44444
```

Jetzt ist Herr Carlson wieder in der Ergebnistabelle enthalten. Der Grund hierfür liegt in der Vorgehensweise von SQL bei der Auswertung des Bedingungsausdrucks. Ohne Klammerung hat der AND-Operator Vorrang vor dem OR-Operator. Zunächst werden alle Kunden herausgesucht, deren Name ein „e" enthält und die gleichzeitig aus einem Ort mit der Postleitzahl 44444 stammen. Danach werden alle Kunden gesucht, die männlich sind. Diese Bedingung erfüllt Herr Carlson wieder, und da die Verknüpfung durch OR erfolgt, erscheint er auch in der Ergebnistabelle.

In der ersten Abfrage in diesem Abschnitt sollten alle Kunden ausgegeben werden, die männlich sind und in einem Ort mit der Postleitzahl 44444 wohnen. Dazu wurden beide Bedingungen mit dem AND-Operator verknüpft. SQL bietet hierfür eine einfache Vergleichsmethode, indem mehrere Werte gleichzeitig hinter der WHERE-Klausel verglichen werden können. Folgende SELECT-Anweisung liefert das gleiche Ergebnis:

```
SELECT Name, Geschlecht, Plz
FROM   Kunde
WHERE  (Geschlecht, Plz ) = ('M', '44444')

Name      Geschlecht   Plz
-------   ----------   -----
Bolte     M            44444
Carlson   M            44444
```

8.7.7 Ergebnismenge einschränken

Betrachten wir noch einmal den allgemeinen Aufbau der SELECT-Anweisung:

```
  SELECT    spaltenliste
  FROM      tabellenliste
[ WHERE     bedingungsausdruck ]
[ GROUP BY  spaltenliste ]
[ HAVING    bedingungsausdruck ]
[ ORDER BY  spaltenliste ]
[ FETCH FIRST n ROWS ONLY ]
```

Bisher haben wir in diesem Abschnitt das Einschränken der Ergebnismenge über die WHERE-Klausel kennengelernt, indem man Datensätze nach bestimmten Kriterien filtert. Daneben gibt es die Möglichkeit, die Ergebnismenge immer auf eine bestimmte Anzahl von Datensätzen zu beschränken. Das kann sinnvoll sein, wenn man z.B. nur die ersten 10 Kunden mit dem höchsten Umsatz sehen möchte. Dazu dient die Klausel FETCH FIRST n ROWS ONLY, wobei „n" für eine Ganzzahl steht. Das folgende Beispiel gibt den ersten Datensatz aus der Tabelle Kunde aus:

```
SELECT Name, Vorname
FROM   Kunde
FETCH FIRST 1 ROWS ONLY

Name                         Vorname
---------------------------  --------------------
Bolte                        Bertram
```

8.8 Sätze zusammenfassen

Betrachten wir zunächst wieder den allgemeinen Aufbau der SELECT-Anweisung:

```
  SELECT    spaltenliste
  FROM      tabellenliste
[ WHERE     bedingungsausdruck ]
[ GROUP BY  spaltenliste ]
[ HAVING    bedingungsausdruck ]
[ ORDER BY  spaltenliste ]
[ FETCH FIRST n ROWS ONLY ]
```

Bisher haben wir gesehen, wie man Spalten hinter dem Schlüsselwort SELECT, Tabellen hinter dem Schlüsselwort FROM und Zeilen aufgrund von Bedingungsausdrücken hinter dem Schlüsselwort WHERE auswählt. Damit sind wir schon in der Lage, die unterschiedlichsten Informationen aus einer Datenbank, bezogen auf eine einzige Tabelle, herauszusuchen.

Neben dem reinen Suchen und Finden von Daten kann man mit der SELECT-Anweisung aber auch Daten kumulieren. Damit dient die SELECT-Anweisung u.a. auch der Analyse von Daten, indem sie Werte aggregiert. Hierzu kennt die SELECT-Anweisung die Schlüsselwörter GROUP BY. Hierüber kann man die Daten nach bestimmten Spalten gruppieren, d.h. es werden Gruppen mit gleichen Werten gebildet. Für diese Gruppen wird in der Regel eine Berechnung durchgeführt. Berechnungen auf mehrere Werte einer Spalte haben wir bisher nur bei den Mengen- oder Aggregatfunktionen kennengelernt. GROUP BY ist in der Regel auch nur im Zusammenhang mit einer Mengenfunktion sinnvoll.

8.8 Sätze zusammenfassen

Betrachten wir ein einfaches Beispiel: Wir wollen Gruppen von Kunden bilden, die aus dem gleichen Ort stammen, die also die gleiche Postleitzahl haben. Um alle Postleitzahlen auszugeben, sieht die SELECT-Anweisung folgendermaßen aus:

```
SELECT Plz
FROM   Kunde

Plz
-----
44444
22222
33333
44444
```

In der Ergebnistabelle werden Postleitzahlen auch doppelt aufgeführt, da zwei Kunden (Bolte und Carlson) aus dem gleichen Ort mit der Postleitzahl 44444 stammen. Um doppelte Werte zu entfernen, haben wir vorher bereits das Schüsselwort DISTINCT kennengelernt. Fügen wir also direkt hinter SELECT das Schlüsselwort DISTINCT ein, so wird die Postleitzahl 44444 nur einmal aufgeführt. Doch es gibt noch eine andere Möglichkeit: Wir können gleiche Werte über GROUP BY zu einzelnen Gruppen zusammenfassen. Das Ganze sieht dann wie folgt aus:

```
SELECT Plz
FROM Kunde
GROUP BY Plz

Plz
-----
22222
33333
44444
```

Damit haben wir zunächst das gleiche Ergebnis erzielt wie mit dem Schlüsselwort DISTINCT. Hier werden jetzt aber die Aggregatfunktionen interessant. Normalerweise kann man Aggregatfunktionen in der Spaltenliste nicht mit Spaltennamen kombinieren. Folgende SELECT-Anweisung erzeugt also eine Fehlermeldung:

```
SELECT COUNT(Plz), Name    -- falsche SELECT-Anweisung
FROM   Kunde
```

Das ist auch einleuchtend, denn COUNT(Plz) liefert nur eine Zeile, nämlich die Zahl 4 zurück. Name dagegen liefert vier Werte zurück, nämlich Bolte, Muster, Wiegerich und Carlson.

Wir können aber beide Abfragen miteinander kombinieren, indem wir zum einen die Anzahl der Plz über COUNT zählen, gruppiert nach den unterschiedlichen Plz. Die folgende SELECT-Anweisung gibt alle unterschiedlichen Postleitzahlen, und die Anzahl der Kunden zurück, die in dem Ort mit der jeweiligen Postleitzahl wohnen:

```
SELECT  Plz, COUNT(Plz) AS "Anzahl Kunden/Plz"
FROM    Kunde
GROUP BY Plz

Plz     Anzahl Kunden/Plz
-----   -----------------
22222   1
33333   1
44444   2
```

Grafisch sieht das Ganze wie folgt aus (siehe Abb. 8-4):

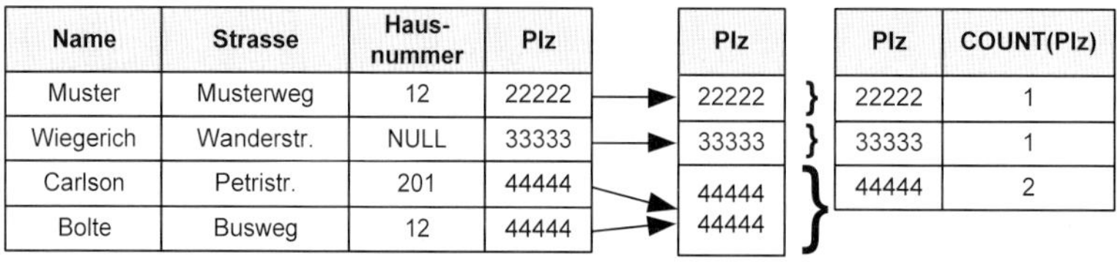

Name	Strasse	Haus-nummer	Plz		Plz		Plz	COUNT(Plz)
Muster	Musterweg	12	22222	→	22222	}	22222	1
Wiegerich	Wanderstr.	NULL	33333	→	33333	}	33333	1
Carlson	Petristr.	201	44444	→	44444	}	44444	2
Bolte	Busweg	12	44444	→	44444			

Abbildung 8-4: Zusammenfassen von Sätzen

Wir sehen also, dass unsere Kunden aus Orten mit den Postleitzahlen 22222, 33333 und 44444 kommen. Zwei Kunden wohnen in dem Ort mit der Postleitzahl 44444 und je ein Kunde in den Orten mit den anderen beiden Postleitzahlen.

Betrachten wir noch einmal den allgemeinen Aufbau der SELECT-Anweisung am Anfang dieses Abschnitts, so sehen wir unmittelbar unter der GROUP BY-Klausel das Schlüsselwort HAVING. Mit HAVING kann die Ergebnistabelle einer GROUP BY-Abfrage eingeschränkt werden. Angenommen es sollen alle Postleitzahlen und die Anzahl der in diesen Orten wohnenden Kunden ermittelt werden, aber nur wenn die Anzahl der Kunden pro Ort größer als 1 ist, so lautet die SELECT-Anweisung:

```
SELECT  Plz, COUNT(Plz) AS "Anzahl Kunden/Plz"
FROM    Kunde
GROUP   BY Plz
HAVING  COUNT(Plz) > 1

Plz     Anzahl Kunden/Plz
-----   -----------------
44444   2
```

8.8 Sätze zusammenfassen

Jetzt werden nur die Postleitzahlen von Orten angezeigt, wo mindestens zwei Kunden wohnen. Wie lautet nun die Abfrage, wenn man die Anzahl der Kunden pro Ort ermitteln möchte, diesmal aber nur für Postleitzahlen größer 22222? Hierfür gibt es zwei Möglichkeiten: Entweder über die HAVING-Klausel, wie wir es gerade am Beispiel gesehen haben, oder aber über die WHERE-Klausel. Die beiden folgenden SELECT-Anweisungen sind identisch und liefern die gleiche Ergebnistabelle:

```
SELECT Plz, COUNT(Plz) AS "Anzahl Kunden/Plz"
FROM   Kunde
GROUP  BY Plz
HAVING Plz > '22222'

SELECT Plz, COUNT(Plz) AS "Anzahl Kunden/Plz"
FROM   Kunde
WHERE  Plz > '22222'
GROUP  BY Plz
```

Im Gegensatz zur HAVING-Klausel ist es in der WHERE-Klausel nicht möglich, Aggregatfunktionen in Bedingungen zu verwenden. Allgemein gilt, eine Ergebnismenge frühzeitig einzuschränken. Insofern sollte eine Bedingung, soweit sie keine Aggregatfunktion enthält, in der WHERE-Klausel und erst dann in der HAVING-Klausel angewendet werden.

Die GROUP BY-Klausel dient in der Regel analytischen Zwecken, um z.B. den Umsatz der letzten drei Monate gruppiert nach Kundengruppen o.ä. auszugeben. Man spricht deshalb in diesem Zusammenhang auch von OLAP („OnLine Analytical Processing"): Mengen von Daten werden zusammengefasst und analysiert. OLAP enthält jedoch viel mehr Eigenschaften als das reine Zusammenfassen und Gruppieren von Werten. Der SQL:2008 Standard sieht deshalb einen eigenen Teil für OLAP vor.

SQL:2008 kennt daher weitere grundlegende Schlüsselwörter, die man im Zusammenhang mit der GROUP BY-Klausel verwendet: ROLLUP und CUBE.

Bei Verwendung der GROUP BY-Klausel haben wir bisher immer nur nach einem ganz bestimmten Wert gruppiert. Haben wir z.B. als Gruppierungsspalte die beiden Attribute Plz und Geschlecht angegeben, so wurden immer alle Datensätze zusammengefasst, für die beide Werte identisch sind. ROLLUP ist dann sinnvoll, wenn man nach mehr als einer einzigen Spalte gruppieren möchte, in diesem Fall also nach Plz und Geschlecht. Um eine Liste gruppiert nach Plz, eine weitere Liste gruppiert nach Geschlecht und eine dritte Liste gruppiert nach beiden Spalten zu erhalten, müssten folgende drei SELECT-Anweisungen geschrieben werden:

```
SELECT Geschlecht, COUNT(*) AS "Anzahl Kunden"
FROM   Kunde
```

```
GROUP BY Geschlecht

SELECT Plz, COUNT(*) AS "Anzahl Kunden"
FROM    Kunde
GROUP BY Plz

SELECT Geschlecht, Plz, COUNT(*) AS "Anzahl Kunden"
FROM    Kunde
GROUP BY Geschlecht, Plz
```

Die erste Abfrage gibt die Anzahl der Kunden bezogen auf ihr Geschlecht zurück, die zweite die Anzahl der Kunden bezogen auf den Wohnort und die letzte Abfrage die Anzahl der Kunden bezogen auf beide Attribute.

Die Ergebnistabellen sehen also wie folgt aus:

```
Geschlecht  Anzahl Kunden
----------  -------------
M           3
W           1


Plz     Anzahl Kunden
-----   -------------
22222   1
33333   1
44444   2


Geschlecht  Plz     Anzahl Kunden
----------  -----   -------------
M           22222   1
W           33333   1
M           44444   2
```

Um nun nicht drei verschiedene Abfragen zu erstellen, verwendet man ROLLUP und CUBE, um aus diesen drei Ergebnistabellen eine einzige zu erzeugen. Mit ROLLUP kann man die erste und dritte Abfrage in einer Abfrage ausdrücken. Die SELECT-Anweisung und die dazugehörige Ergebnistabelle sehen dann wie folgt aus:

```
SELECT Geschlecht, Plz, COUNT(*) AS 'Anzahl Kunden'
FROM    Kunde
GROUP BY ROLLUP( Geschlecht, Plz )

Geschlecht  Plz     Anzahl Kunden
----------  -----   -------------
M           22222   1
M           44444   2
M           NULL    3
W           33333   1
```

8.8 Sätze zusammenfassen

```
W        NULL    1
NULL     NULL    4
```

Aus dieser Ergebnistabelle sind fast die gleichen Informationen herauszulesen, wie aus den oberen drei Tabellen. Insgesamt gibt es 4 Kunden, 1 weiblichen und 3 männliche. Aus dem Wohnort mit der Postleitzahl 44444 kommen 2 männliche Kunden, ansonsten gibt es keine Kunden, die in einem Ort mit der gleichen Postleitzahl wohnen.

Allerdings fehlt in diesem Ergebnis die Gruppierung nach der Postleitzahl. ROLLUP gruppiert nach beiden Attributen und zusätzlich nach dem ersten angegebenen Attribut hinter GROUP BY.

Über CUBE können alle Kombinationen aller aufgeführten Spalten aggregiert angezeigt werden. Um nun zusätzlich auch nach dem zweiten Attribut, also Plz gesondert zu gruppieren, verwendet man CUBE. Die SELECT-Anweisung und die dazugehörige Ergebnistabelle sehen dann folgendermaßen aus:

```
SELECT Geschlecht, Plz, COUNT(*) AS "Anzahl Kunden"
FROM   Kunde
GROUP BY CUBE( Geschlecht, Plz )

Geschlecht  Plz         Anzahl Kunden
----------  ----------  -------------
M           22222       1
NULL        22222       1
W           33333       1
NULL        33333       1
M           44444       2
NULL        44444       2
NULL        NULL        4
M           NULL        3
W           NULL        1
```

Damit sind sowohl die Anzahl aller männlichen und weiblichen Kunden bezogen auf ihre Postleitzahl aufgeführt und zusätzlich die Anzahl der Kunden pro Postleitzahl.

Bei ROLLUP und CUBE haben wir allerdings das Problem, dass ein Wert ja auch NULL sein kann und dieser dann gegebenenfalls auch aggregiert wird. Betrachten wir dazu ein weiteres Beispiel. Wir wollen die Anzahl der Mitarbeiter gruppiert nach Abteilungsbezeichnung und Geschlecht auflisten und zusätzlich pro Abteilung eine Gruppenzeile erhalten. Zusätzlich soll für alle Datensätze eine gemeinsame Gruppenzeile angezeigt werden. Die folgende SELECT-Anweisung liefert uns das Ergebnis:

```
SELECT Abteilungsbezeichnung, Geschlecht, COUNT(*) AS "Anzahl"
FROM   Personal.Mitarbeiter
```

```
GROUP BY ROLLUP( Abteilungsbezeichnung, Geschlecht )

Abteilungsbezeichnung  Geschlecht  Anzahl
---------------------  ----------  ------
NULL                   M           1
NULL                   NULL        1
Rechnungswesen         M           1
Rechnungswesen         NULL        1
Vertrieb               M           1
Vertrieb               W           2
Vertrieb               NULL        3
NULL                   NULL        5
```

Betrachten wir dazu die erste Zeile: Hierbei handelt es sich nicht um eine übergeordnete Gruppenzeile, die alle männlichen Mitarbeiter aufführt. Diese Zeile bezieht sich auf den Geschäftsführer, der keiner Abteilung zugeordnet ist und somit als Abteilungsbezeichnung die NULL enthält. Wie kann man aber nun unterscheiden, ob es sich um eine übergeordnete Gruppenzeile oder um einen regulär aggregierten NULL-Wert handelt. Dazu dient das Schlüsselwort GROUPING, das in der SELECT-Klausel auf einzelne Spalten, nach denen gruppiert wird, angewendet werden kann. Wir ergänzen unser Beispiel nun um zwei Spalten, die angeben, ob eine Spalte eine übergeordnete Gruppenzeile darstellt wie folgt:

```
SELECT Abteilungsbezeichnung, Geschlecht, COUNT(*) AS "Anzahl",
       GROUPING(Abteilungsbezeichnung) AS "Grp. Abt.",
       GROUPING(Geschlecht)            AS "Grp. Geschl."
FROM   Personal.Mitarbeiter
GROUP BY ROLLUP( Abteilungsbezeichnung, Geschlecht )

Abteilungsbezeichnung  Geschlecht  Anzahl  Grp.Abt.  Grp.Geschl.
---------------------  ----------  ------  --------  -----------
NULL                   M           1       0         0
NULL                   NULL        1       0         1
Rechnungswesen         M           1       0         0
Rechnungswesen         NULL        1       0         1
Vertrieb               M           1       0         0
Vertrieb               W           2       0         0
Vertrieb               NULL        3       0         1
NULL                   NULL        5       1         1
```

Steht in einer der beiden Gruppenspalten der Wert 1, so handelt es sich um eine übergeordnete Gruppenzeile bezogen auf die entsprechende Spalte. Man erkennt nun, dass die erste Zeile eine normale Gruppenzeile ist, da in der Spalte „Grp.Abt" der Wert 0 steht. Die zweite Zeile führt nun alle männlichen Mitarbeiter auf, die zu der Abteilung mit dem Wert NULL gehören, also keiner Abteilung zugeordnet sind.

8.8 Sätze zusammenfassen

Um das Ergebnis der Abfrage besser zu interpretieren, sollte man sich überlegen, ob es sinnvoll ist, auf NULL-Werte bei solchen Abfragen zu verzichten, indem man die Funktion COALESCE verwendet. Das folgende Beispiel zeigt noch einmal die Abfrage für die Gruppenspalten ohne Anzeige von NULL-Werten für die Abteilungsbezeichnung. Dabei wird das prozedurale Sprachelement CASE verwendet. Wir lernen CASE noch genauer im Kapitel über prozedurale Sprachelemente kennen. Hier dient es zur Unterscheidung, ob es sich für die Abteilungsbezeichnung um eine übergeordnete Gruppenzeile handelt oder nicht:

```
SELECT CASE GROUPING(Abteilungsbezeichnung)
         WHEN 0 THEN
            COALESCE(Abteilungsbezeichnung, 'keine Abteilung')
         ELSE
            Abteilungsbezeichnung
       END AS Abteilungsbezeichnung,
       Geschlecht, COUNT(*) AS Anzahl
FROM   Personal.Mitarbeiter
GROUP BY ROLLUP( Abteilungsbezeichnung, Geschlecht )

Abteilungsbezeichnung           Geschlecht Anzahl
------------------------------- ---------- ----------
keine Abteilung                 M          1
keine Abteilung                 NULL       1
Rechnungswesen                  M          1
...
```

Bisher haben wir gesehen, wie man Aggregatfunktionen auf alle Datensätze oder über GROUP BY auf einzelne Gruppen von Datensätzen anwenden kann. GROUP BY hat allerdings den Nachteil, dass Informationen über einen einzelnen Datensatz in der Gruppe verloren gehen, sofern auch aggregierte Werte mit angezeigt werden sollen. So liefert das folgende Beispiel alle Bestellnummern und die summierte Menge der einzelnen Bestellposten. Informationen über die einzelnen Bestellposten, wie Artikelnummer und Positionsnummer, können nicht mit aufgeführt werden.

```
SELECT BestellNr, SUM(Menge) AS Summe
FROM   Bestellposten
GROUP BY BestellNr

BestellNr  Summe
---------- ----------
1          8
8          3
```

Um nun zusätzlich auch Daten eines einzelnen Datensatzes mit aufzuführen, verwendet man sogenannte Fensterfunktionen („Window functions"). Neben den

Aggregatfunktionen gehören zu diesen zusätzlich Funktionen zur Angabe einer Rangfolge. Das folgende Beispiel verwendet die beiden Schlüsselwörter OVER und PARTITION BY, um die Gesamtmenge einer Bestellung für jeden einzelnen Datensatz der Bestellpostentabelle auszugeben. Hinter PARTITION BY folgt die Spalte, nach der gruppiert werden soll.

```
SELECT BestellNr, Positionsnummer, Artikelnummer, Menge,
       SUM(Menge) OVER() Gesamtmenge,
       SUM(Menge) OVER (PARTITION BY Bestellnr) AS Bestellgesamtmenge
FROM Bestellposten

BestellNr  Positionsnummer  Artikelnummer  Menge  Gesamtmenge  Bestellgesamtm
---------  ---------------  -------------  -----  -----------  --------------
1          1                1101           1      11           8
1          2                1102           1      11           8
1          3                1103           1      11           8
1          4                1001           2      11           8
1          5                1003           3      11           8
8          1                4101           1      11           3
8          2                1012           2      11           3
```

Wir erkennen, dass alle Datensätze der Bestellpostentabelle ausgegeben wurden und für jede Bestellnummer die Gesamtmenge dieser Bestellung. Neben der Aggregatfunktion SUM können hier alle beschriebenen Aggregatfunktionen aus Abschnitt 8.4.6 verwendet werden. Wir sehen auch, dass im Gegensatz zur Verwendung von GROUP BY die Werte einzelner Spalten ausgegeben werden können. Besteht die OVER-Klausel nur aus zwei leeren runden Klammern, so werden alle Datensätze bei der Berechnung herangezogen.

Doch kommen wir nun zu den Rangfolgefunktionen. Diese weisen jedem Datensatz der Ergebnismenge eine Ordinalzahl zu, die die Rangfolge des einzelnen Datensatzes darstellt. Neben dem einfachen Durchnummerieren der Datensätze über ROW_NUMBER gibt es RANK, DENSE_RANK, PERCENT_RANK und NTILE.

Die folgende SELECT-Anweisung soll die Verwendung dieser Funktionen verdeutlichen. Nach der Funktion folgt wieder das Schlüsselwort OVER, und anstatt PARTITION BY wird nun für die Berechnung einer Rangfolge ein ORDER BY verwendet.

```
SELECT BestellNr, Positionsnummer,
       ROW_NUMBER() OVER (ORDER BY Bestellnr) AS Zeile,
       RANK() OVER (ORDER BY Bestellnr) AS Rang,
       DENSE_RANK() OVER (ORDER BY Bestellnr) AS "Rang(fortlaufend)",
       NTILE(3) OVER (ORDER BY Bestellnr) AS "3 Gruppen"
FROM Bestellposten
BestellNr Positionsnummer Zeile Rang Rang(fortlaufend) 3 Gruppen
```

8.8 Sätze zusammenfassen

```
---------  ---------------  -----  ----  -----------------  ---------
1          1                1      1     1                  1
1          2                2      1     1                  1
1          3                3      1     1                  1
1          4                4      1     1                  2
1          5                5      1     1                  2
8          1                6      6     2                  3
8          2                7      6     2                  3
```

Man erkennt, dass ROW_NUMBER für jeden Datensatz eine fortlaufende Zahl, sozusagen einen Datensatzzähler vergibt. RANK vergibt eine Zahl für jede Gruppe, also in diesem Fall für alle Datensätze mit der Bestellnummer 1 den Rang 1 und für alle mit der Bestellnummer 8 den Rang 6, da die ersten 5 Datensätze zur Bestellung 1 gehören. Im Gegensatz zu RANK verwendet DENSE_RANK eine fortlaufende Nummerierung ohne Lücken, also für die Bestellnummer 1 wird für alle 5 Datensätze die 1 vergeben und für die darauffolgende Gruppe die Rangfolge 2. NTILE schließlich teilt die Anzahl der zurückgelieferten Datensätze in gleich große Gruppen auf. Die Anzahl der Gruppen wird NTILE als Parameter übergeben.

Zum Schluss wollen wir uns noch mal ein praktisches Beispiel ansehen, das die Gesamtmenge einer Bestellung und die Anzahl der Positionen pro Bestellung ausgibt. Als letzte Spalte wird dann der prozentuale Anteil der Menge einer jeden Position zur Gesamtmenge der Bestellung ausgerechnet. Beachten Sie bei dem folgenden Beispiel, dass man bei Berechnungen gegebenenfalls Zahlen in einen höherwertigen Datentypbereich umwandeln muss. In unserem Beispiel wird die Menge auf eine Dezimalzahl mit zwei Nachkommastellen „gecastet". Ohne diese Umwandlung würde nur mit Ganzzahlen gerechnet werden.

```
SELECT BestellNr, Menge,
       SUM(Menge) OVER (PARTITION BY Bestellnr) AS Gesamtmenge,
       COUNT(Menge) OVER (PARTITION BY Bestellnr) AS "Anzahl Positionen",
       CAST(Menge AS DECIMAL(8,2))/
           SUM(Menge) OVER (PARTITION BY Bestellnr) "% Menge zu Gesamt"
FROM Bestellposten

BestellNr Menge Gesamtmenge Anzahl Positionen % Menge zu Gesamt
--------- ----- ----------- ----------------- -----------------
1         1     8           5                 0.1250000000000
1         1     8           5                 0.1250000000000
1         1     8           5                 0.1250000000000
1         2     8           5                 0.2500000000000
1         3     8           5                 0.3750000000000
8         1     3           2                 0.3333333333333
8         2     3           2                 0.6666666666666
```

8.9 Sätze sortieren

Die Reihenfolge der Datensätze unserer bisherigen Ergebnistabellen war bisher eher zufällig. Da SQL mathematisch auf der Mengenlehre basiert, kennt es generell keine Reihenfolgen von Spalten oder Sätzen. SQL bietet deshalb die Möglichkeit, die Ergebnistabelle zu sortieren. Betrachten wir hierzu noch einmal den allgemeinen Aufbau der SELECT-Anweisung:

```
  SELECT    spaltenliste
  FROM      tabellenliste
[ WHERE     bedingungsausdruck ]
[ GROUP BY  spaltenliste ]
[ HAVING    bedingungsausdruck ]
[ ORDER BY  spaltenliste ]
[ FETCH FIRST n ROWS ONLY ]
```

Die ORDER BY-Klausel erscheint immer am Ende einer SELECT-Anweisung und dient zum Sortieren der Ergebnistabelle. Hinter ORDER BY folgt eine Spaltenliste, nach der die Ergebnistabelle sortiert werden soll. Hinter jeder Spalte wiederum kann über die Schlüsselwörter ASC („ascending") oder DESC („descending") festgelegt werden, ob nach dieser Spalte aufsteigend oder absteigend sortiert werden soll.

Betrachten wir hierzu ein einfaches Beispiel: Wir wollen Name, Vorname und Plz aller Kunden ausgeben, sortiert nach der Spalte „Plz" in aufsteigender Reihenfolge.

```
SELECT Plz, Name, Vorname
FROM   Kunde
ORDER  BY Plz

Plz    Name        Vorname
-----  ----------  -------
22222  Muster      Hans
33333  Wiegerich   Frieda
44444  Carlson     Peter
44444  Bolte       Bertram
```

Möchte man aufsteigend sortieren, kann man auf das Schlüsselwort ASC verzichten, wie in der SELECT-Anweisung zu sehen. Anstatt einen Spaltennamen anzugeben, kann auch eine Zahl als Spalte angeben werden. Diese Zahl entspricht der Reihenfolge der Spalten, wie sie hinter der SELECT-Anweisung aufgeführt werden. Um z.B. absteigend nach Name zu sortieren, kann man schreiben:

```
SELECT Plz, Name, Vorname
FROM   Kunde
ORDER  BY 2 DESC
```

```
Plz     Name        Vorname
-----   ---------   -------
33333   Wiegerich   Frieda
22222   Muster      Hans
44444   Carlson     Peter
44444   Bolte       Bertram
```

Generell ist es allerdings vorteilhafter, den Namen einer Spalte zu verwenden. Ändert man nämlich die Reihenfolge der Spalten hinter SELECT, muss auch die Zahl zur Sortierung geändert werden. Dieser zweite Schritt entfällt bei Verwendung des Spaltennamens.

Ergebnistabellen können auch nach berechneten Spalten sortiert werden. Da berechnete Spalten normalerweise keinen eigenen Spaltennamen haben, muss eine Zahl als Sortierspalte angegeben werden. Besser ist jedoch, der berechneten Spalte über das Schlüsselwort AS einen Namen zu geben und diesen bei der Sortierung zu verwenden. Um z.B. die Bestandsdifferenz eines jeden Werbeartikels zwischen Lagerbestand und Mindestbestand auszugeben und nach diesem zu sortieren, schreibt man folgende SELECT-Anweisung:

```
SELECT Bezeichnung, Lagerbestand - Mindestbestand AS Bestandsdifferenz
FROM   Werbeartikel
ORDER  BY Bestandsdifferenz

Bezeichnung                   Bestandsdifferenz
----------------------------  -----------------
Opernführer                   NULL
Plakat mit Musical-Katzen     -1
T-Shirt Farbe: rot            1
Phil Collins in Concert       1
Schwarzer Zauberstock         2
Noten f. Klavier              6
```

Innerhalb der ORDER BY-Klausel können auch Berechnungen durchgeführt und nach diesen Berechnungen sortiert werden. Spalten, nach denen sortiert wurde, müssen nicht unbedingt hinter SELECT aufgeführt sein. Um also die Werbeartikel nach ihrer Bestandsdifferenz zu sortieren, kann man auch schreiben:

```
SELECT Beschreibung
FROM   Werbeartikel
ORDER  BY Preis * Lagerbestand
```

8.10 Sichten

Im sechsten Kapitel haben wir kennengelernt, wie man Tabellen physisch in einer Datenbank anlegt. Diese Tabellen werden auch als Basistabellen bezeichnet, im

Gegensatz zu sogenannten Sichten, die auf Grundlage von Basistabellen oder auch Sichten selbst erzeugt werden. Hierbei handelt es sich sozusagen um virtuelle Tabellen, die auf einer normalen SELECT-Abfrage basieren. Das folgende Beispiel legt über die SQL-Anweisung CREATE VIEW eine Sicht mit dem Namen Bestellungen2011 an. Nach Angabe des Sichtnamens folgen das Schlüsselwort AS und eine beliebige SELECT-Anweisung, die die Datensätze der neuen virtuellen Tabelle bereitstellt:

```
CREATE VIEW Bestellungen2011 AS
  SELECT BestellNr, Datum, Kundennummer, Personalnummer
  FROM    Bestellung
  WHERE   EXTRACT(YEAR FROM Datum) = 2011

SELECT *
FROM    Bestellungen2011
```

Die erstellte Sicht kann nun wie eine Basistabelle abgefragt werden. Datensätze können auch gelöscht, geändert und eingefügt werden. Hierbei sind allerdings einige Dinge zu beachten: Betrachten wir zunächst unsere Sicht, so müssten wir uns fragen, ob es erlaubt sein soll, auch Bestellungen einzufügen oder zu ändern, die nicht aus dem Jahr 2011 stammen. Der Standard sieht die Möglichkeit vor, Änderungen an den Datensätzen zu verhindern, die der WHERE-Klausel der Abfrage widersprechen. Dazu muss man am Ende der CREATE VIEW-Anweisung die drei Schlüsselwörter WITH CHECK OPTION ergänzen. Folgende INSERT- und DELETE-Anweisungen werden bei unserer bisherigen Sicht korrekt ausgeführt. Beachten Sie allerdings, dass der Datensatz mit der Bestellnummer 10 nicht wieder gelöscht wird, da er nicht den Bedingungen der Sicht entspricht.

```
INSERT INTO Bestellungen2011 VALUES (10, '2010-12-31', 1, 5)
INSERT INTO Bestellungen2011 VALUES (11, '2011-01-31', 1, 5)
DELETE FROM Bestellungen2011 WHERE BestellNr = 10
DELETE FROM Bestellungen2011 WHERE BestellNr = 11
```

Löschen wir nun aber die Sicht mit der Anweisung DROP VIEW und ergänzen die Definition der Sicht um WITH CHECK OPTION, so wird die erste INSERT-Anweisung zurückgewiesen, die für das Jahr 2010 eine Bestellung einfügen will.

```
DROP VIEW Bestellungen2011

CREATE VIEW Bestellungen2011 AS
  SELECT BestellNr, Datum, Kundennummer, Personalnummer
  FROM    Bestellung
  WHERE   YEAR(Datum) = 2011
WITH CHECK OPTION
```

Als weitere Einschränkung gilt, dass nicht in allen Sichten Datensätze geändert werden können. Das betrifft vor allem die Verwendung von Funktionen wie EXTRACT, SUBSTRING, CURRENT_TIMESTAMP in der Spaltenliste, Berechnungen in Ausdrücken, Aggregatfunktionen und Gruppenbildungen. Das folgende Beispiel zeigt eine Sicht, bei der Änderungen an den Datensätzen im Allgemeinen nicht möglich sind.

```
CREATE VIEW BestellungenProMonat(Jahr, Monat, Anzahl) AS
  SELECT YEAR(Datum), MONTH(Datum), COUNT(BestellNr)
  FROM   Bestellung
  GROUP BY YEAR(Datum), MONTH(Datum)

INSERT INTO BestellungenProMonat VALUES (2010,1,1022)
```

Man erkennt, dass bei berechneten Spalten usw. der Spalte ein Name vergeben werden muss. Bei Sichten kann das hinter dem Sichtnamen in runden Klammern erfolgen oder, wie wir es bereits vorher kennengelernt haben, über einen Alias-Namen.[2]

Daneben sind Datensätze von Sichten im Allgemeinen nicht änderbar, die sich auf mehr als eine Tabelle beziehen. Hierauf werden wir im nächsten Kapitel eingehen.

Sichten haben zum einen den Vorteil, dass mit ihnen Abfragen einfacher zu formulieren sind, besonders dann, wenn man Daten aus verschiedenen Tabellen innerhalb einer Abfrage benötigt. Ein weiterer Vorteil besteht in der Vergabe und Verwaltung von Zugriffsrechten, die über Sichten leichter zu handhaben sind.

8.11 Verwaltungssichten

Jede Datenbank bzw. Kategorie enthält ein Schema mit dem Namen INFORMATION_SCHEMA. Dieses enthält Sichten mit beschreibenden Daten zu allen angelegten Datenbankobjekten, wie Tabellen, Domains usw. Dadurch ist es möglich herauszufinden, welche Tabellen in einer Datenbank existieren. Diese beschreibenden Daten werden oft auch als Metadaten bezeichnet. Damit sind Daten gemeint, die Informationen über andere Daten liefern. Metadaten einer angelegten Tabelle wären der Name der Tabelle (z.B. Kunde) und die in dieser Tabelle angelegten Spalten mit Datentypen und Einschränkungen. Der Datenbereich mit den Metadaten selbst wird allgemein als Data Dictionary oder auch Metadaten-Repository bezeichnet.

Abbildung 8-5 stellt einen Teilausschnitt der Sichten im Schema INFORMATION_SCHEMA dar.

---

[2] Der Standard kennt übrigens keine Anweisung zum nachträglichen Ändern einer Sicht. Eine Sicht muss dafür erst gelöscht und wieder neu angelegt werden.

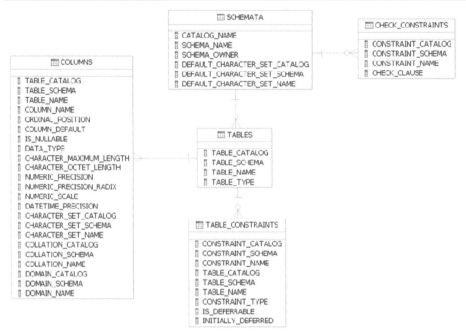

Abbildung 8-5: Ausschnitt aus dem Schema INFORMATION_SCHEMA

Um nun alle Tabellen in der Datenbank „KartoFinale" zu ermitteln, die zum Schema „Personal" gehören, kann man die Sicht Tables wie folgt abfragen:

```
SELECT *
FROM   INFORMATION_SCHEMA.TABLES
WHERE  TABLE_SCHEMA = 'Personal'

TABLE_CATALOG  TABLE_SCHEMA  TABLE_NAME   TABLE_TYPE
-------------  ------------  -----------  ----------
KartoFinale    Personal      Abteilung    BASE TABLE
KartoFinale    Personal      Mitarbeiter  BASE TABLE
```

Um die einzelnen Spalten und deren Datentypen herauszufinden, kann man die Tabelle COLUMNS abfragen. Neben den Informationen zu Spaltenname und Datentyp enthält sie noch viele weitere Informationen über jede einzelne Spalte:

```
SELECT TABLE_NAME, COLUMN_NAME, DATA_TYPE
FROM   INFORMATION_SCHEMA.COLUMNS
WHERE  TABLE_SCHEMA = 'Personal' AND TABLE_NAME = 'Abteilung'

TABLE_NAME  COLUMN_NAME                 DATA_TYPE
----------  --------------------------  ---------
Abteilung   Abteilungsbezeichnung       varchar
Abteilung   Abteilungsnummer            int
Abteilung   PersonalnummerAbteilungsleiter  int
```

8.12 Praxis

Microsoft SQL Server 2008

Wir wollen uns im praktischen Teil vor allem mit Unterschieden und Erweiterungen zwischen dem kennengelernten SQL:2008 Standard und der SQL-Syntax vom Microsoft SQL Server 2008 beschäftigen. Microsoft bezeichnet seinen SQL-Dialekt als Transact-SQL (T-SQL). Dazu starten wir das uns bekannte „Microsoft SQL Server Management Studio" (SSMS), um unsere SQL-Anweisungen ausführen zu können.

Die in diesem Kapitel vorgestellten SQL-Bestandteile unterscheiden sich vorwiegend in der Verwendung der „Built-in"-Funktionen. Betrachten wir zunächst die Gruppe der „Numeric Value Functions". Die Funktion CHAR_LENGTH heißt in T-SQL einfach nur LEN und die Funktion OCTET_LENGTH heißt DATALENGTH. Beide Funktionen werden aber wie ihre Standardvarianten aufgerufen. Das Ermitteln der Position eines Wortes oder eines Buchstabens erfolgt über die Funktion CHARINDEX. Als Parameter wird der zu suchende und zu durchsuchende Text übergeben, sowie optional eine Startposition, ab der die Suche beginnen soll. Die folgende SQL-Anweisung liefert die Zahl 9 als Ergebnis zurück, da erst ab der zweiten Position gesucht wird:

```
SELECT CHARINDEX( 'abc', 'abc def abc', 2)
```

Im Gegensatz zu SQL:2008 erlaubt T-SQL den Verzicht auf die FROM-Klausel, wie wir an dem obigen Beispiel erkennen können.

Das Ermitteln eines Datum-Bestandteils erfolgt in T-SQL über mehrere Funktionen. Um den Tag, den Monat oder das Jahr zu extrahieren, existieren die naheliegenden Funktionen DAY, MONTH und YEAR, die als Parameter ein Datum erwarten. Um weitere Bestandteile eines Datums zu ermitteln, existiert die allgemeine Funktion DATEPART. Als erster Parameter wird übergeben, welchen Bestandteil man zurückgeliefert bekommen möchte. Neben YEAR, MONTH und DAY kann hier z.B. auch das Quartal über QUARTER oder der Wochentag über WEEKDAY angegeben werden.

```
SELECT DAY      ('2011-01-15')              AS Tag,
       MONTH    ('2011-01-15')              AS Monat,
       YEAR     ('2011-01-15')              AS Jahr,
       DATEPART(QUARTER, '2011-01-15') AS Quartal,
       DATEPART(WEEKDAY, '2011-01-15') AS Wochentag,
       DATEPART(MILLISECOND, '2011-01-15 12:45:38.123456') AS Millisekunden

Tag        Monat       Jahr       Quartal     Wochentag    Millisekunden
---------- ----------- ---------- ----------- ------------ --------------
15         1           2011       1           6            123
```

Datumsbestandteile können auch als Wörter vor allem für den Monat und den Wochentag ausgegeben werden. Dazu verwendet man die Funktion DATENAME, die die gleichen Parameter wie DATEPART erwartet.

```
SELECT DATENAME(DAY,     '2011-01-15') AS Tag,
       DATENAME(MONTH,   '2011-01-15') AS Monat,
       DATENAME(YEAR,    '2011-01-15') AS Jahr,
       DATENAME(QUARTER, '2011-01-15') AS Quartal,
       DATENAME(WEEKDAY, '2011-01-15') AS Wochentag,
       DATENAME(MILLISECOND, '2011-01-15 12:45:38.123456') AS Millisekunden

Tag Monat   Jahr Quartal Wochentag Millisekunden
--- ------  ---- ------- --------- -------------
15  Januar  2011 1       Samstag   123
```

T-SQL kennt neben den beiden Operatoren „+" und „–" zum Addieren und Subtrahieren von Datumswerten die beiden Funktionen DATEADD und DATEDIFF, die es erlauben, Teile eines Datums zu addieren oder zu subtrahieren. Um nun das Alter der Kunden zu berechnen, können wir das aktuelle Datum vom Geburtsdatum subtrahieren und daraus das Jahr wie folgt extrahieren:

```
SELECT Geburtsdatum,
       YEAR(CURRENT_TIMESTAMP - Geburtsdatum) - 1900 AS "Alter"
FROM   Kunde

Geburtsdatum            Alter
----------------------- -----
1945-12-30 00:00:00.000 64
1953-02-21 00:00:00.000 57
1963-08-18 00:00:00.000 47
1971-09-26 00:00:00.000 39
```

Das Verketten von Zeichenketten erfolgt nicht wie in SQL:2008 über den Operator „||", sondern einfach über das „+"-Zeichen. Das folgende Beispiel verkettet Vor- und Nachname der Kunden:

```
SELECT Name + ', ' + Vorname AS Name
FROM   Kunde
```

Zum Umwandeln eines Datentyps in einen anderen Datentyp kennen wir die Funktion CAST. T-SQL kennt zusätzlich die Funktion CONVERT, mit der gleichzeitig auch Formatänderungen vorgenommen werden können. CONVERT erwartet als ersten Parameter den Datentyp, in den konvertiert werden soll, dann den zu konvertierenden Wert und als dritten Parameter einen Stil, der angibt, wie das auszugebende Format aussehen soll. Um ein Datum z.B. im amerikanischen

8.12 Praxis

Format auszugeben, verwenden wir die Stilnummer 101. Das folgende Beispiel gibt das aktuelle Datum im amerikanischen Format aus:

```
SELECT CONVERT( VARCHAR(10), CURRENT_TIMESTAMP, 1 ) AS Datum

Datum
----------
12/16/10
```

Im Gegensatz zu SQL:2008, der neben LIKE das zusätzliche Schlüsselwort SIMILAR zur Verwendung regulärer Ausdrücke verwendet, ist die Anwendung regulärer Ausdrücke bei T-SQL direkt über LIKE anwendbar. Das folgende Beispiel liefert damit also alle Kunden, deren Vorname mit einem B oder P beginnt und als letztes Zeichen kein M enthält.

```
SELECT *
FROM    Kunde
WHERE   Vorname LIKE '[BP]%[^M]'
```

Um über T-SQL die Ergebnismenge auf eine bestimmte Anzahl von Datensätzen zu beschränken, verwendet man das Schlüsselwort TOP. Das folgende Beispiel gibt den jüngsten Kunden aus, indem nach dem Geburtsjahr aufsteigend sortiert und aus der Ergebnismenge nur der erste Datensatz ausgegeben wird.

```
SELECT TOP 1 *
FROM    Kunde
ORDER   BY Geburtsdatum
```

In Kapitel 7 haben wir gesehen, wie man Datensätze in eine Tabelle über die INSERT-Anweisung einfügt. Die SELECT- und die INSERT-Anweisungen können nun kombiniert aufgerufen werden, um in eine vorhandene Tabelle Datensätze einer anderen Tabelle einzufügen. Um alle weiblichen Kunden in die Tabelle Frauen einzufügen, erzeugt man zunächst eine neue Tabelle Frauen und verwendet dann INSERT und SELECT wie folgt:

```
CREATE TABLE Frauen
(
    Nachname VARCHAR(30),
    Vorname  VARCHAR(20)
)

INSERT INTO Frauen
    SELECT Name, Vorname
    FROM    Kunde
    WHERE   Geschlecht = 'W'
```

Existiert noch keine Tabelle Frauen, so kann die Tabelle auch direkt über die SELECT-Anweisung erzeugt werden. Dazu verwendet man die SELECT...INTO-Anweisung wie folgt:

```
SELECT Name AS Nachname, Vorname INTO Frauen
    FROM   Kunde
    WHERE  Geschlecht = 'W'
```

Beide Möglichkeiten liefern das gleiche Ergebnis mit dem Unterschied, dass bei einem nochmaligen Aufruf der SELECT...INTO-Anweisung eine Fehlermeldung darauf hinweist, dass die Tabelle Frauen bereits existiert.

IBM DB2 9.7

Wir wollen uns im praktischen Teil noch einmal mit Unterschieden und Erweiterungen zwischen dem kennengelernten SQL:2008 Standard und der SQL-Syntax IBM DB2 beschäftigen. Allgemein kann man jedoch festhalten, dass sich DB2 sehr eng an den Standard hält, da ja die Grundlagen zu relationalen Datenbankmanagementsystemen und SQL auch von IBM stammen.

Zunächst starten wir den Befehlseditor von DB2 und verbinden uns mit einer Datenbank. DB2 unterstützt hierfür die SQL:2008 Anweisung CONNECT. Über folgende SQL-Anweisung können wir eine Datenbank auswählen, auf die darauf folgende SQL-Anweisungen ausgeführt werden.

```
CONNECT TO KFinale
```

Bei der Verwendung der Funktion POSITION kann zusätzlich zum Standard angegeben werden, ob er pro Byte oder pro Zeichen zählen soll. Das folgende Beispiel liefert die Anfangsposition der Zeichenkette „stadt" innerhalb der Spalte Ort als Anzahl Bytes.

```
SELECT Ort, POSITION('stadt' IN Ort USING OCTETS)
FROM   Ort
```

Genau wie beim Microsoft SQL Server 2007 existieren mehrere Funktionen zum Ermitteln eines Datum-Bestandteils, u.a. auch die naheliegenden Funktionen DAY, MONTH, QUARTER und YEAR, die als Parameter ein Datum erwarten. Zum Ermitteln des Namens eines Monats und eines Tages gibt es die beiden Funktionen MONTHNAME und DAYNAME.

```
SELECT DAYNAME(Datum) AS Tag,
       MONTHNAME(Datum) AS Monat,
       QUARTER(Datum) AS Quartal
    FROM   Bestellung
```

Wie der Standard auch, kennt DB2 die Operatoren „+" und „–" zum Addieren und Subtrahieren von Datumswerten. Um nun das Alter der Kunden zu berechnen, können wir das aktuelle Datum vom Geburtsdatum subtrahieren und daraus das Jahr wie folgt extrahieren:

```
SELECT Geburtsdatum,
       YEAR(CURRENT_TIMESTAMP - Geburtsdatum) AS "Alter"
FROM   Kunde
```

Für die Verarbeitung von Zeichenketten kennt DB2 noch weitere Funktionen wie CONCAT zum Verbinden von Zeichenkette, INSERT zum Löschen und Einfügen von Teilzeichenketten in eine bestehende Zeichenkette, LEFT und RIGHT zum Extrahieren einer Teilzeichenkette links- und rechtsseitig, REPEAT zum Erzeugen einer Zeichenkette aus einer angegebenen Anzahl von Zeichen u.a.

8.13 Zusammenfassung

In diesem Kapitel haben wir gesehen, wie man Daten aus einer Tabelle abfragen kann und dass die Ergebnisse wiederum auch als Tabellen ausgegeben werden. Die SQL-Anweisung zum Abfragen von Tabellen lautet SELECT. Ihr allgemeiner Aufbau sieht folgendermaßen aus:

```
  SELECT    spaltenliste             -- Spaltenauswahl
  FROM      tabellenliste            -- Tabellenauswahl
[ WHERE     bedingungsausdruck ]     -- Zeilenauswahl
[ GROUP BY  spaltenliste ]           -- Gruppieren/Aggregieren
[ HAVING    bedingungsausdruck ]     -- Gruppenauswahl
[ ORDER BY  spaltenliste ]           -- Sortieren
[ FETCH FIRST n ROWS ONLY ]          -- Ergebnismenge begrenzen
```

Wir haben uns in diesem Kapitel mit den einzelnen Bestandteilen der SELECT-Anweisung auseinandergesetzt.

Über SELECT werden Spalten auswählt, die in der Ergebnistabelle angezeigt werden sollen. Auf Spalten kann man Berechnungen durchführen oder so genannte „Built-in"-Funktionen anwenden. Hierbei gibt es Funktionen zum Ändern oder Heraustrennen von Zeichenketten, zum Konvertieren in einen anderen Datentyp, zum Herauslesen der einzelnen Bestandteile eines Datums oder einer Uhrzeit usw. Eine Gruppe dieser Funktionen sind die Mengen- oder Aggregatfunktionen. Im Gegensatz zu den anderen Funktionsgruppen, liefern sie ein Ergebnis zurück, das sich auf mehrere Sätze beziehen kann. Mit Aggregatfunktionen können Werte einer Spalte summiert werden, es kann der Durchschnitt ermittelt werden usw. Gerade bei den einzelnen Funktionen gibt es zurzeit größere Unterschiede zwischen den einzelnen RDBMS-Produkten. Die Funktionalität der hier vorgestellten Funktionen existiert in der Regel zwar bei allen RDBMS-

Produkten. Häufig jedoch unterscheiden sich die Funktionen der RDBMS-Produkte und des SQL:2008 Standards in den Bezeichnungen und dem Aufruf der jeweiligen Funktionen. Die hier kennengelernten Funktionen entsprechen dem SQL:2008 Standard.

Mit der FROM-Klausel wird spezifiziert, in welchen Tabellen sich die Spalten befinden, die ausgewählt werden sollen. Bestimmte Datensätze wiederum werden mit dem Schlüsselwort WHERE ausgewählt. Hinter WHERE schreibt man einen Bedingungsausdruck, der die Ergebnistabelle auf die gewünschten Sätze beschränkt. Der Bedingungsausdruck setzt sich aus verschiedenen Prädikaten zusammen. Die wichtigsten Prädikate sind die Vergleichsprädikate, daneben gibt es IS NULL, LIKE, SIMILAR, BETWEEN und IN. Mehrere Bedingungen werden über die logischen Operatoren AND, OR und NOT verknüpft.

Die GROUP BY-Klausel wird im Zusammenhang mit der Anwendung von Aggregatfunktionen verwendet. Über GROUP BY kann man Datensätze zusammenfassen und aggregierte Werte für die zusammengefassten Gruppen errechnen. Um die gruppierten Datensätze wieder auf bestimmte Gruppen zu beschränken, verwendet man HAVING.

Die letzten beiden SELECT-Bestandteile dienen schließlich dem Sortieren der Ergebnistabelle und dem festen Einschränken der Anzahl der Ergebnismenge. Über die Schlüsselwörter ORDER BY kann die Ergebnistabelle nach Spalten sortiert werden. Über die Schlüsselwörter FETCH FIRST n ROWS ONLY kann die Anzahl der zurückgelieferten Datensätze angegeben werden.

Zum Schluss des Kapitels haben wir uns noch einmal Sichten und deren Anwendung angesehen und uns mit den Metadaten eines Datenbank-Management-Systems beschäftigt, die laut SQL:2008 im Datenbankschema INFORMATION_SCHEMA abgelegt werden.

Bis hierher haben wir also gelernt, wie man aus einer einzelnen Tabelle Informationen heraussucht. Das nächste Kapitel beschäftigt sich daher mit dem Finden von Daten aus mehreren Tabellen.

8.14 Aufgaben

Wiederholungsfragen

1. Welche Klauseln in einer SELECT-Anweisung sind nicht optional?
2. Über welches Schlüsselwort benennt man eine Spalte um?
3. Wozu dienen die Funktionen TRIM, SUBSTRING, UPPER, POSITION und EXTRACT?
4. Was liefert der Ausdruck NULLIF(10.99, 10.99) zurück?
5. Innerhalb einer WHERE-Klausel müssen Zeichenketten-Literale oder Datums-Literale durch welches Zeichen umschlossen werden?
6. Was liefert der Ausdruck POSITION('ist' IN 'Dies ist ein Beispieltext') zurück?

8.14 Aufgaben

7. Was liefern die Funktionen CURRENT_DATE und CURRENT_TIME zurück?
8. Welches Ergebnis liefert der Ausdruck „10 NOT BETWEEN 20 AND 30"?
9. Welches Ergebnis liefert der Ausdruck „NOT(10 >= 20 AND 10 >= 30)"?
10. Welches Ergebnis liefert der Ausdruck „'Hamburg' IN ('München', 'Frankfurt', 'Berlin')"?
11. Welches Schlüsselwort muss man verwenden, um die Platzhaltersymbole ‚_' und ‚%' verwenden zu können?
12. Welches Ergebnis liefert der Ausdruck „'Hamburg' = 'München' OR 'Hamburg' = 'Frankfurt' OR 'Hamburg' = 'Berlin')" ?
13. Welches Ergebnis liefert der Ausdruck „10 <> 10"?
14. Wozu dienen die Schlüsselwörter ROLLUP und CUBE?
15. Wozu dienen die Funktionen AVG, SUM, COUNT, MAX und MIN?
16. Wo ist der Unterschied zwischen den folgenden beiden SQL-Anweisungen:
    ```
    SELECT SUM(Mindestbestand) + SUM(Lagerbestand)
    FROM   Werbeartikel

    SELECT SUM(Mindestbestand + Lagerbestand)
    FROM   Werbeartikel
    ```
17. Ist die folgende SQL-Anweisung syntaktisch korrekt?
    ```
    SELECT Abteilungsbezeichnung, Geschlecht, AVG(Gehalt)
    FROM   Personal.Mitarbeiter
    WHERE  AVG(Gehalt) > 2000
    GROUP BY Abteilungsbezeichnung
    HAVING COUNT(*) > 2
    ```

Übungen

1. Geben Sie alle Vorstellungen aus, die von Mai bis Juli 2011 stattfinden!
2. Geben Sie die Namen aller Kunden aus, deren Nachname an der zweiten Stelle den Buchstaben „u" enthält!
3. Berechnen Sie den Durchschnittspreis für Artikel mit den Aggregatfunktionen SUM und COUNT (also nicht mit AVG)?
4. Berechnen Sie die Anzahl aller auf Lager liegenden Werbeartikel und geben Sie der berechneten Spalte den Spaltennamen „Anzahl auf Lager liegende Werbeartikel"!
5. Geben Sie die Preise aller Artikel im Format „25.99 Euro" aus!
6. In der KartoFinale-Datenbank ist vorgesehen, dass der Mitarbeiter, der eine Bestellung bearbeitet, in der Bestellungs-Tabelle gespeichert wird. Für welche Bestellung wurde kein Mitarbeiter eingetragen?
7. Welche Vorstellungen finden in der Nordseehalle oder in der Kongresshalle statt?
8. Wie viele verschiedene Vorstellungen gibt es?
9. Geben Sie die Anzahl der Vorstellungen aus, die pro Veranstaltung stattfinden!

10. Welcher Kunde hat wie viele Bestellungen (absteigend sortiert nach der Anzahl)?
11. Herr Kowalski hatte mehrere Fragen, die Frau Kart ihm aus der Datenbank beantworten sollte:
    Was kostet ein Artikel im Durchschnitt?
    Welcher Artikel wurde am häufigsten verkauft?
    Welche Vorstellungen finden im Mai statt?
    Wie viele Vorstellungen finden im Jahr 2011 jeweils in den einzelnen Monaten statt?
    Welcher Kunde hat die höchste Menge an Artikeln gekauft?
    Welcher Artikel wurde am seltensten bestellt?
    Helfen Sie Frau Kart!
12. Wie viele Vorstellungen finden im jeweiligen Jahr jeweils in den einzelnen Monaten und insgesamt statt?
13. Geben Sie die Kundennummer der Kunden aus, deren Vorname mit dem Buchstaben „K" beginnt!
14. Was kostet ein Sitzplatz im Parkett im Durchschnitt, im Maximum und im Minimum?
15. Geben Sie die Gesamtmenge an Artikeln an, die durch die Bestellung mit der Nummer 1 bestellt wurden?
16. Geben Sie die Bestellnummern, sowie die Anzahl der Bestellposten pro Bestellung aus?
17. Welche Vorstellung hat noch keine reservierten oder belegten Sitzplätze?
18. Wie viele Sitzplätze sind für die Vorstellung mit der Nummer 12 noch frei?
19. Wie viele Sitzplätze sind zur jeweiligen Vorstellung belegt, frei oder reserviert (sortiert nach der Vorstellungsnummer)?
20. Wie viele Sitzplätze sind zur jeweiligen Vorstellung belegt, frei oder reserviert und wie viele Sitzplätze gibt es insgesamt zu jeder Vorstellung?
21. Geben Sie die Prozentzahl an Kunden aus, für die keine Hausnummer angegeben wurde!
22. Geben Sie Vor- und Nachname als eine Spalte aus, aber so, dass Vor- und Nachname exakt aus 10 Zeichen besteht (also gegebenenfalls um Leerzeichen aufgefüllt bzw. abgeschnitten wird)!
23. Berechnen Sie das durchschnittliche Gehalt aller Abteilungen!
24. Wie viele Mitarbeiter haben die einzelnen Abteilungen?
25. Berechnen Sie die Summe der Gehälter über die Abteilungen, zu denen mehr als zwei Mitarbeiter gehören!
26. Geben Sie die Bezeichnung aller Veranstaltungen aus, bei denen der Name des Autors in der Veranstaltungsbezeichnung auftritt (z.B. „Mozarts Zauberflöte")

9 Abfragen auf mehrere Tabellen

In Kapitel 9 sollen folgende Fragen geklärt werden:
- Wie verbindet man Tabellen wieder, die vorher durch die Modellierung in mehrere Tabellen aufgeteilt wurden?
- Wie kann man in einer Abfrage auf Spalten mehrerer Tabellen zugreifen?
- Welche Möglichkeiten gibt es, Tabellen wieder miteinander zu verbinden?

9.1 Motivation

Frau Kart von der Firma „KartoFinale" hat inzwischen die Abfragen, um die der Geschäftsführer Herr Kowalski sie gebeten hatte, erstellt und die Ergebnisse ausgedruckt. Voller Stolz zeigt sie Herrn Kowalski die Ergebnisse, der sichtlich beeindruckt ist, welche Informationen und teilweise auch Analysen er über seine Geschäftsdaten erhalten kann.

Also beauftragt er Frau Kart gleich mit weiteren Fragen, die er beantwortet haben möchte:
- Erstellen Sie mir eine Liste der Namen aller Mitarbeiter und deren Ehepartner.
- Erstellen Sie mir eine Liste aller Vorstellungen mit Bezeichnung und Adresse der Spielstätte, Bezeichnung der Veranstaltung und Vorstellungstermin.
- Erstellen Sie eine Liste aller Bestellungen und deren Bestellposten.
- Erstellen Sie mir eine Liste aller Kunden und deren Bestellungen. Es sollen alle Kunden aufgeführt werden, auch die, die bisher noch nichts bestellt haben.

Frau Kart, optimistisch durch den ersten Abfrage-Erfolg, setzt sich sofort daran, die gewünschten Listen zu erstellen. Doch gleich bei der ersten Abfrage hat sie Probleme. Die Namen der Mitarbeiter und die Namen der Ehepartner befinden sich in unterschiedlichen Tabellen. Wie kann sie nun aber eine Abfrage erstellen, die sich auf beide Tabellen bezieht?

Also ruft sie Herrn Fleissig von der Unternehmensberatung an und schildert ihr Problem. Herr Fleissig erklärt ihr, dass man Tabellen, die über den Fremd- und Primärschlüssel miteinander in Beziehung stehen, wieder zu einer gemeinsamen Tabelle verbinden kann. Er erläutert ihr dies anhand der ersten Abfrage: „Der Primärschlüssel des Mitarbeiters, die Personalnummer, befindet sich als Fremdschlüssel in der Ehepartner-Tabelle. Um diese beiden Tabellen zu einer Tabelle zu verbinden, erstellt man eine Abfrage, die den Primär- und Fremdschlüssel, also die Personalnummer, auf Gleichheit prüft".

Nachdem Herr Fleissig mit ihr die entsprechende SELECT-Anweisung zum Abfragen mehrerer Tabellen durchgegangen ist, kann Frau Kart schließlich die gewünschten Listen selbst erstellen.

9.2 Grundlagen

Wir haben in den Kapiteln zur Datenmodellierung gesehen, dass zur Vermeidung mehrfach gespeicherter Daten das Relationenmodell die Daten in mehrere Tabellen aufteilt. Die Beziehungen zwischen den Tabellen werden dabei über Fremd- und Primärschlüssel abgebildet.

Um nun durch eine Abfrage Informationen aus mehreren Tabellen zu erhalten, müssen die in Beziehung stehenden Tabellen wieder miteinander verbunden werden. Das Verbinden („Join") von Tabellen zu einer großen gemeinsamen Tabelle ist eine wichtige Aufgabe eines RDBMS, da in der Regel für die meisten Abfragen Informationen aus verschiedenen Tabellen benötigt werden. Das Verbinden von Tabellen ist dabei nicht nur beschränkt auf das Wiederzusammenführen über Primär- und Fremdschlüsselspalten, auch wenn dieses sicherlich die Hauptaufgabe von „Joins" darstellt. Es sind durchaus auch Abfragen sinnvoll, die sich nicht auf Fremd- und Primärschlüssel beziehen. Um herauszufinden, welche Kunden im gleichen Ort wohnen, in der auch eine Spielstätte vorhanden ist, würde man die Postleitzahl des Kunden mit der Postleitzahl der Spielstätte vergleichen, auch wenn es sich hierbei um keine Fremd-/Primärschlüsselbeziehung handelt.

Einfach ausgedrückt verbindet man Tabellen also dadurch, dass Fremd- und Primärschlüssel auf Gleichheit bzw. Spalten auf Gleichheit überprüft werden, die den gleichen Datentyp haben und sich natürlich semantisch entsprechen. So macht es natürlich keinen Sinn, zwei Spalten wie „Ortsname" und „Artikelbezeichnung" auf Gleichheit zu überprüfen, da es hier keine inhaltlichen Übereinstimmungen gibt, auch wenn der Datentyp identisch sein mag.

Dadurch, dass das Relationenmodell Verbindungen von beliebigen Tabellen zulässt, sind beliebige Abfragen denkbar, an die beim Entwurf der Datenbankstruktur vielleicht noch gar nicht gedacht wurde. Diese Flexibilität ist ein wesentlicher Vorteil des Relationenmodells.

Doch kommen wir nun zu unserer SELECT-Anweisung, mit der wir Tabellen abfragen können. Wir wollen zunächst schrittweise betrachten, wie ein „Join" funktioniert. Nehmen wir dazu wieder unser Beispiel mit den Tabellen Mitarbeiter und Ehepartner. Zunächst müssen wir die Spalten angeben, die unsere SELECT-Anweisung ausgeben soll. Wir möchten den Vornamen des Mitarbeiters und den Vornamen des Ehepartners ausgeben. Die Informationen zu diesen Spalten finden

9.2 Grundlagen

wir in den Tabellen Mitarbeiter und Ehepartner. Der erste Teil der SELECT-Abfrage könnte mit unserem bisherigen Wissen folgendermaßen aussehen:

```
SELECT Vorname, Vorname            -- mehrdeutige Spaltennamen
FROM   Personal.Mitarbeiter, Ehepartner
```

Doch hier haben wir schon unser erstes Problem: Die Spalte „Vorname" existiert sowohl in der Tabelle „Mitarbeiter" als auch in der Tabelle „Ehepartner", die Spaltennamen sind also mehrdeutig. Wie können wir dieses Problem nun lösen? Eine Möglichkeit wäre natürlich, z.B. den Spaltennamen „Vorname" in der Tabelle „Ehepartner" über ALTER TABLE umzubenennen, so dass wir in allen Tabellen eindeutige Spaltennamen hätten. Dies ist jedoch nicht besonders praktikabel. SQL kennt deshalb so genannte qualifizierte Namen. Ein Spaltenname ist, wie wir gerade gesehen haben, zwischen zwei oder mehreren Tabellen nicht immer eindeutig. Wird jedoch der Tabellenname der Spalte vorangestellt, so ist eindeutig festgelegt, welche Spalte gemeint ist. Genau das ist mit qualifizierten Namen gemeint. Man stellt den Tabellennamen vor den Spaltennamen und trennt die beiden Bezeichner durch einen Punkt. Um also eindeutig auf den Vornamen in der Tabelle Ehepartner zu verweisen, lautet der qualifizierte Bezeichner

```
Ehepartner.Vorname
```

Um dagegen eindeutig auf den Vornamen des Mitarbeiters zu verweisen, lautet der qualifizierte Bezeichner mit Angabe des Schemas:

```
Personal.Mitarbeiter.Vorname
```

In Kapitel 6, Abschnitt 2, haben wir gesehen, dass ein RDBMS eine Datenbank noch weiter strukturiert, als in Tabellen und Spalten. Den Tabellen übergeordnet ist das Schema und über dem Schema steht die Kategorie. Eine Tabelle kann also innerhalb von zwei Schemata auch den gleichen Namen bekommen. Allgemein sieht die Vergabe qualifizierter Bezeichner deshalb folgendermaßen aus:

```
Kategorie.Schema.Tabelle.Attribut
```

Fängt man bei der Angabe eines Tabellen- oder Spaltennamens mit dem Datenbanknamen an, so spricht man von einem voll qualifizierten Bezeichner. Unter einem unqualifizierten Bezeichner versteht man dagegen nur die Angabe des Tabellennamen und unter einem teilweise qualifizierten Bezeichner die Angabe zusätzlich mit Schemanamen:

```
KartoFinale.Personal.Mitarbeiter    -- voll qualifizierter Bezeichner
Personal.Mitarbeiter                -- teilweise qualifizierter Bezeichner
```

```
Mitarbeiter                    -- unqualifizierter Bezeichner
```

In diesem Buch wird jedoch ausschließlich mit einem einzigen Schema gearbeitet, daher reicht die Qualifizierung des Spaltennamens über Tabelle und Spalte.

Doch kommen wir zu unserem Ausgangspunkt zurück. Die gewünschte Abfrage mit qualifizierten Spaltennamen sieht jetzt folgendermaßen aus:

```
SELECT Personal.Mitarbeiter.Vorname, Ehepartner.Vorname
FROM   Personal.Mitarbeiter, Ehepartner
```

Wie sieht nun das Ergebnis dieser Abfrage aus? Schließlich haben wir noch keinen Vergleich von Primär- und Fremdschlüssel (Personalnummer) angegeben. Die Mengenlehre, auf der das Relationenmodell basiert, arbeitet mit dem kartesischen Produkt, d.h. jedes Element der einen Tabelle wird mit jedem Element der anderen Tabelle kombiniert. Das kartesische Produkt selbst liefert vorwiegend inhaltlich unsinnige Daten, da jeder Mitarbeiter mit jedem Ehepartner kombiniert wird und umgekehrt. Danach wäre sozusagen jeder Mitarbeiter mit jedem anderen Ehepartner eines Mitarbeiters verheiratet. Das Ergebnis der Abfrage sieht also folgendermaßen aus:

```
Vorname               Vorname
--------------------  --------------------
Karen                 Bertha
Karl                  Bertha
Karsten               Bertha
Frieda                Bertha
Hans                  Bertha
Karen                 Marie
Karl                  Marie
Karsten               Marie
Frieda                Marie
Hans                  Marie
Karen                 Helmut
Karl                  Helmut
Karsten               Helmut
Frieda                Helmut
Hans                  Helmut
Karen                 Karla
Karl                  Karla
Karsten               Karla
Frieda                Karla
Hans                  Karla
```

Um nun jedem Mitarbeiter auch wirklich den dazugehörigen Ehepartner zuzuordnen, muss das kartesische Produkt eingeschränkt werden, indem nur die Sätze ausgegeben werden, bei denen die Personalnummer in beiden Tabellen identisch

9.2 Grundlagen

ist. Betrachten wir hierzu folgende Abb. 9-1. Zunächst wird das kartesische Produkt der Tabellen Mitarbeiter und Ehepartner gebildet. Danach wird überprüft, wo die Personalnummer der Tabelle Mitarbeiter der Personalnummer der Tabelle Ehepartner entspricht. Denn das ist ja genau der Ehepartner, der zu diesem Mitarbeiter gehört.

Mitarbeiter

Name	Vorname	Personalnummer
Kart	Karen	3
Klein	Karl	5
Kowalski	Karsten	6
Klug	Frieda	8
Wunder	Hans	10

Ehepartner

Personalnummer	Vorname
5	Bertha
6	Marie
8	Helmut
10	Karla

Kartesisches Produkt

Mitarbeiter.Name	Mitarbeiter.Vorname	Personalnummer	Personalnummer	Ehepartner.Vorname
Kart	Karen	3	5	Bertha
Kart	Karen	3	6	Marie
Kart	Karen	3	8	Helmut
Kart	Karen	3	10	Karla
Klein	Karl	5	5	Bertha
Klein	Karl	5	6	Marie
...				
Kowalski	Karsten	6	6	Marie
...				
Klug	Frieda	8	8	Helmut
...				
Wunder	Hans	10	8	Helmut
Wunder	Hans	10	10	Karla

Vergleich: `Mitarbeiter.Personalnummer = Ehepartner.Personalnummer`

Mitarbeiter.Name	Mitarbeiter.Vorname	Personalnummer	Personalnummer	Ehepartner.Vorname
Klein	Karl	5	5	Bertha
Kowalski	Karsten	6	6	Marie
Klug	Frieda	8	8	Helmut
Wunder	Hans	10	10	Karla

Abbildung 9-1: Join von „Mitarbeiter" und „Ehepartner"

Als Ergebnis erhält man alle Mitarbeiternamen und deren zugehörige Ehepartner, indem man alle Datensätze über eine WHERE-Klausel heraussucht, bei denen die Personalnummer übereinstimmt. Die endgültige SELECT-Anweisung sieht also wie folgt aus:

```
SELECT Personal.Mitarbeiter.Name, Personal.Mitarbeiter.Vorname,
       Ehepartner.Vorname
```

```
FROM    Personal.Mitarbeiter, Ehepartner
WHERE   Personal.Mitarbeiter.Personalnummer = Ehepartner.Personalnummer

Mitarbeiter.Name   Mitarbeiter.Vorname   Ehepartner.Vorname
----------------   -------------------   ------------------
Klein              Karl                  Bertha
Kowalski           Karsten               Marie
Klug               Frieda                Helmut
Wunder             Hans                  Karla
```

Der Mitarbeiter Karl Klein ist also mit Bertha verheiratet und Frieda Klug mit ihrem Ehemann Helmut. Auch in der WHERE-Klausel werden qualifizierte Namen verwendet, da die Spalte Personalnummer in beiden Tabellen vorkommt.

Wir haben soeben den häufigsten Typ eines „Joins" kennengelernt, den „Natural Join". SQL:2008 kennt insgesamt vier Typen von „Joins":

- CROSS JOIN
- INNER JOIN
- NATURAL JOIN
- OUTER JOIN

Wir wollen uns im Folgenden die einzelnen „Join"-Typen ansehen.

9.3 CROSS JOIN

Der CROSS JOIN entspricht dem kartesischen Produkt. Wir haben ihn bereits kennengelernt, als wir die Tabellen Mitarbeiter und Ehepartner hinter der FROM-Klausel aufgeführt haben, ohne die WHERE-Klausel zu verwenden. Wie bereits erwähnt, liefert er in der Regel unsinnige Daten, weshalb er in der Praxis selten Verwendung findet. Die klassische komma-getrennte Version des CROSS JOIN wurde oben bereits verwendet. Seit SQL-1992 gibt es jedoch auch die beiden Schlüsselwörter CROSS JOIN, mit denen für zwei Tabellen das kartesische Produkt gebildet werden kann. Die dazugehörige SELECT-Anweisung für unsere beiden Tabellen sieht dabei folgendermaßen aus:

```
SELECT Personal.Mitarbeiter.Vorname, Ehepartner.Vorname
FROM   Personal.Mitarbeiter CROSS JOIN Ehepartner
```

Die Anweisung entspricht der SELECT-Anweisung aus Abschnitt 9.2 ohne WHERE-Klausel. Um jedoch besser erkennen zu können, ob es sich bei einem Vergleich um einen „Join" oder ein Auswählen von Sätzen handelt, hat man 1992 diese Schlüsselwörter im Standard eingeführt.

9.4 INNER JOIN

Ein INNER JOIN berücksichtigt niemals NULL, er verbindet also nur Spalten, die Werte enthalten. Ein typisches Beispiel eines INNER JOINS ist unsere Mitarbeiter-Ehepartner-Beziehung. Es werden alle Mitarbeiter und deren Ehepartner aufgeführt. Dabei werden die nicht verheirateten Mitarbeiter weggelassen. In Abschnitt 9.2 haben wir die klassische komma-getrennte Version des INNER JOIN kennengelernt. Seit SQL-1992 gibt es wie beim CROSS JOIN auch zwei neue Schlüsselwörter, nämlich INNER JOIN. Um die obige Abfrage mit den Schlüsselwörtern INNER JOIN darzustellen, schreibt man:

```
SELECT Personal.Mitarbeiter.Vorname, Ehepartner.Vorname
FROM   Personal.Mitarbeiter INNER JOIN Ehepartner
       ON Personal.Mitarbeiter.Personalnummer = Ehepartner.Personalnummer
```

Als Ergebnis erhält man alle Mitarbeiter, die verheiratet sind. Wenn man zwei Spalten auf Gleichheit überprüft, erlaubt SQL eine einfachere Syntax über das Schlüsselwort USING. Folgende SQL-Anweisung liefert das gleiche Ergebnis:

```
SELECT Personal.Mitarbeiter.Vorname, Ehepartner.Vorname
FROM   Personal.Mitarbeiter INNER JOIN Ehepartner
       USING(Personal.Mitarbeiter.Personalnummer,
             Ehepartner.Personalnummer)
```

Ist der Name der Spalte in beiden Tabellen identisch, so braucht die Spalte nur einmal aufgeführt zu werden. Um also alle Mitarbeiter, die verheiratet sind, mit den Namen ihres Ehepartners auszugeben, gibt es verschiedene Möglichkeiten. Folgende SELECT-Anweisungen sind identisch und liefern das gleiche Ergebnis:

```
-- klassisch komma-getrennter Join
SELECT Personal.Mitarbeiter.Name, Personal.Mitarbeiter.Vorname,
       Ehepartner.Vorname
FROM   Personal.Mitarbeiter, Ehepartner
WHERE  Personal.Mitarbeiter.Personalnummer = Ehepartner.Personalnummer

-- Bedingungs-Join
SELECT Personal.Mitarbeiter.Vorname, Ehepartner.Vorname
FROM   Personal.Mitarbeiter INNER JOIN Ehepartner
       ON Personal.Mitarbeiter.Personalnummer = Ehepartner.Personalnummer

-- Spaltennamen-Join
SELECT Personal.Mitarbeiter.Vorname, Ehepartner.Vorname
FROM   Personal.Mitarbeiter INNER JOIN Ehepartner
       USING(Personalnummer)
```

Wie werden „Joins" durchgeführt, die sich auf die gleiche Tabelle beziehen? Wenn wir uns noch einmal an die Tabelle Mitarbeiter zurückerinnern, so wissen wir, dass hier eine rekursive Beziehung zwischen Mitarbeiter und Vorgesetztem abgebildet wurde. Wir haben hier also den Sonderfall, dass der Fremdschlüssel „PersonalnummerVorgesetzter" auf die gleiche Tabelle verweist, nämlich den Primärschlüssel „Personalnummer". Verknüpfungen einer Tabelle mit sich selbst bezeichnet man als „Self Join" (siehe Abb. 9-2).

Mitarbeiter

Personal-nummer	Name	Vorname	Personalnummer-vorgesetzter
3	Kart	Karen	6
5	Klein	Karl	3
6	Kowalski	Karsten	NULL

Mitarbeiter AS Vorgesetzter

Personal-nummer	Name	Vorname	Personalnummer-vorgesetzter
3	Kart	Karen	6
5	Klein	Karl	3
6	Kowalski	Karsten	NULL

Kartesisches Produkt

Personal-nummer	Name	Vorname	Personalnummer-vorgesetzter	Personal-nummer	Name	Vorname	Personalnummer-vorgesetzter
3	Kart	Karen	6	3	Kart	Karen	6
3	Kart	Karen	6	5	Klein	Karl	3
3	Kart	Karen	6	6	Kowalski	Karsten	NULL
5	Klein	Karl	3	3	Kart	Karen	6
...							
6	Kowalski	Karsten	NULL	5	Klein	Karl	3
6	Kowalski	Karsten	NULL	6	Kowalski	Karsten	NULL

Vergleich:
`Mitarbeiter.PersonalnummerVorgesetzter = Vorgesetzter.Personalnummer`

Personal-nummer	Name	Vorname	Personalnummer-vorgesetzter	Personal-nummer	Name	Vorname	Personalnummer-vorgesetzter
3	Kart	Karen	6	6	Kowalski	Karsten	NULL
5	Klein	Karl	3	3	Kart	Karen	6

Abbildung 9-2: Self Join der Tabelle „Mitarbeiter"

Betrachten wir folgendes Beispiel: Es sollen die Namen aller Mitarbeiter, sowie die Namen der dazugehörigen Vorgesetzten ausgegeben werden (siehe Abb. 9-2). Hier tritt das gleiche Problem wie mit mehrdeutigen Spaltennamen auf: Soll eine Tabelle mit sich selbst verknüpft werden, so muss sie zweimal in der FROM-Klausel aufgeführt werden. SQL bietet die Möglichkeit, den Namen von Tabellen über das Schlüsselwort AS umzubenennen. Das Ganze funktioniert also genauso wie das Umbenennen von Spalten. Damit sieht die Abfrage folgendermaßen aus:

```
SELECT Personal.Mitarbeiter.Name, Vorgesetzter.Name
FROM   Personal.Mitarbeiter, Personal.Mitarbeiter AS Vorgesetzter
WHERE  Personal.Mitarbeiter.PersonalnummerVorgesetzter =
       Vorgesetzter.Personalnummer
```

9.4 INNER JOIN

```
Mitarbeiter.Name            Vorgesetzter
------------------------    ------------------------
Kart                        Kowalski
Klein                       Kart
Klug                        Kart
Wunder                      Kart
```

Gibt man in der FROM-Klausel zweimal die gleiche Tabelle an, so betrachtet SQL die beiden Tabellen als zwei unterschiedliche Tabellen, die z.B. miteinander verbunden werden können.

Entsprechend könnte man z.B. auch herausfinden, welche Mitarbeiter die gleiche Postleitzahl haben. In diesem Fall nimmt man eine Verknüpfung nicht über Fremd- und Primärschlüssel vor, sondern über semantisch vergleichbare Spalten:

```
SELECT M1.Name, M2.Name
FROM   Personal.Mitarbeiter AS M1 INNER JOIN Personal.Mitarbeiter AS M2
       ON M1.Plz = M2.Plz

M1.Name     M2.Name
--------    -------
Kart        Kart
Klein       Kart
Wunder      Kart
Kart        Klein
Klein       Klein
Wunder      Klein
Kowalski    Kowalski
Klug        Kowalski
Kowalski    Klug
Klug        Klug
Kart        Wunder
Klein       Wunder
Wunder      Wunder
```

Doch unser Ergebnis ist noch nicht besonders befriedigend. Zwar werden Frau Kart und Herr Klein aufgeführt, die beide im Ort mit der Postleitzahl 22222 wohnen. Es werden allerdings sowohl einzelne Personen, als auch Personenkombinationen, nur in umgekehrter Reihenfolge, doppelt ausgegeben. Betrachten wir noch einmal die Vorgehensweise eines RDBMS bei der Auswertung einer Abfrage. Zunächst wird das kartesische Produkt gebildet. In diesem Fall wird jeder Satz der Tabelle Mitarbeiter (M1) mit jedem Satz der Tabelle Mitarbeiter (M2) kombiniert. Da z.B. Herr Kowalski natürlich in beiden Tabellen vorhanden ist, gibt es auch eine Kombination, in der er zweimal auftritt. Um gleiche Sätze aus M1 und M2 auszufiltern, fügen wir eine Bedingung hinzu, die überprüft, ob der Primärschlüssel zwischen M1 und M2 unterschiedlich ist. Doch wir haben noch eine Unstimmigkeit. Die Kombination Klein und Kart wird zweimal aufgeführt. Um doppelte

Kombinationen auszufiltern, vergleicht man, ob der Primärschlüssel von M1 größer als der Primärschlüssel von M2 ist. Die SELECT-Anweisung sieht also folgendermaßen aus:

```
SELECT M1.Name, M2.Name
FROM   Personal.Mitarbeiter AS M1 INNER JOIN Personal.Mitarbeiter AS M2
       ON M1.Plz = M2.Plz
WHERE  M1.Personalnummer > M2.Personalnummer

M1.Name  M2.Name
-------  -------
Klein    Kart
Wunder   Kart
Wunder   Klein
Klug     Kowalski
```

Damit können wir auch die erste Bedingung auf Ungleichheit der Personalnummern weglassen, da die zweite Bedingung diese Einschränkung schon mitberücksichtigt.

9.5 NATURAL JOIN

Der NATURAL JOIN ist ein Spezialfall des INNER JOIN. Ein INNER JOIN muss nicht unbedingt zwei Spalten auf Gleichheit prüfen. Als Bedingung sind hier alle Vergleichsoperatoren, also >, <, <>, <= und >= möglich. „Joins", die einen anderen Vergleichsoperator als das Gleichheitszeichen verwenden, sind jedoch selten.

Der NATURAL JOIN ist ein INNER JOIN, der zwei Spalten ausschließlich auf Gleichheit prüft. Damit waren alle bisherigen Beispiele in diesem Kapitel also NATURAL JOINs. Seit SQL-1992 gibt es aber auch für den NATURAL JOIN spezielle Schlüsselwörter. Um also alle Mitarbeiter und deren Ehepartner auszugeben, kann man auch schreiben:

```
SELECT Kunde.Name, Kunde.Vorname, Kind.Vorname
FROM   Kunde NATURAL JOIN Kind
```

In diesem Fall werden diejenigen Spalten miteinander verglichen, die die gleichen Namen tragen.

9.6 OUTER JOIN

Im Gegensatz zum INNER JOIN berücksichtigt der OUTER JOIN Spalten, die NULL enthalten. Betrachten wir hierzu wieder unser Beispiel mit den Tabellen Mitarbeiter und Ehepartner. Bei einem INNER JOIN werden nur die Mitarbeiter aufgeführt, die verheiratet sind. Die unverheirateten Mitarbeiter werden nicht auf-

9.6 OUTER JOIN

geführt. Dies ist jedoch sinnvoll, wenn man z.B. eine komplette Mitarbeiterliste erstellen möchte, in der u.a. auch die Namen der Ehepartner (wenn vorhanden) aufgeführt sind. Seit SQL-1992 gibt es deshalb als Gegenstück zu INNER JOIN die beiden Schlüsselwörter OUTER JOIN.

Ein OUTER JOIN gibt es in drei verschiedenen Varianten, je nachdem von welcher Tabelle aus man die NULL-Werte betrachtet:

- LEFT OUTER JOIN
- RIGHT OUTER JOIN
- FULL OUTER JOIN

Sehen wir uns dazu die SELECT-Anweisung zur Ausgabe der Mitarbeiter mit den dazugehörigen Ehepartnern an:

```
SELECT  Personal.Mitarbeiter.Name, Personal.Mitarbeiter.Vorname,
        Ehepartner.Vorname
FROM    Personal.Mitarbeiter LEFT OUTER JOIN Ehepartner
        ON Personal.Mitarbeiter.Personalnummer = Ehepartner.Personalnummer

Mitarbeiter.Name   Mitarbeiter.Vorname   Ehepartner.Vorname
----------------   -------------------   ------------------
Kart               Karen                 NULL
Klein              Karl                  Bertha
Kowalski           Karsten               Marie
Klug               Frieda                Helmut
Wunder             Hans                  Karla
```

Es werden nun die Namen aller Mitarbeiter ausgegeben, auch wenn diese nicht verheiratet sind. In unserem Fall erscheint Karen Klein in der Liste, die nicht verheiratet ist. Die Spalten der Tabelle, in der der Primärschlüsselwert nicht als Fremdschlüsselwert vorhanden ist, werden als NULL dargestellt.

Über LEFT und RIGHT kann festgelegt werden, ob die Spalten der linken oder der rechten Tabelle vollständig ausgegeben werden sollen, wenn keine Beziehung zu der entsprechenden Tabelle besteht. Da ein Ehepartner immer einem Mitarbeiter zugeordnet ist, diese Beziehung aus der Sicht des Ehepartners also niemals optional ist, würde RIGHT OUTER JOIN in diesem Fall einem NATURAL JOIN entsprechen.

Betrachten wir hierzu ein weiteres Beispiel. Wir wollen eine Liste aller Mitarbeiter und deren Abteilung ausgeben. Es sollen auch Mitarbeiter ohne zugehörige Abteilung ausgegeben werden. Über einen LEFT OUTER JOIN würde das dann folgendermaßen aussehen:

```
SELECT  Name, Vorname, Abteilung.Abteilungsbezeichnung
FROM    Personal.Mitarbeiter LEFT OUTER JOIN Personal.Abteilung
        ON Mitarbeiter.Abteilungsbezeichnung =
```

```
                Abteilung.Abteilungsbezeichnung

Name       Vorname   Abteilung.Abteilungsbezeichnung
--------   -------   -------------------------------
Kart       Karen     Vertrieb
Klein      Karl      Vertrieb
Kowalski   Karsten   NULL
Klug       Frieda    Vertrieb
Wunder     Hans      Rechnungswesen
```

Wir sehen, dass der Geschäftsführer Herr Kowalski keiner Abteilung zugeordnet ist. Wollen wir nun umgekehrt wissen, welche Abteilungen es gibt und welche Mitarbeiter zu diesen Abteilungen gehören, so verwenden wir anstelle des LEFT ein RIGHT. Dadurch werden auch Abteilungen ausgegeben, denen kein Mitarbeiter zugeordnet ist.

```
SELECT Name, Vorname, Abteilung.Abteilungsbezeichnung
FROM   Personal.Mitarbeiter RIGHT OUTER JOIN Personal.Abteilung
       ON Mitarbeiter.Abteilungsbezeichnung =
          Abteilung.Abteilungsbezeichnung

Name       Vorname   Abteilung.Abteilungsbezeichnung
--------   -------   -------------------------------
NULL       NULL      Geschäftsführung
NULL       NULL      Personal
Wunder     Hans      Rechnungswesen
Kart       Karen     Vertrieb
Klein      Karl      Vertrieb
Klug       Frieda    Vertrieb
```

Da Herr Wunder, Frau Kart, Herr Klein und Frau Klug zu einer Abteilung gehören, sind sie wieder in der Ergebnistabelle zu finden. Herr Kowalski dagegen ist nicht aufgeführt, da er keiner Abteilung zugeordnet ist. Dafür sind aber alle Abteilungen, die es gibt, in der Ergebnistabelle zu sehen, auch wenn kein Mitarbeiter zugeordnet ist.

Möchte man nun eine Liste, in der alle Mitarbeiter und auch alle Abteilungen aufgeführt sind, unabhängig davon, ob ein Mitarbeiter zu einer Abteilung gehört oder ob eine Abteilung Mitarbeiter hat, so verwendet man einen sogenannten FULL OUTER JOIN:

```
SELECT Name, Vorname, Abteilung.Abteilungsbezeichnung
FROM   Personal.Mitarbeiter FULL OUTER JOIN Personal.Abteilung
       ON Mitarbeiter.Abteilungsbezeichnung =
          Abteilung.Abteilungsbezeichnung

Name       Vorname   Abteilung.Abteilungsbezeichnung
--------   -------   -------------------------------
```

```
Kart       Karen     Vertrieb
Klein      Karl      Vertrieb
Kowalski   Karsten   NULL
Klug       Frieda    Vertrieb
Wunder     Hans      Rechnungswesen
NULL       NULL      Geschäftsführung
NULL       NULL      Personal
```

Jetzt enthält die Ergebnistabelle die Namen aller Mitarbeiter und aller Abteilungen.

Wie bei einem INNER JOIN auch, kann anstelle der ON-Bedingung das Schlüsselwort USING verwendet werden, sofern man auf Gleichheit überprüft. Folgende SELECT-Anweisungen sind also identisch:

```
SELECT Name, Vorname, Abteilung.Abteilungsbezeichnung
FROM   Personal.Mitarbeiter FULL OUTER JOIN Personal.Abteilung
       ON Mitarbeiter.Abteilungsbezeichnung =
          Abteilung.Abteilungsbezeichnung

SELECT Name, Vorname, Abteilung.Abteilungsbezeichnung
FROM   Personal.Mitarbeiter OUTER JOIN Personal.Abteilung
       USING (Abteilungsbezeichnung)
```

9.7 „Joins" auf mehrere Tabellen

Um mehr als zwei Tabellen miteinander zu verbinden, gibt es zwei Möglichkeiten. Die erste Alternative ist der klassische komma-getrennte Stil. In diesem Fall gibt man hinter der WHERE-Klausel alle Primär- und Fremdschlüsselbeziehungen an, über die die einzelnen Tabellen miteinander verknüpft sind, und verbindet diese Beziehungen mit AND. Um z.B. die Namen und das Bundesland aller Mitarbeiter, sowie die Namen der dazugehörigen Ehepartner auszugeben, sieht die SELECT-Anweisung dann wie folgt aus:

```
SELECT m.Name, m.Vorname, e.Vorname, o.Bundesland
FROM   Personal.Mitarbeiter AS m, Ehepartner AS e, Ort AS o
WHERE  m.Plz = o.Plz AND m.Ort = o.Ort AND
       m.Personalnummer = e.Personalnummer
```

Die Anzahl der zu verknüpfenden Tabellen bestimmt dabei die Anzahl der Bedingungen hinter WHERE, die jeweils durch AND verbunden werden.

Die zweite Möglichkeit, mehrere Tabellen untereinander zu verbinden, ist die Verwendung der Schlüsselwörter JOIN und ON. Hierbei verknüpft man immer das Ergebnis des ersten Joins mit dem zweiten Join usw. Das Ganze sieht dann folgendermaßen aus:

```
SELECT m.Name, m.Vorname, e.Vorname, o.Bundesland
FROM   Personal.Mitarbeiter AS m INNER JOIN Ehepartner AS e
       ON m.Personalnummer = e.Personalnummer
       INNER JOIN Ort AS o
       ON m.Plz = o.Plz AND m.Ort = o.Ort
```

In diesem Fall wird zunächst das Ergebnis aus dem ersten „Join" zwischen Mitarbeiter und Ehepartner gebildet. Danach wird dieses Ergebnis verwendet und über einen „Join" mit der Tabelle „Ort" verknüpft.

9.8 Mengenoperatoren

Bisher haben wir Abfragen kennengelernt, die aus einer einzigen Ergebnismenge bestanden. Mehrere Ergebnismengen bzw. SQL-Abfragen können über Mengenoperatoren wieder zu einer gemeinsamen Ergebnismenge zusammengefasst werden. Genau wie es in der Mengenlehre Operatoren für die Schnittmenge oder die Vereinigungsmenge gibt, enthält SQL Mengenoperatoren.

Um die Vereinigungsmenge aus zwei Abfragen zu erhalten, verwendet man das Schlüsselwort UNION. Die Vornamen aller Kunden und aller Mitarbeiter erhält man durch folgende SQL-Abfrage:

```
SELECT Vorname
FROM   Kunde
UNION
SELECT Vorname
FROM   Personal.Mitarbeiter

Vorname
--------------------
Bertram
Frieda
Hans
Karen
Karl
Karsten
Peter
```

Dabei ist darauf zu achten, dass alle durch UNION verbundenen Abfragen die gleiche Anzahl an Spalten mit denselben Datentypen aufweisen. Ein ORDER BY muss, wenn es verwendet wird, die letzte Klausel nach allen Abfragen sein.

Die Vornamen Frieda und Hans treten in der Kunden- und Mitarbeitertabelle mehrfach auf, werden bei einer Vereinigung jedoch nur einmal ausgegeben. Sollen mehrfach auftretende Datensätze nicht entfernt werden, so schreibt man hinter UNION das Schlüsselwort ALL. Die folgende SQL-Anweisung listet also die

9.8 Mengenoperatoren

beiden Vornamen Frieda und Hans jeweils zweimal auf, da diese Vornamen sowohl in der Kunden- als auch in der Mitarbeitertabelle vorkommen.

```
SELECT Vorname
FROM   Kunde
UNION ALL
SELECT Vorname
FROM Personal.Mitarbeiter
```

Möchte man nun die Schnittmenge aus zwei oder mehreren Abfragen bilden, so verwendet man das Schlüsselwort INTERSECT. Folgende SELECT-Anweisung liefert nur die Vornamen zurück, die sowohl in der Kunden- als auch in der Mitarbeitertabelle vorkommen, also Frieda und Hans.

```
SELECT Vorname
FROM   Kunde
INTERSECT
SELECT Vorname
FROM Personal.Mitarbeiter
```

Über das Schlüsselwort EXCEPT können schließlich alle Datensätze ausgegeben werden, die nur in der ersten, aber nicht in der zweiten Abfrage vorkommen. Um nun alle Vornamen auszugeben, die ausschließlich in der Kundentabelle vorkommen, schreibt man:

```
SELECT Vorname
FROM   Kunde
EXCEPT
SELECT Vorname
FROM Personal.Mitarbeiter

Vorname
--------------------
Bertram
Peter
```

Über Mengenoperatoren können nicht nur zwei Abfragen, sondern normalerweise eine beliebige Anzahl von Ergebnismengen zusammengeführt werden. Abschließend ist noch einmal ein Beispiel aufgeführt, das alle Vornamen der Kunden und Ehepartner der Mitarbeiter aufführt, aber nur dann, wenn dieser Vorname nicht für einen Mitarbeiter auftritt.

```
SELECT Vorname
FROM   Kunde
UNION
SELECT Vorname
```

```
FROM    Ehepartner
EXCEPT
SELECT Vorname
FROM Personal.Mitarbeiter

Vorname
--------------------
Bertha
Bertram
Helmut
Karla
Marie
Peter
```

9.9 Praxis

Microsoft SQL Server 2008

Wir wollen uns zunächst über den Microsoft SQL Server eine Liste aller Kundennamen ausgeben, sowie die Anzahl der Bestellungen für das jeweilige Jahr. Dazu benötigen wir die beiden Tabellen Kunde und Bestellung und müssen diese mit einem INNER JOIN über den Primärschlüssel der Kundentabelle und den Fremdschlüssel in der Bestellungstabelle verknüpfen. Um nun die Anzahl der Bestellungen zu ermitteln, verwenden wir die Aggregatfunktion COUNT in der Spaltenliste. Das jeweilige Jahr erhalten wir über die Funktion YEAR. Folgende SQL-Anweisung können wir im SQL Server Management Studio (SSMS) ausführen:

```
SELECT Name, YEAR(Datum), COUNT(Bestellnr)
FROM    Kunde, Bestellung
WHERE   Kunde.Kundennummer = Bestellung.Kundennummer
GROUP BY Name, YEAR(Datum)
```

Das obige Beispiel ist noch relativ übersichtlich, da hierfür nur zwei Tabellen miteinander verknüpft werden müssen. Hat man jedoch mehrere Tabellen, so ist es oft einfacher, einen grafischen Editor zu verwenden, der die Verknüpfungen über SQL automatisch generiert. Das SSMS kennt hierfür den Abfrageeditor, den Sie über den Menüpunkt „Abfrage→Abfrage in Editor entwerfen…" aufrufen können (siehe Abb. 9-3).

9.9 Praxis

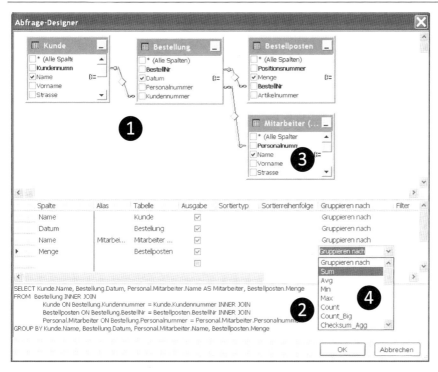

Abbildung 9-3: Abfrageeditor im SSMS

Hier wählen Sie die Tabellen aus, die Sie für eine Abfrage benötigen. Wollen wir eine Liste aller Bestellungen ausgeben mit Kundennamen, Mitarbeiternamen, Bestelldatum und Anzahl bestellter Artikel, so benötigen wir die Tabellen Kunde, Bestellung, Mitarbeiter und Bestellposten. Nachdem wir diese ausgewählt haben (1), generiert der SSMS automatisch die notwendige SQL-Syntax (2). Nun können innerhalb der Tabellen die Spalten ausgewählt werden, die ausgegeben werden sollen (3). Da die Mengen der einzelnen Bestellposten summiert werden sollen, benötigen wir in der mittleren Tabelle eine zusätzliche Spalte „Gruppieren nach". Diese erhält man über das Kontextmenü und den Menüpunkt „Gruppe hinzufügen nach". In der zusätzlichen Spalte kann nun die Aggregatfunktion ausgewählt werden (4). Nach Bestätigen des Abfrageeditors erscheint die erzeugte SELECT-Anweisung im Abfragefenster und kann ausgeführt werden.

IBM DB2 9.7

Wir wollen zunächst als Einstieg, wie in der obigen Übung zum Microsoft SQL Server, eine Liste aller Kundennamen ausgeben, sowie die Anzahl der Bestellungen für das jeweilige Jahr. Dazu starten wir den Befehlseditor von DB2 und geben folgende SQL-Anweisung ein:

```
SELECT Name, YEAR(Datum), COUNT(Bestellnr)
FROM   Kunde, Bestellung
WHERE  Kunde.Kundennummer = Bestellung.Kundennummer
```

```
GROUP BY Name, YEAR(Datum)
```

Auch der Befehlseditor kennt einen grafischen Editor („SQL Assist"), der die Verknüpfungen von Tabellen in SQL über Fremd- und Primärschlüssel automatisch generiert (siehe Abb. 9-4).

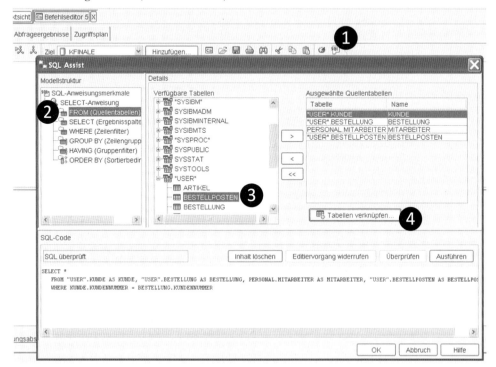

Abbildung 9-4: „SQL Assist" im Befehlseditor

Dazu wählen wir in der Werkzeugleiste das SQL-Symbol (1). Es erscheint ein Dialog zum Erzeugen der SQL-Anweisung. Zuerst wählen wir in der Modellstruktur den Listeneintrag „FROM (Quellentabellen)" (2) und dann die Tabellen aus, die wir für die Abfrage benötigen (3). Wollen wir eine Liste aller Bestellungen ausgeben mit Kundennamen, Mitarbeiternamen, Bestelldatum und Anzahl bestellter Artikel, so benötigen wir die Tabellen Kunde, Bestellung, Mitarbeiter und Bestellposten. Im Gegensatz zum Abfrageeditor beim SSMS, müssen wir nun die Verknüpfungen der Tabellen manuell angeben und wählen dazu „Tabellen verknüpfen" (4). Dort wählen wir jeweils zwei Tabellen, die wir miteinander verknüpfen wollen, und den dazugehörigen Fremd- und Primärschlüssel aus.

Danach wählen wir auf der linken Seite den Listeneintrag „SELECT (Ergebnisspalten)" und wählen dort die Spalten, die ausgegeben werden sollen. Nach Bestätigen des Abfrageeditors erscheint die erzeugte SELECT-Anweisung im Abfragefenster und kann ausgeführt werden.

Auch bei Änderungen von Daten können Joins verwendet werden, sofern man nur aus einer Tabelle Datensätze ändern bzw. löschen möchte. Um alle Bestellposten zu löschen, bei denen die Menge 0 beträgt und die aus dem Jahr 2011 sind, benötigt man die beiden Tabellen Bestellposten (für die Menge) und Bestellung (für das Datum). Die DELETE-Anweisung über einen Join sieht folgendermaßen aus:

```
DELETE Bestellposten
FROM Bestellposten AS bp
    INNER JOIN Bestellung AS b on b.BestellNr = bp.BestellNr
WHERE Menge = 0 AND YEAR( Datum ) = 2011
```

Genauso kann auch die UPDATE-Anweisung benutzt werden. Um für alle Bestellposten aus dem Jahr 2011 die Menge auf 1 zu setzen, sofern bei der Menge fälschlicherweise 0 eingetragen ist, schreibt man:

```
UPDATE Bestellposten
SET    Menge = 1
FROM   Bestellposten AS bp
    INNER JOIN Bestellung AS b on b.BestellNr = bp.BestellNr
WHERE  Menge = 1 AND YEAR( Datum ) = 2011
```

9.10 Zusammenfassung

In diesem Kapitel haben wir gesehen, wie man mehrere Tabellen zu einer gemeinsamen verbindet. Auf diese Tabelle kann man wieder alle Ausdrücke und Prädikate anwenden, die wir im letzten Kapitel kennengelernt haben.

Eine Möglichkeit, um zwei Tabellen miteinander zu verbinden, ist die Anwendung des klassischen komma-getrennten Stils. Dabei verwendet man die normalen Bedingungsausdrücke, um Fremd- und Primärschlüssel miteinander zu vergleichen. „Joins" sind dabei nicht nur auf Fremd- und Primärschlüssel beschränkt. Letztendlich kann jede Tabelle mit einer anderen Tabelle verbunden werden, sofern diese zwei semantisch gleiche Spalten besitzen. Auch eine Verbindung über das Gleichheitszeichen ist nicht zwingend notwendig. Ebenso können alle anderen Vergleichsoperatoren verwendet werden, auch wenn diese Fälle in der Praxis selten auftreten.

Neben dem komma-getrennten Stil gibt es spezielle Schlüsselwörter, um „Joins" zu kennzeichnen. Dabei unterscheidet man generell zwischen

- OUTER JOIN und
- INNER JOIN

Ein INNER JOIN berücksichtigt im Gegensatz zum OUTER JOIN unbekannte Werte über NULL nicht. Ein Spezialfall des INNER JOIN ist der NATURAL JOIN, dessen Hauptaufgabe in der Verknüpfung von Tabellen über Primär- und Fremdschlüssel besteht.

Zum Schluss haben wir uns noch mit Mengenoperatoren beschäftigt, mit denen zwei oder mehr Ergebnismengen vereinigt werden können (UNION). Außerdem kann die Schnittmenge (INTERSECT) oder die Ausnahme (EXCEPT) aus den Ergebnismengen gebildet werden.

9.11 Aufgaben

Wiederholungsfragen

1. Wofür verwendet man Alias-Namen für Tabellen?
2. Worin besteht der Unterschied zwischen einem INNER JOIN und einem CROSS JOIN?
3. Worin besteht der Unterschied zwischen einem RIGHT OUTER JOIN und einem LEFT OUTER JOIN?
4. Folgende Anweisung verbindet die Tabellen Mitarbeiter und Abteilung:

    ```
    Mitarbeiter NATURAL JOIN Abteilung
    ```

    Geben Sie SQL-Ausdrücke an, die diesem entsprechen!
5. Wie können Sie folgende SQL-Anweisung durch Hinzufügen einer WHERE-Klausel so ändern, dass sie einem LEFT OUTER JOIN entspricht?

    ```
    SELECT Name, Vorname, Abteilung.Abteilungsbezeichnung
    FROM   Mitarbeiter FULL OUTER JOIN Abteilung
           ON Mitarbeiter.Abteilungsbezeichnung =
              Abteilung.Abteilungsbezeichnung
    WHERE ...
    ```

6. Geben Sie ein Beispiel für einen „Self Join"!
7. Was ist bei einem „Self Join" bei der Angabe der Tabellennamen zu beachten?
8. Ist die folgende SQL-Anweisung syntaktisch korrekt? Begründen Sie!

    ```
    SELECT Name, Vorname, NULL AS Gehalt
    FROM   Kunde
    ORDER BY 1
    UNION
    SELECT Name, Vorname, Gehalt, Geschlecht
    FROM   Personal.Mitarbeiter
    WHERE  Abteilungsbezeichnung = 'Vertrieb'
    ORDER BY 1
    ```

Übungen

1. Geben Sie die Namen aller Spielstätten aus und das Bundesland, in dem sich die Spielstätte befindet!
2. In welchen Spielstätten finden Veranstaltungen statt, die Musik von Mozart spielen?
3. Geben Sie die Namen der Kunden und die Anzahl der Bestellungen aus, die von diesen stammen!

9.11 Aufgaben

4. Erstellen Sie eine Liste aller Bestellungen und deren Bestellposten!
5. Erstellen Sie eine Liste aller Vorstellungen mit Bezeichnung und Adresse (Strasse, Hausnummer, Plz, Ort) der Spielstätte, Bezeichnung der Veranstaltung und Angabe der Vorstellungstermine!
6. Geben Sie die Bezeichnung und den Ortsnamen der Spielstätten aus, die die gleiche Postleitzahl besitzen?
7. Geben Sie die Namen aller Kunden aus, die im selben Ort wohnen!
8. Welche Sitzplätze sind zur Veranstaltung „Phil Collins LIVE" am 21.07.2011 noch frei?
9. Zu welchen Terminen gibt es Vorstellungen zu der Veranstaltung „Don Giovanni"?
10. Welche Kunden haben die Veranstaltung „Don Giovanni" zu welchem Termin gebucht und welche Sitzplätze haben sie erhalten?
11. In welcher Spielstätte finden keine Vorstellungen statt?
12. Zu welcher Veranstaltung gibt es zurzeit keine Vorstellungen?
13. Geben Sie die Namen der Kunden aus, die bei einem Bestellvorgang mehr als drei Artikel bestellt haben!
14. Geben Sie die Namen von Ehepartnern aus, die vom Alter her nicht mehr als 5 Jahre auseinanderliegen (Berücksichtigen Sie nur das Geburtsjahr)!
15. Verwenden Sie die Mengenoperatoren, um alle Kunden (Kundennummern) auszugeben, die eine Bestellung aufgegeben haben.
16. Verwenden Sie die Mengenoperatoren, um alle Kunden (Kundennummern) auszugeben, die noch keine Bestellung aufgegeben haben.

10 Abfragen mit Unterabfragen

In Kapitel 10 sollen folgende Fragen geklärt werden:
- Wie kann man das Ergebnis einer Abfrage als Teil einer neuen Abfrage verwenden?
- Wie kann man in einer einzigen Anweisung ermitteln, welche Mitarbeiter über dem Durchschnitt verdienen?

10.1 Motivation

Inzwischen hat Frau Kart die neuen Abfragen fertiggestellt und zeigt sie ihrem Geschäftsführer, Herrn Kowalski. Der ist begeistert und angesichts der Tatsache, dass das Jahr bald zu Ende geht, möchte er einen Bonus an alle Mitarbeiter ausgeben. Dabei sollen alle Mitarbeiter die über dem Durchschnitt verdienen, einen Bonus von 10% und Mitarbeiter unter dem Durchschnitt einen von 15% erhalten. Also beauftragt Herr Kowalski Frau Kart, zwei Listen zu erstellen. Eine Liste soll alle Mitarbeiter enthalten, die überdurchschnittlich verdienen, und die zweite Liste die Mitarbeiter, die unter dem Durchschnitt verdienen.

Zunächst ermittelt Frau Kart das Durchschnittsgehalt mit der Aggregatfunktion AVG und schreibt dieses auf. Mit zwei einfachen SELECT-Anweisungen kann sie nun die beiden Listen erstellen. Ihr Ergebnis ist zwar korrekt, dennoch ist sie unzufrieden, da Herr Fleissig von der Unternehmensberatung ihr erzählt hat, dass die meisten Abfragen durch eine einzige SELECT-Anweisung ausgeführt werden können. Sie ruft also wieder Herrn Fleissig an, der ihr erzählt, dass man mehrere SELECT-Anweisungen „schachteln" kann.

10.2 Grundlagen

Betrachten wir zunächst unser Fallbeispiel: Die SELECT-Anweisung zum Ermitteln des durchschnittlichen Gehaltes lautet:

```
SELECT AVG( Gehalt ) AS "Durchschnittsgehalt"
FROM   Personal.Mitarbeiter

Durchschnittsgehalt
-------------------
2960.000000
```

10.2 Grundlagen

Den ermittelten Wert für das Durchschnittsgehalt können wir nun verwenden, um alle Mitarbeiter abzufragen, die unter dem Durchschnitt liegen. Entsprechend einfach sieht die dazugehörige SELECT-Anweisung aus:

```
SELECT  Name, Vorname, Gehalt
FROM    Personal.Mitarbeiter
WHERE   Gehalt < 2960

Name    Vorname  Gehalt
-----   -------  -------
Klein   Karl     2000.00
Klug    Frieda   2500.00
Wunder  Hans     2300.00
```

Um zum gewünschten Ergebnis zu gelangen, mussten also zwei Abfragen ausgeführt werden. Das Resultat der ersten Abfrage wurde in der zweiten Abfrage weiter verwendet.

Man kann nun beide SELECT-Anweisungen miteinander schachteln und das Ergebnis der ersten Abfrage direkt in die zweite Abfrage einfließen lassen. Dazu kombiniert man beide Abfragen wie folgt:

```
SELECT  Name, Vorname, Gehalt
FROM    Personal.Mitarbeiter
WHERE   Gehalt < ( SELECT AVG( Gehalt )
                   FROM    Personal.Mitarbeiter )
```

Wir erhalten das gleiche Ergebnis durch eine einzige Abfrage, indem die Anweisung zur Ermittlung des Durchschnittsgehalts in der WHERE-Bedingung verwendet wird. Aufgrund dieser Vorgehensweise bezeichnet man die Abfragen, die in die WHERE-Bedingung einfließen, als Unterabfrage („Subquery") oder innere Abfrage. Entsprechend wird die zweite Abfrage als äußere Abfrage bezeichnet. Unterabfragen sind also Abfragen innerhalb einer Abfrage.

In unserem Beispiel liefert die innere Abfrage einen einzigen Wert zurück, nämlich das Durchschnittsgehalt. Wir wissen aber aus den letzen Kapiteln, dass Abfragen nicht nur einzelne Werte, sondern Zeilen oder ganze Ergebnistabellen zurückliefern können. Je nachdem, was von der inneren Abfrage zurückgeliefert wird, unterscheidet man zwischen:

- Unterabfragen mit einem Rückgabewert („Scalar Subquery"),
- Unterabfragen mit einer zurückgegebenen Zeile („Row Subquery"),
- Unterabfragen mit mehreren zurückgegebenen Zeilen („Table Subquery").

Wir wollen uns im Folgenden die unterschiedlichen Typen von Unterabfragen und die dazugehörigen Abfragemöglichkeiten ansehen.

10.3 Unterabfragen mit einem Rückgabewert

Diese Art von Unterabfragen haben wir bereits im einleitenden Beispiel kennen gelernt. Voraussetzung dafür, dass die Abfrage korrekt ausgeführt wurde, war die Tatsache, dass die innere Abfrage genau einen Wert zurückliefert. Wären mehrere Werte von der Unterabfrage zurückgeliefert worden, so hätte das RDBMS die Abfrage nicht ausführen können. Betrachten wir hierzu ein Beispiel: Es sollen alle Mitarbeiter ausgegeben werden, die weniger verdienen als Frau Kart. Eine gültige SELECT-Anweisung lautet:

```
SELECT  Name, Vorname, Gehalt
FROM    Personal.Mitarbeiter
WHERE   Gehalt < ( SELECT Gehalt
                   FROM   Personal.Mitarbeiter
                   WHERE  Name LIKE 'K%' )
```

Hier würde das RDBMS eine Fehlermeldung ausgeben, da die innere Abfrage mehr als einen Wert zurückliefert. Sowohl das Gehalt von Frau Kart als auch das von Herrn Kowalski werden von der Unterabfrage zurückgegeben.

Bei skalaren Unterabfragen muss also gewährleistet sein, dass die innere Abfrage zum einen nur einen einzigen Wert zurückliefert, und dass die Spalten, die man miteinander vergleicht, zueinander passen, d.h. semantisch und vom Datentyp übereinstimmen. Die innere Abfrage muss also einen Wert zurückliefern, der zu der Spalte passt, mit der verglichen wird (in unserem Fall verwenden innere und äußere Abfrage die Spalte „Gehalt").

Damit die innere Abfrage nur einen Wert zurückliefert, sollte man in diesem Fall besser den Primärschlüssel, also die Personalnummer von Frau Kart, als Bedingung angeben.

Betrachten wir hierzu ein weiteres Beispiel. Um alle Mitarbeiter auszugeben, die im gleichen Ort wohnen, wie der Kunde Hans Muster, sieht die Abfrage also folgendermaßen aus:

```
SELECT  Name, Vorname, Plz
FROM    Personal.Mitarbeiter
WHERE   Plz = ( SELECT Plz
                FROM   Kunde
                WHERE  Kundennummer = 2 )
```

Diesmal wird die Postleitzahl von Hans Muster über den Primärschlüssel ermittelt, so dass nur ein Wert von der inneren Abfrage zurückgeliefert werden kann.

10.4 Unterabfragen mit einer zurückgegebenen Zeile

Unterabfragen mit einer einzigen zurückgegebenen Zeile werden von den meisten RDBMS zurzeit noch nicht unterstützt. Generell gleichen solche Abfragen den Abfragen mit nur einem Wert, nur dass hier mehrere Spalten beim Vergleich angegeben werden können. Um also z.B. alle Mitarbeiter auszugeben, die sowohl im gleichen Ort als auch in der gleichen Straße wie Hans Muster wohnen, lautet die Anweisung:

```
SELECT  Name, Vorname, Plz
FROM    Personal.Mitarbeiter
WHERE   (Plz, Strasse) = ( SELECT Plz, Strasse
                           FROM    Kunde
                           WHERE   Kundennummer = 2 )
```

10.5 Unterabfragen mit mehreren zurückgegebenen Zeilen

Um in Unterabfragen mehrere Zeilen abzufragen, reichen die bisherigen Vergleichsoperatoren und Prädikate nicht aus. SQL kennt deshalb für diese Art von Abfragen spezielle Prädikate, die wir uns im Folgenden ansehen wollen.

10.5.1 IN

Das Prädikat IN entspricht eigentlich einer OR-Verknüpfung von Werten. Wenn eine Unterabfrage mehrere Werte einer Spalte zurückliefert, so kann mit IN überprüft werden, ob einer dieser Werte einer gewünschten Bedingung entspricht. Um z.B. alle Mitarbeiter auszugeben, die im gleichen Ort wie die Kunden Hans Muster und Bertram Bolte wohnen, lautet die SELECT-Anweisung:

```
SELECT  Name, Vorname, Plz
FROM    Personal.Mitarbeiter
WHERE   Plz IN ( SELECT Plz
                 FROM    Kunde
                 WHERE   Kundennummer = 1 OR Kundennummer = 2)
```

Um demgegenüber alle Mitarbeiter zu ermitteln, die nicht im gleichen Ort wie Hans Muster und Bertram Bolte wohnen, verwendet man die Schlüsselwörter NOT IN.

Bei der Überprüfung von Mengen von Werten ist wiederum NULL zu beachten. Ergibt eine Unterabfrage eine Liste von Werten, unter denen auch ein NULL zurückgeliefert wird, so kann das Ergebnis eines Prädikats weder wahr noch falsch, sondern unbekannt sein. Um dieses Problem zu verdeutlichen, werden im folgenden Beispiel alle Mitarbeiter ausgegeben, die keiner Abteilung zugeordnet sind:

```
SELECT  Abteilungsbezeichnung
FROM    Personal.Abteilung
WHERE   Abteilungsbezeichnung NOT IN
        (
                SELECT Abteilungsbezeichnung
                FROM   Personal.Mitarbeiter
        )
```

Als Ergebnis wird eine leere Ergebnismenge zurückgeliefert, da in der inneren Abfrage auch ein NULL zurückgeliefert wird und damit die Bedingung der äußeren Abfrage als unbekannt ausgewertet wird. Um das richtige Ergebnis zu erhalten, müssen alle NULL-Werte in der inneren Abfrage ausgefiltert werden;

```
SELECT  Abteilungsbezeichnung
FROM    Personal.Abteilung
WHERE   Abteilungsbezeichnung NOT IN
        (
                SELECT Abteilungsbezeichnung
                FROM   Personal.Mitarbeiter
                WHERE  Abteilungsbezeichnung IS NOT NULL
        )

Abteilungsbezeichnung
-----------------------------
Geschäftsführung
Personal
```

10.5.2 EXISTS

Über das Schlüsselwort EXISTS kann getestet werden, ob eine Unterabfrage Zeilen zurückliefert. Ist das der Fall, so liefert die Unterabfrage TRUE zurück, andernfalls FALSE. Um z.B. alle Abteilungen auszugeben, denen mindestens ein Mitarbeiter zugeordnet ist, lautet die SELECT-Anweisung:

```
SELECT  Abteilungsbezeichnung
FROM    Personal.Abteilung
WHERE EXISTS
        (
                SELECT *
                FROM  Personal.Mitarbeiter
                WHERE Personal.Mitarbeiter.Abteilungsbezeichnung =
                      Personal.Abteilung.Abteilungsbezeichnung
        )

Abteilungsbezeichnung
-----------------------------
Rechnungswesen
Vertrieb
```

10.5 Unterabfragen mit mehreren zurückgegebenen Zeilen

Wie bei einem „Join" auch, müssen Fremd- und Primärschlüssel miteinander verbunden werden. In diesem Fall stehen innere und äußere Abfrage in einer Wechselbeziehung zueinander, da die innere auf die äußere Abfrage verweist. Man spricht dann von „korrelierenden Unterabfragen". Im Gegensatz zu den bisherigen Unterabfragen wertet ein RDBMS korrelierende Unterabfragen anders aus. Bei einer nicht-korrelierenden Abfrage kann das RDBMS zunächst die innere Abfrage ausführen und erhält dann ein Ergebnis. Dieses Ergebnis kann es dann verwenden, um die äußere Abfrage auszuführen. Bei korrelierenden Unterabfragen ist das nicht möglich, da die innere Abfrage immer von der gerade bearbeiteten Zeile der äußeren Abfrage abhängt. Für jede Zeile der äußeren Abfrage wird also die innere Abfrage ausgewertet. Betrachten wir dazu folgende Abb. 10-1:

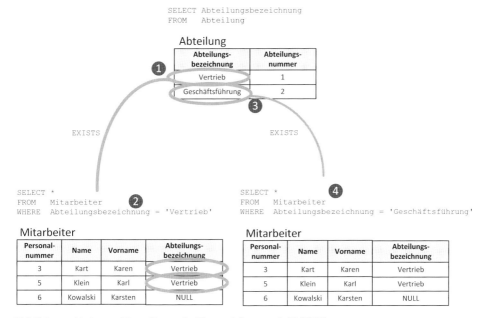

Abbildung 10-1: Korrelierende Unterabfrage mit EXISTS

Zunächst wird über die äußere Abfrage die erste Abteilungsbezeichnung ermittelt, nämlich Vertrieb (1). Dieser Wert wird nun in der inneren Abfrage verwendet, um herauszubekommen, welche Mitarbeiter im Vertrieb arbeiten (2). Da es in diesem Fall zwei Mitarbeiter sind, erfüllt die Abteilungsbezeichnung „Vertrieb" die EXISTS-Bedingung und gehört zur Ergebnistabelle. Nun ermittelt die äußere Abfrage die nächste Abteilungsbezeichnung, nämlich „Geschäftsführung" (3). Die innere Abfrage stellt fest, dass es keinen Mitarbeiter gibt, der zu dieser Abteilung gehört (4). Entsprechend gibt sie FALSE zurück.

Wie beim Mengenoperator IN kann auch EXISTS über das Schlüsselwort NOT negiert werden.

10.5.3 ANY / SOME / ALL

Mit ANY oder SOME kann man überprüfen, ob ein Wert größer als ein beliebiger Wert aus einer Menge ist. Hiermit sind Abfragen möglich, wie z.B. „Geben Sie das Gehalt aller Mitarbeiter an, die mehr als ein anderer Mitarbeiter verdienen". Die dazugehörige SELECT-Anweisung lautet:

```
SELECT Name, Vorname, Gehalt
FROM   Personal.Mitarbeiter
WHERE  Gehalt > ANY (SELECT Gehalt FROM Personal.Mitarbeiter )

Name      Vorname  Gehalt
--------  -------  -------
Kart      Karen    3000.00
Kowalski  Karsten  5000.00
Klug      Frieda   2500.00
Wunder    Hans     2300.00
```

Frau Kart verdient mehr als Herr Klein und Herr Kowalski verdient sowieso mehr als jeder andere Mitarbeiter. Herr Klein ist nicht aufgeführt, da es keinen anderen Mitarbeiter gibt, der weniger als er verdient.

Entsprechend kann man über das Schlüsselwort ALL ermitteln, welcher Mitarbeiter mehr als jeder andere Mitarbeiter verdient. Die SELECT-Anweisung dazu sieht dann wie folgt aus:

```
SELECT Name, Vorname, Gehalt
FROM   Personal.Mitarbeiter
WHERE  Gehalt >= ALL (SELECT Gehalt FROM Personal.Mitarbeiter )

Name      Vorname  Gehalt
--------  -------  -------
Kowalski  Karsten  5000.00
```

In diesem Fall wird nur Herr Kowalski ausgegeben, da es keinen Mitarbeiter gibt, der mehr als er verdient.

Sie haben sicherlich bemerkt, dass man die beiden obigen Abfragen auch mit den Mengenfunktionen MIN und MAX als Unterabfrage hätte realisieren können. Letztendlich gibt es in SQL häufig mehrere Möglichkeiten, Abfragen zu formulieren.

Das gilt für viele Abfragen. Betrachten wir hierzu ein weiteres Beispiel: Um z.B. alle Mitarbeiter auszugeben, die in einem Ort wohnen, in dem auch ein beliebiger Kunde wohnt, führen folgende SELECT-Anweisungen zum gleichen Ergebnis:

```
SELECT Name, Vorname
FROM   Personal.Mitarbeiter
```

10.6 Unterabfragen in der Spaltenliste

```
WHERE   Plz = ANY (SELECT Plz FROM Kunde)

SELECT Mitarbeiter.Name, Mitarbeiter.Vorname
FROM    Personal.Mitarbeiter, Kunde
WHERE   Personal.Mitarbeiter.Plz = Kunde.Plz
```

Generell gilt, dass die meisten Abfragen, die man als „Join" formulieren kann, auch als „Subquery" gestellt werden können. In diesem Fall bleibt es Geschmackssache, welche Formulierung man als „besser" empfindet. Eine Ausnahme, die man nicht als „Join" formulieren kann, ist das Verwenden von Mengenfunktionen in der inneren Abfrage, wie wir es gleich am Anfang kennengelernt haben.

10.6 Unterabfragen in der Spaltenliste

Wir haben bisher gesehen, dass man nicht-korrelierende und korrelierende Unterabfragen in der WHERE-Klausel einer Abfrage verwenden kann. Unterabfragen können auch in Spaltenliste Verwendung finden. Um z.B. die Differenz des Gehaltes eines Mitarbeiters zum Durchschnittsgehalt in der Spaltenliste auszugeben, kann eine Unterabfrage als Spalte wie folgt verwendet werden:

```
SELECT Name, Vorname,
       Gehalt - (SELECT AVG(Gehalt) FROM Personal.Mitarbeiter)
FROM    Personal.Mitarbeiter
```

Wie erkennbar, kann der zurückgegebene Wert aus der Unterabfrage weiterverwendet werden, um z.B. Berechnungen durchzuführen. Er kann aber auch an eine beliebige Funktion weitergegeben werden. Das folgende Beispiel errechnet noch einmal den prozentualen Anteil des Gehaltes zum Mitarbeiter, der am meisten verdient. Zur Formatierung werden die Nachkommastellen auf zwei beschränkt und das Prozentzeichen an die errechnete Zahl angehängt.

```
SELECT Name, Vorname,
    CAST
      (
        CAST( Gehalt / ( SELECT MAX(Gehalt)
              FROM Personal.Mitarbeiter) * 100 AS DECIMAL(8,2))
        AS VARCHAR(6)
      ) || '%'
FROM    Personal.Mitarbeiter
```

Unterabfragen in der Spaltenliste können wiederum mit der äußeren Abfrage korrelieren. Um nun nicht das maximale Gehalt über alle Mitarbeiter zu ermitteln, kann man über eine korrelierende Abfrage auf das maximale Gehalt eines Abteilungs-Mitarbeiters einschränken. Folgende Abfrage mit einer korrelierenden

Unterabfrage liefert eine Liste aller Mitarbeiter und deren Gehalt sowie das maximale Gehalt innerhalb der Abteilung, zu der der Mitarbeiter gehört:

```
SELECT Name, Vorname, Abteilungsbezeichnung, Gehalt,
       (
           SELECT MAX(Gehalt)
           FROM   Personal.Mitarbeiter AS m2
           WHERE  m1.Abteilungsbezeichnung = m2.Abteilungsbezeichnung
       ) AS MaxGehaltAbteilung
FROM   Personal.Mitarbeiter AS m1
ORDER BY Abteilungsbezeichnung

Name      Vorname  Abteilungsbezeichnung  Gehalt   MaxGehaltAbteilung
--------  -------  ---------------------  -------  ------------------
Kowalski  Karsten  NULL                   5000.00  NULL
Wunder    Hans     Rechnungswesen         2300.00  2300.00
Klug      Frieda   Vertrieb               2500.00  3000.00
Kart      Karen    Vertrieb               3000.00  3000.00
Klein     Karl     Vertrieb               2000.00  3000.00
```

10.7 Unterabfragen in der Tabellenliste

Nachdem wir gesehen haben, dass Unterabfragen sowohl in der WHERE- als auch in der SELECT-Klausel Verwendung finden, bleibt eigentlich nur noch die FROM-Klausel übrig. Auch hier können Unterabfragen eingesetzt werden, deren Ergebnismenge dann sozusagen wie eine neue Tabelle verwendet werden kann. Dadurch ist es möglich, komplexe Abfragen einfacher zu formulieren. Das folgende Beispiel ermittelt alle Bestellungen, bei denen der Name des Kunden mit einem ‚B' beginnt und der Name des Mitarbeiters mit einem ‚K'. Um die Namen der Kunden und des Mitarbeiters zu erhalten, benötigt man die drei Tabellen Kunde, Bestellung und Mitarbeiter und muss diese über einen INNER JOIN verbinden. Zur Vereinfachung wird der Join als Unterabfrage der FROM-Klausel realisiert:

```
SELECT *
FROM (
         SELECT Kunde.Name, Datum, BestellNr, Personal.Mitarbeiter.Name
         FROM   Kunde INNER JOIN Bestellung ON Kunde.Kundennummer =
                Bestellung.Kundennummer INNER JOIN Personal.Mitarbeiter
                ON Bestellung.Personalnummer =
                Personal.Mitarbeiter.Personalnummer
     ) AS Best(Kundenname, Bestelldatum, BestellNr, Mitarbeitername)
WHERE Mitarbeitername LIKE 'K%' AND Kundenname LIKE 'B%'
```

Man erkennt, dass die Unterabfrage in runde Klammern gesetzt und über das AS-Schlüsselwort festgelegt werden muss, wie die temporär zu verwendende Tabelle heißen soll und wie die Spalten benannt werden sollen.

Über sogenannte allgemeine Tabellenausdrücke („Common Table Expression" – CTE) wird das Ganze noch weitergeführt, indem man explizit für eine Abfrage virtuelle Tabellen erstellt und diese in einer neuen Abfrage verwenden kann. Betrachten wir dazu das eben verwendete Beispiel. Über das Schlüsselwort WITH wird ein allgemeiner Tabellenausdruck eingeleitet, es folgen der Name der virtuellen Tabelle und in Klammern die Spaltennamen. Danach folgt die eigentliche Abfrage, die die virtuelle Tabelle darstellen soll. Nach dieser Definition kann auf die virtuelle Tabelle zugegriffen werden. Das folgende Beispiel zeigt die Verwendung eines allgemeinen Tabellenausdrucks für unser obiges Beispiel:

```
WITH Best(Kundenname, Bestelldatum, BestellNr, Mitarbeitername) AS
(
    SELECT Kunde.Name, Datum, BestellNr, Personal.Mitarbeiter.Name
    FROM Kunde INNER JOIN Bestellung ON Kunde.Kundennummer =
        Bestellung.Kundennummer INNER JOIN Personal.Mitarbeiter ON
        Bestellung.Personalnummer = Personal.Mitarbeiter.Personalnummer
)
SELECT *
FROM   Best
WHERE  Mitarbeitername LIKE 'K%' AND Kundenname LIKE 'B%'
```

Durch die Verwendung allgemeiner Tabellenausdrücke können Abfragen in ihrer Komplexität in einfachere Bestandteile zerlegt werden, wodurch die Abfragen wesentlich übersichtlicher werden.

10.8 Praxis

Wir wollen uns im Praxisteil noch einmal mit zwei komplexeren korrelierenden Unterabfragen beschäftigen. Dazu wollen wir eine Liste aller Bestellungen erstellen mit Bestellnr, Name des Kunden und Menge der Bestellposition. Zusätzlich soll eine Spalte mit der Gesamtmenge aller Bestellungen in der Liste erscheinen und eine Spalte mit der Gesamtmenge einer einzelnen Bestellung. Um die Aufgabe schrittweise zu lösen, wollen wir zunächst nur die Liste mit den Bestellungen erstellen. Dazu benötigen wir die drei Tabellen Kunde, Bestellung und Bestellposten. Über INNER JOIN's können wir die Tabellen miteinander verbinden und die erforderlichen Spalten wie folgt ausgeben:

```
SELECT Kunde.Name, Bestellung.BestellNr, Menge
FROM   Kunde INNER JOIN Bestellung ON
       Kunde.Kundennummer = Bestellung.Kundennummer
       INNER JOIN Bestellposten ON
       Bestellung.BestellNr = Bestellposten.BestellNr
```

Die Gesamtmenge aller bestellten Artikel erhalten wir über die Aggregatfunktion SUM. Um die Summe pro Bestellung auszugeben, benötigen wir eine korrelierte Unterabfrage, die überprüft, ob die Bestellnummer der äußeren Abfrage mit der Bestellnummer der inneren Abfrage übereinstimmt. Die endgültige Abfrage sieht dann wie folgt aus:

```
SELECT Kunde.Name, Bestellung.BestellNr, Menge,
       ( SELECT SUM(Menge) FROM Bestellposten ) AS Gesamtmenge,
       ( SELECT SUM(Menge) FROM Bestellposten bp
           WHERE Bestellposten.BestellNr = bp.BestellNr )
         AS "Gesamtmenge pro Bestellung"
FROM   Kunde INNER JOIN Bestellung ON
       Kunde.Kundennummer = Bestellung.Kundennummer
       INNER JOIN Bestellposten ON
       Bestellung.BestellNr = Bestellposten.BestellNr
```

Diese Abfrage wollen wir jetzt als allgemeinen Tabellenausdruck verwenden, um dann auf Grundlage dieser virtuellen Tabelle den prozentualen Anteil einer Bestellmenge zur Gesamtmenge und zur Gesamtmenge pro Bestellung zu errechnen. Das Ergebnis sieht wie folgt aus:

```
WITH Bestellungen(Kundenname, Bestellnr, Menge, Gesamtmenge,
                  "Gesamtmenge pro Bestellung") AS
(
  SELECT Kunde.Name, Bestellung.BestellNr, Menge,
         ( SELECT SUM(Menge) FROM Bestellposten ),
         ( SELECT SUM(Menge) FROM Bestellposten bp
             WHERE Bestellposten.BestellNr = bp.BestellNr )
  FROM   Kunde INNER JOIN Bestellung ON
         Kunde.Kundennummer = Bestellung.Kundennummer
         INNER JOIN Bestellposten ON
         Bestellung.BestellNr = Bestellposten.BestellNr
)
SELECT Bestellnr,
       CAST( Menge * 100.0 / "Gesamtmenge pro Bestellung"
             AS DECIMAL(8,2)) AS "Anteil pro Bestellung",
       CAST( "Gesamtmenge pro Bestellung" * 100.0 / Gesamtmenge
             AS DECIMAL(8,2)) AS Anteil
FROM   Bestellungen
```

10.9 Zusammenfassung

In diesem Kapitel haben wir Unterabfragen kennengelernt. Gerade im Zusammenhang mit der Verwendung von Mengenfunktionen sind Unterabfragen sehr nützlich. Unterabfragen sind Abfragen in einer Abfrage. Man kann die Ergebniswerte einer Abfrage als Vergleichswerte in einer anderen Abfrage verwenden. Man unterscheidet Unterabfragen danach, ob sie einen einzigen Wert, eine einzige Zeile oder mehrere Zeilen zurückliefern.

Liefert eine Unterabfrage mehrere Zeilen zurück, so können die Prädikate IN, EXISTS, ANY/SOME oder ALL verwendet werden. IN dient zur Überprüfung einer zurückgelieferten Menge von Werten, so wie wir es bereits bei einfachen Abfragen gesehen haben. Das Prädikat EXISTS gibt TRUE oder FALSE aus, je nachdem ob die Unterabfrage Sätze zurückliefert oder nicht. ANY bzw. SOME testet, ob aus einer Menge von Werten wenigstens ein Wert einer Bedingung entspricht. ALL prüft, ob alle Werte einer Menge einer definierten Bedingung entsprechen.

Zum Schluss haben wir die Verwendung von Unterabfragen in der SELECT- und FROM-Klausel betrachtet und uns mit allgemeinen Tabellenausdrücken beschäftigt.

10.10 Aufgaben

Wiederholungsfragen

1. Was ist mit innerer Abfrage und was mit äußerer Abfrage gemeint?
2. Was ist eine korrelierende Unterabfrage?
3. Können Unterabfragen in der WHERE-, HAVING-, SELECT- und FROM-Klausel verwendet werden?
4. Wie wird eine nicht-korrelierende Unterabfrage vom RDBMS ausgewertet? Erklären Sie dies anhand eines Beispiels.
5. Wie wird eine korrelierende Unterabfrage vom RDBMS ausgewertet? Erklären Sie dies anhand eines Beispiels.
6. Worauf muss man achten, wenn man in der äußeren Abfrage ausschließlich Vergleichsoperatoren verwendet?
7. Wozu dienen die Prädikate NOT IN, NOT EXISTS, ALL, SOME?
8. Welcher der folgenden Abfragen liefert den Mitarbeiter mit dem höchsten Gehalt:
   ```
   SELECT * FROM Personal.Mitarbeiter
   WHERE Gehalt > (SELECT MAX(Gehalt) FROM Personal.Mitarbeiter)

   SELECT * FROM Personal.Mitarbeiter
   WHERE Gehalt = (SELECT MAX(Gehalt) FROM Personal.Mitarbeiter)

   SELECT * FROM Personal.Mitarbeiter
   WHERE Gehalt >= ALL (SELECT Gehalt FROM Personal.Mitarbeiter)
   ```

Übungen

1. Welche Mitarbeiter verdienen mehr als der Mitarbeiter mit dem kleinsten Gehalt?
2. Welcher Abteilung sind keine Mitarbeiter zugeordnet?

3. Erhöhen Sie das Gehalt aller Mitarbeiter, die unter dem Durchschnitt verdienen, um 5%! (Hinweis: Auch bei der UPDATE-Anweisung kann eine Unterabfrage hinter der WHERE-Klausel folgen.)
4. Löschen Sie alle Werbeartikel, deren Preis unter dem Durchschnitt liegt! (Hinweis: Auch bei der DELETE-Anweisung kann eine Unterabfrage hinter der WHERE-Klausel folgen.)
5. Welche Sitzplätze der Vorstellung 11 kosten überdurchschnittlich viel?
6. Geben Sie die Namen der Mitarbeiter aus, die keinen Vorgesetzten haben! (Hinweis: Verwenden Sie die Schlüsselwörter NOT EXISTS.)
7. Geben Sie die Namen der Spielstätten aus, die die gleiche Postleitzahl besitzen!
8. Welcher Mitarbeiter verdient mehr als jeder andere Mitarbeiter?
9. Geben Sie die Bezeichnungen der Werbeartikel und die Differenz zum Durchschnittspreis sortiert nach der Differenz aus!
10. Geben Sie die Bestellnummer und den Nachnamen des Kunden aus, von dem die jeweilige Bestellung aufgegeben wurde. Verwenden Sie keinen Join, sondern eine Unterabfrage!
11. Geben Sie eine Liste aller Kunden (nur Kundennummer) aus, die eine Bestellung aufgegeben haben, sowie die jeweilige Bestellnummer und die Anzahl Bestellungen des Kunden gesamt!

11 Optimierung von Abfragen

In Kapitel 11 sollen folgende Fragen geklärt werden:
- Wie kann man Abfragen schneller machen?
- Wie kann man herausfinden, warum eine Abfrage langsam ist?
- Was versteht man unter Indizes?
- Was versteht man unter gruppierten und nicht-gruppierten Indizes?
- Was versteht man unter kombinierten Indizes?
- Was ist ein Ausführungsplan?

11.1 Motivation

Inzwischen gehen seit Jahren laufend Bestellungen in das neue Abrechnungssystem ein. Doch seit mehreren Wochen werden unterschiedliche Abfragen zu Kundendaten und Umsatzdaten merklich langsamer. Frau Kart geht also zu ihrem Geschäftsführer Herrn Kowalski und bittet ihn, Herrn Fleissig von der Unternehmensberatung „Software Consult AG" zu beauftragen, das Problem zu lösen. Herr Kowalski bittet Frau Kart unverzüglich Kontakt zu Herrn Fleissig aufzunehmen. Bei ihrem Telefonat erläutert ihr Herr Fleissig: Da z.B. die Kundendaten unsortiert in den Tabellen gespeichert sind, müssen bei Abfragen alle Kundendatensätze überprüft werden, ob sie den Kriterien der WHERE-Klausel entsprechen. Da KartoFinale inzwischen sehr viele neue Kunden akquiriert hat und der Umsatz um über 20 Prozent gestiegen ist, wird die Suche nach einem bestimmten Kunden langsam. Herr Fleissig erzählt ihr, dass es in Datenbanksystemen zusätzliche Datenstrukturen, nämlich sogenannte Indizes gibt, um Abfragen zu beschleunigen. Da Herr Fleissig für nächste Woche seinen Urlaub geplant hat und diesen nicht verschieben möchte, vereinbart er gleich für den nächsten Tag am Abend einen Termin mit Frau Kart, um ihr zu erklären, wie sie das Problem alleine lösen kann.

11.2 Grundlagen

Bevor wir uns mit den eigentlichen Datenstrukturen beschäftigen, die zur Beschleunigung von Abfragen dienen, wollen wir uns ansehen, wie ein Datenbanksystem normalerweise seine Daten physisch auf einem Speichermedium speichert. Betrachten wir dazu den Aufbau einer Festplatte: Eine Festplatte wird vom Betriebssystem in Spuren und Sektoren eingeteilt (siehe Abb. 11-1). Jeder einzelne Sektor enthält dabei abhängig vom Betriebssystem bzw. genauer vom Dateisystem eine feste Anzahl an Bytes. Diese Blockgröße beträgt normalerweise 512 Bytes, wobei moderne Betriebssysteme Blockgrößen wiederum zu sogenannten Clustern zusammenfassen (1.024, 2.048, 4.096, 8.192 Bytes usw.). Sollen nun Daten von der Festplatte gelesen werden, so bewegt sich der Schreib-/Lesekopf in eine Richtung über die Festplatte. Dabei rotiert die Festplatte unter dem Schreib-/Lesekopf, so dass jede Spur und jeder Sektor angefahren werden kann. Beim Lesen werden dann immer komplette Sektoren gelesen, selbst dann, wenn z.B. nur eine Datei aus einem Zeichen geöffnet werden soll.

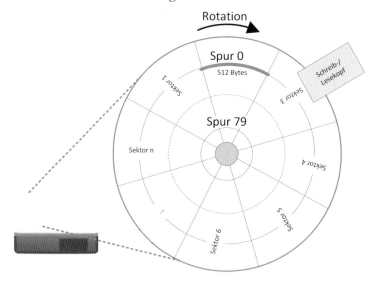

Abbildung 11-1:   Aufbau eines Speichermediums

Damit ein Datenbanksystem physisch möglichst schnell auf die Daten zugreifen kann, orientiert es sich beim Speichern der Daten an den Sektoren- bzw. Clustergrößen des Betriebssystems. Eine Datenspeichereinheit wird in der Datenbanksprache als Page oder Seite bezeichnet und entspricht der Größe eines Vielfachen eines Clusters. So verwendet der Microsoft SQL Server 2008 immer eine feste Größe von 8.192 Bytes pro Seite (unter Windows bei Verwendung des Dateisystems NTFS). Da IBM DB2 9.7 und Oracle 11g im Gegensatz zum Microsoft SQL Server auf verschiedenen Betriebssystemen laufen, unterstützen sie auch unterschiedliche Seitengrößen (2.048, 4.096, 8.192, 16.384, oder 32.768), die über die proprietäre SQL-Anweisung CREATE TABLESPACE festgelegt werden kann.

Ein Datenbankmanagementsystem arbeitet also auf physischer Ebene nicht mit einzelnen Datensätzen, sondern immer mit Seiten. Angenommen, eine Tabelle hat Datensätze, die jeweils eine Länge von 1.000 Byte besitzen, so können bei einer Seitengröße von 8.192 Bytes genau 8 Datensätze in einer Seite gespeichert werden. Wird also exakt ein Datensatz aus dieser Tabelle benötigt, so liest das DBMS über das Betriebssystem nicht nur einen Datensatz, sondern 8 Datensätze.

11.2 Grundlagen

Betrachten wir als Beispiel das Anlegen einer Kundentabelle.

```
CREATE TABLE Kunden
(
    Kundennummer        INTEGER,
    Nachname    CHAR(200),
    Vorname             CHAR(200),
    Strasse             CHAR(200),
    Plz                 INTEGER,
    Ort                 CHAR(250)
)
```

Gehen wir von einer Seitengröße von 8.192 Bytes aus und speichern 20 Kunden in dieser Tabelle, so benötigt das RDBMS mindestens 3 Seiten. Pro Seite können maximal 9 Kunden gespeichert werden, da die Länge eines Datensatzes 854 Bytes beträgt:

Kundennummer	4 Bytes
Nachname	200 Bytes
Vorname	200 Bytes
Strasse	200 Bytes
Plz	4 Bytes
Ort	250 Bytes
Gesamt	854 Bytes

Pro Datensatz und Seite werden jedoch weitere Verwaltungsinformationen benötigt. Für einen Datensatz müssen zusätzlich Statusinformationen gespeichert, für variable Zeichenketten muss die belegte Länge hinterlegt und es muss gekennzeichnet werden, welche Spalten ein NULL enthalten.

Die Seite selbst enthält als Verwaltungsinformationen eine Seitennummer und normalerweise eine Dateinummer, den freien Speicherplatz auf der Seite, den Seitentyp u.a., sowie einen Verweis auf die nächste und auf die vorherige Seite. Für unser Beispiel mit drei Seiten, sieht der Aufbau wie in Abb. 11.2 aus.

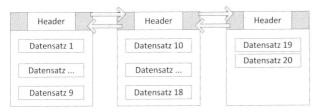

Abbildung 11-2:   Aufbau eines Heaps

Da die einzelnen Datensätze unsortiert in den Seiten vorliegen, spricht man bei dieser Datenstruktur von einem Heap („Haufen" oder „Halde"). Erhält das RDBMS nun eine SELECT-Anweisung zur Suche eines Kunden nach dem Namen „Meier", so müssen alle 20 Datensätze nacheinander durchsucht werden. Diese Datenbankoperation wird dann als „Table Scan" bezeichnet.

Doch wie kann man nun den Zugriff auf einen Datensatz beschleunigen? Betrachten wir dazu den Index eines Buches. In einem Buch enthält der Index alphabetisch sortierte Begriffe und einen Verweis auf die Buchseite, auf der etwas zu dem Stichwort geschrieben steht. Da der Index sortiert ist, kommen wir relativ schnell zu gewünschten Informationen. Angenommen, wir suchen im Index dieses Buches nach dem Begriff „Heap" und blättern im Index auf die Liste mit Stichwörtern, die mit einem „L" beginnen, so wissen wir durch die Sortierung, dass wir nur noch im vorderen Teil des Index weitersuchen müssen. Beim nächsten Zurückblättern treffen wir auf den Buchstaben „F", müssen jetzt also wieder Vorblättern und treffen auf den gewünschten Anfangsbuchstaben „H" und damit auf den gesuchten Begriff. Wäre der Index nicht sortiert, hätten wir den Index so lange durchsuchen müssen, bis wir das Stichwort gefunden hätten. Um also die Suche zu beschleunigen, müssen die Spalten, nach denen gesucht werden soll, sortiert vorliegen. Diese Form der Suche wird in der Informatik als binäre Suche bezeichnet. Was wir also benötigen, um die Suche zu beschleunigen, sind Datenstrukturen, deren Suchwerte sortiert vorliegen und auf den gewünschten Datensatz verweisen. Solche zusätzlichen Datenstrukturen werden Indizes genannt.

11.3 Indizes

Die einfachste Datenstruktur bietet die indexsequentielle Zugriffsmethode (ISAM, Index Sequential Access Method), die in den 60er Jahren von der Firma IBM entwickelt wurde. Bei dieser Datenstruktur werden die Seiten mit den weiteren Daten des Datensatzes nach dem zu durchsuchenden Schlüssel sortiert. Zusätzlich existiert ein sortierter einfacher Index, der auf die Datenseiten verweist. Die folgende Abb. 11-3 zeigt unsere 20 Kundendatensätze in sortierter Reihenfolge nach der Kundennummer. Zusätzlich existiert eine weitere Indexseite, die sortiert auf die Datenseiten verweist.

11.3 Indizes

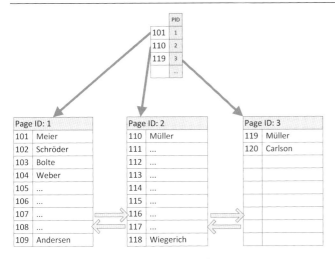

Abbildung 11-3: ISAM Datenstruktur

Um nun z.B. den Kunden mit der Kundennummer 115 zu suchen, wird zunächst die Indexseite solange durchsucht, bis die Kundennummer gleich oder größer dieser ist. Für die Kundennummer 115 ist das der zweite Datensatz mit der Kundennummer 110, die auf die Seite mit der Nummer 2 verweist. Entsprechend wird in der zweiten Seite weitergesucht und die gesuchte Kundennummer gefunden.

Indexstrukturen nach der ISAM haben den wesentlichen Nachteil, dass das häufige Einfügen und Löschen von Datensätzen zu einem hohen Verwaltungsaufwand (Reorganisation) führen kann. Ist z.B. die erste Datenseite komplett belegt und es muss ein Datensatz in diesen Bereich eingefügt werden, so müssen alle Seiten umsortiert werden. ISAM wird daher heutzutage als Indexstruktur eher selten eingesetzt.

Daher wurde in den 70er Jahren eine Indexstruktur entwickelt, die diese Nachteile verringert, der sogenannte balancierte Baum oder B-Baum. Weiterentwicklungen hierzu sind der B+- und der B*-Baum. Da der B+-Baum die am weitesten verbreitete Indexstruktur in Datenbanksystemen ist, wollen wir uns ausschließlich mit dieser beschäftigen. Die Unterschiede zu den anderen beiden Strukturen sind eher marginal.

Bei der Indexstruktur eines B+-Baumes handelt es sich bildlich um einen auf dem Kopf stehenden Baum, der aus verschiedenen Indexebenen besteht. Die oberste Indexebene ist die Wurzel und die unterste Indexebene enthält die Blätter, die den Suchschlüssel und seine Daten sortiert speichern. Alle Indexebenen dazwischen werden als Zwischenebene bezeichnet (siehe Abb. 11-4). Betrachten wir dazu wieder unsere Kundentabelle, in der sich inzwischen 10.000 Datensätze befinden sollen. Da die eigentlichen Daten in der Blattebene gespeichert werden, benötigen wir nun 1.112 Datenseiten (10.000 Datensätze / 9 pro Datenseite) auf Blattebene, wobei alle Datenseiten bis auf die letzte, die nur einen einzigen Datensatz

„beherbergt", voll belegt sind. Die Datensätze sind auf der Blattebene nach der Kundennummer sortiert. Die Zwischenebene speichert Verweise auf diese 1.112 Seiten. Bei einer Schlüssellänge von 4 Bytes für die Kundennummer, könnten wir damit theoretisch alle Schlüsselspalten in einer Indexseite unterbringen. Wir haben aber noch nicht den Seitenzeiger und eventuelle Verwaltungsbytes berücksichtigt. Hierfür setzen wir als Seitenzeiger 6 Bytes (normalerweise besteht dieser aus einer Datei-/Tablespace-, Seiten- und Datensatznummer) und als Verwaltungsdaten 8 Bytes an, so dass wir auf eine Indexsatzlänge von 18 Bytes kommen. Damit benötigen wir also 3 Indexseiten, um die Verweise auf die Blattseiten zu speichern, da jede Indexseite 447 Einträge pro Seite enthalten kann. Verweise auf diese 3 Indexseiten werden nun wiederum in der Wurzelseite gespeichert.

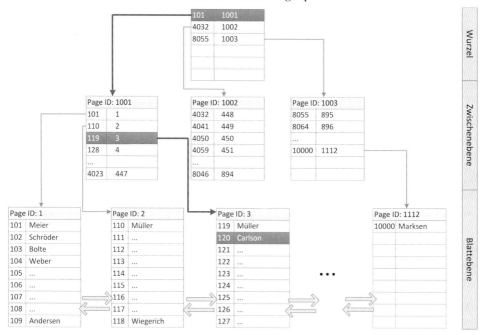

Abbildung 11-4: B+-Baum für Tabelle Kunden

Um nun z.B. innerhalb des B+-Baumes nach der Kundennummer 120 zu suchen, fängt man an der Wurzel an zu suchen. Da die Kundennummer 120 größer als 101, aber kleiner als 4032 ist, wird als nächstes die Seite mit der Kennung 1001 gelesen. In dieser Indexseite fällt die zu suchende Kundennummer zwischen 119 und 128, so dass die Blattseite mit der Kennung 3 gelesen wird, auf der man dann die entsprechenden Kundendaten findet. Insgesamt haben wir damit nur 3 Seiten lesen müssen, um zum gewünschten Datensatz zu kommen. Die maximale Anzahl an Zugriffen entspricht also der Höhe des Baumes.

Gegenüber dem ursprünglichen B-Baum werden die Daten eines Datensatzes nur in den Blättern gespeichert und die Blätter verweisen über eine verkettete Liste gegenseitig auf sich. Das hat den Vorteil, dass auch Bereichsabfragen schnell durchgeführt werden können.

Im Gegensatz zur ISAM-Indexstruktur muss bei einem Einfügen oder Löschen nicht zwangsläufig die komplette Indexstruktur reorganisiert werden, falls die Seiten vollständig belegt sind. Stattdessen wird die Seite, in der der Datensatz eingefügt werden soll, in zwei Seiten aufgeteilt (Page Split) und die Verweise neu gesetzt. Sofern sich das auf der Blattebene abspielt, ist hierfür nur ein Page Split notwendig. Je höher man jedoch zur Wurzel kommt, umso mehr sind notwendig.

11.4 Gruppierte Indizes

Der gerade beschriebene B+-Baum entspricht in Datenbanksystemen einem sogenannten gruppierten Index. Dieser enthält in den Blattseiten alle Datensätze inklusive der Daten, sortiert nach dem Indexschlüssel. Die Zwischenebene und die Wurzel enthalten sortiert den Indexschlüssel und Verweise auf die entsprechenden Seiten. In unserem Beispiel sind die Datensätze auf Blattebene also nach der Kundennummer sortiert. Ein gruppierter Index entspricht damit eher der Suche in einem Telefonbuch. Hat man über binäre Suche den gewünschten Namen im Telefonbuch gefunden, so findet man dort auch gleich die dazugehörige Telefonnummer und keinen Verweis auf diese.

Da der gruppierte Index bereits alle Daten in seinen Blattseiten enthält, existiert kein Heap für eine Tabelle, sofern ein gruppierter Index angelegt wurde. Diese schließen sich in der Regel bei den RDBMS aus.

SQL:2008 selbst kennt keine Anweisungen zum Anlegen von Indizes. Allerdings hat sich bei den bekannten relationalen Datenbanksystemen eine sehr ähnliche Syntax entwickelt. Über die Schlüsselwörter CREATE INDEX legt man einen Index an. Zusätzlich muss man angeben, ob es sich um einen gruppierten Index handeln soll und auf welche Tabelle und Spalte sich dieser bezieht. Das Anlegen eines gruppierten Index für die Kundennummer sieht wie folgt aus, wobei idxKundennummer eine Bezeichnung für den Index ist:

```
CREATE CLUSTERED INDEX idxKundennummer ON Kunden(Kundennummer)
```

Um den Index wieder zu löschen, schreibt man:

```
DROP INDEX idxKundennummer ON Kunden
```

Man erkennt, dass das Anlegen von Indizes stark an das Anlegen anderer Datenbankobjekte angelegt ist.

Doch wie entscheidet man nun, für welche Spalte man einen gruppierten Index anlegt? Diese Frage ist natürlich abhängig von den Abfragen, die man an die

Tabelle stellt. Die Entscheidung für den Indexschlüssel selbst hängt von den Filterbedingungen in der WHERE- und GROUP BY-Klausel ab. Existieren viele Abfragen, die direkt nach einer einzelnen Kundennummer oder einem Bereich von Kundennummern suchen, so sollte die Kundennummer als Indexschlüssel verwendet werden. Werden bei diesen Abfragen alle Kundendaten in der Selektion abgefragt, sollte allgemein ein gruppierter Index verwendet werden. Eine typische Abfrage, bei der der angelegte Index idxKundennummer eingesetzt wird, würde also lauten:

```
SELECT * FROM Kunden WHERE Kundennummer = 1002
```

Normalerweise kann pro Tabelle nur ein gruppierter Index angelegt werden, da ja in den Blattseiten alle Datensätze enthalten sind. Würde man weitere gruppierte Indizes anlegen, müssten die Datensätze mehrfach redundant gespeichert werden.

11.5 Nicht-gruppierte Indizes

Nun kommt es natürlich vor, dass man nicht nur nach Kundennummer, sondern zusätzlich auch nach dem Nachnamen suchen möchte. Dazu kann man dann weitere sogenannte nicht-gruppierte Indizes anlegen. Ein nicht-gruppierter Index unterscheidet sich vom gruppierten Index nur in den Blattseiten. Anstelle der vollständigen Daten des Datensatzes wird nur ein Verweis auf die Daten im Heap oder auf die Daten im gruppierten Index über dessen Schlüssel gespeichert. Abbildung 11.5 zeigt den Aufbau eines nicht-gruppierten Index auf den Nachnamen. Die Suche erfolgt wie beim gruppierten Index. Suchen wir nach dem Nachnamen „Schröder", so befindet sich dieser in der Wurzelseite zwischen „Andersen" und „Wrondt", damit kommen wir zur Seite 1001. Dort befindet sich der Name zwischen „Meier" und „Weber", d.h. wir müssen weiter auf Seite 2 suchen und finden dort den Namen „Schröder". Hier finden wir nun aber nicht alle Informationen, sondern nur den Nachnamen, da dieser ja den Indexschlüssel darstellt und ein Verweis auf die übrigen Daten des Datensatzes. Da wir einen gruppierten Index mit der Kundennummer angelegt haben, besteht der Verweis aus der Kundennummer, so dass die übrigen Daten des Datensatzes über den gruppierten Index nachgelesen werden können. Zuerst erfolgt also eine Indexsuche („Index Seek") nach dem Nachnamen über den nicht-gruppierten Index und darauf eine Schlüsselsuche („Key Lookup") im gruppierten Index (siehe Abb. 11-5).

11.5 Nicht-gruppierte Indizes

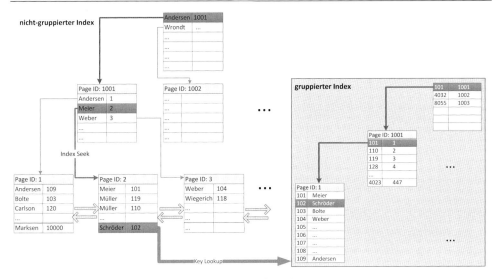

Abbildung 11-5: Nicht-gruppierter Index auf Nachname

Doch was ist, wenn kein gruppierter Index angelegt wurde? Wir haben gesehen, dass dann ein Heap existiert. Dieser ist allerdings unsortiert, besitzt also keinen Indexschlüssel. Innerhalb eines Heaps besitzt jeder Datensatz einen Datensatzidentifikator, den sogenannten „Record Identificator" (RID). Dieser besteht in der Regel aus einer Datei-, Seiten- und Slotkennung. Besitzt eine Tabelle also keinen gruppierten Index, so verweisen die Blattseiten der nicht-gruppierten Indizes auf den RID, über den innerhalb des Heaps auf den Datensatz zugegriffen wird. Dieser Zugriff wird dann als „RID Lookup" bezeichnet.

Nicht-gruppierte Indizes werden normalerweise mit dem Schlüsselwort NONCLUSTERED angelegt. Die folgende SQL-Anweisung legt den nicht-gruppierten Index für den Nachnamen an.

```
CREATE NONCLUSTERED INDEX idxKundenNachname ON Kunden(Nachname)
```

Erneut stellt sich die Frage, wann ein nicht-gruppierter Index angelegt werden soll? Zum einen natürlich, wenn bereits ein gruppierter Index existiert bzw. wenn eine Abfrage komplett über den Index aufgelöst werden kann. Aus Abbildung 11.5 erkennen wir, dass zunächst im nicht-gruppierten Index nach dem Nachnamen und danach über ein „Key Lookup" im gruppierten Index gesucht wird. Eine typische SQL-Anfrage, die beide Indizes benutzt, sieht wie folgt aus:

```
SELECT * FROM Kunden WHERE Nachname = 'S%'
```

Doch was passiert, wenn wir anstelle aller Informationen zum Kunden nur die Nachnamen ausgegeben haben wollen. Dann müsste kein „Key Lookup" mehr erfolgen, da alle Informationen aus dem nicht-gruppierten Index gelesen werden können. Bei Abfragen ist es daher immer wichtig, nur die Spalten abzufragen, die auch wirklich benötigt werden.

11.6 Kombinierte und abdeckende Indizes

Nun kommt es natürlich eher selten vor, dass man nur eine einzelne Spalte, nach der auch gesucht werden soll, ausgeben möchte. Betrachten wir dazu eine weitere Anfrage und überlegen, wie der Zugriff über Indizes verbessert werden kann:

```
SELECT Nachname, Vorname FROM Kunden WHERE Nachname LIKE 'S%'
```

Falls ein nicht-gruppierter Index auf Nachname existiert, werden zunächst alle Kunden mit dem Anfangsbuchstaben ‚S' im B+-Baum gesucht. Danach erfolgt für jeden Kunden das Nachlesen des Vornamens entweder über den gruppierten Index oder über den Heap. Da das Nachlesen zusätzliche Zugriffe auf die Festplatte und damit Zeit kostet, wäre es sinnvoll den Vornamen mit in den nicht-gruppierten Index zu übernehmen. Da der Indexschlüssel auch aus mehr als einer Spalte bestehen darf, kann man einen sogenannten kombinierten Index wie folgt anlegen:

```
CREATE NONCLUSTERED INDEX idxKundenName ON Kunden(Nachname, Vorname)
```

Da der Vorname nun mit als Schlüsselspalte verwendet wird, muss er nicht über „Key Lookup" oder „RID Lookup" nachgelesen werden. Allerdings wird der Vorname nicht nur in den Blattseiten mit gespeichert, sondern auch in der Wurzelseite und in den Zwischenebenen, da er ja Bestandteil des gesamten Indexschlüssels ist. Die folgende Abfrage dagegen profitiert nicht direkt vom angelegten kombinierten Index:

```
SELECT Nachname, Vorname FROM Kunden WHERE Vorname LIKE 'S%'
```

Hier sollen nun auch alle Vor- und Nachnamen ausgeben werden, aber für alle Kunden, deren Vorname mit einem ‚S' beginnt. Da der Indexschlüssel allerdings erst den Nachnamen und dann den Vornamen sortiert speichert, kann ein Vorname nicht über diesen B+-Baum direkt gefunden werden. Stattdessen wird der kombinierte Index sequentiell durchgelesen („Index Scan"). Betrachten wir noch eine letzte Abfrage:

```
SELECT Nachname, Vorname FROM Kunden
WHERE  Vorname LIKE 'S%' AND
       Nachname LIKE 'S%'
```

Da nun nach allen Kunden gesucht werden soll, deren Vor- als auch Nachname mit einem ‚S' beginnt, kann der kombinierte Index verwendet werden, weil im B+-Baum auf die Nachnamen mit ‚S' verzweigt wird. Innerhalb dieser Gruppe können dann wieder alle Vornamen mit ‚S' ermittelt werden.

Kombinierte Indizes sind also sinnvoll, wenn in Abfragen eine Filterung über eine Und-Verknüpfung existiert. Bei Oder-Verknüpfungen dagegen sind einzelne Indizes zweckmäßig.

Im ersten Fall haben wir den Vornamen mit in den Indexschlüssel genommen, um das Nachlesen aus dem gruppierten Index oder dem Heap zu vermeiden. Dieser kombinierte Index hat jedoch den Nachteil, dass der Vorname auch auf der Wurzelseite und den Zwischenseiten gespeichert wird, obgleich nicht nach ihm gesucht wird. Um das zu vermeiden und den Vornamen nur in den Blattseiten abzulegen, existieren sogenannte abdeckende Indizes. Hierbei wird beim Anlegen des Index angegeben, welche Spalten neben dem Indexschlüssel zusätzlich in den Blattseiten gespeichert werden sollen. Um einen abdeckenden Index für unser einführendes Beispiel anzulegen, sieht die SQL-Anweisung folgendermaßen aus:

```
CREATE NONCLUSTERED INDEX idxNachname ON Kunden(Nachname)
INCLUDE (Vorname)
```

Über das Schlüsselwort INCLUDE werden die Spalten angegeben, die in den Blattseiten zusätzlich gespeichert werden sollen. Genau wie bei einem kombinierten Index kann jetzt über ein „Index Seek" die Blattseite mit den Daten gefunden werden. Da der Vorname nicht mehr in den Zwischenseiten existiert, werden weniger Daten gelesen, und die Abfrage sollte schneller als mit einem kombinierten Index ablaufen.

11.7 Ausführungspläne

Bisher haben wir in diesem Kapitel kennengelernt, dass man über zusätzliche Indexstrukturen in Form von B+-Bäumen Zugriffe bei Abfragen erheblich beschleunigen kann.

Ob ein Index allerdings bei einer Abfrage zum Einsatz kommt, hängt noch von anderen Informationen wie z.B. der Werteverteilung ab. So ist ein Index auf einer Spalte, die nur wenig unterschiedliche Werte enthält, wie z.B. Geschlecht, nicht hilfreich, da bei einer Gleichverteilung noch 50% der Daten sequentiell durchgelesen werden müssen. Welche Indizes bei welchen Abfragen verwendet werden, entscheidet der sogenannte Abfrageoptimierer (siehe Abb. 11-6). Dieser ermittelt für jede SQL-Anweisung mehrere Ausführungspläne, die nach Kosten (Festplattenzugriffe, Prozessorauslastung u.ä.) bewertet werden. Die Ausführungspläne werden auf Grundlage vorhandener Indizes, aber auch abhängig von der Werteverteilung (Häufigkeitstabellen), von Informationen über das Datenbankschema oder über Integritätsbedingungen erstellt.

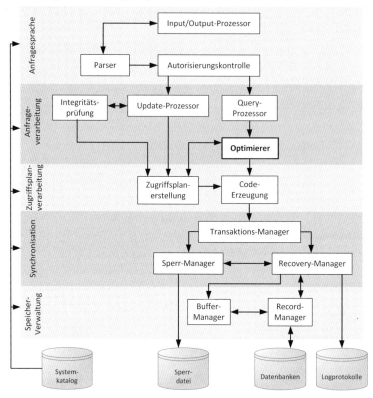

Abbildung 11-6: Architektur eines Datenbanksystems

Von den Ausführungsplänen wählt der Optimierer denjenigen mit den geringsten Kosten aus, übersetzt diesen und speichert ihn in einem Cache (Puffer) zwischen. Erfolgt die gleiche Abfrage erneut, lädt der Optimierer den zwischengespeicherten Ausführungsplan aus dem Cache und führt ihn direkt aus. Aufgabe des Optimierers ist es, die Anfragezeit möglichst gering zu halten. Doch was ist ein Ausführungsplan (QEP, Query Evaluation Plan)? Dieser stellt eine Beschreibung aller Einzelschritte und deren Reihenfolge zur Ermittlung der Abfrage in Form von Operationen dar. Einige Operationen haben wir bereits bei den Indizes kennengelernt. Existiert für eine Tabelle kein Index, so werden die Datensätze als Heap gespeichert. Die Operation, um Datensätze im Heap zu suchen, wird als „Table Scan" bezeichnet, da alle Datensätze nacheinander gelesen werden müssen. Ein „Index Seek" dagegen sucht exakt einen Wert über den B+-Baum, ein „Index Scan" wiederum entspricht dem nacheinander Lesen der Daten auf Blattebene. Je nach Typ des Index unterscheidet man hierbei wiederum zwischen „Nonclustered Index Scan/Seek" und „Clustered Index Scan/Seek". Neben diesen Suchoperatoren sind vor allem Operatoren zum Verknüpfen von Daten wichtig. Hierbei geht es nicht nur um die Verknüpfung zwischen mehreren Tabellen, sondern mehreren

Datenströmen. So kann z.B. ein Teil der Daten einer Abfrage aus der Indexstruktur gelesen werden, ein anderer Teil von den Seiten eines Heap. Beide Datenströme müssen dann wieder miteinander verknüpft werden. Die am häufigsten verwendeten Operatoren sind „Merge Join", „Nested Loops" und „Hash Match". „Merge Join" mischt zwei etwa gleich große sortierte Datenströme ineinander. „Nested Loops" sucht für jeden Datensatz des äußeren größeren Datenstromes die dazugehörigen Daten im inneren Datenstrom. „Hash Match" schließlich erzeugt für die kleinere innere Datenmenge eine eigene Indexstruktur auf Basis einer Hashfunktion und sucht dann für jeden Datensatz des äußeren größeren Datenstromes die dazugehörigen Daten im inneren Datenstrom über den Hashwert. Wir werden uns die Operatoren im Praxisteil noch etwas genauer ansehen.

11.8 Praxis

Wir wollen uns zunächst einmal ansehen, wie Daten auf einer Festplatte gespeichert werden. Dazu legen wir auf der Festplatte eine Textdatei „sample.txt" an und schreiben ein Zeichen in diese Datei. Danach sehen wir uns die Eigenschaften der Datei an (siehe Abb. 11-7) und können erkennen, dass die Datei zwar nur eine Größe von einem Byte hat, die Größe auf dem Datenträger aber der Größe eines Sektors bzw. Clusters entspricht. Die folgende Abbildung zeigt die Größen unter dem Betriebssystem Windows mit dem Dateisystem NTFS. Bei diesem Dateisystem werden normalerweise Clustergrößen von 4.096 und Sektorengrößen von 512 Bytes verwendet.

Abbildung 11-7:   Dateigröße und Clustergröße unter NTFS

Microsoft SQL Server 2008

Wir haben gerade gesehen, dass unter Windows mit dem Dateisystem NTFS eine Festplatte voreingestellt mit der Clustergröße 4.096 Bytes (Standardwert) formatiert wird. Der Microsoft SQL Server verwendet 8 KByte große Seiten, die wiederum zu 64 KByte großen Blöcken zusammengefasst werden. Festplatten, auf denen SQL Server-Datenbanken abgelegt sind, sollten also mit einer Clustergröße von 64 KBytes formatiert sein.

Zum Üben wollen wir die Tabelle Kunden aus diesem Kapitel anlegen und 10.000 Datensätze einfügen. Über das SQL Server Management Studio geht das über die Endeanweisung GO. Hierbei handelt es sich nicht um einen SQL-Befehl. Vielmehr gibt man dem SQL Server Management Studio bekannt, welche Folgen von SQL-Anweisungen als ein Block (Batch) zum RDBMS gesendet werden. GO kennt zusätzlich einen Parameter, der angibt, wie oft die Anweisung zum RDBMS gesendet werden soll. Dadurch können wir mit folgender SQL-Anweisung und dem dazugehörigen GO wie folgt Testdaten erzeugen:

```
INSERT INTO Kunden
    SELECT COUNT(Kundennummer)+1, 'Muster', 'Hans', 'Musterweg 1',
           22222, 'Karlstadt'
    FROM   Kunden
GO 10000
```

Nachdem wir nun 10.000 Kunden mit gleichen Adressen und unterschiedlichen Kundennummern erzeugt haben, führen wir folgende Abfrage aus:

```
SELECT * FROM Kunden WHERE Kundennummer = 1
```

Als nächstes wollen wir uns den Ausführungsplan ansehen. Beim SQL Server wird zwischen einem geschätzten und dem tatsächlichen Ausführungsplan unterschieden (siehe Abb. 11-8).

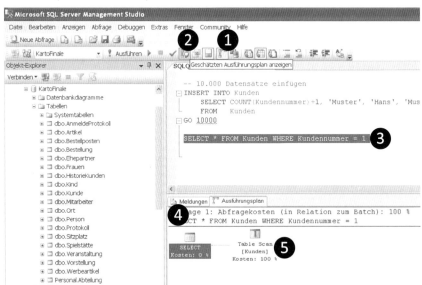

Abbildung 11-8: Ausführungspläne im SQL Server Management Studio

Um sich die Ausführungspläne anzuzeigen, wählen wir in der Werkzeugleiste das Symbol „Tatsächlichen Ausführungsplan einschließen" (1) und „Geschätzten Aus-

11.8 Praxis

führungsplan anzeigen" (2), nachdem wir unsere SELECT-Anweisung markiert haben (3). Im unteren Bereich erscheint nun der geschätzte Ausführungsplan (4). Da wir bisher keinen Index für diese Tabelle angelegt haben, wird als Operator für die Ausführung der Abfrage ein „Table Scan" verwendet (5).

Um nun den tatsächlichen Ausführungsplan anzuzeigen, führen wir die SELECT-Anweisung aus. Im unteren Bereich erscheint als Ausgabe der tatsächliche Ausführungsplan (1) (siehe Abb. 11-9). Bewegt man den Mauscursor über den „Table Scan"-Operator, erhält man weitere Informationen (2), wie die Anzahl zurückgegebener und geschätzter Zeilen usw.

Abbildung 11-9: Informationen zum Operator

Als nächstes wollen wir für unsere Abfrage einen optimalen Index erzeugen. Da alle Spalten bei unserer Abfrage ausgegeben werden sollen, erstellen wir einen gruppierten Index. Wahlweise hätten wir auch einen abdeckenden, nicht-gruppierten Index erstellen können, der alle anderen Spalten inkludiert.

```
CREATE CLUSTERED INDEX idxKundennummer ON Kunden(Kundennummer)
```

Führen wir unsere Abfrage nun erneut aus, so erkennen wir, dass der „Clustered Index Seek"-Operator verwendet wird, um den Datensatz über den B+-Baum zu lesen.

Im Abschnitt 11.7 über Ausführungspläne haben wir gesehen, dass der Abfrageoptimierer Häufigkeitsverteilungen verwendet, um einen optimalen Ausführungsplan zu erzeugen. Diese werden normalerweise automatisch vom RDBMS erzeugt. Beim Microsoft SQL Server Management Studio findet man diese auf der rechten Seite im Ordner Statistik unter der jeweiligen Tabelle. Bevor wir uns den Ordner ansehen, wollen wir vorab folgende Abfrage auf die Tabelle starten:

```
SELECT * FROM Kunden WHERE Nachname = 'Meier'
```

Sehen wir uns nun den Ordner Statistik für diese Tabelle an (1) (siehe Abb. 11-10), so erkennen wir, dass bereits zwei Statistiken existieren. Eine Statistik wurde beim Anlegen des Index erzeugt (2) und ist genauso benannt wie der Index. Die zweite besitzt einen künstlich erzeugten Namen (3). Sehen wir uns die Eigenschaften zu dieser Statistik an, so erkennen wir, dass diese sich auf die Spalte Nachname (4) bezieht und damit automatisch bei Ausführung unserer SELECT-Anweisung vom RDBMS angelegt wurde.

Abbildung 11-10: Statistiken im SQL Server

Zum Messen der Festplattenzugriffe und der Zeit bietet der SQL Server die beiden SQL-Anweisungen SET STATISTICS IO ON und SET STATISTICS TIME ON. Führen wir zunächst SET STATISTICS IO ON aus und dann unsere letzte SELECT-Anweisung, so sehen wir, dass insgesamt 1.117 Lesevorgänge durchgeführt wurden. Da zur Suche des Nachnamens ein „Clustered Index Scan" durchgeführt werden muss, müssen alle Seiten des gruppierten Index gelesen werden. Die Anzahl ergibt sich aus den 1.112 Blattseiten, den 3 Seiten der Zwischenebene und der Wurzelseite plus einer Verwaltungsseite. Das entspricht genau den Berechnungen, die wir im Abschnitt 11.3 erörtert haben und dem B+-Baum aus Abbildung 11.4. Der SQL Server kennt die Systemfunktion sys.dm_db_index_physical_stats, die uns Informationen über den physischen Aufbau von Indizes liefert. Die folgende SQL-Anweisung gibt uns Informationen über alle Indizes der Tabelle Kunden in der Datenbank KartoFinale.

```
SELECT  index_id ID, index_type_desc Type, index_depth Tiefe,
        index_level Ebene, page_count Seitenanzahl,
        record_count Satzanzahl,
        min_record_size_in_bytes "Min Länge",
        max_record_size_in_bytes "Max Länge"
FROM    sys.dm_db_index_physical_stats( DB_ID( 'KartoFinale' ),
        OBJECT_ID( 'Kunden' ), NULL, NULL, 'DETAILED' )
```

```
ID Type       Tiefe Ebene Seitenanzahl Satzanzahl Min Länge Max Länge
-- ---------- ----- ----- ------------ ---------- --------- ---------
 1 CLUSTERED  3     0     1112         10000      865       865
 1 CLUSTERED  3     1     3            1112       14        14
 1 CLUSTERED  3     2     1            3          14        14
```

IBM DB2 9.7

Zum Üben wollen wir die Tabelle Kunden aus diesem Kapitel anlegen und 10.000 Datensätze einfügen. Das Einfügen der Datensätze erfolgt über sogenanntes prozedurales SQL, das wir in Kapitel 13 ausführlich kennenlernen. Folgende SQL-Anweisungen erzeugen 10.000 Datensätze:

```
BEGIN
  DECLARE i INTEGER DEFAULT 0;
  WHILE i < 10000 DO
    INSERT INTO Kunden
        SELECT COUNT(Kundennummer)+1, 'Muster', 'Hans',
               'Musterweg 1', 22222, 'Karlstadt'
        FROM   Kunden;
    SET i = i + 1;
  END WHILE;
END@
```

Nachdem wir nun 10.000 Kunden mit gleichen Adressen und unterschiedlichen Kundennummern erzeugt haben, wollen wir folgende Abfrage ausführen und uns den Ausführungsplan anzeigen:

```
SELECT * FROM Kunden WHERE Kundennummer = 1
```

Um sich den geschätzten Ausführungsplan anzusehen, wählen wir den Menüpunkt „Ausgewählt→Zugriffsplan" (1) (siehe Abb. 11-11). Der Ausführungsplan erscheint im Hauptfenster unter der Registerkarte „Zugriffsplan" (2).

Über den Menüpunkt „Ausgewählt→Ausführungs- und Zugriffsplan" erhält man den tatsächlichen Ausführungsplan, nachdem die SQL-Anweisung ausgeführt wurde. Wählt man in der Anzeige des Zugriffsplans einen Knoten, so kann man über das Kontextmenü weitere Details zum Knoten erhalten, z.B. zum Operator oder zu Statistikdaten.

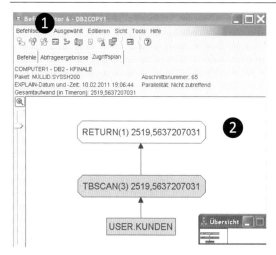

Abbildung 11-11: Ausführungspläne im SQL Server Management Studio

Als nächstes wollen wir für unsere Abfrage einen optimalen Index erzeugen. Da alle Spalten bei unserer Abfrage ausgegeben werden sollen, erstellen wir einen gruppierten Index. Im Gegensatz zum Microsoft SQL Server wird die Angabe, ob es sich um einen gruppierten Index handelt, am Ende der Anweisung angegeben.

```
CREATE INDEX idxKundennummer ON Kunden(Kundennummer) CLUSTER
```

Führen wir unsere Abfrage nun erneut aus, erkennen wir, dass der „IXSCAN"-Operator verwendet wird, um den Datensatz über den B+-Baum zu lesen. DB2 unterscheidet bei den Operatoren nicht zwischen einem Seek und einem Scan und auch nicht zwischen gruppiertem und nicht-gruppiertem Index. Diese Informationen ergeben sich aus den Details zu jedem Knoten.

11.9 Zusammenfassung

In diesem Kapitel haben wir uns angesehen, wie man Zugriffe auf Tabellen über Indizes beschleunigen kann. Dabei haben wir die in Datenbanken am häufigsten verwendete Indexstruktur, den B+-Baum kennengelernt. Wir haben uns dann angesehen, welche Typen von Indizes in relationalen Datenbanken verwendet werden und wann welcher Typ abhängig von der Abfrage eingesetzt werden soll.

Zu den Typen von Indizes gehören

- Gruppierter Index
- Nicht-gruppierter Index
- Kombinierter Index
- Abdeckender Index

Ein gruppierter Index speichert im Gegensatz zum nicht-gruppierten alle Datensätze einer Tabelle in den Blättern. Ein nicht-gruppierter Index speichert dagegen den Schlüsselwert und einen Verweis auf die Daten des gruppierten Index oder im Heap.

Zum Schluss haben wir uns dann mit dem Abfrageoptimierer und Ausführungsplänen beschäftigt und die wichtigsten Operatoren eines Ausführungsplanes kennengelernt.

11.10 Aufgaben

Wiederholungsfragen

1. Worin besteht der Unterschied zwischen einem B- und einem B+-Baum?
2. Was ist der Unterschied zwischen einem gruppierten und einem nicht-gruppierten Index?
3. Geben Sie ein sinnvolles Beispiel für eine SELECT-Abfrage, bei der ein nicht-gruppierter Index nützlich ist!
4. Geben Sie ein sinnvolles Beispiel für eine SELECT-Abfrage, bei der ein gruppierter Index nützlich ist!
5. Geben Sie ein sinnvolles Beispiel für eine SELECT-Abfrage, bei der ein nicht-gruppierter Index mit inkludierten Spalten nützlich ist!
6. Geben Sie ein sinnvolles Beispiel für eine SELECT-Abfrage, bei der ein kombinierter Index nützlich ist!
7. Geben Sie ein sinnvolles Beispiel für eine SELECT-Abfrage, bei der kein Index nützlich ist!
8. Erzeugen Sie einen nicht-gruppierten Index, der folgendem Index entspricht:
   ```
   CREATE CLUSTERED INDEX idxKundennummer ON Kunden(Kundennummer)
   ```

Übungen

1. Erzeugen Sie für die folgenden SQL-Anweisungen geeignete Indizes:
   ```
   SELECT * FROM Kunde WHERE Plz > 50000

   SELECT Ort FROM Kunde WHERE Ort LIKE 'A%' AND Nachname = 'Meier'

   SELECT Nachname, Vorname, Strasse FROM Kunden WHERE Plz = 11111

   SELECT * FROM  Bestellposten WHERE  Bestellposten.Menge > 9999

   SELECT Menge
   FROM    Bestellposten
   WHERE   Menge IN (5, 1, 3)

   SELECT   Name, Ort, b.BestellNr, a.Beschreibung
   FROM     Artikel a, Bestellposten bp, Bestellung b, Kunde k
   WHERE         a.ArtikelNr = bp.ArtikelNr AND
                 bp.BestellNr = b.BestellNr AND
                 b.KundenNr = k.KundenNr AND
                 bp.Menge = ( SELECT MAX( Menge )
                              FROM Bestellposten )
   ```

```
SELECT  ArtikelNr, COUNT(b.Datum)
FROM    Bestellposten bp, Bestellung b
WHERE   b.BestellNr = bp.BestellNr
GROUP   BY ArtikelNr
```

2. Erstellen Sie SQL-Anfragen und Indizes für die Tabellen Bestellung und Bestellposten, so dass folgende Operatoren in einem Ausführungsplan verwendet werden:
    - Table Scan
    - Clustered Index Seek
    - Clustered Index Scan
    - Nonclustered Index Seek
    - Nonclustered Index Scan
    - Index Lookup
    - RID Lookup
    - Nested Loops
    - Hash Match

12 Transaktionen

In Kapitel 12 sollen folgende Fragen geklärt werden:
- Wie kann man mehrere Änderungen an Datensätzen zu einer Einheit zusammenfassen?
- Warum sollte man mehrere Änderungen an Datensätzen zu einer Einheit zusammenfassen?
- Wie kann man Änderungen wieder rückgängig machen?
- Welche Probleme treten auf, wenn mehrere Benutzer gleichzeitig auf die gleichen Datensätze einer Tabelle zugreifen?
- Wie verhindert man Probleme, die im Mehrbenutzerbetrieb auftreten können?

12.1 Motivation

Täglich gehen neue Bestellungen bei der Firma „KartoFinale" ein. Herr Klein, von Frau Kart inzwischen eingearbeitet, trägt die Bestellungen in die Tabellen Bestellung und Bestellposten ein. Gerade ist er dabei, eine Bestellung von der Kundin Frau Wiegerich zu erfassen. Sie möchte für den 27.8. zwei Karten für die Oper „Don Giovanni". Zunächst sieht Herr Klein mit Hilfe der SELECT-Anweisung in der Tabelle Sitzplatz nach, ob noch freie Plätze für diese Vorstellung mit der Nummer 12 vorhanden sind. Darauf ändert er den Zustand der beiden freien gefundenen Sitzplätze auf den Status „belegt". Hierzu verwendet er die UPDATE-Anweisung. Nun will er einen Datensatz in die Tabelle Bestellung einfügen. Er gibt die dazugehörige INSERT-Anweisung ein, und gerade in dem Moment, in dem er die Anweisung zum RDBMS senden will, fällt der Strom aus. Die Datenbank von „KartoFinale" befindet sich in einem inkonsistenten Zustand, zwei Sitzplätze wurden als „belegt" gekennzeichnet, obgleich es keine dazugehörige Bestellung gibt.

12.2 Grundlagen

In der realen Welt gibt es immer Folgen von Arbeiten, die zusammengenommen ein endgültiges Ergebnis liefern. Diese Arbeiten müssen entweder vollständig oder gar nicht ausgeführt werden. Das bekannteste Beispiel hierfür ist die Überweisung eines Geldbetrages bei einer Bank (siehe Abb. 12-1). Der Geldbetrag eines Kontos wird einem anderen Konto gutgeschrieben. Dazu muss zunächst der Geldbetrag von einem Konto abgezogen und danach dem anderen Konto hinzuaddiert werden. Wird der zweite Schritt nicht korrekt ausgeführt, verschwindet scheinbar

Geld. Die folgende Abbildung verdeutlicht noch einmal das Problem: Wird nur die erste SQL-Anweisung der Transaktion ausgeführt, ist das Konto 1 um 5 Euro „erleichtert", dem Konto 2 werden diese nicht gutgeschrieben. Nur beide Änderungsanweisungen zusammen führen wieder zu einem konsistenten Datenzustand.

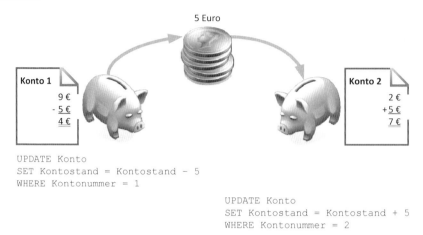

```
UPDATE Konto
SET Kontostand = Kontostand - 5
WHERE Kontonummer = 1
```

```
UPDATE Konto
SET Kontostand = Kontostand + 5
WHERE Kontonummer = 2
```

Abbildung 12-1: Beispiel einer Transaktion

Um inkonsistente Datenzustände zu vermeiden, fasst man mehrere Arbeitsanweisungen zu einer Transaktion zusammen. Eine Transaktion innerhalb einer Datenbank ist eine Folge von SQL-Anweisungen, die zusammengenommen eine Einheit bilden. Wichtigste Eigenschaft einer Transaktion ist ihre vollständige Ausführung. Wird sie nicht vollständig ausgeführt, muss der Zustand vor Beginn der Transaktion wiederhergestellt werden. Eine Transaktion wird also ganz oder gar nicht ausgeführt. Man spricht dabei auch von der Atomarität (Atomicity). Neben dieser Eigenschaft muss eine Transaktion noch drei weitere Anforderungen erfüllen. Nimmt man den ersten Buchstaben jeder Eigenschaft, so spricht man auch von den „ACID"-Anforderungen einer Transaktion.

- Atomarität (**A**tomicity)
- Konsistenz (**C**onsistency)
- Isolation (**I**solation)
- Dauerhaftigkeit (**D**urability)

Zum einen muss die Datenbank nach der Durchführung einer Transaktion von einem konsistenten in einen neuen konsistenten Datenbankzustand überführt werden. Im KartoFinale-Beispiel ist vor der ersten UPDATE-Anweisung, also zu Beginn der Transaktion, die Datenbank in einem konsistenten Zustand. Wird die erste Änderung durchgeführt, befindet sich die Datenbank zwischenzeitig in einem nicht konsistenten Zustand, da die 5 Euro noch nicht dem zweiten Konto gutgeschrieben wurden. Erst durch die Gutschrift auf das zweite Konto, also die

12.2 Grundlagen

zweite UPDATE-Anweisung, wurde die Datenbank wieder in einen neuen konsistenten Zustand überführt.

Zum anderen sollten andere Anwender, die auf die gleichen Daten zugreifen, keinen Einfluss auf die Ergebnisse der Transaktion haben. Das heißt, die Transaktionen sollen unabhängig, also isoliert voneinander ausgeführt werden. Für den Anwender soll der Zugriff auf die Daten so erscheinen, als ob er alleinigen Zugriff auf die Daten hat. Schließlich sollen die Daten nach erfolgreicher Beendigung einer Transaktion dauerhaft in der Datenbank gespeichert werden. Wurde also eine Transaktion erfolgreich durchgeführt und kommt es dann unmittelbar z.B. zu einem Systemabsturz, so dass die Änderungen physisch noch nicht in die Datenbank übernommen wurden, so muss eine dauerhafte Speicherung dennoch gewährleistet sein. Erreicht wird dies durch das sogenannte Transaktionsprotokoll.

Hierzu soll die Verarbeitung von Transaktionen etwas genauer betrachtet werden (siehe Abb. 12-2). Wird eine Transaktion gestartet, werden vom DBMS zunächst Daten in den Pufferspeicher gelesen, um diese dann zu ändern. Alle darauffolgenden Änderungen an den Daten erfolgen nun im Pufferspeicher, nachdem diese ins Transaktionsprotokoll geschrieben wurden. Das Protokollieren vor der Änderung der eigentlichen Daten, wird als Write-Ahead-Logging (WAL) bezeichnet. Dabei muss das DBMS sicherstellen, dass der Protokolleintrag auch wirklich physikalisch auf die Festplatte geschrieben wurde, bevor die Änderungen vorgenommen werden. Im Transaktionsprotokoll werden der Beginn und das Ende und alle innerhalb der Transaktion durchgeführten Änderungen gespeichert. Alle Änderungen im Pufferspeicher werden zudem als geändert markiert. Das DBMS sorgt nun in unregelmäßigen Abständen dafür, dass alle als geändert markierten Daten von erfolgreich abgeschlossenen Transaktionen dauerhaft in die Datenbank geschrieben werden. Dieser Zeitpunkt, als Prüfpunkt („Checkpoint") bezeichnet, wird im Transaktionsprotokoll festgehalten.

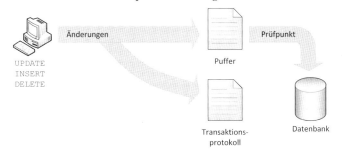

Abbildung 12-2: Verarbeitung von Transaktionen

Kommt es zu einem Hardwarefehler, kann es sein, dass z.B. noch nicht alle Änderungen vom Puffer in die Datenbank übernommen wurden, da noch kein Prüfpunkt erreicht war. Mit Hilfe des Transaktionsprotokolls kann nun ein konsistenter Zustand wiederhergestellt werden. Dieser Vorgang, der beim erneuten Starten des DBMS automatisch durchgeführt wird, wird als Recovery bezeichnet.

Dazu soll beispielhaft ein Transaktionsprotokoll aus drei Transaktionen als Grafik betrachtet werden (siehe Abb. 12-3).

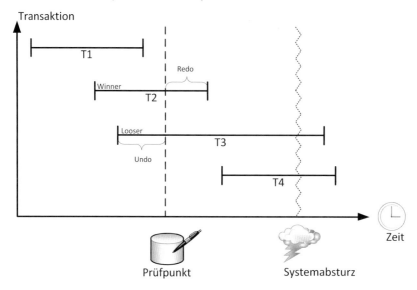

Abbildung 12-3: Durchführung eines Recovery

Damit das DBMS bei einem Recovery wieder einen konsistenten Datenbankzustand herstellen kann, sucht es zunächst nach dem letzten Prüfpunkt. Alle vor dem Prüfpunkt erfolgreich durchgeführten Transaktionen sind bereits permanent in die Datenbank geschrieben (siehe Transaktion T1). Für alle Transaktionen, die erst nach dem Prüfpunkt erfolgreich abgeschlossen wurden, müssen die nach dem Prüfpunkt erfolgten Änderungen nachgeholt werden. Dieser Vorgang wird als „Redo" oder „Rollforward" bezeichnet (siehe Transaktion T2). Für alle Transaktionen, die im Transaktionsprotokoll als nicht erfolgreich abgeschlossen markiert sind, müssen alle Änderungen vor dem Prüfpunkt wieder rückgängig gemacht werden. Dieser Vorgang wird als „Undo" oder „Rollback" bezeichnet (siehe Transaktion T3).

Im oberen Fallbeispiel wurde sichtbar, dass das Erfassen einer Bestellung aus mehreren SQL-Anweisungen besteht und diese somit ein typisches Beispiel für eine Transaktion darstellt. In diesem Fall müssen also die Änderungen des Zustandes der beiden Sitzplätze wieder automatisch rückgängig gemacht werden, also vom Zustand „belegt" auf „frei".

Das Problem des Zurückführens einer Transaktion tritt jedoch nicht nur bei Hardwarefehlern bzw. Systemabstürzen auf. Programmfehler oder die Logik in der Abfolge der SQL-Anweisungen können auch die Ursache dafür sein, dass eine Transaktion wieder zurückgeführt werden muss. Angenommen, Herr Klein würde die Bestellung in einer anderen Reihenfolge verarbeiten. Zunächst fügt er einen Datensatz in die Tabelle Bestellung ein und überprüft danach, ob es freie Sitzplätze

12.3 ROLLBACK und COMMIT

gibt. Ist dies nicht der Fall, müsste der erste Schritt dieser Transaktion selbständig wieder rückgängig gemacht werden.

SQL kennt vier Anweisungen zum Zurückführen und endgültigen Sichern von Änderungen, die im Folgenden genauer betrachtet werden.

12.3 ROLLBACK und COMMIT

Gemäß dem SQL:2008 Standard wird eine Transaktion mit der SQL-Anweisung START TRANSACTION explizit gestartet. Beendet wird sie durch ROLLBACK oder COMMIT. Die SQL-Anweisung ROLLBACK stellt den Ursprungszustand vor Beginn der Transaktion wieder her. COMMIT dagegen beendet eine Transaktion erfolgreich und schreibt die Änderungen unwiderruflich in die Datenbank.

Wird auf START TRANSACTION verzichtet, startet eine Transaktion automatisch mit der ersten auszuführenden SQL-Anweisung. Die Einstellungen dieser automatisch gestarteten Standard-Transaktion werden über SET TRANSACTION festgelegt. Zu diesen Eigenschaften gehört u.a. der Isolationslevel der Transaktion (siehe Abschnitt 12.6).

Hierzu soll wieder das Fallbeispiel betrachtet werden. Herr Klein fügt zunächst einen Datensatz in die Tabelle Bestellung ein und überprüft erst danach, ob freie Plätze vorhanden sind. Entsprechend gibt er folgende SQL-Anweisungen ein:

```
START TRANSACTION
INSERT INTO Bestellung VALUES ( 9, '2011-02-18' , 3, NULL )

SELECT *
FROM    Sitzplatz
WHERE   Vorstellungsnummer = 12
AND     Zustand = 'frei'

-- wenn keine Plätze mehr frei sind, Transaktion zurückführen
ROLLBACK
```

Wenn Herr Klein feststellt, dass keine freien Plätze mehr vorhanden sind, muss er nicht überlegen, welche Änderungen die bisherige Transaktion durchgeführt hat. Das RDBMS „merkt" sich alle Änderungen einer Transaktion und macht diese bei Erhalt der Anweisung ROLLBACK selbständig wieder rückgängig.

Sind allerdings noch Plätze frei, so sieht das Ganze folgendermaßen aus:

```
START TRANSACTION
INSERT INTO Bestellung VALUES ( 9, '2011-02-18' , 3, NULL )

SELECT *
FROM    Sitzplatz
WHERE   Vorstellungsnummer = 12
```

```
AND     Zustand = 'frei'

-- es sind zwei Plätze frei
UPDATE Sitzplatz
SET     Zustand = 'belegt'
WHERE   Vorstellungsnummer = 12
AND     Artikelnummer IN (1202,1203)

INSERT INTO Bestellposten VALUES ( 9, 1, 1202, 1 )
INSERT INTO Bestellposten VALUES ( 9, 2, 1203, 1 )

COMMIT
```

Zunächst wird wieder die Bestellung eingefügt und danach überprüft, ob freie Sitzplätze vorhanden sind. Da dies der Fall ist, werden die zwei Sitzplätze mit der Artikelnummer 1202 und 1203 als „belegt" gekennzeichnet. Danach werden die beiden Artikel der Bestellung als Bestellposten hinzugefügt. Die Transaktion ist damit erfolgreich beendet und alle Änderungen können über die SQL-Anweisung COMMIT in die Datenbank geschrieben werden.

Was muss man aber nun tun, wenn innerhalb einer Transaktion z.B. der Strom ausfällt. Sind Transaktionen dann manuell zurückzuführen? Die Antwort darauf lautet eindeutig „Nein". Man weiß in der Regel ja gar nicht, welche Transaktionen zum Zeitpunkt des Stromausfalls gestartet waren, da mehrere Benutzer mit der Datenbank arbeiten. Wie bereits in Abschnitt 12.2. erläutert, protokolliert ein RDBMS, welche Transaktionen es gibt und welche Änderung jede Transaktion vornimmt. Erst wenn für eine Transaktion ein COMMIT oder ROLLBACK ausgeführt wird, wird die Transaktion als beendet angesehen. Bei einem Stromausfall nun erkennt das RDBMS beim erneuten Starten eigenständig, welche Transaktionen vor dem Stromausfall aktiv waren, und führt diese automatisch über ein ROLLBACK zurück und überführt die Datenbank wieder in einen konsistenten Zustand.

12.4 SAVEPOINT

Da Transaktionen normalerweise nicht explizit gestartet werden, sollte man sie auch nicht schachteln. Nun kommt es aber häufig vor, dass Transaktionen aus sehr vielen SQL-Anweisungen bestehen. Die Folge ist, dass das RDBMS sehr viel protokollieren muss und ein COMMIT bzw. ROLLBACK dazu führt, dass sehr viele Änderungen zu einem bestimmten Zeitpunkt geschrieben bzw. zurückgeführt werden müssen. Um dies zu vermeiden, gibt es im SQL-Standard so genannte Savepoints. Diese dienen dazu, einen Teil einer Transaktion bereits vorzeitig wegzuschreiben bzw. zu einem ganz bestimmten Punkt einer Transaktion zurückzuspringen. Savepoints werden mit dem Schlüsselwort SAVEPOINT angelegt und mit RELEASE SAVEPOINT wieder entfernt. Hierzu soll

12.4 SAVEPOINT

wieder ein Beispiel betrachtet werden. Ein neuer Kunde ruft an und möchte den Werbeartikel „Opernführer" bestellen. Dazu muss der Kunde zunächst in die entsprechende Tabelle eingefügt werden. Dann wird ein Datensatz in die Tabelle Bestellung geschrieben und überprüft, ob der Werbeartikel vorhanden ist. Ist dies nicht der Fall, müsste die Transaktion normalerweise komplett zurückgeführt werden. Will der Kunde nun aber etwas anderes bestellen, so muss sein Datensatz wieder vollständig neu erfasst werden. Um dies zu vermeiden, fügt man nach dem Anlegen des Kunden einen Savepoint ein, zu dem man über ein ROLLBACK zurückspringen kann.

```
START TRANSACTION
INSERT INTO Kunde
VALUES ( 5, 'Meyer', 'Michael', 'M', 'Menzelstr.', '108', 44444)

SAVEPOINT bestellung_schreiben
INSERT INTO Bestellung VALUES ( 9, '2011-02-18' , 3, NULL )

SELECT NULLIF(Lagerbestand, 9999)
FROM   Werbeartikel
WHERE  Beschreibung LIKE 'Opernführer'

-- Opernführer nicht auf Lager, also zurück zu
-- bestellung_schreiben
ROLLBACK TO SAVEPOINT bestellung_schreiben
```

Will der Kunde keinen anderen Artikel bestellen, so kann mit ROLLBACK die komplette Transaktion rückgängig gemacht werden:

```
-- Opernführer nicht auf Lager, Kunde will nichts bestellen,
-- also alles rückgängig machen, auch das Erfassen des Kunden
ROLLBACK
```

Neben ROLLBACK und COMMIT gibt es die SQL-Anweisung SET CONSTRAINTS. Über diese Anweisung kann festgelegt werden, ob Einschränkungen einer Tabelle unmittelbar nach jeder Anweisung oder erst während der Beendigung der Transaktion durch ROLLBACK oder COMMIT überprüft werden. Angenommen, für die Tabelle Bestellung wird die Fremdschlüsselbeziehung zur Kundentabelle wie folgt geändert:

```
ALTER TABLE Bestellung DROP CONSTRAINT fk_KundennummerBestellung
ALTER TABLE Bestellung ADD  CONSTRAINT fk_KundennummerBestellung
            FOREIGN KEY (KundenNr) REFERENCES Kunde (KundenNr)
               ON DELETE NO ACTION
               ON UPDATE CASCADE
               DEFERRABLE
               INITIALLY IMMEDIATE
```

DEFERRABLE legt nun fest, dass die Überprüfung der Fremdschlüsselbeziehung, wenn nötig auch erst am Ende einer Transaktion und nicht unmittelbar nach einer Änderungsanweisung geprüft werden kann. Über SET CONSTRAINTS wird dann letztendlich festgelegt, ob die Überprüfung direkt nach jeder Änderungsanweisung erfolgt oder erst bei Beendigung der Transaktion.

```
-- nach jeder Anweisung prüfen
SET CONSTRAINTS fk_KundennummerBestellung IMMEDIATE
-- oder erst bei Beendigung der Transaktion
SET CONSTRAINTS fk_KundennummerBestellung DEFERRED
```

Abschließend sei darauf hingewiesen, dass die meisten RDBMS-Produkte in der Praxis nach jeder SQL-Anweisung in der Regel automatisch ein COMMIT ausführen (häufig als Autocommit bezeichnet). D.h., jede Änderung an der Datenbank wird sofort in die Datenbank geschrieben. Um in diesem Fall implizit gestartete Transaktionen zu verwenden, muss das Autocommit ausgeschaltet werden.[3]

12.5 Mehrbenutzerbetrieb („Concurrency Control")

Grundlagen

Bisher wurden SQL-Anweisungen und Transaktionen immer nur so betrachtet, als würde nur eine Person mit der Datenbank arbeiten. In der Realität greifen in der Regel jedoch sehr viele Benutzer auf eine Datenbank zu. Wenn zwei Benutzer zur gleichen Zeit mit den gleichen Daten arbeiten und diese verändern, können Probleme auftreten. Solche sogenannten Kollisionen müssen vom DBMS so verarbeitet werden, dass keine Fehler oder Inkonsistenzen entstehen. Im Folgenden sollen vier solcher Probleme beschrieben werden.

„Lost Update"

Zunächst soll wieder das Fallbeispiel betrachtet werden. Herr Klein nimmt gerade eine Bestellung für den Werbeartikel mit der Nummer 1001 entgegen. Zunächst stellt er fest, dass der Werbeartikel noch 26-mal auf Lager liegt. Der Kunde bestellt diesen Artikel dreimal, entsprechend korrigiert er den Lagerbestand.

Zur gleichen Zeit erhält der Einkauf diesen Artikel 10-mal neu, bringt ihn auf Lager und benachrichtigt Frau Kart. Diese trägt den Lagerbestand neu ein. Es ergibt sich folgender Ablauf (siehe Abb. 12-4):

---

[3] Beim Microsoft SQL Server verwendet man zum Ausschalten des Autocommit-Modus die SQL-Anweisung SET IMPLICIT_TRANSACTION OFF. Bei IBM DB2 kann der Autocommit-Modus u.a. in der Konfigurationsdatei DB2CLI.INI geändert werden.

12.5 Mehrbenutzerbetrieb („Concurrency Control")

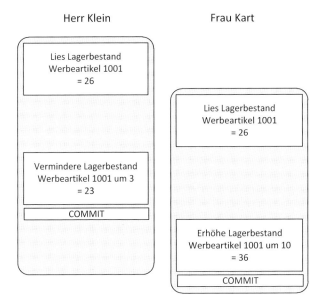

Abbildung 12-4: „Lost Update"-Problem

Zuerst liest Herr Klein und danach Frau Kart den Lagerbestand. Herr Klein ändert den Datenbestand auf 23. Frau Kart bekommt davon nichts mit, da sie den Lagerbestand ja schon vor der Änderung von Herrn Klein gelesen hat und erhöht ihn auf 36.

Die Modifikation von Herrn Klein geht verloren, da diese von der durch Frau Kart überschrieben wird. Dieses Problem wird deshalb als „Lost Update"-Problem bezeichnet.

„Dirty Read"

Das zweite Problem besteht darin, dass ein Benutzer Daten liest und dann ändert. Darauf liest ein zweiter Benutzer die geänderten Daten. Schließlich werden die Änderungen vom ersten Benutzer wieder rückgängig gemacht. Hierzu wieder das Beispiel: Herr Klein hat den Werbeartikel mit der Nummer 1001 gelesen und danach den Lagerbestand entsprechend der Bestellung auf 23 angepasst. Zur gleichen Zeit erstellt Frau Kart eine Lagerliste mit den Beständen der Werbeartikel (siehe Abb. 12-5):

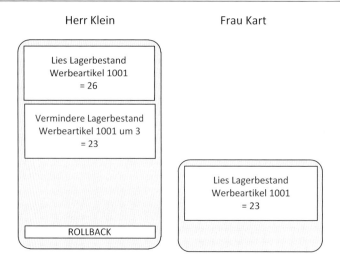

Abbildung 12-5:   „Dirty Read"-Problem

Zunächst liest Herr Klein den Lagerbestand und ändert diesen. Dann liest Frau Kart den Lagerbestand. Danach macht Herr Klein die Änderungen wieder rückgängig, aber Frau Kart verwendet noch den geänderten Wert.

Da Frau Kart mit einem falschen Lagerbestand weiterarbeitet, wird dieses Problem als „Dirty Read" oder auch „uncommitted dependency"bezeichnet.

„Non-repeatable Read"

Das dritte Problem behandelt das erneute Lesen von Daten. Angenommen Herr Klein liest den Lagerbestand und ändert ihn danach auf 23. Zur gleichen Zeit wie Herr Klein liest Frau Kart den Lagerbestand zunächst, um nachzusehen, ob von diesem Artikel genug auf Lager ist. Da der Lagerbestand über 25 liegt, bestellt sie nicht neu. Danach liest sie den Lagerbestand erneut, um eine Lagerliste auszudrucken. Diesmal erhält sie jedoch einen anderen Wert (siehe Abb. 12-6).

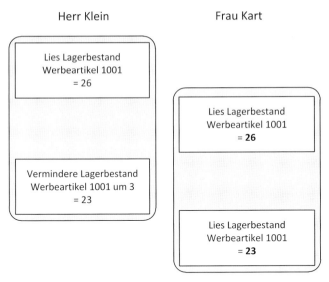

Abbildung 12-6: „Non-repeatable Read"-Problem

„Phantom Read"

Das vierte und letzte Problem beschäftigt sich mit unterschiedlichen Ergebnistabellen, obgleich jedes Mal die gleiche Abfrage ausgeführt wird. Hierzu wieder das Beispiel: Frau Kart erstellt eine Liste aller Werbeartikel. Gleichzeitig löscht der Geschäftsführer aus dieser Tabelle Werbeartikel, die nicht so oft verkauft wurden. Erstellt Frau Kart danach noch einmal die Liste, fehlen Datensätze, die vorher noch in der Ergebnistabelle zurückgeliefert wurden (siehe Abb. 12-7):

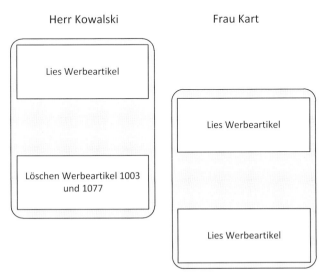

Abbildung 12-7: „Phantom Read"-Problem

12.6 Isolationslevel

Alle gerade beschriebenen Probleme müssen natürlich nicht als gegeben hingenommen werden, sondern werden automatisch vom RDBMS berücksichtigt. Die Vermeidung solcher Probleme erfolgt dabei über Sperren („Locks"), die bestimmte Daten als belegt kennzeichnen und damit den gleichzeitigen Zugriff durch einen anderen Benutzer steuern. Nun muss man allerdings nicht selbst dafür sorgen, dass bestimmte Datensätze z.B. exklusiv für einen Benutzer gesperrt werden. Das RDBMS führt dies automatisch für eine Transaktion durch. Sperren sollten so kurz wie notwendig aufrecht erhalten werden, da sie dazu führen, dass andere Anwendungen, die auf die gesperrten Daten zugreifen wollen, warten müssen. Zudem werden zwei Arten von Sperren unterschieden: Gemeinsame Sperren („Shared Locks") werden dann auf Daten gesetzt, wenn verschiedene Transaktionen Daten gleichzeitig lesen wollen. Erst wenn einer der Transaktionen schreibend auf die Daten zugreifen will, muss eine sogenannte exklusive Sperre gesetzt werden. Exklusive Sperren können jedoch nur dann gesetzt werden, wenn keine andere Transaktion eine gemeinsame Sperre auf die Daten gesetzt hat.

Ein Sonderfall beim Sperren tritt dann auf, wenn zwei unterschiedliche Transaktionen jeweils gegenseitig auf die Freigabe einer Sperre warten.

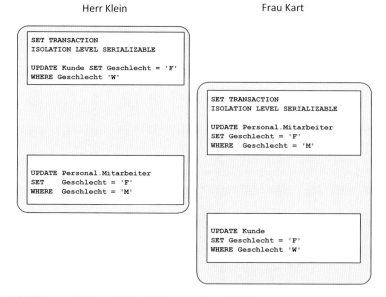

Abbildung 12-8: Beispiel für ein „Deadlock"

Angenommen, Herr Klein und Frau Kart haben besprochen, die Kennungen für das Geschlecht von ‚W' für weiblich auf ‚F' für „female" zu ändern (siehe Abb. 12-8). Sie haben sich allerdings nicht darauf verständigt, wer diese Aufgabe erledigen soll. Da beide sehr engagierte Mitarbeiter sind, setzen sie sich sofort hin und wollen die Änderungen vornehmen. Zuerst modifiziert Herr Klein das

12.6 Isolationslevel

Geschlecht in der Kundentabelle. Danach ändert Frau Kart das Geschlecht in der Mitarbeitertabelle. Will nun Herr Klein seinerseits die Änderungen für die Mitarbeiter und Frau Kart für die Kunden vornehmen, blockieren die Transaktionen sich gegenseitig. Herr Klein wartet auf die Freigabe der Sperre für die Tabelle Mitarbeiter und Frau Kart auf die der exklusiven Sperre für die Tabelle Kunde. Das RDBMS entscheidet nun selbständig, welche Transaktion abgebrochen wird. Diese Situation wird als Verklemmung oder „Deadlock" bezeichnet.

Obgleich das RDBMS über Sperren den gleichzeitigen Zugriff auf Daten automatisch steuert, können mit SQL dennoch bestimmte Probleme zugelassen werden. Hierzu wieder das Beispiel: Wenn Frau Kart eine Liste aller Werbeartikel erstellen möchte, ist es nicht in jedem Fall unbedingt notwendig, dass diese zeitgenau aktuell ist. Es ist also nicht schlimm, wenn „Dirty Read"-, „Non-repeatable Read"- und „Phantom Read"-Probleme vorkommen.

Wenn mehrere Benutzer gleichzeitig auf Daten zugreifen und das RDBMS das Ganze so koordinieren muss, dass die aufgeführten Probleme nicht auftreten, kostet das Ressourcen, und Abfragen erfolgen für die Benutzer natürlich langsamer. Lässt man nun bei ausgewählten Transaktionen bestimmte Probleme zu, kann sich das RDBMS auf andere Dinge „konzentrieren" und Abfragen können schneller abgewickelt werden.

Um explizit Probleme zuzulassen, kennt SQL die SET TRANSACTION-Anweisung. Sie erlaubt, den Isolationslevel der nächsten zu startenden Transaktion einzustellen. Eines der folgenden Schlüsselwörter ist möglich:

- READ UNCOMMITTED
- READ COMMITTED
- REPEATABLE READ
- SERIALIZABLE

Die folgende Tabelle 12-1 gibt Auskunft darüber, welchen Isolationslevel man einstellen muss, um bestimmte Probleme zuzulassen. SERIALIZABLE entspricht im ANSI SQL dabei der Standardeinstellung und verhindert alle aufgeführten Probleme. Wird eine Transaktion mit dem Isolationslevel SERIALIZABLE gestartet, werden keine Probleme zugelassen, und der einzelne Benutzer führt eine Transaktion so aus, als würde er alleine mit der Datenbank arbeiten bzw. als ob Transaktionen nicht parallel, sondern in einer Serie hintereinander verarbeitet werden.

Tabelle 12-1: Isolationslevel

Isolationslevel	„Dirty Read"	„Non-Repeatable Read"	„Phantom Read"
READ UNCOMMITED	Ja	Ja	Ja
READ COMMITTED	Nein	Ja	Ja
REPEATABLE READ	Nein	Nein	Ja
SERIALIZABLE	Nein	Nein	Nein

Um alle Probleme für eine Transaktion zuzulassen, schreibt man in SQL also vor Beginn der Transaktion:

```
SET TRANSACTION READ UNCOMMITTED
```

READ UNCOMMITTED lässt damit das Lesen aller Datensätze zu, die durch andere Transaktionen verändert oder hinzugefügt, aber noch nicht durch COMMIT bestätigt wurden. Dieser Isolationslevel ist damit geeignet für Transaktionen, bei denen die Daten nicht aktuell sein müssen, wie z.B. bei der Erstellung von zusammengefassten Berichten.

Das „Lost Update"-Problem sollte generell nicht zugelassen werden und muss von einem RDBMS unbedingt verhindert werden. Neben SET TRANSACTION kann man den Isolationslevel auch bei einem expliziten Starten einer Transaktion über START TRANSACTION angeben. Folgende SQL-Anweisung setzt den Isolationslevel auf READ COMMITTED, so dass „Dirty Read"-Probleme verhindert werden, und startet gleichzeitig eine neue Transaktion. Damit dürfen nur geänderte Datensätze anderer Transaktionen gelesen werden, die bereits durch COMMIT bestätigt wurden.

```
START TRANSACTION READ COMMITTED
```

Dem RDBMS bleibt es übrigens überlassen, eine Transaktion gegebenenfalls auch auf einen Isolationslevel höherzustufen, z.B. von READ COMMITTED auf SERIALIZABLE. Ein Herabstufen, z.B. von SERIALIZABLE auf READ COMMITTED darf dagegen nicht möglich sein.

12.7 Praxis

COMMIT und ROLLBACK

Zuerst sollen die Auswirkungen einer einfachen Transaktion noch einmal am Beispiel des Microsoft SQL Servers betrachtet werden. Starten Sie dazu das SQL Server Management Studio (SSMS) und öffnen Sie ein neues Abfragefenster. Gegenüber dem ANSI SQL-Standard verwendet der Microsoft SQL-Dialekt Transact-SQL eine etwas geänderte Syntax. Eine Transaktion, die explizit gestartet

12.7 Praxis

werden soll, wird mit BEGIN TRANSACTION begonnen und erlaubt auch nicht die Angabe eines Isolationslevels. Zudem ist beim SQL Server standardmäßig das Autocommit eingeschaltet. Über die Anweisung SET IMPLICIT_TRANSACTIONS ON wird das Autocommit ausgeschaltet.

Geben Sie folgende Anweisungen im Abfragefenster ein (1) (siehe Abb. 12-9), nachdem Sie die Datenbank „KartoFinale" (2) ausgewählt haben. Führen Sie dann die SQL-Anweisungen über „Ausführen" (3) aus.

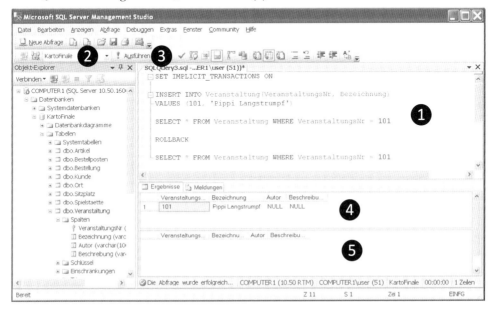

Abbildung 12-9: ROLLBACK und COMMIT beim Microsoft SQL Server

Die erste Ergebnismenge wird von der ersten SELECT-Anweisung zurückgegeben und zeigt den eingefügten Datensatz an (4). Danach wird die Transaktion durch ein ROLLBACK wieder rückgängig gemacht, und die zweite SELECT-Anweisung liefert keinen Datensatz mehr zurück (5).

Ändern Sie nun ROLLBACK in COMMIT, so dass die Transaktion die Daten in die Datenbank schreibt, und führen Sie die Anweisungen erneut aus. In diesem Fall erscheint dann auch in der zweiten Ergebnismenge der eingefügte Datensatz.

Beim Microsoft SQL Server werden die Daten der Datenbank in der Regel in einer einzelnen Datei mit der Dateinamenserweiterung „.mdf" gespeichert. Die Transaktionsprotokolle werden in einer Datei mit der Dateinamenserweiterung „.ldf" abgelegt. Lassen Sie sich dazu die Eigenschaften der Datenbank „KartoFinale" anzeigen, indem Sie mit der rechten Maustaste auf die Datenbank klicken und den Menüpunkt „Eigenschaften" auswählen. Wählen Sie danach die Seite „Datei" aus (siehe Abb. 12-10).

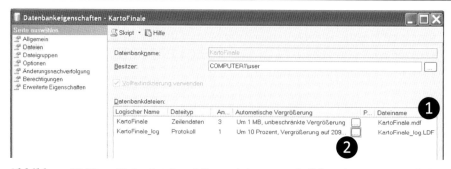

Abbildung 12-10: Datendatei und Transaktionsprotokolldatei beim Microsoft SQL Server

Auf der rechten Seite können Sie jetzt die Dateinamen (1) ablesen, unter der die Datenbank- und Transaktionsprotokolldateien auf der Festplatte gespeichert sind.

Nach einer Standardinstallation befinden sich diese Dateien im Ordner

```
C:\Programme\Microsoft SQL Server\MSSQL10.MSSQLSERVER\MSSQL\DATA
```

Hier können auch die Größen dieser Dateien festgelegt werden. Dazu klicken wir auf den Button für die „automatische Vergrößerung" der Transaktionsprotokolldatei (2) und ändern im dann erscheinenden Dialog die Dateivergrößerung in Megabyte auf 1, und die maximale Dateigröße beschränken wir auch auf 1 Megabyte. Danach wollen wir so viele Datensätze in die Datenbank einfügen, bis die Größe des Transaktionsprotokolls überschritten ist. Geben Sie die folgenden Anweisungen im Abfragefenster ein (1) (siehe Abb. 12-11) und führen diese aus. Die Abfrage endet mit der Fehlermeldung, dass das Transaktionsprotokoll voll ist (2).

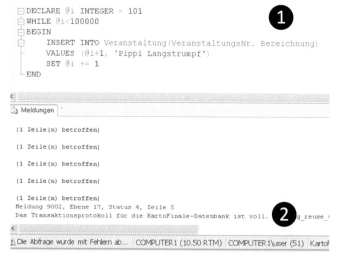

Abbildung 12-11: Überlauf des Transaktionsprotokolls

Transaktionslänge

Im Folgenden soll praktisch die Frage geklärt werden, ob eine Transaktion möglichst lang oder kurz sein soll. Um den Effekt besser beurteilen zu können, müssen wir zunächst den Schreibcache für die Festplatte ausschalten, auf der sich die Transaktionsprotokolldateien befinden. Lassen Sie sich dazu die Eigenschaften der Festplatte anzeigen und wählen Sie dann die Registerkarte „Hardware" und dort Eigenschaften. Deaktivieren Sie im dann erscheinenden Dialog „Schreibcache auf dem Datenträger aktivieren" (siehe Abb. 12-12).[4]

Abbildung 12-12: Schreibcache deaktivieren

Starten Sie das SQL Server Management Studio und legen Sie eine Tabelle „Inventar" mit den Spalten „InvNr" und „Bezeichnung" an (1) (siehe Abb. 12-13). Danach sollen zunächst 5.000 Datensätze innerhalb einer Transaktion eingefügt und „committed" werden, um sich dann die Ausführungszeit anzusehen (2). Dann soll das Ganze wiederholt werden, mit dem Unterschied, dass diesmal nach dem Einfügen jedes einzelnen Datensatzes ein COMMIT durchgeführt wird (3). Die folgende Abbildung zeigt die entsprechenden SQL-Anweisungen für den Microsoft SQL Server:

Abbildung 12-13: Transaktionszeit bei einer Transaktion und bei 5.000 Transaktionen

---

[4] Sollten Sie mit einem virtuellen Computer arbeiten, ändern Sie die Eigenschaft auf der Festplatte des Hostrechners, auf der sich der virtuelle Computer befindet

In der Statuszeile erkennt man die Ausführungszeit von etwas über einer Minute (4) für das Einfügen von 5.000 Datensätzen in 5.000 Transaktionen. Im Vergleich dazu lag die Ausführungszeit für das Einfügen von 5.000 Datensätzen und nur einer Transaktion bei 3 Sekunden. Da sichergestellt sein muss, dass bei jedem COMMIT die Änderungen an den Daten auch wirklich in das Transaktionsprotokoll geschrieben werden (Write-Ahead-Logging), wird hier mehr Zeit benötigt. Nun könnte man daraus den Schluss ziehen, dass Transaktionen möglichst lang sein sollten. Das würde bedeuten, dass man z.B. beim Start einer Anwendung eine Transaktion startet und erst dann, wenn der Benutzer seine Arbeit beendet hat, Änderungen von dieser Transaktion zurückschreibt bzw. rückgängig macht. Hierbei wird jedoch davon ausgegangen, dass nur ein einziger Benutzer mit der Datenbank arbeitet. Greifen weitere Anwender auf die Datenbank zu, können sie aufgrund der Sperren des ersten Benutzers mit vielen Tabellen nicht mehr arbeiten, an denen z.B. Änderungen vorgenommen wurden. Transaktionen sollten also nur so lang wie nötig sein, damit andere Anwender in ihrer Arbeit nicht unnötig beeinträchtigt werden. Als Konsequenz sollte man zusätzlich die Transaktionsprotokolldatei auf einem auf Schreibzugriffe optimierten Datenträger anlegen.

„Deadlock"

Um einmal praktisch eine Verklemmung („Deadlock") zu provozieren, starten wir für IBM DB2 den Befehlseditor und verbinden uns mit der Datenbank „KFinale". In dieser Übung soll in der ersten Transaktion beim Geschlecht der Wert ‚W' auf ‚F' für Kunden und Mitarbeiter geändert werden. In der zweiten Transaktion soll das Gleiche, nur in umgekehrter Reihenfolge durchgeführt werden (siehe Abschnitt 12.6). Damit das Geschlecht überhaupt auf den Wert ‚F' geändert werden kann, muss vorher die Einschränkung gelöscht werden, die nur die Werte ‚W' und ‚M' zulässt. Löschen Sie daher beide Einschränkungen mit den folgenden SQL-Anweisungen im DB2 Befehlseditor:

```
ALTER TABLE Kunde               DROP CONSTRAINT di_Geschlecht
ALTER TABLE Personal.Mitarbeiter DROP CONSTRAINT di_Geschlecht
COMMIT
```

Um das Beispiel durchzuführen, müssen wir daneben das standardmäßig eingeschaltete Autocommit unter DB2 abschalten. Wählen Sie im Befehlseditor den Menüpunkt „Tools→Toolseinstellungen" und im darauf erscheinenden Dialog die Registerkarte „Befehlseditor" (siehe Abb. 12-14). Deaktivieren Sie die Option „SQL-Anweisungen automatisch festschreiben" (1).

12.7 Praxis

Abbildung 12-14: Autocommit im IBM DB2 Befehlseditor abschalten

Starten Sie nun den DB2 Befehlseditor ein zweites Mal und geben Sie im ersten und im zweiten Editor die SQL-Anweisungen wie in Abb. 12-15 ein. Führen Sie dann im ersten Fenster die Anweisungen zum Setzen des Isolationslevels auf SERIALIZABLE[5] (1) aus. Danach führen Sie im ersten Editor die Anweisung zur Änderung des Geschlechts für die Kunden (2) aus. Wechseln Sie in das zweite Editorfenster und führen Sie dort die Anweisung zum Setzen des Isolationslevels aus (3). Vollziehen Sie danach die Anweisung zur Änderung des Geschlechts für die Mitarbeiter (4). Bisher behindern beide Transaktionen sich noch nicht, da sie mit unterschiedlichen Datensätzen arbeiten (die erste Transaktion mit der Kunden- und die zweite Transaktion mit der Mitarbeitertabelle). Wechseln Sie nun wieder zur ersten Transaktion, also zum ersten Befehlseditorfenster und führen die Anweisung zur Änderung des Geschlechts für die Mitarbeiter aus (5). Da die Mitarbeitertabelle bereits exklusiv durch die zweite Transaktion gesperrt ist, wartet die erste Transaktion auf das Beenden der zweiten. Wechseln Sie jetzt wiederum zum zweiten Befehlseditorfenster und führen die SQL-Anweisung zur Änderung der Kundendaten aus (6). Auch die zweite Transaktion wartet nun auf die Freigabe der exklusiven Sperre auf die Kundentabelle der ersten Transaktion. Beide Transaktionen warten gegenseitig so lange aufeinander, bis das RDBMS den „Deadlock" erkennt und automatisch eine Transaktion beendet. Normalerweise wird diejenige Transaktion beendet, die noch nicht so lange läuft. DB2 beendet daher die zweite Transaktion mit der Meldung „SQL0911N Die aktuelle Transaktion wurde rückgängig gemacht. Ursache: Deadlock oder Zeitüberschreitung".

---

[5] Beachten Sie die etwas geänderte Syntax gegenüber dem ANSI SQL-Standard

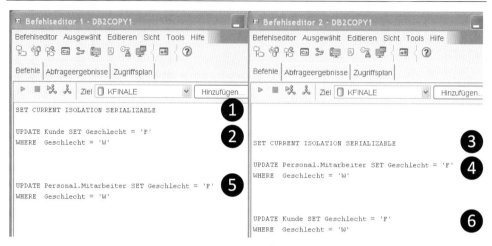

Abbildung 12-15: Zwei Transaktionen warten gegenseitig aufeinander („Deadlock")

Sperren

In der folgenden Übung wollen wir uns ansehen, wie ein RDBMS Sperren setzt, wenn Daten gelesen und verändert werden. Dazu starten wir zunächst dreimal das SQL Server Management Studio (SSMS) und öffnen jedes Mal ein Abfragefenster. Im ersten Abfragefenster legen wir zunächst eine Tabelle „Person" an und fügen die Datensätze der Kundentabelle in diese wie folgt ein:

```
CREATE TABLE Person ( PersonNr INTEGER, Name VARCHAR(50))
INSERT INTO Person SELECT KundenNr, Name FROM Kunde
```

Danach können wir die Anweisungen wieder aus dem Abfragefenster löschen und wollen hier nun eine Abfrage eingeben, mit der wir die Sperren im Microsoft SQL Server ermitteln können. Diese Informationen erhält man aus der Systemsicht „dm_tran_locks":

```
SELECT request_session_id       AS Session,
       DB_NAME(resource_database_id) AS Datenbank,
       CASE
          WHEN resource_type = 'Object'
          THEN OBJECT_NAME(resource_associated_entity_id)
          END   AS Tabelle,
       resource_type AS Typ, resource_description AS Beschreibung,
       request_mode   AS Mode, request_status AS Status
FROM sys.dm_tran_locks
WHERE resource_type <> 'Database'
ORDER BY Session
```

Diese SELECT-Anweisung geben wir im ersten Abfragefenster ein (1). Im zweiten wollen wir zuerst den Transaktionslevel auf „Serializable" setzen und dann eine neue Transaktion starten. Danach lesen wir über eine SELECT-Anweisung den

12.7 Praxis

Namen mit der Personennummer 1. Betrachten wir nun die angelegten Sperren (3), so erkennt man, dass eine gemeinsame Sperre (Mode = S) auf die Daten angefragt und auch gesetzt wurde (Zustand = GRANT).

Im dritten Abfragefenster wollen wir eine zweite Transaktion starten, die für den gleichen Datensatz mit der Nummer 1 den Namen der Person auf den Wert „Bolte" setzt (4) (siehe Abb. 12-16).

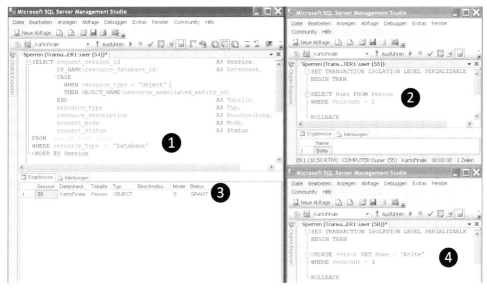

Abbildung 12-16: Zwei Transaktionen und deren Sperren

Führen wir nun im dritten Abfragefenster alle Anweisungen bis einschließlich zur UPDATE-Anweisung aus (4) und lassen uns danach wieder die Sperren anzeigen, so sehen wir, dass eine Sperre „IX" hinzugekommen ist (5) (siehe Abb. 12-17). „IX" steht für eine noch nicht gesetzte, sondern beabsichtigte exklusive Sperre. Da die erste Transaktion den Datensatz bereits gelesen und eine gemeinsame Sperre gesetzt hat, muss die zweite Transaktion warten, bis die erste beendet und die gemeinsame Sperre aufgehoben wurde. Daher befindet sich die zweite Transaktion im Wartezustand.

	Session	Datenbank	Tabelle	Typ	Beschreibu...	Mode	Status
1	55	KartoFinale	Person	OBJECT		S	GRANT
2	58	KartoFinale	Person	OBJECT		IX	WAIT ❺

Abbildung 12-17: Beabsichtigte exklusive Sperre (IX) im Wartezustand

Wechseln wir nun wieder zur ersten Transaktion, also in das zweite Abfragefenster und führen hier beispielsweise ein ROLLBACK durch, so wird unmittelbar danach die UPDATE-Anweisung der zweiten Transaktion beendet. Beim erneuten Anzeigen der Sperren ergibt sich erwartungsgemäß nur noch eine gesetzte exklusive Sperre (6) in der Liste (Mode = X).

Abbildung 12-18: Exklusive Sperre

Wird schließlich auch die zweite Transaktion im dritten Abfragefenster beendet, so werden keine weiteren Sperren in der Liste angezeigt.

Isolationslevel

Als letzte Übung wollen wir noch einmal die Auswirkungen der einzelnen Isolationslevel beim Microsoft SQL Server betrachten. Starten Sie dazu zweimal das SQL Server Management Studio (SMSS) und öffnen Sie jeweils ein Abfragefenster (siehe Abb. 12-19). Im ersten Abfragefenster starten Sie eine Transaktion (1) und setzen danach den bisherigen Lagerbestand des Artikels mit der Nummer 1001 von 26 auf 36 (2).

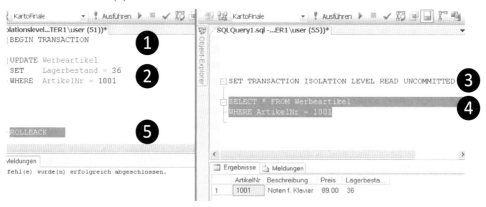

Abbildung 12-19: „Dirty Read"-Problem bei Isolationslevel „READ UNCOMMITTED"

Wechseln Sie dann zum zweiten Abfragefenster und setzen zunächst den Isolationslevel auf READ UNCOMMITTED (3), so dass auch „Dirty Read"-Probleme zugelassen sind. Anschließend lesen sie alle Daten zum eben geänderten Werbeartikel (4). Als Lagerbestand wird der geänderte Wert von 36 angezeigt, d.h. es werden Daten von noch nicht abgeschlossenen Transaktionen angezeigt. Anschließend wechseln Sie zum ersten Abfragefenster und machen die Änderung des Lagerbestandes mit ROLLBACK rückgängig (5). Der Lagerbestand beträgt nun wieder 26. Die zweite Transaktion geht jedoch weiterhin von einem Lagerbestand von 36 aus.

Ändern Sie nun in der zweiten Transaktion den Isolationslevel auf die nächsthöhere Stufe READ COMMITTED, so dass das „Dirty Read"-Problem nicht mehr auftreten darf, und führen die SQL-Anweisungen in der gleichen Reihenfolge erneut durch. Diesmal wartet die SELECT-Anweisung der zweiten Transaktion (4) mit der Ausführung so lange, bis die erste Transaktion ihr ROLLBACK durchgeführt hat (5). Erst dann wird in der zweiten Transaktion die Ergebnismenge angezeigt.

Als nächstes soll näher beleuchtet werden, wie der Isolationslevel READ COMMITTED wirkt, der das „Repeatable Read"-Problem zulässt. Daten, die bereits von einer Transaktion gelesen wurden, dürfen danach von einer anderen nicht geändert werden. Dazu wird in der ersten Transaktion der Isolationslevel auf READ COMMITTED gesetzt (1), diese Transaktion gestartet (2) und der Werbeartikel mit der Artikelnummer 1001 gelesen (3) (siehe Abb. 12-20). Anschließend wird in der zweiten Transaktion der Lagerbestand dieses Artikels geändert (4). Die zweite Transaktion führt die Änderung sofort durch, obgleich die erste noch einen anderen Wert als Lagerbestand gelesen hat.

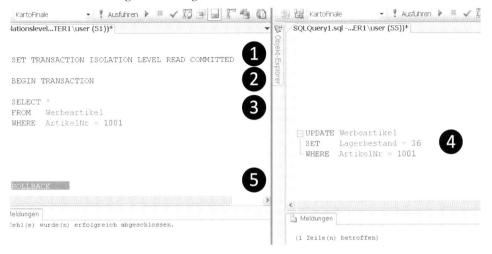

Abbildung 12-20: „Repeatable Read"-Problem bei READ COMMITTED

Um nun das „Repeatable Read"-Problem zu vermeiden, setzen Sie den Transaktionslevel auf REPEATABLE READ und führen die SQL-Anweisungen erneut in der gleichen Reihenfolge aus. Diesmal wartet die UPDATE-Anweisung der zweiten Transaktion so lange, bis die erste durch ein ROLLBACK beendet wurde.

Zum Schluss soll das „Phantom Read"-Problem näher betrachtet werden. Um das Problem zunächst zuzulassen, setzen wir im ersten Abfragefenster den Isolationslevel auf REPEATABLE READ (1) und starten danach die erste Transaktion (2). Darauf wird die Anzahl der Datensätze der Tabelle Veranstaltung ermittelt (3). Nun wird in der zweiten Transaktion, also im zweiten Abfragefenster ein Datensatz in die Tabelle Veranstaltung eingefügt (4). Da „Phantom Read" zugelassen ist, muss die INSERT-Anweisung nicht warten. Die erste Transaktion geht nun von einer inkorrekten Anzahl an Datensätzen aus (siehe Abb. 12-21).

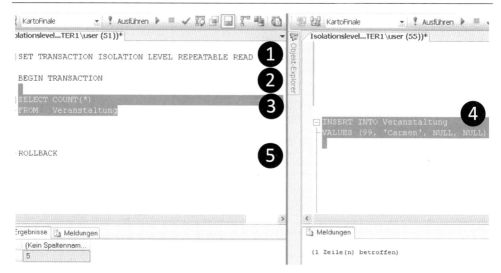

Abbildung 12-21: „Phantom Read"-Problem bei REPEATABLE READ

Um das Problem zu vermeiden, setzen Sie in der ersten Transaktion den Isolationslevel auf SERIALIZABLE und führen die SQL-Anweisungen erneut in der gleichen Reihenfolge durch. Die INSERT-Anweisung der zweiten Transaktion wartet nun so lange, bis die erste mit ROLLBACK beendet wird.

12.8 Zusammenfassung

In diesem Kapitel wurde gezeigt, wie mehrere SQL-Anweisungen zu einer Einheit, einer so genannten Transaktion, zusammenfasst werden. Die SQL-Anweisungen einer Transaktion werden entweder vollständig oder gar nicht ausgeführt. Um eine Transaktion wieder in den Zustand vor Beginn der Transaktion zurückzuführen, verwendet man die SQL-Anweisung ROLLBACK. Um die Änderungen einer Transaktion endgültig in die Datenbank zu schreiben, gebraucht man die SQL-Anweisung COMMIT. Um größere Transaktionen einfacher handhabbar zu machen, kann man so genannte „Savepoints" definieren, zu denen über ein ROLLBACK „zurückgesprungen" werden kann.

Durch den Mehrbenutzerbetrieb können verschiedene Probleme auftreten. Diese werden jedoch weitestgehend vom RDBMS selbständig behoben. Dafür benötigt das RDBMS allerdings Ressourcen, wodurch Abfragen anderer Benutzer durchaus langsamer ausgeführt werden. Um das RDBMS zu entlasten, können bestimmte Probleme für ausgewählte Transaktionen wieder zugelassen werden.

12.9 Aufgaben

Wiederholungsfragen

1. Welche Eigenschaften muss eine Transaktion besitzen?
2. Was versteht man innerhalb der Verarbeitung des Transaktionsprotokolls unter Rollforward und Rollback bzw. Redo und Undo?
3. Wie werden die Änderungen einer Transaktion wieder rückgängig gemacht?
4. Wie werden die Änderungen einer Transaktion endgültig in die Datenbank geschrieben?
5. Wie verfährt das DBMS bei einem Recovery mit Transaktionen, die nach dem letzten Prüfpunkt gestartet und bei einem Systemabsturz noch nicht beendet waren?
6. Wie verfährt das DBMS bei einem Recovery mit Transaktionen, die nach dem letzten Prüfpunkt gestartet und vor einem Systemabsturz schon beendet waren?
7. Was sind „Savepoints"?

Übungen

1. Gegeben sei eine leere Tabelle „Person" mit den Spalten „Name", „Vorname", „Alter". Welchen Inhalt hat diese Tabelle, nachdem folgende SQL-Anweisungen ausgeführt wurden?

```
START TRANSACTION
INSERT INTO Person VALUES ( 'Muster', 'Hans', 63 )
INSERT INTO Person VALUES ( 'Carlson', 'Peter', 26 )
INSERT INTO Person VALUES ( 'Friedrichs', 'Frieda', 12 )
ROLLBACK
```

2. Welchen Inhalt hat die Tabelle „Person", nachdem folgende SQL-Anweisungen ausgeführt wurden?

```
START TRANSACTION
INSERT INTO Person VALUES ( 'Muster', 'Hans', 63 )
INSERT INTO Person VALUES ( 'Carlson', 'Peter', 26 )
INSERT INTO Person VALUES ( 'Friedrichs', 'Frieda', 12 )
COMMIT
```

3. Welchen Inhalt hat die Tabelle „Person", nachdem folgende SQL-Anweisungen ausgeführt wurden?

```
START TRANSACTION
INSERT INTO Person VALUES ( 'Muster', 'Hans', 63 )
SAVEPOINT sp1
INSERT INTO Person VALUES ( 'Carlson', 'Peter', 26 )
INSERT INTO Person VALUES ( 'Friedrichs', 'Frieda', 12 )
ROLLBACK TO sp1
```

4. Welchen Inhalt hat die Tabelle „Person", nachdem folgende SQL-Anweisungen ausgeführt wurden?

```
START TRANSACTION
INSERT INTO Person VALUES ( 'Muster', 'Hans', 63 )
SAVEPOINT sp1
INSERT INTO Person VALUES ( 'Carlson', 'Peter', 26 )
INSERT INTO Person VALUES ( 'Friedrichs', 'Frieda', 12 )
ROLLBACK
```

5. Wie lauten die SQL-Anweisungen der zwei Transaktionen aus Abbildung 12-16, um zu zeigen, dass das „Lost Update"-Problem generell durch ein RDBMS verhindert wird?

6. Betrachten Sie die folgenden beiden Transaktionen. Welche SQL-Anweisung wartet auf die Beendigung der anderen Transaktion?

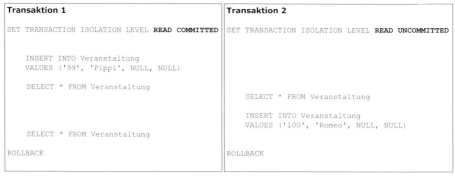

7. Betrachten Sie die folgenden beiden Transaktionen. Welche SQL-Anweisung wartet auf die Beendigung der anderen Transaktion?

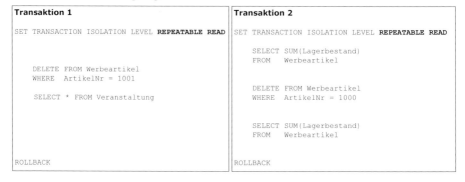

12.9 Aufgaben

8. Ergänzen Sie die zweite Transaktion um SQL-Anweisungen, so dass ein „Deadlock" zur ersten Transaktion auftritt!

Transaktion 1	Transaktion 2
SET TRANSACTION ISOLATION LEVEL **SERIALIZABLE**	SET TRANSACTION ISOLATION LEVEL **SERIALIZABLE**
SELECT * FROM Vorstellung	
SELECT * FROM Veranstaltung	
ROLLBACK	ROLLBACK

13 „Gespeicherte Routinen" und „Prozedurale Sprachelemente"

In Kapitel 13 sollen folgende Fragen geklärt werden:
- Wie kann man mehrere Anweisungen unter einem Namen zusammenfassen und in einem Schritt ausführen lassen?
- Was sind prozedurale Sprachelemente?
- Was sind gespeicherte Routinen?
- Was sind Funktionen und Prozeduren?
- Was sind Variablen?
- Welche prozeduralen Anweisungen kennt SQL zur Steuerung des Programmablaufs?
- Wie kann man zeilenweise auf einzelne Datensätze einer Ergebnismenge zugreifen?

13.1 Motivation

Täglich erfassen Herr Klein und Frau Kart neue Bestellungen, indem sie einzelne SQL-Anweisungen eingeben, um Datensätze in die Tabellen „Bestellung", „Bestellposten" und „Kunde" einzufügen. Das erscheint Frau Kart zu Recht sehr umständlich, also ruft sie Herrn Fleissig von der Unternehmensberatung an und schildert ihr Problem.

Herr Fleissig erzählt ihr, dass man mehrere SQL-Anweisungen auf dem Datenbankserver unter einem selbstdefinierten Namen in einer Routine speichern kann. Über den Namen der Routine kann man dann die Folge von SQL-Anweisungen in einem Schritt ausführen. Mit Routinen kann man aber noch viel mehr machen, da SQL auch prozedurale Sprachelemente enthält, die einer vollständigen Programmiersprache entsprechen.

Er empfiehlt Frau Kart, eine Routine mit dem Namen „ErfasseBestellung" zu erstellen. Dieser Routine kann sie dann die Werte einer Bestellung übergeben.

13.2 Routinen

Bisher haben wir SQL als rein deklarative (beschreibende) Programmiersprache kennengelernt, d.h. man beschreibt, was man als Ergebnis vom RDBMS erhalten möchte. In Kapitel 8 wurde schon kurz erwähnt, dass SQL auch prozedurale

13.2 Routinen

Sprachelemente enthält. Diese dienen dazu, dem RDBMS zu beschreiben, wie ein gewünschtes Ergebnis schrittweise bearbeitet wird. Folgen von prozeduralen SQL-Anweisungen sind zwar schwieriger zu programmieren, da man dem RDBMS jeden einzelnen Arbeitsschritt vorgeben muss, dafür ist man mit prozeduralen SQL-Anweisungen wesentlich flexibler als mit rein deklarativen. Gerade die Kombination bei SQL von deklarativen und prozeduralen Sprachelementen macht dessen Leistungsfähigkeit aus. In diesem Kapitel werden wir uns mit den prozeduralen Sprachelementen beschäftigen. Das Kapitel soll lediglich als Einführung dienen, um einen Überblick zu erhalten, was mit prozeduralen Sprachelementen machbar ist. Bei den prozeduralen Sprachelementen existieren auch die größten Unterschiede zwischen den einzelnen Datenbankmanagementsystemen bzw. gegenüber dem ANSI SQL-Standard.

Bevor wir uns jedoch mit den prozeduralen Sprachelementen beschäftigen, müssen zunächst die Begriffe Funktion, Prozedur und Variable geklärt werden. Folgen von SQL-Anweisungen kann man unter einem gemeinsamen Namen speichern und darüber auch wieder aufrufen. Diese Folgen von SQL-Anweisungen werden als Routine bezeichnet. Bei Routinen unterscheidet man in SQL zwischen Funktionen und Prozeduren. Betrachten wir zunächst ein Beispiel für eine gespeicherte Prozedur, die einen Datensatz in die Tabelle Artikel einfügen soll. Die SQL-Anweisung dazu ist für uns kein Problem mehr, sie lautet:

```
INSERT INTO Artikel(Artikelnummer, Preis)
VALUES ( 1, 9.99 )
```

Um nun nicht jedes Mal die komplette INSERT-Anweisung zum Einfügen eines Artikels eingeben zu müssen, wird eine Prozedur mit dem Namen „ErfasseArtikel" erstellt. Dies erfolgt über die SQL-Anweisung CREATE PROCEDURE:

```
CREATE PROCEDURE ErfasseArtikel
BEGIN
  INSERT INTO Artikel(Artikelnummer, Preis)
  VALUES (1, 9.99)
END
```

Nun kann über die SQL-Anweisung CALL die Prozedur wie folgt wieder aufgerufen werden und man erhält das gleiche Ergebnis, wie bei der Eingabe der dazugehörigen INSERT-Anweisung:

```
CALL ErfasseArtikel
```

So richtig zufriedenstellend ist diese Routine natürlich nicht, da sie immer einen Artikel mit den gleichen Werten einfügt. Daher müssen wir der Routine die

Parameter für die Artikelnummer und den Preis übergeben. Man kann deshalb Werte, sogenannte Parameter, an eine Prozedur übergeben. Für die Parameter „NeueArtikelnummer" und „NeuerPreis" muss die Prozedur wie folgt geändert werden:

```
CREATE PROCEDURE ErfasseArtikel (NeueArtikelnummer INTEGER,
                                 NeuerPreis DECIMAL(8,2))
BEGIN
  INSERT INTO Artikel(Artikelnummer, Preis)
  VALUES (NeueArtikelnummer, NeuerPreis)
END
```

Bevor die Prozedur jedoch erneut angelegt werden kann, muss diese natürlich gelöscht werden. Dies erfolgt über die SQL-Anweisung DROP PROCEDURE. Um also die Prozedur zu löschen, schreibt man:

```
DROP PROCEDURE ErfasseArtikel
```

Die Übergabe der Parameter über die SQL-Anweisung CALL erfolgt dann in runden Klammern durch Komma getrennt wie folgt:

```
CALL ErfasseArtikel( 2, 8.99 )
```

Unser bisheriges Beispiel war sehr einfach. Damit wir kompliziertere Abfragen schrittweise bearbeiten können, müssen wir den Begriff Variable verstehen. Eine Variable ist in einer Programmiersprache ein Platzhalter für einen Wert, auf den man über einen Namen zugreifen kann. Diesem Namen bzw. dieser Variablen kann man je nach Bedarf beliebige Werte zuweisen. Zwei Variablen haben wir eben bereits bei der Prozedur „ErfasseArtikel" kennengelernt: „NeueArtikelnummer" und „NeuerPreis". Der erste Parameter kann beliebige ganze Zahlen und der zweite beliebige Zahlen speichern, die aus maximal 8 Stellen mit 2 Nachkommastellen bestehen. Eine Variable hat also einen bestimmten Datentyp und damit auch einen bestimmten Wertebereich. Um explizit eine Variable anzulegen, verwendet man die SQL-Anweisung DECLARE. Um z.B. in einer Prozedur den Durchschnittspreis der Artikel zu ermitteln und diesen in einer Variablen zu speichern, kann man in zwei Schritten vorgehen:

```
CREATE PROCEDURE ErmittleDurchschnitt ()
BEGIN
  DECLARE durchschnitt DECIMAL(8,2)

  SELECT AVG(Preis) INTO durchschnitt
  FROM    Artikel
END
```

13.2 Routinen

Zunächst wird die Variable „durchschnitt" deklariert, danach die SELECT-Anweisung zum Ermitteln des Durchschnittspreises aufgerufen und über das Schlüsselwort INTO in der Variablen „durchschnitt" gespeichert. Um einer Variablen bereits bei der Deklaration mit DECLARE einen Wert zuzuweisen, verwendet man das Schlüsselwort DEFAULT und danach den zuzuweisenden Wert. Um die Variable „durchschnitt" bei der Deklaration mit dem Wert 0 zu initialisieren, schreibt man also:

```
DECLARE durchschnitt DECIMAL(8,2) DEFAULT 0.00
```

Nun wird zwar der Durchschnittspreis in der Prozedur in der Variablen „durchschnitt" gespeichert, dann aber nicht ausgegeben oder weiterverarbeitet. Soll der Durchschnittswert nach Aufruf der Prozedur weiterverwendet werden, können Parameter als Outputparameter deklariert werden, in die der Wert dann zurückgeben wird. Das Ganze sieht folgendermaßen aus:

```
CREATE PROCEDURE ErmittleDurchschnitt(OUT rueckgabe DECIMAL(8,2))
BEGIN
  DECLARE durchschnitt DECIMAL(8,2)

  SELECT AVG(Preis) INTO durchschnitt
  FROM   Artikel

  SET rueckgabe = durchschnitt
END
```

Um der Variablen rueckgabe einen Wert zuzuweisen, verwendet man das Schlüsselwort SET. Vor der Angabe des Übergabeparameters „rueckgabe" gibt man über das Schlüsselwort OUT bekannt, dass dieser Parameter in der Prozedur einen Wert zugewiesen bekommt, den man nach der Ausführung weiterverwenden möchte. Standardmäßig sind Übergabeparameter mit dem Schlüsselwort IN festgelegt, übergeben also einen Wert an die Prozedur, der normalerweise nicht verändert wird. In diesem Fall steht IN als Abkürzung für Input. Ein Übergabeparameter kann sowohl einen Wert an eine Prozedur übergeben als auch einen Wert als Ausgabeparameter speichern. Er muss dann mit dem Schlüsselwort INOUT deklariert werden. Wird bei einem Übergabeparameter weder IN, OUT noch INOUT angegeben, so handelt es sich standardmäßig um einen Eingabeparameter (IN). Doch wie ruft man nun die Prozedur auf? Zuerst deklariert man eine Variable, die nach Aufruf der Prozedur den Durchschnittspreis enthalten soll. Diese Variable übergibt man dann an die Prozedur „ErmittleDurchschnitt" und erhält danach in ihr den Durchschnittspreis zurück:

```
DECLARE durchschnitt DECIMAL(8,2)
CALL ErmittleDurchschnitt (durchschnitt)
```

```
SELECT 'Durchschnittspreis für Artikel: ' ||
       CAST(durchschnitt AS VARCHAR(9))
FROM ((VALUES(NULL)) AS dummy(x)
```

Bisher haben wir gesehen, wie man Prozeduren anlegt, die auf dem Datenbankserver gespeichert werden und wie man Werte als Parameter an die Prozedur übergibt. Dabei können Parameter nur Werte an die Prozedur übergeben (IN), zurückliefern (OUT) oder beides (INOUT). Aufgerufen werden gespeicherte Prozeduren über die SQL-Anweisung CALL.

Am Anfang dieses Abschnitts haben wir erfahren, dass es neben Prozeduren auch Funktionen gibt. Funktionen sind weitgehend identisch mit Prozeduren, liefern jedoch immer einen skalaren Wert oder seit SQL:2008 auch eine interne Tabelle zurück. Wir haben in Kapitel 8 bereits vordefinierte Funktionen wie TRIM, SUBSTRING oder ABS kennengelernt. Funktionen kann man auch selbst über die SQL-Anweisung CREATE FUNCTION erzeugen und über DROP FUNCTION wieder löschen. Im Gegensatz zur Prozedur wird bei einer Funktion zusätzlich angegeben, welchen Datentyp der zurückgegebene Wert hat. Betrachten wir dazu, wie eine Funktion aussieht, die den Durchschnittspreis aller Artikel zurückliefert:

```
CREATE FUNCTION ErmittleDurchschnittspreis()
RETURNS DECIMAL(8,2)
    RETURN (SELECT AVG(Preis) FROM Artikel)
```

Hinter CREATE FUNCTION folgt der Name der Funktion und danach das Schlüsselwort RETURNS, das angibt, von welchem Datentyp der zurückgelieferte Wert ist. Anschließend wird die SELECT-Anweisung zum Ermitteln des Durchschnittspreises aufgerufen und über die SQL-Anweisung RETURN zurückgegeben. Jede Funktion in SQL muss mit der SQL-Anweisung RETURN einen Wert des angegebenen Datentyps zurückgeben.

Funktionen werden nicht wie Prozeduren mit dem Schlüsselwort CALL aufgerufen, sondern können innerhalb von Anweisungen direkt verwendet werden.

Um nun z.B. alle Artikel und in jeder Zeile gleichzeitig den Durchschnittspreis mit auszugeben, kann man schreiben:

```
SELECT ErmittleDurchschnittspreis() AS Durchschnitt,
       Preis, Artikelnummer
FROM   Artikel

Durchschnitt  Preis   Artikelnummer
------------  -----   -------------
75.48         89.00   1001
75.48         29.99   1003
75.48         20.00   1012
...
```

Seit SQL:2008 können Funktionen auch Tabellen als Rückgabewerte zurückliefern. Dazu müssen mehrere Spalten und deren Datentypen als Rückgabewerte angegeben werden. Nach dem Schlüsselwort RETURNS folgt das Schlüsselwort TABLE. Um alle Kunden und deren Alter auszugeben, schreibt man:

```
CREATE FUNCTION KundeMitAlter()
RETURNS TABLE ( Name    VARCHAR(30),
                Alter   INTEGER )
BEGIN
   RETURN
       SELECT Name, YEAR( CURRENT_DATE ) - YEAR( Geburtsdatum )
       FROM Kunde
END
```

Um nun tabellenwertige Funktion aufzurufen, wird der Name der Funktion mit seinen Übergabeparametern nicht in der SELECT, sondern in der FROM-Klausel wie folgt verwendet:

```
SELECT *
FROM   TABLE( KundeMitAlter() )
```

Die beiden letzten Beispiele lassen erahnen, wie leistungsfähig Funktionen und Prozeduren sind. Das gleiche Ergebnis mit einer einzigen SELECT-Anweisung für das erste Beispiel wäre so nicht ohne weiteres möglich. Wir wissen nun, was Funktionen und Prozeduren sind (siehe Abb. 13-1).

Routine	
Funktionen	**Prozedur**
• mit Rückgabewert • mit SELECT aufrufen	• ohne Rückgabewert • mit CALL aufrufen • Übergabeparameter IN, OUT, INOUT

Abbildung 13-1:   Funktionen und Prozeduren

Im Folgenden wollen wir sehen, wie man prozedurale Sprachelemente verwenden kann, um leistungsfähige und wiederverwendbare Routinen zu schreiben. Zunächst werden alle prozeduralen Sprachelemente vorgestellt, um am Schluss dieses Kapitels eine etwas komplexere Funktion zu programmieren, in der diese Sprachelemente angewendet werden.

13.3   Sprachelemente zur Kontrollsteuerung

Bisher haben wir nur SQL-Anweisungen kennengelernt, die sequentiell, also immer in der gleichen Reihenfolge abgearbeitet werden. Über Sprachelemente zur Kontrollsteuerung kann die Abarbeitung der einzelnen Anweisungen gesteuert werden.

13.3.1 BEGIN...END

In unserem letzten Beispiel haben wir in der Funktion nur eine einzige SQL-Anweisung ausgeführt. Über die Schlüsselwörter BEGIN...END können mehrere SQL-Anweisungen zusammengefasst werden.

Die Funktion „ErmittleDurchschnittspreis" kann man dann auch wie folgt schreiben:

```
CREATE FUNCTION ErmittleDurchschnittspreis()
RETURNS DECIMAL(8,2)
BEGIN
    DECLARE durchschnitt DECIMAL(8,2)

    SELECT AVG(Preis) INTO durchschnitt FROM Artikel
    RETURN (durchschnitt)
END
```

Zunächst wird in der Funktion eine Variable deklariert, in der der Durchschnittspreis gespeichert werden soll. Dann wird der Durchschnittspreis ermittelt und über RETURN zurückgeliefert. Im Gegensatz zu unserer vorherigen Version von „ErmittleDurchschnittspreis" ist diese Variante etwas umfangreicher, dafür aber verständlicher. Über die Schlüsselwörter BEGIN...END werden die Anweisungen zu einem Anweisungsblock zusammengefasst. Über das zusätzliche Schlüsselwort ATOMIC werden Anweisungen als atomar, also als eine gemeinsame Anweisung angesehen, die vollständig ausgeführt werden muss (siehe Kapitel 12, Transaktionen).

```
CREATE PROCEDURE SchreibeBestellung()
BEGIN ATOMIC
    INSERT INTO Bestellung VALUES( 20, '01.06.2011', 3, 3)
    INSERT INTO Bestellposten VALUES( 1, 1, 20, 1001 )
END
```

Wäre in dem oberen Beispiel die erste INSERT-Anweisung erfolgreich, die zweite aber nicht, würde auch die erste INSERT-Anweisung wieder rückgängig gemacht. ATOMIC ist also vergleichbar mit einem ROLLBACK TO SAVEPOINT zum Beginn des Anweisungsblockes.

13.3.2 IF...THEN...ELSE

Die IF...THEN...ELSE-Anweisung dient zum Abbilden von „Wenn...dann"-Entscheidungen. Abhängig von einer bestimmten Bedingung wird ein Anweisungsblock ausgeführt oder nicht. Betrachten wir hierzu ein Beispiel: Abhängig davon, wie viele Bestellungen ein Mitarbeiter bearbeitet hat, soll er einen Bonus ausgezahlt bekommen. Bei einer oder keiner bearbeiteten Bestellung gibt es keinen Bonus, bei zwei bearbeiteten Bestellungen 10,-- Euro und bei mehr als drei

13.3 Sprachelemente zur Kontrollsteuerung

Bestellungen 20,-- Euro. Hierzu schreiben wir eine Prozedur, die als Übergabeparameter die Personalnummer erhält und dann ausgibt, wie hoch der Bonus für den Mitarbeiter ist:

```
CREATE PROCEDURE HoeheBonus(Personalnr INTEGER,
                            OUT Bonus DECIMAL(4,2))
BEGIN
   DECLARE anzahlBestellungen INTEGER

   -- Ermitteln der bearbeiteten Bestellungen
   SELECT COUNT(Personalnummer) INTO anzahlBestellungen
   FROM    Bestellung
   WHERE   Personalnummer = Personalnr

   -- Variable Bonus auf 0 setzen
   SET Bonus = 0.00

   IF anzahlBestellungen = 2 THEN
     SET Bonus = 10.00
   ELSEIF anzahlBestellungen >= 3 THEN
      SET Bonus = 20.00
   END IF
END
```

Zunächst wird in der Funktion die Anzahl der Bestellungen ermittelt, die der Mitarbeiter mit der übergebenen Personalnummer bearbeitet hat. In der IF-Anweisung wird dann abhängig von der Anzahl der bearbeiteten Bestellungen die Übergabevariable „Bonus" auf den entsprechenden Betrag gesetzt.

13.3.3 CASE

Die CASE-Anweisung entspricht weitestgehend einer mehrfach geschachtelten IF-Anweisung. Betrachten wir dazu die IF-Anweisung aus dem letzten Beispiel. Mit einer CASE-Anweisung könnte man das Gleiche wie folgt erreichen:

```
SET Bonus =
    CASE
        WHEN anzahlBestellungen  = 2 THEN 10.00
        WHEN anzahlBestellungen >= 3 THEN 20.00
        ELSE 0.00
    END
```

Eingeleitet durch das CASE-Schlüsselwort folgt hinter dem Schlüsselwort WHEN jeweils die Bedingung, die erfüllt sein muss, damit der Wert hinter THEN verwendet wird. Der ELSE-Zweig wird ausgeführt, wenn keine der aufgeführten WHEN-Bedingungen eintritt.

Soll immer die gleiche Variable ausschließlich auf Gleichheit mit bestimmten Werten getestet werden, ist die Verwendung der CASE-Anweisung noch einfacher. Angenommen, wir möchten über eine SELECT-Anweisung alle Kunden ausgeben. Anstelle der Kürzel „M" und „W" für das Geschlecht soll allerdings in der Ergebnistabelle „männlich" bzw. „weiblich" stehen. Da man in diesem Fall immer die gleiche Spalte auf Gleichheit mit „W" oder „M" testet, kann diese direkt hinter der CASE-Anweisung aufgeführt werden. Dann muss hinter der WHEN-Klausel der Spaltenname nicht explizit aufgeführt werden:

```
SELECT Name,
       Vorname,
       CASE Geschlecht
            WHEN 'M' THEN 'Männlich'
            WHEN 'W' THEN 'Weiblich'
            ELSE 'unbekannt'
       END AS 'Geschlecht'
FROM   Kunde

Name        Vorname    Geschlecht
----------  ---------  ----------
Bolte       Bertram    Männlich
Muster      Hans       Männlich
Wiegerich   Frieda     Weiblich
Carlson     Peter      Männlich
```

13.3.4 REPEAT...UNTIL

REPEAT wiederholt einen Anweisungsblock so lange, bis eine definierte Bedingung eintritt. Der Anweisungsblock wird bei REPEAT mindestens einmal durchlaufen, da die Bedingung erst am Ende überprüft wird (fußgesteuerte oder nachprüfende Schleife). Nehmen wir als Beispiel eine Funktion, die die n-te Potenz einer Zahl berechnen soll. Wir wollen diese Funktion Potenz nennen und es werden zwei Übergabeparameter übergeben: Zum einen die Zahl, von der die Potenz berechnet werden soll, und zum anderen die Zahl für die n-te Potenz. Mit Hilfe der REPEAT-Anweisung wird die Multiplikation dann entsprechend oft durchlaufen:

```
CREATE FUNCTION Potenz (basis FLOAT, exponent INTEGER)
RETURNS FLOAT
BEGIN
    DECLARE ergebnis FLOAT

    SET ergebnis = basis

    -- multipliziere ergebnis so oft mit basis,
    -- bis exponent kleiner gleich 1
    REPEAT
```

13.3 Sprachelemente zur Kontrollsteuerung

```
            SET ergebnis = ergebnis * basis
            SET exponent = exponent - 1
        UNTIL( exponent <= 1 )
        END REPEAT

        RETURN ergebnis
END
```

Der Anweisungsblock zwischen REPEAT und END REPEAT, wird solange wiederholt, bis die Bedingung hinter UNTIL eintritt. Beachtet werden muss, dass das Beispiel nicht mit negativen Exponenten und dem Exponenten 0 rechnen kann. Um das zu ermöglichen, muss das Beispiel mit Hilfe der IF-Anweisung erweitert werden, was hier nicht gezeigt werden, sondern für Sie eine Übungsmöglichkeit darstellen soll.

13.3.5 WHILE...DO

WHILE dient wie REPEAT dazu, einen Anweisungsblock mehrfach zu durchlaufen. Im Gegensatz zu REPEAT überprüft die WHILE-Anweisung die Abbruchbedingung jedoch vor dem Anweisungsblock (kopfgesteuerte oder vorprüfende Schleife). Die Funktion Potenz kann dementsprechend wie folgt umgeschrieben werden, so dass WHILE anstelle der REPEAT-Anweisung verwendet wird:

```
        ...
        WHILE exponent > 1 DO
            SET ergebnis = ergebnis * basis
            SET exponent = exponent - 1
        END WHILE
        ...
```

In diesem Fall wird über WHILE der Anweisungsblock solange durchlaufen, wie die Variable exponent einen Wert größer 1 hat.

13.3.6 LOOP

Genau wie WHILE und REPEAT dient LOOP dazu, einen Anweisungsblock mehrfach zu durchlaufen. Im Gegensatz zu REPEAT und WHILE existiert jedoch keine explizite Abbruchbedingung. Stattdessen muss innerhalb des Anweisungsblocks eine Abbruchbedingung überprüft und entsprechend die Schleife mit der Anweisung LEAVE verlassen werden. Dazu wird eine Marke (Label) gesetzt, die kennzeichnet, welcher Anweisungsblock verlassen werden soll. Marken können innerhalb des SQL-Codes an beliebigen Stellen gesetzt werden und enden immer mit einem Doppelpunkt. Die Funktion Potenz kann mit LOOP dementsprechend wie folgt umgeschrieben werden:

```
        ...
        L1:LOOP
            IF exponent <= 1 THEN
```

```
            LEAVE L1;
        END IF;
    SET ergebnis = ergebnis * basis;
    SET exponent = exponent - 1;
END LOOP;
```
...

13.3.7 LEAVE

Die SQL-Anweisung LEAVE ist nur in Zusammenhang mit Wiederholungen von Anweisungsblöcken über WHILE, REPEAT oder LOOP sinnvoll und dient dazu, eine Wiederholungsschleife vorzeitig zu beenden. Betrachten wir dazu wieder das letzte Beispiel mit der Funktion Potenz. Angenommen, es sollen keine Ergebnisse größer als 10000 zurückgegeben werden, so kann die Schleife vorzeitig über das Schlüsselwort LEAVE verlassen werden. Vor jedem Schleifenkonstrukt kann dazu ein sogenanntes Label geschrieben werden. Das ist ein Bezeichner, der den Anfang einer Schleife kennzeichnet. Dadurch ist es möglich, über die Anweisung LEAVE bei mehreren geschachtelten Schleifen anzugeben, welche Schleife verlassen werden soll. Demnach sieht die WHILE-Schleife folgendermaßen aus:

```
...
W1:
WHILE exponent > 1 DO
    IF ergebnis * basis > 10000 THEN
        LEAVE W1 -- Verlassen der Wiederholungsschleife
    END IF
    SET ergebnis = ergebnis * basis
    SET exponent = exponent - 1
END WHILE
...
```

Zum vorzeitigen Verlassen eines Schleifendurchlaufs dient die Anweisung ITERATE. Im Gegensatz zu LEAVE wird die Schleife allerdings nicht endgültig verlassen, sondern es wird an den Anfang der Schleife gesprungen, um sie erneut zu durchlaufen.

13.4 Beispiel: Kind erfassen

Im Folgenden sollen die bisherigen Erkenntnisse noch einmal an zwei Beispielen vertieft werden. Im ersten Beispiel soll eine Prozedur geschrieben werden, die für einen Kunden den Namen des Kindes in eine dazugehörige Tabelle einträgt. Da das Geburtsdatum des Kindes i.d.R. kleiner als das des Elternteils ist, soll die Prozedur dies überprüfen und wenn nötig, eine Fehlermeldung zurückliefern. Außerdem soll überprüft werden, ob das Geburtsdatum niedriger als das aktuelle Tagesdatum ist.

13.4 Beispiel: Kind erfassen

Bevor wir die Prozedur erzeugen, müssen wir zunächst eine Tabelle Kind erstellen:

```
CREATE TABLE Kind
(
    KundenNr INTEGER, Vorname VARCHAR(30),
    Geburtsdatum DATE, Geschlecht CHAR(1)
)
```

Der Prozedur „KindErfassen" werden vier Eingabe- und ein Ausgabeparameter übergeben. Die Eingabeparameter „Kundennr", „VornameKind", „GeburtsdatumKind", „GeschlechtKind" enthalten die Kundennummer des Elternteils sowie die Informationen über das Kind. Der Ausgabeparameter „Rueckgabe" liefert eine Zeichenkette zurück, in der nach Ausführen der Prozedur beschrieben ist, ob Probleme beim Einfügen aufgetreten sind oder ob das Einfügen erfolgreich war.

```
CREATE PROCEDURE KindErfassen( Kundennr INTEGER,
                     VornameKind VARCHAR(20),
                     GeburtsdatumKind DATE,
                     GeschlechtKind CHAR(1),
                     OUT Rueckgabe VARCHAR(100) )
...
```

Danach werden über eine IF-Anweisung mehrere Werte auf Plausibilität überprüft. Die erste Bedingung testet, ob das Geburtsdatum des Kindes in der Zukunft liegt. Ist dies der Fall wird eine Fehlermeldung in der Variablen „Rueckgabe" zurückgeliefert. Andernfalls wird das Geburtsdatum des Elternteils über die SELECT-Anweisung ermittelt und überprüft, ob das Kind dem Geburtsdatum nach älter ist. Auch in diesem Fall erfolgt eine Fehlermeldung. Ist das Kind jünger als das Elternteil, werden die Daten in die Tabelle „Kind" über die INSERT-Anweisung eingefügt.

```
BEGIN
   IF GeburtsdatumKind > CURRENT_DATE THEN
      SET Rueckgabe = 'Problem: Geburtsdatum in der Zukunft!'
   ELSEIF ( SELECT Geburtsdatum
            FROM Kunde
            WHERE Kundennummer = Kundennr ) >= GeburtsdatumKind THEN
      SET Rueckgabe = 'Problem: Kind Geburtsdatum aktueller!'
   ELSE
      INSERT INTO Kind VALUES( Kundennr, VornameKind,
                        GeburtsdatumKind, GeschlechtKind);
      SET Rueckgabe = 'Datensatz erfolgreich eingefügt!'
   END IF
END
```

Zum Aufrufen unserer Prozedur müssen wir eine Variable für den Übergabeparameter „Rueckgabe" deklarieren, in der die Zeichenkette mit der Fehlermeldung zurückgegeben wird. Danach wird die Prozedur über die SQL-Anweisung CALL aufgerufen:

```
DECLARE ergebnis VARCHAR(100)

CALL KindErfassen( 1, 'Hans', '2020-01-01', 'M', ergebnis OUT)
SELECT ergebnis FROM (VALUES(NULL))

-----------------------------------
Problem: Geburtsdatum in der Zukunft!
```

13.5 Beispiel: Phonetischer Vergleich

Im zweiten Beispiel geht es um das Erstellen einer Funktion zur phonetischen Suche. Einige RDBMS-Produkte wie z.B. IBM DB2 oder Microsoft SQL Server bieten die Funktion SOUNDEX an, mit der man Wörter auf Ähnlichkeit im Klang überprüfen kann. Dieser phonetische Vergleich basiert auf einem Algorithmus, der bestimmten ähnlich klingenden Buchstaben eine Zahl zuordnet und Vokale beim Vergleich nicht mit berücksichtigt. Dadurch kann man Wörter, die ähnlich klingen, aber unterschiedlich buchstabiert werden, finden. Personen, die den Namen Meyer, Meier, Maier oder Mayer haben, ergeben dabei die gleiche Zahlenfolge.

Betrachten wir zunächst den Algorithmus (siehe Tabelle 13-1): Der erste Buchstabe eines Wortes bleibt erhalten und wird in einen Großbuchstaben umgewandelt. Allen folgenden Buchstaben werden Zahlen zugeordnet, außer es handelt sich um Vokale oder die Buchstaben H, W und Y.

Tabelle 13-1: „Soundex"-Algorithmus

Buchstaben	Zugeordnete Zahl
B, P, F, V	1
C, S, K, G, J, Q, X, Z	2
D, T	3
L	4
M, N	5
R	6

13.5 Beispiel: Phonetischer Vergleich

Von dem ermittelten Soundex-Code werden die ersten 4 Zeichen berücksichtigt. Besteht der Code aus weniger als 4 Zeichen, werden die restlichen Zeichen mit der Zahl 0 aufgefüllt.

Betrachten wir als Beispiel den Nachnamen „Muster" und berechnen den Code einmal manuell, so ergibt sich „M236". Der erste Buchstabe des Wortes wird übernommen. Der zweite Buchstabe, das „u" wird ignoriert (Vokal), dem Buchstaben „s" wird die Zahl 2 zugeordnet, „t" die Zahl 3, „e" wird wieder ignoriert (Vokal) und „r" entspricht der Zahl 6. Somit ergibt sich als Soundex-Code der Wert „M236". Dieser Algorithmus wurde übrigens vom „Amerikanischen Nationalen Archiv" verwendet, um Akten der Volkszählung gemäß den Namen der Bürger lautbezogen zu ordnen. Der Algorithmus bezieht sich damit zwar mehr auf die englische Sprache, allerdings hat er sich auch im deutschen Sprachraum mit einigen Änderungen wegen seiner Einfachheit bewährt.

Wie setzen wir diesen Algorithmus nun in SQL um? Zunächst erzeugen wir eine Funktion, der wir den Namen „Klang" geben wollen. Als Übergabeparameter wird das Wort übermittelt, für das der Soundex-Code berechnet werden soll. Entsprechend gibt die Funktion dann den berechneten Soundex-Code als Zeichenkette zurück.

```
CREATE FUNCTION Klang ( Wort VARCHAR(250) )
RETURNS VARCHAR(250)
BEGIN
...
```

Zuerst werden die Variablen deklariert, die in der Funktion verwendet werden. In diesem Fall wird die Variable „Klang" für den Rückgabewert benötigt. Weiterhin deklarieren wir eine Variable, die den Index auf das aktuell zu bearbeitende Zeichen enthält und eine weitere, die jeweils ein einzelnes Zeichen des Wortes speichern soll.

```
    DECLARE Klang   VARCHAR(250)
    DECLARE Index   INTEGER
    DECLARE Zeichen CHAR(1)
...
```

Nun folgen die eigentlichen SQL-Anweisungen der Funktion. Zuerst werden überflüssige Leerzeichen entfernt und das erste Zeichen des Wortes in der Rückgabevariablen „Klang" gespeichert:

```
    -- Leerzeichen entfernen und in Großbuchstaben wandeln
    SET Wort = TRIM( BOTH ' ' FROM Wort )
    SET Wort = UPPER( Wort )

    -- erstes Zeichen des Wortes bleibt erhalten
```

```
    SET Index = 1
    SET Klang = SUBSTRING( Wort FROM Index FOR 1)
...
```

Darauf folgt die eigentliche WHILE-Schleife, die solange ausgeführt wird, bis das letzte Zeichen bearbeitet ist oder bis der Soundex-Code aus maximal 4 Zeichen besteht:

```
    -- Wort konvertieren
    WHILE Index <= CHAR_LENGTH( Wort ) AND CHAR_LENGTH( Klang ) < 4  DO
...
```

Danach wird die Variable „Index" auf das nächste zu bearbeitende Zeichen gesetzt, also um 1 erhöht, und das nächste Zeichen ermittelt:

```
        SET Index = Index + 1

        -- nächstes Zeichen bearbeiten und entsprechende
        -- Codezahl hinterlegen
        SET Zeichen = SUBSTRING( Wort FROM Index FOR 1 )
...
```

Es folgt die Ermittlung der entsprechenden Zahl, die dem aktuellen Buchstaben zugeordnet werden soll. Über die CASE-Anweisung wird in der Variablen „Zeichen" die dazugehörige Zahl gespeichert:

```
            SET Zeichen =
            CASE
                WHEN Zeichen IN('B','P','F','V')                THEN '1'
                WHEN Zeichen IN('C','S','G','J','K','Q','X','Z') THEN '2'
                WHEN Zeichen IN('D','T')                         THEN '3'
                WHEN Zeichen IN('L')                             THEN '4'
                WHEN Zeichen IN('M','N')                         THEN '5'
                WHEN Zeichen IN('R')                             THEN '6'
                ELSE                                             ''
            END
...
```

Schließlich wird die ermittelte Zahl an die Variable „Klang" angehängt und die WHILE-Bedingung erneut überprüft.

```
        SET Klang = Klang || Zeichen
    END WHILE
...
```

13.6 Bearbeiten einzelner Datensätze

Zum Schluss wird getestet, ob die Zeichenkette, die zurückgeliefert werden soll, auch aus vier Zeichen besteht. Ist dies nicht der Fall, so werden die übrigen Stellen mit der Zahl 0 aufgefüllt. Darauf wird das Ergebnis mit der Anweisung RETURN zurückgeliefert.

```
    -- evtl. den Rest mit 0 auffüllen
    WHILE CHAR_LENGTH( Klang ) < 4 DO
        SET Klang = Klang || '0'
    END WHILE

    RETURN( Klang )
END
```

Wir wollen uns nun noch einmal ansehen, ob unsere Funktion „Klang" auch das gewünschte Ergebnis liefert. Dazu fügen wir zunächst mit Hilfe der INSERT-Anweisung drei neue Kunden ein:

```
INSERT INTO Kunde(Kundennummer, Name, Vorname, Strasse)
VALUES (5, 'Meier', 'Petra', 'Magnusweg')
INSERT INTO Kunde(Kundennummer, Name, Vorname, Strasse)
VALUES (6, 'Meyer', 'Paula', 'Parkstr.')
INSERT INTO Kunde(Kundennummer, Name, Vorname, Strasse)
VALUES (7, 'Maier', 'Pieter', 'Hollgang')
```

Um nun alle Kunden zu finden, deren Name so ähnlich klingt wie „Mayer", können wir folgende SELECT-Anweisung verwenden und erhalten dann alle drei neu eingefügten Kunden:

```
SELECT *
FROM   Kunde
WHERE  Klang(Name) = Klang('mayer')
```

13.6 Bearbeiten einzelner Datensätze

In den bisherigen Kapiteln haben wir gesehen, dass eine SELECT-Anweisung immer eine Ergebnismenge in Form einer Menge bzw. zweidimensionalen Tabelle zurückliefert. Das ist auch im Sinne einer deskriptiven Programmiersprache, die ein Problem als SELECT-Anweisung in SQL beschreibt und darauf eine Ergebnismenge zurückliefert. Anders sieht es dagegen bei einer iterativen und prozeduralen Programmiersprache aus. Hier würde man normalerweise erst den ersten Datensatz lesen und ihn bearbeiten, dann den zweiten usw., bis das Problem bearbeitet ist. Um also schrittweise bzw. iterativ zu programmieren, muss SQL die Möglichkeit bieten, Datensätze nacheinander zu lesen und zu bearbeiten. In diesem Zusammenhang fällt oft der Begriff des „Impedance Mismatch". Damit sind Probleme gemeint, die sich beim Zusammenspiel der Konzepte einer deskriptiven Programmiersprache mit den Konzepten einer prozeduralen, aber auch, wie wir in Kapitel 14 sehen werden, einer objektorientierten Programmiersprache ergeben.

In SQL löst man das Lesen eines einzelnen Datensatzes über einen sogenannten Cursor. Damit ist ein Zeiger gemeint, der immer auf den aktuellen Datensatz einer Ergebnismenge zeigt. Um nun die Datensätze einer Ergebnismenge einzeln zu lesen, geht man in vier Schritten vor:

1. Deklaration des Cursors
2. Öffnen des Cursors
3. Lesen der Datensätze
4. Schließen des Cursors

Die Deklaration des Cursors erfolgt wie bei einer Variablen auch über das Schlüsselwort DECLARE mit dem Zusatz CURSOR und der SELECT-Anweisung, die eine Ergebnismenge zurückliefert. Folgendes Beispiel deklariert einen Cursor zum Auslesen der Namen aller Kunden:

```
DECLARE cursorKunde CURSOR FOR
    SELECT Name FROM Kunde
```

Hierbei handelt es sich um eine reine Deklaration, d.h. es werden noch keine Daten aus der Tabelle gelesen. Erst beim Öffnen des Cursors wird auf die Tabelle zugegriffen und die Datensätze werden gelesen.

```
OPEN cursorKunde
```

Nun zeigt der Cursor vor den ersten Datensatz. Um den Cursor auf den ersten Datensatz zu setzen und diesen zu lesen, verwendet man in SQL das Schlüsselwort FETCH. Als Parameter wird bei FETCH der Cursorname angegeben, und hinter dem Schlüsselwort INTO folgen durch Kommata getrennt die Variablennamen, die die einzelnen Werte speichern sollen. In unserem Beispiel wollen wir nur den Nachnamen auslesen, benötigen also auch nur eine Variable, die dann nach einem FETCH den aktuellen Nachnamen enthält. Die Deklaration der Variablen muss übrigens vor der Deklaration des Cursors im SQL-Quellcode erscheinen. Die folgenden Anweisungen zeigen die Verwendung von FETCH für unser Beispiel:

```
DECLARE nachname VARCHAR(30)
...
FETCH FROM cursorKunde INTO nachname
```

Hätten wir bei der Deklaration des Cursors innerhalb der SELECT-Anweisung mehrere Spaltennamen angegeben, so müssten wir eine entsprechende Anzahl an

13.6 Bearbeiten einzelner Datensätze

Variablen deklarieren und diese auch in der korrekten Reihenfolge bei einem FETCH angeben.

Nach Beendigung des Auslesens und Bearbeitens der Datensätze müssen wir den Cursor wieder schließen.

```
CLOSE cursorKunde
```

Bevor wir uns ansehen, wie man alle Datensätze nacheinander auslesen kann, wollen wir uns noch einmal kurz mit den Eigenschaften eines Cursors auseinandersetzen. Einem Cursor kann als Eigenschaft zugewiesen werden, ob er immer nur um einen Datensatz weiterverschoben werden soll („Forward-Cursor") oder ob er auf einen beliebigen Datensatz innerhalb der Ergebnismenge gesetzt werden darf („Scroll-Cursor"). In unserem Beispiel wurde ein Vorwärts-Cursor angelegt. Die Schlüsselwörter hierfür lauten „NO SCROLL" und stellen den Standard dar. Entsprechend legt man über das Schlüsselwort SCROLL einen „Scroll-Cursor" bei der Deklaration an. Um nun über FETCH zu einem bestimmten Datensatz zu springen, kann hinter FETCH die Leserichtung angegeben werden. Als Leserichtungen sind NEXT, PRIOR, FIRST, LAST und zusätzlich mit einer Ganzzahl ABSOLUTE und RELATIVE möglich. Die folgenden FETCH-Anweisungen lesen zunächst den ersten, dann über die absolute Leserichtung den fünften Datensatz. Danach wird der vorherige Datensatz, also der vierte, über PRIOR gelesen. Schließlich wird der letzte und über RELATIVE der vorletzte Datensatz gelesen:

```
DECLARE cursorKunde SCROLL CURSOR FOR
    SELECT Name FROM Kunde
...
FETCH FIRST FROM cursorKunde INTO nachname
FETCH ABSOLUTE 5 FROM cursorKunde INTO nachname
FETCH PRIOR FROM cursorKunde INTO nachname
FETCH LAST FROM cursorKunde INTO nachname
FETCH RELATIVE -1 FROM cursorKunde INTO nachname
```

SQL kennt für Cursor das sogenannte positionierte Löschen oder Ändern von Datensätzen. Da der Cursor auf einen ganz bestimmten Datensatz innerhalb einer Ergebnismenge zeigt, können anstelle einer WHERE-Klausel die Schlüsselwörter „WHERE CURRENT OF" verwendet werden. Um den aktuellen Datensatz wirklich ändern zu dürfen, muss allerdings auch die Cursor-Deklaration geändert werden und den Zusatz „FOR UPDATE" erhalten. Die folgenden SQL-Anweisungen ändern den Nachnamen des aktuellen Datensatzes in Großbuchstaben und löschen den Datensatz danach:

```
DECLARE cursorKunde CURSOR
    FOR SELECT Name FROM Kunde
    FOR UPDATE
```

```
...
UPDATE Kunde SET Name = UPPER(nachname)
WHERE CURRENT OF cursorKunde

DELETE Kunde
WHERE CURRENT OF cursorKunde
```

Zum Schluss dieses Abschnittes wollen wir uns ansehen, wie man denn nun eine Ergebnismenge komplett vom ersten bis zum letzten Datensatz bearbeitet. Dazu deklarieren wir natürlich wieder einen Cursor, öffnen diesen und müssen dann innerhalb einer Schleife alle Datensätze einzeln lesen. Für die Schleife benötigen wir jedoch eine Abbruchbedingung, die ausdrückt, wann der letzte Datensatz gelesen wurde. Dazu müssen wir uns kurz ansehen wie SQL:2008 Fehler oder Warnungen bearbeitet. Tritt innerhalb einer SQL-Anweisung ein Fehler oder eine Warnung auf, so speichert das RDBMS einen Fehlercode in einer Variablen mit dem Namen SQLSTATE. Diese besteht aus 5 alphanumerischen Zeichen, wobei die ersten beiden die Fehlerklasse beschreiben und die letzten drei den eigentlichen Fehler innerhalb der Fehlerklasse. Besteht die Zeichenfolge aus fünf Nullen, so war die SQL-Anweisung erfolgreich. Liefert eine SQL-Anweisung keine Daten zurück, so lautet der SQLSTATE-Code z.B. „02000". Wird ein zu langer Wert in einer Variablen gespeichert, enthält die Variable SQLSTATE dagegen „04000". Über den SQLSTATE-Code kann man also genau auf das eigentliche Problem schließen und mit eigenen SQL-Anweisungen reagieren. Zum einen sind die Werte für SQLSTATE von SQL:2008 vorgegeben, zum anderen können sie für SQLSTATE vom jeweiligen RDBMS selbst festgelegt werden. Vorgegeben sind z.B. die Klassen ‚00' für erfolgreiche Durchführung, ‚01' für Warnungen und ‚02' für nicht gefunden.

Doch zurück zu unserer WHILE-Schleife, um alle Datensätze über einen Cursor auszulesen. Zunächst deklarieren wir eine Variable SQLSTATE vom Datentyp CHAR(5). Um nun zu überprüfen, ob der erste FETCH erfolgreich war und Daten zurückgeliefert hat, müssen wir zunächst ein FETCH ausführen und dann innerhalb der WHILE-Bedingung überprüfen, ob SQLSTATE den Wert „00000" enthält. Der folgende SQL-Code zeigt noch einmal ein vollständiges Beispiel zum Auslesen aller Kundennamen über einen Cursor:

```
DECLARE SQLSTATE CHAR(5)
DECLARE nachname VARCHAR(30)
DECLARE cursorKunde CURSOR FOR
    SELECT Name FROM Kunde

OPEN cursorKunde

FETCH FROM cursorKunde INTO nachname
WHILE SQLSTATE = '00000' DO
    FETCH FROM cursorKunde INTO nachname
```

```
END WHILE

CLOSE cursorKunde
```

Da das nacheinander Auslesen der einzelnen Datensätze sicherlich der häufigste Anwendungsfall bei der Verwendung eines Cursors ist, kennt SQL:2008 eine besondere Schleifenanweisung, die FOR-Anweisung. Im einfachsten Fall folgt unmittelbar nach dem Schlüsselwort FOR die SELECT-Anweisung und dann der Anweisungsblock (DO...END FOR), in dem die einzelnen Datensätze bearbeitet werden können. Das folgende Beispiel entspricht weitgehend dem obigen Beispiel zum Lesen der Kundennamen. Es werden zusätzlich Vor- und Nachname als ein Wert in die vorher erzeugte Tabelle Namen eingefügt:

```
CREATE TABLE Namen (Name VARCHAR(250))

FOR SELECT Name FROM Kunde
DO
  INSERT INTO Namen VALUES(Name || ', ' || Vorname)
END FOR
```

13.7 Praxis

Microsoft SQL Server 2008 R2

Bei den prozeduralen Sprachelementen gibt es genau wie bei den eingebauten SQL-Funktionen auch viele kleine Unterschiede zwischen SQL:2008 und den einzelnen SQL-Dialekten der Datenbanksysteme.

Beim Microsoft SQL Server 2008 werden Variablen auch mit DECLARE angelegt, Variablennamen müssen jedoch immer mit dem Zeichen ‚@' beginnen. Der Name eines Cursors dagegen darf nicht mit diesem Zeichen starten. Die direkte Belegung einer Variable mit einem Wert bei der Deklaration erfolgt nicht, wie bei SQL:2008 mit dem Schlüsselwort DEFAULT, sondern über eine Zuweisung durch das Gleichheitszeichen. Das folgende Beispiel deklariert die Variable Kundennummer und weist ihr einen Wert zu.

```
DECLARE @kundennr INTEGER = 1
```

Die einzelnen Sprachkonstrukte für IF...THEN...ELSE, WHILE... u.a. sind geringfügig anders als in SQL:2008. So werden Anweisungsblöcke sowohl in einer Schleife als auch in einer IF-Bedingung immer durch BEGIN...END begrenzt. Es existieren hierfür keine gesonderten Schlüsselwörter wie END IF, DO oder END WHILE. Daneben entspricht LEAVE bei T-SQL dem Schlüsselwort BREAK und ITERATE dem Schlüsselwort CONTINUE.

Der Aufruf von Prozeduren erfolgt beim SQL Server 2008 über das Schlüsselwort EXECUTE und nicht über CALL.

Auch die in SQL:2008 vorgegebe Fehlerbehandlung über die zu deklarierende Variable SQLSTATE wird nicht unterstützt. Dies erfolgt über die nicht SQL:2008-konformen Sprachelemente BEGIN TRY...END TRY und BEGIN CATCH...und END CATCH. Über TRY wird ein Anweisungsblock festgelegt, in dem Fehler auftreten, die behandelt werden sollen. Über CATCH wird dagegen der Anweisungsblock programmiert, in dem auf einzelne Fehler reagiert werden kann. Schließlich können über die Funktionen ERROR_NUMBER, ERROR_SEVERITY, ERROR_STATE, ERROR_PROCEDURE, ERROR_LINE und ERROR_MESSAGE Informationen über den Fehler ermittelt werden. Im folgenden Beispiel soll für jede Abteilung ein Bonus von 10.000 Euro ausgeschüttet werden. Dazu wird zunächst der Bonus pro Mitarbeiter im Vertrieb und dann im Personal errechnet. Da der Abteilung Personal keine Mitarbeiter zugeordnet sind, erfolgt in der zweiten SELECT-Anweisung eine Division durch Null. Diese wird durch die CATCH-Anweisung abgefangen, die weitere Fehlerinformationen ausgibt:

```
BEGIN TRY

  DECLARE @bonusProAbteilung INTEGER = 10000

  SELECT @bonusProAbteilung / COUNT(*) AS "Bonus pro Mitarbeiter"
  FROM Personal.Mitarbeiter
  WHERE Abteilungsbezeichnung = 'Vertrieb'

  SELECT @bonusProAbteilung / COUNT(*) AS "Bonus pro Mitarbeiter"
  FROM Personal.Mitarbeiter
  WHERE Abteilungsbezeichnung = 'Personal'

END TRY
BEGIN CATCH

  SELECT ERROR_NUMBER()    AS Fehlernr,
         ERROR_SEVERITY()  AS Schweregrad,
         ERROR_STATE()     AS Status,
         ERROR_PROCEDURE() AS "Routine/Trigger",
         ERROR_LINE()      AS Zeile,
         ERROR_MESSAGE()   AS Fehlertext

END CATCH
```

Da der Microsoft SQL Server die Fehlervariable SQLSTATE nicht unterstützt, existiert eine globale Variable @@FETCH_STATUS, über die ermittelt werden kann, ob für einen Cursor der letzte Datensatz gelesen wurde. Um also alle Datensätze eines Cursors nacheinander zu lesen, überprüft man diese Variable wie SQLSTATE innerhalb einer WHILE-Schleife. Enthält @@FETCH_STATUS den Wert

13.7 Praxis

0, so war das Lesen des Datensatzes erfolgreich. Ist der Wert kleiner 0, so ist die FETCH-Anweisung fehlgeschlagen. Neben dem Schließen des Cursors über CLOSE erwartet der Microsoft SQL Server zum endgültigen Löschen des Cursors den Aufruf DEALLOCATE. Dies hat den Vorteil, dass ein durch CLOSE geschlossener Cursor durch OPEN erneut geöffnet werden kann. Das folgende Beispiel zeigt unser Beispiel aus Abschnitt 13.6 für den Microsoft SQL Server und gibt zusätzlich die Nachnamen aus:

```
DECLARE @nachname VARCHAR(30)
DECLARE cursorKunde CURSOR FOR
    SELECT Name FROM Kunde

OPEN cursorKunde

FETCH FROM cursorKunde INTO @nachname
WHILE @@FETCH_STATUS = 0
BEGIN
  FETCH FROM cursorKunde INTO @nachname
  SELECT @nachname
END

CLOSE cursorKunde
DEALLOCATE cursorKunde
```

Der Microsoft SQL Server 2008 unterstützt übrigens nicht die Verwendung der FOR-Anweisung für Cursor.

Bisher haben wir SQL so kennengelernt, dass die Anweisungen bei ihrer Ausführung exakt bekannt sein mussten. Im Gegensatz zu diesem eher statischen SQL gibt es auch dynamisches SQL, d.h. man erzeugt eine SQL-Anweisung durch das Verknüpfen von Zeichenketten und kann diese dann dynamisch ausführen. Dazu sehen wir uns ein Beispiel an: Wir wollen eine Prozedur schreiben, die Kunden nach bestimmten Kriterien löscht. Als Kriterien werden Name und Vorname übergeben. Die übergebenen Parameter sollen in der WHERE-Klausel nur berücksichtigt werden, wenn sie nicht NULL enthalten. Da die DELETE-Anweisung abhängig von den Übergabeparametern ist, müssen wir die Anweisung dynamisch wie folgt erzeugen.

```
CREATE PROCEDURE loescheKunde( @Name VARCHAR(30) = 'Bolte',
                               @Vorname VARCHAR(20) = 'Bertram' ) AS
BEGIN
  DECLARE @stmt  VARCHAR(1000) = 'DELETE FROM Kunde WHERE 1=1 '

  IF @Name IS NOT NULL
    SET @stmt += 'AND Name = ''' + @Name + ''' '

  IF @Vorname IS NOT NULL
```

```
    SET @stmt += 'AND Vorname = ''' + @Vorname + ''' '
...
```

Zunächst wird die Prozedur mit CREATE PROCEDURE angelegt. Vor dem eigentlichen Anweisungsblock muss beim Microsoft SQL Server das Schlüsselwort AS stehen. Übergabeparameter können auch einen Standardwert zugewiesen bekommen, so dass man auf die Angabe von Parametern beim Aufruf verzichten kann. Um nun den Standardparameter für den Namen zu verwenden und als Vornamen „Berta" zu übergeben, lautet der Aufruf wie folgt:

```
EXECUTE dbo.loescheKunde @Vorname = 'Berta'
```

Man spricht von benannten Parametern, wenn man den Namen des Übergabeparameters angibt und diesem bei der Übergabe einen Wert zuweist. Doch zurück zur eigentlichen Prozedur: Nach dem Anlegen der Prozedur loescheKunde wird eine Variable @stmt deklariert, die die spätere Löschanweisung erhalten soll. Über zwei IF-Anweisungen wird schließlich die Anweisung dynamisch erzeugt. Um nun diese dynamisch erzeugte Zeichenkette durch das RDBMS aufzurufen, verwendet der SQL Server auch die Anweisung EXECUTE. Als Parameter wird der Anweisung in Klammern die Zeichenkette mit der SQL-Anweisung übergeben. Der Rest der Prozedur sieht damit wie folgt aus:

```
...
  EXECUTE( @stmt )

  RETURN @@ROWCOUNT
END
```

Hierbei fällt auf, dass die Prozedur einen Wert über RETURN zurückliefert. Im Gegensatz zu SQL:2008 erlaubt der SQL Server, dass auch Prozeduren Werte zurückliefern. Im Beispiel handelt es sich um den Wert der globalen Variable @@ROWCOUNT, die die Anzahl der Datensätze zurückliefert, auf die sich die letzte SQL-Anweisung bezogen hat. Der Aufruf unserer Prozedur sieht damit wie folgt aus:

```
DECLARE @anzahl INTEGER
EXECUTE @anzahl = dbo.loescheKunde 'Muster', 'Hans'
SELECT CAST( @anzahl AS VARCHAR ) + ' Zeilen gelöscht!'
```

IBM DB2 9.7

DB2 ist auch beim prozeduralen SQL sehr eng an den ANSI SQL:2008-Standard angelehnt. Kleine Unterschiede beziehen sich z.B. auf Cursor. So können z.B. bei

DB2 9.7[6] keine „Scroll-Cursor" verwendet werden, und bei der FOR-Schleife muss zusätzlich ein Name für die Schleife vergeben werden, was im Standard optional ist.

Wie wollen uns daher bei DB2 auf dynamisches SQL beschränken, das wie erwartet, dem SQL:2008 entspricht. Dazu wollen wir uns das Beispiel zum dynamischen SQL für den Microsoft SQL Server noch einmal für DB2 ansehen: Wir wollen also eine Prozedur schreiben, die Kunden nach bestimmten Kriterien löscht. Als Kriterien werden wiederum Name und Vorname übergeben. Die übergebenen Parameter sollen nur in der WHERE-Klausel berücksichtigt werden, wenn sie nicht NULL enthalten. Der gesamte SQL-Code für die Prozedur sieht damit wie folgt aus:

```
CREATE PROCEDURE loescheKunde( Name VARCHAR(30) DEFAULT 'Bolte',
                               Vorname VARCHAR(20) DEFAULT 'Bertram' )
BEGIN
  DECLARE stmt  VARCHAR(1000) DEFAULT 'DELETE FROM Kunde WHERE 1=1 ';

  IF Name IS NOT NULL THEN
    SET stmt = stmt || 'AND Name = ''' || Name || ''' ';
  END IF;

  IF Vorname IS NOT NULL THEN
    SET stmt = stmt || 'AND Vorname = ''' || Vorname || ''' ';
  END IF;

  EXECUTE IMMEDIATE stmt;
END
```

Über die SQL:2008-konforme Anweisung EXECUTE IMMEDIATE wird eine dynamisch erzeugte SQL-Anweisung ausgeführt. Der Aufruf für die Prozedur sieht entsprechend SQL:2008 wie folgt aus:

```
CALL loescheKunde('Muster', 'Hans')
```

13.8 Zusammenfassung

In diesem Kapitel haben wir die prozeduralen Sprachelemente von SQL kennengelernt. Ursprünglich ist SQL als rein deklarative Programmiersprache konzipiert worden. Mit der Zeit und dem Erfolg prozeduraler Programmiersprachen wie C oder Pascal wurden in die RDBMS-Produkte und schließlich auch im ANSI SQL-Standard die wichtigsten prozeduralen Sprachelemente übernommen. Prozedurale

---

[6] Hierbei gibt es Unterschiede bei den einzelnen Implementierungen für die Betriebssysteme z/OS und Windows/Linux/Unix

Sprachelemente sind vor allem in Zusammenhang mit der Verwendung von Routinen sinnvoll. Routinen dienen dazu, SQL-Anweisungen unter einem bestimmten Namen vom RDBMS zu speichern. Über diesen Namen kann der komplette Anweisungsblock aufgerufen werden. Um Routinen flexibel einsetzen zu können, kann man Werte an die Routinen übergeben und sich Werte zurückliefern lassen. Werte, die als Eingabeparameter an die Routine übergeben werden, kennzeichnet man mit dem Schlüsselwort IN. Werte, die als Ausgabeparameter an die Routine übergeben werden, kennzeichnet man dagegen mit dem Schlüsselwort OUT. Ein Übergabeparameter kann sowohl als Eingabe- und Ausgabeparameter dienen. Dann wird er mit dem Schlüsselwort INOUT gekennzeichnet.

Bei Routinen unterscheidet man zwischen Funktionen und Prozeduren. Funktionen liefern immer einen Wert über die Anweisung RETURN zurück, dessen Datentyp man bei Anlegen der Funktion angeben muss. Dadurch können Funktionen innerhalb von SQL-Anweisungen verwendet werden. In Kapitel 8 haben wir bereits „Built-in"-Funktionen kennengelernt. „Built-in"-Funktionen sind vordefinierte Funktionen des RDBMS und entsprechen in Bezug auf den Aufruf selbst erstellten Funktionen.

Prozeduren können im Gegensatz zu Funktionen nicht innerhalb von SQL-Anweisungen verwendet werden und liefern auch keinen Wert zurück (es sei denn über einen Ausgabeparameter). Um Prozeduren aufzurufen, verwendet man die SQL-Anweisung CALL.

Der allgemeine Aufbau, um eine Prozedur anzulegen, sieht wie folgt aus:

```
CREATE PROCEDURE <routine name> ( parameter1, ..., parameter n)
```

Der allgemeine Aufbau, um eine Funktion anzulegen, sieht wie folgt aus:

```
CREATE FUNCTION <routine name> ( parameter1, ..., parameter n)
RETURNS <datentyp>
```

Um mehrere SQL-Anweisungen innerhalb einer Anweisung zu einem Block zusammenzufassen, verwendet man die Schlüsselwörter BEGIN…END.

Über die IF- oder die CASE-Anweisung kann festgelegt werden, welche Anweisungen bei Eintreten einer bestimmten Bedingung ausgeführt werden sollen.

Mit REPEAT oder WHILE kann ein Anweisungsblock mehrmals hintereinander durchlaufen werden. Dabei wird über eine Abbruchbedingung festgelegt, wie oft dieser ausgeführt wird. Bei der REPEAT-Anweisung erfolgt die Überprüfung der Abbruchbedingung am Ende des Anweisungsblockes, bei der WHILE-Anweisung am Anfang. Um einen Anweisungsblock zu verlassen, bevor die Abbruchbedingung eintritt, kann man die LEAVE-Anweisung verwenden.

Danach haben wir uns mit dem Auslesen einzelner Datensätze einer Ergebnismenge über Cursor beschäftigt, um uns dann im Praxisteil noch einmal Unterschiede zum Microsoft SQL Server 2008 und IBM DB2 anzusehen. Schließlich haben wir im Praxisteil das dynamische Erzeugen und Aufrufen von SQL-Anweisungen näher betrachtet.

13.9 Aufgaben

Wiederholungsfragen

1. Worin besteht der wesentliche Unterschied zwischen einer Prozedur und einer Funktion?
2. Welche Unterschiede bestehen inhaltlich zwischen den beiden folgenden Prozeduren?
   ```
   CREATE PROCEDURE beispiel(IN param1, OUT param2, INOUT param3)
   CREATE PROCEDURE beispiel(param1, OUT param2, param3)
   ```
3. Worin besteht der Unterschied zwischen der CASE- und der IF-Anweisung? Kann jede IF-Anweisung auch mit einer CASE-Anweisung geschrieben werden bzw. umgekehrt?
4. Wozu dient die WHILE-Anweisung?
5. Worin besteht der Unterschied zwischen der REPEAT- und der WHILE-Anweisung?
6. Geben Sie ein Beispiel zur Verwendung der LEAVE-Anweisung!

Übungen

1. Wie könnte man die Aufgabe zu dynamischem SQL im Praxisteil auch in statischem SQL formulieren? Verwenden Sie die CASE-Anweisung!
2. Schreiben Sie eine gespeicherte Prozedur „StandardisierNachname", die die Nachnamen aller Kunden so ändert, dass der erste Buchstabe groß- und der Rest kleingeschrieben ist!
3. Schreiben Sie eine Prozedur AnzahlKunden, die in einem Übergabeparameter die Anzahl der Kunden zurückliefert!
   Beispiel: CALL AnzahlKunden OUT anzahl
4. Ändern Sie die Prozedur „KindErfassen" aus Abschnitt 13.4 so, dass anstelle einer IF-Anweisung die CASE-Anweisung verwendet wird!
5. Ändern Sie die Funktion „Klang" aus Abschnitt 13.5 so, dass anstelle einer CASE- die IF-Anweisung und anstelle der WHILE- die REPEAT-Anweisung verwendet wird!
6. Ändern Sie die Funktion „Klang" aus Abschnitt 13.5 so, dass auch der Buchstabe ‚ß' als ‚ss' im Algorithmus berücksichtigt wird!
7. Erweitern Sie die Funktion „Potenz" aus Abschnitt 13.3.4 so, dass auch negative Zahlen und die Zahl 0 als Exponent übergeben werden können!

8. Schreiben Sie eine Prozedur „ErhoeheGehalt", die das Gehalt aller Mitarbeiter so lange um jeweils immer 1% erhöht, bis das niedrigste Gehalt auf über 2.500 Euro gestiegen ist!
9. Schreiben Sie eine Funktion, die den durchschnittlichen Preis eines Artikels zurückliefert!
10. Verwenden Sie die Funktion aus Übung 6., um eine SELECT-Anweisung zu schreiben, die die Beschreibung aller Werbeartikel mit ihrem Preis ausgibt und die Differenz zum Durchschnittspreis!
11. Schreiben Sie eine Prozedur „SendeWerbegeschenk", die ermittelt, welcher Kunde die insgesamt höchste Bestellsumme hat, und fügen Sie dann für jede Bestellung, die dieser Kunde getätigt hat, einen Bestellposten mit dem Werbeartikel 1081 (Menge 1) hinzu!
12. Schreiben Sie eine Funktion mit dem Namen Klangunterschied, der zwei Wörter als Übergabeparameter übergeben werden. Die Funktion soll dann den Soundex-Code für beide Wörter ermitteln und anschließend die Differenz zwischen den beiden Zahlen (also nach dem ersten Buchstaben des Soundex-Codes) zurückliefern! (Hinweis: Verwenden Sie die „Built-in"-Funktion CAST).
13. Ergänzen Sie die Tabelle Kunde um die Spalte „Telefon" (verwenden Sie ALTER TABLE und als Datentyp VARCHAR(20))! Ergänzen Sie die Tabelle Ort um die Spalte „Land" (CHAR(2))! Schreiben Sie eine Funktion, der das Land und die Telefonnummer als Parameter übergeben werden. Die Funktion soll die Telefonnummer in folgendem Format zurückliefern:
+49 3831 456-122
14. Schreiben Sie eine Funktion DatumInZeichenkette, die ein übergebenes Datum im Format „JJJJMMTT" zurückgibt!
15. Sie wollen messen, wie viel Zeit eine Abfrage zur Ausführung einer SELECT-Anweisung benötigt. Wie sehen die Anweisungen vor und nach der Abfrage aus?
16. Ändern Sie die Prozedur „SendeWerbegeschenk" aus Aufgabe 10 so, dass für jede Bestellung, die dieser Kunde getätigt hat, ein Bestellposten mit dem Werbeartikel 1081 (Menge 1) hinzugefügt wird! Verwenden Sie dabei einen Cursor!
17. Erstellen Sie eine neue Tabelle „KundenInfo" mit zwei Spalten (Ort und Anzahl). Anzahl enthält die Anzahl der im Ort lebenden Kunden. Füllen Sie über die FOR-Anweisung die Tabelle mit den entsprechenden Werten aus der „Kunde"-Tabelle!
18. Schreiben Sie eine Prozedur „PruefeDublette" unter Verwendung eines Cursors, die überprüft, ob Duplikate in der Tabelle Kunde existieren (Überprüfen der Gleichheit des Soundex-Codes von Nachname, Vorname, Ort) und die die Anzahl an Duplikaten zurückliefert!

14 Trigger

In Kapitel 14 sollen folgende Fragen geklärt werden:
- Wie können komplizierte Integritätsbedingungen unterstützt werden?
- Wie kann man automatisch Prozeduren aufrufen, wenn ein Datensatz aus einer Tabelle gelöscht, eingefügt oder geändert wird?
- Was sind Trigger?

14.1 Motivation

Frau Kart hat inzwischen Prozeduren geschrieben, über die man Bestellungen und die Kinder der Kunden erfassen kann. Obgleich sie Herrn Klein gezeigt hat, wie er die Prozeduren verwenden soll, trägt er dennoch manchmal Datensätze in die Kind-Tabelle über die INSERT-Anweisung ein. Dadurch haben sich einige Fehler eingeschlichen: So existieren mehrere Einträge in der Kind-Tabelle mit einem Geburtsdatum, das in der Zukunft liegt.

Bei der Durchsicht der Tabellen fallen Frau Kart die Fehler auf. Als vorbildliche Vorgesetzte ermahnt sie Herrn Kart, die von ihr geschriebenen Prozeduren zu verwenden. Gleichzeitig ruft sie wieder Herrn Fleissig von der Unternehmensberatung an, der ihr bisher immer gute Ratschläge geben konnte. Auch diesmal kennt Herr Fleissig eine bessere Lösung für ihr Problem.

Er rät Frau Kart Folgendes: „Neben Routinen, die man explizit aufrufen muss, kann man Routinen schreiben, die bei Eintreten eines bestimmten Ereignisses für eine Tabelle automatisch ausgeführt werden. Solche Ereignisse sind das Einfügen, Ändern oder Löschen von Datensätzen. Man bezeichnet solche automatisch aufgerufenen Prozeduren als „Trigger". In ihrem Fall können Sie eine Trigger-Prozedur schreiben, die immer dann ausgeführt wird, wenn in die Kind-Tabelle ein Datensatz eingefügt oder geändert wird."

14.2 Grundlagen

Bisher haben wir Datenbankensysteme als mehr oder weniger passive Softwaresysteme kennengelernt. Eine Aktion wird von der Datenbank dann ausgeführt, wenn man es ihr explizit mitteilt. Trigger bieten nun die Möglichkeit, SQL-Anweisungen automatisch ausführen zu lassen, wenn ein Datensatz eingefügt, geändert oder gelöscht wird. In diesem Fall übernimmt das Datenbanksystem eine aktive Rolle. Deshalb unterscheidet man auch zwischen aktiven und passiven

Datenbanksystemen, je nachdem ob das Datenbanksystem selbstständig SQL-Anweisungen aufgrund von Ereignissen ausführen kann oder nicht.

Der Begriff „Trigger" stammt aus dem Englischen und heißt übersetzt „Gewehrabzug". Man spricht häufig davon, dass ein RDBMS „Trigger abfeuert". Diese sehr dramatische Wortwahl soll verdeutlichen, dass ein RDBMS auf Ereignisse reagiert und Prozeduren selbstständig ausführt. Dadurch bieten Trigger die Möglichkeit, komplizierte Integritätsbedingungen in einer Datenbank abzubilden. Daneben können Trigger auch eingesetzt werden, um Änderungen an Tabellen zu protokollieren.

14.3 Erzeugen eines Triggers

Um eine Trigger-Prozedur zu erzeugen, verwendet man die SQL-Anweisung CREATE TRIGGER, und um diese wieder zu löschen, natürlich die SQL-Anweisung DROP TRIGGER.

Beim Erzeugen gibt man dem Trigger einen Namen und bestimmt, für welche Tabelle dieser Trigger aufgerufen werden soll. Nach Angabe des Tabellennamens wird über die Schlüsselwörter BEFORE, AFTER oder INSTEAD OF festgelegt, ob die Prozedur vor oder nach der Datenänderung oder anstelle dieser ausgeführt werden soll. Darauf folgen schließlich eines oder mehrere der Schlüsselwörter INSERT, DELETE oder UPDATE, je nachdem aufgrund welchen Ereignisses die Trigger-Prozedur aufgerufen werden soll.

Der allgemeine Aufbau zum Erzeugen eines Triggers sieht folgendermaßen aus:

```
CREATE TRIGGER <trigger name>
   { BEFORE | AFTER | INSTEAD OF }
   { INSERT | DELETE | UPDATE [OF (Spaltenliste)] }
   ON <Tabelle> [REFERENCING {OLD | NEW} {ROW | TABLE} [AS] <name>
   [ FOR EACH { ROW | STATEMENT ]
   [ WHEN (<Bedingung>) ]
   BEGIN ATOMIC
...
```

Wie man dem Aufbau entnehmen kann, folgen nach der Angabe der Ereignisse die Schlüsselwörter FOR EACH ROW oder FOR EACH STATEMENT. Wenn man z.B. mit der SQL-Anweisung DELETE Datensätze löscht, kann es sein, dass davon mehrere Datensätze betroffen sind, also mehrere Datensätze gelöscht werden. Gibt man FOR EACH STATEMENT an, so wird der Trigger nur einmal aufgerufen, egal wie viele Datensätze gelöscht werden sollen. Wird dagegen FOR EACH ROW verwendet, so wird der Trigger für jeden zu löschenden Datensatz aufgerufen.

Um zu ermitteln, welche Datensätze eingefügt, gelöscht oder geändert werden, erzeugt das RDBMS eine scheinbare Tabelle, in der diese Datensätze enthalten sind. Über das Schlüsselwort REFERENCING kann auf diese Datensätze zuge-

14.3 Erzeugen eines Triggers

griffen werden, indem man einen Namen für diese scheinbare Tabelle vergibt. Über das Schlüsselwort WHEN schließlich kann eine zusätzliche Bedingung formuliert werden, die erfüllt sein muss, um den Trigger auszuführen.

In diesem Zusammenhang wird oft die Abkürzung ECA (**E**vent, **C**ondition, **A**ction) verwendet. Diese bezieht sich auf aktive Datenbanksysteme, aber auch auf ereignisgesteuerte Softwaresysteme, bei denen ein Ereignis (Event) definiert wird. Bei Eintreten dieses Ereignisses wird überprüft, ob eine festgelegte Bedingung (Condition) erfüllt ist. Ist das der Fall, wird bestimmt, welche Aktion (Action) daraufhin ausgeführt werden soll.

Sehen wir uns nun ein Beispiel für einen Trigger an. Immer wenn in die Tabelle „Kind" ein Datensatz eingefügt wird, soll überprüft werden, ob das angegebene Geburtsdatum des Kindes auch nicht in der Zukunft liegt.

```
CREATE TRIGGER KindPruefGeburtsdatum
BEFORE INSERT ON Kind REFERENCING NEW ROW AS neuerSatz
FOR EACH ROW
BEGIN ATOMIC
  IF neuerSatz.Geburtsdatum >= CURRENT_TIMESTAMP THEN
    SIGNAL SQLSTATE '99001'
      SET MESSAGE_TEXT = 'Geburtsdatum größer aktuellem Datum!',
          TRIGGER_NAME = 'KindPruefGeburtsdatum',
          TABLE_NAME = 'Kind'
    END IF
END
```

Über CREATE TRIGGER erzeugen wir einen Trigger mit dem Namen „KindPruefGeburtsdatum". Die Trigger-Prozedur soll bei jedem Einfügen eines Datensatzes in die Tabelle „Kind" ausgeführt werden. Über das Schlüsselwort BEFORE legen wir fest, dass der Datensatz zum Zeitpunkt des Aufrufes noch nicht permanent in die Datenbank eingefügt wird. Um nun zu verhindern, dass der Datensatz in die Tabelle eingefügt wird, verwenden wir die SQL-Anweisung SIGNAL. In Kapitel 13 haben wir gelernt, dass ein RDBMS Fehlercodes in die Variable SQLSTATE schreibt. Über die SQL-Anweisung SIGNAL hat man die Möglichkeit, eigene benutzerdefinierte Fehler zu erzeugen. Erster Parameter von SIGNAL ist ein selbst definierter SQLSTATE-Wert. Dieser Wert darf nicht einem vom RDBMS bereits vorgegebenen SQLSTATE-Wert entsprechen. Je nach RDBMS werden bestimmte Wertebereiche für Warnungen und Fehler vorgesehen. In unserem Beispiel verwenden wir den einen Wert ab ‚99001', da diese von den meisten Datenbanksystemen für eigene Fehlercodes freigelassen werden. Zusätzlich können weitere Fehlerinformationen angegeben werden, z.B. MESSAGE_TEXT (Fehlerbeschreibung), TABLE_NAME (Tabellenname), TRIGGER_NAME (Triggerprozedurname) u.v.m.

Über SIGNAL haben wir also die Möglichkeit, das Einfügen zu verhindern. Da wir in diesem Trigger ausschließlich auf das Einfügen von Datensätzen reagieren, kann hinter REFERENCING nur das Schlüsselwort NEW folgen. OLD wird dann verwendet, wenn man auf die Daten eines zu löschenden Datensatzes zugreifen möchte, also bei Eintreten des Ereignisses DELETE. Reagiert man dagegen auf eine Änderung eines Datensatzes, so gibt NEW die geänderten Daten und OLD die bisherigen Daten an.

Verwenden wir zusätzlich noch die Bedingung in der Deklaration des Triggers, so können wir den Trigger auch wie folgt schreiben:

```
CREATE TRIGGER KindPruefGeburtsdatum
BEFORE INSERT ON Kind REFERENCING NEW ROW AS neuerSatz
FOR EACH ROW
WHEN (neuerSatz.Geburtsdatum >= CURRENT_TIMESTAMP)
BEGIN ATOMIC
  SIGNAL SQLSTATE '99001'
    SET MESSAGE_TEXT = 'Geburtsdatum größer aktuellem Datum!'
END
```

Sehen wir uns hierzu ein weiteres Beispiel an: Wir wollen jede Änderung eines Geburtsdatums in der Kind-Tabelle in der Tabelle Protokoll aufzeichnen. Die Tabelle Protokoll soll die Spalten GeburtsdatumAlt, GeburtsdatumNeu, Benutzer und Datum enthalten. In den ersten beiden Spalten soll das bisherige und das neue Geburtsdatum festgehalten werden. In der Spalte Benutzer soll der Name desjenigen, der die Änderung vorgenommen hat, und in der Spalte Datum der Zeitpunkt der Änderung gespeichert werden. Da wir nur protokollieren und die Daten nicht auf Gültigkeit prüfen, soll der Trigger erst nach Ausführen der Änderung aufgerufen werden. Das Erzeugen des Triggers sieht also folgendermaßen aus:

```
CREATE TABLE Protokoll (GeburtsdatumAlt DATE, GeburtsdatumNeu DATE,
                        Benutzer VARCHAR(20), Datum DATE)

CREATE TRIGGER ProtokolliereAenderungGeburtsdatum
AFTER UPDATE ON Kind REFERENCING NEW ROW AS neuerSatz
                                OLD ROW AS alterSatz
FOR EACH ROW
BEGIN ATOMIC
...
```

In „neuerSatz" befindet sich der Datensatz nach und in „alterSatz" vor der Änderung. Also verwenden wir die INSERT-Anweisung, um das bisherige und das neue Geburtsdatum in der Tabelle „Protokoll" zu speichern:

14.3 Erzeugen eines Triggers

```
...
    INSERT INTO Protokoll
    VALUES (alterSatz.Geburtsdatum, neuerSatz.Geburtsdatum,
            CURRENT_USER, CURRENT_TIMESTAMP)
END
```

Um zu sehen, ob unser Trigger auch wirklich aufgerufen wird, fügen wir zunächst einen Datensatz in die Tabelle Kind ein und ändern dann das Geburtsdatum.

```
INSERT INTO Kind VALUES (1, 'Marie', '2010-01-01', 'W')
UPDATE Kind SET Geburtsdatum = '2010-03-03' WHERE Vorname = 'Marie'
SELECT * FROM Protokoll
```

Immer wenn FOR EACH ROW verwendet wird, kann man hinter REFERENCING auch nur auf eine Zeile referenzieren, da ja der Trigger für jede Zeile einzeln aufgerufen wird. Verwendet man dagegen FOR EACH STATEMENT, so muss man bei REFERENCING entsprechend NEW bzw. OLD TABLE angeben. In diesem Fall verweist man auf alle geänderten bzw. gelöschten Datensätze in einer virtuellen Tabelle. Betrachten wir hierzu das Beispiel noch einmal. Diesmal wollen wir den Trigger für jede Anweisung einmal aufrufen lassen. Die Trigger-Prozedur würde dann folgendermaßen aussehen:

```
CREATE TRIGGER ProtokolliereAenderungGeburtsdatum
AFTER UPDATE ON Kind REFERENCING NEW TABLE AS neueSaetze
                                 OLD TABLE AS alteSaetze
FOR EACH STATEMENT
BEGIN ATOMIC
  INSERT INTO Protokoll
    SELECT alteSaetze.Geburtsdatum, neueSaetze.Geburtsdatum,
           CURRENT_USER, CURRENT_TIMESTAMP
    FROM alteSaetze INNER JOIN neueSaetze ON
         alteSaetze.KundenNr = neueSaetze.KundenNr AND
         alteSaetze.Vorname = neueSaetze.Vorname
END
```

Im Gegensatz zu unserem vorherigen Trigger wird die Prozedur diesmal für jede Anweisung einmal aufgerufen. Trigger, die pro Datensatz aufgerufen werden, sind zwar einfacher zu programmieren, dafür beanspruchen sie in der Regel aber auch das RDBMS mehr.

Da Trigger nicht explizit aufgerufen werden, sollte man darauf achten, sie so zu programmieren, dass ihre Ausführungszeit möglichst kurz bleibt. Werden beim Löschen eines Datensatzes langwierige Berechnungen innerhalb eines Triggers von mehreren Minuten durchgeführt, so dauert natürlich auch das Löschen dieses einen Datensatzes mehrere Minuten.

Gelöscht werden Trigger schließlich über die Anweisung DROP TRIGGER. Das folgende Beispiel löscht den zuletzt angelegten Trigger:

```
DROP TRIGGER ProtokolliereAenderungGeburtsdatum
```

14.4 Praxis

Microsoft SQL Server 2008

Da IBM DB2 9.7 sich weitgehend an SQL:2008 wie im Kapitel beschrieben orientiert, wollen wir uns im praktischen Teil auf den Microsoft SQL Server konzentrieren, da es hier wesentliche Unterschiede und Erweiterungen gibt.

Im Gegensatz zu SQL:2008 kennt der Microsoft SQL Server nicht die Möglichkeit, Namen für die virtuellen Tabellen selbst zu vergeben. Stattdessen wird für neu eingefügte Datensätze immer die virtuelle Tabelle inserted und für gelöschte die Tabelle deleted verwendet. Entsprechend enthält beim Reagieren auf das Ereignis UPDATE die Tabelle inserted die geänderten Werte und die Tabelle deleted die alten Werte. Bei der Deklaration des Triggers ist gegenüber SQL:2008 zu beachten, dass erst die Tabelle des Triggers angegeben wird und danach das Ereignis, auf das reagiert wird. Das folgende Beispiel überprüft das Geburtsdatum, wenn Datensätze in der Tabelle Kind eingefügt werden, auf Korrektheit:

```
CREATE TRIGGER KindPruefGeburtsdatum
ON Kind FOR UPDATE
AS
BEGIN
  IF EXISTS (SELECT *
             FROM    inserted
             WHERE   Geburtsdatum >= CURRENT_TIMESTAMP )
    RAISERROR('Geburtsdatum größer aktuellem Datum!', 1, 1)
END
```

Man erkennt, dass gegenüber SQL:2008 statt des Wortes BEFORE das Schlüsselwort FOR verwendet werden muss. Vor dem eigentlichen Anweisungsblock muss zusätzlich das Schlüsselwort AS erscheinen, wie wir es auch schon bei Prozeduren für den Microsoft SQL Server kennengelernt haben. In Kapitel 13 haben wir gesehen, dass der SQL-Dialekt Transact-SQL von Microsoft eine andere Fehlerbehandlung kennt als der Standard. Entsprechend wird zum Auslösen von benutzerdefinierten Fehlern auch nicht SIGNAL, sondern die Anweisung RAISERROR verwendet. Dieser werden ein Fehlertext, die Schwere des Fehlers und ein Fehlerzustand übergeben.

Der SQL Server kennt neben den im Standard definierten Ereignissen weitere, auf die reagiert werden kann. So kann z.B. auf das Anlegen oder Löschen von Datenbankobjekten oder aber auch auf das Anmelden eines Benutzers am SQL-Server eingegangen werden. Das folgende Beispiel legt einen Trigger an, der protokolliert, wann sich ein Benutzer am SQL Server angemeldet hat.

```
CREATE TABLE AnmeldeProtokoll
  (Datum DATETIME, NTUser VARCHAR(50), DBUser VARCHAR(50))

CREATE TRIGGER anmeldeTrigger
ON ALL SERVER
FOR LOGON
AS
BEGIN
  INSERT INTO KartoFinale.dbo.AnmeldeProtokoll
  VALUES (CURRENT_TIMESTAMP, ORIGINAL_LOGIN(), USER_NAME() )
END
```

Zunächst legen wir die Tabelle AnmeldeProtokoll und danach den Trigger anmeldeTrigger an. Als Ereignis geben wir LOGON an, da wir über Anmeldungen am SQL Server benachrichtigt werden möchten. Meldet sich nun ein neuer Benutzer an, so fügen wir in die Tabelle AnmeldeProtokoll einen Datensatz ein. Hierbei ist zu beachten, dass wir den vollständigen Tabellenpfad mit Datenbank, Schema und Tabelle angeben müssen, da das Einfügen für das obige Beispiel im Kontext des neuen Benutzers erfolgt. Zum Testen starten wir das SQL Server Management Studio und verbinden uns (1) mit unserem SQL Server (2), danach schauen wir in die Tabelle AnmeldeProtokoll (3) und sehen unsere Anmeldedaten (siehe Abb. 14-1).

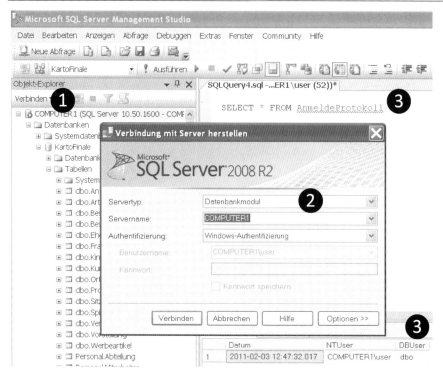

Abbildung 14-1:   Testen des Logon-Triggers

14.5 Zusammenfassung

In diesem Kapitel haben wir gesehen, dass ein RDBMS durch Trigger auch selbst aktiv werden kann. Trigger sind auf dem RDBMS-Server gespeicherte Prozeduren, die bei einer Datenänderung einer Tabelle automatisch vom RDBMS aufgerufen werden. Der Hauptzweck von Triggern dient vorwiegend der Abbildung komplizierter Geschäftsregeln, die man über normale Integritätsbedingungen nicht mehr ohne weiteres abbilden kann.

Der allgemeine Aufbau der Anweisung zum Erzeugen eines Triggers sieht folgendermaßen aus:

```
CREATE TRIGGER <trigger name>
   { BEFORE | AFTER | INSTEAD OF }
   { INSERT | DELETE | UPDATE[ OF (Spaltenliste)] }
   ON <Tabelle> [REFERENCING {OLD | NEW} {ROW |TABLE} [AS] <name>
   [ FOR EACH { ROW | STATEMENT } ]
   [ WHEN <Bedingung> ]
```

Neben einer Bezeichnung für den Trigger muss angegeben werden, ob der Trigger vor oder nach Ausführen der Datenänderung aufgerufen werden soll (BEFORE, AFTER oder INSTEAD OF). Weiterhin muss spezifiziert werden, bei welchen

DML-Anweisungen der Trigger aufgerufen werden soll (INSERT, DELETE, UPDATE). Soll der Trigger bei einem UPDATE aufgerufen werden, so kann er entweder auf die Änderung aller oder ganz bestimmter Spalten reagieren. Dazu führt man hinter dem Schlüsselwort UPDATE die gewünschten Spalten auf. Über das Schlüsselwort ON gibt man an, auf welche Tabelle der Trigger sich bezieht. Über OLD und NEW schließlich kann auf die neuen bzw. die bisherigen Werte zugegriffen werden.

Ein Trigger wird bei einer Datenänderung entweder für jeden geänderten Datensatz einzeln (FOR EACH ROW) oder für eine einzelne DML-Anweisung (FOR EACH STATEMENT) aufgerufen.

14.6 Aufgaben

Wiederholungsfragen

1. Wie muss die REFERENCING-Klausel lauten, wenn FOR EACH STATEMENT angegeben wurde?
2. Wie muss die REFERENCING-Klausel lauten, wenn FOR EACH ROW angegeben wurde?
3. Sie wollen einen Trigger schreiben, der auf das Löschen von Datensätzen reagiert. Wie können Sie im Trigger auf die zu löschenden Daten zugreifen? Geben Sie ein Beispiel für die REFERENCING-Klausel!
4. Sie wollen einen Trigger schreiben, der auf das Einfügen von Datensätzen reagiert. Wie können Sie im Trigger auf die einzufügenden Daten zugreifen? Geben Sie ein Beispiel für die REFERENCING-Klausel!
5. Worin bestehen Vor- und Nachteile der Schlüsselwörter FOR EACH ROW bzw. FOR EACH STATEMENT?
6. Was ist mit einem aktiven Datenbanksystem gemeint?
7. Wozu dient die Anweisung SIGNAL?

Übungen

1. Erweitern Sie den Trigger „KindPruefGeburtsdatum" so, dass auch überprüft wird, ob das Geburtsdatum des Kindes aktueller als das des dazugehörigen Elternteils ist!
2. Schreiben Sie einen Trigger „KindPruefGeburtsdatum2", der bei Änderung eines Datensatzes in der Kind-Tabelle das zu ändernde Geburtsdatum auf Plausibilität überprüft!
3. Schreiben Sie einen Trigger „PruefSitzplatzFrei", der bei Einfügen eines Bestellpostens überprüft, ob der gewünschte Sitzplatz frei ist. Ist der Sitzplatz nicht als „frei" gekennzeichnet, soll das Einfügen verhindert werden!
4. Schreiben Sie einen Trigger „PruefVorstellungsTermin", der bei Einfügen eines Bestellpostens überprüft, ob der Termin der gewünschten Vorstellung nicht in der Vergangenheit liegt!

5. Erstellen Sie einen Trigger, der bei Einfügen eines Kunden überprüft, ob dieser Kunde schon in der Datenbank gespeichert ist. Zwei Kunden sollen als identisch gelten, wenn Nachname, Vorname und Ort den gleichen Soundex-Code haben.
6. Erstellen Sie einen Trigger für die Tabelle Mitarbeiter. Bei Ausscheiden eines Mitarbeiters aus der Firma sollen die Bestellungen des ausgeschiedenen Mitarbeiters vom Abteilungsleiter übernommen werden. Der Mitarbeiter soll nicht aus der Tabelle gelöscht werden, sondern stattdessen das Gehalt auf NULL gesetzt werden.
7. Verhindern Sie über einen Trigger, dass bei Einfügen oder Ändern eines neuen Mitarbeiter-Datensatzes das Gehalt des Mitarbeiters höher ist als das Gehalt des Geschäftsführers, Herrn Kowalski!
8. Überprüfen Sie über einen Trigger bei Einfügen oder Ändern eines Datensatzes in die Tabelle „Sitzplatz", ob der Preis gleich ist, wenn es sich bei einer Vorstellung um die gleiche Veranstaltung im gleichen Haus handelt. Ist der Preis nicht gleich, so soll in die Spalte Beschreibung der Tabelle „Problem" eine Zeichenkette eingefügt werden, die das Problem beschreibt! (Hinweis: Legen Sie vorher eine Tabelle „Problem" an, die aus einer Spalte des Datentyps VARCHAR(250) besteht.)

15 Objektrelationale Datenbanken

In Kapitel 15 sollen folgende Fragen geklärt werden:
- Was ist mit objektorientiert und objektrelational gemeint?
- Wie kann man eigene Datentypen erstellen?
- Was sind strukturierte Typen?
- Was sind Referenztypen?
- Was sind Methoden?

15.1 Motivation

Frau Kart ist zwar zufrieden mit der entstandenen Datenbank, dennoch bemängelt sie, dass sie oder ihre Kollegen direkt SQL-Anweisungen eingeben müssen. Also vereinbart sie einen Termin mit Herrn Fleissig von der Unternehmensberatung und ihrem Geschäftsführer, Herrn Kowalski.

Aus dem Gespräch ergibt sich, dass die Unternehmensberatung einen neuen Auftrag zur Entwicklung einer Software erhalten soll. Diese Software soll als Webanwendung lauffähig sein und die Funktionalitäten eines Abrechnungssystems für Eintrittskarten enthalten.

Herr Fleissig, erfreut darüber, einen neuen Auftrag akquiriert zu haben, benachrichtigt nach dem Gespräch seinen Geschäftsführer: „Herr Warner, wir sollen für „KartoFinale" ein Programm zur Abrechnung erstellen. Ich würde folgenden Ablauf empfehlen: Zunächst ermittle ich in den nächsten vier Wochen die Anforderungen an das Programm und werde unser UML-Datenmodell um Funktionen erweitern, so dass wir Daten- und Funktionsmodell dann vorliegen haben. Danach werde ich mit dem Entwicklungsleiter unserer Softwareabteilung sprechen und ihm empfehlen, die meisten der Funktionen auf dem RDBMS selbst zu entwickeln. Inzwischen bietet SQL nämlich mit dem neuen Standard hervorragende Eigenschaften, um objektorientiert mit SQL zu entwickeln. Das Programm selbst sollte unser neuer Kollege, Herr Klever, in Java entwickeln. Über Java kann er dann die Funktionen auf dem RDBMS-Server direkt aufrufen."

15.2 Objektorientierung

Die Kapitel 6 bis 14 stellen auch die geschichtliche Entstehung von SQL dar. Zuerst wurde SQL als reine Datenbankabfragesprache entworfen. Sie sollte dazu dienen, dass Anwender selbst SQL-Anweisungen eingeben und Ergebnisse vom RDBMS zurückerhalten. In diesem ersten Schritt war SQL eine rein deklarative Programmiersprache, zwar leistungsfähig, aber teilweise nicht besonders intuitiv.

Das änderte sich 1996 durch nachträgliches Hinzufügen prozeduraler Sprachelemente zum SQL-92 Standard. SQL war nun sowohl eine deklarative als auch eine prozedurale Sprache. SQL wurde jetzt selten von Endanwendern selbst verwendet. Vielmehr wurde es zur Entwicklung von Softwareprogrammen benutzt. Dazu wurden SQL-Anweisungen in andere Programmiersprachen wie C, C++, Pascal oder Visual Basic eingebettet oder über Softwarebibliotheken verwendet und von dem Anwendungsprogramm an den RDBMS-Server gesendet, um von diesem eine Ergebnistabelle zu erhalten.

Inzwischen hatte sich aber auch schon ein anderes Programmierkonzept durchgesetzt, die objektorientierte Programmierung. Die meisten Änderungen bzw. Erweiterungen am SQL-Standard im Jahr 1999 betrafen deshalb vorwiegend die Erweiterung von SQL um objektorientierte Eigenschaften. SQL als objektorientierte Sprache ist für den Anwendungsentwickler sicherlich von größerer Bedeutung als für den Endanwender, zumal diese SQL heutzutage in der Regel nicht mehr direkt nutzen. Zu diesem Zeitpunkt gab es bereits rein objektorientierte Datenbanksysteme. Diese enthielten eigene Datenbanksprachen zum Abfragen der Datenbank. Da man mit SQL:2008 auch weiterhin deklarativ und prozedural entwickeln kann, werden Datenbanksysteme, die auf relationalen Datenbanken basieren, deshalb zur Unterscheidung nicht als objektorientierte, sondern als objektrelationale Datenbanksysteme bezeichnet. Die häufig anzutreffende Meinung, SQL:2008 sei deshalb nicht objektorientiert, ist schlichtweg falsch. SQL:2008 enthält wesentliche Eigenschaften, die eine objektorientierte Sprache ausmachen. Dennoch ist anzumerken, dass alle bekannten RDBMS-Produkte die objektorientierten Eigenschaften von SQL:2008 bis zum jetzigen Zeitpunkt noch gar nicht, nicht vollständig oder in einer stark abweichenden Syntax abdecken (am nächsten kommt IBM DB2 hier sicherlich dem SQL:2008 Standard). Bevor wir uns objektorientierte Eigenschaften in SQL selbst ansehen, folgt eine kurze Einführung in das Thema Objektorientierung.

Bis zum Kapitel 11 haben wir gesehen, wie man in SQL Daten einfügt, ändert und abfragt. Wir haben SQL bis dahin ausschließlich von der Datensicht betrachtet. In Kapitel 13 wurde die Entwicklung von Routinen in SQL vorgestellt. In diesem Fall haben wir die Datensicht vernachlässigt und uns auf die Funktionssicht konzentriert. Objektorientierung fasst nun Daten und Funktionen zu einer Einheit, einem Objekt, zusammen. Ein Objekt entspricht, wie wir es bereits in den ersten Kapiteln zur Datenmodellierung kennengelernt haben, weitgehend einer Entität. Im Gegensatz zur Entität wird ein Objekt aber eben nicht nur durch Daten bzw. Attribute beschrieben, sondern auch durch Funktionen, die dieses Objekt ausführen kann. Funktionen, die an ein Objekt gebunden sind, werden zur Unterscheidung als Methode bezeichnet.

15.2 Objektorientierung

In Kapitel 3 haben wir zur Datenmodellierung bereits mit der UML gearbeitet. Dort wurde auch erwähnt, dass ein Objekt bzw. eine Klasse durch ein Rechteck dargestellt wird, das in drei Bereiche aufgeteilt ist. Im oberen Bereich erscheinen der Name der Klasse, im mittleren die Attribute und im unteren die Methoden. UML ist die einzige Modellierung, die wir kennengelernt haben, mit der man also sowohl Daten- als auch Funktionsmodellierung vornehmen kann. Um die Konzepte der Objektorientierung zu verstehen, verwenden wir die Notation der UML. Betrachten wir hierzu aus unserem Fallbeispiel den Objekttyp bzw. in der Notation der UML ausgedrückt die Klasse Kunde. Ein Kunde besteht aus mehreren Attributen, wie „Name", „Vorname", „Strasse", „Hausnummer", „Ort" usw. Aus der realen Welt wissen wir aber, dass ein Kunde auch bestimmte Aktionen ausführt: Er hat ein Alter, kann eine Bestellung aufgeben oder umziehen und damit eine neue Adresse erhalten usw. Objektorientiert heißt also: Man betrachtet nicht nur die Attribute eines Objektes, sondern auch dessen Funktionen. In einem UML-Klassendiagramm würde das dann folgendermaßen aussehen (siehe Abb. 15-1):

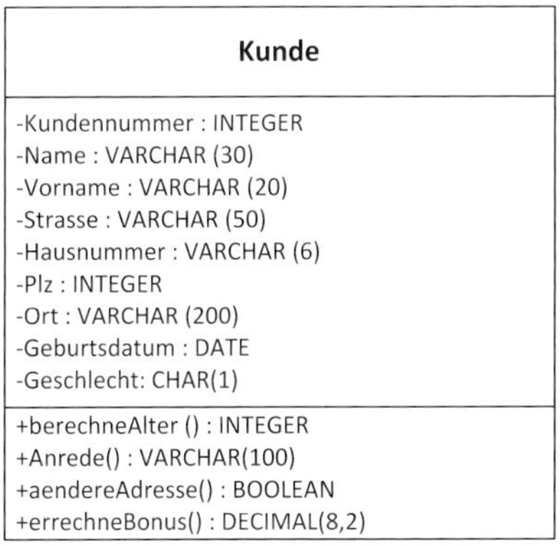

Kunde
-Kundennummer : INTEGER -Name : VARCHAR (30) -Vorname : VARCHAR (20) -Strasse : VARCHAR (50) -Hausnummer : VARCHAR (6) -Plz : INTEGER -Ort : VARCHAR (200) -Geburtsdatum : DATE -Geschlecht: CHAR(1)
+berechneAlter () : INTEGER +Anrede() : VARCHAR(100) +aendereAdresse() : BOOLEAN +errechneBonus() : DECIMAL(8,2)

Abbildung 15-1: Klasse Kunde mit Attributen und Methoden

Methoden einer Klasse verändern nun u.a. die zur Klasse gehörigen Attribute. Über eine objektorientierte Sprache kann man Attribute als privat deklarieren, so dass diese nur von Methoden der Klasse selbst geändert werden können. Wollen Sie also den Namen oder Vornamen eines Kunden ändern, so müssten Sie eine Methode „aendereName" erstellen. Diese Methode kann dann auf die klasseneigenen Attribute zugreifen.

Doch warum so umständlich, warum kann man nicht direkt auf die Attribute zugreifen und diese verändern?

Zwei wesentliche Gründe sprechen dagegen. Nehmen wir einmal an, Sie haben ein Anwendungsprogramm erstellt, in dem an mehreren Stellen direkt auf das Attribut Postleitzahl des Kunden zugegriffen wird. Bisher haben wir dieses Attribut als Ganzzahl deklariert. Nun soll das Attribut Plz aber 8-stellig sein und alphanumerisch. Da Zeichenketten in SQL in Anführungsstrichen dargestellt werden, müssen überall dort, wo auf Plz verwiesen wird, Anführungsstriche verwendet werden. Das kann bei einer komplexen Anwendung sehr aufwändig und fehleranfällig sein.

Betrachten wir nun den anderen Fall: Änderungen an der Postleitzahl erfolgen nur in der Methode „aendereAdresse" selbst. Diesmal müssen Sie ihr Anwendungsprogramm nur an einer Stelle ändern, nämlich in der Methode „aendereAdresse". Sie sehen also, dass der Änderungsaufwand wesentlich geringer und daher auch bei weitem nicht so fehleranfällig ist. Gerade bei sehr komplexen Anwendungen wird der Wartungsaufwand eines Anwendungsprogramms erheblich minimiert. Der zweite Grund, Attribute nicht direkt zu ändern, besteht in der Lesbarkeit des Anwendungsprogramms. Verwendet man eine Methode mit einem dem Inhalt entsprechenden Namen wie „aendereAdresse", so ist dem Programmierer in der Regel klar, dass mit dieser Methode die Adresse des Kunden geändert wird. Das Programm wird dadurch besser verständlich und damit auch leichter wartbar. Man spricht in diesem Zusammenhang von der objektorientierten Eigenschaft der Datenkapselung, da dem Benutzer der Klasse verborgen bleibt, wie die Daten gespeichert sind.

Doch das ist noch nicht alles, was Objektorientierung uns zu bieten hat! Schließlich könnten wir das oben beschriebene Problem ja auch durch Verwendung einer gespeicherten Prozedur, wie wir sie in Kapitel 13 kennengelernt haben, lösen. Routinen wie in Kapitel 13 sind jedoch nicht an bestimmte Objekttypen gebunden. Dadurch neigt man dazu, Funktionen zu schreiben, die sich auf mehrere Objekttypen beziehen. Dies ist deshalb nachteilig, weil man dann Programmzeilen erzeugt, die in der Regel nicht wiederverwendbar sind, also von anderen Anwendungsprogrammen nicht eingesetzt werden können. Ein wesentlicher Punkt bei der Entstehung objektorientierter Sprachen ist also die Wiederverwendung und Wartbarkeit von Anwendungsprogrammen. Neben der Zusammengehörigkeit von Daten und Funktionen (Datenkapselung) wird dies auch durch die so genannte Vererbung erreicht. Betrachten wir hierzu wieder unser Fallbeispiel (siehe Abb. 15-2): Neben der Klasse „Kunde" haben wir eine weitere Klasse „Mitarbeiter". Vergleichen wir diese beiden Klassen miteinander, so stellen wir fest, dass es viele Übereinstimmungen zwischen den Attributen und Methoden, aber auch einige Spezialisierungen gibt.

15.2 Objektorientierung

Kunde
-Kundennummer : INTEGER -Name : VARCHAR (30) -Vorname : VARCHAR (20) -Strasse : VARCHAR (50) -Hausnummer : VARCHAR (6) -Plz : INTEGER -Ort : VARCHAR (200) -Geburtsdatum : DATE -Geschlecht: CHAR(1)
+Anrede() : VARCHAR(100) +berechneAlter () : INTEGER +aendereAdresse() : BOOLEAN +errechneBonus() : DECIMAL(8,2)

Mitarbeiter
-Personalnummer : INTEGER -Name : VARCHAR (30) -Vorname : VARCHAR (20) -Strasse : VARCHAR (50) -Hausnummer : VARCHAR (6) -Plz : INTEGER -Ort : VARCHAR (200) -Abteilungsbezeichnung : VARCHAR (30) -Gehalt : DECIMAL (10,2) -Geburtsdatum: DATE
+EinkommenProJahr ( ) : DECIMAL(10,2) +berechneAlter( ) : INTEGER +aendereAdresse ( ) : BOOLEAN +errechneBonus() : DECIMAL(8,2)

Abbildung 15-2: Gleiche Attribute und Methoden zwischen „Kunde" – „Mitarbeiter"

So kommen die Attribute „Kundennummer" bzw. „Personalnummer", „Name", „Vorname" und die Attribute für die Adresse in beiden Klassen vor. „Mitarbeiter" hat dagegen zwei Attribute, die in der Klasse „Kunde" nicht vorkommen, nämlich „Abteilungsbezeichnung" und „Gehalt". Bei den Methoden existieren „aendereAdresse", „berechneAlter" und „errechneBonus" in beiden Klassen, ansonsten haben beide Klassen weitere spezielle Methoden wie „EinkommenProJahr" und „Anrede".

Bereits bei der Datenmodellierung haben wir so etwas schon einmal gesehen, nämlich bei Sub- und Supertypen. Da viele übereinstimmende Merkmale zwischen den Klassen existieren, können wir also eine neue, so genannte Oberklasse bilden, die wir Person nennen. Person enthält nun alle Attribute und Methoden, die sowohl in „Kunde" als auch in „Mitarbeiter" auftreten (siehe Abb. 15-3).

Person
-Nummer : INTEGER -Name : VARCHAR (30) -Vorname : VARCHAR (20) -Strasse : VARCHAR (50) -Hausnummer : VARCHAR (6) -Plz : INTEGER -Ort : VARCHAR (200) -Geburtsdatum : DATE
+aendereAdresse ( ) : BOOLEAN +berechneAlter( ) : INTEGER +errechneBonus() : DECIMAL(8,2)

Kunde
-Geschlecht : CHAR(1)
+Anrede ( ) : VARCHAR(100)

Mitarbeiter
-Abteilungsbezeichnung : VARCHAR (30) -Gehalt : DECIMAL (10,2)
+EinkommenProJahr() : DECIMAL(10,2)

Abbildung 15-3: „Kunde" und „Mitarbeiter" „erben" von Person

Die Klassen „Kunde" und „Mitarbeiter" „erben" also die Eigenschaften ihrer Oberklasse „Person". Da die Methoden „aendereAdresse", „berechneAlter" und „errechneBonus" nur noch in „Person" vorkommen, müssen diese nur einmal gespeichert werden und nicht wie zuvor redundant bei „Kunde" und „Mitarbeiter". Vererbung dient also dazu, Verallgemeinerungen abzubilden und dadurch den Programmieraufwand zu minimieren.

Neben der Datenkapselung und der Vererbung besteht die letzte wesentliche Eigenschaft einer objektorientierten Sprache in der Unterstützung des Polymorphismus („Vielgestaltigkeit"). Wir wollen uns den Polymorphismus wieder an unserem Fallbeispiel ansehen. Kunden und Mitarbeiter sollen eine Methode „errechneBonus" besitzen. Bei Aufruf der Methode „errechneBonus" der Klasse „Kunde" soll ermittelt werden, wie viele Bestellungen der Kunde aufgegeben hat, und abhängig davon soll ein Gutscheinbetrag errechnet werden. Bei der Klasse „Mitarbeiter" dagegen soll die Methode „errechneBonus" den Umsatz berechnen, der durch den Mitarbeiter bearbeitet wurde. Abhängig vom Mitarbeiterumsatz soll ein Bonus für den Mitarbeiter berechnet werden. Obgleich die Methode den gleichen Namen hat, ist ihre Funktionalität unterschiedlich bzw. polymorph. Für unser UML-Diagramm bedeutet dies, dass wir eine zusätzliche Methode „errechneBonus" in „Person" eintragen, aber auch in „Kunde" und „Mitarbeiter". Der Programmcode dieser Methode sieht bei beiden Klassen natürlich unterschiedlich aus.

Wir haben damit die wichtigsten Eigenschaften der Objektorientierung kennengelernt:

- Datenkapselung
- Vererbung
- Polymorphismus

Wir wollen uns im Folgenden ansehen, wie SQL:2008 diese Eigenschaften umgesetzt hat.

15.3 Klassen

Klassen werden in SQL:2008 im Gegensatz zu den meisten anderen objektorientierten Sprachen nicht als Klassen, sondern als strukturierte Typen bezeichnet. Strukturierte Typen werden über die SQL-Anweisung CREATE TYPE erzeugt und über DROP TYPE wieder gelöscht. Zum Anlegen der Klasse „Person" lautet die SQL-Anweisung also folgendermaßen:

```
CREATE TYPE PersonTyp AS
(
  ...
```

15.3 Klassen

Hier wurde bewusst das Wort „Typ" nach dem Klassennamen gesetzt, um zwischen der Klassendefinition und der eigentlichen späteren Tabelle, in der die Daten gespeichert werden sollen, zu unterscheiden. Innerhalb der CREATE TYPE-Anweisung werden dann die Attribute definiert, so wie wir es von CREATE TABLE her kennen:

```
CREATE TYPE PersonTyp AS
(
    Nummer      INTEGER,
    Name        VARCHAR(30),
    Vorname     VARCHAR(20) NOT NULL,
    Strasse     VARCHAR(50) NOT NULL,
    Hausnummer  CHAR(6),
    Ort         VARCHAR(200) NOT NULL,
    Plz         INTEGER NOT NULL,
    Geburtsdatum DATE
)
NOT FINAL
```

Bisher unterscheidet sich das Anlegen eines strukturierten Typs nicht sonderlich vom Anlegen einer Tabelle. Ein wesentlicher Unterschied besteht jedoch jetzt schon: Das Anlegen eines strukturierten Typs erzeugt ausschließlich eine „Schablone" zum eigentlichen Anlegen einer Tabelle. Letztendlich arbeitet ein RDBMS nur mit Tabellen, ein strukturierter Typ kommt also immer innerhalb einer CREATE TABLE-Anweisung vor. Zusätzlich wird festgelegt, ob von einem strukturierten Typ weitere Typen abgeleitet werden können, d.h. ob von dem strukturierten Typ vererbt werden darf. Dazu wird die Eigenschaft NOT FINAL verwendet, wenn weitere Typen abgeleitet werden dürfen, ansonsten FINAL. Soll von einem strukturierten Typ keine Tabelle erzeugt oder objektorientiert ausgedrückt instanziiert werden, so kann man dies über die Schlüsselwörter NOT INSTANTIABLE verhindern. Objektorientiert spricht man dann von einer abstrakten Klasse.

Bevor wir uns nun das Erstellen einer Tabelle auf Grundlage eines strukturierten Typs ansehen, müssen wir unsere CREATE TYPE-Anweisung zu Ende schreiben. Ein wesentlicher Teil der Klasse fehlt noch, nämlich seine Methoden. In unserem Fall hat „PersonTyp" die Methode „aendereAdresse", die SQL-Anweisungen zum Ändern von Daten enthält. Entsprechend müssen wir das über die Eigenschaft MODIFIES SQL DATA angeben:

```
CREATE TYPE PersonTyp AS
(
    Nummer INTEGER,
    Name VARCHAR(30),
    Vorname VARCHAR(20),
    Strasse VARCHAR(50),
```

```
        Hausnummer CHAR(6),
        Ort VARCHAR(200),
        Plz INTEGER
)
NOT FINAL
METHOD aendereAdresse( Nummer INTEGER,
                       neueStrasse VARCHAR(50),
                       neueHausnummer VARCHAR(6),
                       neuePlz INTEGER,
                       neuerOrt VARCHAR(200) )
RETURNS INTEGER
MODIFIES SQL DATA
```

Damit haben wir den strukturierten Typ erzeugt. Allerdings haben wir noch nicht beschrieben, wie der Programmcode der Methode „aendereAdresse" denn nun aussieht. Eine Methode wird ähnlich wie eine Funktion erzeugt. Schließlich sind Funktionen und Methoden sehr ähnlich, mit dem Unterschied, dass Methoden immer an einen strukturierten Typ gebunden sind. Zum Erzeugen einer Methode verwendet man die SQL-Anweisung CREATE METHOD. Die SQL-Anweisungen dieser Methode könnten folgendermaßen aussehen:

```
CREATE METHOD aendereAdresse(Nummer INTEGER,
                             neueStrasse VARCHAR(50),
                             neueHausnummer VARCHAR(6),
                             neuePlz INTEGER,
                             neuerOrt VARCHAR(200) )
RETURNS INTEGER
FOR PersonTyp
BEGIN ATOMIC
    UPDATE Person SET
        Strasse     = neueStrasse,
        Hausnummer  = neueHausnummer,
        Plz         = neuePlz,
        Ort         = neuerOrt
    WHERE Nummer = Nummer
    RETURN 1
END
```

Zunächst wird nach CREATE METHOD noch einmal der Aufbau der Methode mit seinem Rückgabewert deklariert. Danach wird über das Schlüsselwort FOR festgelegt, an welchen strukturierten Typ die Methode gebunden werden soll. Schließlich folgt der Anweisungsblock, der den Programmcode der Methode darstellt. In diesem Fall besteht die Methode nur aus einer SQL-Anweisung, die über UPDATE den Datensatz ändert.

Bisher haben wir ja nur eine „Schablone" erzeugt, die man über CREATE TABLE verwenden kann, um eine Tabelle physisch zu erzeugen. Will man eine Tabelle erzeugen, die auf einem strukturierten Typ basiert, so muss noch zusätzlich aus

15.3 Klassen

der objektorientierten Programmierung eine Spalte für einen eindeutigen Identifikator (OID, Object Identifier) angelegt werden. Die Werte können dabei vom RDBMS selbst erzeugt (SYSTEM GENERATED), vom Primärschlüssel abgeleitet werden (FROM (Spaltennamen [, Spaltenname]...)) oder benutzergeneriert sein. Dieser Objektidentifkator dient später als Verweis auf diese Tabelle, hat also die entsprechende Aufgabe wie ein Primärschlüssel im Relationenmodell. Das Anlegen der Tabelle Person auf Grundlage des strukturierten Typs PersonTyp sieht damit wie folgt aus:

```
CREATE TABLE Person OF PersonTyp
(
    REF IS person_oid SYSTEM GENERATED
    Nummer WITH OPTIONS NOT NULL PRIMARY KEY,
    Name   WITH OPTIONS NOT NULL
)
```

Damit haben wir eine Tabelle „Person" erzeugt, die die Attribute der Klasse „PersonTyp" und dessen Methoden enthält. Man erkennt, dass beim eigentlichen Anlegen der Tabelle auch weitere Integritätsbedingungen über WITH OPTIONS festgelegt werden können (PRIMARY KEY, NOT NULL u.a.).

Schauen wir uns nun noch einmal die zweite Methode „berechneAlter" an. In diesem Fall verändert die Methode keine Daten, so dass wir auf die Eigenschaft MODIFIES SQL DATA verzichten können. Um das Alter zu berechnen, subtrahieren wir das Geburtsdatum vom aktuellen Datum und ermitteln das Jahr. Zusätzlich müssen wir die Methode noch beim Anlegen des strukturierten Typs Person deklarieren.

```
DROP TABLE Person
DROP TYPE  PersonTyp

CREATE TYPE PersonTyp AS
(
...
METHOD berechneAlter()
RETURNS INTEGER

CREATE METHOD berechneAlter()
RETURNS INTEGER
FOR PersonTyp
BEGIN ATOMIC
    RETURN YEAR(CURRENT_TIMESTAMP - SELF.Geburtsdatum);
END
```

Um auf eine Spalte eines Datensatzes innerhalb einer Methode zuzugreifen, verwendet man den SELF-Operator. Er stellt einen Zeiger auf den aktuellen Datensatz dar.

15.4 Einfügen

Doch wie fügt man nun Daten in eine solche erzeugte Tabelle ein und wie kann man diese Daten über SELECT wieder ausgeben?

Zum Einfügen von Daten in diese Tabelle verwendet man die bekannte INSERT-Anweisung:

```
INSERT INTO Person
    (Nummer, Name, Vorname, Strasse, Hausnummer, Ort, Plz, Geburtsdatum)
VALUES
(1, 'Petri', 'Paul', 'Malerstr.', '26', 'Karlstadt', 22222, '1990-09-02')
```

Da der Objektidentifikator vom RDBMS erzeugt wird, muss hierfür nichts extra angegeben werden. Hätten wir diesen als benutzererzeugt definiert, so müsste zusätzlich ein Wert für diesen angegeben werden. Die INSERT-Anweisung würde dann lauten:

```
INSERT INTO Person
VALUES (PersonTyp(1), 1, 'Petri', 'Paul', 'Malerstr.', '26',
       'Karlstadt', 22222, '1990-09-02')
```

15.5 Vererbung

Wir wollen uns nun ansehen, wie Vererbung im aktuellen SQL-Standard umgesetzt wurde. Hierzu gibt es ein einziges Schlüsselwort, nämlich UNDER. Um den strukturierten Typ „MitarbeiterTyp" zu erzeugen und alle Eigenschaften von „PersonTyp" auf diese zu vererben, erzeugt man den strukturierten Typ wie folgt:

```
CREATE TYPE MitarbeiterTyp UNDER PersonTyp AS
(
    Abteilungsbezeichnung VARCHAR(30),
    Gehalt DECIMAL(10,2)
)
FINAL
METHOD EinkommenProJahr()
RETURNS DECIMAL(10,2)

CREATE METHOD EinkommenProJahr()
RETURNS DECIMAL(10,2)
FOR MitarbeiterTyp
BEGIN ATOMIC
    RETURN SELF.Gehalt * 12;
```

```
END
```

Über das Schlüsselwort UNDER erbt der strukturierte Typ „MitarbeiterTyp" automatisch alle Attribute und Methoden von „PersonTyp". Das Anlegen der Tabelle als Subklasse der Basisklasse Person sieht dann wie folgt aus:

```
CREATE TABLE Mitarbeiter OF MitarbeiterTyp UNDER Person
```

15.6 Strukturierte Typen als Spaltentyp

Bisher haben wir strukturierte Typen nur als typisierte Tabellen kennengelernt, d.h. sie bilden die „Schablone" für eine Tabelle, die erben, aber auch vererbt werden kann. Strukturierte Typen können jedoch auch als ein zusammengesetzter Spaltentyp betrachtet werden. Nehmen wir hierzu das Beispiel der Adresse einer Person. Eine Adresse kommt sowohl bei Personen als auch z.B. bei Unternehmen vor. Um nun nicht diese Struktur in zwei Tabellen zu definieren, erstellt man einen strukturierten Typ „Adresse", der dann wie ein komplexer Datentyp verwendet werden kann. Das folgende Beispiel deklariert zunächst den Typ Adresse und verwendet diesen dann beim Anlegen der Tabelle Firma:

```
CREATE TYPE AdresseTyp AS
(
    Strasse VARCHAR(50),
    Hausnummer CHAR(6),
    Ort VARCHAR(200),
    Plz INTEGER
)
FINAL

CREATE TABLE Firma
(
    Bezeichnung VARCHAR(200),
    Adresse     AdresseTyp
)
```

Das Einfügen und der Zugriff auf die einzelnen Spalten des strukturierten Typs erfolgt über die Punktnotation.

```
INSERT INTO Firma VALUES ('KartoFinale',
    AdresseTyp().Strasse('Herdweg').Hausnummer('27')
            .Plz(22087).Ort( 'Hamburg'))

SELECT Adresse.Strasse, Adresse.Ort
FROM    Firma
```

15.7 Strukturierte Typen als Basisdatentyp

In der Tabelle Mitarbeiter haben wir eine Spalte Gehalt mit dem Datentyp DECIMAL angelegt. Da dieser Datentyp beliebige Zahlen annehmen kann, sind z.B. auch Vergleiche mit einer INTEGER-Spalte wie Postleitzahl möglich. Folgende Anweisung würde erfolgreich durchgeführt werden, obgleich semantisch unterschiedliche Spalten verwendet werden:

```
SELECT * FROM Mitarbeiter WHERE Gehalt < Plz
```

Um das zu verhindern, können eigenständige Datentypen auf Basis eines eingebauten Datentyps definiert werden. Vergleiche sind dann nur möglich, wenn es sich um den gleichen eigenständigen Datentyp handelt. Das folgende Beispiel legt zunächst einen neuen Datentyp Euro an. Dieser wird dann in der Tabelle Mitarbeiter als Datentyp für das Gehalt verwendet:

```
CREATE TYPE Euro AS DECIMAL(10,2) FINAL

CREATE TYPE MitarbeiterTyp UNDER PersonTyp AS
(
    Abteilungsbezeichnung VARCHAR(30),
    Gehalt                Euro
)
FINAL
```

15.8 Referenztypen

Im relationalen Datenmodell haben wir die Primär- und Fremdschlüssel zur Abbildung von Beziehungen kennengelernt. In objektrelationalen Datenbanken ist dieses zwar auch möglich, es existiert aber eine elegantere objektorientierte Möglichkeit über den Objektidentifikator und sogenannten Referenztypen. Nehmen wir dazu unser Beispiel zwischen Abteilung und Mitarbeiter. Der Mitarbeiter muss einen Verweis, also einen Referenztyp auf die Abteilung besitzen. Das erfolgt über das Schlüsselwort REF, das bestimmt, auf welchen strukturierten Typ ein Referenztyp verweist. Schauen wir uns dazu die Deklarationen der strukturierten Typen für Abteilung und Mitarbeiter an.

```
CREATE TYPE AbteilungTyp AS
(
    Abteilungsbezeichnung VARCHAR(30),
    Abteilungsleiter      INTEGER
)
REF USING INTEGER
FINAL
```

```
CREATE TABLE Abteilung OF AbteilungTyp
(
    REF IS Abteilungsnummer USER GENERATED
)

INSERT INTO Abteilung VALUES (AbteilungTyp(1), 'Vertrieb', NULL)

CREATE TYPE MitarbeiterTyp UNDER PersonTyp AS
(
    Gehalt     Euro,
    Abteilung  REF(AbteilungTyp)
)
FINAL

CREATE TABLE Mitarbeiter OF MitarbeiterTyp UNDER Person
(
    Abteilung WITH OPTIONS SCOPE Abteilung
)

INSERT INTO Mitarbeiter
VALUES (MitarbeiterTyp(3), 3, 'Karl', 'Karen', 'Pantherstr.', '12',
        'Karlstadt', 22222, '1960-01-23', 3000.00, AbteilungTyp(1))
```

Über das Schlüsselwort SCOPE wird auf die Tabelle mit den Referenzzeigern verwiesen. Um nun auf die Daten der Abteilung zuzugreifen, verwendet man keine Joins mehr, sondern den Pfeil als Referenzzeiger. Um also alle Mitarbeiter und deren Abteilungsbezeichnung auszugeben, braucht man nur noch zu schreiben:

```
SELECT Name, Gehalt, Abteilung->Abteilungsbezeichnung
FROM   Mitarbeiter
```

15.9 Abfragen

Zum Schluss wollen wir uns noch einmal mit einigen Besonderheiten bei Abfragen auf objektrelationale Tabellen beschäftigen. Die Punktnotation und den Referenzzeiger zum Zugriff auf einzelne Spalten eines strukturierten Typs haben wir schon kennengelernt. Entsprechend werden auch Methoden aufgerufen.

```
SELECT Name, Person.person_oid->berechneAlter()
FROM   Person

SELECT Name, Mitarbeiter.person_oid->EinkommenProJahr()
FROM   Mitarbeiter
```

In Abschnitt 15.5 zur Vererbung haben wir eine Tabelle Person und eine abgeleitete Tabelle Mitarbeiter erstellt. Fügen wir nun jeweils einen Datensatz in die

Tabelle Person und Mitarbeiter ein, so erscheinen bei einer Abfrage auf die Tabelle Person entsprechend beide Datensätze.

```
SELECT Name, Vorname FROM Person

NAME       VORNAME
---------- --------------------
Petri      Paul
Kowalski   Karsten
```

Bei einer Abfrage auf die Tabelle Mitarbeiter erscheinen dagegen ausschließlich die Datensätze der Mitarbeiter-Tabelle.

```
SELECT Name, Vorname FROM Mitarbeiter

NAME       VORNAME
---------- --------------------
Petri      Paul
```

Möchte man für die Tabelle Person ausschließlich die in diese Tabelle explizit eingefügten Datensätze ausgeben, so verwendet man vor der Angabe des Tabellenamens das Schlüsselwort ONLY.

```
SELECT Name, Vorname FROM ONLY(Person)

NAME       VORNAME
---------- --------------------
Petri      Paul
```

Sollen für eine Tabelle auch die Spalten der abgeleiteten Tabellen benutzt werden, verwendet man das Schlüsselwort OUTER. Für unser Beispiel werden dann bei Ausgabe der Tabelle Person auch alle speziellen Spalten der Tabelle Mitarbeiter mit angezeigt.

```
SELECT * FROM OUTER(Person)

PERSON_OID NUMMER NAME     VORNAME   ...  ABTEILUNGSBEZEICHNUNG  GEHALT
---------- ------ -------- --------       ---------------------  -------
1          1      Petri    Paul           NULL                   NULL
6          6      Kowalski Karsten        Geschäftsführung       5000.00
```

15.10 Praxis

Microsoft SQL Server 2008

Der Microsoft SQL Server erlaubt nur das Erstellen von Basisdatentypen in der Sprache SQL. Sollen zusätzlich Methoden an den Datentyp gebunden werden, so ist das in SQL nicht möglich, sondern nur über das .NET Framework.

Ein einfacher Basisdatentyp wird im Microsoft SQL Server mit CREATE TYPE erstellt mit dem zusätzlichen Schlüsselwort FROM. Um unser Beispiel zum Anlegen eines Datentyps „Euro" anzulegen, sieht die Syntax wie folgt aus:

```
CREATE TYPE Euro FROM DECIMAL(10,2)

CREATE TABLE Mitarbeiter
(
    Nummer  INTEGER,
    Name    VARCHAR(30),
    Vorname VARCHAR(20),
    Gehalt  Euro
)
```

Im Gegensatz zu SQL:2008 wird sich jedoch immer wieder auf den eingebauten Datentyp bezogen, so dass es sich nicht um einen eigenständigen Datentypen handelt. Werden also Gehalt und Nummer in einer Abfrage miteinander verglichen, so führt dies nicht zu einer Fehlermeldung.

Weitere Sprachkonstrukte zu objektrelationalen Datenbanken nach SQL:2008 werden vom SQL Server nicht unterstützt.

IBM DB2 9.7

IBM DB2 hält sich von allen objektrelationalen Implementierungen am ehesten an den SQL:2008-Standard. Aber auch hier gibt es einige marginale Unterschiede. Das größte Problem ist sicherlich die Tatsache, dass Methoden keine Daten verändern können, d.h. INSERT-, UPDATE- oder DELETE-Anweisungen sind in Methoden nicht möglich. Unser Beispiel aus Abschnitt 15.3 mit der Methode „aendereAdresse" ist unter DB2 nicht möglich, da die Eigenschaft MODIFIES SQL DATA für Methoden nicht angegeben werden kann.

Beim Anlegen von strukturierten Typen muss zusätzlich die Eigenschaft MODE DB2SQL angegeben werden, um eine spätere Kompatibilität zum SQL-Standard zu gewährleisten. Bei der Erzeugung der Objektidentifikatoren sind ausschließlich benutzergenerierte (USER GENERATED) möglich. Daneben ist beim Anlegen der Tabelle auf Basis eines strukturierten Typs darauf zu achten, dass über INHERIT SELECT PRIVILEGES die Subklasse die gleichen Zugriffsrechte erhält wie die Superklasse.

Zum Schluss wollen wir uns noch einmal ansehen, wie DB2 Tabellen objektrelational speichert. Dazu betrachten wir zunächst alle Tabellen in der Steuerzentrale (1) (siehe Abb. 15-4). Wir erkennen, dass das RDBMS für die Basisklasse Person eine Tabelle mit personenbezogenen Spalten erstellt hat und zusätzlich eine Tabelle Person_Hierarchy (2), die die Spalten aller abgeleiteten Tabellen enthält (3). Zusätzlich enthält die Tabelle eine Spalte Type_Id (4), die den eigentlichen gespeicherten Typ kennzeichnet.

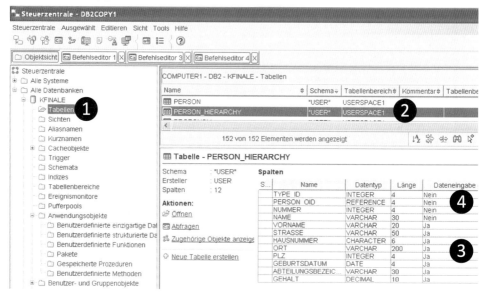

Abbildung 15-4: Abbildung objektrelationaler Typen in Tabellen

Weitere Informationen über die erzeugten Methoden findet man auf der rechten Seite im Bereich „Anwendungsobjekte→Benutzerdefinierte Methoden".

15.11 Zusammenfassung

Im letzen Kapitel haben wir uns angesehen, wie sich die Verwendung von SQL um objektorientierte Eigenschaften verändert hat. Mit der Verbreitung objektorientierter Konzepte wurden diese auch im aktuellen SQL-Standard übernommen, so dass SQL heutzutage sowohl eine deklarative und prozedurale, als auch eine objektorientierte Sprache darstellt.

Im ersten Abschnitt wurde die Philosophie, die hinter Objektorientierung steht, erläutert. Danach haben wir gesehen, wie die einzelnen Eigenschaften der Objektorientierung in SQL umgesetzt wurden. In strukturierten Typen werden sowohl Daten als auch Funktionen (Methoden) als eine Einheit gespeichert. Auf Basis eines strukturierten Typs wird eine Tabelle erzeugt, in der die Daten gespeichert werden, auf die man über die Methoden zugreift.

Einen strukturierten Typ erzeugt man über die SQL-Anweisung CREATE TYPE. Hierbei gibt man zunächst die Attribute und die Methoden an. Danach müssen die einzelnen Methoden über CREATE METHOD mit „Leben" gefüllt werden.

Über das Schlüsselwort UNDER kann die Idee der Vererbung realisiert werden. Sowohl strukturierte Typen, als auch Tabellen können damit in einer Hierarchie abgebildet werden.

15.12 Aufgaben

Wiederholungsfragen

1. Worin besteht der Unterschied zwischen Prozedur, Funktion und Methode?
2. Wie erzeugt man einen eigenständigen Datentyp in SQL?
3. Wie erzeugt man eine Methode?
4. Wie unterstützt SQL das objektorientierte Konzept der Vererbung?
5. Nennen Sie Beispiele für Methoden der Klasse „Bestellung"!
6. Nennen Sie Beispiele für Methoden der Klasse „Vorstellung"!
7. Was ist mit „Polymorphismus" gemeint? Geben Sie ein Beispiel!
8. Was könnte mit „Klassenhierarchie" gemeint sein?

Übungen

1. Erzeugen Sie einen strukturierten Typ zum Speichern einer Adresse unter dem Namen „AdresseTyp". Der strukturierte Datentyp soll die Spalten „Strasse", „Hausnummer", „Plz" und „Ort" enthalten.
2. Erzeugen Sie eine Tabelle „Person", die aus den Spalten „Name", „Vorname" und dem strukturierten Typ „AdresseTyp" besteht!
3. Erzeugen Sie eine Tabelle „Musiker", die aus der Spalte „Musikinstrument" besteht und alle weiteren Spalten von der Tabelle „Person" aus Übung 2 erbt!
4. Die Relation „Bankkonto" ist Supertyp der beiden Relationen „Girokonto" und „Festgeldkonto". Erzeugen Sie aus den drei Relationen jeweils einen strukturierten Typ und auf Basis der strukturierten Typen die Tabellen „Konto", „Girokonto" und Festgeldkonto".
Der Typ „Konto" soll die Spalten Kontonummer, Haben-, Sollzinssatz und Kundennummer besitzen, der Typ „Girokonto" zusätzlich Kreditrahmen und Kontogebühren und der Typ „Festgeldkonto" zusätzlich einen Zeitraum.

16 Datenbankschnittstelle JDBC

In Kapitel 16 sollen folgende Fragen geklärt werden:
- Wie kann in Programmiersprachen auf Datenbanken zugegriffen werden?
- Wie erfolgt die Verwaltung der Verbindung zur Datenbank?
- Wie erfolgt der lesende Zugriff mittels eingebetteten SQL-Anweisungen?
- Wie werden die Ergebnismengen verarbeitet?
- Wie erfolgt der schreibende Zugriff?
- Wie können Transaktionen verwaltet werden?

16.1 Motivation

Die Firma KartoFinale möchte ihren Kunden und Mitarbeitern ein komfortables Programm zum Abruf von Daten aus der KartoFinale-Datenbank und zur Abwicklung von Kauftransaktionen zur Verfügung stellen.

Die Anwendung muss auf die in der Datenbank gespeicherten Daten zugreifen. Um von der zugrundeliegenden Datenbank und Geschäftslogik zu abstrahieren, wird für die Anwendung eine Java-Schnittstelle mit den benötigten Geschäftsmethoden bereitgestellt.

Die Implementierung der Schnittstelle umfasst die Umsetzung der Geschäftsmethoden und realisiert den Zugriff auf die KartoFinale-Datenbank mithilfe der Datenbankschnittstelle JDBC.

16.2 Zugriff auf Datenbanken aus Programmiersprachen

Um aus einer Programmiersprache oder, allgemeiner, einer Programmierumgebung wie der Java-Plattform oder dem .Net Framework auf eine Datenbank zugreifen zu können, gibt es verschiedene Möglichkeiten, die sich in ihren Abstraktionsebenen unterscheiden.

Auf einem niedrigen Abstraktionsniveau ist die Verwendung von Datenbankschnittstellen, die das Senden von SQL- oder SQL-verwandten Anweisungen an eine Datenbank und die Verarbeitung der zurückgelieferten Ergebnismengen ermöglichen. Der Zugriff auf die Datenbank wird in diesem Fall explizit programmiert und ist in den Anwendungscode eingebettet.

Um aus objektorientierten Programmiersprachen auf relationale Datenbanken zuzugreifen, kann eine zusätzliche Abstraktionsschicht eingeführt werden, die eine Abbildung von Objekten auf Datenbanktupel vornimmt. Dies wird als objektrelationales Mapping (OR Mapping) bezeichnet. Aus Sicht des Anwendungsprogrammierers werden im Wesentlichen Objekte manipuliert, die entsprechenden Änderungen auf der Datenbank werden durch die Abstraktionsschicht, den objektrelationalen Mapper vorgenommen, wodurch ein höheres Abstraktionsniveau erreicht wird.

In diesem Kapitel wird als exemplarischer Vertreter der Datenbankprogrammierschnittstellen die auf der Java-Plattform verwendete Java Database Connectivity (JDBC) 4.0 behandelt. In den Kapiteln 17 und 18 wird auf die Java Persistence API (JPA) 2.0 als Beispiel für objektrelationales Mapping eingegangen.

16.3 Datenbankschnittstellen

Standardisierte Datenbankschnittstellen bilden eine Abstraktionsschicht zwischen einer Softwareanwendung und einer konkreten Datenbank. Die Softwareanwendung setzt Anweisungen an der datenbankunabhängigen Schnittstelle ab, die dann umgesetzt werden in konkrete Datenbankbefehle.

Die dem Programmierer an der Datenbankschnittstelle zur Verfügung stehenden Anweisungen sind zumeist an SQL orientiert, dies ist jedoch nicht zwingend notwendig.

Weit verbreitet als SQL-basierte Datenbankschnittstelle ist Open Database Connectivity (ODBC). Die Umsetzung der SQL-Anweisungen auf Programmierebene in die datenbankspezifischen Anweisungen erfolgt dabei über ODBC-Treiber.

JDBC ist die auf relationale Datenbanken ausgerichtete, universelle und datenbankunabhängige Datenbankschnittstelle der Java-Plattform. JDBC ist Teil der Java Standard Edition und umfasst die Pakete java.sql und javax.sql.

Wie bei ODBC liegt ein Treibermodell zugrunde, welches ermöglicht, über eine einheitliche Schnittstelle verschiedene Datenbanken aus Java-Applikationen anzusprechen.

Aufgaben eines JDBC-Treibers sind u. a.

- Bereitstellen der JBDC-Anwendungsschnittstelle
- Kommunikation mit der Datenbank
- Datenkonvertierungs- und Mappingfunktionen, z. B.
    - zwischen Datenbankdatentypen und Java-Datentypen
    - für ein einheitliches Schema für Metadaten-Abfragen
    - zum Abbilden von systemspezifischen Fehlercodes auf Standardfehlercodes
- Emulation fehlender Funktionen des Datenbankmanagementsystems

- Sicherheitsfunktionen

JDBC stellt folgende elementare Schnittstellenfunktionen zur Verfügung:

- Verwaltung von Datenbankverbindungen
- Absetzen von Data Query Language-Anweisungen (SELECT)
- Verarbeitung der Ergebnismengen
- Absetzen von Data Manipulation Language-Anweisungen (DELETE, INSERT, UPDATE)
- Absetzen von Data Definition Language-Anweisungen (CREATE, DROP, TRUNCATE, ALTER)
- Verwaltung von Transaktionen

16.4 Verwaltung von Verbindungen

Um auf die Datenbank zugreifen zu können, muss zunächst eine Verbindung zur Datenbank hergestellt werden.

Herzu werden zumeist folgende Angaben benötigt:

- Der zu verwendende JDBC-Treiber: Für die gängigen Datenbanken werden spezialisierte Treiber zur Verfügung gestellt, die die in der JDBC-Spezifikation definierten Schnittstellen implementieren. Der Funktionsumfang der Treiber variiert dabei nach Version des Treibers.
- Adressierung des Datenbankservers: Die Adressierung hängt von der Art der Verbindung ab. Falls die Verbindung mit dem Datenbankserver über eine TCP-Netzwerkverbindung erfolgt, sind beispielsweise der Name oder die IP-Adresse des Datenbankservers anzugeben, sowie der Port, falls vom vorgegebenen Standardport abgewichen wird.
- Datenbankname: Der Name der Datenbank im Datenbankmanagementsystem.
- Authentisierungsinformation: Typischerweise sind das der Nutzername und das Kennwort. Es sind aber je nach verwendeter Systemumgebung auch weitere Authentisierungsmethoden verfügbar, z. B. bei der Verwendung von Windows-Betriebssystemen. Mit dem Microsoft SQL Server kann die integrierte Authentisierung (integratedSecurity) genutzt werden, bei der der Benutzer vom SQL Server anhand der Windows-Anmeldeinformationen authentifiziert wird.

Weitere verbindungsspezifische Angaben können optional gesetzt werden, z. B. zur Verschlüsselung der Verbindung und Timeouts.

JDBC stellt zum Verbindungsauf- und -abbau zwei Alternativen zur Verfügung:

- DriverManager: In der DriverManager-Klasse erfolgt der Verbindungsaufbau unter Verwendung einer Verbindungs-URL unter Angabe der oben genannten Verbindungsparameter.

16.4 Verwaltung von Verbindungen

- DataSource: Das DataSource-Interface wird bevorzugt, da die Verbindungseigenschaften über Properties gesetzt werden können. Dies vereinfacht es, in Produktivumgebungen werkzeuggestützt DataSource-Objekte zur Verfügung zu stellen, die dann unter Nutzung von Verzeichnisdiensten gefunden und genutzt werden können, ohne dass im Programmcode die konkreten Verbindungsangaben benötigt werden. Dadurch wird eine erhöhte Portabilität erreicht. Deshalb wird im Folgenden das DataSource-Interface verwendet, aus Vereinfachungsgründen jedoch ohne Verzeichnisdienst.

Der folgende Code zeigt den Verbindungsaufbau zu einem MS SQL Server unter Verwendung des SQL Server JDBC Driver 3.0.

Dieser Treiber stellt die Klasse SQLServerDataSource zur Verfügung, die das DataSource-Interface implementiert. Zum Verbindungsaufbau wird zunächst das DataSource-Objekt instanziiert, dann werden mittels setter-Methoden die benötigten Einstellungen gesetzt. Abschließend wird mittels getConnection() die Verbindung aufgebaut und ein Connection-Objekt erzeugt, welches im Folgenden zur Kommunikation mit der Datenbank verwendet wird.

```
public void connect() throws SQLException {

    // Instanziierung des DataSource-Objektes
    SQLServerDataSource ds = new SQLServerDataSource();

    // Setze Nutzername
    ds.setUser("sa");
    // Setze Kennwort
    ds.setPassword("adminadmin");
    // Adressierung des Datenbankservers: Name
    ds.setServerName("localhost");
    // Adressierung des Datenbankservers: Port
    ds.setPortNumber(1433);
    // Setzen des Datenbanknamens
    ds.setDatabaseName("KartoFinale");

    // Herstellen der Verbindung
    con = ds.getConnection();
}
```

Die Verbindung wird nach Verwendung mit der Methode close() geschlossen.

Da der Verbindungsaufbau sehr ressourcenaufwändig ist, wird in größeren Anwendungen Connection Pooling verwendet, welches typischerweise von einer Middleware oder Java Enterprise Edition-Anwendungsservern zur Verfügung gestellt wird. In Connection Pools werden geöffnete Datenbankverbindungen verwaltet, die von Anwendungen für die Dauer einzelner Aufrufe an die Datenbank angefordert und benutzt werden. Das häufige neue Öffnen von Datenbankverbindungen wird dadurch vermieden, was ein wesentlicher Faktor für die Peformance von Anwendungen ist.

16.5 SQL-Queries in JDBC

Die einfachste Form des Zugriffs auf die Datenbank erfolgt über das Statement-Interface von JDBC, welches das Absetzen von SQL-Anweisungen an die Datenbank ermöglicht.

Folgende elementare Schritte sind zu durchlaufen:

- Ein Statement-Objekt wird vom Verbindungsobjekt instanziiert.
- Eine SQL-Query wird mittels der Methode executeQuery() zur Ausführung gebracht. Dazu wird der Methode die SQL-Anweisung als String übergeben.
- Die Ergebnismenge der SQL-Anweisung wird als ResultSet-Objekt zurückgegeben, die dann mit einem Cursor zeilenweise durchlaufen werden kann.
- Die einzelnen Spalten einer Zeile des ResultSets können unter Angabe des Spaltennamens oder Spaltenindexes mit getter-Methoden ausgelesen werden. Dabei ist der Datentyp zu berücksichtigen.

Im folgenden Beispiel wird eine Geschäftsmethode getVeranstaltungen() implementiert, die eine Liste aller Veranstaltungen erzeugt. Dabei wird von der Verfügbarkeit einer Klasse Veranstaltung ausgegangen.[7]

```
public List<Veranstaltung> getVeranstaltungen()
    throws SQLException {

  // Instantiieren des Rückgabeobjektes
  List<Veranstaltung> veranstaltungen =
      new ArrayList<Veranstaltung>();

  // Query als String ablegen
  String query = "SELECT * "
      + "FROM [KartoFinale].[dbo].[Veranstaltung]";

  // Statement Objekt instanziieren
  Statement statement = con.createStatement();

  // Ausführen der SQL Query
  ResultSet rs = statement.executeQuery(query);
```

---

[7] Zur besseren Übersichtlichkeit werden die Anwendungsbeispiele im Vergleich zu einer produktiven Anwendung vereinfacht programmiert, z. B. bezüglich Fehlerbehandlung und Verwendung von Entwurfsmustern.

16.5 SQL-Queries in JDBC

```
            // Alle Zeilen der Ergebnismenge werden durchlaufen und
            // als Veranstaltungsobjekte angelegt
            // rs.next setzt den Cursor jeweils eine Zeile weiter
            while (rs.next()) {
                veranstaltungen.add(
                        // Erzeuge für jede Zeile der Ergebnismenge
                        // ein neues Veranstaltungsobjekt und füge
                        // dieses der Liste zu
                        new Veranstaltung(
                            rs.getInt("Veranstaltungsnummer"),
                            rs.getString("Bezeichnung"),
                            rs.getString("Beschreibung"),
                            rs.getString("Autor")));
            }

            //ResultSet schließen
            rs.close();

            // Statement schließen
            statement.close();

            // Rückgabe der Liste
            return veranstaltungen;
    }
```

Das Interface PreparedStatement unterstützt SQL-Anweisungen, die parametrisierbar sind und vorübersetzt in der Datenbank abgelegt sind.

Diese bieten einfachen Statements gegenüber zwei wichtige Vorteile:

- Die PreparedStatement-Objekte werden nach einmaliger Istanziierung vorübersetzt zwischengespeichert. Dies bringt Peformance-Vorteile beim wiederholten Aufruf mit unterschiedlichen Parametern.
- Es erfolgt eine Trennung von Anweisungscode und Parametern. Dies unterbindet eine weitverbreitete Angriffsform auf Anwendungen im Internet, die sogenannte SQL-Injection, bei der Parameter, wie zum Beispiel der Name eines Nutzers, mit schädlichen SQL-Anweisungen ergänzt werden, um diese auf der Datenbank zur Ausführung zu bringen.

Die Parameter einer SQL-Anweisung werden durch Fragezeichen repräsentiert.

Im folgenden Beispiel wird der Name des Autors einer Veranstaltung parametrisiert:

```
SELECT * FROM [KartoFinale].[dbo].[Veranstaltung] where [Autor] = ?
```

Mehrere Parameter können verwendet werden. Die Werte der Parameter werden für eine konkrete Ausführung der Anweisung durch Set-Methoden des PreparedStatement-Interfaces unter Berücksichtigung des Datentyps gesetzt.

Die Parameter werden gemäß ihrer Reihenfolge in der SQL-Anweisung zum Setzen der Werte aufsteigend nummeriert. In der folgenden Methode wird der Wert des ersten Parameters mit dem Datentyp String auf den Wert der Variable autor gesetzt.

```
preparedStatement.setString(1, autor);
```

Für die Methode getVeranstaltungenByAutor(String autor) ergibt sich folgende Implementierung:

```
public List<Veranstaltung> getVeranstaltungenByAutor(String autor)
        throws SQLException {

    // Instanziieren des Rückgabeobjektes
    List<Veranstaltung> veranstaltungen =
            new ArrayList<Veranstaltung>();

    // Parametrisierte SQL-Query
    String queryString = "SELECT * "
            + "FROM [KartoFinale].[dbo].[Veranstaltung]"
            + "WHERE [Autor] = ?";

    // PreparedStatement instanziieren
    PreparedStatement preparedStatement =
            con.prepareStatement(queryString);

    // Parameter setzen
    preparedStatement.setString(1, autor);

    // Ausführen der SQL-Anweisung
    ResultSet rs = preparedStatement.executeQuery();

    while (rs.next()) {
        veranstaltungen.add(new Veranstaltung(
                rs.getInt("Veranstaltungsnummer"),
                rs.getString("Bezeichnung"),
                rs.getString("Beschreibung"),
                rs.getString("Autor")));
    }

    // ResultSet schließen
    rs.close();

    // PreparedStatement schließen
    preparedStatement.close();

    // Rückgabe der Liste
    return veranstaltungen;
}
```

16.5 SQL-Queries in JDBC

Wenn die Anweisung wiederholt ausgeführt werden muss, sollte das PreparedStatement-Objekt dauerhaft gespeichert und wiederverwendet werden.

Für Datumsangaben stehen spezielle Literale zur Verfügung, die in Bedingungen verwendet werden können:

- Date: {d 'yyyy-mm-dd'}
- Time: {t 'hh:mm:ss'}
- Timestamp: {ts 'yyyy-mm-dd hh:mm:ss'}

Die folgende Anweisung sucht alle Bestellungen eines Kunden mit einem Datum nach dem 1.1.2011:

```
SELECT * FROM [KartoFinale].[dbo].[Bestellung] WHERE Bestellung.Datum >= {d '2011-01-01'}
```

Eine komplexe Anfrage ist in folgender Methode implementiert. Es werden alle Vorstellungen zu einem Autor an einem Ort gesucht. Hierzu müssen INNER JOINS über die Tabellen Veranstaltung, Vorstellung und Spielstätte ausgeführt werden.

```
public List<Vorstellung>
        getVorstellungenByAutorOrt(String autor, String ort)
        throws SQLException {

    // Instantiieren des Rückgabeobjektes
    List<Vorstellung> vorstellungen = new ArrayList<Vorstellung>();

    // Parametrisierte SQL-Query
    String queryString =
        "SELECT [Vorstellungsnummer],[Datum],[Uhrzeit], "
        + " [Vorstellung].[Veranstaltungsnummer], "
        + " [Vorstellung].[Haus] "
        + " FROM [KartoFinale].[dbo].[Veranstaltung] INNER JOIN "
        + " [KartoFinale].[dbo].[Vorstellung] "
        + " ON [KartoFinale].[dbo].[Vorstellung].Veranstaltungsnummer = "
        + " [KartoFinale].[dbo].[Veranstaltung].Veranstaltungsnummer "
        + " INNER JOIN [KartoFinale].[dbo].[Spielstätte] "
        + " ON [KartoFinale].[dbo].[Vorstellung].Haus = "
        + " [KartoFinale].[dbo].[Spielstätte].Haus "
        + " WHERE "
        + " [KartoFinale].[dbo].[Veranstaltung].Autor = ? "
        + " AND "
        + " [KartoFinale].[dbo].[Spielstätte].Ort = ?";

    // PreparedStatement instantiieren
    PreparedStatement preparedStatement =
            con.prepareStatement(queryString);
```

```
// Parameter setzen
preparedStatement.setString(1, autor);
preparedStatement.setString(2, ort);

// Ausführen der SQL-Anweisung
ResultSet rs = preparedStatement.executeQuery();

// Liste von Vorstellungen aufbauen
while (rs.next()) {
    vorstellungen.add(new Vorstellung(
            rs.getInt("Vorstellungsnummer"),
            rs.getDate("Datum"),
            rs.getTime("Uhrzeit"),
            rs.getInt("Veranstaltungsnummer"),
            rs.getString("Haus")));
}

//ResultSet schließen
rs.close();

// PreparedStatement schließen
preparedStatement.close();

// Rückgabe der Liste
return vorstellungen;
}
```

16.6 Abbildung von Datentypen

Bei der Verwendung von Datenbankschnittstellen ist die Abbildung der Datentypen zwischen der Programmiersprache, den Datentypen der Schnittstelle und den Datentypen der SQL-Datenbank zu betrachten.

In der vorliegenden Konfiguration erfolgt die Abbildung zwischen den Datentypen der Programmiersprache Java, den Standarddatentypen der Programmierschnittstelle JDBC und den Datentypen des SQL Server 2008.

Die Standarddatentypen der JDBC-Schnittstelle befinden sich im Java Package java.sql.Types. Die Abbildung der Datentypen zwischen der Programmiersprache Java und den Datentypen von JDBC ist in der JDBC-Spezifikation festgelegt, wobei herstellerspezifische Erweiterungen möglich sind. Die Abbildung der Datentypen des Datenbankservers auf die JDBC-Datentypen kann der Dokumentation des verwendeten JDBC-Treibers entnommen werden.

Tabelle 16-1 enthält Auszüge zu den wichtigsten in den Beispielen dieses Kapitels verwendeten Datentypen.

Tabelle 16-1: Abbildung der Datentypen zwischen Datenbank, JDBC und Java

SQL Server Datentyp	JDBC Datentyp	Java Datentyp
int	INTEGER	int
char	CHAR	String
varchar(max)	VARCHAR	String
decimal	DECIMAL	java.math.BigDecimal
numeric	NUMERIC	java.math.BigDecimal
datetime	TIMESTAMP	java.sql.Timestamp

In der Methode getVeranstaltungen() erfolgen beispielsweise folgende Abbildungen:

- rs.getInt("Veranstaltungsnummer"): int -> INTEGER -> int
- rs.getString("Bezeichnung"): varchar(200) ->VARCHAR -> String

Zudem führen die getter-Methoden implizite Datentypkonvertierungen zwischen den Java- und JDBC-Datentypen durch. So können beispielsweise mit getTime() und getDate() die Zeit (java.sql.Time) und das Datum (java.sql.Date) aus einem TIMESTAMP gelesen werden und mit getString() die einfachen Datentypen als String ausgelesen werden. Die vorzunehmenden Konvertierungen sind in der JDBC-Spezifikation definiert.

16.7 SQL-Updates

SQL-Update-Anweisungen (INSERT, UPDATE, DELETE) können ebenfalls über Statements und PreparedStatements abgesetzt werden.

Im Folgenden nehmen wir an, dass sich Kunden über die Geschäftslogikschnittstelle registrieren, ihre Adressdaten ändern und austragen lassen können.

Die Geschäftslogikschnittstelle verwendet eine Klasse Kunde mit folgenden, der Datenbanktabelle Kunde angepassten Attributen:

```java
public class Kunde {
    int kundennummer;
    String name;
    String vorname;
    String strasse;
    String hausnummer;
    String geschlecht;
    Timestamp geburtsdatum;
    String ort;
    int plz;
    // getter, setter und Konstruktoren folgen
}
```

Das Mapping erfolgt auf die Java-Datentypen gemäß den Abbildungsregeln.

Die Geschäftslogikschnittstelle stellt drei Methoden zur Verfügung:

- createKunde(Kunde kunde)
- updateKundenadresse(Kunde kunde)
- deleteKunde(Kunde kunde)

die jeweils mittels preparedStatements umgesetzt werden.

Die Ausführung der Update-Operationen erfolgt mit der Methode executeUpdate().

Es ergibt sich folgender generalisierter Ablauf:

- PreparedStatement-Objekt mit dem SQL-String als Parameter instanziieren oder gegebenenfalls bereits angelegtes Objekt nutzen.
- Die Parameter mit den setter-Methoden der PreparedStatement-Klasse unter Berücksichtigung der Datentypen setzen.
- Die Update Operation mit der executeUpdate()-Methode ausführen lassen.

16.7.1 Insert

In der Methode createKunde(Kunde kunde) werden die Werte eines Objektes Kunde in die Datenbank eingetragen.

```java
public void createKunde(Kunde kunde) throws SQLException {

    // SQL-Anweisung für das Einfügen eines Kundens
    String insertKundeSQLString =
            "INSERT INTO [KartoFinale].[dbo].[Kunde] "
            + "VALUES (?,?,?,?,?,?,?,?,?)";

    // PreparedStatement instanziieren
    PreparedStatement insertStatement =
            con.prepareStatement(insertKundeSQLString);

    // Parameter setzen
    insertStatement.setInt(1, kunde.getKundennummer());
    insertStatement.setString(2, kunde.getName());
    insertStatement.setString(3, kunde.getVorname());
    insertStatement.setString(4, kunde.getStrasse());
    insertStatement.setString(5, kunde.getHausnummer());
    insertStatement.setString(6, kunde.getGeschlecht());
    insertStatement.setTimestamp(7, kunde.getGeburtsdatum());
    insertStatement.setString(8, kunde.getOrt());
    insertStatement.setInt(9, kunde.getPlz());

    // Insert-Anweisung ausführen
    insertStatement.executeUpdate();

    // PreparedStatement schließen
    insertStatement.close();
}
```

16.7.2 Update

In der Methode updateKundenadresse(Kunde kunde) werden die Adressdaten eines Kundenobjektes in der Datenbank aktualisiert.

```java
public void updateKundenadresse(Kunde kunde) throws SQLException {

    // SQL-Anweisung für das Update der Kundenadresse
    String updateKundeSQLString =
            "update [KartoFinale].[dbo].[Kunde] "
            + "SET Strasse = ?, Hausnummer = ?, Plz = ?, Ort = ? "
            + "WHERE Kundennummer = ? ";

    // PreparedStatement instanziieren
    PreparedStatement updateStatement =
            con.prepareStatement(updateKundeSQLString);

    // Parameter setzen
    updateStatement.setString(1, kunde.getStrasse());
    updateStatement.setString(2, kunde.getHausnummer());
    updateStatement.setInt(3, kunde.getPlz());
    updateStatement.setString(4, kunde.getOrt());
    updateStatement.setInt(5, kunde.getKundennummer());

    // Update-Anweisung ausführen
    updateStatement.executeUpdate();

    // PreparedStatement schließen
    updateStatement.close();
}
```

16.7.3 Delete

In der Methode deleteKunde(Kunde kunde) wird der Kunde aus der Datenbank gelöscht.

```java
public void deleteKunde(Kunde kunde) throws SQLException {

    // SQL-Anweisung zum Löschen des Kunden
    String deleteKundeSQLString =
            "delete from [KartoFinale].[dbo].[Kunde] "
            + "WHERE Kundennummer = ? ";

    // PreparedStatement instanziieren
    PreparedStatement deleteStatement =
            con.prepareStatement(deleteKundeSQLString);

    // Parameter setzen
    deleteStatement.setInt(1, kunde.getKundennummer());
```

```
            // Delete-Anweisung ausführen
            deleteStatement.executeUpdate();

            // PreparedStatement schließen
            deleteStatement.close();
    }
```

16.8 ResultSets

Drei Typen von ResultSets können unterschieden werden:

- TYPE_FORWARD_ONLY: Das ResultSet kann nur vorwärts (next()) durchlaufen werden. Dies ist der Standardwert.
- TYPE_SCROLL_INSENSITIVE: Das ResultSet kann vorwärts (next()) und rückwärts (previous()) durchlaufen und auf eine absolute Position gesetzt werden (z. B. absolute(int)). Änderungen an der Datenbank während des Durchlaufens werden nicht berücksichtigt.
- TYPE_SCROLL_SENSITIVE: Das ResultSet kann vorwärts und rückwärts durchlaufen und auf eine absolute Position gesetzt werden. Änderungen an der Datenbank während des Durchlaufens werden berücksichtigt.

Das Concurrency–Level eines ResultSets bestimmt, ob Zeilen geändert werden können:

- CONCUR_READ_ONLY: Ein Update der Zeilen ist nicht möglich. Dies ist der Standardwert.
- CONCUR_UPDATABLE: Zeilen können geändert, hinzugefügt und gelöscht werden.

Im folgenden Beispiel werden im ResultSet der Liste aller Veranstaltungen alle Beschreibungen des Autors Mozart auf Oper gesetzt. Dann wird eine neue Veranstaltung eingefügt.

```
            public void updateResultSetVeranstaltungen()
                throws SQLException {

            // Query String
            String query =
                "SELECT * "
                + "FROM [KartoFinale].[dbo].[Veranstaltung]";

            // Istanziieren des Statements
            Statement statement = con.createStatement(
                // Navigierbar
                ResultSet.TYPE_SCROLL_SENSITIVE,
                // Update ermöglichen
                ResultSet.CONCUR_UPDATABLE);
```

16.8 ResultSets

```
        // Statement ausführen
        ResultSet rs = statement.executeQuery(query);

        // Für Autor Mozart alle Beschreibungen auf Oper setzen
        while (rs.next()) {
            if (rs.getString("Autor").equals("Mozart")) {
                rs.updateString("Beschreibung", "Oper");
                // In Datenbank schreiben
                rs.updateRow();
            }
        }

        // Neue Veranstaltung einfügen
        // An Zeile zum Einfügen navigieren
        rs.moveToInsertRow();

        // Werte schreiben
        rs.updateInt("Veranstaltungsnummer", 10000);
        rs.updateString("Bezeichnung", "Goethe");
        rs.updateString("Autor", "Faust");
        rs.updateString("Beschreibung", "Schauspiel");

        // Zeile einfügen
        rs.insertRow();

        // ResultSet schließen
        rs.close();

        // Statement schließen
        statement.close();
    }
```

Die eingefügte Veranstaltung wird in der folgenden Methode wieder gelöscht:

```
    public void deleteResultSetVeranstaltungen()
            throws SQLException {

        // Query String
        String query =
                "SELECT * "
                + "FROM [KartoFinale].[dbo].[Veranstaltung]";

        // Istanziieren des Statements
        Statement statement = con.createStatement(
                // Navigierbar
                ResultSet.TYPE_SCROLL_SENSITIVE,
                // Update ermöglichen
                ResultSet.CONCUR_UPDATABLE);

        // Statement ausführen
        ResultSet rs = statement.executeQuery(query);
```

```
        // Veranstaltung löschen
        while (rs.next()) {
            if (rs.getInt("Veranstaltungsnummer") == 10000) {
                rs.deleteRow();
                break;
            }
        }

        // ResultSet schließen
        rs.close();

        // Statement schließen
        statement.close();
    }
```

16.9 Fehlerbehandlung

Tritt während der Kommunikation mit der Datenbank ein Fehler auf, wird eine SQLException mit Informationen gemäß Tabelle 16-2 geworfen.

Tabelle 16-2: SQLException bei der Kommunikation mit der Datenbank

Information	Methode	Beschreibung
Fehlerbeschreibung	getMessage()	Textliche Beschreibung des Fehlers
SQLState Code	getSQLState()	Von ISO/ANSI und Open Group (X/Open) standardisierte Codes
Fehlercode	getErrorCode()	Üblicherweise der Fehlercode der zugrundeliegenden Datenbank
Verkettung	getNextException()	Falls mehrere Exceptions auftreten, können diese iterativ durchlaufen werden.

Der Versuch, einen neuen Kunden mit einer bereits existierenden Kundennummer einzutragen, führt beispielsweise zu einer SQLException mit folgenden Informationen:

- Message: Verletzung der PRIMARY KEY-Einschränkung 'pk_Kunde'. Ein doppelter Schlüssel kann in das dbo.Kunde-Objekt nicht eingefügt werden.
- SQLState: 23000 (Integrity constraint violation)
- Error Code: 2627 (Code des SQL Servers: "violation of unique key constraint")

16.10 Transaktionen

Transaktionen werden in JDBC über das Verbindungsobjekt gesteuert. Beim Erzeugen eines Verbindungsobjekts ist der AutoCommit-Modus eingeschaltet. Dabei wird jede Ausführung einer Operation auf einem Statement-Objekt als eigenständige Transaktion behandelt. Bei DML- und DDL-Anweisungen erfolgt das Commit unmittelbar nach der Ausführung, bei DQL-Anweisungen (SELECT) nach dem Schließen der Ergebnismenge.

Der AutoCommit-Modus kann mit der Methode setAutoCommit() ein- und ausgeschaltet werden. Im ausgeschalteten Modus werden alle Anweisungen einer Transaktion zugeordnet, bis entweder ein commit() oder ein rollback() aufgerufen wird.

Zusätzlich kann mit setTransactionIsolation(int level) das Isolationslevel gesetzt werden. Verfügbar sind folgende vier Isolationslevel, die in der Methode setTransactionIsolation() über die folgenden Konstanten auf die üblichen Level gesetzt werden können:

- Connection TRANSACTION_READ_UNCOMMITTED
- Connection.TRANSACTION_READ_COMMITTED
- Connection TRANSACTION_REPEATABLE_READ
- Connection TRANSACTION_SERIALIZABLE

Im folgenden Beispiel wird ein Sitzplatz unter Angabe von Bestellnummer, Artikelnummer, Kundennummer und Personalnummer innerhalb einer Transaktion belegt. Hierzu wird eine neue Bestellung mit zugehörigem neuem Bestellposten angelegt und der Zustand des Sitzplatzes auf 'belegt' gesetzt. Kann der Sitzplatz korrekt reserviert werden, wird commit() aufgerufen. Tritt eine Exception auf, wird ein rollback() ausgeführt. Die benutzten Klassen und Methoden für Bestellung, Bestellposten und Sitzplatz sind in der Schnittstelle implementiert.

```java
public void buySitzplatz(int artikelnummer, int kundennummer,
    int bestellNr, int personalnummer) throws SQLException {

try {

    // Isolationslevel setzen
    con.setTransactionIsolation(
            Connection.TRANSACTION_REPEATABLE_READ);

    // AutoCommit ausschalten
    con.setAutoCommit(false);

    // Bestellobjekt erzeugen
    Bestellung bestellung =
            new Bestellung(bestellNr,
```

```
                    Util.createSQLTimestampNow(),
                    personalnummer,
                    kundennummer);

            // Bestellpostenobjekt erzeugen
            Bestellposten bestellposten =
                    new Bestellposten(1, 1, bestellNr, artikelnummer);

            // Bestellobjekt in Datenbank schreiben
            createBestellung(bestellung);

            // Bestellpostenobjekt in Datenbank schreiben
            createBestellposten(bestellposten);

            // Sitzplatz auf belegt setzen
            updateSitzplatzBelegt(artikelnummer);

            // Commit der Transaktion
            con.commit();

        } catch (SQLException e) {

            // SQL Exception ausgeben
            Util.printSQLException(e);

            // Prüfen, ob Verbindung noch vorhanden
            if (con != null) {
                try {

                    // Im Fehlerfall Rollback der Transaktion
                    con.rollback();

                } catch (SQLException excep) {

                    // SQL Exception ausgeben
                    Util.printSQLException(excep);
                }
            }
        } finally {
            // AutoCommit einschalten
            con.setAutoCommit(true);
        }
    }
```

JDBC erlaubt auch das Setzen von Savepoints. Hierzu werden an den vorgesehenen Stellen der Transaktion Savepoint-Objekte mit setSavepoint() erzeugt. Die rollback()-Methode erlaubt die Angabe eines Savepoints, um auf diesen zurückzusetzen.

16.11 Praxis

Öffnen Sie das KartoFinale-JDBC-Projekt in der NetBeans IDE. Die Anwendung ist folgendermaßen strukturiert (Abbildung 16-1 (1)):

- Das Paket service beinhaltet die Geschäftslogikschnittstelle KartoFinaleService.java und die Implementierung der Schnittstelle in der Klasse KartoFinale.java. Hierin finden Sie die Beispielmethoden aus diesem Kapitel. In dieser Klasse werden auch die Verbindungsparameter gesetzt, die vor der Nutzung der Anwendung angepasst werden müssen.
- Das Paket model umfasst die Modellklassen, die die Datenbanktabellen repräsentieren.
- Das Paket utils enthält die Util-Klasse, die im Wesentlichen Methoden zur Ausgabe der Modellklassenobjekte bereitstellt.
- Das Paket client beinhaltet die Klasse Client, die die main()-Methode und die Methoden zum Testen der Schnittstelle enthält.

Die Klasse Client beinhaltet Methoden, die Beispiele zu lesenden Zugriffen (lesendeZugriffe()), schreibenden Zugriffen (schreibendeZugriffe()), dem Update im ResultSet (updateResultSet()) und die Ausführung des Transaktionsbeispiels (ausfuehrenTransaktion()) bündeln.

In der Methode startBeispiele() (2) können diese Methoden gestartet werden. Jeweils nicht benutzte Beispiele können im Editierfenster (3) aus- und einkommentiert werden. Die Anwendung wird über den Button (4) gestartet.

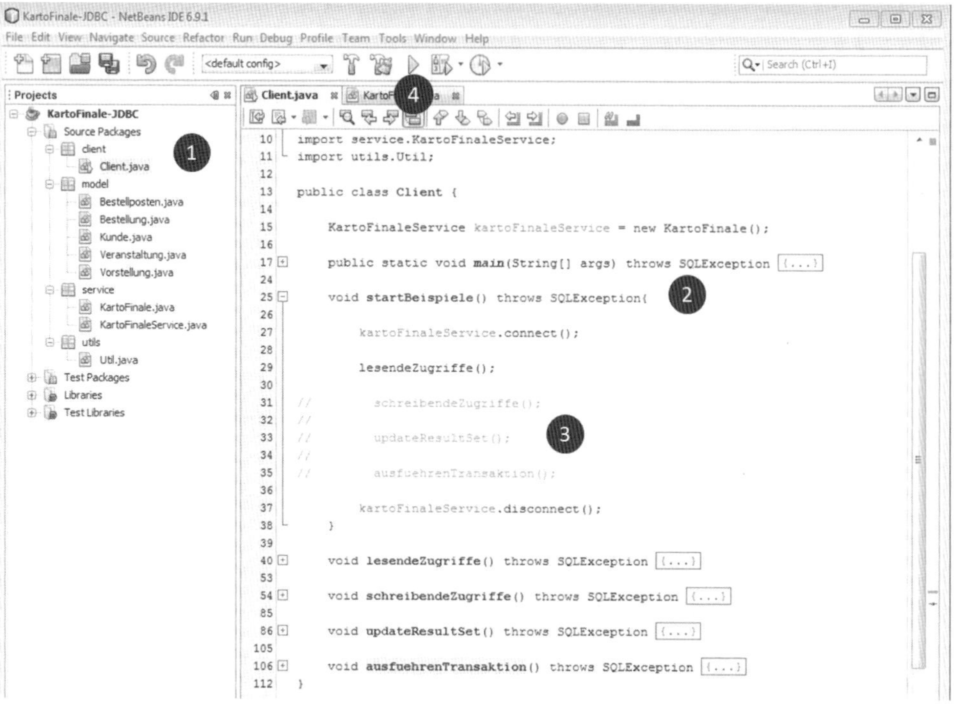

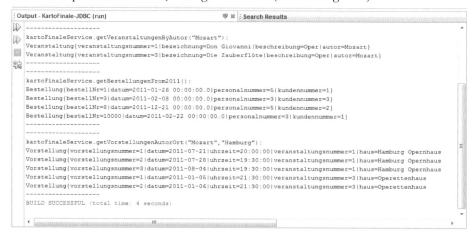

Abbildung 16-1: Struktur der KartoFinale-Anwendung in der Projektansicht und Klasse Client im Editierfenster

Alle Ausgaben der Anwendung mittels System.out.println() werden ins Ausgabefenster Output-KartoFinale-JDBC geschrieben (Abbildung 16-2).

Abbildung 16-2: Ausgabe der Methode lesendeZugriffe() im Ausgabefenster

Alle Beispiele können mehrfach gestartet werden, da die Methoden die Änderungen in einer solchen Reihenfolge ausführen, dass die wesentlichen Änderungen an der Datenbank wieder rückgängig gemacht werden.

16.11 Praxis

Treten in der Verarbeitung SQL Exceptions auf, werden diese im Ausgabefenster ausgegeben (Abbildung 16-3), startend mit einem Stacktrace (1), der detaillierte Information zu den Methoden und Zeilenzahlen (2) enthält, in denen der Fehler aufgetreten ist. Es folgt die Fehlerbeschreibung gemäß Abschnitt 16.9. (3).

Abbildung 16-3: Darstellung der SQLException im Ausgabefenster nach Verletzung einer Primary Key-Einschränkung

Die Util-Klasse enthält Methoden, die es ermöglichen, komfortabel die Ergebnisse der Methodenverarbeitung zu überprüfen (Abbildung 16-4 (1)).

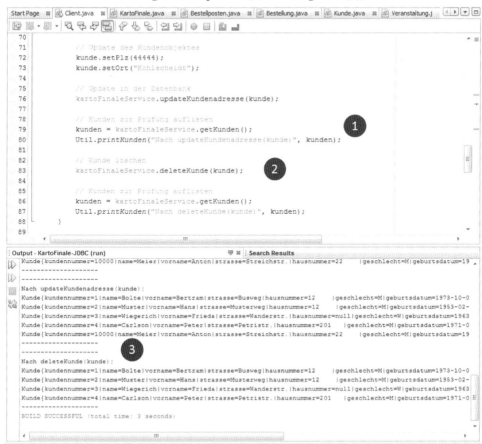

Abbildung 16-4: Ausgabe von Entitätenlisten

Im Beispiel zum schreibenden Zugriff wird dies genutzt, um immer vor und nach einem Schreiben in die Datenbank die Liste der betroffenen Objekte auszugeben (2). Damit ist das Resultat einfach nachvollziehbar (3). In der Abbildung 16-4 zeigt die Ausgabe, dass der Kunde mit der Kundennummer 10000 gelöscht wurde.

16.12 Zusammenfassung

Standardisierte Datenbankschnittstellen bieten eine datenbankunabhängige Programmierschnittstelle, mit der portable datenbankgestützte Anwendungen geschrieben werden können.

JDBC ist eine Datenbankschnittstelle in der Java Standard Edition und ermöglicht Anwendungen, Verbindungen zu einer Datenbank aufzubauen, SQL-Anweisungen an Datenbanken abzusetzen, Resultatmengen zu empfangen und zu verarbeiten und Transaktionen zu steuern.

Die Anwendung verbindet sich über den JDBC-Treiber mit der Datenbank. Dieser übernimmt u. a. die Kommunikation und notwendige Konvertierungsfunktionalitäten.

Eine Verbindung zur Datenbank wird typischerweise unter Angabe des JDBC-Treibers, der Adressierung des Datenbankservers, dem Namen der Datenbank und Authentisierungsinformation aufgebaut.

Über das Query-Interface können SQL-Statements des Typs DQL, DML, DDL abgesetzt werden. Spezielle PreparedStatements ermöglichen die sichere Parametrisierung von SQL-Statements.

Die Ergebnismenge eines SELECT-Statements kann iterativ durchlaufen werden und bei geeigneter Typisierung auch zum Hinzufügen, Ändern und Löschen von Datenbankinhalten genutzt werden.

Die Ausführung einzelner Statements wird standardmäßig als eigenständige Transaktion im autocommit-Modus ausgeführt. Eine eigenständige Transaktionssteuerung und das Setzen von Savepoints durch die Anwendung sind möglich.

16.13 Aufgaben

Wiederholungsfragen

1. Wozu werden Datenbankschnittstellen verwendet?
2. Welche Aufgaben hat ein JDBC-Treiber?
3. Welche Informationen benötigt ein JDBC-Treiber in der Regel für den Verbindungsaufbau zu einem Datenbankserver im Netzwerk?
4. Welche Java-Schnittstelle der JDBC repräsentiert
    a) eine Verbindung zur Datenbank,
    b) eine SQL-Anfrage,

16.13 Aufgaben

    c) eine vorübersetzte, parametrisierbare SQL-Anfrage,
    d) das Ergebnis einer SQL-Anfrage?
5. Welche Vorteile bieten vorübersetzte SQL-Anfragen (PreparedStatements) gegenüber einfachen Anfragen (Statements)?
6. Wie werden SQL-Anfragen in JDBC parametrisiert?
7. Welche Abbildungen von SQL-Datentypen auf Java-Datentypen kennen Sie?
8. Wie können Sie bei der Verarbeitung eines SQL-Anfrageergebnisses die gelieferten Daten aktualisieren?
9. Welche Isolationslevel für Transaktionen können Sie für JDBC-Verbindungen nutzen?

Übungen

1. Richten Sie eine neue Datenbank Bibliothek im MS SQL Server ein. Fügen Sie eine Tabelle Buch mit den Spalten ISBNNummer als Primärschlüssel, Autor, Titel und Beschreibung hinzu. Tragen Sie einige Beispieldaten für die Autoren Goethe und Schiller ein. Schreiben Sie ein JDBC-basiertes Javaprogamm mit folgenden Funktionalitäten:
   a. Verbinden Sie sich mittels einer DataSource mit dieser Datenbank.
   b. Schreiben Sie Methoden zum
      i. Auslesen aller Bücher
      ii. Auslesen aller Bücher von Schiller
      iii. Auslesen aller Bücher sortiert nach Titel
      iv. Geben Sie die Ergebnismenge aus dem ResultSet im Ausgabefenster aus.
   c. Ändern Sie Ihr Programm so, dass das Auslesen nach Name des Autors parametrisiert werden kann. Als Parameter soll der Name des Autors übergeben werden können. Testen Sie ihr Programm für beide Autoren.
   d. Schreiben Sie Methoden zum:
      i. Einfügen eines neuen Buchs in die Datenbank
      ii. Ändern der Beschreibung eines Buchs.
2. Schreiben Sie in der KartoFinale-JDBC-Anwendung eine Methode, mit der Sie eine parametrisierbare Abfrage stellen können, um alle KartoFinale-Bestellungen in einem Zeitraum (von-bis) abzufragen. Nutzen Sie ein PreparedStatement.
3. Fügen Sie dem KartoFinale-Schema eine Tabelle Gutschein hinzu, in der Einkaufsgutscheine gespeichert werden. Die Tabelle enthält als Spalten eine Gutscheinnummer (Primärschlüssel), den Wert des Gutscheins und einen Fremdschlüssel auf die Tabelle Kunde, die den jeweiligen Gutscheinbesitzer referenziert, und das Datum des Gutscheins. Schreiben Sie eine Methode, in der jedem Kunden mit einer Insert-Anweisung ein Treuegutschein im Wert von 10 Euro eingetragen wird, der bereits mindestens eine Bestellung bei KartoFinale hat.

Hinweis: Den Preis können Sie mit dem Java-Datentyp BigDecimal() abbilden. Arbeiten Sie mit inkrementierenden Primärschlüsselwerten. Vereinfachende Methoden und Hinweise für die Bearbeitung eines Datums finden Sie in der Klasse Util.

4. Schreiben Sie eine Methode, die den Wert der Gutscheine in der Datenbank auf 15 Euro setzt, aber nur für Kunden, die vor dem 1. 1. 1960 geboren sind.
5. Schreiben Sie eine Methode, die Gutscheine löscht, die älter als ein Jahr sind.
6. Schreiben Sie eine Methode, die in einer Transaktion einen neuen Kunden mit einem Gutschein im Wert von 20 Euro anlegt.

Hinweis: Testen Sie die Methoden jeweils mit dem Client und Ausgaben im Ausgabefenster.

17 Grundlagen des objektrelationalen Mappings

In Kapitel 17 sollen folgende Fragen geklärt werden:
- Was wird unter objektrelationalem Mapping verstanden?
- Wie funktioniert die Abbildung von Klassen in Programmiersprachen auf Tabellen?
- Wie erfolgt die Abbildung von Beziehungen zwischen Objekten auf die Datenbank?
- Wie werden lesende Zugriffe auf die Datenbank realisiert?

Der schreibende Zugriff und weitergehende Techniken des objektrelationalen Mappings werden in Kapitel 18 behandelt.

17.1 Motivation

Die Implementierung der KartoFinale-Geschäftslogikschnittstelle soll besser wartbar umgesetzt werden. Hierzu soll die Abstraktion von der zugrundeliegenden Datenbank verbessert werden.

Die Programmierung der Geschäftslogikschnittstelle soll auf Objektebene erfolgen, die Generierung und Ausführung der notwendigen SQL-Anweisungen soll im Hintergrund durch die Laufzeitumgebung erfolgen.

Dies umfasst unter anderem das Abbilden der Objekte auf Tupel der Datenbanktabelle und das automatische Laden der Objekte aus der Datenbank basierend auf Objektbeziehungen.

In einer ersten Phase sollen die lesenden Zugriffe auf die Datenbank angepasst werden. Die Modellierung der Objekte soll sich zunächst strikt an der existierenden Datenbank orientieren.

Die Geschäftslogikschnittstelle soll dabei weitgehend unverändert bleiben.

17.2 Objektrelationales Mapping

Im Kapitel 16 Datenbankschnittstelle JDBC wurde in der Implementierung der Geschäftslogikschnittstelle eine Abbildung von Klassen auf Datenbanktabellen beziehungsweise von Objekten auf Tupel umgesetzt. Diese Abbildung wird als objektrelationales Mapping (OR-Mapping) bezeichnet.

Die Erstellung und Wartung dieses Programmcodes ist jedoch sehr aufwändig, insbesondere wenn komplexe Objekte und Beziehungen vorhanden sind.

In modernen Anwendungen wird diese Abbildung deshalb nicht eigenhändig programmiert, sondern es werden objektrelationale Mapper (OR-Mapper) eingesetzt, die die Abbildung vornehmen, sodass im Wesentlichen eine rein objektorientierte Programmierung erfolgen kann.

Dem objektrelationalen Mapping liegen folgende Grundprinzipien zugrunde:

- Jede Klasse wird durch eine oder mehrere Tabellen in der Datenbank repräsentiert.
- Die Attribute der Klasse entsprechen Spalten der Datenbank.
- Die Beziehungen zwischen den Datenbanktabellen werden durch Objektreferenzen repräsentiert. Das heißt, dass Attribute, die in der Datenbank Fremdschlüssel repräsentieren, nicht den Wert des Fremdschlüssels beinhalten, sondern einen Verweis auf das konkrete Objekt.

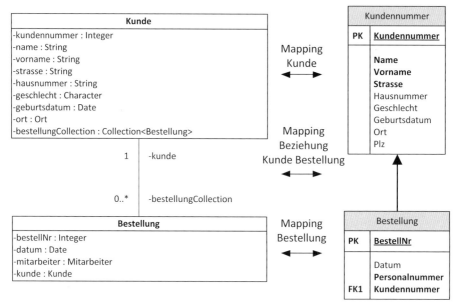

Abbildung 17-1: Abbildung Klassen auf Datenbanktabellen: Links die UML-Darstellung der Klassen Kunde und Bestellung, rechts das Diagramm für die Tabellen Kunde und Bestellung

Abbildung 17-1 zeigt dies am Beispiel Kunde und Bestellung. Die Klasse Kunde wird durch die Tabelle Kunde repräsentiert, die Klasse Bestellung durch die Tabelle Bestellung. Jedes Attribut der Klassen wird auf die jeweilige Spalte der Datenbanktabelle abgebildet.

Ausnahmen sind die Attribute ort und bestellungCollection der Klasse Kunde und die Attribute kunde und mitarbeiter der Klasse Bestellung, die jeweils Beziehungen zu anderen Klassen repräsentieren:

17.2 Objektrelationales Mapping

- Das Attribut ort der Klasse Kunde referenziert auf ein Objekt vom Typ Ort, welches dem durch den Fremdschlüssel Plz,Ort in der Tabelle Kunde referenzierten Ort in der Tabelle Ort entspricht.
- In der Klasse Kunde wird die Beziehung zur Klasse Bestellung durch das Attribut bestellungCollection repräsentiert, welche eine Collection referenziert, die alle Bestellungen eines Kunden umfasst.
- Das Attribut kunde in der Klasse Bestellung enthält eine Referenz auf ein Objekt Kunde, welches dem durch den Fremdschlüssel kundennummer in der Tabelle Bestellung referenzierten Kunden in der Tabelle Kunde entspricht.
- Das Attribut mitarbeiter in der Klasse Bestellung enthält eine Referenz auf ein Objekt Mitarbeiter, welches dem durch den Fremdschlüssel personalnummer in der Tabelle Bestellung referenzierten Mitarbeiter in der Tabelle Mitarbeiter entspricht.

Für Kunde und Bestellung ist die Abbildung exemplarisch in Abbildung 17-2 dargestellt. Es werden die Datenbankinhalte und entsprechende Objektinhalte und -beziehungen mit einem Kunden und 2 Bestellungen gezeigt. In den Datenbanktabellen werden die Beziehungen durch den Fremdschlüssel kundennummer in der Tabelle Bestellung repräsentiert. Auf Objektebene referenziert bestellungCollection des Objekts kunde auf eine Collection, die Referenzen auf die Bestellungsobjekte enthält. In jeder Bestellung verweist das Attribut kunde auf das Kundenobjekt.

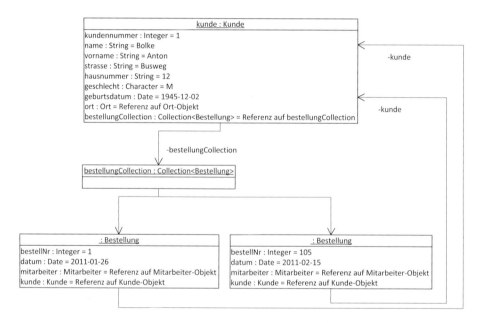

Abbildung 17-2: Datenbankinhalte und entsprechende Objektinhalte und -beziehungen

Im Folgenden erfolgt die Erläuterung der Prinzipien des OR-Mapping exemplarisch anhand der Java Persistence 2.0 API (JPA). JPA ist der Standard für objektrelationales Mapping in Java und kommt unter anderem in der Java Enterprise Edition, dem Java Framework zur Entwicklung mehrschichtiger Geschäftsanwendungen zum Einsatz.

17.3 Entitäten

Die in der Datenbank zu speichernden Objekte werden als Entitäten bezeichnet, die zugehörigen Klassen als Entitätsklassen. Diese sind in der JPA normale Java-Klassen.

Um die Abbildung zwischen den Entitätsklassen und Tabellen automatisiert vorzunehmen, muss der OR-Mapper mittels Metadaten über folgende Information verfügen:

- Welche Klassen sind Entitätsklassen? Welche Entitätsklassen werden auf welche Tabellen abgebildet?
- Welche Attribute der Java-Klassen sollen in der Datenbank abgelegt werden? Sind dafür NULL-Werte zugelassen? Auf welche Datenbankspalten werden die Attribute abgebildet?
- Welche Attribute entsprechen dem Primärschlüssel der zugehörigen Datenbanktabelle?

JPA bietet die Möglichkeit, die Metadaten über XML-Konfigurationsdateien oder über Annotationen im Quelltext der Entitätsklasse anzugeben. Im Folgenden wird letztere Methode verwendet. Eine Annotation beginnt mit dem Zeichen @ gefolgt vom Namen der Annotation. Annotationen sind über Name,Wert-Paare parametrisierbar, die als Elemente bezeichnet werden. Annotationen werden immer direkt vor die zu annotierenden Programmelemente geschrieben.

Die Deklaration einer Klasse als Entitätsklasse erfolgt über die Annotation @Entity. In der optionalen Annotation @Table können die zugehörige Tabelle, der Katalog und das Schema angegeben werden. Standardwerte sind der Name der Entität, der Standardkatalog und das Standardschema für den Benutzer.

Die Klasse Kunde als Entitätsklasse und die Zuordnung zur Tabelle Kunde im Katalog KartoFinale im Schema dbo wird folgendermaßen deklariert:

```
@Entity
@Table(name = "Kunde", catalog = "KartoFinale", schema = "dbo")
public class Kunde implements Serializable {
...
```

Standardmäßig sind alle Attribute einer Entitätsklasse persistent, das heißt, sie werden dauerhaft in der Datenbank abgelegt. Mit der Annotation @Transient kann ein Attribut als nicht persistent gekennzeichnet werden.

Zum Festlegen der detaillierten Eigenschaften der Persistierung der Attribute stehen weitere Annotationen zur Verfügung.

Die optionale Annotation @Column ermöglicht bei Bedarf:

- Den Spaltennamen für das Attribut in der Tabelle festzulegen (Element name). Default ist der Name des Attributs.

- Festzulegen, ob das Attribut in der Datenbank nullable ist (Element nullable). Default ist true.
- Die Größe der Spalte in der Datenbank festzulegen, falls es sich um einen String handelt. (Element length).

Mit der @id-Annotation wird der Primärschlüssel der Entitätsklasse festgelegt. Ein Attribut muss verbindlich als Primärschlüssel festgelegt werden.

Für Attribute des Typs java.util.Date und java.util.Calendar muss zusätzlich die Annotation @Temporal gesetzt sein, um das Speicherformat in der Datenbank zu deklarieren.

Für die Klasse Kunde ergeben sich unter anderem folgende Annotationen.

```
@Entity
@Table(name = "Kunde", catalog = "KartoFinale", schema = "dbo")
public class Kunde implements Serializable {

    @Id
    @Column(name = "Kundennummer", nullable = false)
    private Integer kundennummer;

    @Column(name = "Name", nullable = false, length = 30)
    private String name;

    @Column(name = "Vorname", nullable = false, length = 20)
    private String vorname;

    @Column(name = "Strasse", nullable = false, length = 50)
    private String strasse;

    @Column(name = "Hausnummer", length = 6)
    private String hausnummer;

    @Column(name = "Geschlecht")
    private Character geschlecht;

    @Column(name = "Geburtsdatum")
    @Temporal(TemporalType.DATE)
    private Date geburtsdatum;
    ...
}
```

In der Klasse Kunde entsprechen die Namen der Attribute den Namen der zugehörigen Spalten in der Tabelle. Deshalb wird das Element name in den Column-Annotationen nicht benötigt. Ist nur dieses Element Teil der Annotation, kann diese komplett wegfallen. Da zudem die Tabelle in der Datenbank ebenfalls Kunde heißt und in der Verbindung zur Datenbank der Katalog auf KartoFinale und das Schema auf dbo gesetzt ist, kann auch die @Table-Annotation wegfallen.

17.3 Entitäten

Zuerst ergibt sich dann folgende verkürzte Annotation für die Klasse Kunde.

```
@Entity
public class Kunde implements Serializable {

    @Id
    @Column(nullable = false)
    private Integer kundennummer;

    @Column(nullable = false, length = 30)
    private String name;

    @Column(nullable = false, length = 20)
    private String vorname;

    @Column(nullable = false, length = 50)
    private String strasse;

    @Column(length = 6)
    private String hausnummer;

    private Character geschlecht;

    @Temporal(TemporalType.DATE)
    private Date geburtsdatum;
    ...
}
```

Wenn eine Entitätsklasse einen zusammengesetzten Primärschlüssel besitzt, kann dies mit einer eingebetteten Primärschlüsselklasse umgesetzt werden, die die Attribute des Primärschlüssels umfasst. Die Annotation @EmbeddedId deklariert das Attribut, welches das zugehörige Primärschlüsselobjekt referenziert. Die Attribute werden trotzdem in der Tabelle der Entität gespeichert.

In der Tabelle Ort wird beispielsweise der Primärschlüssel aus den Spalten Plz und Ort gebildet und in der Klasse Ort ein Attribut ortPK deklariert, welches auf die eingebettete Klasse OrtPK gemäß Abbildung 17-3 verweist.

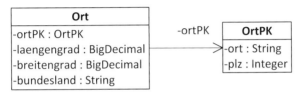

Abbildung 17-3: Primärschlüsselklasse für zusammengesetzten Primärschlüssel am Beispiel der Klassen Ort und OrtPK

In der Klasse Ort wird über die Annotation @EmbeddedId das Attribut ortPK als Referenz auf die Primärschlüsselklasse OrtPK annotiert.

```
@EmbeddedId
protected OrtPK ortPK;
```

Die Klasse OrtPK wird als Embeddable annotiert und folgendermaßen deklariert:

```
@Embeddable
public class OrtPK implements Serializable {

    @Column(name = "Ort", nullable = false, length = 200)
    private String ort;

    @Column(name = "Plz", nullable = false)
    private int plz;
```

Die Tabelle Ort beinhaltet die Spalten Plz und Ort.

17.4 Beziehungen zwischen Entitäten

Entitäten können in Beziehungen zueinander stehen. Zur Verwaltung der Beziehungen muss der OR-Mapper folgende Informationen besitzen:

- Welche Beziehungen bestehen? Wie werden diese in der Datenbank als Fremdschlüsselbeziehungen abgebildet?
- Welche Kardinalitäten haben die Beziehungen?

Die Beziehungen zwischen den Entitäten können folgende Kardinalitäten annehmen:

- 1:1 (Annotation @OneToOne)
- 1:n (Annotation @OneToMany)
- n:1 (Annotation @ManyToOne)
- n:m (Annotation @ManyToMany)

Es können unidirektionale und bidirektionale Beziehungen abgebildet werden. Bei bidirektionalen Beziehungen verweist jeweils ein Attribut einer beteiligten Entitätsklasse auf ein oder mehrere Objekte der anderen Entitätsklasse. Bei unidirektionalen Beziehungen verweist jeweils nur eine Entitätsklasse auf eine andere.

17.4.1 OneToOne-Beziehungen

Bei einer unidirektionalen OneToOne-Beziehung wird das Attribut, welches die Referenz enthält, mit @OneToOne annotiert. Das Element optional der Annotation gibt an, ob die Beziehung optional ist, das heißt, ob das Attribut den Wert null annehmen darf.

Zusätzlich kann bei Bedarf über die optionale @JoinColumn-Annotation mit dem Element name festgelegt werden, welche Spalte der Tabelle der Entitätsklasse den

17.4 Beziehungen zwischen Entitäten

Fremdschlüssel enthält und mit dem Element referencedColumnName der Name der durch den Fremdschlüssel referenzierten Spalte der referenzierten Tabelle. Der Standardwert für name ist zusammengesetzt aus dem Namen des Attributs gefolgt von "_" gefolgt vom Namen der Primärschlüsselspalte der referenzierten Klasse, für referencedColumnName der Name der Primärschlüsselspalte der referenzierten Entitätsklasse. Dies gilt jeweils nur, wenn lediglich eine Join Column benutzt wird.

Mit dem Element nullable der @JoinColumn-Annotation wird festgelegt, ob die Spalte mit einem Wert belegt sein muss. insertable und updatable legen fest, ob die Spalte in INSERT- oder UPDATE-Anweisungen berücksichtigt werden soll.

Bei einer bidirektionalen OneToOne-Beziehung wird zusätzlich in der referenzierten Klasse in der Annotation @OneToOne über das Element cascade angegeben, ob Updates kaskadierend erfolgen sollen und über das Element mappedBy das zur Beziehung zugehörige Attribut in der referenzierenden Klasse.

Ein Beispiel für eine bidirektionale OneToOne-Beziehung in KartoFinale ist die Beziehung zwischen Artikel und Werbeartikel.

Die Entitätsklasse Werbeartikel enthält ein Attribut artikel, welches auf den zugehörigen Artikel referenziert und folgendermaßen annotiert wird:

```
public class Werbeartikel implements Serializable {
    ...
    @JoinColumn(name = "Artikelnummer",
        referencedColumnName = "Artikelnummer",
        nullable = false,
        insertable = false, updatable = false)
    @OneToOne(optional = false)
    private Artikel artikel;
    ...
}
```

In der Entitätsklasse Artikel wird im Attribut werbeartikel auf den entsprechenden Werbeartikel, soweit vorhanden, referenziert.

```
public class Artikel implements Serializable {
    ...
    @OneToOne(cascade = CascadeType.ALL, mappedBy = "artikel")
    private Werbeartikel werbeartikel;
    ...
}
```

Das Element cascade legt die kaskadierende Verarbeitung von Operationen in Beziehungen fest, im konkreten Fall u. a. kaskadierendes Persistieren und Löschen der Werbeartikel, wenn der zugehörige Artikel gelöscht wird. Das Element mappedBy gibt das zur Beziehung zugehörige Attribut artikel in der Klasse Werbeartikel an.

Die Annotationen werden in Abbildung 17-4 veranschaulicht.

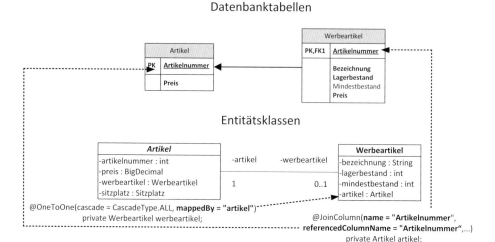

Abbildung 17-4: Annotation der OneToOne-Beziehung Artikel, Werbeartikel (gestrichelte Pfeile)

17.4.2 OneToMany- und ManyToOne-Beziehungen

Bei einer unidirektionalen OneToMany- und ManyToOne-Beziehung werden jeweils die entsprechenden Annotationen angegeben. Die Elemente der Annotationen entsprechen denen der OneToOne-Beziehung.

Bidirektional ergänzen sich OneToMany und ManyToOne. Aus Sicht der Klasse, die auf Datenbankebene den Fremdschlüssel der anderen Klasse enthält (die sogenannte besitzende Klasse), ist es eine ManyToOne-Beziehung, aus Sicht der anderen Klasse eine OneToMany-Beziehung.

Im Beispiel der Beziehung zwischen Kunde und Bestellung ist die Bestellung die besitzende Klasse. Es existiert demzufolge eine ManyToOne-Beziehung zur Klasse Kunde, die durch das Attribut kunde repräsentiert wird:

```
public class Bestellung implements Serializable {
…
    @JoinColumn(name = "Kundennummer",
        referencedColumnName = "Kundennummer",
        nullable = false)
    @ManyToOne(optional = false)
    private Kunde kunde;
…
}
```

17.4 Beziehungen zwischen Entitäten

Die Beziehung zwischen Kunde und Bestellung wird auf Seite der Klasse Kunde durch eine OneToMany-Annotation deklariert.

```
public class Kunde implements Serializable {
    ...
    @OneToMany(cascade = CascadeType.ALL, mappedBy = "kunde")
    private Collection<Bestellung> bestellungCollection;
    ...
}
```

Eine weitere Ausprägung einer 1:n-Beziehung ist die zwischen Ort und Kunde. Die Besonderheit ist der zusammengesetzte Primärschlüssel von Ort.

Die Deklaration der Beziehung erfolgt auf Seite von Ort analog zu den vorigen Beispielen.

```
public class Ort implements Serializable {
    ...
    @OneToMany(mappedBy = "ort")
    private Collection<Kunde> kundeCollection;
    ...
}
```

Auf Seite der besitzenden Klasse Kunde muss die Fremdschlüsselbeziehung zu den Attributen Plz und Ort in Kunde deklariert werden. Dies erfolgt über zwei @JoinColumn-Annotationen, die in einer @JoinColumns-Annotation zusammengefasst sind:

```
public class Kunde implements Serializable {
    ...
    @ManyToOne
    @JoinColumns({
        @JoinColumn(name = "Ort", referencedColumnName = "Ort"),
        @JoinColumn(name = "Plz", referencedColumnName = "Plz")})
    private Ort ort;
    ...
}
```

17.4.3 ManyToMany-Beziehungen

ManyToMany-Beziehungen müssen über eine Join-Tabelle verfügen. Die Beziehungen zur Join-Tabelle und zwischen den Entitätsklassen werden über die Annotationen hergestellt.

Beispielsweise wird in der Firma KartoFinale die Projektarbeit eingeführt. Jedem Projekt können mehrere Mitarbeiter zugeordnet sein, jeder Mitarbeiter kann an mehreren Projekten arbeiten. Die KartoFinale-Datenbank wird dafür um folgende Tabellen erweitert:

- Die Tabelle Projekt mit den Spalten Projektnummer (Primärschlüssel) und Beschreibung.
- Die Tabelle ProjektMitarbeiter mir den Spalten Projektnummer und Personalnummer, die gemeinsam den Primärschlüssel bilden und entsprechende Fremdschlüsselbeziehungen zu den Tabellen Projekt und Mitarbeiter besitzen.

Es handelt sich um eine bidirektionale Beziehung, das heißt, es wird auf beiden Seiten der Beziehung ein Collection-Attribut in den Entitätsklassen Projekt und Mitarbeiter angelegt.

Für die Entitätsklasse Projekt werden folgende Annotationen angewendet:

```
public class Projekt implements Serializable {
...
    @ManyToMany
    @JoinTable(name = "Personal.ProjektMitarbeiter",
    joinColumns =
    @JoinColumn(name = "Projektnummer",
        referencedColumnName = "Projektnummer"),
    inverseJoinColumns =
    @JoinColumn(name = "Personalnummer",
        referencedColumnName = "Personalnummer"))
    private Collection<Mitarbeiter> mitarbeiterCollection;
...
}
```

Mit der Annotation @ManyToMany wird die Beziehung festgelegt. @JoinTable enthält die notwendige Verknüpfungsinformation:

- Im Element name den Namen der Join-Tabelle in der Datenbank (Personal.ProjektMitarbeiter).
- Im Element joinColumns die Annotation @JoinColumn,
    - die im Element name die der Entität zugehörige Spalte mit dem Fremdschlüssel in der JoinTable (Projektnummer in der Tabelle Personal.ProjektMitarbeiter) und
    - im Element referencedColumnName den Namen der Spalte in der referenzierten Tabelle, in diesem Fall der Primärschlüssel in der Tabelle Projekt (Projektnummer in der Tabelle Personal.Projekt), enthält.
- Im Element inverseJoinColumn die Annotation @JoinColumn,
    - die im Element name die Spalte mit dem Fremdschlüssel in der Join-Tabelle für die in Beziehung stehende Entität (Personalnummer in der Tabelle Personal.ProjektMitarbeiter) und

17.4 Beziehungen zwischen Entitäten

o im Element referencedColumnName den Namen der Spalte in der referenzierten Tabelle, in diesem Fall der Primärschlüssel in der Tabelle Mitarbeiter (Personalnummer in der Tabelle Personal.Projekt), angibt.

In der Klasse Mitarbeiter muss das referenzierende Attribut in der Klasse Projekt im Element mappedBy angegeben werden.

```
public class Mitarbeiter implements Serializable {
    …
    @ManyToMany(mappedBy = "mitarbeiterCollection")
    private Collection<Projekt> projektCollection;
    …
}
```

Auf beiden Seiten der Beziehung kann dann mittels der Beziehungsattribute auf die verknüpften Entitäten zugegriffen werden.

Die Annotationen werden in Abbildung 17-5 veranschaulicht.

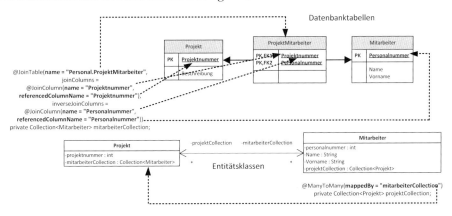

Abbildung 17-5: Annotation der ManyToMany-Beziehung zwischen Projekt und Mitarbeiter (gestrichelte Pfeile)

17.4.4 Beziehungen in der KartoFinale-Anwendung

Die Beziehungen für die KartoFinale-Anwendung werden in Tabelle 17-1 gezeigt. Sie werden in den nachfolgenden Beispielen zugrundgelegt.

Tabelle 17-1: Beziehungen in der KartoFinale-Anwendung

Beziehungstyp	Entitätsklasse	Beziehungsattribut	Entitätsklasse	Beziehungsattribut
@OneToOne	Artikel	sitzplatz	Sitzplatz	artikel
@OneToOne	Artikel	werbeartikel	Werbeartikel	artikel
@OneToOne	Mitarbeiter	ehepartner	Ehepartner	ehepartner
@OneToMany @ManyToOne	Abteilung	mitarbeiter-Collection	Mitarbeiter	abteilung
@OneToMany @ManyToOne	Artikel	bestellposten-Collection	Bestellposten	artikel
@OneToMany @ManyToOne	Bestellung	Bestellposten-Collection	Bestellposten	bestellung
@OneToMany @ManyToOne	Kunde	bestellung-Collection	Bestellung	kunde
@OneToMany @ManyToOne	Mitarbeiter	mitarbeiter-Collection	Mitarbeiter	vorgesetzter
@OneToMany @ManyToOne	Mitarbeiter	abteilung-Collection	Abteilung	abteilungsleiter
@OneToMany @ManyToOne	Ort	spielstaette-Collection	Spielstaette	ort
@OneToMany @ManyToOne	Ort	kunde-Collection	Kunde	ort
@OneToMany @ManyToOne	Vorstellung	sitzplatz-collection	Sitzplatz	vorstellung
@OneToMany @ManyToOne	Spielstaette	vorstellung-Collection	Vorstellung	spielstaette
@OneToMany @ManyToOne	Veranstaltung	vorstellung-Collection	Vorstellung	veranstaltung
@ManyToMany	Mitarbeiter	projekt-Collection	Projekt	mitarbeiter-Collection

17.5 EntityManager-Schnittstelle

Die Kommunikation mit dem OR-Mapper erfolgt über eine Schnittstelle.

Mit der Annotation @PersistenceContext kann der Zugriff auf die Schnittstelle, in der JPA EntityManager genannt, von der Laufzeitumgebung angefordert werden.

```
@PersistenceContext
private EntityManager em;
```

Die EntityManager-Schnittstelle wird benutzt, um Entitäten zu persistieren, zu löschen, um Objekte zu finden und Queries auszuführen, wie in den nachfolgenden Abschnitten erläutert. Vereinfacht wird im Folgenden vom EntityManager gesprochen, wenn die Laufzeitumgebung zur Implementierung der Schnittstelle gemeint ist.

Entitäten unter Verwaltung des EntityManagers werden in einem Persistenzkontext verwaltet (siehe Abschnitt 18.3).

17.6 Navigierender Zugriff auf einzelne Entitäten

Über den EntityManager kann unter Verwendung des Primärschlüssels der Entität auf das zugehörige, in der Datenbank gespeicherte Tupel zugriffen werden.

Hierzu wird die Methode find() mit der Laufzeitinstanz der Klasse java.lang.class der Entitätsklasse und dem zugehörigen Primärschlüssel parametrisiert.

Aufgaben der Methode find() sind:
- Finden des Tupels anhand des Primärschlüssels. Das Tupel wird aus der Datenbank gelesen, wenn es sich noch nicht durch vorhergehende Operationen bereits als Entität im Persistenzkontext befindet. In diesem Fall wird die Entität aus dem Persistenzkontext zurückgegeben.
- Andernfalls Instanziieren und Setzen der Attribute der Entität gemäß der Werte der Spalten des gefundenen Tupels in der Datenbank und Übernahme in den Persistenzkontext.
- Gegebenenfalls Instanziieren von weiteren Objekten gemäß der Beziehungen.

Wird kein Tupel gefunden, liefert die Methode null zurück.

Eine Entität vom Typ Kunde mit der Kundennummer 2 wird wie folgt aus der Datenbank geladen:

```
Kunde kunde = em.find(Kunde.class, 2);
```

Anschließend kann über getter- und setter-Methoden auf das Objekt lesend und schreibend zugegriffen werden.

Beziehungen zwischen den Klassen können direkt navigierend genutzt werden. OneToMany- oder ManyToMany-Beziehungen können dabei direkt als Java Collections ausgelesen werden.

Im folgenden Beispiel wird zunächst ein Kunde-Objekt gesucht, der Name und das Geburtsdatum ausgelesen. Dann werden für alle Bestellungen Details aller Bestellposten ausgelesen.

```
@Override
public void leseAttributeKunde(int kundennummer) {

    // Kunde anhand Primärschlüssel auffinden
    Kunde kunde = em.find(Kunde.class, kundennummer);

    if (kunde != null) { // Kunde gefunden
        String name = kunde.getName();

        // Geburtsdatum auslesen
        Date geburtsdatum = kunde.getGeburtsdatum();

        // Alle Bestellungen eines Kunden auslesen
        Collection<Bestellung> bestellungen =
                kunde.getBestellungCollection();

        // Für jede Bestellung
        for (Bestellung bestellung : bestellungen) {

            // Bestellposten auslesen
            Collection<Bestellposten> bestellpostenBestellung =
                bestellung.getBestellpostenCollection();

            // für jeden Bestellposten
            for (Bestellposten bestellposten :
                bestellpostenBestellung) {

                // für den Artikel die Artikelnummer auslesen
                bestellposten.getArtikel().getArtikelnummer();

                // für den Bestellposten die Menge auslesen
                bestellposten.getMenge();
            }
        }
    }
}
```

17.7 Zugriff auf Entitäten mittels Query Language

Komplexe Anfragen über den rein navigierenden Zugriff mittels Programmierung umzusetzen, wäre sehr komplex und ressourcenaufwändig. Zum Beispiel wäre es nicht zweckmäßig, alle Bestellungen aus der Datenbank zu laden, um dann die Bestellungen eines bestimmten Kunden auszuwählen.

Deshalb ist die Nutzung einer SQL-ähnlichen Abfragesprache sinnvoll. In der Java Persistence API wird die Java Persistence Query Language (JPQL) verwendet. Sie ermöglicht datenbankunabhängige statische und dynamische Anfragen über die Entitätsklassen inklusive der Beziehungen und eingebetteten Klassen.

JPQL unterstützt Select-, Update- und Delete-Anweisungen, die in der Syntax an SQL angelehnt sind. Die Formulierung von Bedingungen und die Auswahl von Attributen erfolgen basierend und navigierend auf Objekten.

Die Select-Anweisung dient zum lesenden Zugriff auf die Datenbank und entspricht dem SELECT FROM WHERE-Prinzip von SQL.

Die FROM-Klausel bestimmt die zu verwendenden Entitäten über sogenannte Identifikationsvariablen, die jeweils aus einem Entitätentyp und einem Variablennamen bestehen, z. B. FROM Kunde k. Auf die Identifikationsvariablen kann im weiteren Aufbau der Select-Anweisung zugegriffen werden.

Die SELECT-Klausel bestimmt über die Identifikationsvariablen den Typ der zurückzugebenden Objekte, z. B. SELECT k FROM Kunde k.

Die optionale WHERE-Klausel ermöglicht es, über Vergleichsoperationen und logische Operationen die Ergebnisliste einzuschränken.

Alle Kunden können beispielsweise mit folgender Select-Anweisung abgerufen werden:

```
SELECT k FROM Kunde k
```

Bedingungen können unter anderem auf den Attributen der Klassen formuliert werden. Diese werden über die Identifikationsvariable mit dem Attributnamen angesprochen. Folgende SELECT-Anweisung gibt alle Kunden mit dem Namen „Bolte" zurück:

```
SELECT k FROM Kunde k WHERE k.name = 'Bolte'
```

Da es sich um eine Formulierung von Bedingungen auf Entitäten handelt, können die Bestellungen des Kunden mit der Kundennummer 1 folgendermaßen in der JPQL-Query navigierend abgerufen werden.

```
SELECT b FROM Bestellung b WHERE b.kunde.kundennummer = 1
```

Auch der Zugriff auf eingebettete Klassen erfolgt über Navigation auf den Entitäten. Die folgende Abfrage gibt alle Kunden mit einer Postleitzahl im Bereich 20000 bis 29999 zurück.

```
SELECT k FROM Kunde k
WHERE
    k.ort.ortPK.plz >= 20000 AND
    k.ort.ortPK.plz <= 29999
```

JPQL unterstützt unter anderem INNER JOINS und LEFT JOINS. Im folgenden Beispiel werden mit einer INNER JOIN Kunden und Bestellungen-Paare mit Kunden mit der PLZ 22222 und Bestellungen mit Personalnummer 3 abgefragt.

```
SELECT k,b
FROM Kunde k INNER JOIN k.bestellungCollection b
WHERE k.ort.ortPK.plz = 22222 AND b.mitarbeiter.personalnummer = 3
```

Eine Prüfung auf Elemente einer Collection kann über den IN-Operator in der FROM-Klausel erfolgen. Die WHERE-Klausel wird dabei für alle Elemente der Collection ausgewertet.

Im Folgenden werden alle Bestellungen des Kunden mit der Kundennummer 1 und einem Datum ab 1. Februar 2011 gesucht. {d '2011-02-01'} ist ein Literal für Eingabe eines Datums in JPQL.

```
SELECT b FROM Kunde k,
IN(k.bestellungCollection) b
WHERE k.kundennummer = 1 AND b.datum >= {d '2011-02-01'}
```

Der IN-Operator kann nacheinander über mehrere Collections angewendet werden. Folgende Query liefert alle Kunden, für die in einem Bestellposten einer Bestellung ein Artikel mit der Artikelnummer 1001 existiert.

```
SELECT k
FROM Kunde k,
    IN (k.bestellungCollection) b,
    IN (b.bestellpostenCollection) p
    WHERE p.artikel.artikelnummer = 1001
```

JPQL-Queries können parametrisiert werden. Ein benannter Parameter beginnt mit einem Doppelpunkt, gefolgt vom Namen des Parameters, z. B. :name.

Eine parametrisierte Suche eines Kunden nach einem Namen lautet dann:

```
SELECT k FROM Kunde k WHERE k.name = :name
```

Die Verwendung der parametrisierten Query bietet Schutz vor SQL-Injection (vgl. Abschnitt 16.5) und sollte bei der Verarbeitung von Benutzereingaben immer verwendet werden.

Queries können mit der Annotation @NamedQuery benannt werden, wobei mit @NamedQueries Queries gebündelt werden können.

Hier werden die Queries Kunde.findAll, Kunde.findByKundennummer und Kunde.findByName benannt:

```
@NamedQueries({
@NamedQuery(name = "Kunde.findAll", query = "SELECT k FROM Kunde k"),
@NamedQuery(name = "Kunde.findByKundennummer",
   query = "SELECT k FROM Kunde k WHERE k.kundennummer = :kundennummer"),
@NamedQuery(name = "Kunde.findByName",
   query = "SELECT k FROM Kunde k WHERE k.name = :name")})
```

NamedQueries werden vor der Klassendeklaration von zugehörigen Entitätsklassen annotiert. Durch diese zentrale Verwaltung wird die Wiederverwendbarkeit und Wartbarkeit der Queries im Programmcode verbessert.

17.8 Ausführen von JPQL-Queries

Die Schnittstelle Query stellt die Operationen zum Ausführen der JPQL-Queries zur Verfügung. Das Query-Objekt wird instanziiert über

- die Methode createNamedQuery() des EntityManagers mit dem Namen einer NamedQuery als Parameter,
- die Methode createQuery() mit einer Query als String als Parameter (adhoc-Query).

Bei Bedarf kann über die Query-Schnittstelle mit der Methode createNativeQuery() auch eine Standard SQL-Query an die Datenbank abgesetzt werden.

Mit der Methode getResultList() der Query-Schnittstelle wird die Ausführung angestoßen. Das Ergebnis ist eine Liste der angeforderten Objekte.

Die nachfolgende Methode getKunden() liefert die Liste aller Kunden unter Verwendung einer NamedQuery.

```
public List<Kunde> getKunden() {

    //Query Objekt für die NamedQuery Kunde.findAll instanziieren
    Query query = em.createNamedQuery("Kunde.findAll");

    // Query ausführen
    List<Kunde> kunden = query.getResultList();

    return kunden;
}
```

Mit der Methode setParameter() werden die benannten Parameter der Query gesetzt, wobei der erste Methodenparameter der Name des Parameters als String ist, der zweite der Wert des Parameters.

Die Methode getKundenByName() liefert alle Kunden zu einem Namen als Parameter:

```
public List<Kunde> getKundenByName(String name) {

    // Query-Objekt für die NamedQuery Kunde.findAll instanziieren
    Query query = em.createNamedQuery("Kunde.findByName");

    // Parameter auf den übergebenen Namen setzen
    query.setParameter("name", name);

    // Query ausführen
    List<Kunde> kunden = query.getResultList();

    return kunden;
}
```

Folgende Methode liefert über eine adhoc-Query alle Artikel in einer Preisspanne:

```
public List<Artikel>
    getArtikelByPreisPreisspanne(BigDecimal von, BigDecimal bis) {

    // Query-Objekt instanziieren
    Query q = em.createQuery(
            "SELECT a FROM Artikel a "
            + "WHERE a.preis >= :von AND a.preis <= :bis");
    // Parameter setzen
    q.setParameter("von", von);
    q.setParameter("bis", bis);

    // Query ausführen
    List<Artikel> artikel = q.getResultList();

    return artikel;
}
```

17.9 Praxis

Öffnen Sie das Projekt KartoFinale in der NetBeans IDE (Abbildung 17-6). Es handelt sich um die Java EE Enterprise-Anwendung KartoFinale (1), die aus einem Client KartoFinale-app-client (2) und der Serveranwendung Karto-finale-ejb (3) besteht.

17.9 Praxis

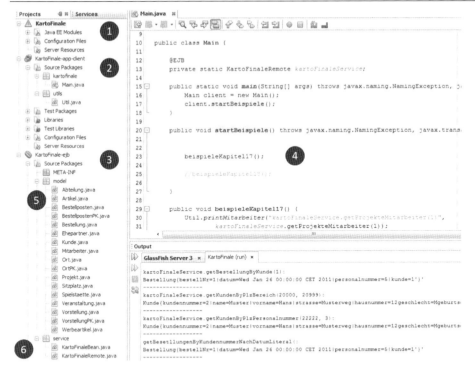

Abbildung 17-6: Struktur der KartoFinale-Anwendung in der Projektansicht und Klasse Client im Editierfenster

Der Client ist wie folgt strukturiert:

- Das Paket kartofinale beinhaltet die Main-Klasse und die Methoden zur Ausführung der Beispiele (4).
- Das Paket utils enthält die Util-Klasse, die im Wesentlichen Methoden zur Ausgabe der Modellklassenobjekte bereitstellt.

Der Server ist wie folgt strukturiert:

- Das Paket model (5) umfasst die Modellklassen, die die Datenbanktabellen repräsentieren.
- Das Paket service (6) beinhaltet die Geschäftslogikschnittstelle KartoFinaleService.java und die Implementierung der Schnittstelle in der Klasse KartoFinaleBean.java.

Mit dem Starten der Anwendung wird die Anwendung übersetzt und von der NetBeans IDE auf dem Anwendungsserver deployed.

Alle Ausgaben des Clients mittels System.out.println() werden ins Ausgabefenster geschrieben. Ins Ausgabefenster GlassFish Server 3 (Abbildung 17-7 (1)) schreibt der als Laufzeitumgebung für die KartoFinale-Anwendung eingesetzte Anwendungsserver GlassFish seine Logging-Informationen. In Fehlerfällen ist es sinnvoll, neben der Fehlermeldung im Ausgabefenster auch diese Information zur Fehlersuche zu verwenden. Ausgaben, die mittels System.out.println() in der Serveranwendung geschrieben werden, erscheinen im GlassFish-Ausgabefenster auf dem LogLevel Info.

Im Paket Configurations Files (2) in der KartoFinale-ejb befindet sich das Konfigurationsfile persistence.xml für die Persistenzeinstellungen. Wird die Property: <property name="eclipselink.logging.level" value="FINE"/> (3) hinzugefügt, wird das von EclipseLink im Rahmen des Mappings erzeugte SQL angezeigt (4). EclipseLink ist die Implementierung der JPA, die im GlassFish-Anwendungsserver eingesetzt wird.

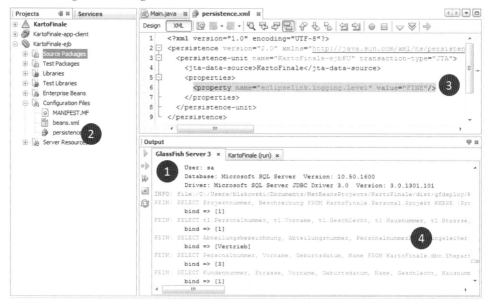

Abbildung 17-7: Ausgabefenster GlassFish Server und Einstellungen persistence.xml

Eine Datenbankverbindung kann im Reiter Services unter Databases erzeugt werden, indem im Kontextmenü New Connection ausgewählt wird. Im folgenden Dialog (Abbildung 17-8) werden die Verbindungsdaten eingetragen. Es wird über den SQL Server JDBC Driver 3.0 auf den MS SQL Server 2008 (1) zugegriffen.

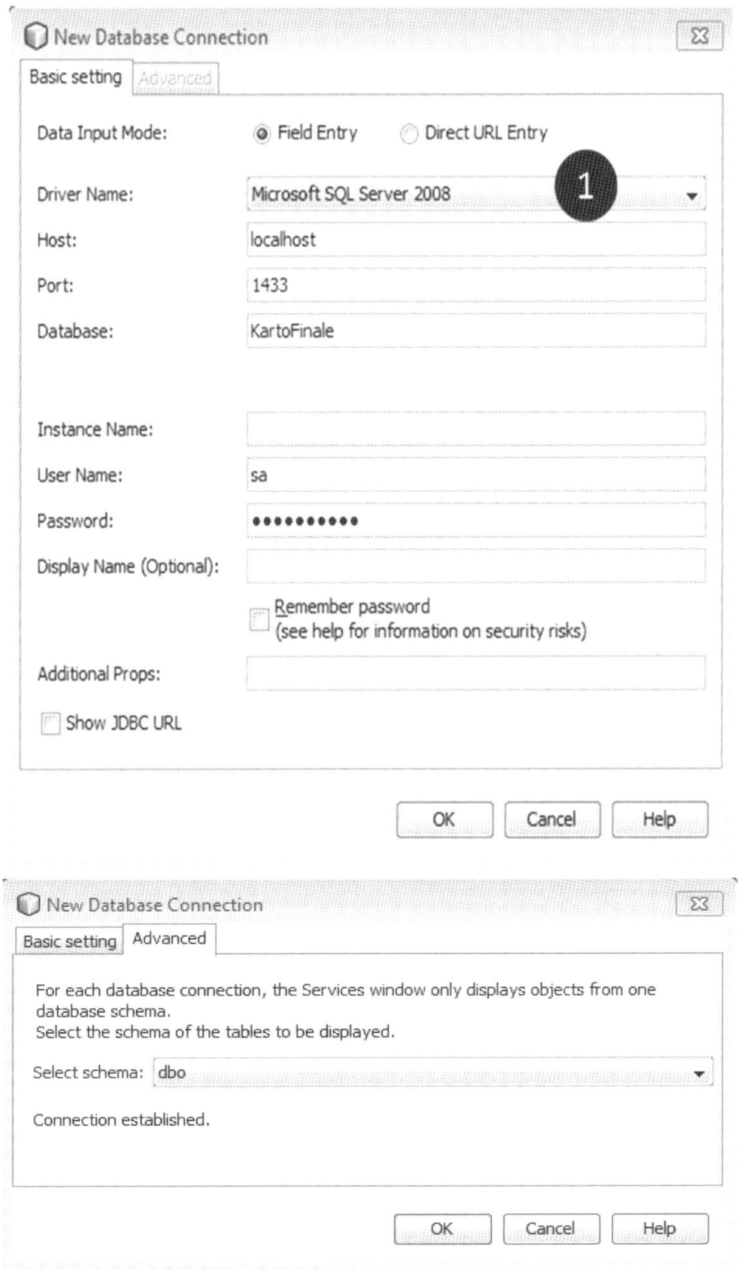

17.9 Praxis

Abbildung 17-8: Erstellen einer JDBC-Verbindung mit dem MS SQL Server unter Nutzung des Microsoft JDBC-Treibers

Über die erzeugte JDBC-Verbindung (Abbildung 17-9 (1)) kann dann aus der Netbeans IDE bei Bedarf direkt auf die Datenbank zugegriffen werden, um z. B. SQL-Abfragen (2) auszuführen.

17 Grundlagen des objektrelationalen Mappings

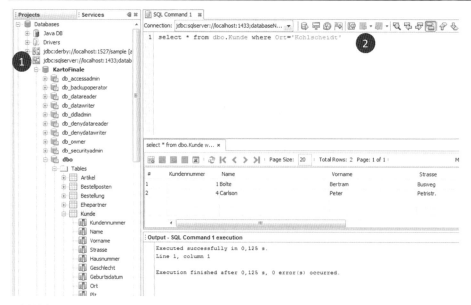

Abbildung 17-9: Datenbankverwaltungswerkzeug in der NetBeans IDE

Der GlassFish Server kann ebenfalls in der NetBeans IDE verwaltet werden (Abbildung 17-10 (1)). Dies umfasst u. a. die auf dem Server deployten Anwendungen (2) sowie die JDBC-Ressourcen (3) und die ConnectionPools (4), die die Verbindungen verwalten. Über das Kontextmenü kann der Anwendungsserver auch gestartet und gestoppt werden.

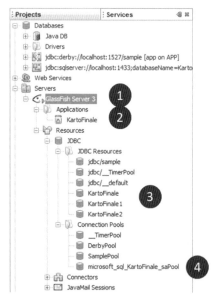

Abbildung 17-10: Verwaltung des Anwendungsservers in der NetBeans IDE

17.10 Zusammenfassung

Objektrelationales Mapping vereinfacht die Entwicklung von Software-anwendungen. OR-Mapper übernehmen die Abbildung von Klassen auf Tabellen und das Laden und Speichern von Objekten. Hierzu werden Metadaten benötigt, die die Entitätsklassen und die Beziehungen zwischen diesen umfassen.

Die Java Persistence API ist die Java-Standardschnittstelle für OR-Mapping. Zur Deklaration der Metadaten werden Annotationen oder XML-Konfigurations-dateien benutzt.

Mit der @Entity-Annotation werden die Entitätsklassen und mit der @Table-Annotation jeweils der Name der zugehörigen Datenbanktabelle festgelegt. Die Instanzen der Entitätsklassen werden als Entitäten bezeichnet. Die Attribute einer Entität werden in einer Zeile einer oder mehrerer Datenbanktabellen gespeichert.

Für die Attribute einer Entität werden mit der @Column-Notation die zugehören-den Spalten in der Datenbanktabelle der Entitätsklasse und weitere Details bestimmt. Mit der @Id-Annotation wird der Primärschlüssel für die Entitätsklasse festgelegt.

Es werden uni- und bidirektionale 1:1-, 1:n-, n:1- und n:m-Beziehungen zwischen Entitäten unterstützt. Die jeweils zugehörende Annotation (@OneToOne, @OneToMany, @ManyToOne oder @ManyToMany) bestimmt das Attribut der Entität, welches die Referenz auf die über die Beziehung verbundenen Entitäten enthält, und ermöglicht somit die Abbildung der Fremdschlüsselbeziehungen in der Datenbank.

Die Kommunikation mit dem OR-Mapper erfolgt in der JPA über die EntityManager-Schnittstelle.

Der Zugriff auf Objekte kann navigierend erfolgen. Hierzu wird eine Entität über die EntityManager-Schnittstelle aus der Datenbank geladen. Nachfolgend kann wie üblich objektorientiert mit der Entität gearbeitet werden.

Mit der Java Persistence Query Language kann mit SQL-ähnlichen Anweisungen auf die Datenbank zugegriffen werden. Die JPQL-Queries operieren auf Entitäten. Bedingungen werden auf den Attributen der Entitäten formuliert. Die Navigation über referenzierende Attribute ist dabei möglich.

JPQL-Queries sind parametrisierbar und werden über die EntityManager-Schnittstelle ausgeführt.

17.11 Aufgaben

Wiederholungsfragen

1. Was versteht man unter objektrelationalem Mapping?
2. Wie erfolgt die Abbildung von
   a) Klassen
   b) Attributen
   c) Beziehungen zwischen Klassen
   auf die Datenbank unter der Nutzung der JPA?
3. Wie werden mit der JPA 1:n-Beziehungen auf Javaebene in der referenzierenden Klasse realisiert?
4. Wie werden mit der JPA n:1-Beziehungen auf Javaebene in der referenzierenden Klasse realisiert?
5. Wie wird eine m:n-Beziehung mit der JPA auf Datenbankebene und auf Java-Klassenebene realisiert?
6. Welche Aufgaben hat der JPA EntityManager?
7. Was versteht man in der JPA unter navigierendem Zugriff?
8. Welche Anweisungen lassen sich über die JPQL absetzen?
9. Welche Vorteile bietet die Schnittstelle NamedQuery gegenüber der Schnittstelle Query?

Übungen

1. Schreiben Sie Methoden zum navigierenden Zugriff auf
   - den Namen eines Mitarbeiters
   - die Postleitzahl einer Spielstätte
2. Schreiben Sie JPQL-basierte Methoden zum Auslesen
   - aller Mitarbeiter
   - aller Mitarbeiter, die einen Ehepartner haben
   - aller Mitarbeiter mit einer Bestellung mit einem Werbeartikel
3. Schreiben sie eine Entitätsklasse für die Tabelle Gutschein (siehe Absatz 16.13 Übungen). Es besteht eine zu modellierende n:1-Beziehung zu Kunde. Diese soll bidirektional modelliert werden. Fügen Sie Testdaten hinzu.
4. Schreiben Sie eine Methode, die mit einer JPQL-Query alle Gutscheine eines Kunden zurückgibt.
5. Schreiben Sie eine Methode, die mit einer JPQL-Query zu einem Gutschein den zugehörigen Kunden zurückgibt.
6. Fügen Sie der Entitätsklasse Gutschein eine NamedQuery hinzu, die alle Gutscheine ab einem vorgegebenen Ausstellungsdatum zurückliefert. Schreiben Sie eine Methode, die die NamedQuery nutzt.

Hinweis: Testen Sie die Methoden jeweils mit dem Client und Ausgaben im Ausgabefenster.

18 Fortgeschrittene Techniken des objektrelationalen Mappings

In Kapitel 18 sollen folgende Fragen geklärt werden:
- Wann werden Entitäten aus der Datenbank geladen?
- Wie werden Entitäten von der Laufzeitumgebung verwaltet?
- Wie werden Transaktionen gesteuert?
- Wie funktionieren schreibende Zugriffe auf die Datenbank?
- Wie werden komplexere JPQL-Abfragen konstruiert?
- Wie können Vererbungshierarchien auf die Datenbank abgebildet werden?

18.1 Motivation

Die Implementierung der KartoFinale-Geschäftslogikschnittstelle soll in einer zweiten Phase optimiert und inklusive schreibender Zugriffe komplett auf OR-Mapping umgestellt werden.

Hierzu sind die Eigenschaften des OR-Mappers hinsichtlich der Verwaltung der Entitäten im Zusammenhang mit Transaktionen zu berücksichtigen und die Varianten des schreibenden Zugriffs effizient zu nutzen.

Zudem soll die Modellierung der Entitäten optimiert werden, insbesondere hinsichtlich des Verwendens von Vererbungsbeziehungen.

18.2 Laden von Objekten

Wird eine Entität durch den OR-Mapper aus der Datenbank geladen, stellt sich die Frage, ob sämtliche über Beziehungen referenzierte Entitäten, sei es als einzelne Entität in einer 1:1-Beziehung oder als Collections in 1:n und n:m-Beziehungen, mit geladen werden sollen.

Dies lässt sich am Beispiel eines Kunden veranschaulichen. Ein Kunde hat gegebenenfalls viele Bestellungen, die wiederum aus vielen Bestellpositionen bestehen. Über Attribute sind die Entitäten verknüpft:

```
public class Kunde {
    ...
    @OneToMany(cascade = CascadeType.ALL, mappedBy = "kunde")
    private Collection<Bestellung> bestellungCollection;
    ...
}
```

```
public class Bestellung {
    …
    @OneToMany(cascade = CascadeType.ALL, mappedBy = "bestellung")
    private Collection<Bestellposten> bestellpostenCollection;
    …
}
```

Der OR-Mapper kann beim Laden eines Kunden sämtliche über die Beziehungen referenzierten Bestellungen und Bestellposten mit laden und eine entsprechende Objektstruktur aufbauen. Diese ist jedoch in vielen Fällen aus Performancegründen gar nicht sinnvoll, z. B. wenn nur die Adresse des Kunden abgefragt werden soll.

Die JPA ermöglicht es deshalb, bei der Annotation der Beziehungen festzulegen, ob die über Beziehungen referenzierten Entitäten immer sofort mit geladen werden sollen. Das zugehörige Element ist fetch, welches folgende Werte annehmen kann:

- FetchType.EAGER: Die referenzierten Entitäten müssen komplett mit geladen werden.
- FetchType.LAZY: Erst wenn konkret auf die Entitäten zugegriffen wird, sollen diese nachgeladen werden (Lazy Loading). Collections werden dabei immer komplett nachgeladen. LAZY ist jedoch nur ein Hinweis. Die Laufzeitumgebung kann auch bereits zuvor die Entitäten laden.

Folgende Standardwerte sind für fetch gesetzt:

- OneToOne-Beziehungen: EAGER
- OneToMany-Beziehungen: LAZY
- ManyToOne-Beziehungen: EAGER
- ManyToMany-Beziehungen: LAZY

Die Bestellungen des Kunden werden somit erst beim Zugriff des Kunden nachgeladen, da die OneToMany-Beziehung den Standard LAZY hat. Die Ort-Entität wird dagegen sofort mit geladen, da die OneToOne-Beziehung den StandardTyp EAGER hat. Die OrtPK-Entität wird als EmbeddedClass standardmäßig ebenfalls mit geladen.

Abbildung 18-1 zeigt die geladenen Entitäten nach Ausführung der nachfolgenden find()-Methode.

```
// Entität Kunde wird aus der Datenbank geladen
Kunde kunde = em.find(Kunde.class, kundennummer);
```

18.3 Lebenszyklus einer Entität

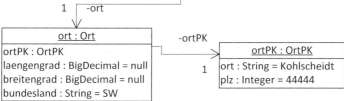

Abbildung 18-1: Objektstruktur nach dem Laden der Entität kunde

Das Nachladen der Bestellungsentitäten erfolgt beim Zugriff auf das Attribut bestellungCollection der Entität kunde.

```
if (kunde != null) {
    // Jetzt werden die Bestellungsentitäten
    // aus der Datenbank geladen, da auf das Attribut
    // bestellungCollection zugegriffen wird.
    kunde.getBestellungCollection().size();
}
```

Sollen die Bestellungsentitäten jeweils sofort mit der Kundenentität geladen werden, ist folgende Annotation notwendig:

```
@OneToMany(cascade = CascadeType.ALL, mappedBy = "kunde",
    fetch=FetchType.EAGER)
    private Collection<Bestellung> bestellungCollection;
```

Dann werden bei der find()-Methode alle zugehörigen Bestellungsentitäten sofort aus der Datenbank geladen:

```
// Sofortiges Laden der Entitäten
Kunde kunde = em.find(Kunde.class, kundennummer);
```

18.3 Lebenszyklus einer Entität

Änderungen an der Datenbank werden bei Anwendung des OR-Mappings durch Änderungen am Zustand der Entitäten, das heißt, durch die Änderung der Werte der persistenten Attribute der Entitäten, vorgenommen. Beim Commit der Transaktion (siehe Abschnitt 18.4), in der die Änderungen durchgeführt wurden, werden die Werte der Attribute in die Datenbank geschrieben.

Dem OR-Mapper muss demzufolge bekannt sein, welche Entitäten zu einer Transaktion gehören.

In der JPA verwaltet der EntityManager zu diesem Zweck standardmäßig die Entitätsobjekte einer Transaktion in einem Persistenzkontext.

Einzelne Entitäten können hinsichtlich des Persistenzkontextes folgende Zustände annehmen:

- new: Eine neue Entität wurde mit new() erzeugt und wird noch nicht vom EntityManager verwaltet.
- managed: Die Entität steht im Persistenzkontext unter der Verwaltung des EntityManagers. Dies ist der Fall,
    o wenn die Entity vom EntityManager geladen wurde, z. B. durch eine find()-Operation oder durch die Ausführung einer JPQL-Query oder
    o wenn für die Entität explizit die Methode persist() des EntityManagers aufgerufen wurde.

  Aufgrund von Beziehungen mitgeladene sowie nach einem Zugriff auf ein Attribut nachgeladene Entitäten befinden sich ebenfalls im Zustand managed. Ob neue, über Beziehungsattribute verknüpfte Entitäten nach einem persist() in den Zustand managed wechseln, wird über das cascade-Element in der Beziehungsannotation geregelt.
- detached: Die Entität ist nicht mehr mit dem Persistenzkontext verbunden und wird deshalb nicht mehr mit der Datenbank synchronisiert. Ein Beispiel ist eine Entität, die über den EntityManager geladen und dann an einen Client übertragen wurde. Für Entitäten im detached-Status können keine Entitäten nachgeladen werden, die aufgrund von Lazy Loading noch nicht geladen wurden. Beim Versuch des Zugriffs wird eine Exception ausgelöst.
- removed: Die Entität wurde gelöscht, aber befindet sich noch im Persistenzkontext. Gegebenenfalls wird auch kaskadierend gelöscht, wenn dies über das cascade Element in der Beziehungsannotation festgelegt ist.

Am Ende einer Transaktion werden die Entitäten im Zustand managed in die Datenbank geschrieben und die Entitäten im Zustand removed aus der Datenbank gelöscht. Alle Entitäten im Persistenzkontext werden auf den Zustand detached gesetzt.

Zur Verwaltung der Zustände stellt der EntityManager folgende Methoden zur Verfügung:

- void persist(Object entity): Fügt eine Entität dem Persistenzkontext hinzu.

- void flush(): Erzwingt das Synchronisieren der Entitäten im Persistenzkontext mit der Datenbank.
- void refresh(Object entity): Liest den Zustand der Entitäten im Persistenzkontext neu aus der Datenbank und überschreibt gegebenenfalls zuvor vorgenommene Änderungen an der Entität.
- <T> T merge(T entity): Wenn eine Entität detached war, wird diese wieder in den Persistenzkontext übernommen, indem eine neue Entität des Typs im Persistenzkontext erzeugt wird oder der Zustand in eine Entität im Persistenzkontext mit gleicher Identität, d.h. dem gleichem Primärschlüssel, kopiert wird.
- void remove(Object entity): Löscht die Entität.

Der folgende Quellcodeauszug enthält einige Beispiele für zustandsverändernde Operationen:

```
//Fügt eine Entität Kunde dem Persistenzkontext hinzu
em.persist(kunde);

kunde.setName("Müller");
// Änderung sofort in die Datenbank schreiben
em.flush();

kunde.setName("Meier");
// Kunde erneut aus der Datenbank auslesen
// Eine vorhergehende Änderung wird mit dem
// Inhalt der Datenbank überschrieben
em.refresh(kunde);

// Entität Kunde war detached
// wird ggf. in eine Entität kunde
// mit gleicher Kundennummer kopiert
kunde = em.merge(kunde);
```

18.4 Transaktionen

OR-Mapper können Änderungen an Entitäten in Transaktionen zusammenfassen.

Die Ausführung von Transaktionen kann zum einen von der Anwendung (Application-managed Persistence) oder von der Laufzeitumgebung der Entitäten (Container-managed Persistence) gesteuert werden.

Letzteres ist von besonderem Interesse, da dadurch die Entwicklung vereinfacht wird. Im Folgenden wird deshalb exemplarisch eine Java Enterprise Edition (Java EE) 1.6 – Laufzeitumgebung zugrundegelegt, die Container-managed Persistence unterstützt.

Die Geschäftslogikschnittstelle wird in diesem Fall über eine sogenannte Stateless Session Bean – Klasse umgesetzt, die unter Kontrolle der Laufzeitumgebung steht.

Die Grundidee der Container-managed Persistence ist, dass Transaktionsanfang und -ende an die Ausführung einer Methode gebunden sind. Zu Beginn der Ausführung wird die Transaktion gestartet, beim Beenden der Ausführung erfolgt das Commit.

Dies auf alle Methoden anzuwenden, würde jedoch nicht immer den fachlichen Anforderungen entsprechen. Zudem können Methoden von Methoden anderer Java Beans (dem Client) aufgerufen werden, die bereits in einer Transaktion ablaufen. Dann ist zu entscheiden, wie verfahren werden soll.

Mit der Annotation @TransactionAttribute kann für die Methoden der Stateless Session Bean und anderer von der Laufzeitumgebung gesteuerten Klassen detailliert das Transaktionsverhalten festgelegt werden. Tabelle 18-1 zeigt die Alternativen auf. T1 sei dabei die Transaktion des Clients, T2 die der Methode:

Tabelle 18-1: Transaktionsattribute

Transaktions-attribut	Beschreibung	Transaktion des Clients	Transaktion der Methode
REQUIRED	Die Methode muss in einer Transaktion ablaufen. Wird die Methode innerhalb einer Transaktion des Clients T1 aufgerufen, läuft sie in dieser ab. Wenn nicht, wird beim Aufruf der Methode eine neue Transaktion T2 erzeugt.	Keine	T2
		T1	T1
REQUIRED_NEW	Beim Aufruf der Methode wird immer eine neue Transaktion T2 erzeugt. Eine Transaktion des Clients T1 wird für die Dauer der Ausführung unterbrochen.	keine	T2
		T1	T2
MANDATORY	Wird die Methode innerhalb einer Client Transaktion T1 aufgerufen, läuft sie in dieser ab. Andernfalls wird eine Exception erzeugt.	Keine	Exception
		T1	T1
NOTSUPPORTED	Die Methode läuft nicht in einer Transaktion ab. Gegebenenfalls wird eine Transaktion des Clients T1 für die Dauer der Ausführung unterbrochen.	Keine	Keine
		T1	Keine

18.4 Transaktionen

SUPPORTS	Wird die Methode innerhalb einer Transaktion des Clients T1 aufgerufen, läuft sie in dieser ab. Andernfalls läuft sie ohne Transaktion ab.	Keine	Keine
		T1	T1
NEVER	Die Methode läuft niemals in einer Transaktion. Eine Transaktion des Clients T1 führt zu einer Exception.	Keine	Keine
		T1	Exception

Das Transaktionsattribut kann für die ganze Klasse und bei einzelnen Methoden annotiert werden. In Java EE werden die Methoden einer Stateless Session Bean standardmässig als REQUIRED ausgeführt.

Soll beispielsweise stattdessen immer eine Client-Transaktion genutzt und andernfalls eine Exception ausgelöst werden, könnte dies folgendermaßen mit MANDATORY überschrieben werden:

```
@Stateless
@TransactionAttribute(TransactionAttributeType.MANDATORY)
public class KartoFinaleBean implements KartoFinaleRemote {
...
```

Soll die Methode getKunden() in einer Client Transaktion ablaufen, falls diese vorhanden ist, und sonst ohne Transaktion (SUPPORTS), wird folgende Annotation verwendet, die Vorrang vor der Annotation der Klasse hat:

```
@TransactionAttribute(TransactionAttributeType.SUPPORTS)
public List<Kunde> getKunden() {
...
```

Ein Rollback einer Transaktion wird entweder durch eine Exception der Laufzeitumgebung während der Verarbeitung einer Methode ausgelöst oder anwendungsgesteuert durch einen Aufruf von setRollbackOnly() auf dem EJBContext der Java EE-Laufzeitumgebung, üblicherweise in Zusammenhang mit einer Exception der Anwendung.

Im Folgenden wird ein anwendungsgesteuerter Rollback skizziert:

```
// EJB Context holen
@Resource
SessionContext ctx;

public void buySitzplatz(…) {
    try {
        // Hier wird versucht, den Sitzplatz zu reservieren
    } catch (SitzpatzNichtVerfügbarException e ) {
```

```
        context.setRollbackOnly();
...
```

Die JPA unterstützt optimistisches und pessimistisches Sperren. Unter anderem werden folgende Sperrmodi unterstützt:

- NONE: Keine Sperre.
- OPTIMISTIC: Eine optimistische Sperre, die dem Isolationslevel REPEATABLE READ entspricht.
- PESSIMISTIC_READ: Eine pessimistische Sperre, die dem Isolationslevel REPEATABLE READ entspricht.
- PESSIMISTIC_WRITE: Eine pessimistische Sperre, die dem Isolationslevel SERIALIZABLE entspricht.

Der Sperrmodus von Entitäten wird in Methoden der EntityManger- und Query-Schnittstellen gesetzt.

Im Folgenden werden einige Beispiele für das Setzen der Sperren skizziert:

```
// Entität Kunde finden
// Sperrmodus PESSIMISTIC_READ anwenden
Kunde kunde = em.find(Kunde.class, kundenNr,
                      LockModeType.PESSIMISTIC_READ);

// Entität Vorstellung neu laden
// Sperrmodus OPTIMISTIC anwenden
em.refresh(vorstellung, LockModeType.OPTIMISTIC)

// Query für freien Sitzplätze anlegen
Query q = em.createQuery(
    "SELECT s FROM Sitzplatz s WHERE s.zustand = 'frei'");
// Sperrmodus PESSIMISTIC_READ für die Query setzen
q.setLockMode(LockModeType.PESSIMISTIC_READ);

// Query ausführen
Collection<Sitzplatz> sitzplätze = q.getResultList();
```

18.5 Navigierender schreibender Zugriff

Beim navigierenden schreibenden Zugriff können Entitäten neu angelegt, verändert und gelöscht werden.

In den folgenden Beispielen wird davon ausgegangen, dass die Methoden jeweils in einer Transaktion ablaufen, sodass jeweils am Ende der Methode die Entitäten im Persistenzkontext mit der Datenbank synchronisiert werden.

18.5.1 Neue Entitäten erzeugen

Um Entitäten neu in der Datenbank anzulegen, müssen diese zunächst als Objekt neu erzeugt und die Attribute gesetzt werden. Zu diesem Zeitpunkt ist das Objekt noch nicht dem Persistenzkontext hinzugefügt. Dies erfolgt über den Aufruf der persist()-Methode des EntityManagers.

Eine Entität Bestellung mit Bestellnummer, Kundennummer, Personalnummer und dem aktuellen Datum wird wie folgt erstellt:

```
public void createBestellung
        (int kundennummer, int bestellNr, int personalnummer) {

    // Entity Objekt mit Bestellnummer erzeugen
    Bestellung bestellung = new Bestellung(bestellNr);

    // Datum auf aktuelles Datum setzen
    bestellung.setDatum(new Date());

    // Mitarbeiterentität laden
    Mitarbeiter mitarbeiter =
            em.find(Mitarbeiter.class, personalnummer);

    // Mitarbeiter setzen
    bestellung.setMitarbeiter(mitarbeiter);

    // Kundenentität laden
    Kunde kunde = em.find(Kunde.class, kundennummer);

    // Kunde setzen
    bestellung.setKunde(kunde);

    // Die Bestellung dem Persistenzkontext hinzufügen
    em.persist(bestellung);
}
```

Wenn der Primärschlüssel eingebettet ist, wird zunächst die Primärschlüssel-Entität erzeugt. Der Bestellpostenprimärschlüssel setzt sich beispielsweise aus Bestellnummer und Positionsnummer zusammen. Folgende Methode persistiert einen Bestellposten. Geeignete Konstruktoren werden dabei vorausgesetzt:

```
public void createBestellposten
        (int bestellpostennummer, int bestellNr,
        int artikelnummer, int menge) {

    // Primärschlüssel BestellpostenPK erzeugen
    BestellpostenPK bestellpostenPK =
            new BestellpostenPK(bestellpostennummer, bestellNr);

    // Bestellposten erzeugen
```

```
        Bestellposten bestellposten =
            new Bestellposten(bestellpostenPK, menge);

        // Artikel finden
        Artikel artikel = em.find(Artikel.class, artikelnummer);

        // Artikel zu Bestellposten hinzufügen
        bestellposten.setArtikel(artikel);

        // Bestellposten dem Persistenzkontext hinzufügen
        em.persist(bestellposten);
    }
```

18.5.2 Update auf Entitäten ausführen

Ein Update auf Entitäten erfolgt über das Ändern von Attributen. Wenn sich die Entität bereits im Persistenzkontext befindet, ist kein erneuter Aufruf von em.persist() notwendig.

Mit folgender Methode kann der Zustand eines Sitzplatzes geändert werden:

```
    public void setSitzplatzZustand(int artikelnummer,String zustand) {

        // Sitzplatz laden
        Sitzplatz sitzplatz = em.find(Sitzplatz.class, artikelnummer);

        // Sitzplatz auf Zustand setzen
        sitzplatz.setZustand(zustand);
    }
```

Eine Methode buySitzplatz() zum Kauf eines Sitzplatzes mit Artikel-, Kunden-, Bestell- und Personalnummer als Parameter kann dann folgendermaßen realisiert werden:

```
    public void buySitzplatz(
            int artikelnummer, int kundennummer,
            int bestellNr, int personalnummer) {

        // Bestellung erzeugen
        createBestellung(kundennummer, bestellNr, personalnummer);

        // Bestellposten erzeugen
        createBestellposten(1, bestellNr, artikelnummer, 1);

        // Sitzplatz auf belegt setzen
        setSitzplatzZustand(artikelnummer, "belegt");
    }
```

18.5.3 Löschen von Entitäten

Eine Entität kann mit der remove()-Methode gelöscht werden. Wenn in der Beziehungsannotation kaskadierendes Löschen festgelegt ist, werden alle abhängigen Entitäten mit gelöscht.

In der folgenden Methode wird ein Kunde zusammen mit seinen Bestellungen und zugehörigen Bestellposten gelöscht, da jeweils CascadeType.ALL für die Beziehung gesetzt ist:

```
// Beziehungsannotation in Klasse Kunde
public class Kunde implements Serializable {
…
    @OneToMany(cascade = CascadeType.ALL, mappedBy = "kunde")
    private Collection<Bestellung> bestellungCollection;
…
}

// Beziehungsannotation in Klasse Bestellung
public class Bestellung implements Serializable {
…
    @OneToMany(cascade = CascadeType.ALL, mappedBy = "bestellung")
    private Collection<Bestellposten> bestellpostenCollection;
…
}

// Methode zum Löschen des Kunden
    public void removeKunde(int kundennummer) {

        // Kundenobjekt laden
        Kunde kunde = em.find(Kunde.class, kundennummer);

        // Alle Bestellungen und Bestellposten
        // des Kunden werden mit dem Kunden gelöscht
        em.remove(kunde);
    }
```

18.6 Update und Delete mit JPQL

Neben dem navigierenden Update sollte der OR-Mapper Funktionen für mehrfache gleichzeitige Update- und Löschoperationen bereitstellen.

Die JPQL bietet hierzu UPDATE- und DELETE-Anweisungen an, die syntaktisch an die entsprechenden SQL-Anweisungen angelehnt sind. Zu beachten ist, dass bei UPDATE- und DELETE-Anweisungen der Persistenzkontext nicht mit geändert wird, sodass es zu Inkonsistenzen mit der Datenbank kommen kann. Die Anweisungen sollten deshalb vorzugsweise als eigenständige Transaktionen ablaufen.

Folgende Anweisungsfolge erhöht den Preis aller Werbeartikel um 10%:

```
Query q = em.createQuery(
  "UPDATE Werbeartikel w SET w.preis = w.preis * 1.1");
q.executeUpdate();
```

Folgende Anweisungsfolge löscht alle Bestellposten der Bestellung mit Bestellnummer 8:

```
Query q = em.createQuery(
  "DELETE FROM Bestellposten b WHERE b.bestellpostenPK.bestellNr = 8");
q.executeUpdate();
```

Bei der DELETE-Anweisung ist zu beachten, dass nicht kaskadierend gelöscht wird, auch wenn dies in der Beziehung annotiert ist.

18.7 Erweiterte Funktionen mit JPQL

Neben den in Kapitel 17 beschriebenen Funktionalitäten bietet JPQL noch weitere, teilweise aus SQL bekannte Möglichkeiten zur Formulierung von Anfragen.

18.7.1 Bedingungsausdrücke

Für die Konstruktion komplexer Abfragen können Bedingungsausdrücke verwendet werden.

Folgende Operatoren stehen zur Verfügung:

- Navigationsoperator .
- Arithmetische Operatoren: +,- (Vorzeichen), *,/ (Multiplikation und Division), +,- (Addition und Subtraktion)
- Vergleichsoperationen: =, >, >=, <, <=, <> (Ungleich), [NOT] BETWEEN, [NOT] LIKE , [NOT] IN, IS [NOT] NULL, IS [NOT] EMPTY, [NOT] MEMBER [OF], [NOT] EXISTS
- Logische Operatoren: NOT, AND, OR

Im Folgenden werden einige Beispiele für Queries mit Bedingungsoperatoren aufgeführt:

Alle Artikel unter 20 €:

```
SELECT a FROM Artikel a WHERE a.preis < 20.00
```

Alle Artikel zwischen 20 und 50 Euro:

```
SELECT a FROM Artikel a WHERE a.preis BETWEEN 20.00 AND 50.00
```

18.7 Erweiterte Funktionen mit JPQL

Alle Werbeartikel mit "Plakat" in der Beschreibung:

```
SELECT w FROM Werbeartikel w WHERE w.bezeichnung LIKE '%Plakat%'
```

Mit dem IN Operator kann in Enumerationen gesucht werden.

Alle Sitzplätze, die reserviert oder belegt sind:

```
SELECT s FROM Sitzplatz s WHERE s.zustand IN ('belegt','reserviert')
```

Um zu prüfen, ob ein Attribut den Wert null hat, steht der IS NULL bzw. IS NOT NULL-Operator zur Verfügung.

Alle Veranstaltungen mit einer Beschreibung:

```
SELECT v FROM Veranstaltung v WHERE v.beschreibung IS NOT NULL
```

Ob Collections Elemente enthalten, kann mit IS EMPTY bzw. IS NOT EMPTY geprüft werden.

Alle Kunden mit Bestellungen:

```
SELECT k FROM Kunde k WHERE k.bestellungCollection IS NOT EMPTY
```

Mit MEMBER OF kann auf Mitgliedschaft in einer Collection geprüft werden.

18.7.2 Sortierung der Ergebnisliste

Mit ORDER BY kann das Ergebnis aufsteigend (ASC, Standardwert) und absteigend (DESC) geordnet werden.

Hier erfolgt die Sortierung von Sitzplätzen absteigend nach Zustand und nachgelagert aufsteigend nach Artikelnummer.

```
SELECT s FROM Sitzplatz s ORDER BY s.zustand DESC, s.artikelnummer
```

18.7.3 Aggregation

Die SELECT-Anweisung unterstützt die Aggregationsfunktionen in Tabelle 18-2, wobei der Rückgabewert bei der Programmierung zu berücksichtigen ist.

Tabelle 18-2: Aggregationsfunktion der SELECT-Anweisung

Funktion	Bedeutung	Resultattyp
AVG	Durchschnittswert	Double
COUNT	Größe der Ergebnisliste	Long
MAX	Größter Wert	Typ des Feldes, auf dem die Funktion angewendet wird.
MIN	Kleinster Wert	Typ des Feldes, auf dem die Funktion angewendet wird.
SUM	Summe	Abhängig vom Ausgangstyp: • BigDecimal für BigDecimal • BigInteger für BigInteger • Long für andere Integer-Typen • Double für Gleitkomma-Typen

Die Summe der Preise aller bereits besetzten Sitzplätze lässt sich wie nachfolgend bestimmen. Das Attribut preis ist vom Typ BigDecimal.

```
public BigDecimal getSitzplaetzeUmsatz() {

    // Query instanziieren
    Query q = em.createQuery(
            "SELECT SUM(s.preis) "
            + "FROM Sitzplatz s "
            + "WHERE s.zustand='belegt'");

    // Query ausführen
    BigDecimal umsatz = (BigDecimal) q.getSingleResult();

    // Resultat zurückgeben
    return umsatz;
}
```

GROUP BY und HAVING ermöglichen die Aggregation von Ergebnislisten.

Die folgende Anfrage zählt die Anzahl der belegten und reservierten Sitzplätze. Hierzu wird nach dem Zustand gruppiert, mit der Einschränkung auf belegt und reserviert. Zurückgegeben werden der Zustand und die Anzahl der Sitzplätze im jeweiligen Zustand.

```
SELECT s.zustand, COUNT(s) FROM Sitzplatz s
GROUP BY s.zustand
HAVING s.zustand in ('belegt','reserviert')
```

18.7.4 Subqueries

Subqueries ermöglichen komplexe Anfragen basierend auf Teilergebnissen. Sie können in WHERE- und HAVING-Klauseln angewendet werden.

Im Folgenden werden alle Kunden gesucht, die mehr als eine Bestellung getätigt haben. In der Subquery werden zunächst die Bestellungen des Kunden gezählt. Anschließend werden die Kunden gesucht, für die mehr als eine Bestellung vorliegt:

```
SELECT k
FROM Kunde k
WHERE
(SELECT COUNT (b) FROM IN (k.bestellungCollection) b) > 1
```

Um für den Kunden mit Kundennummer 1 alle gebuchten Veranstaltungen zu ermitteln, werden alle Veranstaltungen gesucht, für die ein Sitzplatz existiert, der in einem Bestellposten des Kunden beinhaltet ist. Mit EXISTS kann geprüft werden, ob eine Subquery ein Resultat liefert:

```
SELECT DISTINCT v
FROM Veranstaltung v,
     IN (v.vorstellungCollection) o,
     IN (o.sitzplatzCollection) sc
WHERE EXISTS
     (SELECT p
      FROM Kunde k,
      IN (k.bestellungCollection) b,
      IN (b.bestellpostenCollection) p
          WHERE k.kundennummer = 1 AND
          p.artikel.artikelnummer = sc.artikel.artikelnummer)
```

18.8 Modellierung

Aus Sicht der objektorientierten Entwicklung stellen die Entitätsklassen die Modellierung der Anwendungsdomäne dar. Um dieses Modell zu erstellen, sind verschiedene grundlegende Strategien denkbar:

- Die Modellierung erfolgt datenbankgetrieben. Es wird zunächst ein Datenbankmodell erstellt und in der Datenbank implementiert. Die Entitätsklassen werden anschließend im Wesentlichen aus den Datenbanktabellen generiert. Dieser Ansatz ist bisher in den Kapiteln 17 und 18 verfolgt worden.
- Die Modellierung erfolgt mit Methoden aus der objektorientierten Entwicklung. Es wird zunächst ein objektorientiertes Domänenmodell erstellt, welches dann in der Datenbank implementiert wird. Die

Generierung der Tabellen kann automatisiert durch den OR-Mapper erfolgen.

Erfolgt zunächst die Entwicklung des Domänenmodells, ergibt sich die Frage, wie objektorientierte Vererbungsbeziehungen in Datenbanktabellen abgebildet werden. Es gibt drei grundsätzliche Strategien in der JPA:

- Single Table: Die Abbildung der gesamten Klassenhierarchie erfolgt auf eine Tabelle, die die Attribute aller Entitäten enthält. Die Tabelle enthält eine Diskriminator-Spalte, in der gespeichert wird, welche Zeile zu welcher Klasse gehört. Diese Strategie ist effizient, um polymorphe Beziehungen zwischen Entitäten zu verwalten und Queries über die ganze Objekthierarchie durchzuführen, hat jedoch den Nachteil des hohen Speicherverbrauchs. Zudem muss eine Spalte, die zum Abbilden einer Klasse nicht benötigt wird, nullable sein, selbst wenn diese Spalte semantisch für eine andere Klasse not nullable sein sollte.
- Joined Subclass: Spezifische Attribute von Klassen werden in separaten Tabellen gehalten. Beim Zugriff auf Entitäten wird ein Join über den allen Tabellen gemeinsamen Primärschlüssel durchgeführt. Diese Strategie unterstützt polymorphe Beziehungen zwischen Entitäten gut, hat aber wegen der benötigten Joins Peformancenachteile bei Queries über die Objekthierarchie. Eine Diskriminator-Spalte ist nicht zwingend erforderlich, wird jedoch in der Implementierung einiger Laufzeitumgebungen verwendet.
- Table per Concrete Class: Für jede Klasse wird eine eigene Tabelle mit allen Attributen erstellt. Diese Strategie unterstützt polymorphe Beziehungen schlecht. Für Queries über die gesamte Objekthierarchie werden UNION-Abfragen oder separate Queries für jede Unterklasse benötigt.

In der KartoFinale-Anwendungsdomäne liegt für die Entitäten Artikel, Sitzplatz und Werbeartikel folgende Modellierung nahe:

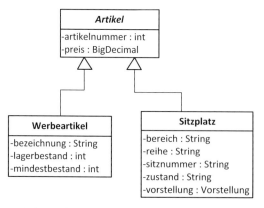

Abbildung 18-2: Klassenhierarchie für Artikel

18.8 Modellierung

Der Artikel ist eine abstrakte Oberklasse, die die Artikelnummer und den Preis umfasst. Sitzplatz und Werbeartikel sind Unterklasen von Artikel jeweils mit ihren spezifischen Attributen (siehe Abbildung 18-2).

Die Abbildung der Klassenhierarchie auf die drei Strategien ist in Abbildung 18-3 dargestellt.

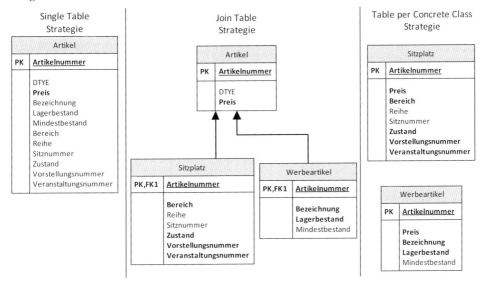

Abbildung 18-3: Abbildung der Klassenhierarchie auf Tabellen gemäß der Strategien

Auf Tupelebene veranschaulicht sind die Strategien in den folgenden Abbildungen.

In der Tabelle Artikel der Single Table-Strategie ist die DTYPE-Spalte der Diskriminator für die Objekttypen. Das notwendige Auffüllen mit null-Werten ist gut sichtbar (Abbildung 18-4).

Tabelle Artikel

Artikel-nummer	DTYPE	Preis	Bezeich-nung	Lager-bestand	Mindest-bestand	Bereich	Reihe	Sitz	Zustand	Vor-stellungs-nummer	Veran-staltungs-nummer
1001	Werbe-artikel	89,00	Noten f. Klavier	26	20	null	null	null	null	null	null
1101	Sitzplatz	89,00	null	null	null	Parkett	2	8	belegt	1	1

Abbildung 18-4: Objekte in Tabelle Artikel in der Single Join-Strategie

In der Join Table-Strategie werden Null-Werte vermieden. Joins werden über die Artikelnummer durchgeführt (Abbildung 18-5).

Tabelle Artikel

Artikel-nummer	DTYPE	Preis
1001	Werbe-artikel	89,00
1101	Sitzplatz	89,00

Tabelle Sitzplatz

Artikel-nummer	Bereich	Reihe	Sitz	Zustand	Vor-stellungs-nummer	Veran-staltungs-nummer
1101	Parkett	2	8	belegt	1	1

Tabelle Werbeartikel

Artikel-nummer	Bezeich-nung	Lager-bestand	Mindest-bestand
1001	Noten f. Klavier	26	20

Abbildung 18-5: Objekte in den Tabellen Artikel, Sitzplatz, Werbeartikel in der Join Table-Strategie

In der Table per Concrete Class-Strategie werden die Objekte komplett getrennt abgespeichert (Abbildung 18-6). Abfragen über gemeinsame Attribute, wie z. B. Artikel nach Preis, müssen über beide Tabellen ausgeführt werden.

Tabelle Sitzplatz

Artikel-nummer	Preis	Bereich	Reihe	Sitz	Zustand	Vor-stellungs-nummer	Veran-staltungs-nummer
1101	89,00	Parkett	2	8	belegt	1	1

Tabelle Werbeartikel

Artikel-nummer	Preis	Bezeich-nung	Lager-bestand	Mindest-bestand
1001	89,00	Noten f. Klavier	26	20

Abbildung 18-6: Objekte in den Tabellen Sitzplatz und Werbeartikel in der Table per Concrete Class-Strategie

Die Strategie wird in der Annotation @Inheritance festgelegt. Im Folgenden wird exemplarisch die Anwendung der Join Table-Strategie, die der bisherigen Tabellenstruktur am nächsten kommt, aufgezeigt.

Mit dem Element strategy wird die Strategie festgelegt. Die Klasse Artikel wird selbst als abstrakte Klasse deklariert, da keine Entität vom Typ Artikel existiert, sondern nur Entitäten vom Typ Sitzplatz und Werbemittel.

```
@Inheritance(strategy= InheritanceType.JOINED)
public abstract class Artikel implements Serializable {…
```

18.8 Modellierung

Weitere Annotationen sind nicht notwendig, da die Objekthierarchie bereits über die Klassendeklarationen festgelegt ist:

```
public class Sitzplatz extends Artikel implements Serializable {
 ...
}
public class Werbeartikel extends Artikel implements Serializable {
 ...
}
```

Der Zugriff auf die Entitäten ändert sich dadurch nicht prinzipiell. Auf die Entitätsklassen Artikel, Sitzplatz und Werbeartikel kann wie zuvor zugegriffen werden.

Alle Sitzplätze mit einem Preis größer 50 Euro können mit folgender Query abgefragt werden, unabhängig davon, dass der Preis in der Tabelle Artikel abgelegt ist.

```
SELECT s FROM Sitzplatz s WHERE s.preis > 50.00
```

Alle Artikel mit einem Mindestpreis können mit folgender Methode abgefragt werden. Das Resultat der Query ist eine Liste von Artikeln, die jedoch nach Typ differenziert abgearbeitet werden kann:

```
public List<Artikel> getArtikelPreisGroesser(BigDecimal preis) {

    // Query instanziieren
    Query q = em.createQuery(
        "SELECT a FROM Artikel a WHERE a.preis > :preis");

    // Parameter setzen
    q.setParameter("preis", preis);

    // Query ausführen
    List<Artikel> artikel = q.getResultList();
    for (Artikel a : artikel){
        if(a.getClass()==Sitzplatz.class) {

            Sitzplatz sitzplatz = (Sitzplatz) a;
            // Hier Verarbeitung für Sitzplatz ...

        } else
        if (a.getClass()==Werbeartikel.class){

            Werbeartikel werbeartikel = (Werbeartikel) a;
            // Hier Verarbeitung für Werbeartikel ...

        }
```

```
            }
            return artikel;
    }
```

Mit dem TYPE-Operator kann in JPQL explizit ein Typ abgefragt werden.

Alle Bestellposten mit Sitzplätzen in einer Bestellung werden mit folgender Methode ermittelt:

```
    public List<Bestellposten>
            getBestellpostenByBestellungSitzplatz(int bestellNr) {

        // Query instanziieren
        Query q = em.createQuery("SELECT p FROM Bestellung b, "
                + "IN (b.bestellpostenCollection) p "
                + "WHERE b.bestellNr = :bestellNr "
                + "and TYPE(p.artikel) = Sitzplatz");

        // Parameter setzen
        q.setParameter("bestellNr", bestellNr);

        // Query ausführen und Resultat zurückgeben
        return q.getResultList();
    }
```

18.9 Praxis

Die Struktur der Anwendung entspricht der in Kapitel 17. Das Projekt KartoFinale im Ordner KartoFinaleHierarchie enthält die Version der Anwendung mit der Vererbungsstruktur Artikel. Zum Starten der Anwendung ist die angepasste Datenbank im SQL-Server zu laden.

Zur automatisierten Erzeugung neuer Entitätsklassen bietet die NetBeans IDE zwei Möglichkeiten: Die Erzeugung der Entitätsklasse aus der Datenbank und die Erzeugung der Datenbanktabelle aus der Entität.

18.9.1 Erzeugung einer Entitätsklasse aus einer Datenbanktabelle

Die Datenbanktabelle Gutschein ist in der KartoFinale-Datenbank im Schema dbo gemäß Abbildung 18-7 angelegt. Kundennummer ist ein Fremdschlüssel zur Tabelle Kunde.

18.9 Praxis

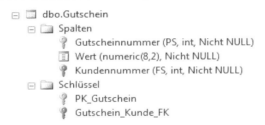

Abbildung 18-7: Tabelle Gutschein

Im Paket model von KartoFinale-ejb kann mit dem Aufruf von "Entity Classes from Database ..." (Abbildung 18-8 (1)) der Dialog zum Erzeugen der Entitätsklasse Gutschein aus der Tabelle Gutschein geöffnet werden.

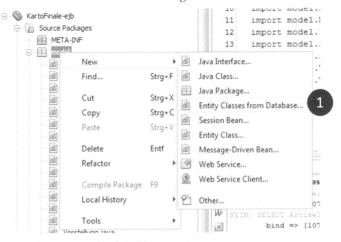

Abbildung 18-8: Erzeugung Entitätsklasse aufrufen

In den nächsten Dialogschritten wird die Tabelle Gutschein zusammen mit der in Relation stehenden Tabelle Kunde ausgewählt (Abbildung 18-9 (1)) und konfiguriert. Die Entitätsklasse Kunde wird dabei nur aktualisiert (2) und Annotationen werden hinzugefügt (3).

18 Fortgeschrittene Techniken des objektrelationalen Mappings

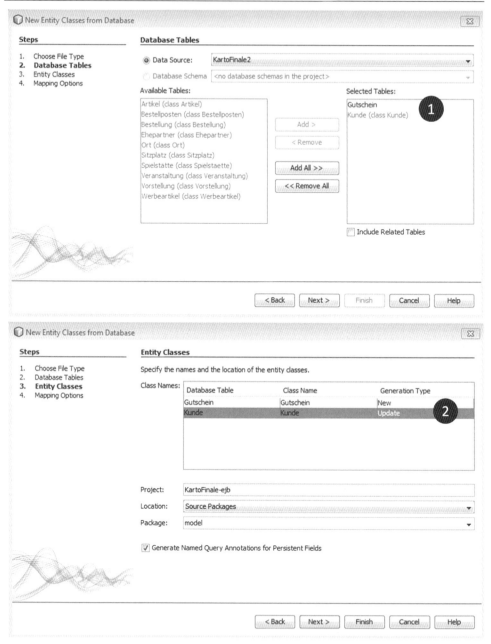

18.9 Praxis

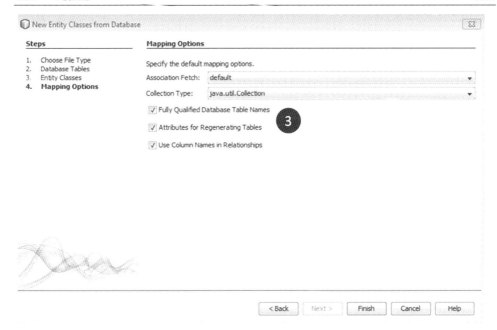

Abbildung 18-9: Erzeugen der Entitätsklasse Gutschein aus der Tabelle Gutschein

Es wird die Entitätsklasse Gutschein (Abbildung 18-10 (1)) mit der Annotation der Beziehung sowohl in der Entitätsklasse Gutschein (2) als auch in der Entitätsklasse Kunde (3) erzeugt.

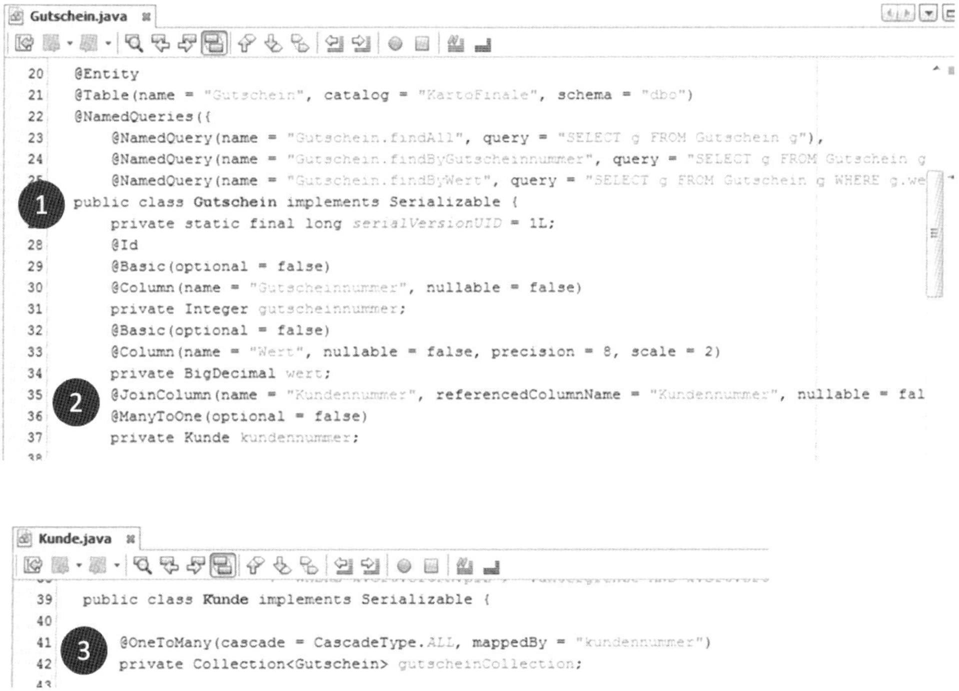

Abbildung 18-10: Erzeugte Entitätsklasse Gutschein und zugehörige Beziehungen

18.9.2 Erzeugen einer Tabelle aus einer Entitätsklasse

EclipseLink kann aus Entitätsklassen Datenbanktabellen erzeugen. Dazu muss in der persistence.xml die Table Generation Strategy auf Create (Abbildung 18-11 (1)) gesetzt werden. Beim Starten der Anwendung werden die Tabellen bei Bedarf neu erzeugt.

Abbildung 18-11: Automatisches Erzeugen von Datenbanktabellen aktivieren

Die automatisch erstellte Tabelle ist nahezu identisch mit der zuvor selbst erstellten Tabelle (Abbildung 18-12). Lediglich die Fremdschlüsselbeziehung ist gemäß der in der JPA festgelegten Generierungsstrategie Gutschein_Kundennummer benannt (1).

Abbildung 18-12: Erzeugte Tabelle Gutschein

18.10 Zusammenfassung

Die JPA stellt flexible Mechanismen zum Management der Entitäten zur Verfügung.

Das Laden der Entitäten aus der Datenbank kann über das fetch-Element in den Beziehungsannotationen gesteuert werden. Mit dem FetchType EAGER wird erzwungen, dass alle über das annotierte Attribut zur Beziehung gehörenden Entitäten unmittelbar mit einer Entität geladen werden. Mit dem FetchType LAZY werden die in Beziehung stehenden Entitäten bedarfsgesteuert beim Zugriff auf das Beziehungsattribut nachgeladen.

Transaktionen können durch die Anwendung oder die Laufzeitumgebung gesteuert werden. Bei der Steuerung durch die Laufzeitumgebung werden Transaktionen an die Abarbeitung einer Methode gebunden. Die Transaktion startet dann mit dem Beginn der Verarbeitung der Methode, das Commit erfolgt mit dem erfolgreichen Beenden der Methode. Unter welchen Bedingungen eine Transaktion an eine Methode gebunden wird, kann über ein Transaktionsattribut festgelegt werden.

Die Entitäten einer Transaktion werden in einem Persistenzkontext verwaltet. Über die Methode persist() der EntityManager-Schnittstelle können Entitäten dem Persistenzkontext hinzugefügt werden, mittels remove() gelöscht werden.

Beim commit der Transaktion werden die Änderungen an den Entitäten im Persistenzkontext in die Datenbank geschrieben.

Das Erzeugen neuer Entitäten, Änderungen an Entitäten und das Löschen von Entitäten kann über die EntityManager-Schnittstelle mittels navigierendem Zugriff erfolgen. Über die JPQL ist ein gleichzeitiges mehrfaches UPDATE und DELETE von Entitäten möglich.

Die JPQL stellt eine große Anzahl an Bedingungsausdrücken und Aggregierungsfunktionen zur Verfügung. Mit Subqueries können komplexe Abfragen konstruiert werden.

Die JPA unterstützt für die Abbildung von Vererbungshierarchien drei Strategien. Bei der Single Table-Strategie wird die gesamte Klassenhierarchie auf eine Tabelle abgebildet, die die Attribute aller Entitäten enthält. Bei der Joined Subclass-Strategie werden spezifische Attribute von Klassen in separaten Tabellen gespeichert. Die Table per Concrete Class-Strategie bildet jede Klasse auf eine eigene Tabelle ab.

18.11 Aufgaben

Übungsfragen

1. Was ist der Unterschied zwischen dem Laden von referenzierten Entitäten in Objektbeziehungen im EAGER und LAZY-Modus?
2. Wie können Sie das Ladeverhalten von Objektbeziehungen (EAGER/LAZY) bei der Entwicklung mit der JPA beeinflussen?
3. Was bedeutet es, wenn eine Entität im Persistenzkontext „managed" bzw. von ihm „detached" ist?
4. Wie kann eine Entität im Status „detached" wieder in den Persistenzkontext überführt werden?
5. Wie können Sie das Transaktionsverhalten einzelner Methoden bei der containerbasierten Transaktionssteuerung beeinflussen?
6. Welche Möglichkeiten gibt es, Entitäten zu aktualisieren und zu löschen?

7. Welche zwei grundlegenden Entwicklungsstrategien zur Erzeugung des JPA Domänenmodells gibt es?
8. Welche Strategien zur Realisierung von Vererbungsbeziehungen auf Datenbankebene gibt es und wie funktionieren diese prinzipiell?

Übungen

1. Ändern Sie die Entityklasse Kunde so, dass die Gutscheine eines Kunden sofort (EAGER) geladen werden, wenn ein Kunde vom EntityManager geladen wird, und schreiben Sie eine Methode, die über navigierenden Zugriff alle Gutscheine eines Kunden ausgibt.
2. Schreiben Sie eine Methode, die einem Kunden einen Gutschein unter Verwendung des EntityManagers hinzufügt.
3. Schreiben Sie eine Methode, die einen Gutschein unter Verwendung des EntityManagers löscht.
4. Schreiben Sie eine Methode, die unter Nutzung einer NamedQuery alle vorhandenen Gutscheine nach dem Wert sortiert zurückliefert.
5. Schreiben Sie eine Methode, die den Wert aller Gutscheine eines Kunden zurückliefert.
6. Fügen Sie eine Klasse Geschenkgutschein hinzu. Diese soll von der Entitätsklasse Gutschein abgeleitet werden und besitzt ein zusätzliches Attribut für den Schenkenden, der ebenfalls ein Kunde bei KartoFinale sein muss. Wählen Sie die Strategie JOINED für die Umsetzung in der JPA.
7. Schreiben Sie eine Methode Verschenken, mit der ein Gutschein von einem Kunden an einen anderen Kunden verschenkt wird.

Hinweis: Testen Sie die Methoden jeweils mit dem Client und Ausgaben im Ausgabefenster.

19 Data Warehouse

In Kapitel 19 sollen folgende Fragen geklärt werden:
- Wie können Berichte aus den operativen Daten erstellt werden?
- Wie können Auswertungen erstellt werden?
- Was ist ein Data Warehouse?
- Worin besteht der Unterschied zwischen transaktions- und analyseorientierten Anwendungssystemen?
- Wie werden Daten zur Analyse physisch gespeichert?

19.1 Motivation

Der Geschäftsführer der Firma KartoFinale hat von Herrn Klein, der für den Vertrieb von Eintrittskarten in Norddeutschland zuständig ist, erfahren, dass der Verkauf von Werbeartikeln in dieser Region rückläufig ist. Genaue Zahlen hat er allerdings nicht. Er vermutet aber, dass der Umsatzrückgang etwa 7 bis 8 Prozent beträgt. Wie sich der Umsatzrückgang auf die einzelnen Werbeartikel verteilt, kann er allerdings nicht sagen. Also holen Herr Kowalski und Herr Klein die Abteilungsleiterin des Vertriebs, Frau Kart, zu dem Gespräch. Frau Kart erläutert Herrn Kowalski, dass sie einen Bericht über die Umsätze der Werbeartikel für die Jahre 2010 und 2011 erstellen kann, um zu sehen, für welche Artikel ein Rückgang zu erkennen ist. Inzwischen ist Frau Kart sehr geübt im Schreiben von SQL-Anweisungen. Selbst eine so komplexe Abfrage bereitet ihr inzwischen keine Probleme mehr. Insgesamt werden sechs Tabellen für die Abfrage benötigt. Da die Orte nur das Bundesland beinhalten, muss sie noch gesondert die Region über eine Fallunterscheidung auswählen.

```
SELECT Bezeichnung,
       CASE
         WHEN Bundesland IN('SH', 'MV', 'NI', 'HH' ) THEN 'Nord'
         ELSE 'Süd'
       END AS Region, EXTRACT( YEAR FROM Datum) AS Jahr,
       SUM(Preis * Menge) AS Umsatz
FROM   Bestellung INNER JOIN Bestellposten
       ON Bestellung.BestellNr = Bestellposten.BestellNr
       INNER JOIN Kunde
       ON Bestellung.Kundennummer = Kunde.Kundennummer
       INNER JOIN Ort
       ON Kunde.Ort = Ort.Ort AND Kunde.Plz = Ort.Plz
        INNER JOIN Artikel
        ON Bestellposten.Artikelnummer = Artikel.Artikelnummer
```

```
        INNER JOIN Werbeartikel
        ON Artikel.Artikelnummer = Werbeartikel.Artikelnummer
GROUP BY Bezeichnung,
        CASE
            WHEN Bundesland IN('SH', 'MV', 'NI', 'HH' ) THEN 'Nord'
            ELSE 'Süd'
        END, EXTRACT( YEAR FROM Datum)
ORDER BY Bezeichnung, Region
```

Nach 10 Minuten hat Frau Kart die Abfrage erstellt und führt sie auf dem RDBMS aus. Doch sie muss auf das Ergebnis warten. Mittlerweile sind schon 10 Minuten vergangen und das RDBMS bearbeitet ihre Anfrage noch immer, als Inga und Klaus zu ihrer Vorgesetzten kommen. Sie erklären ihr, dass seit etwa 10 Minuten das Arbeiten mit der Bestelldatenbank sehr langsam geworden ist. Frau Kart vermutet, dass ihre Anfrage das RDBMS so stark belastet, dass ihre Kollegen nicht vernünftig arbeiten können. Sie bricht die Abfrage ab und ruft wieder Herrn Fleissig von der Unternehmenberatung an. Dieser erklärt ihr, dass die operative Datenbank auf so flexible analytische Anfragen nicht ausgelegt ist. Dazu müsste man eine eigene Datenbank anlegen, die für analytische Anfragen vorgesehen ist.

19.2   OLTP und OLAP

Bereits Anfang der 80er Jahre entstanden erste Anwendungssysteme, die analytisch auf Datenbanken der operativen Anwendungssysteme zugriffen. Diese waren unflexibel und wurden als „Management Information Systems" (MIS) oder „Executive Information Systems" (EIS) bezeichnet. Da diese analytischen Anwendungssysteme direkt auf die operativen Datenbanken zugreifen, sind zum einen die analytischen Abfragen selbst langsam. Zum anderen sind während des Ausführens dieser aber auch die Zugriffe von den operativen Anwendungssystemen durch die Mehrbenutzerfähigkeit verzögert.

Man unterscheidet heutzutage zwischen operativen Anwendungssystemen, die als „Online Transaction Processing"-Anwendungen bezeichnet werden, und analytischen Anwendungssystemen, die der Kategorie der „Online Analytical Processing"-Anwendungen zuzuordnen sind. OLTP-Anwendungen sind normalerweise gekennzeichnet durch einfache Anfragen, die wenige Datensätze zurückliefern und zeitaktuell sind. Hierfür existiert meistens ein zentraler Datenbestand, in den Datensätze eingefügt, geändert, gelöscht und von dem gelesen wird. Da es sich um operative Anwendungssysteme handelt, greifen viele Anwender auf die Datenbank zu. Typische Anwender sind Sachbearbeiter, die eher tägliche Geschäftsprozesse bearbeiten.

Im Gegensatz dazu greifen bei OLAP-Anwendungen normalerweise nur wenige Anwender auf die Datenbank zu. Die Anfragen sind jedoch wesentlich komplexer und flexibler. Sie benötigen außerdem viele Datensätze zur Beantwortung der

Anfrage. Zudem werden bei der Analyse Daten über einen längeren Zeitraum benötigt, die durchaus auch von mehreren Datenquellen stammen können. So kann es sein, dass Daten aus anderen lokalen Anwendungen oder aber auch demografische Daten hinzugefügt werden, die man von entsprechenden Anbietern erwerben kann. Typische Nutzer von OLAP-Anwendungen sind Mitarbeiter, die Berichte und Analysen benötigen, wie z.B. der Controller oder Manager, die mittel- und langfristige Entscheidungen treffen müssen. Abb. 19-1 verdeutlicht noch einmal das Problem bisheriger Ansätze zur Analyse der Daten operativer Systeme.

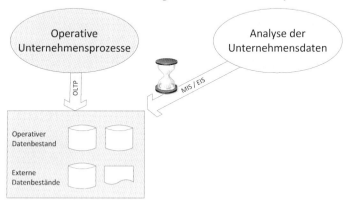

Abbildung 19-1: Analytischer Ansatz bei MIS und EIS

19.3 Grundlagen

Greifen Anwendungssysteme analytisch auf operative Datenbanken zu, so haben wir gesehen, dass dieses zum einen zu Lasten der Performance der operativen Anwendungssysteme geht. Andererseits werden aber auch die analytischen Anfragen nicht performant ausgeführt, da das Datenmodell, so wie wir es kennengelernt haben, nicht auf analytische Anfragen ausgerichtet ist. Um dieses Problem zu lösen, entwickelte sich seit Mitte der 80er Jahre der Begriff des Data Warehouse.

Hierunter versteht man einen eigenen Datenbestand, i.d.R. als relationale Datenbank, der ausschließlich analytischen Zwecken innerhalb eines Unternehmens dient. Die Trennung der operativen von den analytischen Datenbanken hat den Vorteil, dass beide sich nicht mehr gegenseitig beeinflussen. Hinzu kommt, dass in diesen Datenbestand auch weitere externe Datenbestände integriert und die Daten über einen längeren Zeitraum als in einem operativen Datenbestand gespeichert werden können.

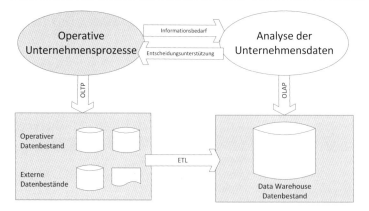

Abbildung 19-2: Analytische Ansatz bei Data Warehouse Systemen

Abb. 19-2 verdeutlicht noch einmal den Zusammenhang zwischen den drei Begriffen OLTP, OLAP und Data Warehouse.

19.4 Datenwürfel

OLTP-Anwendungen arbeiten transaktionsorientiert mit einer großen Anzahl an Anwendern. Dementsprechend sind die Datenmodelle auch auf solche Anwendungen optimiert. Dazu gehören u.a. die Abbildung von Beziehungen über Fremd- und Primärschlüssel, die Vermeidung von redundanten Daten, aber auch das richtige Anlegen von Indizes im physischen Schema, abhängig von den SQL-Anweisungen dieser OLTP-Anwendungssysteme.

Im Gegensatz dazu arbeiten die Nutzer bei OLAP-Anwendungen analytisch, d.h. es werden Berichte oder statistische Auswertungen erstellt. Hier interessieren nicht einzelne Datensätze, sondern aggregierte konsolidierte Werte, wie z.B. der Umsatz für Werbeartikel in den Jahren 2009 bis 2011. In diesem Fall benötigt der Anwender für Auswertungen die Daten über einen längeren Zeitraum, z.B. von den letzten 5 Jahren. Der Nutzer greift also auf aggregierte historische Werte zu, die er aus verschiedenen Blickwinkeln betrachtet. Diese werden in der OLAP-Sprache als Dimensionen bezeichnet. Um das besser zu verstehen, wollen wir uns den Bericht von Frau Kart zu den Umsätzen ansehen. Ein typischer Bericht könnte wie in Abb. 19-3 aussehen. Auf der y-Achse sind die einzelnen Artikel aufgeführt und auf der x-Achse die Jahre. Betrachtet wird dabei der Umsatz, abhängig von den Werten auf der y- und x-Achse. Der Umsatz wird also aus den Blickwinkeln bzw. den Dimensionen Artikel und Zeit analysiert. Nun gibt es aber weitere Dimensionen, die für eine Analyse des Umsatzes relevant sind, z.B. demografische Informationen über den Kunden wie das Geschlecht und das Alter oder die Region, aus der der Kunde stammt. Bei einer Analyse des Berichtes betrachtet man also den Umsatz aus verschiedenen Dimensionen, um eine Entscheidung treffen zu können. Zur Veranschaulichung der Mehrdimensionalität spricht man daher

19.4 Datenwürfel

von sogenannten Würfeln oder Cubes. Bildlich kann man sich das so vorstellen, dass der Würfel je nach Blickwinkel gedreht wird, um die Dimensionen zu ändern.

	A	B	C
1		**Bericht**	
2	Umsatz der Werbeartikel 2010-2011		
3			
4	Artikel	Jahr	Umsatz
5	Noten f. Klavier	2010	7.012.132 €
6		2011	4.973.765 €
7	Opernführer	2010	1.587.746 €
8		2011	1.108.485 €
9	Phil Collins in Concert	2010	1.578.580 €
10		2011	1.116.360 €
11	Plakat mit Musical-Katzen	2010	2.652.430 €
12		2011	1.881.260 €
25	Gesamt		21.910.757 €

Abbildung 19-3: Beispiel eines Umsatzberichtes

Ein Würfel besteht nur aus 3 Dimensionen, bei einer Analyse jedoch werden die Kennzahlen aus wesentlich mehr Blickwinkeln betrachtet. Für das Verständnis einer mehrdimensionalen Analyse ist das Bild eines Würfels allerdings hilfreich. Dimensionen haben noch zwei weitere Eigenschaften: Zum einen enthalten sie Dimensionselemente, wie z.B. Jahr, Geschlecht, Ort. Zum anderen können die Dimensionselemente aber auch hierarchisch dargestellt werden. So bildet die Dimension Zeit auf der obersten Ebene die Jahre ab, eine Ebene tiefer die Quartale und ggf. darunter die Monate. Je nachdem, auf welcher Hierarchieebene der Würfel betrachtet wird, sind die Umsätze konsolidiert nach Jahr, Quartal oder Monat aufgeführt.

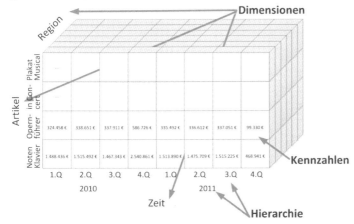

Abbildung 19-4: Datenwürfel und seine Elemente

Die verdichteten numerischen Werte, nach denen analysiert wird, werden als Kennzahlen, Fakten oder Measures bezeichnet (siehe Abb. 19-4). Hierbei kann es sich um monetäre Größen, Mengenangaben u.ä. handeln. Kennzahlen sind charakterisiert durch ihre Granularität, die Stärke der Verdichtung und durch eine Berechnungsvorschrift (Summenbildung, Anzahl, Durchschnitt usw.).

Der Nachteil der bisherigen Berichte (siehe Abb. 19-3) besteht ja darin, dass wir eine statische Sicht auf die Kennzahlen haben. Wollen wir nun aber dynamische Berichte erstellen, sind Operationen wie das Drehen usw. notwendig, um die Sichtweise zu ändern. Hierfür gibt es bestimmte Begriffe, die bei der Analyse eines Datenwürfels verwendet werden. Unter „Drill Down" versteht man das Hineinzoomen in die Detaildaten von einer aggregierten Ebene in eine weniger aggregierte Sicht. Ein „Drill Down" wäre für unseren Beispielwürfel der Wechsel von der Jahresansicht auf die Quartalsansicht. Ein „Roll Up" ist das Gegenteil hierzu, nämlich eine Verringerung des Detaillierungsgrades, d.h. wir wechseln von der Quartalsansicht auf die Jahressicht. Mit „Slicing" ist das Herausschneiden einer Scheibe aus dem Würfel gemeint, z.B. die Betrachtung eines einzelnen Artikels wie dem Opernführer. Unter „Rotation" oder „Pivoting" versteht man schließlich das Drehen des Würfels, um andere Dimensionen anzuzeigen. Abb. 19-5 verdeutlicht noch einmal grafisch die einzelnen Operationen, die auf einem Datenwürfel ausgeführt werden können.

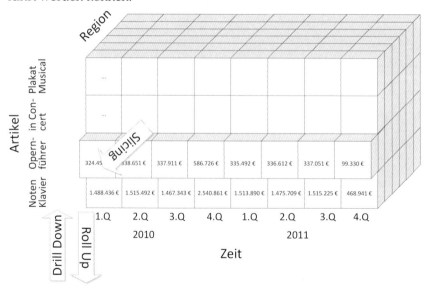

Abbildung 19-5: Operationen im Datenwürfel

Nachdem wir nun das Konzept eines Datenwürfels kennengelernt haben, müssen wir klären, wie dieser mit seinen Kennzahlen und Dimensionen physisch gespeichert werden kann.

Auf die Daten eines Würfels wird vorwiegend lesend zugegriffen. Welche analytischen Abfragen auf die Daten erfolgen, ist i.d.R. im Gegensatz zu OLTP-Anwendungen vorab nicht bekannt und sollte weitgehend flexibel sein. Nun haben wir in den ersten drei Kapiteln gelernt, dass redundante Daten vermieden werden sollten, da dieses zu Unstimmigkeiten der mehrfach gespeicherten Daten führen kann. Wird allerdings nur lesend auf Daten zugegriffen, so kann man durchaus redundante Daten zulassen, da das wiederum zu schnelleren Zugriffen führen kann.

19.5 Speicherformen

Wir wollen uns zunächst ansehen, wie ein Datenwürfel in einer relationalen Datenbank gespeichert werden kann. Die einfachste Möglichkeit wäre, eine einzige Tabelle zu erzeugen, die für jedes Dimensionselement und für jede Kennzahl eine eigene Spalte enthält. Für unser Fallbeispiel würden wir also eine sogenannte Faktentabelle erstellen, die wir relativ einfach mit SQL anlegen und befüllen können.

In unserem Beispiel haben wir drei Dimensionen Artikel, Kunde und Bestelldatum mit ihren entsprechenden Dimensionselementen. Pro Kombination aus den Dimensionselementen wird dann der Umsatz errechnet. Diese Faktentabelle könnten wir jetzt schon in eine OLAP-Clientanwendung wie Excel einlesen und dort lokal einen Würfel als PivotTable erzeugen.

Diese Art der Speicherung hat zwar den Vorteil, dass der Zugriff sehr performant ist, da keine Tabellen miteinander verknüpft werden müssen, allerdings hat sie auch mehrere Nachteile. Die Daten sind vollständig denormalisiert, so dass Daten mehrfach also redundant auftreten. Anhand der Tabellenstruktur ist nicht ersichtlich, wobei es sich um Dimensions- oder Faktenelemente handelt. Genauso wenig sind Hierarchien aus der Struktur zu erkennen.

Die zweite Möglichkeit besteht darin, für jede Dimension eine eigene Tabelle zu erzeugen, deren Primärschlüssel als Fremdschlüssel in der Faktentabelle erscheint. Für jedes Dimensionselement und den Primärschlüssel wird in der Tabelle eine Spalte angelegt. In der Faktentabelle erscheinen dann nur noch die Verweise auf die Dimensionstabellen. Alle Fremdschlüssel in der Faktentabelle zusammen ergeben dann wieder den neuen Primärschlüssel. Für unser Beispiel müssen wir also drei Tabellen für die Dimensionen anlegen: DimArtikel, DimKunde und DimZeit. Zusätzlich benötigen wir die Tabelle FaktUmsatz mit den Verweisen auf die Dimensionstabellen. Das Datenmodell sieht dann wie in Abb. 19-6 dargestellt aus.

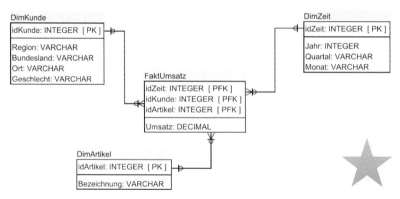

Abbildung 19-6: Sternschema

Dieses Datenmodell zur Speicherung eines Würfels wird allgemein als Stern- oder Star-Schema bezeichnet, da bei einer entsprechenden Anzahl von Dimensionen das Modell die Form eines Sterns hat. Die Tabellen erfüllen zwar auch nicht die 3. Normalform, im Gegensatz zu der vorherigen Lösung mit einer gemeinsamen Tabelle für Fakten und Dimensionen hat das Stern-Schema aber den Vorteil, dass anhand des Stern-Schemas Dimensionen und Fakten unterschieden werden können. Hierarchien sind allerdings in der Struktur nicht erkennbar.

Um nun auch Hierarchien entsprechend abzubilden, erstellt man zusätzlich für jede Hierarchieebene eine eigene Tabelle. Für unsere Dimension Zeit bedeutet das, dass wir je eine Tabelle für den Monat, für das Quartal und für das Jahr benötigen. Entsprechend können wir auch eine Hierarchie für den Wohnort des Kunden über Region, Bundesland und Ort abbilden, Abb. 19-7 stellt das entsprechende Datenmodell dar, das entsprechend seiner Form als Schneeflocken- oder Snowflake-Schema bezeichnet wird.

Das Snowflake-Schema ist zwar gegenüber dem Star-Schema in der 3. Normalform, dafür sind beim Auswerten der Daten aber auch mehrere Joins notwendig. Da Abfragen normalerweise performanter ablaufen, je weniger Joins notwendig sind, werden in der Praxis häufig Dimensionen mit häufiger Änderungsrate im Snowflake-Schema, andere Dimensionen im Star-Schema erstellt. Die Kombination aus Snowflake- und Star-Schema wird übrigens mit dem Kunstwort Starflake-Schema beschrieben.

19.5 Speicherformen

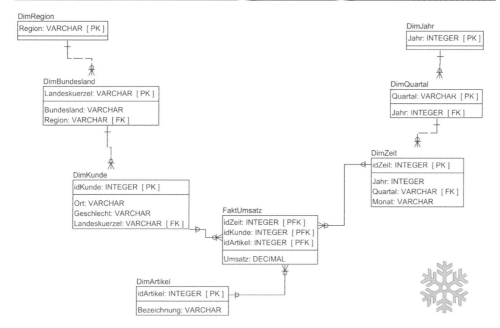

Abbildung 19-7: Snowflake-Schema

Gibt es mehr als eine Faktentabelle und teilen sich Faktentabellen einzelne Dimensionen, spricht man von einem Galaxie-Schema. Eine typische Dimension, die von mehreren Faktentabellen verwendet wird, ist z.B. die Dimension Zeit.

Die Speicherung von Datenwürfeln in relationalen Tabellen als Star-, Snowflakeschema oder einem Derivat wird als relationale OLAP-Speicherung (ROLAP) bezeichnet.

Neben dieser Form der Speicherung existiert auch die multidimensionale OLAP-Speicherung (MOLAP). Hierbei werden die Datenwürfel in einer mutidimensionalen Datenbank (MDDB) in einem proprietären Format gespeichert. Da ROLAP seinen Datenwürfel in zweidimensionalen Tabellen ablegen muss, hat MOLAP den Vorteil, dass es normalerweise performanter ist, weil es speziell auf eine mehrdimensionale Datenstruktur ausgelegt ist. MOLAP-Serversysteme laden ihre Datenwürfel häufig auch komplett in den Hauptspeicher, wodurch zusätzlich schnellere Zugriffe möglich sind. Nachteil daran ist natürlich eine geringere Speicherkapazität bei MOLAP. ROLAP hat daher Vorteile bei besonders großen Datenmengen.

Neben MOLAP und ROLAP gibt es noch eine Mischung aus beiden, die sogenannte hybride OLAP-Speicherung (HOLAP). Dabei wird der Würfel mit seinen aggregierten Kennzahlen als MOLAP und detaillierte Daten als ROLAP gespeichert.

19.6 ETL

Wir wissen bisher, dass ein Data Warehouse ein integrierter Datenbestand für analytische Zwecke und von den operativen Datenbeständen getrennt ist. Technisch werden die Daten eines Data Warehouses meistens in einer relationalen Datenbank als Star- oder Snowflake-Schema (ROLAP) gespeichert. Dadurch wird die Form eines Datenwürfels mit Dimensionen, Hierarchien und Fakten abgebildet, die für eine Analyse und Berichtserstellung notwendig sind.

Dabei werden die Daten aus verschiedenen Datenquellen im Data Warehouse integriert gespeichert. Daten werden hierbei langfristig und nicht wie bei operativen Datenbanken zum Zwecke der Erfüllung eines einzelnen Geschäftsprozesses abgelegt.

Wir sind bisher in unserem Beispiel immer davon ausgegangen, dass wir nur eine operative Datenbank besitzen und aus dieser die Daten für ein Data Warehouse extrahiert werden. Da ein Data Warehouse eine allgemeine Sicht auf das gesamte Unternehmen hat, werden in ein Data Warehouse Daten aus verschiedenen betriebswirtschaftlichen Bereichen importiert. Hinzu kommen häufig noch angereicherte Daten, z.B. demografische Angaben über Kunden.

Entscheidend für den Erfolg eines Data Warehouses ist daher der Prozess zur Erstellung, der aus der Datenbeschaffung, -integration, -bereitstellung und der Datenauswertung besteht. Abb. 19-8 zeigt die einzelnen Komponenten, die zu einem Data Warehouse-System gehören.

Zunächst werden innerhalb der Datenbeschaffung die Daten aus den internen operativen, aber auch aus externen Datenquellen extrahiert und im sogenannten Arbeitsbereich (Staging Area) gespeichert. Die Staging Area dient maßgeblich zur Integration und Transformation der Daten. Hierzu gehören das Anpassen von Datenschemata, Transformationen zur Vereinheitlichung der Semantik, Fehlerbereinigungen usw. Von hier aus werden die Daten in das Operational Data Store (ODS) bzw. in die Basisdatenbank übertragen. Die Basisdatenbank enthält bereits integrierte und fehlerbereinigte Daten. Dadurch können hier auch schon aktuelle Auswertungen erfolgen. Von dort werden die Daten in das Data Warehouse übertragen und im Star- und Snowflake-Schema abgelegt.

19.6 ETL

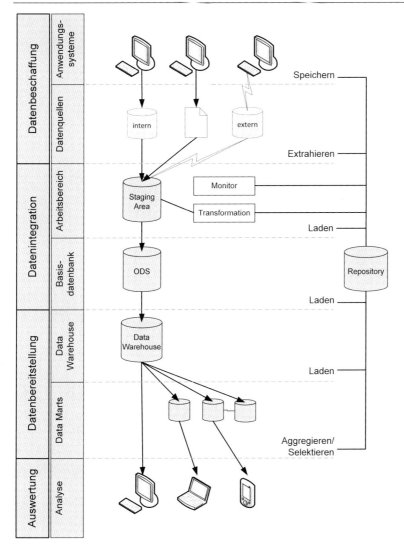

Abbildung 19-8: Data Warehouse Prozess

Neben der Transformationskomponente eines Data Warehouse-Systems benötigt man eine Monitoring-Komponente, die Änderung an den operativen Daten erkennt und in die Staging Area überträgt. Je nach dem Umfang eines Data Warehouse können bestimmte Komponenten auch weggelassen werden. Bei einem sehr kleinen Data Warehouse kann die Extraktion, Transformation und Übertragung der Daten auch direkt von den Datenquellen in die Datenstruktur des Data Warehouse erfolgen. Sollen immer nur aktuelle Daten im Data Warehouse gespeichert werden, was der Definition eines Data Warehouse eigentlich widerspricht, so kann auch auf die Monitoring-Komponente verzichtet und die Daten z.B. einmal monatlich vollständig geladen werden.

Der Aufbau eines Data Warehouses zeigt, dass das Extrahieren, Transformieren und Übertragen von einer Datenquelle zu einer neuen integrierten Datenquelle eine der wichtigsten Aufgaben im Data Warehouse-Prozess darstellt.

Zu diesem Zweck gibt es besondere Softwarewerkzeuge, die diese Arbeiten erleichtern. Diese Softwarewerkzeuge werden allgemein als ETL-Werkzeuge bezeichnet. ETL steht für Extraktion der Daten aus unterschiedlichen Datenquellen, Transformation und Bereinigen der Daten in das Ziel-Datenschema und Laden und Übertragen in die Zieldatenbank.

19.7 Praxis

Microsoft SQL Server 2008

Wir wollen zunächst für den Microsoft SQL Server das Erzeugen und Befüllen der Faktentabelle aus Abschnitt 19.3.3 für den Beispielwürfel durchführen. Die Daten für den Würfel sollen zunächst aus nur einer einzigen Faktentabelle bestehen. Zunächst legen wir eine neue Datenbank KartoFinaleDataWarehouse an und erstellen danach in dieser die Faktentabelle mit folgenden SQL-Anweisungen:

```
CREATE DATABASE KartoFinaleDataWarehouse
GO

USE KartoFinaleBig

SELECT Werbeartikel.Bezeichnung AS Artikel,
       CASE
          WHEN Bundesland IN('SH', 'MV', 'NI', 'HH' ) THEN 'Nord'
          ELSE 'Süd'
       END AS "Region(Kunde)",
       Bundesland AS "Bundesland(Kunde)",
       CASE Geschlecht
          WHEN 'm' THEN 'männlich'
          WHEN 'w' THEN 'weiblich'
          ELSE 'unbekannt'
       END AS Geschlecht,
       YEAR(Bestellung.Datum) AS Jahr,
       DATEPART(QUARTER, Datum) AS Quartal,
       MONTH(Bestellung.Datum) AS Monat,
       SUM(Artikel.Preis * Bestellposten.Menge) AS Umsatz
       INTO KartoFinaleDataWarehouse.dbo.FaktUmsatz
FROM   Bestellung INNER JOIN Bestellposten
       ON Bestellung.BestellNr = Bestellposten.BestellNr
       INNER JOIN Kunde
       ON Bestellung.Kundennummer = Kunde.Kundennummer
       INNER JOIN Ort
       ON Kunde.Ort = Ort.Ort AND Kunde.Plz = Ort.Plz
       INNER JOIN Artikel
       ON Bestellposten.Artikelnummer = Artikel.Artikelnummer
```

```
        INNER JOIN Werbeartikel
        ON Artikel.Artikelnummer = Werbeartikel.Artikelnummer
GROUP BY Werbeartikel.Bezeichnung,
        CASE
          WHEN Bundesland IN('SH', 'MV', 'NI', 'HH' ) THEN 'Nord'
          ELSE 'Süd'
        END,
        Bundesland,
        CASE Geschlecht
          WHEN 'm' THEN 'männlich'
          WHEN 'w' THEN 'weiblich'
          ELSE 'unbekannt'
        END,
        YEAR(Bestellung.Datum),
        DATEPART(QUARTER, Datum),
        MONTH(Bestellung.Datum)
```

Um nun einen Bericht mit dieser Faktentabelle zu erzeugen, starten wir Microsoft Excel 2007 als OLAP-Clientanwendung. Zunächst importieren wir die Faktentabelle über die Multifunktionsleiste Daten → Externe Daten → Aus anderen Quellen → Von SQL Server. Im erscheinenden Dialog geben wir die IP-Adresse des SQL-Servers und die Anmeldeinformationen an. Darauf werden wir aufgefordert, Datenbank und Tabelle auszuwählen. In unserem Fall wählen wir die Datenbank KartoFinaleDataWarehouse und die Tabelle FaktUmsatz aus und beenden den Assistenten über Fertigstellen. Es erscheinen die Datensätze aus unserer Faktentabelle im Arbeitsblatt. Aus diesen Daten können wir nun eine Pivot-Tabelle, die zum Navigieren in einem Datenwürfel dient, erzeugen. Dazu wählen wir in der Multifunktionsleiste Einfügen das Symbol für eine PivotTable (1) (siehe Abb. 19-9). Excel markiert automatisch die importierten Daten, so dass wir den folgenden Dialog nur noch bestätigen müssen. Danach erscheint in einem neuen Arbeitsblatt die Vorlage einer PivotTable (2) und auf der linken Seite die PivotTable-Feldliste (3). Aus der Feldliste ziehen wir zunächst das Dimensionselement Jahr in den Bereich „Zeilenbeschriftungen" (4). Um selbst eine Hierarchie abzubilden, bewegen wir unterhalb des Jahres das Quartal ebenfalls in die „Zeilenbeschriftungen". Danach bewegen wir das Dimensionselement Region in den Bereich „Spaltenbeschriftungen" (5) und unsere Kennzahl Umsatz in den Bereich „Werte" (6).

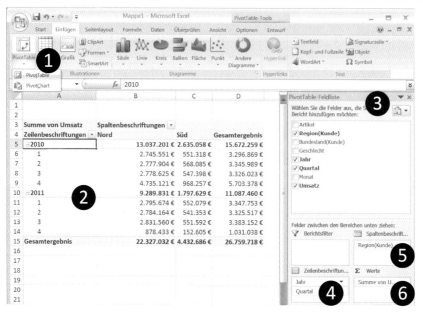

Abbildung 19-9: Excel als OLAP-Clientanwendung

IBM DB2 9.7

In Kapitel 8 haben wir die OLAP-Funktionen CUBE, ROLLUP und GROUPING kennengelernt. Diese sind ursprünglich für den Zugriff auf Tabellen gedacht, die als Fakten- und Dimensionstabellen entworfen sind. Im Gegensatz zum Praxisbeispiel für den Microsoft SQL Server wollen wir es uns diesmal noch einfacher machen und die Faktentabelle auf Grundlage einer sogenannten materialisierten Sicht anlegen. Sichten haben wir auch in Kapitel 8 kennengelernt und wissen, dass man mit einer Sicht eine virtuelle Tabelle auf Basis einer SELECT-Anweisung anlegen kann. Im Gegensatz zu den normalen werden bei materialisierten Sichten die Daten in einer extra angelegten Tabelle physisch gespeichert. Bei der materialisierten Sicht wird also nicht die dahinterliegende SELECT-Anweisung aufgerufen, sondern auf die replizierten Daten zugegiffen. Die folgenden SQL-Anweisungen legen eine materialisierte Tabelle in DB2 an und aktualisieren danach diese materialisierte Sicht über den Aufruf von REFRESH TABLE.

```
CREATE TABLE FaktUmsatz
AS
(
SELECT Bezeichnung,
       CASE
         WHEN Bundesland IN('SH', 'MV', 'NI', 'HH' ) THEN 'Nord'
         ELSE 'Süd'
       END AS Region, EXTRACT( YEAR FROM Datum) AS Jahr,
       SUM(Preis * Menge) AS Umsatz
FROM   Bestellung INNER JOIN Bestellposten
       ON Bestellung.BestellNr = Bestellposten.BestellNr
```

19.7 Praxis

```
        INNER JOIN Kunde
        ON Bestellung.Kundennummer = Kunde.Kundennummer
        INNER JOIN Ort
        ON Kunde.Ort = Ort.Ort AND Kunde.Plz = Ort.Plz
         INNER JOIN Artikel
         ON Bestellposten.Artikelnummer = Artikel.Artikelnummer
         INNER JOIN Werbeartikel
         ON Artikel.Artikelnummer = Werbeartikel.Artikelnummer
GROUP BY Bezeichnung,
        CASE
            WHEN Bundesland IN('SH', 'MV', 'NI', 'HH' ) THEN 'Nord'
            ELSE 'Süd'
        END, EXTRACT( YEAR FROM Datum)
)
DATA INITIALLY DEFERRED
REFRESH DEFERRED

REFRESH TABLE FaktUmsatz
```

Auf diese materialisierte Tabelle können wir nun unsere OLAP-Funktionen in SQL ausführen. Hierzu verwenden wir die Funktion CUBE, um für die Regionen, die Jahre und insgesamt den Umsatz zu aggregieren:

```
SELECT Region, Jahr, SUM(Umsatz) AS Umsatz
FROM   FaktUmsatz
GROUP BY CUBE( Region, Jahr )

REGION JAHR UMSATZ
------ ---- -------
-      2011 307,97
-      -    307,97
Nord   -    40,00
Süd    -    267,97
Nord   2011 40,00
Süd    2011 267,97

  6 Satz/Sätze ausgewählt.
```

Palo für Excel 3.2 Community Edition

Als nächstes wollen wir uns die Open Source Software Palo für Excel von der Firma Jedox ansehen, die unter der http://www.jedox.com heruntergeladen werden kann. Bei Palo handelt es sich um einen eigenen multidimensionalen OLAP-Server, der seine Datenwürfel multidimensional speichert (MOLAP). Das Anlegen der Würfel mit Dimensionen und Fakten erfolgt in Excel über ein Plugin, das Funktionen über eine eigene Multifunktionsleiste anbietet.

Wir wollen unseren Beispielwürfel in Palo für Excel anlegen und starten dafür das Programm. Als erstes wechseln wir zu der neuen Multifunktionsleiste Palo (1) (siehe Abb. 19-10)und wählen das Symbol für den Modeller (2) und dort das Symbol für den Palo-Assistenten (3), um eine neue Datenbank anzulegen, die wir KartoFinale nennen wollen (siehe Abb. 19-10). Nachdem die Datenbank angelegt wurde, wird sie automatisch ausgewählt, so dass wir gleich unsere drei Dimensionen anlegen können. Dazu betätigen wir die <Return>-Taste und legen die Dimensionen Artikel, Kunde und Zeit an. Im Modeller erscheinen drei zusätzliche Registerkarten für unsere Dimensionen (4).

Abbildung 19-10:   Palo Modeller

Als nächstes wechseln wir auf die Registerkarten für die einzelnen Dimensionen und erfassen dort die Werte für die Dimensionselemente (1). Um Hierarchien abzubilden, wählt man im Kontextmenu den Menüpunkt „Konsolidieren..." (2). Der Eintrag wird fett dargestellt (3) und man kann die Werte auswählen (4), die unterhalb des fett dargestellten Wertes aggregiert werden sollen. Hierbei bietet es

19.7 Praxis

sich an, für jede Dimension zumindest ein einzelnes Oberelement anzulegen, das alle anderen Werte beinhaltet, z.B. „Artikel gesamt" (siehe Abb. 19-11).

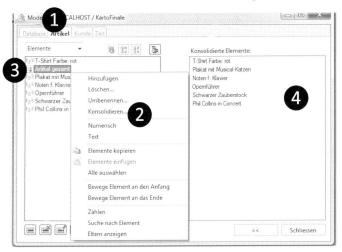

Abbildung 19-11: Werte für die Dimensionen erfassen

Zum Schluss wechseln wir wieder auf die Registerkarte Database und wählen dort das Symbol zum Anlegen eines Würfels. Im erscheinenden Dialog geben wir als Bezeichnung für den Würfel Umsatz aus und weisen unsere Dimensionen dem Würfel zu. Die Struktur unseres Würfels ist damit erstellt, das einzige was fehlt sind Daten. Um schon einmal zu überprüfen, ob die Struktur korrekt angelegt ist, wählen wir in der Multifunktionsleiste „Ansicht einfügen" aus. Genau wie beim Anlegen von PivotTables bei Excel wählt man die anzuzeigenden Dimensionen aus, die in den Spalten und den Zeilen erscheinen sollen.

Zum Importieren der Daten müssen wir die Excel-Funktion Palo.Setdata verwenden (siehe Abb. 19-12). Im ersten Parameter muss die Zelle in Excel angegeben werden, in der die Kennzahl angezeigt wird. Der dritte Parameter enthält den Server und die Datenbank, also „localhost/KartoFinale". Im vierten Parameter geben wir den Namen des Würfels „Umsatz" an. Entscheidend sind jetzt die folgenden Koordinatenparameter. Diese stellen den jeweiligen Wert der Dimension dar. Hierbei ist auf die Reihenfolge der Koordinaten zu achten, sie muss exakt der Anordnung der Dimensionen im Würfel entsprechen, also Artikel, Kunde, Zeit. Zum Testen tragen wir in die Zelle A1 den Wert 50 als Umsatzkennzahl ein. In die Zellen B1 bis D1 folgen korrekte Dimensionswerte, die wir im Modeller erfasst haben, z.B. Opernführer, Süd und das Jahr 2010.

Abbildung 19-12: Importieren von Daten über PALO.SETDATA

Sofern die Funktion PALO.SETDATA den korrekten Wert von 50 anzeigt, haben wir die richtigen Werte angegeben. Nun wählen wir in der Multifunktionsleiste das Symbol Import-Assistent. Da wir die Daten aus der Tabelle FaktUmsatz des Microsoft SQL Servers laden wollen, wählen wir im ersten Schritt als Datenquelle „ODBC-Abfrage" und legen vorab über die Systemsteuerung (System und Sicherheit→Verwaltung→Datenquellen(ODBC)) eine neue ODBC-Datenquelle an, die auf die Datenbank „KartoFinaleDataWarehouse" verweist. Diese wählen wir im folgenden Dialog als „Data Source Name" (DSN) aus (siehe Abb. 19-13), geben unsere Anmeldeinformationen und eine SELECT-Anweisung ein, die zuerst den Umsatz, dann die Artikelbezeichnung, die Region und das Jahr in genau dieser Reihenfolge zurückliefert. Im darauffolgenden Dialog wählen wir Fertigstellen, so dass alle Datensätze aus FaktUmsatz in den MOLAP-Würfel importiert werden.

Abbildung 19-13: Importieren über den Import-Assistenten

Nun können wir einen Bericht in Excel über „Ansicht einfügen" (1) erstellen (siehe Abb. 19-14), indem wir in den Spalten die Artikel und in den Zeilen die Jahre anzeigen. Über einen Doppelklick auf konsolidierte Werte erfolgt ein Drill-Down bzw. Roll-Up, so dass wir uns die Umsätze eine Hierarchieebene tiefer bzw. höher ansehen können.

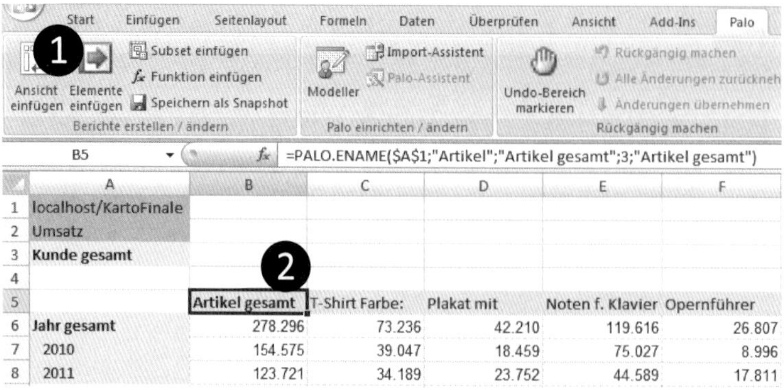

Abbildung 19-14: Ansicht eines Würfels einfügen

Microsoft SQL Server 2008 Integration Services

Datenbankmanagementsysteme decken heutzutage nicht nur die reine Speicherung von Daten in relationalen Tabellen ab, sondern liefern zusätzliche Dienste wie ETL, Speicherung von Daten als Würfel (MOLAP, ROLAP, HOLAP), Reporting u.a. Der Microsoft SQL Server bietet als ETL-Werkzeug die sogenannten Integration Services (IS) an. Mit diesen können aus verschiedenen Datenquellen Daten geladen, transformiert und wieder in anderen Datenquellen gespeichert werden. Wie die meisten ETL-Werkzeuge arbeiten die IS workflowgesteuert, d.h. einzelne Aufgabesymbole werden auf eine Arbeitsfläche gezogen und miteinander verbunden, um den Ablauf- bzw. Datenfluss zu steuern. Die meisten bekannten ETL-Werkzeuge wie z.B. Pentaho Kettle, Talend OpenStudio, Oracle Warehouse Builder, IBM InfoSphere Warehouse Design Studio funktionieren nach diesem Prinzip.

Die Integration Services sind nicht Bestandteil der kostenlosen Microsoft SQL Server 2008 Express Edition. Um dennoch mit den IS zu arbeiten, kann man die Microsoft SQL Server 2008 Enterprise Edition als 180-Tage-Version von http://www.microsoft.com/downloads herunterladen.

Als Beispiel wollen wir das Star-Schema von Abb. 19.6 mit den Integration Services umsetzen und mit Daten füllen. Die Daten stammen teilweise natürlich aus der operativen Datenbank KartoFinale. Da die Firma KartoFinale expandiert, hat sie eine Vorverkaufsstelle in Hamburg gegründet. Diese meldet ihre neuen Kunden in einer Text-Datei.

Zuerst starten wir SQL Server Business Intelligence Development Studio (BIDS), mit dem man u.a. auch Integration Service-Projekte erstellen und entwerfen kann. Nach dem Starten der Anwendung legen wir ein neues Projekt über das Menü Datei→Neu→Projekt… (1) an und wählen dort als Vorlage „Integration Services-Projekt" (siehe Abb. 19-15). Der Name des Projekts soll „KartoFinale" sein und im Ordner „C:\Übungen" abgelegt werden. Danach erscheint das neu angelegte Projekt mit der Designoberfläche in der Mitte (2), auf die die einzelnen Aufgabensymbole (Tasks) gelegt und miteinander verbunden werden können. Auf der rechten Seite ist der Projektmappen-Explorer (3) mit den einzelnen Integration Services-Paketen, und darunter werden die Eigenschaften (4) der ausgewählten Elemente angezeigt. Wir wählen nun zuerst auf der rechten Seite aus der Toolbox die Task „SQL ausführen" aus, legen diese auf der Designoberfläche ab und benennen sie in „Starschema erstellen" um (5).

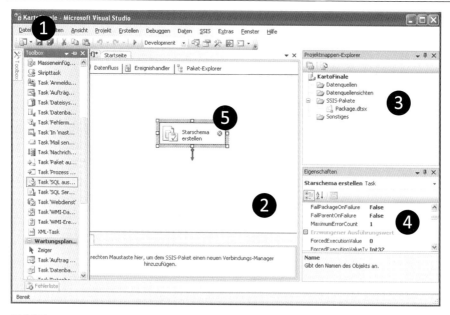

Abbildung 19-15: Entwerfen eines IS-Paketes im BIDS

Mit einem Doppelklick auf das Symbol erscheint der Editor zum Ändern der Eigenschaften der Task. Hier wählen wir als ConnectionType ADO.NET (1) aus und legen dann über die Eigenschaft Connection (1) eine neue Verbindung zu unserem SQL Server an, auf dem die KartoFinaleBig-Datenbank gespeichert ist (siehe Abb. 19-16). Als SQLSourceType (1) (siehe Abb. 19-16) wählen wir Direkteingabe, und über „Durchsuchen…" (2) öffnen wir die Textdatei „Starschema.sql", die alle SQL-Anweisungen enthält, um die Data Warehouse-Datenbank anzulegen.

Um unser bisheriges Integration Service-Paket zu testen, führen wir es über das Symbol „Debugging starten" aus. Wurde alles fehlerfrei ausgeführt, werden die Tasks grün eingefärbt angezeigt. Sofern das der Fall ist, können wir das Debuggen über das Menü „Debuggen→Debuggen beenden…" wieder schließen.

19.7 Praxis

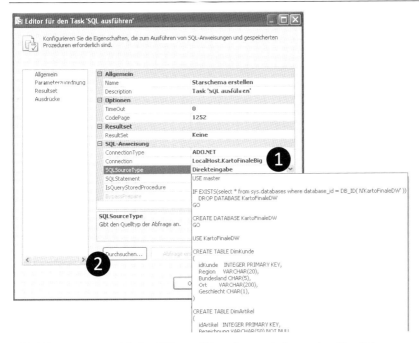

Abbildung 19-16: Task „SQL ausführen" zum Anlegen des Star-Schemas

Als nächstes wollen wir die Dimensionstabelle DimArtikel mit den Dimensionswerten Artikelbezeichnung und idArtikel füllen. Dazu ziehen wir auf die Designoberfläche der Ablaufsteuerung eine Datenflusstask und öffnen diese. Wir wechseln in die Designoberfläche für Datenflüsse und können hier nun alle Tasks zum Importieren, Transformieren und Exportieren von Daten verwenden. Hier wählen wir als Datenflussquelle eine ADO.NET-Quelle aus und wählen in den Eigenschaften dieser Task als Verbindung unsere „KartoFinaleBig" aus und als Tabelle für die Dimensionswerte die Werbeartikeltabelle. Als zweite Task wählen wir als Datenflussziel ein ADO.NET-Ziel. Nun verbinden wir die beiden Tasks miteinander und bearbeiten die Einstellungen der Ziel-Task. Dort wählen wir als neue Verbindung die Datenbank „KartoFinaleDW" und als Tabelle „DimArtikel" aus. Über die zweite Seite Zuordnung können wir nun die einzelnen Quell-Spalten den dazugehörigen Ziel-Spalten zuordnen. Artikelnummer wird der Spalte idArtikel und Bezeichnung der analogen Spalte Bezeichnung zugeordnet.

Als letztes wollen wir noch einmal die Dimension Kunde mit Daten füllen und gleichzeitig die Kunden aus der Vorverkaufsstelle integrieren. Dazu legen wir zunächst wieder eine Datenflusstask auf der Designoberfläche der Ablaufsteuerung an, um in dieser die Tabelle DimKunde mit Daten zu befüllen. Als erstes wählen wir wieder eine ADO.NET-Quelle für die Daten aus der operativen Datenquelle und wählen entsprechend die notwendigen Eigenschaften. Als zweites wählen wir Flatfile-Quelle und wählen über eine neue Verbindung die Text-Datei „VerkaufHamburg.csv" aus. Im Verbindungs-Manager zur Text-Datei wählen wir unter Erweitert die einzelnen Datentypen für die Spalten aus. KNr soll als Datentyp „Ganze Zahl mit Vorzeichen und einer Länge von 4 Byte" (DT_I4) erhalten, alle anderen Spalten „Unicode-Zeichenfolge" (DT_WSTR).

Die beiden Datenquellen sollen nun zusammengeführt und die entsprechenden Daten in DimKunde gespeichert werden. Dazu müssen die beiden Datenquellen zunächst nach der Kundennummer sortiert werden. Wir wählen also zwei Sortieren-Tasks und verbinden die Datenquellen mit diesen. In den Eigenschaften der Sortieren-Tasks wählen wir die Spalten aus, nach denen sortiert werden soll, also einmal Kundennummer und für die Text-Daten die Spalte KNr.

Danach wählen wir die Zusammenführen-Task aus und verbinden die Sortieren-Tasks mit diesem. In den Eigenschaften der Zusammenführen-Task wählen wir schließlich die Sortierspalten und die weiterzugebenden Spalten aus. Als letztes wählen wir ein ADO.NET-Ziel aus der Werkzeugleiste, wählen in den Eigenschaften als Tabelle DimKunde in der Datenbank KartoFinaleDW aus und ordnen die Quell-Spalten auf der Seite Zuordnungen den entsprechenden Ziel-Spalten zu. Nach Ausführen dieser Datenflusstask sieht der Datenfluss wie in Abb. 19-17 aussehen.

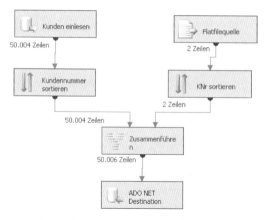

Abbildung 19-17: Befüllen der Dimension Kunde

19.8 Zusammenfassung

In diesem Kapitel haben wir gelernt, dass für die Analyse betriebswirtschaftlicher Daten eine eigene integrierte Datenbasis, das Data Warehouse erstellt werden sollte. Um Daten in das Data Warehouse zu importieren, existieren spezielle Software-Werkzeuge, die ETL-Tools. Über diese können Daten aus unterschiedlichen Datenquellen importiert und integriert werden.

Wir haben gesehen, dass zur Analyse von Daten das Bild eines Datenwürfels verwendet wird. Dabei stellen die Dimensionen die Blickwinkel dar, aus denen man Kennzahlen bzw. Fakten auswerten möchte. Dimensionen enthalten Dimensionselemente, die hierarchisch angeordnet sein können.

Zur Speicherung dieser Datenwürfel verwendet man relationale, aber auch sogenannte multidimensionale Datenbanken. Je nach Typ der Datenspeicherung spricht man von ROLAP-, MOLAP- oder HOLAP-Speicherung.

Bei der ROLAP-Speicherung werden die Datenwürfel in relationalen Tabellen in Form des Star- oder Snowflake-Schemas abgespeichert.

19.9 Aufgaben

Wiederholungsfragen

1. Was versteht man unter einem Data Warehouse?
2. Worin besteht der Unterschied zwischen OLTP- und OLAP-Anwendungen?
3. Wo ist der Unterschied zwischen ROLAP, MOLAP und HOLAP und welchen Modellen in einem Projekt sind diese zuzuordnen, dem konzeptionellen, logischen oder physischen Modell?
4. Handelt es sich bei einem Star-Schema um ein konzeptionelles, logisches oder physisches Modell?

Übungen

1. Erstellen Sie in SQL das Star-Schema aus Abbildung 19.6 und befüllen Sie es aus der operativen Datenbank, indem Sie ausschließlich SQL-Anweisungen verwenden!
2. Befüllen Sie mit Hilfe der Integration Services die Tabellen DimZeit und DimFakt!

20 Data Mining

In Kapitel 20 sollen folgende Fragen geklärt werden:

- Lassen sich in den Datenbeständen eines Unternehmens Muster erkennen, die die Politik des Unternehmens verbessern können?
- Ist es möglich, aus dem bisherigen Verhalten von Kunden auf das Verhalten neuer Kunden zu schließen?
- Können aus der Zusammensetzung der Artikel in Kundenwarenkörben Hinweise für das Marketing gewonnen werden?
- Lässt sich die Genauigkeit von Zielgruppendefinitionen auf Basis bisheriger Kundenreaktionen verbessern?
- Lässt sich die Wichtigkeit von Kunden für das Unternehmen auf einer „Wichtigkeitsskala" abbilden (Kundenscoring)?

20.1 Motivation

- Ein Versandunternehmen versendet einmal im Jahr den Jahreskatalog an seine Kunden und Interessenten. Da sich im Adressbestand des Unternehmens so viele Datensätze befinden, dass aus Kostengründen unmöglich alle einen Katalog erhalten können, soll eine Methode gefunden werden, nach der nur die aussichtsreichsten Adressen bedient werden. Die Bedeutung der möglichen Einflussfaktoren wie regionale Herkunft, Reaktionen auf bisherige Werbemaßnahmen, Titel in den Adressen etc. soll und kann in einem Data Mining-Projekt abgeschätzt und zusammengefasst werden.
- Es wird ein neuer Artikel in einer Warengruppe eingeführt, welcher beworben werden soll. Mit einer Warenkorbanalyse können Hinweise auf Käufer anderer Warengruppen, die mit dieser Warengruppe assoziiert sind, gewonnen werden.
- Ist ein neuer Kunde kreditwürdig oder muss von ihm Barzahlung gefordert werden? Mit Data Mining-Methoden kann diese Frage prinzipiell beantwortet werden, wenn gewisse Minimalinformationen über diesen Kunden vorhanden sind.
- Das Marketing sucht unter den Kunden seines Unternehmens eine möglichst homogene Gruppe, die als Zielgruppe einer eng umrissenen Werbekampagne dienen soll. Die Data Mining-Methode Cluster kann diese Aufgabe sehr gut lösen.

20.2 Konzept und Definition Data Mining

Data Mining entstand um die Mitte der neunziger Jahre des letzten Jahrhunderts als eigenes Gebiet und hat seitdem eine stürmische Ausbreitung erfahren. Der englische Begriff *Mining* bezeichnet das Arbeiten in Minen im Bergbau, wo von den Kumpels bekanntlich nach Wertvollem wie Kohle oder Gold gesucht wird. Dieser Begriff wurde als Bild auf die Suche nach *Wertvollem* in Datenbeständen übertragen. Viele Definitionen stellen darauf ab, dass es sich bei Data Mining um die Erforschung und Analyse großer Datenbestände handelt mit dem Ziel, bedeutsame Muster und Regeln zu erkennen. Wir beschäftigen uns hier nur mit Datenbeständen aus dem Unternehmensbereich. Daher gefällt uns die folgende Definition von Hippner und Wilde: *Data Mining umfasst den Prozess der Gewinnung neuer, valider und handlungsrelevanter Informationen aus großen Datenbanken und die Nutzung dieser Informationen für betriebswirtschaftliche Entscheidungen.*[8] Wichtig an dieser Begriffsfassung ist der Hinweis darauf, dass Data Mining keine rein technisch zu verstehende Verfahrensweise ist, sondern dass es für *betriebswirtschaftliche Entscheidungen* genutzt werden soll. Daraus ergibt sich, dass Data Miner ihre Arbeit nicht allein im IT-Umfeld oder in der Statistik-Abteilung verrichten dürfen, wenn sie dem Unternehmen nutzen soll, sondern sie müssen sie mit den Entscheidern im Unternehmen abstimmen.

20.3 Vorgehensweise im Data Mining: Das Modell CRISP-DM

Sollen die Forderungen nach *neuen, validen und handlungsrelevanten Informationen* sowie *Nutzung dieser Informationen für betriebswirtschaftliche Entscheidungen* (vgl. die Data Mining Definition am Ende des vorangehenden Abschnitts) erfüllt werden, muss dies Konsequenzen für die Vorgehensweise beim Data Mining haben. Dieses ist von einigen Pionieren auf dem Gebiet des Data Mining schon relativ früh erkannt worden und führte zur Ausarbeitung des Vorgehensmodells *Cross-Industry Standard Process for Data-Mining*, im Allgemeinen als *CRISP-DM*[9] bekannt und im Folgenden auch hier so bezeichnet. Wir wollen die wesentlichen Schritte

---

[8] Hippner, H./Wilde, K., Der Prozess des Data Mining im Marketing, S. 21, in: Hippner/Küsters/Meyer/Wilde, Handbuch das Data Mining im Marketing, Braunschweig/Wiesbaden 2001.

[9] Die Entwicklung von CRISP-DM wurde von der EU unterstützt und von Vertretern der drei Unternehmen SPSS, DaimlerChrysler und NCR geleistet. SPSS ist ein führendes Unternehmen für Statistiksoftware und hat die erste kommerzielle Data Mining Workbench - *Clementine* - auf den Markt gebracht, die beiden anderen Unternehmen sind Pioniere in der Anwendung von Data Mining.

von CRISP-DM im Weiteren vorstellen[10]. Das Modell gliedert den Prozess des Data Mining in die folgenden Phasen:

- Business understanding
- Data understanding
- Data preparation
- Modeling
- Evaluation
- Deployment

Diese Phasen seien im Folgenden jeweils kurz erläutert.

Business understanding

In dieser ersten Phase geht es darum, die Ziele und Anforderungen eines Projekts aus der Sicht des Unternehmens zu betrachten. Haben die Beteiligten ein gemeinsames Verständnis gefunden, wird dieses als Data Mining-Problem definiert, und es wird ein vorläufiger Plan zum Erreichen der Ziele formuliert.

Data understanding

Diese Phase beginnt mit einer ersten Datenzusammenstellung. Dann wird versucht, mit diesen Daten vertraut zu werden und erste Einsichten in Zusammenhänge zu gewinnen, um Hypothesen über versteckte Informationen zu gewinnen.

Data preparation

Das Aufbereiten der Daten umfasst alle Anstrengungen, das endgültige Dataset, auf das die Data Mining-Werkzeuge zugreifen werden, aus den ursprünglichen Rohdaten zu erstellen. Es gibt hierfür keine bestimmte vorgegebene Reihenfolge. Die Datenaufbereitung ist eine sehr zeitaufwändige Phase, weil sie oft in mehrfachen, z.T. sogar manuellen, Arbeitsschritten erfolgen muss. Zu ihren Aufgaben zählen die Auswahl von Tabellen, Datensätzen und Attributen, vor allem aber auch das Bereinigen inkonsistenter oder anderweitig unsauberer Daten. Nur zwei Beispiele seien angeführt: a) Wenn Daten aus verschiedenen Unternehmen oder Unternehmensteilen für Zwecke des Data Mining zusammengeführt werden, liegen ihnen oftmals unterschiedliche Abgrenzungen oder Definitionen zugrunde, beispielsweise Auftragssummen mit oder ohne Rabatt oder Geldbeträge in unterschiedlichen Währungen; b) Eine Tabelle mit Kundenadressen enthält bisher nicht entdeckte Duplikate.

Modeling

In der Phase des Modellierens werden verschiedene Data Mining-Techniken und Methoden auf die aufbereiteten Daten angewandt und durch Ausprobieren diverser Parameterkonstellationen optimiert. (Die wichtigsten Methoden des Data

---

[10] Das Vorgehensmodell ist in dem Dokument *CRISP-DM 1.0 Step-by-step data mining guide* ausführlich (78 S.) dargestellt und begründet. Das Dokument kann kostenlos unter der URL http://www.crisp-dm.org/download.htm herunter geladen werden.

Mining werden im folgenden Abschnitt ausführlich behandelt.) Dabei wird es oft passieren, dass einzelne Schritte der vorangehenden Phase des *Data Preparation* erneut ausgeführt werden müssen, weil die Daten beispielsweise um Attribute, die zunächst für unbedeutend gehalten wurden, ergänzt werden müssen oder weil sich fehlerhafte Daten erst in der Analyse zeigen.

Evaluation

Wenn ein oder mehrere Data Mining-Modelle aus der Sicht des Datenanalytikers optimiert worden sind, so dass sie von hoher Qualität sind, sollten die Modelle noch einmal sorgfältig daraufhin evaluiert werden, ob sie den Unternehmenszielen genügen. Eines der wichtigsten Ziele ist es dabei zu prüfen, ob einzelne bedeutsame Fragen des Unternehmens vielleicht nicht hinreichend berücksichtigt worden sind. Am Ende dieser Phase sollte entschieden werden, in welcher Weise die Ergebnisse des Data Mining verwendet werden sollen.

Deployment

Mit dem Erstellen von Data Mining-Modellen ist das betreffende Projekt im Allgemeinen nicht zu Ende, denn wenn die Verbreitung des gewonnenen Wissens nicht organisiert wird, bleibt es im Verborgenen und kann dem Unternehmen nichts nützen. Daher muss die Bereitstellung des neu gewonnenen Wissens so organisiert werden, dass der Benutzer es verwenden kann. Das kann sehr einfache Formen der Bereitstellung wie das Einstellen eines Berichts ins Netz, aber auch komplexere Formen umfassen, beispielsweise das Implementieren eines Data Mining Modells in ein ERP-System, um das Kundenscoring in einem Prozess des Closed Loop täglich neu auszuführen.

20.4 Methoden des Data Mining

Die Methoden des Data Mining, die in diesem Abschnitt behandelt werden, stammen aus den Gebieten Statistik, Künstliche Intelligenz, Maschinelles Lernen und Mustererkennung. Statt von Methoden wird in diesem Zusammenhang oft auch von Algorithmen gesprochen, wir verwenden diese beiden Begriffe hier synonym. Jede der Methoden hat ihre eigene Charakteristik und Leistungsfähigkeit, so dass für die Lösung unterschiedlicher Aufgaben im Allgemeinen auch verschiedene Algorithmen verwendet werden. Andererseits überschneiden sich aber auch einige Methoden in ihren Lösungsfähigkeiten. Beispielsweise sind die Methoden *Naive Bayes* und *Entscheidungsbaum* gleichermaßen in der Lage, Datensätze zu klassifizieren, und eine Prognose über das Verhalten künftiger Kunden kann sowohl mit der Methode *Neuronales Netz* wie auch mit der Methode *Entscheidungsbaum* erstellt werden.

20.4.1 Regression

Die Regressionsanalyse dient dazu, den Zusammenhang zwischen einer zu erklärenden Variablen (Attribut) und einer oder mehreren erklärenden Variablen zu analysieren, wobei alle beteiligten Variablen numerisch sein müssen. Genauer gesagt muss es heißen, dass die Variablen *Intervallskalenniveau* haben müssen bzw. kontinuierlich sind. Damit ist in der Statistik insbesondere gemeint, dass Differenzen der numerischen Werte so interpretiert werden können, dass beispielsweise ein doppelt großer Zahlenwert auch eine doppelt große Bedeutung hat. Größen wie Einkommen oder Umsatz sind intervallskaliert. Dagegen hätte eine Variable für die regionale Herkunft, auch wenn sie mit den Zahlenwerten 1 bis 16 für die 16 Bundesländer codiert wäre, kein Intervallskalenniveau und dürfte daher nicht in einer Regressionsanalyse verwendet werden.

Regression bedeutet wörtlich *Rückschritt*. Daher erscheint es vom Wortsinn her eigentlich unverständlich, warum eine Regressionsanalyse, die allgemein Stärke und Richtung des Zusammenhangs zwischen einer Zielvariablen und den als Prädiktoren dienenden Variablen aufklären soll, mit diesem Namen belegt ist. In einem älteren Statistik-Lehrbuch haben wir die folgende Information gefunden, die diesen Widerspruch auflöst. Unter Hinweis auf ein Streudiagramm mit Regressionsgerade, welches Messwerte der Körpergrößen von Vätern und Söhnen darstellt, heißt es:

*Wie man sieht, besteht zwar die Tendenz, daß große Väter auch große Söhne haben, aber so, dass diese Söhne kleiner als die Väter sind. Es besteht also ein Rückschritt (= Regreß) zur Durchschnittsgröße der Menschen. Sinngemäß gilt dasselbe für kleine Söhne. Das war zu erwarten. Man stelle sich vor, es wäre anders. Aus dieser Beobachtung, die zuerst von **F. Galton** gemacht wurde, leiten sich die Worte Regression, Regressionsgerade, Regressionsrechnung usw. her. Eine sehr spezielle Sache hat also hier dummerweise einem ganzen Gebiet seinen Namen aufgeprägt.*[11]

Die Problemstellung einer Regressionsanalyse lässt sich gut nachvollziehen, wenn man die Wertepaare zweier Variablen in einem Punktdiagramm (Streudiagramm) darstellt. Dies ist in Abbildung 20-1 geschehen. Dort wird der Zusammenhang zwischen dem Bruttoinlandsprodukt (BIP) pro Kopf und der Lebenserwartung, wie er sich im Jahre 2008 für die 228 Staaten der Erde darstellte, wiedergegeben. Wie zu erwarten, scheint es eine Tendenz zu geben, dass die Lebenserwartung mit der Höhe des BIP steigt. Es ist nun die Aufgabenstellung der Regressionsanalyse, diesen Zusammenhang in Richtung und Stärke zu schätzen und ihn als mathematische Gleichung wieder zu geben.

---

[11] Erwin Kreiszig, Statistische Methoden und ihre Anwendungen, Göttingen 1965, S. 258/259.

20.4 Methoden des Data Mining

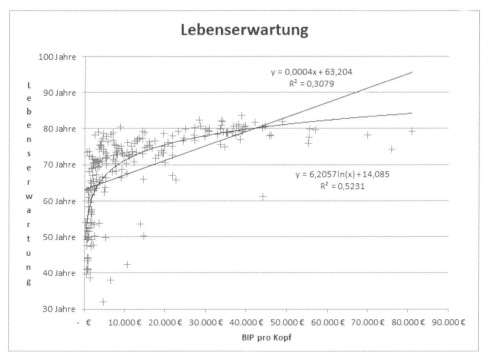

Abbildung 20-1: Punktdiagramm mit den Variablen BIP pro Kopf auf der waagerechten und Lebenserwartung auf der senkrechten Achse.

Die Regressionsanalyse ist darauf angewiesen, dass ihr ein bestimmter Gleichungstyp bzw. grafisch eine bestimmte Kurvenform vorgegeben wird. Die einfachste Kurvenform ist eine Gerade. Wenn wir ohne das Werkzeug der Regressionsanalyse die Aufgabe lösen wollten, den Zusammenhang von BIP pro Kopf und Lebenserwartung ermitteln zu wollen, könnten wir eine Gerade in das Punktdiagramm zeichnen, die sich nach unserer Beurteilung bestmöglich so in die Schar der Punkte einfügt, dass der Durchschnitt der Punkte möglichst dicht an der Geraden liegt. Genau diese Aufgabe löst auch die Regressionsanalyse: Sie ermittelt diejenige Gerade, für die der durchschnittliche quadrierte[12] Abstand aller Punkte von der Geraden ein Minimum ist. In Abbildung 20-1 ist diese Gerade eingezeichnet worden. Sie folgt der Gleichung

$y = 0{,}0004x + 63{,}204$

mit der abhängigen (zu erklärenden) Variablen y als Lebenserwartung und der unabhängigen (erklärenden) Variablen x als BIP pro Kopf. Nach dieser sogenannten *Regressionsgleichung* steigt die Lebenserwartung also 0,0004 Jahre,

---

[12] Aus bestimmten rein mathematischen Gründen wird statt des einfachen Abstandes der quadrierte verwendet. Es führt an dieser Stelle zu weit, das im Einzelnen darzulegen. Es kann aber gezeigt werden, dass das Minimum der sogenannten kleinsten Quadratsumme die bestmögliche Anpassung der Geraden garantiert.

wenn das BIP pro Kopf um einen EUR steigt, mit einer durchschnittlichen Ausgangslebenserwartung von 63,204. Anders ausgedrückt: Die Lebenserwartung steigt durchschnittlich um 4 Jahre, wenn das BIP pro Kopf um 10.000 EUR steigt.

Man kann in Abbildung 20-1 erkennen, dass die Anpassung der Geraden an die Punkteschar wohl die bestmögliche ist, jedoch ist sie keineswegs perfekt. Es gibt ein Maß für die Güte der Anpassung (auch *Fit* genannt), das sogenannte Bestimmtheitsmaß, meistens als R-Quadrat bezeichnet. In Abbildung 20-1 wird es mit dem Wert 0,3079 wiedergegeben. R-Quadrat ist auf den Bereich 0 bis 1 normiert mit 1 als der perfekten Anpassung der Kurve an die Punkte und 0 als überhaupt keinem Zusammenhang. Daher können wir den Wert 0,3079 als eine sehr mäßige Anpassung und damit relativ schlechte Schätzung des Zusammenhangs von BIP pro Kopf und Lebenserwartung interpretieren.

Bei der Regressionsanalyse muss, wie bereits angeführt, ein Kurventyp vorgegeben werden. Dies wird im Allgemeinen als ein Nachteil dieser ansonsten sehr effektiven Analysemethode angesehen. Dieser Nachteil wird allerdings zu einem großen Teil dadurch kompensiert, dass der vorgegebene Kurventyp keinesfalls eine Gerade sein muss, vielmehr kommen diverse Formen wie logarithmische, exponentielle oder polynomische Kurven in Betracht. In Abbildung 20-1 ist außer der linearen auch eine logarithmische Regressionsanalyse durchgeführt und die entsprechende Kurve in die Grafik eingefügt worden. Das zugehörige Bestimmtheitsmaß R-Quadrat ist in diesem Falle mit 0,5231 deutlich größer als im Falle der Geraden, was auch dem optischen Eindruck, nach dem sich die logarithmische Kurve der Punkteschar besser anpasst als die Gerade, entspricht.

Alle modernen Regressionsverfahren sind in der Lage, nicht nur einen Prädiktor (erklärende Variable), sondern viele in der Regressionsgleichung zu berücksichtigen. Das erhöht die Erklärungskraft von Regressionsmodellen ganz beträchtlich. In der Datensammlung über die 228 Länder der Erde finden sich außer den beiden Variablen Lebenserwartung und BIP pro Kopf auch die Variablen HIV-Rate und Kindersterblichkeit. Wenn diese beiden Variablen als weitere Prädiktoren in die Regressionsgleichung aufgenommen werden, ergibt sich folgende zu schätzende Regressionsgleichung:

Lebenserwartung = a + b*(BIP pro Kopf) + c*(HIV-Rate) + d*(Kindersterblichkeit)

Eine Regressionsschätzung für dieses Modell ergibt die Schätzgleichung

Lebenserwartung = 76,768 +0,00008*(BIPProKopf)
-0,752*(HIV_Rate)-0,241*(Kindersterblichkeit)

Zu dieser Schätzung gehört ein Bestimmtheitsmaß R-Quadrat von 0,924, was auf eine recht gute Erklärung der Lebenserwartung durch die drei Prädiktoren schließen lässt und gegenüber der Schätzung mit dem einzigen Prädiktor BIP pro Kopf eine deutliche Modellverbesserung darstellt.

20.4.2 Naive Bayes

Die Methode *Naive Bayes* geht auf Arbeiten des englischen Mathematikers Thomas Bayes (ca. 1702–1761) zur Wahrscheinlichkeitsrechnung zurück. Sie ist in gewisser Weise das Gegenteil der Regressionsanalyse: Setzt diese voraus, dass alle beteiligten Variablen kontinuierlich sind, so setzt das Naive Bayes-Verfahren voraus, dass alle Variablen diskreter Natur sind. Das hat seinen Grund darin, dass der Naive Bayes-Algorithmus ein Klassifikationsalgorithmus ist, der auf den bedingten Wahrscheinlichkeiten zwischen den Werten der Inputvariablen (Prädiktoren) und denen der vorhersagbaren Variablen basiert. Dabei wird vorausgesetzt, dass die Variablen unabhängig voneinander sind. Diese Annahme begründet das Wort *Naive* (man muss es wohl im Sinne von *einfach* verstehen) im Namen des Algorithmus, weil sie eine starke Abstraktion von der Realität darstellt, in der im Allgemeinen Abhängigkeiten zwischen den Variablen bestehen, deren Berücksichtigung zu besseren Modellergebnissen führen würde.

Wir wollen den Grundgedanken des Naive Bayes-Algorithmus an einem kleinen fiktiven Zahlenbeispiel[13] erklären.

Tabelle 20-1: Fragebogenantworten

	Frage 1		Frage 2		Frage 3		Frage 4		Geschlecht	
	m	w	m	w	m	w	m	w	m	w
ja	41	214	87	211	184	172	178	210	211	223
nein	166	4	114	6	11	36	23	1		
ja	19,8%	98,2%	43,3%	97,2%	94,4%	82,7%	88,6%	99,5%	48,6%	51,4%
nein	80,2%	1,8%	56,7%	2,8%	5,6%	17,3%	11,4%	0,5%		

Es ist ein Fragebogen mit vier Fragen an 434 Personen verteilt worden. Auf die Fragen konnte nur mit ja oder nein geantwortet werden, außerdem haben die Teilnehmer ihr Geschlecht angegeben. Die Verteilung der Antworten auf die Fragen und das Geschlecht ist in Tabelle 20-1 wiedergegeben. Außerdem verfügen wir über einen Datensatz, der uns die Antworten auf die vier Fragen angibt, nicht jedoch das Geschlecht der betreffenden Person, vgl. Tabelle 20-2. Mit Hilfe der Wahrscheinlichkeitsüberlegungen von Bayes kann aus diesen Angaben eine Vorhersage über das Geschlecht der Person, von der der Vorhersagedatensatz stammt, gemacht werden.

---

[13] Das Beispiel ist angelehnt an ein Beispiel in MacLennan, J./Tang, Z./Crivat, B., Data Mining with Microsoft SQL Server 2008, Indianapolis 2009, S. 229 ff.

Tabelle 20-2: Vorhersagedatensatz

Frage 1	Frage 2	Frage 3	Frage 4
ja	nein	ja	ja

Würden wir nur über die Informationen aus Tabelle 20-1 verfügen, so wäre der beste Tipp, den wir für das Geschlecht der Person machen könnten, dass es weiblich ist, weil in der Fragebogengesamtheit mit 51,4% mehr Frauen als Männer vertreten sind. Diese sehr schwache Prognose kann nun deutlich verbessert werden, wenn wir die Wahrscheinlichkeiten berücksichtigen, die sich aus den Antworten und der Geschlechterverteilung dieser Antworten in Tabelle 20-1 in Verbindung mit den Antworten der einen Person aus Tabelle 20-2 berücksichtigen. Dann ergibt sich nämlich die Wahrscheinlichkeit P(m), dass die Antworten in Tabelle 20-2 von einem Mann stammen, durch die folgende Berechnung:

$P(m) = 0{,}198 * 0{,}567 * 0{,}944 * 0{,}886 * 0{,}486 = 0{,}0456$

Entsprechend ergibt sich die Wahrscheinlichkeit P(w), dass die Antworten von einer Frau stammen, folgendermaßen:

$P(w) = 0{,}982 * 0{,}028 * 0{,}827 * 0{,}995 * 0{,}514 = 0{,}0115$

Man kann erkennen, dass die Wahrscheinlichkeit, dass die antwortende Person ein Mann ist, viermal größer ist als für die Vermutung einer Frau. Dieses Ergebnis kann so normiert werden, dass die Summe der beiden ausgerechneten Wahrscheinlichkeiten 1 bzw. 100% wird. Dann können die ausgewiesenen Wahrscheinlichkeiten besser unmittelbar interpretiert werden.

$P(m) = 0{,}0456 / (0{,}0456 + 0{,}0115) = 0{,}799 = 79{,}9\%$

$P(w) = 0{,}0115 / (0{,}0115 + 0{,}0456) = 0{,}201 = 20{,}1\%$

Der Rechenaufwand für die Naive Bayes-Methode ist geringer als für die meisten anderen Data Mining-Methoden. Daher ist sie für das schnelle Generieren von Miningmodellen geeignet, um explorativ Beziehungen zwischen Inputvariablen und vorhersagbaren Variablen zu ermitteln. Ferner kann es nützlich sein, den Naive Bayes-Algorithmus zum Überprüfen der Ergebnisse anderer Data Mining-Methoden heranzuziehen. Dies gilt beispielsweise für den häufig vorkommenden Fall von sogenannter Multikollinearität zwischen zwei oder mehr Prädiktoren. Wenn beispielsweise die beiden Variablen Einkommen und Bildungsgrad als Prädiktoren modelliert werden, kann es leicht vorkommen, dass ein Algorithmus wie der Entscheidungsbaum den Einfluss der beiden nicht trennen kann und nur eine von ihnen als bedeutsam ausweist. In diesem Fall stellt die Methode Naive Bayes eine gute Überprüfungsmöglichkeit für den getrennten Einfluss beider Variablen dar, weil sie davon ausgeht, dass alle Prädiktoren unabhängig voneinander sind, eine Annahme, die oft eine Verzerrung der Realität darstellt, die sich aber im angenommenen Fall als Vorzug erweist.

20.4.3 Entscheidungsbaum

Die Methode Entscheidungsbaum erfreut sich in der Praxis des Data Mining vermutlich der größten Beliebtheit. Dies liegt daran, dass ihre Ergebnisse zu klaren Regeln führen, welche auch von statistischen Laien leicht interpretiert und genauso leicht in betriebliches Handeln umgesetzt werden können. Der Entscheidungsbaum-Algorithmus ist das klassische Werkzeug zum Klassifizieren von Daten unter dem Gesichtspunkt, welche Teilmengen der Datensätze die Werte der Zielvariablen am besten erklären. Am besten lässt sich der Algorithmus Entscheidungsbaum mit einem Beispiel erläutern. In Tabelle 20-3 wird ein Ausschnitt aus einer Datentabelle mit Angaben zu Kreditgesuchen wiedergegeben. Die letzte Spalte *Kreditgesuch_angenommen* soll mit den restlichen Spalten (Variablen) erklärt werden. Dies soll durch eine Klassifizierung der Daten geschehen, so dass Teilmengen der Datensätze gebildet werden, die möglichst stark mit J- bzw. N-Werten der Zielvariablen Kreditgesuch_angenommen angereichert sind.

Tabelle 20-3: Daten zur Kreditannahme (Ausschnitt)

Sex	Kinder	Job	Wohn-eigentum	Einkommen	Ersparnisse	Kreditgesuch_angenommen
M	1	FacharbeiterIn	J	1100	J	N
W	2	FacharbeiterIn	N	2010	J	J
M	1	LehrerIn	N	1863	J	J
W	1	FacharbeiterIn	N	2868	J	J
M	1	LehrerIn	N	4224	J	J
W	1	angelernt	J	1300	J	N
W	1	LehrerIn	N	3744	J	J
M	2	LehrerIn	N	3835	J	J
W	0	unbekannt	N	1025	J	N
W	2	VerwAngest	N	1262	J	N
W	1	angelernt	J	1704	J	N
W	3	LehrerIn	N	2705	J	J
M	0	unbekannt	N	1314	J	N
M	0	unbekannt	J	1333	J	N

Das Ergebnis der Klassifikation der vorgenannten Daten wird im sogenannten Entscheidungsbaum wiedergegeben[14] (Abbildung 20-2), in dem fünf Knoten des

---

[14] Die hier gezeigten Ergebnisse wurden mit dem Data Mining-Add-In zu Microsoft Excel, das mit den Analysis Services des SQL Server 2008 interagiert, gewonnen. Genaueres zu diesem Add-In wird in Abschnitt 20.5 mitgeteilt. Die meisten wenn nicht alle anderen

Baums dargestellt werden. In jedem Knoten wird grafisch die Verteilung von J- und N-Werten der Zielvariablen in den zugehörigen Datensätzen wiedergegeben. Im Original ist die waagerechte Linie in einen blauen und einen rötlichen Bereich aufgeteilt. Der erste Knoten enthält alle Fälle der analysierten Stichprobe. Hier beträgt der Anteil der J-Fälle 47,8% und entsprechend der der N-Fälle 52,2%[15]. Mit dieser Zusammensetzung müssen die weiteren Knoten und Blätter des Baums verglichen werden. So haben die J-Fälle im Knoten mit der Beschriftung Einkommen >= 2725 einen Anteil von 85,4%, also deutlich mehr als in der Grundgesamtheit. In Abbildung 20-2 ist zu erkennen, dass zwei Knoten an der rechten Seite ein Pluszeichen aufweisen. Das bedeutet, dass sich der Baum nach rechts von diesen Knoten aus noch weiter verzweigt.

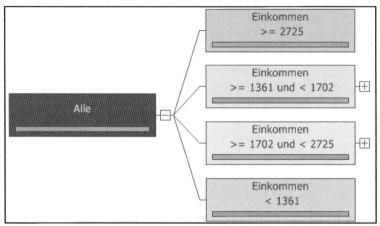

Abbildung 20-2: Entscheidungsbaum mit zwei Knotenebenen für das Modell Kreditgesuch_angenommen.

In Abbildung 20-3 ist der Baum mit allen verfügbaren Ebenen wiedergegeben, hier also drei. Bei anderen zu analysierenden Stichproben könnten es noch viel mehr Ebenen sein. Am deutlichsten werden die J/N-Fälle im Knoten mit der Beschriftung Job = 'LehrerIn' getrennt, denn dieser weist einen Anteil von J-Fällen von 100% aus. Da dieser Knoten vom Knoten mit der Beschriftung Einkommen >= 1702 und < 2725 abzweigt, lautet die Bedingung zur Selektion der betreffenden Datensätze Einkommen >= 1702 und < 2725 und Job = 'LehrerIn'. Derartige Selektionsbedingungen, die, wenn sie in englischer Sprache erfolgen, annähernd der WHERE-Klausel eines SQL-Statements entsprechen, werden zu jedem Knoten des Entscheidungsbaums in einer Legende angegeben.

Data Mining-Softwareprodukte stellen die Ergebnisse der Entscheidungsbaumanalyse ebenfalls grafisch als Baum dar.

[15] Die exakten Werte der Verteilung werden zusätzlich zur grafischen Darstellung in einer Legende als Zahlenwerte mitgeteilt.

20.4 Methoden des Data Mining

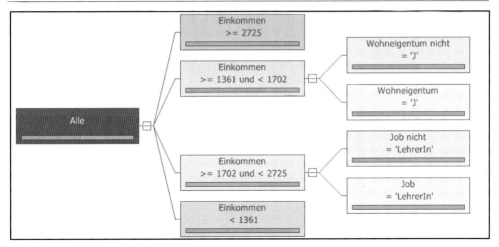

Abbildung 20-3: Entscheidungsbaum mit drei Knotenebenen für das Modell Kreditgesuch_angenommen.

Der Algorithmus der Methode Entscheidungsbaum gewinnt die Ergebnisse, indem er in einem iterativen Verfahren, das von der Maximierung des Informationsgewinns, der durch die Zerlegung in Teilmengen erzielt wird, Anzahl und Selektionsbedingungen der Knoten und Blätter bestimmt. Dabei wird die Ausgangsstichprobe in zwei Teilstichproben aufgeteilt, von denen die eine zum Trainieren des Modells und die andere zum Testen der Ergebnisse auf ihre Erklärungsgüte verwendet werden. Standardmäßig beträgt das Größenverhältnis von Trainings- zu Teststichprobe 30% zu 70%, wobei der Benutzer dieses Verhältnis im Allgemeinen ändern kann. Die Aufteilung auf Trainings- und Testdaten dient in erster Linie dazu, das sogenannte *Overfitting* zu vermeiden: Die Entscheidungsbaumanalyse soll ja nicht nur Einsichten in die gerade analysierte Stichprobe erbringen, sondern letzten Endes zu verallgemeinerbaren Regelmäßigkeiten, die über die konkrete Analysestichprobe hinausgehen, führen. Wenn dieselben Datensätze zum Trainieren und zum Testen der Ergebnisgüte verwendet würden, hätte das tautologische oder selbstreferenzielle Aspekte und könnte leicht zu einer vorgetäuschten Ergebnisgüte führen, die sich auf andere Stichproben gleicher Art nicht gut übertragen ließe. Indem die beim Training – ein anderer Ausdruck ist Lernen – jeweils vorläufig gewonnenen Modellergebnisse mit einer anderen Menge von Datensätzen getestet werden, ist die Übertragung der Lernergebnisse auf eine fremde Menge von Datensätzen sozusagen im Algorithmus selbst angelegt. Die Unterscheidung von Trainings- und Testdaten gilt im Übrigen nicht nur für den Algorithmus zum Entscheidungsbaum, sondern für alle Verfahren, in denen gelernt wird, insbesondere auch für die Methode Neuronales Netz, auf die weiter unten eingegangen wird (vgl. Abschnitt 20.4.5).

Die meisten Algorithmen zum Entscheidungsbaum lassen auch eine benutzerdefinierte Steuerung der Anzahl von Endknoten (Blättern) zu. Dies dient ebenfalls in erster Linie der Vermeidung von Overfitting und damit besserer Übertragbarkeit der Ergebnisse auf andere gleichartige Stichproben, vor allem solche, für die eine Prognose erstellt werden soll.[16]

20.4.4 Cluster

Obwohl ein Clustermodell auch für Vorhersagen verwendet werden kann, dient es doch in erster Linie einem anderen Zweck: Das Modell soll Gruppen (Cluster) von Fällen bilden, die in sich möglichst homogen und untereinander möglichst verschieden sind. Unter den gefundenen Clustern mögen dann einzelne sein, die für bestimmte Marketingaktionen oder Förderprogramme besonders geeignet oder umgekehrt besonders ungeeignet sind. Um derartige Bewertungen vornehmen zu können, müssen die Cluster vom Menschen inhaltlich untersucht und miteinander verglichen werden. Für diesen Zweck stehen in den Programmen zur Clusteranalyse im Allgemeinen mehrere tabellarische und/oder grafische Hilfsmittel zur Verfügung, die die Zusammensetzung und wechselseitige Unterscheidung der Cluster transparent machen.

Als Datenquelle für das folgende Demonstrationsbeispiel soll die Datensammlung für die 228 Staaten der Erde für das Jahr 2008 verwendet werden, die wir bereits zur Erklärung der Regressionsanalyse verwendet haben (vgl. oben Abschnitt 20.4.1). Dort haben wir die beiden Variablen Lebenserwartung und BIPProKopf verwendet, für die Clusteranalyse sollen zusätzlich die Variablen Internetnutzung, ElektrizitätsverbrauchProKopf, Kindersterblichkeit und HIV_Rate verwendet werden.

In den meisten Softwareprodukten zur Clusteranalyse kann der Benutzer wählen, ob er die Anzahl der zu suchenden Cluster automatisch vom System ermitteln lässt oder ob er sie vorgibt. Wir haben sie hier mit drei vorgegeben, damit die Demonstration übersichtlich bleibt[17].

In Abbildung 20-4 ist eine grafische Darstellung mit Charakteristika der drei gebildeten Cluster wiedergegeben. Da unsere verwendeten Variablen sämtlich intervallskaliert (kontinuierlich) sind, werden die charakteristischen Werte jeweils als senkrechter Zahlenstrang mit einer Raute darauf dargestellt. Betrachten Sie beispielsweise in Abbildung 20-4 die Variable *Lebenserwartung* für Cluster 3.

---

[16] Der Entscheidungsbaum Algorithmus der Analysis Services von Microsoft kann auch Regression und diskrete und kontinuierliche Variable gleichzeitig verarbeiten, wenn die Zielvariable kontinuierlich ist. In einzelnen Knoten werden dann Regressionsgleichungen, die für die Teilmenge des Knotens berechnet sind, ausgewiesen.

[17] Wenn die Anzahl der zu bildenden Cluster der automatischen Entdeckung durch das System überlassen wird, findet der Algorithmus im vorliegenden Fall acht Cluster.

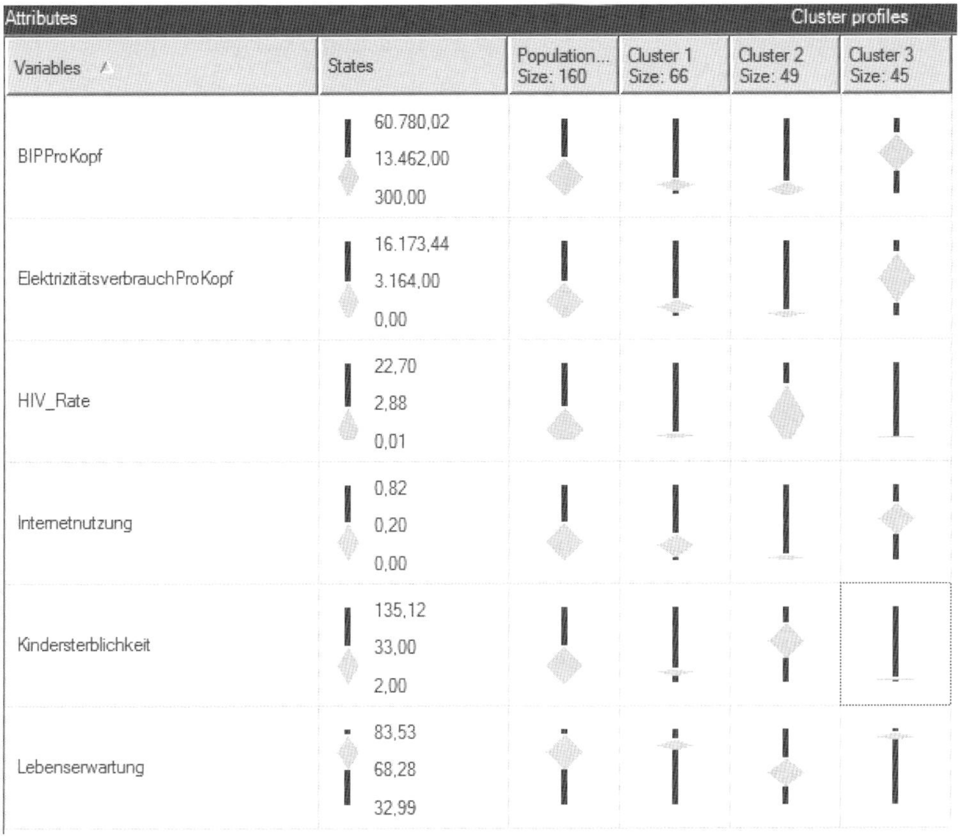

20.4 Methoden des Data Mining

Attributes			Cluster profiles		
Variables	States	Population... Size: 160	Cluster 1 Size: 66	Cluster 2 Size: 49	Cluster 3 Size: 45
BIPProKopf	60.780,02 / 13.462,00 / 300,00				
ElektrizitätsverbrauchProKopf	16.173,44 / 3.164,00 / 0,00				
HIV_Rate	22,70 / 2,88 / 0,01				
Internetnutzung	0,82 / 0,20 / 0,00				
Kindersterblichkeit	135,12 / 33,00 / 2,00				
Lebenserwartung	83,53 / 68,28 / 32,99				

Abbildung 20-4: Grafische Darstellung der Clusterprofile für die drei ausgegebenen Cluster.

Dort ist die Raute fast am oberen Ende der senkrechten Linie angeordnet. Die Länge der senkrechten Linie symbolisiert den Wertebereich für alle Fälle der Testdaten (auch hier wurde die Ausgangsstichprobe in Trainings- und Testdaten im Verhältnis 30 zu 70 aufgeteilt). In der Spalte *Status* (zweite von links) ist zu sehen, dass das Maximum dieses Wertebereichs in allen Testfällen 83,53 und das Minimum 32,99 beträgt. Mit diesen Eckwerten ist die Position der Raute zu vergleichen. Daher kann man in der Grafik erkennen, dass der Mittelwert der Lebenserwartung für Cluster 3 sehr nahe an 83,53 liegt. Da in Abbildung 20-4 die betreffende Zelle markiert ist, wird in der Mininglegende (hier nicht wiedergegeben) der exakte Mittelwert mit 78,09 ausgewiesen. An der Form der Raute auf dem Zahlenstrang ist die Größe der Streuung zu erkennen: Je größer die Streuung desto größer die Raute.

In unserem Demonstrationsbeispiel kommen nur kontinuierliche Variablen vor. Die Clusteranalyse kann jedoch auch für diskrete Variable oder eine Mischung aus kontinuierlichen und diskreten Variablen durchgeführt werden. In diesem Falle würden die Werteverteilungen der diskreten Variablen in den einzelnen Clustern als kleine Histogramme dargestellt werden.

Neben unserer grafischen Darstellung der Clusterprofile existieren im Allgemeinen noch mehrere weitere Möglichkeiten, die Cluster mit grafischen Werkzeugen gegeneinander abzugrenzen und ihre innere Struktur deutlich zu machen[18]. Aus Platzgründen verzichten wir darauf, diese zu behandeln. Um eine verbale Charakterisierung und Benennung der drei Cluster zu finden, reicht aber bereits die Übersicht zu den Clusterprofilen aus.

- Cluster 3 unterscheidet sich deutlich von den anderen beiden Clustern zusammen: Es weist sowohl bei den ökonomischen wie auch bei den gesundheitlichen Variablen die besten Werte auf: Lebenserwartung, BIPProKopf, Internetnutzung und ElektrizitätsverbrauchProKopf haben die höchsten Werte, Kindersterblichkeit und HIV-Rate die geringsten. Wir können diesen Cluster daher als *Hohes ökonomisches und gesundheitliches Niveau* bezeichnen.
- Cluster 2 liegt genau am anderen Ende: Es weist die ungünstigsten Werte für die ökonomischen und gesundheitlichen Variablen auf. Wir können diesen Cluster daher als *Niedriges ökonomisches und gesundheitliches Niveau* bezeichnen.
- Cluster 1 hat bei den ökonomischen Variablen ähnlich schlechte (wenngleich etwas bessere) Werte wie Cluster 2, weist aber für die Gesundheitsvariablen bessere Werte auf. Wir können diesen Cluster daher als *Niedriges ökonomisches und zufriedenstellendes gesundheitliches Niveau* bezeichnen.

Meistens möchte man nicht nur die Charakteristika der gebildeten Cluster erfahren, sondern für einzelne besonders interessante auch die Datensätze sehen (im vorliegenden Demonstrationsbeispiel vor allem auch die zugehörigen Staaten). Dazu lässt sich für jeden Cluster ein Drillthrough ausführen, das alle einem bestimmten Cluster zugeordneten Datensätze wiedergibt. Wir verzichten hier auf eine Darstellung und teilen nur abkürzend mit, dass zum Cluster 3 *Hohes ökonomisches und gesundheitliches Niveau* beispielsweise die Staaten Andorra, Anguilla, Belgien ... Deutschland ... USA und Virgin Islands gehören. Zum Cluster 2 *Niedriges ökonomisches und gesundheitliches Niveau* gehören Afghanistan, Angola ... Kenia ... und Zimbabwe.

20.4.5 Neuronales Netz

Der Algorithmus für ein Neuronales Netz geht in seinen Anfängen auf Versuche von Biologen in den 1940er Jahren zurück, ein Modell zur Simulation biologischer

---

[18] In der von uns verwendeten Software *SQL Server 2008 Data Mining Add-In für Excel 2007* stehen noch drei weitere grafische Werkzeuge zur Clusterinterpretation zur Verfügung.

Neuronen zu entwickeln. Trotz dieses ursprünglichen Fokus auf die Anatomie des Gehirns zeigte sich bald, dass das Modell auch einen vielversprechenden Ansatz zur Lösung technischer Probleme außerhalb der Neurobiologie versprach. Neuronale Netze verlangen eine große Rechenleistung. Daher war der Fortschritt in ihrer Entwicklung mit dem Fortschritt in der Computertechnologie verbunden. Mittlerweile sind Neuronale Netze so weit ausgereift, dass sie keinesfalls nur in der Wissenschaft, sondern immer mehr auch in kommerziellen Bereichen eingesetzt werden, beispielsweise zur Stimmen- oder Handschriftenerkennung, zur Entdeckung von Betrug beim Kreditkartengebrauch oder auch zur Entdeckung von Zusammenhängen in großen Beständen von Kundendaten im geschäftlichen Sektor.

Der Neuronales Netz-Algorithmus löst im Prinzip die Aufgaben der Klassifizierung und Regression, wie sie auch mit dem Entscheidungsbaum und der Regressionsanalyse gelöst werden. Insbesondere ist er in der Lage, nichtlineare Zusammenhänge zu berücksichtigen, wie dies ja vor allem der Entscheidungsbaum tut. Dabei können die nichtlinearen Beziehungen zwischen Variablen beim Neuronalen Netz jedoch deutlich weicher (statt diskontinuierlich wie beim Entscheidungsbaum) modelliert werden mit der Folge, dass die Lösungen eines mit dem Neuronalen Netz erstellten und trainierten Modells meistens effizienter sind als beispielsweise beim Entscheidungsbaum. Dies wird dadurch erreicht, dass ein Neuronales Netz die im Modell verwendeten Muster trainiert und damit als *pattern-learning* bezeichnet werden kann. Ein Neuronales Netz enthält *Knoten* und *Verbindungen*. Abbildung 20-5 gibt die Topologie zweier verschiedener Neuronaler Netze wieder. Das obere Netz weist vier Input-Knoten und einen Output-Knoten auf. Dabei nimmt jeder Input-Knoten die Werte einer Input-Variablen auf. Das untere Netz in Abbildung 20-5 weist zwischen den Input-Knoten und dem Output-Knoten zwei verborgene Knoten (hidden nodes) auf, von denen jeder mit jedem Input-Knoten und dem Output-Knoten[19] verbunden ist.

---

[19] Neuronale Netze können mehr als einen Output-Knoten besitzen. Da dies im Allgemeinen keine prinzipielle Erweiterung des Algorithmus darstellt, sondern eher der Performancesteigerung für den Einsatz mehrerer Netze dient, sehen wir im Rahmen dieser Einführung davon ab, darauf genauer einzugehen.

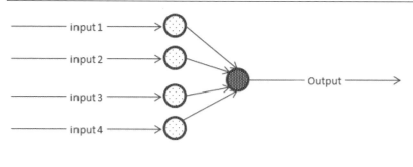

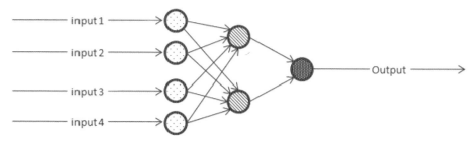

Abbildung 20-5: Zwei Beispiele für Designs eines Neuronalen Netzes.

Sprachlich wird die Anordnung der Knoten durch Verwendung des Begriffs *Schicht* ausgedrückt: Das untere Modell in Abbildung 20-5 besitzt eine Input-Schicht, eine verborgene Schicht (hidden layer) und eine Output-Schicht. Ein Neuronales Netz kann mehr als eine verborgene Schicht und jede dieser Schichten zahlreiche Knoten aufweisen. Der Benutzer kann die Anzahl der verborgenen Schichten und die Anzahl der darin enthaltenen Knoten (Neuronen) direkt oder indirekt, je nach Software, bestimmen.

Jedes Neuron im Neuronalen Netz verhält sich wie eine eigene Recheneinheit: Es nimmt mehrere Inputs auf, kombiniert sie, nimmt gewisse Berechnungen mit ihnen vor und gibt das Ergebnis an die Neuronen der nächsten verborgenen Schicht oder an den Output-Knoten weiter. Dabei wird für jede Verbindung ein Gewicht vergeben, mit der die kalkulierten Werte weiter gegeben werden. Diese Gewichte spielen die entscheidende Rolle für die Lernfähigkeit und Flexibilität des Neuronalen Netzes: In der ersten Lernrunde werden den Gewichten zufällige Werte zugewiesen. Auf Basis dieser Ausgangswerte werden dann die Berechnungen an die weitergelagerten Knoten weiter gegeben, bis schließlich ein Wert im Output-Knoten ermittelt wird. Dieser Wert wird mit dem entsprechenden tatsächlichen (historischen) Wert verglichen. Dann wird der resultierende Fehler ermittelt, und auf Basis einer Fehlerfunktion werden die Gewichte korrigiert. Die nächste Iteration erfolgt dann gleichermaßen, wieder wird schließlich der Wert des Output-Knotens mit dem entsprechenden tatsächlichen Wert verglichen, die Gewichte entsprechend des Fehlers und auf Basis der Fehlerfunktion verändert etc.

20.4 Methoden des Data Mining

Diese Iterationen, die einen Lernprozess darstellen, werden abgebrochen, wenn die Fehler einen vorgegebenen Schwellenwert, auf den der Benutzer im Allgemeinen Einfluss nehmen kann, unterschreiten.

Da Neuronale Netze nicht nur Inputvariablen mit kontinuierlichen, sondern auch solche mit diskreten Werten verarbeiten, stellt sich die Frage, wie letztere innerhalb des Netzes verrechnet werden, beispielsweise mit Gewichten versehen und von mehreren Knoten in einem Neuron zusammengefasst werden. Dies wird dadurch erreicht, dass die Werte aller Inputvariablen, der kontinuierlichen wie der diskreten, in einem ersten Schritt normalisiert werden, indem sie, oft auf einen Bereich zwischen -1 und +1, eingestellt werden, so dass mit ihnen formal gerechnet werden kann. Am Ende des Prozesses müssen sie dann natürlich wieder denormalisiert werden, um die Verbindung zur realen Ausgangswelt wieder herzustellen.

Neuronale Netze werden in der Praxis mittlerweile fast so häufig angewandt wie Entscheidungsbäume. In der Prognosegenauigkeit sind sie Letzteren meistens überlegen (vgl. weiter unten 20.4.9 *Genauigkeit von Modellen prüfen*). Als bedeutsamer Nachteil wird meistens angeführt, dass ein Neuronales Netz-Modell als Blackbox erscheint, weil über die Ergebnisse der inneren Struktur nichts bekannt wird, anders als beim Entscheidungsbaum, dessen zentrale Eigenschaft geradezu das Ausbreiten der Ergebnisstruktur in Form eines Baumes ist. Dieser Nachteil hat sich jedoch bei neueren Softwareprodukten stark relativiert. So weist der Ergebnisbrowser des Neuronales Netz-Algorithmus im Data Mining Add-In von Excel, das auf den Analysis Services des Microsoft SQL Servers aufsetzt, die Erklärungsbeiträge der einzelnen Inputvariablen zum geschätzten Modell sehr differenziert aus.

Abbildung 20-1 gibt den Browserinhalt für ein Neuronales Netz-Modell wieder, das die Outputvariable Kreditgesuch_angenommen mit den Inputvariablen Einkommen, Ersparnisse, Job, Wohneigentum, Sex und Kinder erklärt hat. Die Länge der Balken in den Spalten Favors N bzw. Favors J zeigt die Größe des Erklärungsbeitrags des jeweiligen Variablenwertes, wie er in den Spalten Attribute und Value ausgewiesen wird. Der Wert LehrerIn der Inputvariablen Job trägt am meisten zur Modellerklärung bei und begünstigt dabei den Wert J der Outputvariablen Kreditgesuch_angenommen. Die Länge der anderen Balken ist relativ zur Länge dieses ersten Balkens zu interpretieren.

Wenn Sie die Modellauswertung, die im Browser von Abbildung 20-6 dargestellt wird, mit dem Entscheidungsbaum in Abbildung 20-3 (vgl. oben Abschnitt 20.4.3 *Entscheidungsbaum*) vergleichen, erkennen Sie, dass die Auswertung für das Neuronale Netz in gewisser Weise sogar differenzierter als die Darstellung des Entscheidungsbaums ist, weil viel mehr Variablenwerte in ihrer Erklärungskraft berücksichtigt werden. Allerdings ermöglicht der Entscheidungsbaum größere Einsichten in die absoluten Bedeutungen der einzelnen Baumknoten.

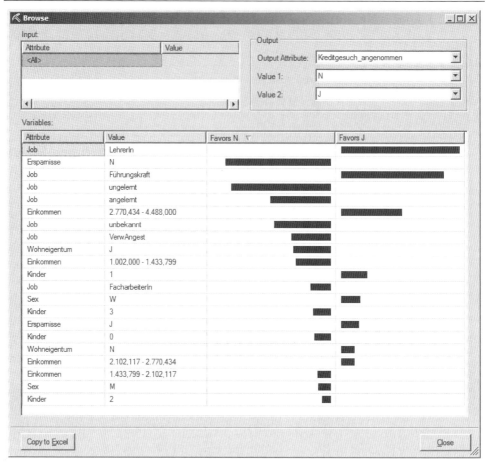

Abbildung 20-6: Dieses grafische Werkzeug zeigt die relative Bedeutung einzelner Variablenwerte bzw. -wertebereiche für die Erklärung des NN-Modells Kreditgesuch.

20.4.6 Logistische Regression

Wir haben bereits die Methode der Regression kennen gelernt, vgl. oben 20.4.1 *Regression*. Dort wurde als Voraussetzung für das Durchführen einer Regressionsanalyse genannt, dass alle beteiligten Variablen intervallskaliert (kontinuierlich) sein müssen. Schon früh bestand aber in der Praxis das Bedürfnis nach einem Verfahren, das eine abhängige Variable mit diskreten Werten (z.B. Kreditgesuch_angenommen J/N) auf Basis kontinuierlicher Prädiktoren (Inputvariablen) erklärt. Diese Aufgabe kann mit der Methode der Logistischen Regression gelöst werden. Viele Softwareprodukte weisen den Logistische Regression-Algorithmus als eigenständiges Verfahren aus. Sofern jedoch in der Data Mining-Werkzeugkiste auch über ein Neuronales Netz verfügt werden kann, was heute standardmäßig zutrifft, kann eine Analyse mit der Logistischen Regression auch mit dem Neuronalen Netz-Algorithmus durchgeführt werden:

20.4 Methoden des Data Mining

Eine Neuronales Netz-Modell ohne verborgene Schicht (vgl. die Darstellung oben in Abbildung 20-5, oberes Netz) stellt ein Modell der Logistischen Regression dar. Der Benutzer, der eine Analyse nach diesem Modell durchführen will, muss das Neuronale Netz-Modell nur so einstellen, dass es ohne verborgene Schichten ausgeführt wird. Aus diesem Grunde können wir hier auf weitere Ausführungen zur Logistischen Regression verzichten.

20.4.7 Assoziationsanalyse

Ein typischer Anwendungsfall für *die Assoziationsanalyse* ist eine Warenkorbanalyse. Bei einer Warenkorbanalyse sollen Regelmäßigkeiten in der Zusammensetzung der Warenkörbe gefunden und als Regeln formuliert werden. Beispielsweise könnte es vorkommen, dass sich in den Bestellungen eines Möbelversenders häufig die Kombination *Gartenstuhl Teak* und *Sitzkissen strapazierfähig* finden lässt. Dann könnte die Regel *Gartenstuhl Teak => Sitzkissen strapazierfähig* formuliert werden. Allerdings würde diese Regel für sich genommen fast nichts aussagen, denn ob sie auch leistungsfähig ist, hängt davon ab, wie oft sich diese Kombination unter den anderen möglichen Kombinationen finden lässt. Die Erkenntnis, dass Käufer von *Gartenstuhl Teak* überhaupt einmal auch ein *Sitzkissen strapazierfähig* gekauft haben, ist eher trivial. Nichttrivial dagegen wäre die Information, dass diese Kombination in z.B. 90% aller Fälle, in denen ein *Gartenstuhl Teak* gekauft wird, auftritt. Dann könnte man salopp formulieren, dass Gartenstuhlkäufer auch Sitzkissenkäufer sind. Aber selbst dieses Analyseergebnis könnte noch ziemlich irrelevant sein, wenn sich herausstellt, dass Sitzkissen nicht nur in Kombination mit Gartenstühlen, sondern mit vielen anderen Artikeln gekauft werden, so dass sie möglicherweise sogar in praktisch jedem Warenkorb anzutreffen sind. Es kommt daher auch darauf an zu prüfen, wie sich die Regel *Gartenstuhl Teak => Sitzkissen strapazierfähig* von anderen Regeln oder, eine andere Betrachtung, vom puren Zufall unterscheidet. Zur Aufklärung dieser Zusammenhänge kennt die Assoziationsanalyse die Maßzahlen *Konfidenz*, *Support* und *Lift*. Diese Begriffe sollen nicht hier abstrakt, sondern weiter unten konkret an den Ergebnissen der folgenden Warenkorbanalyse erklärt werden, weil dies das Verständnis erleichtert.[20]

---

[20] Bei der einfachen Assoziationsanalyse können nur einzelne Warenkörbe, die jeweils zu einem bestimmten Zeitpunkt existieren, untersucht werden. Dagegen gibt es auch die Fragestellung nach dem Zusammenhang zwischen mehreren Einkäufen derselben Kunden im Laufe der Zeit. Beispielsweise wäre es interessant zu prüfen, ob der Kauf eines Mountainbikes später zum Kauf von Folgeprodukten wie Kilometerzähler oder Fahrradhelm führt. Derartige sequenzielle Warenkorbanalysen bleiben hier außer Betracht.

Order Number	Category	Product	Product Price
SO61269	Helmets	Sport-100	53,99
SO61269	Jerseys	Long-Sleeve Logo Jersey	49,99
SO61270	Fenders	Fender Set - Mountain	21,98
SO61271	Tires and Tubes	LL Road Tire	21,49
SO61271	Tires and Tubes	Patch kit	564,99
SO61272	Tires and Tubes	Mountain Tire Tube	4,99
SO61272	Tires and Tubes	Patch kit	564,99

Abbildung 20-7: Daten des Arbeitsblatts *Associate* (Ausschnitt)

Wir wollen eine Warenkorbanalyse mit der Datentabelle des Arbeitsblatts *Associate* in der Arbeitsmappe *Data_Mining_Beispieldaten.xlsx* demonstrieren. Zum besseren Verständnis der Analyse soll ein kurzer Blick auf die Daten geworfen werden (Abbildung 20-7). Die Datentabelle im Arbeitsblatt *Associate* enthält die drei Spalten *Order Number*, *Category* und *Product*. Mit Hilfe von *Order Number* können Warenkörbe gebildet werden, denn alle Datenzeilen mit derselben Auftragsnummer gehören zum selben Einkauf. Diese Spalte dient als sogenannte *Transaktions-ID*. Die anderen beiden Spalten enthalten die Elemente der Transaktionen: *Product* gibt die gekauften Elemente auf Artikelebene an und *Category* auf einer übergeordneten zusammenfassenden Ebene, die man als Warengruppe bezeichnen könnte. In Abbildung 20-7 ist beispielsweise zu erkennen, dass die Artikel *LL Road Tire*, *Patch kit*, *Mountain Tire Tube* und *Patch kit* alle zur selben Warengruppe *Tires and Tubes* gehören. Dieses hierarchische Verhältnis von *Category* zu *Product* spielt für die vorzunehmende Assoziationsanalyse keine Rolle, es kann dabei nicht ausgenutzt werden. Vielmehr müssen wir uns entscheiden, die Warenkorbanalyse entweder auf Warengruppen- oder auf Artikelebene auszuführen. In der Realwelt gibt es im Allgemeinen noch viel mehr Hierarchieebenen zwischen der obersten Warengruppe und der Ebene der einzelnen Artikel. Es gehört zu den inhaltlichen Aufgaben des Data Miners anzugeben, auf welcher Produktebene die Warenkorbanalyse erstellt werden soll. Dies hängt auf der einen Seite vom Erkenntnisziel und auf der anderen Seite von der Anzahl der Elemente ab, mit denen die einzelnen Ebenen besetzt sind. Häufig ist es so, dass man den Wald vor Bäumen nicht erkennen kann, wenn die Untersuchung auf Artikelebene durchgeführt wird, so dass dann auf einer Warengruppenebene geprüft wird. Andererseits könnten einzelne oder alle Warengruppen zu inhomogen sein, als dass die Analyse Erkenntnisse zu Tage bringen könnte, die zu konkreten Handlungsempfehlungen führen würden.

20.4 Methoden des Data Mining

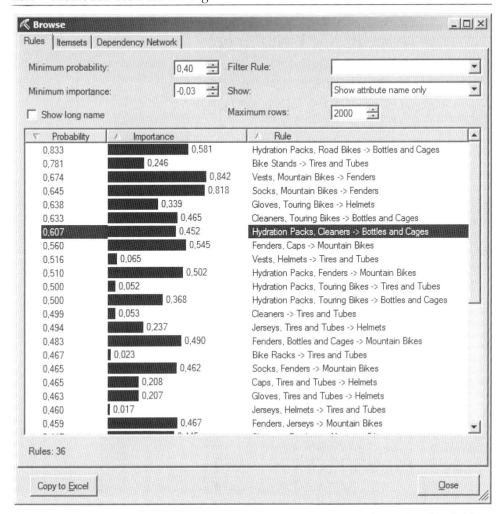

Abbildung 20-8: Registerkarte Regeln. Die Regeln sind nach der Wahrscheinlichkeit (Konfidenz) angeordnet

In der Regel müssen viele Tests auf unterschiedlichen Ebenen ausgeführt werden, um das optimale Design der Warenkorbanalyse zu ermitteln. Wir entscheiden pragmatisch, für die nachfolgende Warenkorbanalyse als Elementspalte *Category* zu nehmen. *Category* enthält nur 17 verschiedene Elemente, dadurch bleiben die Ergebnisse der Warenkorbanalyse übersichtlicher als bei Verwendung der Spalte *Product*, obwohl sich auch bei nur 17 verschiedenen Elementen eine große Zahl von Kombinationen im Warenkorb ergibt. Die Assoziationsanalyse identifiziert im vorliegenden Fall 36 Regeln, von denen einige in Abbildung 20-8 wiedergegeben sind.

Eine Regel gibt an, welche Items das Vorkommen anderer Items begünstigt. Nehmen wir als Beispiel die in Abbildung 20-8 durch Markieren hervorgehobene Regel:

0,607   0,452   Hydration Packs, Cleaners -> Bottles and Cages

Diese Regel gibt an, dass das gleichzeitige Vorkommen der Items *Hydration Packs* und *Cleaners* das zusätzliche Vorkommen des Items *Bottles and Cages* mit der in der ersten Spalte angegebenen Wahrscheinlichkeit (0,607) begünstigt. Das Itemset auf der linken Seite des logischen Ausdrucks wird auch als *Antecedent* (Vorgänger), dasjenige auf der rechten Seite als *Konsequent* (Nachfolger) bezeichnet.

Konfidenz

Für die Regel

>Hydration Packs, Cleaners -> Bottles and Cages

ist die Wahrscheinlichkeit mit 0,607 ausgewiesen. Das bedeutet, dass bei einem Kauf der beiden Kategorien *Hydration Packs* und *Cleaners* mit 60,7% Wahrscheinlichkeit auch *Bottles and Cages* gekauft wird und entsprechend in 39,3% der Käufe nicht.

Die Wahrscheinlichkeit der Regel wird im Kontext einer Assoziationsanalyse meistens als *Konfidenz* bezeichnet. *Konfidenz* bedeutet ja Vertrauen, daher kann die Wahrscheinlichkeit der Assoziationsregel auch als das Vertrauen, das in diese Regel gesetzt werden kann, interpretiert werden.

Lift

Im Kontext von Assoziationsanalysen ist der Begriff *Lift* einschlägig und absolut vorherrschend. Daher erscheint es etwas unglücklich, dass er im Data Mining der Microsoft Analysis Services mit *Importance* (Wichtigkeit) angegeben wird. Wir werden im Folgenden von beiden Bezeichnungen Gebrauch machen. Lift bedeutet ja, dass etwas angehoben wird: Mit der Maßzahl *Lift* (*Importance*) soll quantitativ angegeben werden, um welchen Faktor sich das Vorkommen des *Nachfolgers* (des *Konsequenten*) gegenüber seinem puren Vorkommen in der Grundgesamtheit erhöht, wenn er an die Bedingung des Auftretens des *Vorgängers* (des *Antecedenten*) geknüpft ist. Der Gedanke, der hinter der Maßzahl *Lift* steht, relativiert nicht zuletzt die Bedeutung der im letzten Punkt behandelten *Wahrscheinlichkeit* (*Konfidenz*): Eine Wahrscheinlichkeit von 60,7%, mit der ein Produkt aus der Kategorie *Bottles and Cages* gekauft wird, nachdem klar ist, dass auch *Hydration Packs* und *Cleaners* gekauft werden, mag relativ hoch erscheinen. Diese Wahrscheinlichkeit würde sich jedoch als relativ gering erweisen, wenn die Kategorie *Bottles and Cages* in **allen** Bestellungen (und nicht nur bei den Bestellungen, bei denen auch *Hydration Packs* und *Cleaners* gekauft werden) mit ungefähr derselben Wahrscheinlichkeit anzutreffen wäre. In diesem Falle würde die gefundene Regel praktisch überhaupt keinen Lift hervorbringen.

Für den Lift (Importance) finden sich in Literatur und Data Mining-Softwareprodukten unterschiedliche Definitionen. Bei den Microsoft Analysis Services ist die Importance folgendermaßen definiert:

>Importance (A => B) = log (p(B | A) / p(B | nicht A))

Lassen wir zum leichteren Verständnis dieser Definition zunächst den Logarithmus außer Betracht, so ergibt sich diese Interpretation: Die Importance wird als Quotient von zwei Wahrscheinlichkeiten ermittelt. Der Zähler des Quotienten gibt die Wahrscheinlichkeit von B unter der Voraussetzung von A an. Der Nenner gibt die Wahrscheinlichkeit von B unter der Voraussetzung von nicht A an. Aus dem Quotienten wird dann der Logarithmus zur Basis 10 ermittelt.

Leider lässt sich ein logarithmisch ausgedrückter Wert nicht unmittelbar »sinnlich« interpretieren. Wenn Sie ein Gefühl für die Größe der ermittelten Importance (Lift) bekommen wollen, können Sie den Logarithmuswert aber leicht in den entsprechenden Potenzwert umrechnen, indem Sie die Zahl 10 mit ihm potenzieren. Für die oben hervorgehobene Regel

>Hydration Packs, Cleaners -> Bottles and Cages

mit der als Logarithmus ausgewiesenen Importance von 0,452 ergibt sich dann:

>Importance (arithmetisch) = 10 ^ 0,452 = 2,83

Der arithmetisch ausgedrückte Lift gibt an, dass die Kategorie *Bottles and Cages* um den Faktor 2,83-mal häufiger in Warenkörben, die auch die Kategorien *Hydration Packs* und *Cleaners* enthalten, anzutreffen ist als in Warenkörben, die die Kategorien *Hydration Packs* und *Cleaners* nicht enthalten.

Aus den vorangehenden Überlegungen ergibt sich, dass die Bedeutung einer Regel nicht allein nach deren Wahrscheinlichkeit (Konfidenz) beurteilt werden kann, sondern dass ihr Lift (Importance) mindestens genauso bedeutsam ist.

Support

Selbst ein großer Lift sagt allein noch nichts darüber aus, ob für die betreffenden Waren beispielsweise eine spezielle Marketingaktion lohnend wäre, denn es könnte sein, dass eine Regel zwar einen hohen Lift verspricht, der Antecedent in der Regel mit dem hohen Lift jedoch absolut nur sehr selten gekauft wird. Dieser Umstand wird mit dem *Support* geprüft, welcher angibt, wie viele Transaktionen für ein Produkt oder eine Kombination von Produkten in den untersuchten Warenkörben stattgefunden haben.

Support	S.	Itemset
10	3	Gloves, Touring Bikes, Tires and Tubes
2666	1	Helmets
1129	2	Helmets, Tires and Tubes
308	1	Hydration Packs
133	2	Hydration Packs, Bottles and Cages
12	2	Hydration Packs, Caps
56	2	Hydration Packs, Cleaners
34	3	Hydration Packs, Cleaners, Bottles and Cages
14	3	Hydration Packs, Cleaners, Mountain Bikes
49	2	Hydration Packs, Fenders
14	3	Hydration Packs, Fenders, Bottles and Cages
25	3	Hydration Packs, Fenders, Mountain Bikes
10	2	Hydration Packs, Helmets
16	2	Hydration Packs, Jerseys

Itemsets: 198

Abbildung 20-9: Wiedergabe des Supports für die Itemsets.

Für die Regel

Hydration Packs, Cleaners -> Bottles and Cages

hatten wir oben in diesem Abschnitt herausgefunden, dass sie einen Lift von 2,83 hat, das scheint bedeutsam zu sein. In Abbildung 20-9 wird der zugehörige Support ausgewiesen. Dieser beträgt 34. Um dessen Relevanz einzuschätzen, muss diese Zahl mit allen in der Untersuchung berücksichtigten Warenkörben (d.h. verschiedenen Werten von Order Number) verglichen werden, deren Anzahl 13.050 beträgt. Das bedeutet, dass der Support der Regel verschwindend gering ist, womit sie sich für praktisches Handeln wohl als irrelevant erweist.

20.4.8 Weitere Methoden

Wenngleich wir in den vorangehenden Abschnitten die in der Praxis des Data Mining bedeutsamsten Methoden behandelt haben, gibt es doch darüber hinaus noch weitere. Wir wollen hier nur zwei davon kurz charakterisieren: Verfahren zur Zeitreihenanalyse und den Einsatz von OLAP.

Zeitreihenanalyse

Sämtliche von uns bisher verwendeten Datensammlungen waren Querschnittsdaten (cross sectional), weil sie sich auf einen bestimmten Zeitpunkt bezogen, z.B. auf das Jahr 2008. Demgegenüber können Daten auch auf der Perlenschnur der Zeit angeordnet sein, beispielsweise die Reihe des jährlichen Bruttoinlandsprodukts der BRD von 1990 – 2010 oder die Tagesumsätze einer Pizzakette vom 01.01.2010 bis zum 31.12.2010. Derartige Datensammlungen werden *Zeitreihen* (time series) genannt. Sie bedürfen zu ihrer Analyse besonderer Methoden, die unter dem Begriff *Zeitreihenanalyse* zusammengefasst sind. Dabei geht es

20.4 Methoden des Data Mining

beispielsweise darum, Trends, konjunkturelle oder saisonale Figuren in den Daten zu erkennen – allgemein: zeitliche Muster. Auf Basis der gefundenen Muster werden dann Prognosen erstellt. Das Excel Data Mining Add-In für den SQL Server bietet unter dem Namen *Planung* (engl. Version: *Forecast*) ebenfalls eine Methode zur Zeitreihenanalyse an. In der Praxis des Data Mining für Zwecke des Marketing des CRM (Customer Relationship Management), für die es im Geschäftsbereich vorwiegend eingesetzt wird, spielt die Zeitreihenanalyse keine große Rolle.

OLAP

OLAP ist die Abkürzung für <u>O</u>n<u>L</u>ine <u>A</u>nalytical <u>P</u>rocessing. Dieser Begriff wird in der abgekürzten Form heute im englischen wie im deutschen Sprachbereich für das Management von *multidimensionalen Daten* verwendet. Die Instanz, die ein solches Management leistet, wird OLAP Server genannt, entsprechend wie der Server zur Verwaltung von relationalen Daten als RDBMS (Relationales Datenbank Management System) oder einfach SQL Server bezeichnet wird. Multidimensionale Datensammlungen sind dadurch gekennzeichnet, dass man auf die Daten mit Hilfe der mit ihnen assoziierten Dimensionen (statt, wie bei relationalen Daten, durch Schlüsselattribute) auf sie zugreift. Dabei werden die Werte von sogenannten Kennzahlen aggregiert ausgegeben statt als einzelne Datensätze. Dies kann an einem kleinen Beispiel erläutert werden.

Produkt	All				
Umsatz	Spaltenbeschriftungen				
	⊟ Amerika		Amerika Ergebnis	⊞ Europa	Gesamtergebnis
Zeilenbeschriftungen	⊞ Nordamerika	⊞ Südamerika			
Bohlmann, Alfred	56.813,90 €	45.970,80 €	102.784,70 €	100.459,01 €	203.243,71 €
Hahn, Gerhard	48.325,73 €	26.483,28 €	74.809,01 €	137.538,29 €	212.347,30 €
Hasköy, Nuket	16.151,10 €	24.369,10 €	40.520,20 €	34.995,05 €	75.515,25 €
Jarowski, Eva	22.238,29 €	10.460,30 €	32.698,59 €	45.499,51 €	78.198,10 €
Karls, Carla	28.968,67 €	26.189,01 €	55.157,68 €	78.143,35 €	133.301,03 €
Ladegast, Jörg	40.367,95 €	19.761,65 €	60.129,60 €	81.166,39 €	141.295,99 €
Meier-Kunze, Ingrid	18.917,40 €	3.250,50 €	22.167,90 €	60.400,10 €	82.568,00 €
Selig, Ida	56.153,74 €	35.490,93 €	91.644,67 €	158.542,78 €	250.187,45 €
Sincero, Maria	31.924,30 €	16.000,35 €	47.924,65 €	129.824,61 €	177.749,26 €
Gesamtergebnis	319.861,08 €	207.975,92 €	527.837,00 €	826.569,09 €	1.354.406,09 €

Abbildung 20-10: In dieser PivotTable werden multidimensionale Daten aggregiert wiedergegeben.

Abbildung 20-10 gibt eine Excel PivotTable wieder, welche die multidimensionalen Daten eines Datencubes (eine multidimensionale Datensammlung wird *Cube* oder Datenwürfel genannt) wiedergibt. Die regionale Dimension ist hierarchisch aufgebaut und enthält u.a. die Hierarchieebenen Kontinent und Region. Für den Kontinent Amerika wurde ein Drilldown auf die darunterliegende Ebene Region ausgeführt, so dass deren amerikanische Regionen Nordamerika und Südamerika ausgewiesen werden. Diese regionale Dimension wird geschnitten mit der Dimension Mitarbeiter, so dass sich eine Kreuztabelle ergibt, in der die aggregierten Umsatzzahlen für jede eingeblendete Kombination aus regionaler Dimension und Mitarbeiterdimension ausgegeben werden. Die Dimension Produkt wirkt an der Schnittmengenbildung in der dargestellten Situation nicht mit, weil sie sich in der Filterposition befindet und auf Alle eingestellt ist. Dort könnte auf ein bestimmtes Produkt oder eine bestimmte Kombination von Produkten gefiltert werden, so dass nur die Umsätze für diesen Filter ausgewiesen würden. Darüber hinaus können die Positionen der Dimensionen in der PivotTable beliebig ausgetauscht werden, es können beliebige Filterungen vorgenommen und Drilldown oder Drillup für jede Dimension ausgeführt werden. Diese Operationen werden *Pivotieren* genannt. Da der Benutzer das Pivotieren allein mit der Maus ausführen kann, ist das Browsen und Navigieren in multidimensionalen Daten sehr einfach zu erlernen und durchzuführen.

Es ist etwas zweifelhaft, ob OLAP im strengen Sinne zu den Data Mining-Methoden gerechnet werden kann, weil alle anderen Verfahren des Data Mining Berechnungen nach bestimmten Algorithmen durchführen, bevor die Ergebnisse ausgegeben werden. Die Datenverwaltung mit OLAP ist dagegen rein deskriptiv. Durch die leichte Möglichkeit, beliebige Dimensionskombinationen zu bilden und dadurch schnell interessante Datenverdichtungen oder Leerstellen zu entdecken, ist OLAP aber zumindest ein recht nützliches zusätzliches Werkzeug in der Hand des Data Miners.

20.4.9 Genauigkeit von Modellen prüfen

In den bisherigen Ausführungen haben wir die Ergebnisse der geschätzten Data Mining-Modelle zwar ausführlich beschrieben und erläutert, jedoch haben wir nicht geprüft, ob das Modell leistungsfähig ist in dem Sinne, gute Prognosen zu ermöglichen, denn in der Regel ist es das Ziel fast aller Data Mining-Modelle, mit ihnen Prognosen zu erstellen. Für eine Prognose werden die (bekannten) Werte der Inputvariablen neuer Fälle in das geschätzte Modell eingegeben, und das Modell gibt die berechneten (unbekannten) Werte für die Zielvariable (Outputvariable) aus. Die Güte einer solchen (echten) Prognose kann allerdings erst geprüft werden, wenn sich für die bisher unbekannten Werte der Outputvariablen nach einem mehr oder minder großen Zeitraum in der Zukunft reale Werte ergeben haben. Wollte man so lange mit der Genauigkeitsprüfung von Modellen warten und erst dann eine Prognose erstellen, wäre diese natürlich wertlos. Daher behilft man sich im Data Mining damit, eine sogenannte *nachträgliche Prognose* zu erstellen. Diese wird auf Basis historischer Inputwerte erzeugt, für die dann ja auch die entsprechenden Werte der Zielvariablen bekannt sind. Dann werden die prognostizierten mit den tatsächlichen Werten verglichen und Abweichungen analysiert. Je geringer die Abweichungen sind, für desto besser bzw. genauer wird das Modell beurteilt. Als historische Daten kommt entweder eine Teilmenge der Datensätze, auf denen das Modell trainiert und getestet wurde, in Frage oder andere Datensammlungen mit denselben Attributen. Im Falle einer diskreten

20.4 Methoden des Data Mining

Zielvariablen sind die beiden wichtigsten Werkzeuge zur Genauigkeitsprüfung die *Klassifikationsmatrix* und das *Liftdiagramm*.

Klassifikationsmatrix

Einer Klassifikationsmatrix liegt folgendes Szenario zugrunde: Nachdem ein Modell mit einer diskreten Zielvariablen geschätzt wurde, wird eine nachträgliche Prognose auf Basis der Modellschätzung und historischer Daten, deren Zielwerte bekannt sind, erstellt. Die Werte dieser Prognose werden mit den tatsächlichen Werten verglichen und in einer Klassifikationsmatrix gegenüber gestellt. Abbildung 20-11 gibt die Klassifikationsmatrix für das Modell Krediteigenschaften mit der Zielvariablen Kreditgesuch_angenommen, das wir oben im Abschnitt 20.4.5 *Neuronales Netz* erstellt und erläutert haben, wieder. Zunächst wird mitgeteilt, dass insgesamt 81,82% aller Fälle in der nachträglichen Prognose richtig klassifiziert wurden und entsprechend 18,18% falsch, und dies für insgesamt 99 + 22 = 121 Fälle, die für die Prognose verwendet wurden.

	A	B	C	D
1	Counts of correct/incorrect classification for model 'Krediteigenschaften - Neural Net'			
2	Predicted Column 'Kreditgesuch_angenommen'			
3	Columns correspond to actual values			
4	Rows correspond to predicted values			
5				
6	Model name:	Krediteigenschaften - Neural Net	Krediteigenschaften - Neural Net	
7	Total correct:		81,82 %	99
8	Total misclassified:		18,18 %	22
9				
10	Results as Percentages for Model 'Krediteigenschaften - Neural Net'			
11		J(Actual)	N(Actual)	
12	J		78,69 %	15,00 %
13	N		21,31 %	85,00 %
14				
15	Correct		78,69 %	85,00 %
16	Misclassified		21,31 %	15,00 %
17				
18	Results as Counts for Model 'Krediteigenschaften - Neural Net'			
19		J(Actual)	N(Actual)	
20	J		48	9
21	N		13	51
22				
23	Correct		48	51
24	Misclassified		13	9

Abbildung 20-11: Klassifikationsmatrix für das Modell *Krediteigenschaften – Neural Net*.

Die unterste Teiltabelle mit der Überschrift *Results as Counts for Model 'Krediteigenschaften - Neural Net'* zeigt in absoluten Zahlen, wie die Fehlklassifikation und die korrekte sich auf die J- und N-Fälle verteilt. Dabei beziehen sich die Zeilen auf die prognostizierten und die Spalten auf die tatsächlichen (Actual) Werte. Es zeigt sich, dass von den insgesamt als 48 + 9 = 57 mit J klassifizierten Fällen 48 die tatsächlichen Fälle korrekt getroffen wurden, während 9 mit J klassifizierte Fälle tatsächlich N-Werte aufweisen. Entsprechend wurden 13 der N-

Fälle fehlklassifiziert und 51 korrekt. Die Teiltabelle darüber gibt die entsprechenden Werte als Prozentzahlen der tatsächlichen Fälle wieder. So wurden von den Fällen mit tatsächlichen J-Werten 78,69% korrekt und entsprechend 21,31% fehlklassifiziert.

Ist dieses Ergebnis nun als gut oder schlecht zu beurteilen? Das hängt ganz vom Einsatzzweck der Prognose ab. Wenn man nur allgemein über bedeutsame Einflussfaktoren für die Kreditgewährung informiert werden möchte, erscheint das Modell einigermaßen brauchbar, weil es deutlich besser ist als der Zufall, der eine Klassifikation auf jede Antwort mit 50% ergeben würde. Immerhin, eine 50%-Chance hat in diesem binären Fall sogar der Zufall! Wenn man unterstellt, dass mit diesem Modell in einer Bank über die Vergabe von Krediten geurteilt würde, wäre das Ergebnis wohl keinesfalls zu akzeptieren, weil mit global 18,18% Fehlklassifikation die Fehlerrate einfach zu hoch wäre. An dieser Stelle muss aber darauf hingewiesen werden, dass die von uns verwendete Datengrundlage nur sehr wenige Datensätze umfasste. Schwerer wiegt noch, dass das Modell sich auf viel zu wenige und wohl auch ungeeignete Inputvariablen (Sex und Kinder tragen kaum zur Erklärung des Modells bei, vgl. oben Abbildung 20-6) stützt. Das ist in dem vorliegenden Kontext der Einfachheit der Erklärung geschuldet. In der realen Geschäftswelt weisen derartige Bonitätsmodelle viel mehr Variablen und viel mehr Fälle auf.

Liftdiagramm

Das Liftdiagramm beruht auf derselben nachträglichen Prognose wie die Klassifikationsmatrix im vorangehenden Punkt. Das Liftdiagramm in Abbildung 20-12 stellt den Lift für die Prognose *Kreditgesuch_angenommen* = *J* dar, indem er sie mit einer Gleichverteilung dieser Fälle vergleicht. Wichtiger Grundgedanke dieser Auswertung ist folgender: Die Klassifizierung im Modell des Neuronalen Netzes (wie auch bei anderen Methoden, z.B. beim Entscheidungsbaum) erfolgt nach der Wahrscheinlichkeit für ein J bzw. N, die das Modell im Falle einer Prognose für jeden Datensatz ausrechnet. Ist die Wahrscheinlichkeit für ein J >= 50% (und entsprechend für ein N < 50%), so wird dem Fall der Wert J zugeordnet[21]. Tatsächlich wird also auch im Falle einer binären Zielvariablen für jeden Fall ein kontinuierlicher Wert ermittelt, der aber normalerweise im Verborgenen bleibt.

---

[21] Die Zuordnungswahrscheinlichkeiten für J bzw. N können vom Benutzer abgefordert und dann beispielsweise als Scorewerte verwendet werden. Wir werden im Praxisteil von dieser Möglichkeit Gebrauch machen.

20.4 Methoden des Data Mining

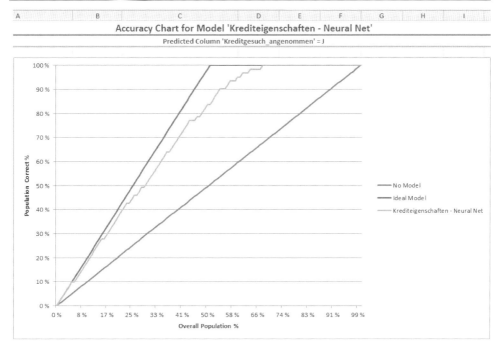

Abbildung 20-12: Liftdiagramm für das Modell *Krediteigenschaften – Neural Net*.

Bevor das Liftdiagramm gezeichnet wird, werden die Datensätze mit den prognostizierten Werten nach der Wahrscheinlichkeit für den Wert J in absteigender Folge angeordnet, so dass die Fälle mit den größten Wahrscheinlichkeiten ganz vorn und die mit den kleinsten ganz hinten sind. Dann werden zwei Kumulationen durchgeführt: Zum einen wird einfach die Anzahl aller Fälle relativ kumuliert, so dass z.B. für den ersten Fall 1/121 = 0,83%, nach einem Viertel aller Fälle der Wert 25% oder bei Dreiviertel der kumulierte Wert 75% erreicht ist. Zum anderen wird die Anzahl der tatsächlichen J-Werte relativ kumuliert. In unserem aktuellen Beispiel heißt das konkret Folgendes: Es existieren 61 Fälle mit J-Werten. Jeder Fall mit einem solchen Wert stellt daher 1/61 = 1,64% aller J-Fälle dar. Wenn die ersten drei Fälle im sortierten Dataset beispielsweise J-Werte aufwiesen, ergäbe sich beim dritten dieser Fälle ein kumulierter relativer Wert von 3*1,64% = 4,92%. Beim letzten J-Fall der sortierten Fälle ergibt sich ein kumulierter relativer Wert von 100%. Im Liftdiagramm werden nun die Wertepaare der beiden Kumulationen als Linienzug dargestellt mit den kumulierten Werten der Gesamtpopulation auf der Waagerechten und den kumulierten Werten der J-Fälle auf der Senkrechten. In Abbildung 20-12 ist dies die mittlere der drei Linien im Liftdiagramm. Diese Linie ist mit den beiden anderen zu vergleichen, von denen die Diagonale die Gleichverteilungsgerade und die oberste Linie die Ideallinie darstellt. Die Gleichverteilungsgerade würde sich ergeben, wenn alle J-Fälle gleichmäßig (was bei großen Datensammlungen auf zufällig hinaus läuft) zwischen den Datensätzen verteilt wären. Die Ideallinie stellt dagegen die Verteilung der J-Fälle in einem idealen Modell dar:

In unserem Beispiel wären die ersten 61 Fälle alles J-Fälle, daher steigt die Ideallinie linear an, bis in der Senkrechten 100% erreicht sind, womit auf der Waagerechten ein kumulierter Wert von 61/121 = 50,4% korrespondiert.

Für die Beurteilung des Ergebnisses im Liftdiagramm bedeutet dies Folgendes: Die Modellgüte ist umso größer, je weiter die Modelllinie von der Gleichverteilungsgeraden entfernt und je mehr sie dem Verlauf der Ideallinie entspricht. So gesehen zeigt das Liftdiagramm einen guten Lift des Modells: Die Modelllinie erreicht bei einem Wert der Waagerechten von 33% bereits einen Wert der Senkrechten von 57,38 %. Das bedeutet beispielsweise, dass man bei einer Auswahl von 33% der Fälle mit den höchsten Wahrscheinlichkeiten bereits 57,38% der J-Fälle erwischen würde. Tatsächlich hängt die Antwort auf die Frage, ob es sich um einen guten Lift handelt, aber vom Verwendungszweck der Prognose ab. Im Falle einer realen Kreditauswahl wäre der Lift wohl viel zu gering, vgl. dazu auch die entsprechenden Ausführungen am Ende des vorangehenden Punktes *Klassifikationsmatrix*.

20.4.10 Prognose erstellen

Letztlich ist es das Ziel fast jedes Data Mining-Projekts, nach der Optimierung von Daten und Modell eine Prognose zu erstellen. Daher soll hier noch kurz gezeigt werden, welche Möglichkeiten dafür prinzipiell existieren. Um das zu demonstrieren, soll eine nachträgliche Prognose für das Modell *Krediteigenschaften – Neural Net*, das wir im Abschnitt 20.4.5 *Neuronales Netz* gebildet und geschätzt haben, erstellt werden. Im vorangehenden Abschnitt 20.4.9 *Genauigkeit von Modellen prüfen* haben wir bereits erläutert, was unter einer nachträglichen Prognose zu verstehen ist. Sie unterscheidet sich von einer auf die Zukunft gerichteten Prognose allein in der Aktualität der der Prognose zugrunde gelegten Datensammlung, hat aber gerade für demonstrative Zwecke den Vorteil, dass die Prognosegüte zum Zeitpunkt der Erstellung der Prognose beurteilt werden kann und nicht erst später, wenn die Zukunft Historie geworden ist.

20.4 Methoden des Data Mining

ID	Kreditgesuch_angenommen	Vorhersage	Vorhersagewahrscheinlichkeit 'J'
222	J	J	0,980020976
322	J	J	0,979538691
247	J	J	0,979525525
94	J	J	0,979512343
158	J	J	0,97667685
337	J	J	0,976586352
18	J	J	0,97580342
307	J	J	0,975416366
156	J	J	0,975388975
315	J	J	0,975121543
7	J	J	0,974716025
169	J	J	0,972437325
48	J	J	0,972042176
276	J	J	0,970470637
5	J	J	0,970167858
67	J	J	0,969512058
76	J	J	0,969221336
122	J	J	0,969069124
168	J	J	0,967906867
220	J	J	0,966991666
39	N	J	0,965839777
154	J	J	0,964732027
91	N	J	0,963535872
138	J	J	0,9623275
368	J	J	0,961620144

Abbildung 20-13: Die ersten 25 nach der Vorhersagewahrscheinlichkeit absteigend sortierten Prognosezeilen.

Wir haben in die Prognoseabfrage die beiden Spalten ID und Kreditgesuch_angenommen mit ihren historischen Werten aufgenommen. Als Prognosewerte haben wir unter dem Namen Vorhersage die Klassifizierung als J/N und zusätzlich deren Vorhersagewahrscheinlichkeit in die Prognoseabfrage aufgenommen. Ausschnitte dieser Prognose sehen Sie in Abbildung 20-13 und Abbildung 20-14. In beiden Abbildungen sind die Ausgabezeilen der Prognose nach der Vorhersagewahrscheinlichkeit absteigend sortiert, um deren Bedeutung für die Güte der Klassifizierung als J/N zu verdeutlichen. In Abbildung 20-13 zeigt sich deutlich die Bedeutung der Vorhersagewahrscheinlichkeit, weil unter den 25 Fällen nur 2 fehlklassifiziert werden.

In Abbildung 20-14 werden 25 Prognosezeilen mit einer Vorhersagewahrscheinlichkeit knapp über und unter 50% wiedergegeben. Dort ist zu erkennen, dass von den 25 Fällen 13 fehlklassifiziert wurden.

1	ID	Kreditgesuch_angenommen	Vorhersage	Vorhersagewahrscheinlichkeit 'J'
147	282	J	J	0,588424829
148	120	J	J	0,584521719
149	207	N	J	0,583755873
150	402	J	J	0,562560218
151	213	J	J	0,552191472
152	192	J	J	0,550460088
153	202	N	J	0,545850588
154	197	N	J	0,52422011
155	57	J	J	0,513731836
156	382	J	J	0,510001878
157	153	J	J	0,508983988
158	248	N	J	0,503041682
159	319	J	N	0,487737852
160	313	J	N	0,486546896
161	102	J	N	0,482123418
162	284	J	N	0,478891333
163	196	N	N	0,475676537
164	238	J	N	0,470007407
165	264	J	N	0,464169498
166	135	J	N	0,461451648
167	152	N	N	0,458849748
168	334	J	N	0,451849698
169	97	J	N	0,442316786
170	190	N	N	0,439434686
171	124	N	N	0,437074302

Abbildung 20-14: 25 nach der Vorhersagewahrscheinlichkeit absteigend sortierte Prognosezeilen mit Vorhersagewahrscheinlichkeiten knapp über und knapp unter 50%.

Die Vorhersagewahrscheinlichkeit könnte im vorliegenden Fall gut als Score für Personen, die ein Kreditgesuch gestellt haben, verwendet werden. Dieser Gedanke lässt sich aber auch auf die meisten anderen Data Mining-Modelle, in denen eine Vorhersagewahrscheinlichkeit ermittelt wird, anwenden.

20.5 Praxis

Nachdem das Gebiet Data Mining in den vorangehenden Abschnitten dieses Kapitels zwar mit zahlreichen Beispielen, jedoch im Prinzip rein theoretisch behandelt wurde, soll jetzt gezeigt werden, wie Data Mining in der Praxis abläuft.

20.5.1 Überblick

Wir wollen die Praxis an einem durchgängigen Data Mining-Projekt erläutern. Dabei orientieren wir uns an einem Projekt, das tatsächlich vom Autor in Zusammenarbeit mit einem Versandhandelsunternehmen durchgeführt wurde. Natürlich sind die verwendeten Bezeichnungen von Attributen und Attributwerten so verändert worden, dass keine Rückschlüsse auf das betreffende Unternehmen und dessen Daten gezogen werden können. Gleichfalls ist der Umfang des hier durchzuführenden Projekts in der Zahl der Datensätze wie auch der beteiligten Variablen viel kleiner als im Original. Fragestellung, Modellierung und Ergebnis sind jedoch wenig verfremdet worden, so dass wir es mit der Simulation eines realen Projektes zu tun haben.

Im Abschnitt 20.3 *Vorgehensweise im Data Mining: Das Modell CRISP-DM* haben wir gezeigt, in welchen Phasen ein Data Mining Projekt ablaufen soll. Wir werden alle diese Phasen für unser Beispielprojekt durchlaufen. Allerdings wird, anders als in der Realität, in der die Phase des Data preparation den wesentlichen Teil der Zeit ausmacht, im folgenden Text die Modellierung am meisten Platz einnehmen, weil wir die Phase des Data preparation an dieser Stelle nicht wirklich simulieren, sondern im Wesentlichen nur erläutern können.

20.5.1 Die Data Mining Software

Wir verwenden als Data Mining Software *Microsoft SQL Server 2008 Data Mining Add-in for Microsoft Excel 2007*, das als Microsoft SQL Server 2008 Data Mining Add-ins for Microsoft Office 2007 kostenlos herunter geladen werden kann. Sie finden es unter dem folgenden Link:

http://www.microsoft.com/downloads/en/details.aspx?FamilyID=896a493a-2502-4795-94ae-e00632ba6de7

Falls der exakte Link zu einem späteren Zeitpunkt nicht mehr stimmen sollte, gehen Sie einfach auf den Link

http://www.microsoft.com/downloads

Dort können Sie das Data Mining Add-in durch eigene Recherche finden.

Das SQL Server 2008 Data Mining Add-in setzt die Installation der Analysis Services des Servers voraus. Falls Sie über die Analysis Services nicht verfügen, können Sie eine Evaluationsversion des SQL Server 2008 ebenfalls von der angegebenen Download-Seite herunter laden und installieren. Sie müssen für das Add-in außerdem über Microsoft Excel 2007 oder 2010 verfügen. Diese Software ist nicht frei verfügbar, allerdings gibt es für Studierende relativ preiswerte Versionen zu kaufen.

Zum Zeitpunkt der Formulierung dieses Textes war das Add-in nur mit einer englischsprachigen Benutzeroberfläche verfügbar. Daher tauchen im folgenden Text auch entsprechende Screenshots und Benennungen für die Benutzerführung auf.

20.5.2 Business understanding

Bei unserem Beispielunternehmen handelt es sich um ein Versandhandelsunternehmen. Wie bei derartigen Betrieben üblich, versendet auch dieser Betrieb jedes

Jahr einen Jahreskatalog, um seine Produkte bekannt und auf sich aufmerksam zu machen. Der Katalog wird zum einen an Adressen aus dem Bestand des Unternehmens, zum anderen an neu ermittelte Adressen verschickt. Im Bestand des Unternehmens befinden sich derartig viele Adressen, dass es sich aus Kostengründen verbietet, an jede vorhandene Adresse einen Katalog zu versenden. Daher hat das Unternehmen auch bisher schon eine Selektion vorgenommen, um nur an solche Adressen zu versenden, die dem Umsatzziel vermutlich am meisten dienen: Es wurden alle Adressen ausgewählt, die schon einmal etwas bei dem Unternehmen gekauft haben, also die Kunden waren oder sind. Neben den Kunden existiert aber eine wesentlich größere Zahl von Interessenten. Das sind solche Personen, die dem Unternehmen durch Anforderung eines Katalogs bekannt geworden sind, die jedoch bisher niemals eine Bestellung vorgenommen haben. Bei der Selektion der Interessenten hatte das Unternehmen bisher diejenigen berücksichtigt, die nicht mehr als drei Jahre im Adressbestand existierten. Die Entscheidung für diese Regel war über den Daumen erfolgt, sie war nicht durch eine auf Data Mining gestützte Untersuchung begründet. Das erschien der Geschäftsführung wie auch den IT-Verantwortlichen unbefriedigend, weil im Prinzip bekannt war, dass auch Interessenten mit einer mehr als dreijährigen Latenzzeit durchaus noch zu Kunden geworden sind. Daher wurde nach einem Weg gesucht, die Selektion der Interessenten zu verbessern. Als konkreter Auftrag für ein Data Mining-Projekt wurde formuliert, dass die vom Werbebudget vorgegebene Anzahl von zu versendenden Katalogen an diejenigen Interessenten geschickt werden sollen, für die am ehesten eine Umwandlung in Kunden zu erwarten ist. Es sollten weiterhin alle Kunden einen Katalog bekommen, diese Selektion wurde nicht in Frage gestellt.

20.5.3 Data understanding

Eine Selektion unter Interessenten vorzunehmen ist ungleich schwerer als unter Kunden, denn von diesen ist die gesamte Kaufhistorie bekannt. Von den Interessenten dagegen existieren nur sehr bescheidene Informationen. Es handelt sich um die folgenden:

- Nachname
- Vorname
- Titel
- Straße und Hausnummer
- Postleitzahl
- Ort
- Eintrittsjahr: Jahr der Aufnahme in die Datenbank
- Kaufjahr: Wenn ein bisheriger Interessent Kunde wird, wird das Jahr, in dem dies passiert, festgehalten
- Antwortverhalten auf bisherige Werbemaßnahmen, z.B. Reaktion auf zugesandte Flyer

20.5 Praxis

Aus diesen Daten lässt sich die Aufgabenstellung nicht unmittelbar lösen, denn es ist noch nicht einmal eine Zielvariable erkennbar, und darüber hinaus erscheinen auch die meisten der Daten wenig erfolgversprechend für eine statistische Erklärung der Umwandlung von Interessenten in Kunden. Daher mussten diese Daten erst einmal mit Hilfe von SQL Select Statements, meist als Gruppierungsabfragen, exploriert werden. Schließlich ergab sich folgendes Design für die vorzunehmende Datenaufbereitung (nächste Phase des Data preparation):

- Datensammlung. Es werden nur diejenigen Interessenten berücksichtigt, die zu Beginn des Vorjahres bereits in der Interessententabelle vorhanden waren und daher im Vorjahr die Chance hatten, Kunden zu werden.
- Zielvariable *Kunde*. Diese erhält den Wert 1, wenn ein Interessent im Vorjahr zum Kunden gewandelt hat, andernfalls den Wert 0.
- Inputvariable *DB_Jahre*. Damit ist die Anzahl von Jahren gemeint, die ein Interessent bis zum Vorjahr bereits in der Datenbank geführt wird. Der Wert kann aus dem Eintrittsjahr ermittelt werden.
- Inputvariable *Vornamenskategorie*. Die explorativen Voruntersuchungen hatten ergeben, dass bestimmte Vornamen besser in Kunden umwandeln als andere. Dieser scheinbar sinnlose Zusammenhang, der auch aus anderen empirischen Untersuchungen bekannt ist, kann jedoch sinnvoll begründet werden: Zum einen existiert in der Gesellschaft ein statistischer Zusammenhang zwischen dem Lebensalter und dem Vornamen, weil sich im Laufe der Zeit unterschiedliche Sets von Modenamen für Neugeborene einstellen. Zum anderen verraten Vornamen auch etwas über die regionale Herkunft und geben in gewisser Weise Auskunft darüber, ob der/die Betreffende aus einem konservativen oder fortschrittlichen Elternhaus stammt. Daher soll eine Variable gebildet werden, welche den Einfluss des Vornamens auf das Kaufverhalten abbildet.
- Inputvariable *Titelkategorie*. Am Titelfeld der Adresse kann man einerseits erkennen, ob die Person überhaupt einen Titel angegeben hat oder nicht, und zum anderen können Titel wie Dr., Prof., Ing. etc. unterschieden werden.
- Inputvariable *Regionalkategorie*. An der Region haften diverse Merkmale wie z.B. das Pro Kopf Einkommen, Arbeitslosenquote, ländlicher oder städtischer Raum etc. Daher soll eine Variable gebildet werden, welche die Bedeutung der regionalen Herkunft der Interessenten für die Umwandlung in Kunden wiedergibt.
- Inputvariable *Antwortindex*. Aus den Reaktionen der Interessenten auf Werbemaßnahmen der vergangenen Jahre (sie konnten weitere Informationen anfordern oder gar nicht reagieren) soll ein Index konstruiert werden.

20.5.4 Data preparation

- Die Ausgangslage der Daten in Verbindung mit dem im letzten Punkt beschriebenen Design der Daten verlangt eine Menge Datenaufbereitung. Zunächst wird eine neue Tabelle angelegt unter dem Namen *Interessenten_Kunden*, in welche alle Interessenten, die zu Beginn des Vorjahres noch keine Kunden geworden waren, mit ihrer ID aufgenommen werden.
- Die Zielvariable und die Inputvariablen, die im letzten Punkt aufgeführt worden sind, werden als Attribute zunächst mit NULL-Werten versehen.
- Für Interessenten, die im Laufe des Vorjahres Kunden geworden sind, wird das Attribut Kunde auf den Wert 1 gesetzt, alle anderen bekommen den Wert 0.
- Für jeden Datensatz der Tabelle Interessenten_Kunden wird ermittelt, wie viele Jahre die betreffende Person sich bereits in der Adressdatenbank befindet, und dieser Wert wird dem Attribut DB_Jahre der Tabelle Interessenten_Kunden zugewiesen.
- Für Vorname, Titel und Region (Postleitzahl) wird ermittelt, ein wie großer Prozentsatz der Interessenten in der gesamten Firmengeschichte Kunden geworden sind, so dass jedem Vornamen, jedem Titel (auch jedem Nicht-Titel) und jeder Region in jeweils eigenen Tabellen der entsprechende Prozentsatz als Wert zugewiesen wird.
- Die Attribute Vornamenskategorie, Titelkategorie und Regionalkategorie der Tabelle Interessenten_Kunden werden entsprechend den Interessentenwerten auf Basis der im letzten Aufzählungspunkt benannten drei Tabellen upgedatet.
- Aus dem Antwortverhalten der Interessenten in den letzten Jahren wird ein Index erstellt, und die Werte werden in das Attribut Antwortindex der Tabelle Interessenten_Kunden geschrieben.

Die Tabelle Interessenten_Kunden[22] finden Sie in der Arbeitsmappe Data_Mining_Beispieldaten.xlsx.

20.5.5 Modeling

Die Zielvariable unserer Datensammlung ist binär und damit diskret, weil sie die Werte 1 und 0 enthält, die tatsächlich für Kunde und Interessent stehen. Alle Inputvariablen sind dagegen kontinuierlich und haben Intervallskalenniveau. Dieses Datenszenario beschränkt die anwendbaren Data Mining-Algorithmen auf Entscheidungsbaum und Neuronales Netz. Da wir an dieser Stelle nicht wissen können, welche der beiden Methoden die für unser Projekt leistungsfähigste ist,

---

[22] Diese Tabelle enthält 96.485 Datensätze. Dies ist nur ein Bruchteil der im realen Objekt ausgewerteten Datensätze.

sollen sie beide getestet werden, um sie nach Ausführung der Schätzungen auf ihre Prognosegenauigkeit hin zu vergleichen. Da dies zweckmäßigerweise in einem einzigen Liftdiagramm geschehen soll, müssen beide Modelle in derselben Miningstruktur erstellt werden.

Miningstruktur erstellen

Wir müssen daher im Weiteren zunächst eine Miningstruktur erstellen und daraufhin dieser Miningstruktur ein Modell für den Entscheidungsbaum und eines für das Neuronale Netz hinzufügen. Gehen Sie dazu folgendermaßen vor[23]:

- Öffnen Sie die Arbeitsmappe Data_Mining_Beispieldaten.xlsx und markieren Sie darin eine Zelle des Tabellenblattes Interessenten_Kunden.
- Klicken Sie auf die Registerkarte Data Mining, dann auf die Schaltfläche Advanced und in deren geöffneter Liste auf Create Miningstructure. Dann öffnet sich das Dialogfeld Select Source Data.
- Im Dialogfeld Select Source Data sollte der Button Table aktiviert und im zugehörigen Listenfeld die Tabelle 'Interessenten_Kunden'!'Alle Datensätze' ausgewählt sein, andernfalls ändern Sie die Auswahl entsprechend. Bestätigen Sie dann mit Next.
- Vergewissern Sie sich, dass im Dialogfeld Select Columns die Variable ID auf Key und alle anderen auf Input eingestellt sind. Prüfen Sie auch, ob die Variable Kunde auf Discrete und alle andren Variablen bis auf ID auf Continuous eingestellt sind. Klicken Sie zu diesem Zweck jeweils auf die Schaltfläche mit den drei Punkten. Klicken Sie, wenn alles OK ist, auf Next.
- Belassen Sie es im Dialogfeld Split Data into training and testing sets bei dem vorbesetzten Wert 30% und klicken Sie auf Next.
- Tragen Sie im Dialogfeld Finish als Namen für die Miningstruktur Interessenten_Kunden_Alle_Datensätze ein und bestätigen Sie das Dialogfeld mit Finish.

Nach dem letzten Schritt erstellt das System eine Miningstruktur mit dem Namen Interessenten_Kunden_Alle_Datensätze. Dieser Miningstruktur müssen jetzt die beiden Modelle Entscheidungsbaum und Neuronales Netz hinzugefügt werden.

Mining-Modelle hinzufügen

Das geschieht in zwei getrennten Schritten, für jedes Modell ein eigener Schritt. Gehen Sie folgendermaßen vor, um der Miningstruktur das Modell Entscheidungsbaum hinzuzufügen:

- Klicken Sie auf die Schaltfläche Advanced und in deren geöffneter Liste auf Add Model to Structure. Dann öffnet sich das Dialogfeld Select Structure or Model.

---

[23] An dieser Stelle wird vorausgesetzt, dass Sie über die in Abschnitt 20.5.1 *Die Data Mining Software* beschriebenen Softwarekomponenten verfügen.

- Markieren Sie im Dialogfeld Select Structure or Model die Miningstruktur Interessenten_Kunden_Alle_Datensätze und klicken Sie dann auf Next.
- Schlagen Sie im Dialogfeld Select Mining Algorithm die Modellliste auf und wählen Sie darin das Modell Microsoft Decision Trees. Klicken Sie dann auf Next.
- Klicken Sie im Dialogfeld Select Columns auf den Pfeil für die Variable Kunde und stellen den Wert dort auf Predict only ein.
- Belassen Sie es im Dialogfeld Finish bei dem vorgeschlagenen Modellnamen Interessenten_Kunden_Alle_Datensätze – Trees und übernehmen Sie auch die anderen Voreinstellungen, indem Sie auf Finish klicken.

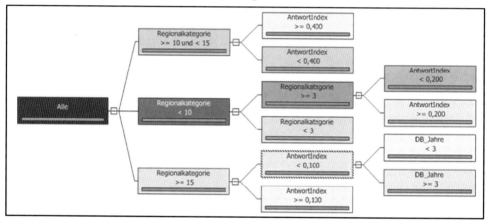

Abbildung 20-15: Entscheidungsbaum zum Modell Interessenten_Kunden_Alle_Datensätze – Trees

Nach ein paar Sekunden, die das System zum Trainieren des Modells benötigt, wird ein Browser mit der grafischen Darstellung des gefundenen Entscheidungsbaums angezeigt (Abbildung 20-15)[24]. Klicken Sie darin zunächst auf den Basisknoten Alle. Dann erkennen Sie in der Mininglegende, dass der Anteil von Fällen mit Kunde = 1 in der gesamten Stichprobe mit 0,26% extrem klein ist. Wenn Sie sich danach die wenigen vom Algorithmus erzeugten anderen Knoten betrachten, indem Sie jeweils darauf klicken, dann erkennen Sie, dass der Knoten mit der Bedingung „Regionalkategorie >= 15 und AntwortIndex >= 0,100" mit einem Kundenanteil von 1,66% die größte Verdichtung aufweist, was dem Sechsfachen des Anteils in der Gesamtpopulation entspricht. Überraschend bleibt jedoch, dass der Entscheidungsbaum bei insgesamt 67.540 als Testdaten verarbeiteten Fällen nur so wenige Knoten gefunden hat. Wir kommen auf diesen Umstand, der vermutlich mit dem geringen Anteil von Fällen mit dem Wert Kunde = 1 zusammenhängt, noch zurück.

---

[24] Da das System die Aufteilung in Trainings- und Testdaten nach dem Zufall erzeugt, kann der Entscheidungsbaum bei Ihnen anders aussehen als hier wiedergegeben.

20.5 Praxis

Um der Miningstruktur auch das Modell Neuronales Netz hinzuzufügen, schließen Sie zunächst den Browser mit dem Entscheidungsbaum und verfahren Sie dann ganz entsprechend, wie in den vorangehenden Aufzählungsschritten für den Entscheidungsbaum beschrieben. Beachten Sie, dass der englische Name für Neuronales Netz Neural Network ist. Übernehmen Sie für das Modell den vom System vorgeschlagenen Namen Interessenten_Kunden_Alle_Datensätze - Neural Net.

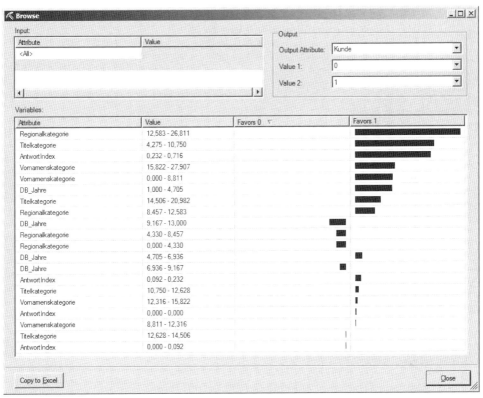

Abbildung 20-16: Der Browser stellt grafisch den relativen Erklärungsbeitrag einzelner Variablenwerte zum Modell Interessenten_Kunden_Alle_Datensätze - Neural Net dar.

Nachdem das Modell Neuronales Netz erzeugt wurde, wird der zugehörige Browser angezeigt (Abbildung 20-16)[25]. Hier zeigt sich, im Unterschied zum Entscheidungsbaum, dass alle Variablen mit einigen ihrer Werte bzw. Wertebereiche relativ stark zur Modellerklärung beitragen, wobei relativ im Verhältnis zum ersten ausgewiesenen Balken (Regionalkategorie 12.583 – 26.811) zu verstehen ist. Das ist durchaus vereinbar mit einer absolut geringen Erklärungskraft des gesamten Modells. Diese soll im folgenden Schritt geprüft werden.

---

[25] Da das System die Aufteilung in Trainings- und Testdaten nach dem Zufall erzeugt, kann die Browsergrafik bei Ihnen anders aussehen als hier wiedergegeben.

Genauigkeitsprüfung der Modelle Entscheidungsbaum und Neuronales Netz

Die Überprüfung der beiden Modelle soll mit Hilfe des Liftdiagramms erfolgen. Gehen Sie dazu folgendermaßen vor:

- Klicken Sie in der Registerkarte Data Mining auf die Schaltfläche Accuracy Chart, markieren Sie dann im Dialogfeld Select Structure or Model die von uns angelegte Miningstruktur Interessenten_Kunden_Alle_Datensätze und klicken Sie dann auf Next.

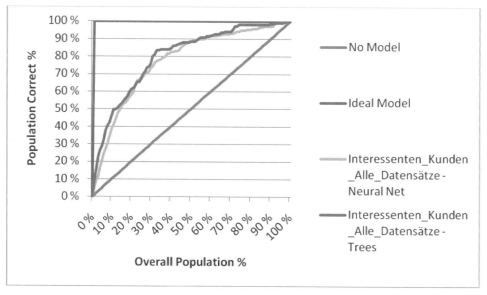

Abbildung 20-17: Liftdiagramm (Accuracy Chart) für die Miningstruktur Interessenten_Kunden_Alle_Datensätze

- Stellen Sie im Dialogfeld Specify Column to Predict and Value to Predict den vorauszusagenden Wert auf 1 ein und klicken Sie dann auf Next.
- Aktivieren Sie im Dialogfeld Select Source Data den Button Table, wählen Sie in der Liste die Tabelle 'Interessenten_Kunden'!'Alle Datensätze' und klicken Sie auf Next.
- Im Dialogfeld Specify Relationship können den Modellvariablen die entsprechenden Variablen der gewählten Eingabetabelle manuell zugeordnet werden. Dies ist im vorliegenden Fall nicht nötig, weil für Modell und Tabelle Namensgleichheit der Variablen besteht und das System daher die korrekten Zuordnungen bereits voreingestellt hat. Klicken Sie daher auf Finish, ohne eine Änderung vorgenommen zu haben.

Das Liftdiagramm ist in Abbildung 20-17 wiedergegeben. Es weist für beide Modelle einen erheblichen Lift aus. So werden mit 20% der Fälle mit der besten Vorhersagewahrscheinlichkeit bereits ca. 60% aller in Kunden umgewandelten Interessenten erfasst, was einer deutlichen Verbesserung der Selektion gegenüber

20.5 Praxis

der Gleichverteilungsgeraden entspricht. Im Vergleich der beiden Modelle zeigt der Entscheidungsbaum einen etwas größeren Lift als das Neuronale Netz.

Verwendung einer überquotierten Stichprobe

Obwohl die Genauigkeitsprüfung im vorangehenden Punkt bereits recht befriedigende Ergebnisse gezeigt hat, wollen wir dennoch versuchen, die Modellschätzungen zu verbessern. Es wurde bereits darauf hingewiesen, dass der Anteil der in Kunden umgewandelten Interessenten an allen Interessenten mit 0,26% extrem klein ist. In solchen Fällen neigen verschiedene Algorithmen dazu, die Bedeutung der Variablenwerte, die günstig für den Wert Kunde = 1 sind, zu unterschätzen. Wir wollen daher testen, ob sich die Modellergebnisse verbessern lassen, wenn wir die Modelle mit einer bewusst verzerrten Stichprobe trainieren, in der der Anteil der Fälle mit Kunde = 1 ungefähr 50% beträgt. Eine solche Stichprobe lässt sich sehr leicht mit dem Werkzeug *Sample Data* des Data Mining Add-ins erzeugen. Gehen Sie dazu folgendermaßen vor:

- Klicken Sie in der Registerkarte Data Mining auf die Schaltfläche Sample Data, wählen Sie im Dialogfeld Select Source Data als Tabelle 'Interessenten_Kunden'!'Alle Datensätze' aus und klicken Sie auf Next.
- Aktivieren Sie im Dialogfeld Select Sampling Type den Button Oversample to balance data distributions und klicken Sie auf Next.
- Belassen Sie es im Dialogfeld Oversampling for under-represented states bei der voreingestellten Input Column Kunde, stellen Sie Target state auf den Wert 1 ein und wählen Sie als Target percentage den Wert 50. Klicken Sie dann auf Next.
- Belassen Sie es im Dialogfeld Finish bei dem vorgeschlagenen Namen für die Tabelle, in die die Sample-Daten geschrieben werden, und klicken Sie auf Finish.
- Da wir im vorletzten Dialogfeld die angeforderte Zeilenzahl auf der Voreinstellung 1000 belassen hatten, wird eine Meldung angezeigt, dass nicht so viele Zeilen wie angefordert ausgegeben werden können. Bestätigen Sie die Meldung mit OK.

In der Arbeitsmappe wurde ein neues Arbeitsblatt mit dem Namen Sampled Data angelegt, das die Datensätze für die überquotierte Stichprobe enthält. Bilden Sie auf Basis dieser Datenbasis nun eine neue Miningstruktur und fügen Sie dieser wiederum je ein Modell mit den Algorithmen Entscheidungsbaum und Neuronales Netz hinzu.

- Verfahren Sie dabei ganz entsprechend, wie weiter oben in diesem Abschnitt für die Miningstruktur Interessenten_Kunden_Alle_Fälle und ihre beiden Modelle beschrieben.
- Fordern Sie schließlich ein Liftdiagramm ab, um die Genauigkeit der beiden auf den Daten der überquotierten Stichprobe trainierten Modelle zu prüfen. Aktivieren Sie dabei im Dialogfeld Select Source Data den

Button Table und wählen Sie in der Liste die Tabelle 'Interessenten_Kunden'!'Alle Datensätze' aus.

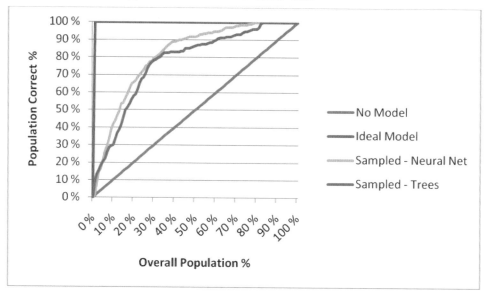

Abbildung 20-18: Liftdiagramm für die beiden Modelle in der Miningstruktur Sampled Data Structure, die auf Basis der überquotierten Stichprobe trainiert wurden.

Das Liftdiagramm (Abb. 20-18) zeigt, dass in diesem Falle das Modell Neuronales Netz die etwas besseren Ergebnisse aufweist. Insbesondere im für die Interessentenselektion wichtigen Anfangsbereich des Liftdiagramms haben sich auch deutliche Verbesserungen gegenüber der ersten Modellschätzung, die auf Basis der unverzerrten Daten erfolgte, ergeben. So beträgt der Anteil der in Kunden umgewandelten Interessenten unter den ersten 20% der Fälle bei der letzten Schätzung für das Neuronale Netz 65,7%, was einem Lift von 3,28 entspricht, während die entsprechenden Zahlen bei der ersten Modellschätzung für das Neuronale Netz Modell 58% und 2,9 betragen. Daher sollte das auf Basis der überquotierten Stichprobe geschätzte Modell Neuronales Netz als Grundlage für das weitere Vorgehen genommen werden.

20.5.6 Evaluation

Wir haben oben am Ende des Abschnitts 20.5.2 *Business understanding* als Ergebnis dieses Punktes angegeben:

Als konkreter Auftrag für ein Data Mining-Projekt wurde formuliert, dass die vom Werbebudget vorgegebene Anzahl von zu versendenden Katalogen an diejenigen Interessenten geschickt werden sollen, für die am ehesten eine Umwandlung in Kunden zu erwarten ist.

Wurde dieses Ziel erreicht? Da es ohne einen vorgegebenen Wert für das, was als *am ehesten* zu gelten hat, angegeben wurde, ist es formal nicht genau zu überprüfen. Wir können jedoch den Status Quo der bisherigen Interessentenselektion für die Katalogversendung als Referenz heranziehen. Dabei wurde als Selektionskriterium die Anzahl der Jahre, die ein Interessent bereits beim Unternehmen bekannt ist, ohne Kunde geworden zu sein, verwendet. Wenn man nach diesem Kriterium die 20% mit der geringsten Zeit selektiert (in der Tabelle Interessenten_Kunden gibt die Spalte DB_Jahre diesen Wert wieder), so zeigt sich, dass sich darunter 38% der in Kunden umgewandelten Personen befinden. Dieser Wert ist mit den o.a. 65,7% in Kunden umgewandelter Interessenten zu vergleichen, der sich für die Selektion der besten 20% auf Basis unseres besten Schätzmodells ergeben hat. Das stellt eine deutliche Verbesserung gegenüber dem Status Quo dar. Obwohl man durch weitere Verbesserungen der Datenbasis und möglicherweise auch der Parametrisierung der Modelle (wovon wir bei unserem Vorgehen abgesehen haben) zu noch besseren Ergebnissen kommen mag, ist unser bestgeschätztes Modell zunächst als Basis für eine Prognose zu empfehlen.

20.5.7 Deployment

Daher soll zum Schluss des Praxisteils eine Tabelle mit Scorewerten für die Interessenten zum aktuellen Zeitpunkt erzeugt werden, auf deren Basis die besten ausgewählt werden können. Dazu müssen wir eine Prognose erstellen, welche die Vorhersagewahrscheinlichkeit für die Umwandlung in einen Kunden, d.h. dafür, dass ein Interessent im nächsten Jahr den Wert Kunde = 1 annimmt, ausweist. Der Name des zu erzeugenden Tabellenblatts soll Interessentenscores_2012 sein, und die Prognose soll eine Spalte mit der Interessenten-ID und eine mit der Vorhersagewahrscheinlichkeit enthalten, letztere mit Score benannt. Die Quelldaten mit den Interessenten des Jahres 2012 finden Sie in der Beispielarbeitsmappe in der Tabelle Interessenten2012, welche 60.000 Datensätze enthält. Gehen Sie im Einzelnen folgendermaßen vor:

- Klicken Sie in der Registerkarte Data Mining auf die Schaltfläche Query, markieren Sie im Dialogfeld Select Model das Modell Sampled -Neural Net, das Sie in der Miningstruktur Sampled Data Structure finden, und klicken Sie dann auf Next.
- Wählen Sie im Dialogfeld Select Source Data in der Tabellenliste die Tabelle 'Interessenten2012'!'Alle Datensätze' und klicken Sie dann auf Next.
- Überprüfen Sie im Dialogfeld Specify Relationship, ob die vom System automatisch vorgenommenen Zuordnungen von Modell- und Tabellenspalten korrekt sind, ändern Sie diese andernfalls und klicken Sie dann auf Next.
- Im Dialogfeld Choose Output geben Sie an, welche Spalten die Tabelle mit den Prognosedaten aufweisen soll. Klicken Sie auf die Schaltfläche Add

Output, es wird das Dialogfeld Add Output angezeigt. Erweitern Sie im Feld Columns die Input Columns durch Klicken auf das Pluszeichen, markieren Sie das Attribut ID und klicken Sie schließlich auf OK, so dass das Dialogfeld Add Output wieder geschlossen wird.

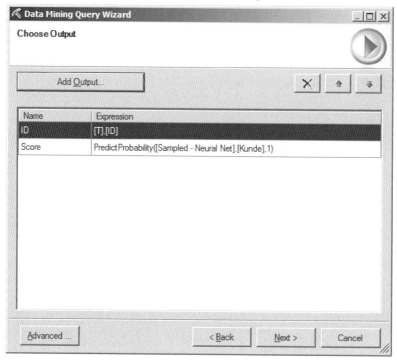

Abbildung 20-19: Dialogfeld Choose Output nach Auswahl der beiden Spalten ID und Score.

- Klicken Sie im Dialogfeld Choose Output erneut auf die Schaltfläche Add Output, markieren Sie im Dialogfeld Add Output in der Liste Columns das Attribut Kunde, markieren Sie im Feld Column Functions den Eintrag PredictProbability und dann unter Function Parameters den Wert 1. Geben Sie in das Feld Name die Bezeichnung Score ein und klicken Sie schließlich auf OK.
- Das Dialogfeld Choose Output sollte jetzt aussehen wie in Abbildung 20-19. Klicken Sie auf Next, wählen Sie im Dialogfeld Choose Destination for Query Results die Option New Worksheet und klicken Sie schließlich auf Finish.

Nach einigen Sekunden Rechenzeit wird der Beispielarbeitsmappe ein neues Tabellenblatt mit dem Namen Query Results_0 eingefügt, das die IDs und die Scorewerte enthält. Sie können die Zeilen dieses Blattes jetzt nach den Scorewerten in absteigender Richtung sortieren, dem Blatt einen anderen Namen geben und es an die Marketingabteilung des Unternehmens ausliefern.

20.6 Zusammenfassung

Data Mining darf nicht allein als Technik zum Auffinden von Mustern und Zusammenhängen in großen Datenbeständen begriffen werden. Es stellt vielmehr einen Prozess dar, der vom Anfang bis zum Ende in die betriebliche Entscheidungsfindung eingebunden sein muss. Um dies zu gewährleisten, sollten Data Mining-Projekte nach einem entsprechenden Vorgehensmodell durchgeführt werden. Bekannt und geeignet ist das CRISP-Modell mit seinen Phasen Business understanding, Data understanding, Data preparation, Modeling, Evaluation und Deployment.

Für die Modellbildung existieren diverse Methoden des Data Mining. Diese unterscheiden sich zum einen in den formalen Anforderungen an das Datenmaterial (diskrete vs kontinuierliche Variable) und zum anderen in ihren Leistungen. Einige der besprochenen Methoden überschneiden sich in ihren Leistungen deutlich. Dies gilt vor allem für die Methoden Naive Bayes, Entscheidungsbaum und Neuronales Netz, die daher für entsprechende Projekte gegeneinander getestet werden sollten, um die optimale Lösung zu erreichen. Andere Methoden wie Cluster (automatische Generierung von Clustern) und Assoziation (Warenkorbanalyse) lösen dagegen Aufgaben, die mit anderen Methoden nicht zu lösen sind.

Zur Beurteilung der Schätzgüte von Modellen stehen verschiedene Werkzeuge zur Verfügung, von denen im vorliegenden Kapitel die Klassifikationsmatrix und das Liftdiagramm ausführlich behandelt werden. Das Ziel der meisten Data Mining-Projekte ist es, am Ende eine Prognose zu erstellen, die dann schließlich dem Betrieb verfügbar gemacht werden muss. Darauf wird am Ende des Kapitels eingegangen.

20.7 Aufgaben

Wiederholungsfragen

1. Warum sollte ein Data Mining-Projekt nach einem Vorgehensmodell entwickelt werden?
2. Welche Phasen unterscheidet das Data Mining-Vorgehensmodell CRISP?
3. Welchem Zweck dient eine Regressionsanalyse und welche Anforderungen werden an die beteiligten Variablen gestellt?
4. Welche Gemeinsamkeiten weisen die Methoden Naive Bayes, Entscheidungsbaum und Clusteranalyse auf und worin unterscheiden sie sich vor allem?
5. Was bedeutet eine verborgene Schicht beim Algorithmus Neuronales Netz?
6. Was ist unter einer nachträglichen Prognose zu verstehen?
7. Welchem Zweck dient eine Klassifikationsmatrix? Welche Werte werden darin miteinander verglichen?
8. Erklären Sie den Aufbau eines Liftdiagramms und geben Sie die Bedeutung der mindestens drei Linien an, die in diesem wiedergegeben werden!

9. Was bedeuten die Begriffe Konfidenz, Support und Lift im Rahmen einer Assoziationsanalyse (Warenkorbanalyse)?
10. Was ist unter OLAP zu verstehen? Was spricht dafür und was spricht dagegen, dieses Konzept zum Gebiet des Data Mining zu rechnen?
11. Was ist unter einer überquotierten Stichprobe (Oversample) zu verstehen und welchem Zweck dient sie im Rahmen eines Data Mining-Modells?

Übungen

1. Die Arbeitsmappe Data_Mining_Beispieldaten.xlsx enthält die Tabelle Pilze. Erstellen Sie für die Daten dieser Tabelle ein Modell, auf dessen Basis Sie die Essbarkeit von Pilzen voraussagen können. Testen Sie dabei alle Data Mining-Methoden, die zur Lösung der Aufgabe in Frage kommen, und wählen Sie schließlich das bestgeeignete Modell aus. Erstellen Sie eine nachträgliche Prognose für die Datensätze der Tabelle Pilze und identifizieren Sie die Fälle, in denen die Essbarkeit falsch vorausgesagt wurde.
2. Erstellen Sie für die Kategorien der Tabelle Associate aus der Arbeitsmappe Data_Mining_Beispieldaten.xlsx eine Warenkorbanalyse. Welche Kategorie bzw. Kombination von Kategorien weist den größten Lift, welchen den größten Support und welche die größte Konfidenz auf? Interpretieren Sie die Ergebnisse!
3. Führen Sie für die Daten der Tabelle Konsumkredit eine Clusteranalyse durch. Beschränken Sie die Zahl der zu bildenden Cluster auf drei. Interpretieren Sie die Ergebnisse und geben Sie den gebildeten Clustern sinnvolle Namen.
4. Lösen Sie die am Ende des Abschnitts 20.5.2 *Business understanding* formulierte Aufgabe der Optimierung des Katalogversands, indem Sie die Schritte der Abschnitte 20.5.5 *Modeling* und 20.5.7 *Deployment* nacharbeiten.

Sachwortverzeichnis

@
@ManyToMany 360
@ManyToOne 360
@OneToMany 360
@OneToOne 360

A
ABS 151
Accuracy Chart 468
ACID 250
ACM 2
ALL 161, 222
Annotation 357
ANSI 2
ANSI/SPARC 14
Antecedent 450
ANY 222
Assoziationsanalyse 447
ATOMIC 282
Ausführungspläne 239
AVG 160

B
B*-Baum 233
B+-Baum 233
Barker 50
BEGIN...END 282
Bestimmtheitsmaß 434
BETWEEN 168
Beziehungstypen 36
Blockgröße 230
BULK INSERT 135
Business Objects 2
Business understanding 430, 461

C
CALL 277
CASE 283
CHAR_LENGTH 152
Chen 29
Client-Server-Modell 99
Cluster 230

Clusteranalyse 473, 474
Clustermodell 440
Clusterprofile 442
COALESCE 157
COMMIT 253
commit() 345
CONCUR_READ_ONLY 342
CONCUR_UPDATABLE 342
COUNT 159
CREATE DISTINCT TYPE 116
CREATE DOMAIN 117
CREATE FUNCTION 280
CREATE INDEX 235
CREATE METHOD 320
CREATE NONCLUSTERED INDEX 238
CREATE PROCEDURE 277
CREATE TABLE 107
CREATE TABLESPACE 230
CREATE TRIGGER 304
CREATE TYPE 319
CREATE VIEW 184
CRISP-DM 430
CROSS JOIN 200
CUBE 175
Cubes 409
CURRENT_DATE 156
CURRENT_TIME 156
CURRENT_USER 155
Customer Relationship Managemen 3

D
Data Mining Add-in 461
Data Mining Software 461
Data Mining, Definition 429
Data preparation 430, 464
Data understanding 430, 462
Dateisystem 1
Datenbank 10
Datenbank-Management-System 10
Datenbanksystem 4
Datenbanksystem 10

Datenchaos 1
Datenintegrität 9
Datenredundanz 9
Datensicherheit 9
Datensicht 9
Datentypen 100
Datenunabhängigkeit 9
DBMS 10
DBS 10
DECLARE 279
DEFERRABLE 256
DELETE 130
DENSE_RANK 180
Deployment 431, 471
Dimensionen 408
Dimensionselemente 409
Dirty Read-Problem 257
DISTINCT 161, 173
Domain-Integrität 72
Drill Down 410

E
Entität-Integrität 72
Entitätsklassen 357
EntityManager 367
Entity-Relationship-Modell 4, 13, 29
Entscheidungsbaum 437, 473
ERM 4, 13
ETL 414
Evaluation 431, 470
EXCEPT 209
Executive Information Systems 406
EXISTS 220

F
Fakten 412
Fehlklassifikation 455
FETCH FIRST FROM 293
FETCH FIRST n ROWS ONLY 172
FETCH FROM 292
FetchType.EAGER 380
FetchType.LAZY 380
FINAL 319
FOR-Anweisung 295
funktionale Abhängigkeit 83

G
Galaxie-Schema 413
Gemeinsame Sperren 260

Genauigkeitsprüfung 468
Geschäftsobjekten 23
Gleichverteilungsgerade 458, 469
GROUP BY 172
GROUPING 178
Gruppierte Indizes 235
GUAM 1

H
Hash Match 241
HAVING 174
Heap 232
hidden layer 444
hierarchische Datenbanksysteme 1
HOLAP 413

I
Ideallinie 458
IDS 1
IF...THEN...ELSE 282
IMPORT FROM 136
Importance 450
IMS 1
IN Prädikat 169
INCLUDE 239
Index Scan 238
Index Seek 236
Indizes 232
INFORMATION_SCHEMA 185
INNER JOIN 201
INOUT 279
INSERT 128
Internet 2
INTERSECT 209
IS NULL 166
ISAM 232
Isolationslevel 260

J
Java Persistence API 331
Joined Subclass 394
Joins 200
JPA 356
JPQL 370

K
Kategorie 197
Key Lookup 236
Klassifikationsmatrix 455, 473

Konfidenz 447, 450, 451, 474
Konsequent 450
Konzeptioneller Entwurf 28

L
LEAVE 286
Lift 447, 450, 451, 474
Liftdiagramm 456, 468, 470
LIKE 166
Locks 260
Logistische Regression 447
LOOP 285
Lost Update-Problem 256

M
Management Information Systems 406
MAX 160
Mehrbenutzerbetrieb 9, 256
Merge Join 241
MIN 160
Mining Modelle hinzufügen 465
Miningstruktur erstellen 465
MOD 151
Modeling 430, 464
MOLAP 413
Monitoring 415
multidimensional 453

N
NAA 1
Nachfolger 450
nachträgliche Prognose 455, 474
Naive Bayes 435, 473
NATURAL JOIN 204
Nested Loops 241
NetBeans IDE 347
Netzwerk Datenbanksysteme 1
Neuronales Netz 442
Neuronen 444
Nicht-gruppierte Indizes 236
Non-repeatable Read-Problem 258
Normalform 4
Normalisierung 82
NTILE 180
NULLIF 157

O
Object Identifier 321
Object Management Group 55

objektorientiert 313
objektrelational 313
objektrelationales Mapping 353
ODBC 331
OLAP 406, 453, 474
OLTP 406
OnLine Analytical Processing 453
ONLY 326
Operational Data Store 414
Optimierung des Katalogversands 474
ORDER BY 182
OR-Mapper 354
OUT 279
OUTER JOIN 204
Overfitting 439
OVER-Klausel 180
OVERLAY 155
Oversample 474
Oversampling 469

P
Page 230
Page Split 235
PARTITION BY 180
pattern-learning 443
PERCENT_RANK 180
Phantom Read-Problem 259
Phasenkonzept 12, 24
Pivotieren 454
Pivoting 410
POSITION 152
prediction probability 460
PreparedStatement 335
Prognose erstellen 458
Prognosegüte 458

Q R
Query Evaluation Plan 240
RANK 180
READ COMMITTED 261
READ UNCOMMITTED 261
Record Identificator 237
Recovery 251
Redo 252
Referenztypen 324
Regression, Bedeutung des Wortes 432
Regressionsanalyse 432, 473
Regressionsgleichung 433

Rekursive Beziehung 76
Relationenmodell 70
Relationentheorie 70
REPEAT...UNTIL 284
REPEATABLE READ 261
RETURN 280
RETURNS TABLE 281
RID Lookup 238
ROLAP 413
Roll Up 410
Rollback 252
ROLLBACK 253
rollback() 346
Rollforward 252
ROLLUP 175
Routinen 276
R-Quadrat 434

S
SAVEPOINT 254
Schema 197
SCOPE 325
Seite 231
SELECT 142
Self Join 202
SERIALIZABLE 261
SET CONSTRAINTS 256
SET TRANSACTION 253, 261
setTransactionIsolation 345
Shared Locks 260
SIMILAR 166
Single Table 394
Slicing 410
Snowflake-Schema 412
SOME 222
SOUNDEX 288
Sperren 260
SQL 2
SQL-1 2
SQLSTATE 294
Staging Area 414
Star-Schema 412
START TRANSACTION 253
Stored Procedures 5
strukturierte Typen 318

SUBSTRING 154
SUM 160
Supply Chain Management 3
Support 447, 474
Synchronisation 9
System/R 2

T
Table per Concrete Class 394
time series 452
Transaktion 5, 249
Trigger 5, 303
TRIM 153
TYPE_FORWARD_ONLY 342
TYPE_SCROLL_INSENSITIVE 342
TYPE_SCROLL_SENSITIVE 342

U
überquotierte Stichprobe 469, 474
UML 4, 13
Unified Modeling Language 4, 13, 54
UNION 208
Unterabfragen 216
UPDATE 131
UPPER 150

V
VALUES 163
verborgene Schicht 444, 473
volle funktionale Abhängigkeit 84
Vorgänger 450
Vorgehensmodell 473
Vorhersagewahrscheinlichkeit 459

W
Warenkorbanalyse 447
WHERE 164
WHERE CURRENT OF 293
WHILE...DO 285
Wichtigkeit 450
Write-Ahead-Logging 251
Würfeln 409

Z
Zeitreihenanalyse 452

Nachschlagen, Studieren, Vertiefen – Kompaktes Wissen für das Masterstudium

Dietmar Abts | Wilhelm Mülder (Hrsg.)
Masterkurs Wirtschaftsinformatik
Kompakt, praxisnah, verständlich – 12 Lern- und Arbeitsmodule

2009. XVIII, 726 S. mit 339 Abb. und Online-Service. Broschur € 29,90
ISBN: 978-3-8348-0002-2

Inhalt:
- IT-Anwendungen
- IT-Architekturen
- IT-Management
- IT-Anwendungsentwicklung

Dieses neuartige Lehrbuch gibt den Studierenden der neuen Masterstudiengänge in zwölf Lern- und Arbeitsmodulen die Grundlage für einen sicheren Studien- und Prüfungserfolg. Der Studierende wird nicht mit Wissen zugeschüttet, sondern kann sich auf der Grundlage einer sehr guten Übersicht alle relevanten Themengebiete selbstständig erarbeiten. Die Module sind alle gleichermaßen aufgebaut. Ausgehend von bestehendem Grundwissen werden exemplarisch Aufgabenstellungen vorgestellt, die vom Leser sukzessive gelöst werden. Tests, Projektarbeiten, Fallstudien und weitere Aufgaben unterstützen den Selbstlern-Effekt. Das Buch zeichnet sich durch ein hohes Maß an Verständlichkeit und Praxisnähe aus. Ein Buch, das den Leser an die Hand nimmt, ohne ihn zu bevormunden.

Abraham-Lincoln-Straße 46
65189 Wiesbaden
Fax 0611.7878-400
www.viewegteubner.de

Stand Juni 2011.
Änderungen vorbehalten.
Erhältlich im Buchhandel oder im Verlag.

Wirtschaftsinformatik

Dietmar Abts | Wilhelm Mülder
Grundkurs Wirtschaftsinformatik
Eine kompakte und praxisorientierte Einführung
7., akt. u. verb. Aufl. 2011. XVI, 566 S. mit 323 Abb. und Online-Service. Br.
EUR 24,95   ISBN 978-3-8348-1408-1

Paul Alpar | Rainer Alt | Frank Bensberg | Heinz Lothar Grob | Peter Weimann | Robert Winter
Anwendungsorientierte Wirtschaftsinformatik
Strategische Planung, Entwicklung und Nutzung von Informationssystemen
6., akt. und erw. Aufl. 2011. XII, 494 S. mit 206 Abb. und 21 Tab. und Online-Service. Br. EUR 34,95
ISBN 978-3-8348-1529-3

Sönke Cordts | Gerold Blakowski | Gerhard Brosius
Datenbanken für Wirtschaftsinformatiker
Nach dem aktuellen Standard SQL:2008
2011. XIV, 491 S. mit 170 Abb. und und Online-Service. Br. EUR 34,95
ISBN 978-3-8348-1382-4

Andreas Gadatsch
Grundkurs Geschäftsprozess-Management
Methoden und Werkzeuge für die IT-Praxis: Eine Einführung für Studenten und Praktiker
6., akt. Aufl. 2010. XXII, 448 S. mit 351 Abb. und und Online-Service.
Br. EUR 34,90   ISBN 978-3-8348-0762-5

Frank Herrmann
Operative Planung in IT-Systemen für die Produktionsplanung und -steuerung
Wirkung, Auswahl und Einstellhinweise von Verfahren und Parametern
2011. VIII, 349 S. mit 124 Abb. und 70 Tab. und und Online-Service. Br. EUR 34,95
ISBN 978-3-8348-1209-4

VIEWEG+ TEUBNER

Abraham-Lincoln-Straße 46
65189 Wiesbaden
Fax 0611.7878-400
www.viewegteubner.de

Stand Juli 2011.
Änderungen vorbehalten.
Erhältlich im Buchhandel oder im Verlag.